HISTOIRE

DU DROIT ROMAIN.

29264

IMPRIMERIE DE MADAME JEUNEHOMME-CRÉMIÈRE,
RUE HAUTEFEUILLE, N° 20.

HISTOIRE
DU DROIT ROMAIN,
SUIVIE
DE L'HISTOIRE DE CUJAS;

PAR M. BERRIAT-SAINT-PRIX,

Professeur de Procédure civile, et de Droit criminel, à la Faculté de Droit de Paris.

PARIS,

CHEZ NÉVE, LIBRAIRE DE LA COUR DE CASSATION, SALLE NEUVE DU PALAIS DE JUSTICE, Nº 9.

—

1821.

HISTOIRE

DU DROIT ROMAIN.

OBSERVATIONS PRÉLIMINAIRES

Sur l'Histoire du Droit, considérée en général.

L'HISTOIRE du droit est l'exposé des événemens qui ont donné naissance aux règles que suit un peuple à une certaine époque ; de ceux qui, dans la succession des temps, ont fait modifier ou abolir les règles primitives ; des institutions qui ont influé sur leurs rédaction et modifications.

Considérée sous ce point de vue, l'histoire du droit, traitée avec les développemens convenables, est le meilleur commentaire des lois. La plupart des grands jurisconsultes ou publicistes l'ont senti, et s'en sont servi avec avantage. Cujas, entr'autres, Pothier, Furgole (1), parmi les premiers ; Montesquieu et Portalis parmi les seconds, ont dû, en grande partie, leurs succès et leur réputation au soin qu'ils

(1) *Voy.* quant à Cujas, au t. 1er de ses œuvres, sa vie par Masson. Furgole insiste souvent sur l'histoire du droit ; elle lui sert à rétablir les vrais principes oubliés par les auteurs. — Voyez, *entr'autres*, *id.*, *Testamens*, *ch.* 7, *sect.* 2, *n.* 61 ; *ch.* 8, *sect.* 3, *n.* 3.

avaient d'éclaircir les lois par l'histoire (2) ; et par une conséquence inverse, le discrédit où sont tombés les anciens interprètes des écoles d'Irnerius, d'Accurse et de Bartolle, vient des erreurs grossières et nombreuses où les ont entraînés leur négligence ou leur ignorance à cet égard (3).

Mais c'est surtout dans l'enseignement du droit, que l'usage de cette partie de nos connaissances est utile ou plutôt nécessaire. Il est impossible de faire concevoir la plupart des principes élémentaires, sans exposer l'origine, et en quelque sorte la filiation des règles dont ils sont le résumé. Aussi, les professeurs les plus célèbres ne les ont-ils jamais séparés dans leurs explications (4); et c'est à cette méthode que nous avons dû, ensuite, les excellens ouvrages des Gravina, des Heineccius, des Brunquell, des Hoffman, des Bach, des Pothier, sur l'histoire du droit romain (5).

On semble ne point faire assez de cas de cette méthode en France (*a*). Ce n'est pas qu'on en ait

(2) *Voy*. Esprit des lois, liv. 31, ch. 2; Portalis, Disc. au corps législatif, séance du 28 ventôse an 12.

(3) *Voy*. ci-après, le chap. des Interprètes, art. 2, §. 1.

(4) On peut citer entr'autres François Baudoin (Voyez *id. de institutione historiæ universæ*, *lib.* 2, *p.* 209, *éd. nova*, 1726), et Antoine Delcamp (Voy. *Vigneul de Marville*, *mélang.*, *i*, 39, *éd.* 1701).

Voir, au reste, quant à l'utilité de l'histoire du droit, Brunquell, p. 1 et suiv.; Hoffman, préf., p. 3; Hanius, Brencman et Reinold, *ap. Wieling*, 121 *et seq.*

(5) Pothier (*Prolégomènes de ses pandectes*), quoique moins profond et quelquefois moins exact dans les détails, que les auteurs ci-dessus, venge néanmoins les Français (Voir, *ci-après*, *chap. des Editions*, *inf.*) de la supériorité que les étrangers s'attribuaient avec raison dans cette branche des connaissances humaines; car les Histoires de Ferrière et de Terrasson ne peuvent, sous aucun rapport, être comparées à celles des mêmes auteurs.

(*a*) Ceci était écrit avant l'érection de la chaire d'Histoire, à l'école de droit de Paris.

contesté les avantages. Il est probable que le défaut de style ou de critique de quelques-unes des histoires du droit, la prolixité ou la trop grande étendue de plusieurs autres (6), surtout le relâchement général de l'enseignement et des études dans nos anciennes universités, l'auront écartée avant même qu'on ait cherché à l'apprécier.

Nous avons cherché à la remettre en usage dans notre enseignement particulier ; nous avons, en un mot, considéré, avec les meilleurs auteurs, l'histoire du droit comme une introduction nécessaire à son étude. On se tromperait toutefois, si l'on pensait que nous nous proposons de la traiter ici avec le plan vaste dont nous venons d'offrir une idée. Un tel ouvrage, dont les savantes *antiquités* d'Heineccius sont une espèce d'essai quant au droit romain, et qui serait bien plus considérable que le corps général et complet de toutes les lois, est au-dessus des forces d'un écrivain, quelque instruit et laborieux qu'on le suppose. Il ne peut être bien fait, pour ainsi dire, qu'en détail, dans des dissertations séparées, relatives à des matières distinctes ; et c'est aussi ce qu'ont tenté les auteurs des bons traités particuliers de droit, à chaque institution où les lois offraient des variations, des espèces de phases, qu'il était important d'indiquer, pour exposer avec certitude et faire concevoir avec netteté, le dernier état du droit sur ces matières.

Il n'en est pas de même de l'histoire du droit, considérée dans son ensemble, c'est-à-dire, de l'histoire

(6) Quelques-uns de ces ouvrages sont surchargés de détails absolument inutiles. Par exemple, dit Hoffman (*præf.*, 1re *éd.*, *p.* 3), on y examinera longuement si l'on doit écrire *Caïus* ou *Gaïus*, *Papirius* ou *Papisius*, *et sexcenta alia*.

des collections de lois qui en forment la base, des ouvrages principaux qui en sont en quelque sorte les sources, des auteurs les plus célèbres de ces ouvrages, du moins quant aux événemens de leur vie qui peuvent offrir quelques éclaircissemens sur la méthode et l'esprit de leur travail; enfin, des institutions ou règles qui ont ensuite modifié ces collections, et des jurisconsultes qui les ont expliquées..... Voilà même ce que les interprètes déjà cités, et plusieurs autres, ont nommé spécialement l'*histoire du droit*. Malheureusement la plupart ne se sont point renfermés dans ces limites, quoique ils les eussent tracées. Ils y ont joint des digressions sur les lois anciennes, sur la vie des empereurs, sur celle des jurisconsultes, etc., accompagnées de tant de détails, que le fond de leur travail a été souvent absorbé par ses accessoires (7).

Destinant le fruit de nos recherches aux jeunes légistes, nous avons dû nous resserrer davantage. Mais comme les notions de détail les plus frivoles aident parfois à éclaircir l'histoire particulière de quelque point de droit qu'on a besoin de discuter, nous avons pensé qu'il serait avantageux de noter les meilleures sources où ils pourront les puiser en semblable occurrence. Dans cet objet, en réservant au texte de notre ouvrage, tout ce qui nous a semblé utile à leur apprendre de l'histoire du droit, nous avons indiqué dans les notes ou dans des appendices, soit les autorités sur lesquelles nous avons fondé notre travail, autorités que nous avons toutes vérifiées avec scrupule, et où seront souvent les

(7) Par exemple, en élaguant ces digressions dans l'ouvrage, d'ailleurs si recommandable d'Hoffman, on pourrait réduire à peu près au quart, son livre premier, qui a cinq cents pages in-4°.

développemens des faits que nous résumons au texte; soit les discussions ou les notions accessoires dont nous venons de parler, lorsqu'elles ont quelque rapport avec les mêmes faits (8).

Passons à la division générale de notre travail. Elle est en quelque sorte tracée par celle du droit qui nous a régi, ou nous régit encore : nous traitons dans une première partie, de l'histoire du droit romain; dans une seconde, de l'histoire du droit français. Celle-ci se sous-divise d'après l'ordre des temps, en trois sections, dont la première embrasse l'histoire du droit français ancien, ou droit qui était en vigueur avant la révolution; la seconde, le droit français intermédiaire, ou droit qui résulte des lois et usages qui ont été publiés ou qui se sont introduits depuis la révolution (9). La troisième, le droit français actuel, ou droit résultant des codes nouveaux, et des lois interprétatives subséquentes.

C'est aussi dans l'intention de faciliter les études des jeunes juristes, que nous nous sommes déterminés à publier séparément la première des deux parties dont se compose notre ouvrage, ou l'histoire du droit romain. La seconde, ou l'histoire du droit français, est bien à peu près terminée; mais elle

(8) Telle est la méthode que nous avons déjà suivie dans la première édition de notre histoire du droit, publiée en 1803 (*an* XI, *in*-8°; *Grenoble, chez Allier.*) Dans le premier volume du cours de législation que nous faisions à l'école centrale de l'Isère; édition qui est presqu'entièrement refondue dans celle que nous publions aujourd'hui séparément, et d'après de longues recherches faites depuis l'impression de celle-là.

(9) Ces deux 1res sections étaient traitées dans notre 1re édition (Voy *note* 8); ce qui complétait l'histoire du droit en vigueur quand elle fut publiée.

exige encore des recherches, que nos occupations nous forcent à ajourner pour quelque temps.

Observons au reste, que quoique dans les deux parties de notre travail, l'histoire du droit public soit souvent mêlée par la nature des choses à l'histoire du droit privé ou droit civil; cependant c'est de cette dernière que nous nous occupons spécialement, comme ayant plus de rapport aux mêmes études des jeunes légistes.

INTRODUCTION

A L'HISTOIRE DU DROIT ROMAIN.

Il est très - difficile d'écrire l'histoire du droit romain, telle du moins que nous l'avons conçue, en suivant rigoureusement l'ordre chronologique. Ce qu'il importe le plus de faire connaître, ce sont les principales sources ou parties de ce droit: Or, parmi ces parties, il en est, telles que les constitutions impériales, qui ont pris naissance avant que d'autres, telles que les réponses des jurisconsultes, qui les avaient précédées, eussent cessé pour ainsi dire, d'exister. On pourrait remédier à cet inconvénient, en faisant à l'exemple de quelques auteurs, une espèce d'histoire de Rome, et en y mêlant, année par année, les événemens relatifs au droit, à mesure qu'ils se présentent. Mais outre qu'il faut alors se jeter dans des longueurs et des détails tout-à-fait superflus, d'autant que ce n'est pas dans ces sortes d'ouvrages qu'on étudiera les événemens politiques de Rome, il est douteux qu'en suivant une telle marche, les élèves puissent acquérir une idée des parties du droit avec autant de netteté et de facilité que lorsqu'on les leur développe séparément comme dans toute histoire des diverses branches d'une science. Au reste, on le verra, cette dernière méthode appliquée à l'histoire du droit, n'en trouble guère l'ordre chronologique.

Nous parlerons dans quatre sections successives,

1. des sources du droit romain ; 2. de ses auteurs principaux, soit empereurs, soit jurisconsultes ; 3. de sa collection sous Justinien, ou du corps du droit ; 4. de sa destinée, de son autorité, de son mérite, de ses manuscrits, éditions, citations et interprètes.

A l'égard des sources où nous avons puisé nos documens, indépendamment des auteurs modernes déjà cités (1), et d'un très-grand nombre d'autres, qui sont indiqués, soit dans les notes, soit dans la section V, chapitre VI, on pressent que nous n'avons pas négligé les sources primitives, et surtout les renseignemens que nous offraient les lois. Il en est une entr'autres, la loi deuxième au digeste *de Origine juris*, que Justinien pénétré comme les anciens jurisconsultes, de l'utilité d'expliquer l'origine du droit, a consacré spécialement à son histoire, presque au début (liv. I, tit. II) de sa collection. Cette loi dispenserait de tout travail du même genre, si, soit par la faute de l'écrivain, Pomponius, soit plutôt par celle de son éditeur, Tribonien, il ne s'y était glissé beaucoup d'erreurs (2). Il est juste toute-fois d'observer qu'elle contient un grand nombre de matériaux précieux, dont les modernes ont tiré un grand parti en les démêlant et distribuant à l'aide du flambeau de la critique.

(1) Gravina, Heineccius, Brunquell, Hoffman, Bach, Pothier.

Nous regrettons de n'avoir pu consulter, excepté pour quelques fragmens que nous nous sommes fait traduire, deux ouvrages modernes publiés en allemand par deux savans professeurs, MM. Hugo, de Gottingue, et Savigny, de Berlin.

(2) *Multa ab eo detruncata sunt*, dit Cujas, d. l., §. 34. — *Voy.* aussi Hottoman, anti-Trib., XII, 96 ; Hanius, §. 13 ; Ritter, infrà, §. 17. — On a néanmoins prouvé que cette loi est authentique. (Voy. *Brunquell*, 22 ; *Hoffman*, 313.) Elle a été commentée entr'autres par Alciat, Budée, Coras, Govea, Muret, Cujas, etc.

SECTION PREMIÈRE.

DES DIVERSES PARTIES OU SOURCES DU DROIT ROMAIN.

On compte six sources principales du droit romain : 1º les lois; 2º les actions; 3º les édits des préteurs; 4º les réponses des jurisconsultes ; 5º les décisions des pontifes ; 6º les mœurs ou usages.

Ce sont les diverses parties du droit primitif des Romains.... On les appelle *sources*, parce qu'on y a puisé, en quelque sorte, le dernier droit de ce peuple, c'est-à-dire, celui qui résulte de la collection rédigée par ordre de l'empereur Justinien ; collection qui est composée elle-même de quatre autres parties, le Code, le Digeste, les Instituts et les Novelles, et dont nous nous occuperons à la section troisième.

Dans celle-ci, nous croyons devoir, pour plus de clarté, consacrer un chapitre particulier à chacune des six sources précédentes, quoique l'histoire de quelques-unes, par exemple celle des mœurs ou usages, n'exige pas, à beaucoup près, des développemens d'une étendue égale à celle des autres; ce qui aura engagé plusieurs auteurs (1) à n'en pas traiter séparément.

(1) Tels que Pothier, dans ses Prolégomènes.

CHAPITRE PREMIER.

Des Lois.

On distingue plusieurs sortes de lois romaines : les lois proprement dites, les sénatus-consultes et les constitutions des empereurs.

ARTICLE Ier.

Des Lois proprement dites.

On compte trois espèces de lois proprement dites : 1° les lois royales, ou droit civil Papyrien; 2° les lois des douze tables; 3° les lois faites par le peuple. Nous exposerons ce qui concerne chacune de ces espèces de lois, en jetant un coup-d'œil rapide sur l'histoire politique de Rome.

§. Ier. *Des Lois royales.*

Autant qu'on peut le conjecturer à travers les romans ridicules dont l'amour du merveilleux a couvert l'obscurité de leur origine (2), les Romains furent d'abord des peuples *pasteurs* (3). Or, l'on a observé que le gouvernement des peuples de cette

(2) Sur l'incertitude de l'histoire des premiers temps de Rome, *Voy.* Tite-Live, lib. 6, c. 1; Bayle, nouv. rép. lett., 1684, déc., p. 481; Hoffman, p. 1; Fergusson, hist. des progr. etc., de Rome, lib 1, ch. 1; Lévesque, hist. crit. de la rép. romaine, 1807, t. 1, p. 52.

(3) Rome fut entourée d'un parapet et d'un fossé; elle servait d'asile aux troupeaux de ses habitans, et ils s'y retiraient eux-mêmes au besoin. — *Denys d'Halicarn., lib. 2, p.* 108 et 138, *édit.* 1563, *in-*16; *Fergusson, d. ch.* 1.

espèce, était, pour l'ordinaire, *démocratique-patriarcal;* c'est-à-dire, que la souveraineté appartenait à tous les hommes qui avaient atteint un certain âge, et que les anciens ou chefs de familles formaient un conseil dont les décisions avaient beaucoup d'influence sur la multitude. Si une guerre s'élevait, on choisissait un général dont l'autorité prenait fin à la paix; mais comme les guerres étaient très-fréquentes entre ces sortes de peuples, les généraux les plus distingués, qui conservaient sans doute beaucoup de crédit pendant les courts intervalles de paix, pouvaient peu à peu se perpétuer dans leurs fonctions: de chefs militaires, ils devenaient chefs civils, d'abord des conseils des anciens, et ensuite de tout le peuple.

D'après ces observations fondées sur les principes de l'économie politique, sur la nature des choses et l'expérience (4), nous pouvons admettre comme très-probable la première distribution de pouvoirs qui eut lieu, dit-on, à Rome, qu'elle soit due ou non à Romulus. Le peuple fut divisé (5) en un certain nombre de sections (on les nomma curies), pour pouvoir plus commodément exercer son culte et surtout son droit législatif. On créa un sénat composé des principaux citoyens; ce sénat partagea le pouvoir exécutif avec le monarque ou chef, qui seul était chargé de la direction des opérations militaires.

(4) On trouve encore un régime à peu près semblable chez les Tartares, les Arabes, les Maures du Zara, etc. — Voy. *Duhalde*, *Volney*, *Hoeschl*, *Mungo-Parck*, *etc.* — *Voy.* aussi *Anacharsis*, *introduct. part.* 1.

(5) *Voy.* Sigonius, de antiq. jure civ., c. 3, in f.; Ant. Augustin, de legib., c. 8; Hoffman, p. 4; Heineccius, hist., §. 7; Muret, de or. tur., §. 2, dans Otton., iv. 151.

On conçoit que ce chef pût avoir la proposition des résolutions dans ces assemblées trop nombreuses et trop ignorantes pour s'occuper de la préparation des lois : que son influence s'étendant par un usage insensible jusques dans les temps de paix, il pût quelquefois donner des ordres et faire des réglemens. Mais, comme le remarque fort bien Fergusson, il est probable qu'il ne songeait pas plus à délibérer qu'à combattre seul. Aussi, le plus grand des jurisconsultes (6), en expliquant les termes dont se sert Pomponius, pour nous apprendre que, dans l'origine de Rome, il n'y avait aucun droit certain, et que les rois dirigeaient tout, *Omnia* MANU *Gubernabantur*, nous dit qu'ils signifient que l'administration des rois *était établie par le fait et la force plus que par le droit et la loi.*

L'éthymologie que Pomponius donne ensuite (§. 2) du mot *curie*, vient à l'appui de cette observation. Il remarque qu'on nomma *Curies* les trente sections du peuple, parce que le monarque vaquait au soin (*curam*) des affaires de la république, avec l'*avis* de ces mêmes sections... D'ailleurs, les opérations du gouvernement civil dans un pareil état, ne devaient-elles pas se réduire à bien peu de chose en temps de paix (7)?... Cette tourbe de brigands pouvait-elle être tenue de quelques obligations envers son chef, comme l'avance Terrasson?... Et ce chef pouvait-il être autre chose que *primus inter*

(6) Cujas, ad. l. 2, §. 1, ff., orig. jur. — Id. Pothier, Pand. ad. d. §. 1. Au reste, il ne faut pas conclure des expressions de Pomponius (*d.* §. 1.), qu'il n'y eut absolument aucun droit à Rome, à l'origine de cet état; mais seulement qu'il n'existait pas encore de lois écrites. — *Heineccius*, *hist.*, §. 1.

(7) *Voy.* les auteurs cités à note 13 ci-après.

pares, ou le premier exposé à leurs mouvemens de rage féroce, ainsi que le fut, dit-on, Romulus (8)?

Quoiqu'il en soit, lorsque l'accroissement de la population et de la puissance des Romains et par une suite nécessaire la multiplication des transactions sociales, leur firent sentir le besoin d'un droit positif, les lois furent proposées (9) par les rois au peuple assemblé en *curies*, pour être soumise à ses suffrages, et en conséquence nommées lois rendues en curies ou *leges Curiatœ* (10); mais en souvenir de l'initiative du monarque on les nomma aussi dans la suite, *lois royales*. Papyrius les rassembla sous Tarquin (11), et leur recueil fut appelé de son nom, *droit civil Papyrien* (12).

Presque toutes furent rendues sous les règnes de Romulus, de Numa et de Servius-Tullius, et ont plus de rapport au droit sacré et au droit

(8) *Voy.* Terrasson, hist. jurispr., part. 1, §. 1.

La plupart des historiens suivent au contraire l'opinion de Cujas, et n'accordent aux rois de Rome qu'une autorité limitée.— Voy. *entr'autres*, *Walch sur Hoppius*, *hist. jur.*, *c.* 1, §. 1, *note* 1.; *Palissot*, *Œuvres*, *t.* 3, *p.* 151, *note* 1; *Heineccius*, *hist.*, §. 2 *à* 6; *surtout Hoffman*, *p.* 2 *et* 3; *Bouchaud*, *t.* 1, *p.* 35 *à* 37 (il y traduit Hoffman sans le nommer); *id.*, *acad. inscript.*, XXXIX, *p.* 355.

(9) *Velitis, jubeatis, romani?* telle était la formule de la proposition (Voy. *Heineccius*, *hist.*, §. 7), formule qui suffit seule pour détruire le système de Terrasson.

(10) D. l. 2, orig. jur., §. 2.

On les nomma *centuriatœ*, depuis Servius-Tullius. — Voy. *Brunquell*, 32; Hoffman, 13; ci-après, §. 3.

(11) Il y a eu de vives dissentions sur le point de savoir, 1° si Papyrius se nommait Publius ou Caïus, etc. — Voy. *Cujas ad d.* §. 2; *Hoffman*, 13; *Heinecc.*, §. 15 *et opusc.*, *p.* 10; *Bouchaud*, *acad. inscr.* XXXIX, 359. — 2° S'il publia sa collection sous le 1er, ou sous le 2e Tarquin. — Voy. *Cujas*, *sup.*; *Pothier*, *part.* 1, *c.* 1, §. 2; *Brunquell*, *p.* 33; *Hoffman*, 14; *Walch*, 5; *Heinecc.*, *d. p.* 10; *Muret*, *ad. d.* §. 2.

(12) D. l. 2, §. 2. — Ainsi Terrasson, *part.* 1, §. 4, l'appelle mal à propos *code Papyrien*.

public et criminel, qu'au droit privé (13). Le petit nombre de fragmens qui nous en restent, et qui ont été recueillis et mis en ordre par plusieurs érudits modernes (14), porte sans doute l'empreinte de la barbarie de ces temps; mais on y trouve avec surprise, le premier germe d'institutions, ou règles qu'ont long-temps observées les Romains, et dont quelques-unes à travers tant de siècles, ont pénétré jusques dans les codes de l'Europe civilisée. Telles sont les lois où l'on suspend l'administration de la justice, pendant les jours de fêtes; où l'on distingue l'assassinat, de l'homicide par imprudence; où l'on met au nombre des choses saintes, les murailles de Rome; où l'on établit le droit de puissance paternelle, et ensuite l'émancipation; où l'on défend d'ensevelir une femme enceinte avant d'avoir extrait son fruit (15); où l'on déclare inviolable le contrat passé devant des témoins, et où l'on prescrit de déférer le serment sur la convention faite hors de leur présence (16).

Les lois royales furent abolies à l'établissement de la république (an de Rome 244), ou tombèrent

(13) *Voy.* Coras, ad. d. l. 2, n. 9; Fulvius Ursinus, sur Augustin, in pr.; Gravina, lib. 1, c. 31. — *Voy.* aussi Heinecc. hist., §. 2.

Juste Lipse prétend même qu'il n'y en a pas d'autres rois. — Voy. *Hoppius*, c. 1, §. 5, p. 7. *Voy.* aussi Broë, hist. jur., §. 4.

(14) Tels sont Juste Lipse, Paul Manuce, Rosinus, Forster (Voy. *Hoppius*, p. 6), Ant. Augustin, Baudoin, Leconte, Fulvius Ursinus, Idsinga et Terrasson, qui a publié (d. §. 4) avec des commentaires, le texte ou le sens de trente-six lois.

(15) *Voy.* Lois 8, 17, 18, 27, 29 et 31, dans Terrasson, p. 28 et suiv. — *Voy.* aussi, l. 8, 9 et 11, D., de rer. divi. (i, 8); l. 2. *ff.* de mortuo infer. (xj, 8); Valentin Forster, hist. jur. civ., lib. 1, c. 7, n. 8, p. 9, édit. de 1594; Hoffman, p. 5.

(16) *Voy.* Val. Forster, d. p. 9; Hoffman, p. 10.

bientôt en désuétude (17) ; du moins, celles que leur conformité aux mœurs privées et aux opinions politiques des Romains leur firent conserver, furent assimilées à de simples usages, et ne recouvrèrent l'autorité de *droit écrit*, qu'autant qu'elles furent confirmées expressément par le pouvoir législatif (18). Dès-lors, le peuple fut dirigé par un droit incertain et par des coutumes, plutôt que par des lois précises, pendant environ soixante ans (19). Toutefois, le droit papyrien, quoique rejeté dans la classe des usages, dut conserver un certain crédit, puisque même vers la fin de la république, un jurisconsulte (Granius-Flaccus) en fit l'objet d'un commentaire spécial (20).

§. II. *Des lois des douze tables.*

Lorsque Rome se constitua en république, les consuls héritèrent de toutes les prérogatives des rois, au nombre desquelles se trouvait le pouvoir judiciaire (21), et il paraît qu'ils exercèrent ce

(17) Les érudits sont assez divisés sur cette alternative. — Voy. *Cujas ad d. l.* 2; *Jac. Godefroi, hist. jur.*, c. 2 ; *Gravina, opusc.*, *p.* 267, 268; *Sigonius, cité ibid.*; *Heineccius, hist.*, §. 13 *à* 15; *Hoffman, p.* 20 *et* 21 ; *Pothier, Prolég*, *p. ij* ; *Hoppius et Walch*, § 6, *p.* 7 ; *Bouchaud, t.* 1, *p.* 80; *Bach*, *p.* 22.

(18) Le système que nous adoptons ci-dessus résulte d'une combinaison de celui de Sigonius et Gravina, avec celui d'Heineccius (Voy. *note précédente*), qui, ainsi modifiés, nous ont paru conformes, et aux dispositions des lois, et aux traditions de l'histoire. — Voy. *aussi Brunquell, p.* 34 ; *Bach*, *p.* 22 ; *Ritter sur Heineccius*, IV, 358.

(19) Tel est l'avis de Jac. Godefroi, *hist. jur.*, *c.* 2 ; et des meilleurs interprètes. — Voy. *Gravina*, *opusc.*, 267, 268. — *Voy* aussi *Cujas*, *ad l.* 2, *or. jur.*, § 3 ; *Walch et Hoppius*, *p.* 10 ; *Brunquell*, *p.* 34 *et* 35.

(20) *Voy.* l. 144, D. verb. sign. ; Gravina, ib. ; Heinecc., hist., §. 15 ; Hoffman, p. 337 ; Pothier, proleg., p. xcij.

(21) *Voy.* Tite-Live, liv. 2, c. 3 ; Cujas, ad. d. l. 2, §. 16 ; Sigonius de judiciis, lib. 1, c. 7 ; Heineccius, hist., §. 12 et 16 ; Hoffman, p. 14 et 15 ; Bouchaud, acad. inscript. XXXIX, 357.

pouvoir, ou par eux-mêmes ou par leurs subordonnés, conformément aux vues du corps puissant, dont ils étaient tirés, et qui croyait avoir intérêt à opprimer le reste du peuple (22).

Les lois ou les usages qui en tenaient lieu, se ressentaient toujours de la barbarie des premiers temps de Rome; l'arbitraire qui régna dans leur application, mit le comble aux malheurs des plébéiens. Il fut une des principales causes des longues dissentions (23) qui s'élevèrent entr'eux et les patriciens; dissentions au commencement desquelles *les plébéiens* se retirèrent sur le Mont-Sacré, et obtinrent la création de plusieurs magistrats appelés tribuns, tirés de leur caste, et chargés de prendre leur défense (24).

Il était naturel que les tribuns portassent d'abord leurs regards sur cet exercice du pouvoir judiciaire, dont les grands usaient si mal et auquel ils attachaient tant d'importance. Dès l'an de Rome 292 (25), et de l'expulsion des rois 47, Terentillus Arsa fit ordonner la nomination d'une commission qui devait travailler à restreindre le pouvoir des consuls, à les empêcher de suivre comme loi *libidinem ac licentiam suam*; mais les consuls eurent l'adresse d'éluder cette nomination en occupant les citoyens à une guerre étrangère.

(22) *Voy.* Gravina, c. 32; surtout Bouchaud, t. 1, p. 3. — *Voy.* aussi Levesque, t. 1, p. 178.

(23) *Voy.* Pothier, sup., §. 2, p. *iij*; Bouchaud, d. p. 3; Jac. Godefroi, hist. jur., c. 2.

(24) *Voy.* sur cet événement, Tite-Live, liv. 2, an CCLX; l. 2, ff. or. jur., §. 20. — *Voy.* aussi Lévesque, t. 1, p. 137.

(25) D'autres disent, 291 et 293. — *Voy.* Hoffman, p. 18 et 22; Heineccius, hist., §. 20; Pothier, prol., p. *iij*; Bouchaud, t. 1, p. 6; Stokmann sur Bach, p. 25.

Le tribun Virginius reprit ce projet dès l'année suivante. Il fit arrêter la création de dix magistrats (les fameux décemvirs) à qui l'on devait confier la composition d'un corps de lois civiles, par lesquelles on préviendrait l'arbitraire des décisions des consuls.

Il s'écoula plusieurs années avant qu'on pût procéder à la nomination des décemvirs, tant les patriciens surent faire naître d'obstacles à l'exécution d'une loi qui leur semblait contraire à l'autorité dont ils jouissaient (26). On envoya enfin des députés en Grèce pour y recueillir les lois de Solon, celles de la plupart des villes de ce pays (27), et leurs mœurs et usages, et y prendre ce qui conviendrait aux institutions des Romains. Au retour de ces députés, vers l'an de Rome 301, on élut les décemvirs et on leur donna une autorité sans bornes. On ne voulut pas même nommer aucune autre espèce de magistrats pendant le temps où ils devaient être en fonctions (28).

Mais si un grand pouvoir est utile à un magistrat pour faire recevoir des lois, il ne lui donne pas les lumières nécessaires à leur composition, à cet art difficile dont un Montesquieu a cru digne de son génie de tracer les préceptes (29). Les guerriers ignorans et farouches, à qui l'on avait confié le plus

(26) *Voy.* les détails de ces événemens et intrigues dans Tite-Live, liv. 3, et Denys d'Halycarnasse, liv. 10 et 11 — *Voy.* aussi Pothier, *ibid.*; Lévesque, t. 1, p. 168, 177, etc., surtout Bouchaud, t. 1, p. 7 et suiv.

(27) Cette légation fut ordonnée l'an 299 ou 300, par un sénatus-consulte, confirmé par un plébiscite.... Il y eut trois députés. — Voy. *Heineccius, hist.*, §. 21 *et* 22; *Pothier, d. p. iij; Gravina opusc.*, *p.* 269; *Hoffman*, 23; *Muret, ad. d. l.* 2, §. 4.

(28) *Voy.* Tite-Liv., ib.; Hoffman, 24; Muret, sup.

(29) *Voy.* Esprit des lois, liv. XXIX.

noble et le plus délicat des ministères, surent au moins se rendre justice. Ils s'aidèrent d'un homme, Hermodore d'Ephèse, que ses compatriotes, égarés par une passion trop ombrageuse pour la liberté, avaient éloigné du séjour poli de la Grèce pour le reléguer dans les contrées encore à demi-sauvages de l'Italie.

Une contradiction qui existe dans les récits des historiens, et qui vient peut-être de l'altération des textes, ne nous permet pas d'assigner avec précision la part qu'eut Hermodore (30) au travail des décemvirs : toutefois, si l'on pèse les circonstances que nous venons d'énoncer, si l'on réfléchit surtout à l'honneur extraordinaire d'une statue qu'ils lui décernèrent, on ne peut se borner, avec quelques érudits modernes, tels que Heineccius (§. XXIII) et Bouchaud (t. I, p. 19), à voir en lui un simple traducteur ou interprète de la législation grecque.

Il est au moins fort probable qu'un tel guide dût leur faciliter les moyens, et ce n'est pas là un motif d'éloge, de terminer promptement leur entreprise. A la fin de l'année pendant laquelle ils étaient en exercice, ils présentèrent chacun au peuple une série de lois qui furent approuvées après un mur examen, consacrées par un sénatus-consulte (an 303) ratifié par les centuries (31), et reçues des plébéiens, avec des applaudissemens unanimes.

De tels suffrages n'étaient pas un sujet de satisfaction pour les patriciens. Ayant adroitement insinué

(30) *Voy.* sur Hermodore, d. l. 2, §. 4; Muret, ib.; Gravina, sup. 148, 269; Heineccius, hist.; §. 23; Hoffman, 26 *et* 28; Walch, sup., c. I, §. 10; Bouchaud, i, 17; Schomberg, 8. — Pomponius (d. §. 4) lui donne la qualité d'*auteur* de ces lois; selon Strabon, il les écrivit; Pline dit qu'il fut interprète des décemvirs. — *Voy. dd. autorités.*

(31) *Voy.* Gravina, sup., 270; Pothier, p. iij; Brunquell, 39.

(32), que ces dix séries ne renfermaient pas tous les cas sur lesquels il était nécessaire de statuer on créa de nouveaux Décemvirs (33). Ceux-ci présentèrent l'année suivante deux autres séries qui furent également approuvées, dont chacune sert de supplément à cinq des précédentes, et où l'on glissa des règles propres, soit à accroître le pouvoir du premier ordre de l'état, soit à fournir l'occasion de nouveaux troubles qui pussent lui être utiles (34).

Ces douze séries connues sous le nom de lois des 12 tables (35), et appelées dans l'ouvrage de Tribonien, lois anciennes, droit ancien, droit décemviral, droit civil, ou même tout simplement *lois* (36), ont été la principale source des lois romaines et celle que les jurisconsultes anciens se sont plû davantage à combler de leurs éloges partiaux, ou, tout au moins exagérés. Comment se défendre d'une forte méfiance à cet égard, lorsqu'on apprend qu'avant le temps de Cicéron, dont le suffrage (37) a le plus contribué à la réputation des douze tables, leur

(32) Quant à cette politique, *voy.* Hoffman, p. 25, 27, 35; Walch, d. §. 10. — Bouchaud, t. 1, p. 235, l'attribue à Appius Claudius. Il nous semble qu'elle appartient aux patriciens. Appius voulant acquérir la souveraine puissance, avait intérêt à ménager, et non pas à opprimer les plébéiens. On peut présumer qu'il gagna les suffrages des patriciens, pour sa réélection, par la promesse de lois additionnelles favorables, se réservant, sans doute *in petto*, de déroger à celles-ci selon les occurrences.

(33) Sauf Appius Claudius qui eut l'art de se faire réélire.

(34) *Voy.* Hoffman, Walch et Bouchaud, sup. — Les plébéiens appelaient par mépris, ces deux tables, les lois des *Osques*. — *Id.*

(35) Parce que les décemvirs les avaient d'abord fait graver sur des tables de bois. — Voy. *Pothier*, *proleg.*, *p.* iij; *Bouchaud*, t. 1, p. 24.

(36) *Voy.* Brunquell, 41; *Pothier*, *p.* lxxiv.

(37) A travers les expressions pompeuses dont il se sert (*de oratore*, *i*, 41), on voit qu'il reconnait que son opinion était contraire à l'opinion commune (*fremant* OMNES *licet*, dit-il.)

style était tellement obscur, et un grand nombre de termes et de passages en avaient tellement vieilli que de savans antiquaires, comme il l'avoue lui-même, étaient hors d'état d'en découvrir le vrai sens(38)! Pour peu d'ailleurs qu'on fasse attention à l'ignorance, à la précipitation, à l'esprit de faction et de partialité qui présidèrent à leur rédaction, il est difficile de se persuader qu'elles aient pu mériter la vénération des magistrats éclairés du dernier siècle de Rome (39): aussi voyons-nous que quoiqu'ils leur rendissent les plus pompeux honneurs, quoiqu'ils les accablassent d'éloges, ils avaient cessé d'en observer et même d'en étudier un grand nombre, en un mot, ils les avaient reléguées, en grande partie, parmi les monumens de pure curiosité (40).

Il en dût être autrement dans l'origine, surtout quant à ces règles puisées dans les institutions des Grecs, et perpétuées par leur sagesse jusqu'à nos jours. On prit les précautions les plus scrupuleuses pour en maintenir la tradition. Les lois décemvirales furent gravées sur des tables d'airain ou peut-être d'ivoire (41), exposées sur la place publique, et conservées ou renouvelées avec tant de soin, que

(38) Schomberg, note A, p. 121. — *Voy.* aussi Hoffman, p. 33 et 35; Cicéron, de legib., ij, 23; Aulugelle, xiv, 10, xx, 1; Sénèque, lett. CXIV; Heineccius, opusc., 14; Bouchaud, 209 (il a cherché à rétablir les textes primitifs qui sont vraiment barbares.)

(39) Dans Aulugelle (*lib.* XX, *c.*1), qui vivait sous Adrien, plusieurs décisions des douze tables, sont attaquées comme injustes ou absurdes par Favorinus, dont la censure est ensuite plutôt éludée que réfutée par son interlocuteur Cœcilius. — *Voy.* aussi *Hoffman*, *p.* 35; *Bouchaud*, *t.* 1, *p.* 168 *à* 190, essaie de réfuter les critiques des modernes.

(40) *Voy.* Cicéron, d. ch. 23; Aulugelle, d. ch. 1 et 10.

(41) Grand sujet de discussion entre les érudits. — Voy. *d. l.* 2, §. 4; *Cujas et Muret, in id.*; *Godefroi*, *hist. jur.*, *c.* 2; *Gravina*, *opusc.* 271; *Hoffman*, *p.* 28; *Bouchaud*, *t.* 1, p. 21, etc., etc.

malgré diverses catastrophes, elles ne périrent tout-à-fait que dans l'invasion des barbares du nord (42). Les jeunes gens furent assujettis à les apprendre de mémoire comme des élémens nécessaires du droit (43). Plusieurs jurisconsultes célèbres de la fin de la république et même du commencement de l'empire, tels que Sextus Ælius, Labéon et Caïus, s'empressèrent d'en développer le sens dans des commentaires (44). Enfin, quoique minées en quelque sorte de tous côtés, soit par les abrogations légales des comices, soit par les dérogations détournées des édits prétoriens, soit par les interprétations subtiles et les inventions d'actions des jurisconsultes (45), leurs débris étaient encore regardés comme *le fond* du droit romain à l'époque où Adrien publia son édit perpétuel (46).

Les érudits ont exercé leur patience à rechercher, rassembler et expliquer les fragmens des douze tables : le plus célèbre dans ce travail a été Jac. Godefroi (*fontes quatuor jur. civ.*). Gravina (*or. jur.*), Hoffman (*hist. jur.*), Pothier (*pand. justin.*), Terrasson (*hist. jur. rom.*), et Bouchaud (*comment. sur id.*) ont fait quelques additions à son ouvrage, et donné, principalement le dernier, des commentaires beaucoup plus développés que les siens (47).

(42) *Voy.* Heineccius, hist., §. 29 ; Hoffman, p. 32 ; Schomberg, note A ; Bouchaud, t. 1, p. 207.

(43) *Voy.* Cicéron, d. ch. 23. — Elles n'étaient pas écrites en vers. — Voy. *Hoffman*, *p.* 28 ; *Bouchaud*, *t.* 1, *p.* 26 ; *Schomberg*, *note A*.

(44) *Voy.* Heinecc., § 28 ; Hoffman, 33 ; Bouchaud, 207.

(45) Voy. *Hoffman*, *p.* 90 ; *Heineccius*, *hist.*, §. 27. — Bouchaud, t. 1, p. 193 et suiv. ; ci-après, ch. 2 à 4.

(46) *Voy.* Hoffman, 29 ; Hoppius, p. 12 ; Heineccius, hist., §. 26 à 28 ; Brencman, ap. Wieling, §. 4, p. 151 ; Bouchaud, t. 1, p. 193.

(47) *Voy.* la liste des commentateurs dans Hoppius et Walch, p. 11, surtout dans Hoffman, *ij*, 132 à 135, copié par Bouchaud, p. 216 et suiv.

Nous y voyons que les douze tables formaient un corps complet de lois, embrassant, mais sans ordre ni liaison ou connexité entre les matières (48), le droit sacré, le droit public, le droit privé, etc.

Les règles de la procédure civile sont contenues dans les *première* et *deuxième* table, et cette dernière renferme de plus, les lois relatives aux vols. La *troisième* traite du dépôt, de l'usure, et de l'autorité de la chose jugée. La *quatrième* concerne la puissance paternelle, l'émancipation, et le temps nécessaire à la gestation. La *cinquième*, les testamens, successions ab intestat, partages d'hérédité et tutelles. La *sixième*, les ventes, prescriptions, possessions, répudiations, et solives placées dans le mur ou le fonds d'autrui. La *septième*, les dommages commis dans les champs, les crimes de faux témoignage, homicide, poison, parricide, sortilèges, et les fraudes des patrons et tuteurs envers leurs cliens et pupilles. La *huitième*, les droits des héritages urbains et rustiques, les limitations, ventes et corporations. La *neuvième*, le droit public. Elle défendait les privilèges, les assemblées nocturnes et les séditions : admettait les rebelles à résipiscence, soumettait à la peine de mort les juges corrompus, et à l'assemblée des centuries les jugemens capitaux des citoyens. La *dixième*, le droit sacré les funérailles, les cérémonies et le serment. La *onzième*, les mariages des patriciens, les successions des vestales et l'autorité des dernières lois. La *douzième*, le gage, les dommages des esclaves, la possession de mauvaise foi, et la consécration des biens litigieux.

Les lois dont ces tables sont composées, n'ont en

(48) *Voy.* Hoffman, 39; Brunquell, 41.

général qu'une phrase, souvent très-courte : elles sont en un mot d'une briéveté désespérante, surtout si on les compare à plusieurs textes verbeux et diffus de notre droit Français (49). On ne saurait trop admirer cette concision si propre à faire passer dans la mémoire et des citoyens et des légistes, les règles qu'ils doivent observer ou appliquer, et qui favorise moins l'esprit de chicane que les mêmes textes. Il faut toutefois remarquer que par une suite de la politique astucieuse déjà indiquée, on affecta d'outrer la concision dans les douze tables, non pour prévenir les difficultés, mais pour les faire naître en rendant les règles obscures, et forcer ainsi les plébéïens de recourir à leurs ennemis, qui s'étaient réservé le domaine exclusif de l'interprétation des lois (50).

La même concision, les lacunes de plusieurs fragmens dues à l'injure des temps (51), et les abréviations usitées dans l'écriture du droit Romain, et qui existent dans presque tous, ont causé beaucoup d'embarras aux commentateurs des derniers siècles. Elles les excuseraient d'avoir donné de l'étendue à leur commentaires s'ils n'avaient pas la plupart passé toute mesure. Il faut le dire franchement. Les douze cents pages du docteur Bouchaud rebuteront toujours plus qu'elles n'encourageront les légistes à consulter les douze tables.

Cependant, sans partager la prévention exagératrice de quelques commentateurs, qui voudraient

(49) Tels que ceux des titres des donations et testamens, de la communauté, des hypothèques.

(50) *Voy* Hoffman, 38; Stokmann, 31; ci-après, ch. IV.

(51) Il en est dont il ne reste que deux ou trois mots.

presque réduire l'étude du droit à la connaissance des lois décemvirales, on ne saurait disconvenir qu'il ne soit quelquefois utile d'y avoir recours pour l'interprétation de celles qui en sont dérivées. C'est ce qu'ont démontré les mêmes commentateurs, entr'autres Pothier et Hoffman (52). Ce dernier surtout, moins jaloux de faire preuve de savoir, que de rendre service aux juristes, a joint à ses commentaires des dissertations où à l'occasion de chaque loi, il indique son *utilité* pour notre jurisprudence. Un tel travail nous dispense de nous appesantir davantage sur les douze tables; il nous suffira de citer parmi une centaine de fragmens qui nous en restent, les dispositions abrégées des plus intéressans, quant à notre droit privé. Telles sont la défense de plaider après le coucher du soleil (Table 1ère); le caractère d'imprescriptibilité attribué aux effets volés (T. 2); la fixation du taux (53) de l'intérêt (T. 3); la déclaration qu'un enfant né dans les dix mois après la mort de son père, est légitime (T. 4); la faculté accordée de tester; l'institution des tutelles testamentaire et légitime; la *délation* de la succession ab intestat aux proches parens; la répartition des dettes héréditaires faite entre les héritiers à proportion de leur part (T. 5); la fixation de la prescription des immeubles à deux ans, et des meubles à une année; la maxime que dans le doute on doit toujours présumer pour la liberté (T. 6); l'obligation prescrite de déposer lorsque l'on est cité comme témoin (T. 7); la

(52) *Voy.* id., i, 34. — *Voy.* aussi Heineccius, §. 32; Bach, p. 31.

(53) Il était alors de *douze* pour cent. — Il n'est pas vrai que les douze tables permissent aux créanciers de mettre en pièces leurs débiteurs. — *Voy.* *Brunquell*, p. 41, §. 8.

permission donnée de recueillir sur le champ du voisin, les fruits de notre arbre, qui y sont tombés (T. 8); la défense d'enterrer les morts dans l'enceinte des villes (T. 10); la maxime que les lois postérieures doivent être préférées aux lois antérieures, qui sont inconciliables avec elles (T. 11).

Observons avant de finir, que l'origine grecque des lois des douze tables, ainsi que le voyage qui semblait l'établir, ont été de nos jours l'objet des discussions sérieuses et des doutes de plusieurs savans (54). Sans entrer dans l'examen inutile d'un tel problême, on peut tenir pour certain que les douze tables ne furent pas seulement composées de lois grecques, mais que les décemvirs adoptèrent et firent revivre sous différentes formes dans cette nouvelle compilation, un grand nombre d'institutions et d'usages qui avaient existé à Rome et qui étaient tombés en désuétude depuis la destruction de la royauté (55).

§. III. *Des lois faites par le peuple.*

Ces lois étaient proposées, discutées et arrêtées dans des assemblés générales nommées *Comices* (56). On les distingue en deux classes; savoir : les lois faites

(54) Surtout de Bonamy (*acad. inscr. xij*), qui a été combattu par Walch, *p.* 10, Schomberg, *note A*, Bouchaud, *i*, 14, Stockmann, 27.

(55) *Voy.* Gravina, sup. c. 31; Schomberg, sup.; Jac. Godefroi, hist., c. 1.; Heineccius, hist., §. 25; Hoffman, p. 29 et 32; Bouchand, t. 1, p. 43 et suiv. (pour les *lois grecques* insérées ou imitées, et les *lois royales* conservées dans les douze tables); Cujas, ad. l. 2, or. jur., §. 3 (pour les *usages* qu'on y consacra); id. obs., iij, 46.

(56) Les assemblées partielles s'appelaient *concilia*. — Voy. *Gravina*, c. 28. Quant aux diverses espèces de comices, voy. *Ant. Augustin*, *c.* 8; *Hoppius et Walch*, §. 13-16; *Heineccius*, *antiquit.*, *lib.* 3, *tit.* 2, *n.* 1 à 17; *Boindin*, *académ. inscrip.*, *t.* 1, *p.* 72 *et suiv.*, t. 4, *p.* 67 *et suiv.*

par le peuple en entier, et les lois auxquelles les seuls plébéïens concouraient.

Pour rendre les premières, les citoyens étaient rassemblés par *centuries*, c'est-à-dire, par classes graduées à raison de la fortune; et ils votaient sur les projets que présentait un magistrat sénatorial, en vertu d'un sénatus-consulte. Quelques auteurs, tels que Pothier (*C.* 2, §. 1), et Heineccius (*hist.* §. 18), les nomment *populiscites*, d'après un passage de Cornelius Nepos, dans sa vie d'Alcibiade, chapitre V (57); tandis que Coras soutient que ce mot, d'ailleurs très-convenable, n'est autorisé, ni par l'histoire, ni par l'étymologie (58).

Pour rendre les deuxièmes ils étaient convoqués par tribus, c'est-à-dire, par quartier, sans distinction de rang ou de fortune, et les seuls tribuns pouvaient y proposer des lois. Les patriciens quoique non convoqués, avaient le droit d'assister à ces assemblées, dont les arrêtés furent nommés *plébiscites*, soit parce qu'ils étaient censés pris par les plébéïens, soit parce qu'ils n'engagèrent d'abord que les plébéïens. Mais, dans la suite (ans de Rome 306, 416 et 465) ils eurent force de loi sur tout le peuple, en vertu des lois Horatia, Publilia et Hortensia (59), et ils en reçurent aussi la dénomination dans l'usage

(57) Nous ne l'y avons point trouvé, dans quatre éditions différentes.

(58) Voy. *Coras*, *ad. l.* 2, *ff. or. jur.*, §. 8, *not. f.*, *n.* 10. — *Voy.* aussi *Baudoin*, *catéches. juris*, *c.* 1, §. 15.

(59) Deux passages contradictoires de Tite-Live, *lib.* 3, *c.* 55; et d'Aulugelle, *lib.* 27, *c.* 15, au sujet des lois Horatia et Hortensia, ont singulièrement embarrassé les érudits. — Voy. *Coras*, *sup.*; *Cujas*, *ad. d. l.* 2, §. 8. — La plupart reconnaissent l'existence des trois lois indiquées ci-dessus au texte, avec quelques variations sur leurs dates. — Voy. *Heineccius*, *hist.*, §. 36 à 38; *Hoffman*, *p.* 17, 25, 56, 59 et 81; *Walch*, *sup.*, *c.* 1, §. 22; *Hotoman*, *ad d. l.* 2.

comme on le voit dans le digeste, et même dans le code, où deux plébiscites arrêtés sur la proposition des tribuns Aquilius et Falcidius, sont commentés sous les titres de loi Aquilia et loi Falcidia.

Les lois s'arrêtaient dans l'une ou l'autre de ces sortes d'assemblées selon que chaque faction parvenait, par la force, ou l'adresse ou le crédit, à obtenir la tenue des comices qui lui étaient le plus favorables. Les patriciens demandaient les comices par *centuries*; les plébéïens, les comices par *tribus.*

Une observation expliquera les motifs de leur prédilection respective: dans l'une et l'autre espèce de comices, les résolutions s'arrêtaient à la pluralité des divisions du peuple, c'est-à-dire, des centuries, ou des tribus, et non pas à la pluralité des voix recueillies dans la totalité de ces divisions; de telle sorte que le suffrage de deux divisions, soit centuries, soit tribus, était absolument du même poids, quoique l'une eût beaucoup plus de citoyens que l'autre (60).

Remarquons maintenant qu'il y avait 193 centuries distribuées en six classes, et que la première classe composée des plus riches citoyens contenait à elle seule plus de centuries que les cinq autres (elle en avait 98 et les 5 dernières, 95 seulement.) Lorsqu'en recueillant les suffrages, une proposition avait acquis la majorité, on négligeait d'appeler le reste des centuries, qu'il était en effet inutile de consulter. D'après ce mode, la dernière classe qui était la plus nombreuse, mais qui ne contenait qu'une

(60) *Voy.* Boindin, t. I, p. 82; Lévesque, t. I, p. 376.

Ainsi, dans les premiers comices, il suffisait, pour passer une loi, d'obtenir 97 suffrages, pluralité absolue de 193, ou du nombre total des centuries.

centurie, n'eût presque jamais de suffrages à donner, et les citoyens riches qui composaient les premières dûrent presque toujours avoir l'avantage (61).

Au contraire, les citoyens étant distribués dans les *tribus* à raison simplement du domicile, les pauvres, ou les plébéïens avaient naturellement de la prépondérance (62). Mais les patriciens balançaient souvent cette prépondérance par le grand nombre de leurs débiteurs et de leurs cliens, le crédit de leur naissance et l'autorité de leurs charges. Il est à présumer que sans l'espèce d'équilibre que cela établit entre ces deux classes, les plébéïens n'auraient pas moins mésusé que les patriciens, de leurs avantages.

Il ne faut pas toutefois induire de là, que les lois fussent en quelque sorte improvisées comme on l'a vu dans des assemblées modernes. Il y avait beaucoup de formalités à observer, soit pour leur composition, soit pour leur communication, leur affiche, leur lecture, etc., qui ont été développées par divers auteurs, entr'autres par Antoine Augustin (*de legibus*), Gravina (*de ortu*, *c*. XXVI) et Heineccius (*antiquitat.*, *lib.* I, *tit.* 2.) Elles étaient ordinairement divisées en plusieurs chapitres, dont le

(61) *Voy.* Sigonius, c. IV. — Voy. *aussi* Heineccius, antiqu., lib. I, append., c. I., n. 64; Hoffman, p 11, §. 11, note B; Hoppius et Walch, c. I, §. 15 et 16; Boindin, p. 67 et suiv.

(62) Puisque dans chaque tribu ils étaient beaucoup plus nombreux que les patriciens. Mais vers l'an 449, le censeur Q. Fabius Maximus enleva aux plébéïens une partie de leurs avantages. Il plaça tous les citoyens les plus pauvres dans les seules tribus urbaines, qui n'étaient qu'au nombre de quatre, tandis que les tribus rustiques auxquelles les autres citoyens étaient attachés, furent portées (un demi-siècle après), jusques au nombre de 31. — Voy. *Tite-Live*, *liv.* IX, *in f.*; *Boindin*, *sup.*; *Lévesque*, *t.* I, *p.* 375.

dernier contenait la *sanction*, c'est-à-dire une peine générale contre leurs infracteurs (63).

A l'égard des comices par *curies* institués par Romulus, et dont on a déjà parlé (*p.* 11), ils ne furent plus tenus sous la république que par fiction et par respect pour les rits religieux auxquels ils avaient été principalement consacrés. Ils étaient surtout nécessaires pour les nominations des magistrats des provinces et des pontifes. Trente licteurs y représentaient les trente tribus et confirmaient ce qui avait été décidé dans les autres comices (64). Ceux-ci, au contraire, furent réunis selon le besoin et sous la république et même sous l'empire, jusques aux règnes de Caligula ou de Claude, qu'ils furent remplacés par les sénatus-consultes (*ci-après, art.* 2).

Il est aussi question dans les instituts, de comices qu'on y nomme *calata* (convoqués), et qui se tenaient deux fois par année pour la réception des testamens; mais ils se confondaient avec les espèces précédentes, ou au moins avec les comices par curies (65).

D'après ce qu'on vient d'exposer sur le mode de confection des lois, on pressent que celles qu'on rendit sous la république eurent pour objet, plutôt les prérogatives des deux ordres de l'état, ou le droit *constitutionnel*, que le droit privé, ou le droit public ou criminel dans ses rapports avec le droit privé. Aussi, lorsqu'on examine les traités que les

(63) Voy. *Cujas*, *ad leg.* 80, *ff.*, *Reg. jur.*

(64) *Voy.* Gravina, sup., c. 28; Walch et Hoppius, c. 1, §. 14; Cicéron, II, de leg. agrariâ, c. 12; Bouchaud, ij, 235, 236.

(65) Voy. inst., *de testam. ordin.*, §. 1 (ij, 10); le nouveau Gaïus, p. 104; *Vinnius*, *ad d.* §. 1; *Heineccius*, *ibid.*; *Hoppius et Walch*, §. 17; *Bouchaud*, *essai sur les lois*, *note*, *p.* 254.

érudits modernes ont composés sur les lois proprement dites et parmi lesquels on doit distinguer ceux d'Antoine Augustin, et d'Hoffman (66), sur plus de trois cents qu'ils indiquent ou rapportent, à peine en trouve-t-on une douzaine de la dernière classe. Telles sont les lois suivantes : *Aquilia*, sur les dommages; *Atilia*, sur les nominations de tuteurs; *Cornelia* (deux différentes), sur les injures, les testamens et le faux; *Duilia*, sur la fixation du taux de l'intérêt; *Lætoria*, sur les prérogatives des mineurs, et les curateurs qu'on doit leur donner; *Voconia*, sur les droits de successibilité des femmes.

Quoique sous les empereurs la législation dût naturellement avoir un objet inverse de celle de la république, ils ne nous ont également laissé que fort peu de lois de la dernière classe, parce que comme on l'a dit, ils remplacèrent les lois par les sénatus-consultes. On peut néanmoins citer celles-ci : *Ælia-Sentia*, *Fusia-Caninia* et *Junia-Norbana*, sur les affranchissemens; *Falcidia*, qui assure à l'héritier un quart franc de la succession; *Claudia* (67), sur les tutelles des femmes; plusieurs lois *Julia*, sur les adultères, les mariages, etc.

Il semble que la suppression des comices eut dû

(66) Augustin en rapporte 185, en y comprenant les lois royales; Heineccius, *hist.*, §. 80 *à* 89, *et* 132 *à* 135, donne une notice abrégée de 66 lois de la république ou de l'empire; Hoffman, *p.* 89 *à* 199, rapporte, avec des commentaires, 337 lois. Voy. *aussi* Hottoman, iij, 193 et seq., édit. 1600.

(67 Caligula rétablit les élections dans les comices qu'avait supprimées Tibère, et les supprima bientôt à son tour. — Voy *Heineccius*, §. 170. — Cependant, on convient que l'acte nommé dans le droit, loi *Claudia*, fut proposé par Claude. Les comices existaient-ils donc encore, sinon pour les élections, du moins, pour les lois? Heineccius, *hist.*, §. 175, présume que cet acte ne fut point une loi, mais un sénatus-consulte appelé *Claudianum* (Pothier, *p. vj*, lui donne aussi ce nom.)

porter atteinte au crédit des lois que le peuple y avait rendues, d'autant qu'elles n'eurent pas, comme les lois royales et impériales, l'avantage d'être rassemblées et conservées dans des recueils méthodiques, ce qui les a fait nommer par quelques auteurs *leges singulares* (68), lois particulières ou détachées; néanmoins, elles furent tellement respectées qu'on les maintint même dans la collection faite par ordre de Justinien. Indépendamment, en effet, d'un très-grand nombre de lois qui y sont citées dans des textes épars (69), on n'y compte pas moins de trente titres, soit des instituts, soit du digeste, soit, chose assez étrange, soit du code, qui portent les rubriques et sont consacrés à l'application d'une vingtaine d'entr'elles, application faite dans des fragmens de Rescrits ou commentaires interprétatifs, émis ou publiés par plusieurs empereurs ou jurisconsultes antérieurs au corps du droit (70); de sorte qu'elles régissent encore aujourd'hui une partie de l'Europe, et que, par conséquent, les traités destinés à les éclaircir deviennent quelquefois utiles aux jurisconsultes modernes (71).

ARTICLE II.

Des Sénatus-consultes.

On nommait *sénatus-consultes* les arrêtés du sénat de Rome, relatifs aux affaires générales de l'état;

(68) *Voy.* J. Godefroi, bibl. jur., c. 1, n. 4; Lorry, inst., præf., p. 5.

(69) Dans les seuls instituts on cite plus de 20 lois qu'indique *Walch*, *introduct.*, *c.* 2, §. 8, *p.* 25.

(70) *Voy.* les tables ou *index* du corps du droit aux mots *ad legem* et *de lege*.

(71) *Voy.* en une notice dans les auteurs cités à note 66, et dans Otton, t. 1, pref., p. 30; Struve, bibl., c. 3, §. 16.

décrets, ceux qui concernaient les affaires particulières ou de simples individus; enfin, *senatus-auctoritas*, la décision dont l'exécution avait été paralysée par le fameux *veto* des tribuns (72).

La première division des Romains que l'on connaisse est celle des patriciens et des plébéïens. On mit dans la première classe tous les hommes libres les plus considérables par leur âge ou leur fortune, et on les appela *patriciens*, selon les uns, parce qu'ils purent indiquer (*patrem sciere*), ou nommer leurs pères; selon d'autres, parce qu'on voulut imiter les Athéniens où une semblable dénomination était déjà usitée (73). Le sénat ou conseil chargé de la puissance exécutive avec le monarque, fut pris parmi les plus anciens des patriciens. Son autorité fut très-grande dans le principe, comme cela était naturel chez un peuple qui sortait à peine de la barbarie. Elle s'accrut après l'abolition de la royauté, quoique les droits des monarques eussent été transférés aux consuls. Le sénat devint en quelque sorte l'ame de la république, surtout pour la direction des affaires extérieures. Enfin, aucune loi ne put être proposée au peuple sans avoir été soumise à son approbation et sanctionnée d'avance par un sénatus-consulte (74).

Mais à mesure que les plébéïens acquirent de l'influence, cette autorité s'affaiblit. Les tribuns s'affranchirent souvent de la nécessité de soumettre

(72) *Voy.* Gravina, c. 24; Hoffman, p. 374; Heineccius, infrà.

(73) *Voy.* discours de Decius Mus dans Tite-Live, lib. X, ad. an. 450; Denys d'Halyc., lib. II, p. 113, édit. 1563.

(74) *Voy.* sur ces points, Tite-Live, lib. I, c. 17, lib. VIII, c. 12, ad. an. 38 et 413; —Gravina, c. 2 et 14; Heineccius, antiqu., liv. I, tit. 2, n. 45, et hist., §. XC; Hoffman, p. 287, 373 et 382; Lévesque, p. 345.

les projets de lois au sénat, et les sénatus-consultes, dont l'effet d'ailleurs, quant à la durée, était simplement annuel, furent au contraire, soumis à la ratification du peuple (75).

Malgré cette révolution, le sénat composé vers la fin de la république, de quatre cents citoyens (au moins) pris parmi les personnages les plus distingués et les plus illustres, et parmi ceux qui avaient rempli quelque magistrature importante (76), jouissait d'un si grand crédit dans l'opinion, qu'il parut aux premiers empereurs un instrument propre à affermir et augmenter leur puissance. N'osant usurper tout-à-coup le pouvoir législatif, ils le firent transférer au sénat; *ut potestas imperii quasi per gradus ab universitate, primùm ad pauciores et ab his tandem ad principem solum, tota transferretur* (77).

Tibère, dont la politique sombre et habile, conçut ce plan, en voila, il est vrai, d'abord les conséquences dans l'exécution. Il se borna à faire attribuer au sénat les élections affectées jusques alors aux comices, couvrant cette innovation du

(75) *Voy.* sur l'autorité du sénat, les auteurs cités à note 74; Walch sur Hoppius, p. 18 et 19; Stockmann sur Bach, p. 303 à 306.

(76) *Voy.* à ce sujet, Gravina, c. 11; Hoffman, p. 81, note b.

(77) Pothier, proleg., part. 1, c. 11, §. 1. — *Voy.* aussi Godefroi, hist. jur., c. 3; Heineccius, antiqu., d. n. 45 et s.; id., hist., §. 161 et 162; Hoffman, p. 373; Walch et Hoppius, §. 23 et 29; Bouchaud, Moniteur an 10, p. 460.

Cujas, *ad. l. 2, or. jur.*, §. 12, fait en quelques lignes une histoire claire, exacte et complète du pouvoir législatif à Rome. Il parvint, dit-il, *lento progressu, à vi et potestate regis ad populum, à populo ad senatum, à senatu ad unum; non regem, sed principem, quasi in republicâ et senatu primum; qui nec populi, sibi, nec senatus jus omne vindicaret, sed cum eo partiretur : hinc origo legum, hinc senatus-consultorum et constitutionum, quæ etiam legum vigorem obtinent.*

prétexte spécieux, que les citoyens étaient en trop grand nombre pour que l'on pût tenir ces sortes d'assemblées (78). Mais on sent qu'il fut ensuite peu difficile d'accoutumer la multitude à penser que le corps qu'elle avait revêtu de la plus importante peut-être de ses prérogatives, avait acquis le droit d'exercer les autres (79).

Depuis cette époque on n'eut presque plus recours au peuple pour des actes législatifs. Bien assurés du dévouement servile et lâche des sénateurs, dont les opinions se réduisaient à des approbations littérales, et souvent à des acclamations élogieuses faites en tumulte (80), les empereurs leur soumirent les projets de lois, soit dans des lettres, soit dans des discours (*oratio principis*) où ils en exposaient les motifs, comme s'ils eussent voulu n'obtenir que de la persuasion ce qu'ils devaient réellement à la puissance (81). Les projets approuvés par le sénat, c'est-à-dire, les sénatus-consultes, parurent tout à la fois émaner de son autorité et de celle des monarques, parce que ceux-ci ne les mettaient à exécution qu'en y joignant des édits ou constitutions pour les promulguer; que d'ailleurs, les

(78) *Voy.* à ce sujet les mêmes auteurs; Hoffman, p. 288; Sainte Croix, acad. inscr., XLIX, 361.

(79) On a vu, note 67, p. 31, que Caligula rendit, mais bientôt enleva de nouveau le droit de suffrage au peuple.

(80) On en trouve cet exemple dans la vie de Probus par Vopiscus (édit. de Rob. Etienne, 1544, p. 116 et 117). *Ælius Scorpianus consul, dixit : audistis litteras*, P. C., *Aurelii Probi, de his quid videtur? Tunc acclamatum est, Probe Auguste, Dii te servent!... Post hæc Manlius Mucianus, qui primæ tunc erat sententiæ senator, ita locutus est* (il fait un éloge pompeux de Probus, et vote qu'on lui décerne les titres de César et d'Auguste, la puissance tribunitienne, etc.)... *Post hæc acclamatum est*, OMNES, OMNES!

(81) *Voy.* Heineccius, antiqu., sup., et hist., §. 162; Hoffman, p. 67 à 373; Walch sur Hoppius, p. 23; Bouchaud, *ij*, 396, et Monit. sup

sénatus-consultes étaient des copies à peu près littérales des discours, et qu'enfin les discours étaient toujours suivis de sénatus-consultes (82), et comme ceux-ci, gravés sur des tables d'airain exposées en public, à l'exemple des lois proprement dites (83)... Les empereurs cessèrent bientôt de se couvrir du nom du sénat ou de demander son approbation, et ils publièrent leurs constitutions sans les revêtir de cette forme, lorsque le peuple accoutumé à leur pouvoir, eût perdu toute idée de cette liberté dont il avait été si long-temps et si scrupuleusement jaloux (84).

Il paraît que cette dernière innovation eut lieu sous Adrien, puisque c'est le premier empereur dont les constitutions aient été insérées dans le code, où encore on n'en trouve qu'une de lui, savoir, la loi 1ere *de testamentis* (85); mais pour mieux cacher leur usurpation du pouvoir législatif, ses premiers successeurs jusques à Caracalla, proposèrent aussi quelques sénatus-consultes (86).

(82) On s'accoutuma ainsi facilement à les confondre. Lorsqu'on dit dans le corps du droit, que telle décision émane *ex oratione principis*, *ex libello*, *ex epistolâ*, cela se sous-entend d'un sénatus-consulte. — Voy. *Cujas*, *qu. Papin.*, *lib.* 16, *ad. l.* 12, *ff. quæ ut indign.* — Voy. *aussi* sur les points ci-dessus, id. lib. XXIII, ad. l. 4, si ingenuos; et in tit. 60, lib. VI, cod.; Hoffman, sup.; Pothier, p. vj; Bouchaud, ij, 477; Brisson, antiquit., lib. 1, c. 16.

(83) *Voy.* Hoffman, p. 372, note *i*; nos recherches sur la promulgation des lois, p. 6.

(84) *Voy.* les auteurs de note 82; Hoffman, p. 372, note *k*.

(85) *Voy.* Godefroi, hist. jur., c. 4. — Walch sur Hoppius, p. 4; Bouchaud, t. 2, p. 428.

(86) Godefroi (*c.* 3) dit que ce ne fut que jusqu'à Marc-Aurèle, mais Pothier (*id.* p. *vj*) en cite du temps de Sévère et Caracalla. Enfin, Hoffman soutient qu'il y en eut de bien plus récens; mais c'étaient sans doute des sénatus-consultes, tels que ceux dont on va parler, qui avaient besoin d'une approbation ultérieure, et qui ne cessèrent que vers le règne de Léon. — Voy. *id.*, *p.* 394. — Voy. *aussi Bach*, *p.* 451, §. 17.

Il est vrai que, fidèles à la politique de leurs prédécesseurs, ils ne dépouillèrent jamais expressément, ni le peuple, ni le sénat de leurs anciennes prérogatives; mais le premier s'en trouva privé de fait, et lorsque le second voulut en user, il eut besoin de la sanction du monarque (87); encore son crédit déchut-il tellement, qu'il renonça enfin aux actes qui lui avaient servi dans l'origine, à se donner des maîtres absolus (88).

Il résulte des observations précédentes, que les seuls sénatus-consultes, rendus depuis Auguste, jusques à Caracalla, sont rangés dans la classe des lois. Pendant cet intervalle, ou pendant deux siècles, on en promulgua un très-grand nombre, mais la plupart relatifs au droit public proprement dit (89). Les interprètes n'en ont recueilli ou expliqué que trente qui aient rapport aux matières de notre droit (90). L'examen de cette source du droit romain ne doit pas néanmoins être dédaigné vu l'importance des objets dont traitent quelques sénatus-consultes, ce qui a engagé Justinien à consacrer à leur commentaire ou développement, plusieurs titres de sa collection (91). Tels sont les suivans : *Æmilien*, qui

(87) Cela était établi au moins avant la fin du quatrième siècle. — Voy. *Hoffman*, *p.* 372, *note k.* — Dans le suivant, Théodose II et Arcadius en font une règle positive. — *Voy.* l. 8, c. legib. (elle est de 446.) — Enfin, il résulte de deux décisions des mêmes empereurs, que les discours (*orationes*) étaient entièrement assimilés aux lois. — Voy. *l.* 1, *C.-Th. de cretione*, *et Godefroi*, *ibid.*; *l.* 3, *c. legib.*; *Hoffman*, *d. note k.*

(88) *Voy.* ci-devant, note 86.

(89) *Voy.* Hoffman, §. 3, p. 383.

(90) On en trouve 29 à 40 de diverses natures, expliqués ou cités dans Augustin, *de legibus*; Gravina, de id., c. 25 et seq.; Hoffman, p. 383 et seq.; Pothier, d. p. 17; Heineccius, *hist.*, §. 138 à 252.

(91) Voy. l'*index* ou *alphabetica series* du corps du droit, aux mots *ad senatus-consultum*, ou *de senatus-consulto*.

modifie un peu la défense des donations entre mari et femme; *Julien*, où l'on règle les obligations des possesseurs, sans titre, d'une hérédité ; *Libonien*, qui défend à l'héritier d'écrire son institution dans le testament ; *Macédonien*, qui annulle les prêts faits aux fils de famille; *Pégasien* et *Trebellien*, qui accordent à l'héritier grevé de fidéi-commis, le quart de l'hérédité, et règlent les actions dont il est passible; *Plancien*, sur l'état des enfans conçus avant le divorce ; *Tertullien*, qui admet certaines mères à la succession de leurs enfans ; *Velléïen*, qui annulle les cautionnemens passés par les femmes.

ARTICLE. III.

Des constitutions impériales, et de leurs recueils, entr'autres, des codes Grégorien et Hermogénien, et par occasion, de la loi Regia.

Le titre d'empereur, aujourd'hui le plus éminent que l'on connaisse, était sous la république, donné par les soldats, comme une marque d'honneur, à leur général, lorsqu'il avait obtenu un avantage signalé sur les ennemis (92). On le plaçait avant les prénoms, noms et surnoms multipliés des monarques qui en étaient revêtus ; c'est ce qui fait que leurs successeurs l'ont conservé, et que, dans l'usage, on s'en est servi exclusivement pour les distinguer.

Cependant aucune autorité n'était d'abord attachée à ce titre. Aussi les premiers chefs de l'empire

(92) Il avait d'abord été donné aux préteurs. — Voy. *Casaubon sur Suétone*, *liv.* 1, *p.* 38, *éd. in-fol. de* 1610. — Scipion est le premier des généraux qui l'obtinrent dans la suite. — Voy. *Hoffman*, *p.* 65.

préférèrent-ils celui de *prince* par ce qu'il était unique ; il n'y avait en effet qu'un *premier* au sénat, *princeps senatûs*, tandis que de simples généraux pouvaient être décorés du titre d'*empereur*, comme Blœsus le fut sous Tibère, en 775 (93). S'il eût été le signe de la souveraine puissance, comme le prétendent quelques auteurs (94), les écrivains des deux premiers siècles désigneraient toujours l'état et son chef, par les mots *empire* et *empereur*, tandis qu'ils emploient au contraire fort souvent, les mots *principat* et *prince* (95); enfin, pour nous servir des expressions d'un des plus habiles critiques du dix-huitième siècle, le mot *imperator* était un prénom purement honorifique (96).

Il en était de même de celui de prince ; le monarque n'exerçait les diverses parties de la souveraineté que comme revêtu des diverses magistratures populaires auxquelles elles étaient attachées ; aussi avait-il soin de se faire nommer souverain pontife, censeur, consul, proconsul, etc. Il y faisait ajouter le privilége des sénateurs, le droit de référer au sénat, qui n'appartenait précédemment qu'aux grands magistrats, les titres d'Auguste, de père de la patrie, etc. (97), et sur-tout la puis-

(93) *Voy.* Gibbons, ch. 3 ; Casaubon, sup.

(94) Hoffman, p. 291 à 293, note *b*, d'après Spanheim.

(95) *Divo Augusto jam principe*, dit Aulugelle (*liv.* 13, *ch.* 12).. *me principe*, dit Auguste lui-même dans le monument d'Ancyre (*Acad. inscrip.*, *xlix*, 356). *Tradere Tiberii Principatum.... miscuit* (Nerva) *Principatum ac libertatem.... initia Principatûs* (Vespasiani) *regebat*, dit Tacite (*Annal.*, *lib.* 1, *in pr.* ; *hist.*, *lib.* 1, *in pr.* ; *Agric. vita*, *in pr.*) *Claudii Principatu repertum*, dit Pline (*hist. nat.*, *lib.* 3, *c.* 1.)

(96) *Voy.* Sainte-Croix, *académ. inscr.*, *xlix*, 363, où il donne d'autres raisons.

(97) *Voy.* sur tous ces points, Gravina, sup., c. 17, 18, 105 et seq. — *Voy.* aussi Hoffman, p. 293 ; Heineccius, hist., §. 141.

sance tribunitienne, car, suivant plusieurs auteurs estimés, elle était le véritable signe de la domination; ce qui paraît fortifié par la considération assez importante, que l'on comptait (Auguste lui-même le pratiqua ainsi) les années du *gouvernement* à dater du jour où l'on avait obtenu cette puissance (98).

Ce fut donc, soit en agissant à l'ombre des mêmes magistratures, soit en se couvrant du nom imposant du sénat comme nous l'avons vu (p. 35), que les empereurs firent d'abord l'essai du pouvoir législatif. Enhardis par les succès qu'ils obtinrent à cet égard et relativement aux discours (*orationes*) joints aux sénatus-consultes (*d. p.*), ils donnèrent des décisions séparées, sous divers noms, tels que Rescrits, Edits, etc., les faisant selon les circonstances, ou consacrer par le sénat, ou publier sans approbation (*v. ci-après, section 5, chap.* I, *note* 6.)

Telle fut la politique adroite d'Auguste, de Tibère, et de leurs premiers successeurs, dont ils se relachèrent peu à peu, et enfin s'affranchirent tout à fait au temps d'Adrien, et qui est constatée soit par les documens de l'histoire, soit par les monumens plus certains de la législation (99).

Mais comment accorder cette politique avec l'existence de la loi *Regia*, par laquelle Justinien prétend,

(98) *Voy.* Brottier sur Tacite, annal., *iij*, 56; Sainte-Croix, p. 367 — *Voy.* aussi Hoffman, p. 293; Heineccius, hist., §. 158.

D'autres disent que le même signe était attaché à la puissance consulaire, ou proconsulaire. — Voy. *la Bletterie*, *acad. inscr.*, *xxiv*, 289; *Bach.*, *p.* 288, §. 10.

(99) Heineccius, *hist.*, §. 128 *à* 144, développe cette politique. Voy. *aussi* tout le mémoire de Sainte-Croix, déjà cité.

d'après Ulpien, soit dans les Instituts (*lib.* 1er, *titre* 2, §. 6), soit dans le Digeste (*loi* 1re *de constitutionibus*, *livre* 1er, *titre* 4), que le peuple transmit au prince toute son autorité? ou faut-il penser, avec plusieurs savans interprètes, que ces deux textes du corps du droit, ont été ainsi que tant d'autres, altérés ou interpollés par Tribonien, qui a bien pu attribuer à Ulpien un langage conforme à ses propres idées, dès qu'il a aussi substitué dans beaucoup de passages tirés des instituts de Gaïus, aux mots *auctoritas populi*, employés par ce jurisconsulte, les mots *auctoritas principis* (100)?...... Ce dernier parti nous paraît le plus raisonnable. Sans entrer dans le détail des motifs nombreux qu'on a fait valoir en sa faveur (101), observons qu'il est impossible de concevoir que des empereurs, revêtus légalement de toute l'autorité souveraine, eussent consenti à en laisser exercer la partie la plus précieuse, pendant un demi-siècle, au peuple, et pendant près de deux siècles au sénat (102); qu'ils n'eussent pas du moins émis, sous la forme de lois ou de constitutions générales, plu-

(100) *Voy.* le nouveau Gaïus (nous en parlons ci-après au chap. des instituts), p. 37 et s.

(101) *Voir* sur cette question, Gravina, c. 114; Pothier, ad d. l. 1; Noodt, obs., i, 3, surtout sa dissertat. *de jure imperii*, dans ses œuvres, 1713, p. 769, où il répond d'une manière décisive, selon nous, aux observations de son antagoniste Gronovius. — Hoffman, *p.* 301 *à* 303, rapporte les opinions pour et contre; mais il omet les argumens les plus décisifs de Noodt. Walch sur Hoppius (inst. lib. 1, tit. 2, p. 37), prend un parti mitoyen. Il convient que la loi regia peut avoir été imaginée par Tribonien; mais il soutient que les prérogatives qu'on y dit avoir été consacrées, avaient été la plupart accordées aux empereurs, à diverses époques.

(102) *Voy.* ci-devant, p. 29, 33 et 35.—*Voy. aussi* Heineccius, *hist.*, §. 132 *à* 135; et Noodt, *sup.*, qui indiquent plusieurs lois, et même des plébiscites rendus sous Auguste, et même après lui.

sieurs des décisions nombreuses qu'ils rendirent (le Digeste en cite près de cent), car s'ils avaient publié quelques lois, les rédacteurs des codes dont on parlera, n'auraient pas manqué d'en placer des fragmens dans leurs recueils, où l'on n'en trouve néanmoins aucun des quatorze premiers empereurs. (Voy. *ci-après sect. V, chap. I.*)

Observons encore que, dans cette supposition, le titre le plus important de leur puissance, ou la loi *Regia*, eut été, vu l'intérêt pressant qu'ils avaient à le conserver, répété ou cité dans une foule d'actes et de monumens, serait, en un mot, le mieux constaté et le plus certain de l'histoire, tandis qu'il n'en est question que dans un ou deux textes législatifs très-suspects (103), et dans deux ou trois passages historiques susceptibles de divers sens (104)?

Les défenseurs de la loi prétendent, il est vrai, la retrouver dans un fragment de décret découvert au Capitole, et relatif à Vespasien (105); mais leurs

(103) Le §. et la loi cités, p. 40, qui ne forment réellement qu'un texte, parce qu'ils sont la copie l'un de l'autre. Sainte-Croix (*sup.*, 378) traite d'*imposture grossière* ce qu'on y attribue à la *prétendue* loi *regia*.

(104) *Voy.* Dion, LII, 18, LIII, 17, édit. 1606, p. 516, où il dit entr'autres, qu'Auguste fut affranchi de l'observation des lois.

Sainte-Croix, qui a éclairci avec tant de sagacité l'histoire obscure, partiale et inexacte de cet auteur, observe (*p.* 379), 1. que Dion entend parler moins de l'état politique de Rome, sous Auguste, que de celui de son temps, sous Sévère; 2. que tout ce qu'il avance sur l'exemption des lois accordées aux empereurs, n'est que le résultat de son système de despotisme; 3. enfin, qu'il ne cite nulle part la loi regia (Hoffman, *p.* 301, avoue aussi que *scriptores veteres omnes hanc legem silent.*)

(105) Ce fragment est dans Ant. Augustin, Grutter, Heineccius (*antiquit.*, *l.* 2, *t.* 2, n. 52 *à* 57) et Terrasson... Hoffman, *p.* 298 *à* 300, le rapporte avec toutes ses variantes; car les leçons des divers éditeurs ne sont point concordantes: aussi, plusieurs antiquaires pensent-ils que son authenticité n'est pas sans difficultés. — Voy. *id.*, *p.* 301; *Sainte-Croix*, *p.* 380. — Et les défenseurs de la loi ne sont pas non plus d'accord sur l'époque où l'on aura pu la rendre. — Voy. *Hoffman*, *p.* 302.

adversaires soutiennent que c'est un simple sénatus-consulte, où l'on rappelle seulement les priviléges accordés aux premiers empereurs, et qu'il exclut sur-tout l'idée de l'aliénation perpétuelle du pouvoir législatif (106). On remarque, en effet, qu'à chaque article où l'on expose un privilége accordé à Vespasien, on ajoute dans ce décret, *uti licuit divo Augusto, Tiberio Julio Cæsari Augusto, Tiberio Claudio Cæsari Augusto Germanico*. Si l'aliénation du pouvoir législatif eût été perpétuelle, il eut été très-inutile d'attribuer de nouveau à Vespasien, les priviléges qu'on avait accordés à Auguste, à Tibère et à Claude, puisqu'il les aurait acquis de droit par sa seule élévation à l'empire.

Dans la même supposition d'ailleurs, 1º les empereurs une fois affermis sur le trône, n'auraient pas souffert que les décisions de quelques-uns de leurs prédécesseurs fussent retranchées des actes publics et annullées (ce qui les exclut dans la suite des collections des lois) par cela seul que le sénat avait condamné leur mémoire (107); ils se seraient réservés à eux-même cette prérogative importante de la souveraineté.

2º On n'aurait pas restreint la dénomination de droit (*Jus*) aux lois anciennes et aux réponses des premiers jurisconsultes; on l'aurait également appliquée aux constitutions, tandis qu'au contraire on en fait la distinction dans le digeste, et on y éta-

(106) Tel est aussi l'avis d'Heineccius (*sup.*), quoiqu'il ne partage point l'avis des adversaires les plus prononcés de cette loi.

(107) Non-seulement ce qu'ils avaient fait était anéanti, mais encore tout ce qui tendait à conserver leur souvenir. Leurs statues étaient enlevées ou mutilées, leurs portraits effacés, etc. — Voy. *Hoffman*, *p.* 432, *note* b; *p.* 435, *note* a; *surtout Heineccius*, *hist.*, 2e *édit.*, §. 212; et *Juste Lipse sur Tacite*, *annal.*, *lib.* 6, *in pr.*

blit cette maxime, que les constitutions qui dérogent au droit ancien doivent être resserrées dans d'étroites limites (108).

3° Les Jurisconsultes ne se seraient pas permis ainsi qu'on en a des exemples, d'opposer expressément, et même de préférer les décisions de leurs confrères, aux rescrits des empereurs, et de ne s'astreindre à observer ces rescrits, que lorsqu'ils avaient été consacrés par l'usage (109).

4° Lorsque les empereurs avaient besoin d'écarter une loi, ils en auraient prononcé franchement l'abrogation, tandis qu'ils ne le faisaient qu'indirectement et en usant de mesures obliques (110). Ils se seraient surtout dispensés, lorsque l'abrogation les intéressait eux-mêmes, d'avoir recours au sénat; et cependant ce fut à ce corps que s'adressèrent Caligula, pour être exempté de la loi Pappia-Poppæa-Caducaria (111), et Claude, pour faire déroger aux dispositions du droit ancien qui s'opposaient à ce qu'il épousât sa nièce (112).

Quoiqu'il en soit, que les empereurs aient obtenu légalement, ou grâce à leur politique ou bien à d'heureuses circonstances le pouvoir législatif, il est certain que dès le temps d'Adrien, ils l'exercè-

(108) *Voy.* Hoffman, p. 399, note *d*.
Sub nomine juris intelligguntur leges veteres populi Romani et auctoritas jurisconsultorum. — Cujas, quest. Pap., lib. 1, ad. l. 8, de postulando.

(109) *Voy.* Hoffman, p. 414, note *e*.
Nec decreta principum faciunt jus nisi quæ invaluerunt.—Cujas, quæst. Papin., lib. 29, ad l. 11, §. 7, ad falcid.

(110) *Voy.* des exemples dans Hoffman, p. 421, note *a*.

(111) *Voy.* Heineccius, antiqu., d. tit. 2, n. 66.

(112) *Voy.* Tacite, annal., xij, 5; Suétone, in Claud., c. 26; Noodt, observat., ij, 5; Pothier, pandect., de ritu nupt., n. 30; notre mémoire sur l'adoption, note 33, magas. Encyclop., 1814, iij, 35; le nouveau Gaïus, p. 23.

rent presque sans partage et surtout sans réclamation. Seulement, n'osant prendre tout-à-coup le titre de *conditores legum*, ils s'attachèrent d'abord (depuis Sévère jusqu'à Dioclétien) à appliquer et expliquer les lois anciennes, plutôt qu'à en faire de nouvelles (113). Leurs décisions sont connues sous le nom de constitutions impériales, qui vient du mot *constituere*, établir, ou ordonner *en établissant* (114).

Indépendamment de cette acception générale, qui embrasse, ou du moins qu'on appliqua dans la suite à toutes les décisions des empereurs, le mot *constitution* désigne les lois générales et perpétuelles, lois qu'ils se complurent à décorer des qualificatifs les plus pompeux et même les plus extravagans, tels que *præcepta, sanctiones, statuta, oracula, leges sacræ, sanctissimæ, venerabiles, saluberrimæ, æternæ, divales* (115).

Les lois particulières sont de plusieurs sortes. Voici les plus connues, par ordre alphabétique (116):

1. Les bénéfices (*beneficia*) ou priviléges. Ils étaient généraux ou spéciaux. Les premiers s'accordaient sans acception de personnes, et sont encore en usage; tels sont ceux de restitution (pour minorité), de rescision, d'ordre et de division, d'inventaire.... Les seconds étaient attribués à des individus, et ne

(113) *Voy.* Heineccius, hist., §. 289.

(114) Voy. *Hoffman*, *p.* 397, *note* h. — C'est pour cela qu'on appelait quelquefois *jus constitutum*, le droit qui dérivait des constitutions. — Voy. *l.* 1, §. 2, *ff.*, *quæ sententiæ sine* (xlix, 8.)

(115) *Voy.* Hoffman, p. 397; Godefroi, c. Théod., lib. 1, tit. 1, p. 1 et 2.

(116) Dans l'explication que nous allons donner, nous suivrons principalement Hoffman, §. 2 *à* 9, *p.* 399 *et suiv.* — Voy. *aussi* Gravine, c. 119 *et suiv.*; *Schomberg*, *p.* 38 *et suiv.*

pouvaient être étendus à d'autres (*V. ci-après, nº 9, p. 46.*)

2. Les décrets (*decreta.*) Ce nom pris dans un sens général désignait les constitutions ; et dans un *sens* particulier, les jugemens du prince : c'étaient alors, des espèces de rescrits.

3. Les édits (*edicta*) étaient des ordres de propre mouvement, qui lorsqu'ils étaient *généraux*, se confondaient aussi avec les constitutions. On les appelle quelquefois lois édictales; ils étaient adressés au sénat, au peuple, à une province, tandis que les rescrits (du moins les spéciaux) l'étaient à un jurisconsulte. On rapporte aux édits spéciaux les espèces d'avis officiels nommés *monitoires* ou *brefs* (117).

4. Les lettres (*epistolæ*) contenaient des ordres donnés sans supplique.

5. Les mandats (*mandata.*) On appelait ainsi les ordres envoyés aux gouverneurs ou magistrats des provinces.

6. Les pragmatiques (*sanctiones pragmaticæ*) étaient des décisions rendues sur une supplique d'une corporation, d'une ville, d'une province(118).

7. Les relations (*relationes.*) C'étaient des rescrits, donnés sur une consultation, ou un rapport d'un magistrat.

8. Les *cognitiones*. On nommait ainsi ou même simplement *décrets* les jugemens rendus sur l'appel des sentences déférées aux monarques (119).

(117) Voy. Cujas, *quæst. Papin., lib. 2, ad l. 8, de postul.*; Brunquell, p. 141, §. 10, p. 142, §. 11.

(118) *Voy.* Ferrarius-Montanus, instit., p. 55.

(119) *Voy.* Mérille, obs., ij, 26, édit. 1626; Cujas, obs., ij, 26.

9. Les rescrits (*rescripta*) étaient les réponses faites sur les requêtes des particuliers, ou sur les rapports et demandes des magistrats, qui les unes et les autres, avaient souvent pour but de faire résoudre les difficultés qui partageaient les jurisconsultes. Ils composent la plus grande partie du code de Justinien (120). Ils étaient, ou généraux et perpétuels, ou spéciaux et temporaires. Ces derniers n'étaient applicables qu'à la cause particulière qu'ils concernaient et ne pouvaient, par argumentation, être étendus à des causes semblables (121).

Cette classification que nous exposons pour l'intelligence des termes employés dans les lois romaines, ne doit pas être considérée comme rigoureuse. Plusieurs des décisions précédentes sont souvent confondues sous la même dénomination, et en reçoivent quelquefois de différentes, qu'il est peu utile d'expliquer. Par exemple, on dit aussi quelquefois, qu'un empereur a décidé telle chose dans ses *semestres*, parce que comme dans le principe ils consacraient six mois de l'année à l'administration de la justice, ou à la composition des lois, on appela *semestria* les ouvrages où l'on recueillait leurs décisions (122). Enfin, on emploie également le même mot de décision comme synonime à *constitution* mais dans un sens un peu moins étendu (123).

A l'égard de la composition des constitutions de de divers genres, il semble que d'après ce qu'on

(120) *Voy.* 1° Mérille, obs., i, 5; 2° Hoffman, p. 410, note i, d'après Brisson, de formulis, lib. 3.

(121) *Voy.* inst. de jure nat., §. 6; l. 1, §. 1 et 6, ff., const. princ, i, 4): Hoffman, p. 412. — Voy. *aussi* ci-dev. n. 1, p. 45.

(122) *Voy.* Cujas, sup., et qu. Pap., lib. 18, ad l. 72 de condit.

(123) *Voy.* Silberad sur Heineccius, hist., 2e édit., §. 39?.

observe dans beaucoup d'états modernes, il suffise de noter qu'elles émanaient d'un prince absolu, et d'ajouter qu'elles étaient l'unique fruit de sa volonté, éclairée par fois peut-être, par un conseil. Il y a quelque chose de particulier dans celles des empereurs. Ni la naissance, ni le crédit, ni la fortune n'étaient d'aucun poids dans le choix de leurs *conseils législatifs*. Ces places étaient dévolues par l'usage, aux jurisconsultes les plus distingués par leur sagesse, leurs lumières et leur expérience; et les princes les traitaient plutôt comme des amis que comme des ministres. Tels furent Neratius sous Trajan; Celsus fils, Julien et autres sous Adrien; Marcellus et Javolenus sous Antonin; Scævola et Papinien sous Sévère et Caracalla (124).

Ce dernier nom surprendra sans doute. On demandera comment des lois sages ont pu émaner d'un tel monstre: ou l'on pensera que peut-être le hasard ou l'intérêt en firent émettre quelques unes de bonnes parmi une immensité de mauvaises. Cependant, il est très-vrai que sans parler de celles qu'on cite simplement dans le Digeste, le code contient de lui deux cent cinquante textes en général irréprochables. Aussi Baudoin n'a-t-il pu, dans son étonnement, s'empêcher de s'écrier: *leges honestissimas dedit* (*Deus*) *per impios tyrannos* (125)!

Il serait toutefois imprudent de donner trop

(124) *Voy.* Cujas, lib. 19 quest. Pap., ad l. 67, § 8., de leg. 2°; Maran, disc. des lois, 1621, p. 41; Hoffman, p. 408.

Mæcianus amicus noster... Salvii Juliani amici nostri, disent Marc-Aurèle et Verus dans un rescrit (*l.* 17, *ff.*, *de jure patron.*, *xxxvij*, 14.)

(125) Baudoin, prôleg. in instit., §. cornelium, n. 30. — Voy. *aussi* Art. Duck, liv. 1, ch. 3, n. 9; Hoffman, p. 414, 415, note 8; Schomberg, note *g*, p. 185; Pasquier, liv. 19, lettre 14.

d'extension à cette règle, et quoique l'accusation d'un usurpateur, même contre des tyrans, ne doive être écoutée qu'avec réserve, le dessein formé par Macrin, d'abroger tous les rescrits de ses prédécesseurs, autorise à penser que parmi ceux des mauvais empereurs il devait s'en rencontrer beaucoup d'iniques, dont la pratique du barreau et ensuite les rédacteurs du corps du droit auront fait justice; surtout lorsqu'on rapproche ce dessein des motifs que Macrin en donnait. Il observait que c'était un crime de conserver au nombre des lois les rescrits des Commode et des Caracalla, lorsqu'on voyait qu'un prince tel que Trajan, s'était toujours refusé à donner des décisions de cette espèce (126).

On ne peut disconvenir que des jugemens rendus sur des causes particulières (car telle était au fond, la nature des réponses, rescrits, etc.), ne soient de mauvais élémens d'une législation générale; cependant, le grand homme à qui nous devons cette remarque (127) n'y eut peut-être pas insisté, s'il eut su que les rescrits n'étaient souvent que des extraits ou des confirmations des réponses des grands jurisconsultes de Rome, ou s'il eut observé combien les décisions injustes ou déraisonnables de droit privé du code, sont en petit nombre (128) en comparaison de

(126) *Voy*. Jule Capitolin, vie de Macrin, c. 13.

Eutrope, qui écrivait vers l'an 375, nous donne une idée (Voy. *id.*, *lib.* 8, *c.* 5, *édit.* 1683, *p.* 98) de la réputation de Trajan. *Usque ad nostram ætatem*, dit-il, *non aliter in senatu principem acclamatur, nisi felicior Augusto, melior Trajano.*

(127) Esprit des lois, liv. 29, ch. 17.

(128) *Voy*. Petr. Burgius, electorum, c. 6; Perrenon, Animad., lib. 1, c. 16; Rad. Fournier, rerum quotidianar., lib. 1, c. 17; tous les trois dans Otton, i, 320 et 621, et ij, 144.

Parmi les décisions injustes, on peut citer, 1° la loi *æde* 3, *C. locato* (iv, 65), par laquelle Caracalla permet au propriétaire de résilier un

celles dont les jurisconsultes peuvent faire honneur aux lumières, à l'équité et à la philosophie prudente du conseil des Césars.

On fut sans doute frappé de cette observation sous leur gouvernement, puisque leurs décisions particulières n'obtinrent pas moins que les constitutions générales, l'honneur de passer dans toutes les collections de lois (129), que le besoin ou le desir d'acquérir de la gloire firent entreprendre à diverses époques.

Dès la fin de la république, on avait senti l'avantage qu'il y aurait à réunir en un seul corps, et par ordre de matières, les actes législatifs en vigueur. Cicéron, César et Pompée en avaient formé le projet, et le sage et avare Vespasien avait commencé à l'exécuter. Après de longues recherches, il avait fait, 1º *restituer* trois mille tables d'airain, où sans doute les actes publics étaient gravés, et qui avaient péri dans l'incendie de Rome sous Néron; 2º composer un recueil des sénatus-consultes, plébiscites et priviléges publiés ou concédés presque depuis la fondation de Rome (130).

Au bout d'un siècle ou d'un siècle et demi, les jurisconsultes Papyrius Justus et Paul rassemblèrent, le premier, dans vingt livres, les constitutions de Marc-Aurèle et Vérus (131), et le second dans six

bail, par cela seul qu'il lui plaît d'habiter sa maison: 2º la loi *emptorem* 9, *C. eod.*, où Alexandre-Sévère autorise l'acquéreur à résilier le bail passé par son vendeur.... Elles ont été abrogées ou modifiées dans notre code civil, *art.* 1761 et 1743. — Mais ne sont-elles pas plutôt l'ouvrage de Tribonien, que des empereurs auxquels il les attribue? — Voy. *ci-après*, sect. 3, chap. du code.

(129) *Voy.* Hoffman, p. 412, note *c*, et ci-devant, p. 46, n. 9.

(130) *Voy.* Suétone, liv. 1, ch. 44, liv. 10, ch. 8; Broë, hist. jur., §. 28; Marville, préf. C.-Th., p. 7.

(131) *Voy.* Cujas, comm. ad l. 4, D. de servit. urb.

livres, les jugemens de Sévère et de Caracalla auxquels il avait participé comme conseil, et, ce qui fait honneur à sa modestie, qui, la plupart, avaient été rendus contre son avis (132).

Aux trois, quatre et cinquième siècles, on fit des collections plus considérables auxquelles on donna le nom de *codes*, dérivé de *caudex*, arbre, parce qu'on tirait de la tige des arbres les tablettes sur lesquelles on écrivait, et que les constitutions impériales étaient ordinairement gravées sur des tablettes, tandis que les décisions des jurisconsultes étaient écrites sur des membranes, ou ce qu'on appelle du vélin ou parchemin (133).

Ces codes sont au nombre de quatre. Ils portent le nom de leurs éditeurs, Grégoire, Hermogénien, Théodose et Justinien.

Les codes Grégorien et Hermogénien sont dus à deux jurisconsultes qui entreprirent de rassembler méthodiquement toutes les constitutions des empereurs, depuis Adrien jusqu'à Dioclétien. Tout ce qu'on sait de moins incertain et sur ces deux éditeurs et sur leurs ouvrages, c'est qu'ils vivaient sous Constantin, ou ses fils; qu'Hermogénien a travaillé peu de temps après Grégoire; qu'ils avaient pour but de conserver la jurisprudence des empereurs payens que Constantin semblait vouloir abolir (134);

(132) *Voy.* Cujas, obs. ij, 26; Godefroi, proleg. C.-Th., p. 183; Heineccius, hist., §. 302; Hoffman, 452, 453.

(133) C'est ce que nous établîmes dans un mémoire envoyé le 25 novembre 1796 (4 frimaire an 5), à la commission des lois du conseil des cinq-cents. — *Voy.* aussi *Heineccius*, *hist.*, §. 302; *Hoffman*, *p.* 453, *note* c.

(134) *Voy.* Heineccius, hist., §. 302 à 305; Godefroi, d. p. 183; Walch, sup., p. 26, §. 30; Bouchaud, ij, 401, 402; Gravina, c. 131. Toutes les choses qu'on en rapporte, dit Hoffman (§. 2, *p.* 454), *meris innituntur conjecturis.* — Voy. *aussi* Broë, hist. jur., §. 25.

qu'enfin, approuvés par une constitution impériale, leurs recueils avaient été obligatoires (135), ce qui sans doute les aura préservés de la destruction totale qu'ont éprouvé ceux de Paul et Papyrius.

Selon Heineccius, le code d'Hermogénien n'était qu'un supplément de celui de Grégoire. Godefroi dit au contraire, que ces deux ouvrages, à quelques différences près, avaient le même objet... Il ne nous reste, de l'un et de l'autre, qu'un petit nombre de fragmens, que Sichard, Grégoire de Toulouse, Cujas (en 1566), et enfin Schulting, ont rassemblés et publiés (136).

Le code de Théodose le jeune est un recueil des constitutions faites depuis Constantin..... Justinien composa le sien de ses propres constitutions, et d'une partie de celles de ses prédécesseurs. Nous reviendrons dans la suite sur ces deux derniers codes (137).

Les lois un peu remarquables de ces collections sont en si grand nombre qu'il est impossible de les citer comme nous le faisons par rapport aux autres sources du droit romain. D'ailleurs, les détails précédens, ou ceux dans lesquels nous entrerons en parlant des codes de Théodose et de Justinien, donnent une idée de l'esprit général de cette législation, qu'il suffit de faire connaître pour atteindre au but de notre ouvrage.

(135) *Voy.* Godefroi, sup., c. 1, art. 1; Heineccius, sup., et 2e édit., §. 369 — Broë, sup., dit que c'est une opinion générale.

(136) *Voy.* Heinecc., antiquit., in prœm., nos 18 à 22; Godefroi, d. art. 1; Struve, bibl., c. 3, §. 2; Schultingius, jurisprud. vet. ante Justin., 1717.— Voy. *aussi* Hoppius, §. 4, p. 27.

(137) *Voy.* ci-après, sect. 2, ch. 1; sect. 3, ch. 2.

CHAPITRE II.

Des actions des Lois.

On appelle en général *action*, un mouvement quelconque, par lequel nos organes agissent sur les objets extérieurs. La dénomination *d'actions des lois* paraît tirer de là son origine, parce que c'était par le moyen de ces actions qu'on pouvait agir en jugement en vertu de la loi (1), ainsi qu'on va l'exposer.

Dans leurs temples et dans leurs maisons, au milieu des fêtes ou des réunions de famille, dans les actes les plus solennels et dans les actions les plus communes de la vie domestique, les romains s'étaient assujettis à des cérémonies religieuses, dont le nombre n'était pas moins étonnant, que l'exactitude avec laquelle ils les observaient. Les patriciens profitèrent habilement de ces institutions que Numa avait, dit-on, imaginées dans l'objet d'adoucir la férocité d'un peuple, dont le brigandage et la dévastation étaient les premières jouissances. Ils supposèrent qu'il était nécessaire de suivre en justice une manière solennelle de procéder, et comme la loi des douze tables n'en avait point prescrit, ils inventèrent et établirent une multitude prodigieuse de formules et de signes qu'on devait employer pour les divers actes auxquels ils étaient destinés : c'est ce qu'on nomma les *actions des lois* (2).

(1) *Voy.* Gravina, opusc., p. 295; *Heineccius*, *hist.*, §. 40.

(2) *Voy.* Heineccius, hist., §. 41; Pothier, prol., c. 1, §. 3.

Pour chaque espèce d'acte, on était donc assujetti à prononcer une formule, ou à faire un signe, et peut-être aux deux choses à la fois (3). Il fallait remplir cette obligation; 1° de suite et sans aucune interruption; 2° en personne et sans pouvoir se faire représenter par un mandataire (4); 3° à de certains jours déterminés.

Observons à ce sujet, qu'on distinguait les jours en *fasti* (heureux), *intercisi* (intermédiaires), et *nefasti* (malheureux). On ne pouvait agir valablement pendant ces derniers, et pendant une partie des *intercisi*; et comme ils n'étaient pas connus de tout le monde, il fallait s'adresser aux pontifes pour savoir quand on exercerait une action (5).

Les exemples suivans donneront une idée de ce système, au moins quant aux signes employés. — 1° Dans les *nôces* on donnait un anneau de fer, et à la réception de l'épouse dans la maison du mari, on lui livrait les clés; à sa sortie en cas de répudiation, on les lui ôtait; — 2° le *gage* se contractait, en fermant le poing; — 3° on dénonçait *nouvel œuvre* en lançant une pierre contre le mur indûment élevé; — 4° on formait le contrat de *mandat* en donnant la main, *manu data;* — 5° pour *adir* (accepter) une hérédité, l'héritier faisait claquer ses doigts, *digitis crepabat;* — 6° on interrompait la *prescription* en cassant une petite branche d'arbre (6); — 7° pour

(3) C'est la conjecture de Cujas, *lib.* 28 *quæst. Pap.*, *in f.*

(4) *Voy.* Pothier, d. §. 3, n. 3, p. *iv.*

(5) *Voy.* Cicér., pro Murenâ; Heineccius, sup.; Hoffman, p. 203 et 206; Brunquell, p. 56, §. 5 et 6.

(6) *Voy.* quant à ces six premiers exemples, en général, *Pothier*, *d.* §. 3, n. 3; *Gravina*, *de jure nat.*, *c.* 79. — Et en particulier sur les suivans: 1er Pline, hist., lib. 33, c. 1; Festus, in verbo Clavim; Cicéron, 2e Philip. — 2e et 4e Isidor., étymologic., c. 34. — 3e L. 20, §. 1. ff. quòd vi

prendre quelqu'un à *témoin* on lui disait *licet antestari?* s'il répondait *licet*, on lui répliquait *memento*, en lui touchant le bout de l'oreille (7); — 8° le père de famille émancipait son fils en lui donnant un soufflet; — 9° on enchérissait à une vente publique en élevant un doigt (8); — 10° s'il s'agissait de la possession d'un fonds, dans l'origine les deux parties se saisissaient les mains, simulaient une espèce de combat, et allaient ensuite chercher une motte du fonds litigieux; course à laquelle on substitua dans la suite deux formules, l'une prononcée par le préteur (*inite viam*), et l'autre par un tiers (*redite viam* qui la supposaient entreprise et terminée à l'audience (9); — 11° le débiteur qui faisait cession de ses biens à ses créanciers, ôtait et déposait son anneau d'or; — 12° pour annoncer qu'on aliénait un esclave sans promettre de garantie, on l'exposait en vente avec un chapeau sur la tête; — 13° lorsqu'on réclamait un meuble on le saisissait avec la main (10).

Accoutumés à une méthode différente et n'étant assujettis à aucune formule pour nos actes, nous

(xliij, 24); l. 6, §. 1, ff. si servit. vind. (viij, 5.) — 5e Cujas, obs. *xij*, 18. — 6e Cicéron, lib. 3, de oratore, n. 18.

(7) *Voy.* Pline, lib. 11, c. 45; Brisson, de formulis, c. 2, p. 346; Mérille, obs. *ij*, 37; Gravina, d. c. 79.

Des médailles représentent cet attouchement de l'oreille, avec le mot *memento* en légende. — Voy. *Bouchaud, mém. de l'instit., scienc. moral., t. 3, p.* 259.

(8) *Voy.* sur les nos 8 et 9, l. 6, C. emancipationib (viij, 49); Gravina, d. c. 79; Bouchaud, essai sur les lois, p. 302; Cujas, quæst. Papin., lib. 28, in f.

(9) Voy. *Aulugelle, liv.* 20, *ch.* 10; *Gravina, d. c.* 79, et *opusc.* 282; — *Cicéron, pro Murena.* — Voy. *aussi Hoffman, p.* 205.

(10) *Voy.* 1° Comment. d'Apulée, édit. ad usum delph., i, 523; Aulugelle, *xij*, 4; 3° Brunqueli, p. 55.

trouvons celles des Romains bien ridicules ; cependant si nous daignions jeter un coup d'œil impartial sur notre pratique judiciaire et extrajudiciaire, peut-être serions-nous moins hardis à les critiquer. N'y-verrions nous pas que naguère on employait, ou du moins on stipulait qu'on avait employé, et cela sans aucune utilité, des signes non moins singuliers que les actions des lois ? Dans les derniers siécles la *tradition* se faisait encore en France, en donnant une plume ou une baguette (11); l'*émancipation*, en prenant par la main l'émancipé, ou en lui ouvrant les mains qu'on l'invitait d'abord à joindre (12); la légitimation, en plaçant l'enfant naturel sous un poêle, à l'église, pendant la bénédiction du mariage de ses père et mère (13); la renonciation d'une femme à la communauté, en remettant la ceinture, la bourse et les clés sur la fosse du mari; la répudiation d'une succession, en glissant les clés sous la porte principale de la maison d'habitation du défunt; la mise en possession d'un fonds, en y entrant et prenant de la terre, des fruits, des herbes; celle d'une maison, en la parcourant, ouvrant les portes et touchant les serrures (14)... Ne verrions-

(11) *Voy*. Basset, arrêts, *ij*, 295; Villaret, hist. de France, *x*, 54.

(12) *Voy*. Valbonnais, hist. du Dauphiné, *ij*, 84. — Cela était encore usité à Grenoble, en 1791.

(13) *Voy*. Brillon, mot bâtard, n. 20.

En Espagne, selon quelques auteurs, on faisait entrer l'enfant naturel par la manche d'une chemise, et on l'en faisait sortir par le collet.

(14) *Voy*. Expilly, plaidoyer 26, n. 19; Villaret, *xij*, 428.

Voici un fragment d'une mise en possession faite à Saint Ismier près Grenoble, le 24 septembre 1782. « J'ai fait entrer par trois fois consécutives, ledit Pierre dans ladite maison; après lui en avoir fait parcourir les divers membres, je lui ai fait ouvrir et fermer trois fois les portes toucher les clés, serrures et verrous, etc. »

Il paraît, parce que dit Hoffman, *p*. 218, *note i*, qu'on employait également sans utilité, des formules en Allemagne au dix-huitième siècle.

nous pas jusques dans nos lois, des formules prescrites également sans utilité, telles que celle de l'institution héréditaire, que le sage d'Aguesseau maintint dans l'ordonnance de 1735, quoique absolument étrangère à nos mœurs (15)?...

Mais si notre pratique était à cet égard assez déraisonnable, du moins n'avait-on à lui reprocher que de consacrer des choses superflues : l'omission de ses formules n'invalidait en aucune manière les actes qu'on avait voulu passer, les actions qu'on avait voulu exercer. L'inobservation des formes de rigueur faisait sans doute annuller, et le fait encore aujourd'hui, les actes, mais outre que ces formes n'étaient et ne sont encore assujetties à aucun terme *sacramentel*, ce qui en rend l'emploi très-facile, on pouvait et on peut encore recommencer l'instance, en payant les dépens des formes vicieuses (16). Au contraire, chez les anciens Romains, si malheureusement, soit par ignorance, soit autrement, on se servait des termes ou rits affectés à d'autres actions, on était pour toujours déchu de son droit (17).

Quelques superstitieux que fussent les Romains, ils ne tolérèrent un système aussi absurde et aussi oppressif, que parce que les patriciens qui en tiraient un grand parti, le soutinrent de tout leur

(15) A Rome, la nécessité de l'institution était fondée sur les opinions religieuses ; les citoyens voulaient avoir des héritiers, entr'autres pour continuer le culte de leurs dieux domestiques (Voy. *Heineccius*, *antiqu.*, *lib.* 2, *tit.* 15, *n.* 2 ; *lib.* 1, *tit.* 11, *n.* 1 ; *Bouchaud*, *douze tables*, ij, 335). Quel rapport cela avait-il à nos mœurs ?

(16) *Voy.* notre Cours de Procédure, ch. de la rédaction.

(17) *Voy.* Ciceron, de invent., lib. 2, c. 19 : Cujas, parat. C., *ij*, 57 ; Ferrarius, p. 25 ; Gravina, opusc., 294 à 297 ; Hoffman, p. 206 et 219 ; le nouveau Gaïus, p. 268 ; Pothier, d. §. 3, p. *iv*.

pouvoir (18). Comme les fonctions de jurisconsultes, ainsi que celles de pontifes leur appartenaient exclusivement (19), on était obligé d'avoir recours à eux pour obtenir les formules et signes nécessaires, et ils avaient soin de les envelopper du mystère le plus profond : encore, malgré de tels secours, y avait-il tant d'incertitude sur certaines actions, que souvent on prenait le parti d'en exercer deux à la fois, en protestant de se tenir à celle qui serait jugée valable (20).

Ici la surprise des modernes redouble. Sont-ce donc là, s'écrieront-ils, ces législateurs dont nous suivons encore après vingt-cinq siècles, des décisions que les juristes nous vantent sans cesse ?... Mais les anciens pourraient récriminer dans cette occasion comme dans la précédente. Chez eux les actions des lois avaient été imaginées par la politique ; les Anglais qui, choisissant en quelque sorte dans le droit Romain ce qu'il y a de plus défectueux, n'en ont retenu que les actions, pourraient-ils donner une semblable excuse ? Comment justifieraient-ils entr'autres, cette caution ridicule exigée pour l'obtention de leurs *Writs* péremptoires, qui sont proprement des actions des lois ? caution dont ils ont tellement senti l'inutilité, que malgré leur respect servile pour leurs coutumes, il la réduisent dans toutes les affaires, à la simple prononciation de deux noms, *John Doë*

(18) Hoffman, *p.* 201, *note a*, convient du but des patriciens, mais cherche à excuser leur système.

(19) Pothier, *ibid.*, d'après Tite-Live. — Sigonius soutient toutefois d'après un passage de Cicéron, qu'une partie des pontifes pouvait être choisie parmi les plébéiens. — V. *id.*, *de antiq. jure civ.*, *lib.* 1, *c.* 19.

(20) *Voy.* l. 1, §. 4, D. quod legatorum (xliij, 3.)

et *Richard Roë*, qui ne désignent que des individus imaginaires (21) ?

Revenons aux patriciens *formulaires*, pour nous servir de l'expression de Quintilien (*instit. xij*, 3.) Leur secret fut éventé. L'an 449 de Rome, Cœnus Flavius, secrétaire d'Appius Claudius Centumanus Cœcus, lui déroba un recueil où il avait consigné toutes ces formules (22), et le rendit public. Cette action fut si agréable au peuple, qu'il éleva Flavius à l'édilité, quoiqu'il fût fils d'un simple affranchi ; et l'on appela son recueil, de son nom, *droit civil Flavien* (23).

Tel fut aussi le sort des nouvelles actions ou formules qu'inventèrent ensuite les patriciens dans les

(21) *Voy*. Baert, tableau de la Grande Bretagne, an 8 (1800), t. 2, p. 354 et suiv.

Lorsqu'il n'y a pas de *Writ* pour une action d'une espèce imprévue (et tel était aussi l'inconvénient du système des Romains), il faut pour créer ce nouveau *Writ*, un acte du Parlement. — Voy. *ibid.*, *p.* 355. — Ainsi, l'on met en mouvement toute l'autorité législative pour une formule inutile !

A Rome, un plaideur était obligé de jurer qu'il croyait sa cause bonne : c'est ce qu'on nommait le serment de calomnie. Voy. *Heineccius, antiqu.*, *lib.* 4, *tit.* 16; *l.* 2, *C. de jurejur. calum.* (ij, 59) — La caution ci-dessus en est une imitation.

(22) *Voy*. l. 2, or. jur., §. 7 et 36; Cujas, ad. dd. §. §.; Pothier, d. §. 3; Heineccius, hist. §. 45.

Appius fut censeur, deux fois consul, interroi, etc. — Voy. *Hoffman*, *p.* 326; *Glandorp*, *onomasticon*, *mot Claudia.* — Ferrière, *hist. du droit*, *ch.* 20, *p.* 239, en parle en ces termes : « UN NOMMÉ Appius Claudius fit un recueil que son secrétaire *lui vola*, etc. ». De quelle indignation n'eut pas été saisie la famille Claudia, la première de l'empire et la plus orgueilleuse peut être qui ait jamais existé (Voy. *notre mém. sur l'adoption*, *note* 31, *magas. encyclop.*, 1814, *iij*, 31), si elle eut pu prévoir qu'un de ses membres les plus illustres serait cité avec ces termes de mépris par un obscur compilateur ?

(23) Voy. *d. l.* 2, §. 7; *Aulugelle*, *liv.* 6, *ch.* 9. — Tite-Live et Valère Maxime disent que Flavius était déjà édile... Heineccius, *hist.*, §. 45, concilie assez bien ces contradictions — Voyez *aussi Hoffman*, *p.* 208; *Cujas*, *ad. d.* §. 7.

vues précédemment développées, et que suivant plusieurs auteurs, ils écrivirent avec des signes ou abréviations, afin que personne n'en pût donner la signification (24) : elles furent divulguées environ un siècle après (an 552), par Sextus Ælius Pætus Catus, dont la collection fut aussi appelée de son nom, *droit Ælien* (25).

Cette observation minutieuse des formes ou rits tomba peu à peu sous les empereurs. Ils commencèrent, ou même les préteurs, à restituer ceux qui avaient commis quelque erreur en les employant (26). Ensuite, plusieurs lois en affranchirent divers actes (27) ; et enfin Théodose le jeune acheva d'anéantir tout cet étrange système, en 428 (28).

Au reste, les patriciens avaient étendu leurs formules jusqu'aux actes extrajudiciaires, tels que les aditions d'hérédité et nominations de tuteurs (29). Ces sortes d'actes, qualifiés d'*actes légitimes*, par la loi 77, au digeste de *Regulis Juris*, étaient la même chose que les actions des lois, selon Cujas et

(24) Voy. *Pothier*, *d.* §. 3 ; *Heineccius*, *hist.* §. 46 ; *Hoffinan*, §. 6, *p.* 201, 209 *et suiv.* — Il y explique un assez grand nombre de ces abréviations, dont voici deux exemples. P. J. A. V. P. V. D., signifiait *prætorem, judicem, arbitrumve postulo, uti des.* — T. T. E. signifiait *testes estote.* — Selon Ritter (*sur Heinecc.*, 2e *éd.*, §. 49, *et Bach*, *p.* 231), rien ne prouve que ces nouvelles formules aient été écrites avec des abréviations.

(25) *Voy.* d. l. 2, §. 7 ; Godefroi, hist. jur., c. 2, n. 2 ; Heineccius et Pothier, sup. ; Hoffman, p. 214 et 336.

(26) *Voy.* Brunquell, p. 54, §. 2.

(27) Notamment la loi 1re *C. de formulis*, qui fut faite par Constance, vers 342. — Voy. *Jac. Godefroi, ad. l.* 3, *C. Théod. de studiis liberalib.*

(28) C'est ce qui résulte de la loi 2e C. *de formulis*, ainsi que l'établit Godefroi, *ad. l.* 1, *C. Theod. de omissâ actionis impetr.*

(29) *Voy.* Pothier, sup., n. 3 ; *Heineccius*, *hist.*, §. 42.

plusieurs savans interprètes, tandis que Hottoman et quelques autres soutiennent qu'ils en différaient comme le genre de l'espèce, que les actions étaient toutes des actes légitimes, tandis que les actes légitimes n'étaient pas tous des actions, et que celles-ci devaient être exercées et expliquées devant le magistrat, tandis que les autres pouvaient l'être entre de simples particuliers (30).

Il y avait, dit à cette occasion ce dernier auteur, dans son fameux Anti-Tribonien (ch. 8, p. 54), de petits livrets de formules, composés par de grands jurisconsultes, « tellement approuvés et reçus par « la *commune*, que chacun en portait en son sein, « même jusques aux paysans, lesquels sans ces « formules n'eussent pas acheté un mouton ou un « veau. » Et il cite divers passages de Varron (*de re rusticâ*, lib. 2), où les formules d'achats de bœufs, de chèvres et de jumens sont indiquées.

(30) *Voy.* au sujet de cette question fameuse, 1° Cujas, lib. 28, quæst. Pap., ad. d. l. 77; Ritter (il soutient le système de Cujas) sur Heineccius, hist., 2ᵉ édit. §. 46; 2° Hottoman, quæst. illustr., n. 14; et Heineccius, d. §. 46, qui appuie son avis. — *Voy.* aussi Gravina, de jure nat., c. 86, et opusc., p. 298 et 213; Hoffman, p. 215; Pothier, d. n. 3.

CHAPITRE III.

Des Edits des Préteurs.

Le nom de *préteur*, qu'on donnait dans les premiers temps de Rome, au monarque (1), et à tous les magistrats supérieurs, surtout aux consuls, fut réservé dans la suite à un magistrat judiciaire, dont les patriciens obtinrent la création (vers l'an 387), sous prétexte de soulager les consuls, trop occupés à la guerre pour se livrer à l'administration de la justice, et dans la réalité, afin de balancer l'avantage que les plébéiens avaient obtenu en faisant décider que l'un des consuls serait pris dans leur caste. Dans la suite, on établit plusieurs préteurs (Pomponius en compte jusqu'à dix-huit), et les plébéiens furent admis à cette charge éminente (2).

Les fonctions des préteurs consistaient donc principalement à rendre la justice, à être les organes des lois, c'est-à-dire, des douze tables, et du petit nombre de populiscites et de plébiscites rendus depuis le décemvirat jusques à leur création. Mais cette législation avait bientôt cessé d'être en harmonie avec l'état de Rome, vu les progrès de la république, soit quant à la puissance, soit quant à la richesse, soit quant à la population, soit quant aux lumières. On y rémédia par une méthode qu'in-

(1) *Voy* Varron, iv, 14 et 16; Hoffman, p. 221.

(2) V. Gravina, or. jur., c. 35; Pothier, proleg., sup., c. 3.—Voy. *aussi* Hoffman, p. 48, 54 et 222; Schomberg, note *d*; Hoppius, c. 25; l. 2 or. jur., §. 3 et 34; Cujas, ad dd. §§.; Juste Lipse sur Tacite, annal., lib. 1, aux mots *candidatos præturæ*.

troduisit une usurpation insensible, et dont il serait difficile de trouver un autre exemple dans les fastes de l'histoire. Quoiqu'on obligeât les préteurs à faire serment qu'ils observeraient la loi avec fidélité, serment si indispensable qu'ils étaient forcés de cesser leurs fonctions au bout de cinq jours lorsqu'ils ne l'avaient pas prêté (3), on les laissa prononcer sur les différends des particuliers, non-seulement d'après le texte rigoureux de la loi, mais encore d'après les modifications qu'ils jugeaient convenable d'y apporter, lorsque son exécution trop stricte aurait été contraire à l'équité, ou selon les dispositions qu'ils adoptaient pour suppléer à son insuffisance (4).

Ils ne se permettaient pas sans doute, on le verra, de déroger directement à la loi; ils n'osaient pas même s'exprimer comme des législateurs, ou ordonner et défendre certaines choses, puisqu'ils se bornaient à promettre d'accorder pour les cas qu'ils exposaient, et pendant la durée de leur magistrature, une action, une exception, une restitution, etc. Mais ces tournures et autres semblables, dont on donnera des exemples, étaient au fond, des abrogations de la loi (5), et ces abrogations eurent autant d'effet que si elles avaient été prononcées par des populiscites ou plébiscites, parce que le consentement tacite du peuple donna à l'espèce de législation des préteurs la force d'un droit coutumier (6).

(3) *Voy.* Tite-Live, liv. 31, ch. 50; Walch sur Hoppius, c. 1, §. 25, note 2, p. 20; Hoffman, p. 237, note *d*, et 228; Bouchaud, acad. inscr., xlj, 58.

(4) *Voy.* l. 7, §. 1, D. de justit. et jure (i, 1); Cujas, lib. 2, definit. Papin., ad d. l. 7. — *Voy. aussi* Hoppius, c. 1, §. 26, p. 21; Heineccius, hist., §. 62; Hoffman, p. 228, note *b*, p. 229, §. 11; Pothier, d. c. 3.

(5) *Voy.* Baudoin, catéches. jur., p. 11; Bouchaud, xlj, 114 et suiv.; Heineccius, hist., §. 64; Hoffman, p. 229 à 232.

(6) *Voy.* Baudoin, sup., d. p. 12; Hoffman, d. p. 229.

Il ne faut pourtant pas croire qu'on autorisât en cette occasion, une cumulation rigoureuse du pouvoir législatif et du pouvoir judiciaire, cumulation si opposée à la liberté politique et civile. Les préteurs étaient obligés de faire connaître et constater leurs modifications et additions avant de pouvoir en faire usage. Ils publiaient, en conséquence, lors de leur entrée en fonctions, un édit qui indiquait comment ils appliqueraient ou interpréteraient la loi pendant le temps de leur exercice, et qu'on gravait sur des tablettes de couleur blanche (7) placées dans un lieu peu élevé, enfin, disposées de telle sorte que l'édit pût être examiné facilement... On tenait tellement à cette méthode que Caligula n'osa y déroger pour un édit qu'il voulait cacher, et prit le parti de le faire graver en caractères si menus qu'il était illisible (8).

On désignait de plusieurs manières l'édit d'un préteur. C'était tantôt *edictum in albo*, *album prætoris*, d'après la couleur des tablettes; tantôt *lex annua*, loi annuelle, d'après la durée soit des fonctions du magistrat, soit de l'effet de l'édit; enfin, et ceci était plus important, *édit perpétuel*, comme devant être observé pendant tout cet intervalle (9).

(7) *Voy.* Heineccius, §. 61; Hoppius et Walch, §. 25, p. 20; Hoffman, p. 235 et 236; Brisson, verb. signific., mot album; Pothier, d. c. 3; Bouchaud, sup., xxxix, 258, 312, xlj, 55, 57.

Selon Accurse, *Glos. ad l. 7, D. de jurisdictione*, dont l'opinion est adoptée, développée et fortifiée de preuves par Bouchaud, *xxxix*, 318 à 322, l'édit était écrit sur *une muraille blanchie*. Pothier, *sup.*, traite cela d'un pur rêve. Il demande comment, dans ce cas, la loi (*d. l. 7*, §. 5) aurait pu prononcer une peine contre celui qui aurait enlevé (*tollit*) l'*album*?

(8) *Voy.* Suétone, iv, 41; Joseph, antiquit. judaïq., xiv, 12, xix, 5; Cujas, obs., vij, 29.

(9) *Voy.* les autorités de la note 7; Cicéron, in Verrem, lib. 1.

Il arrivait souvent néanmoins, que les préteurs soit par de justes motifs, soit par intérêt ou faveur, changeaient leurs édits avant la fin de leur ministère (10); pliaient, en un mot, la législation aux circonstances. Il y avait alors la cumulation dangereuse de pouvoirs qu'on avait voulu prévenir. En vain le sénat essaya, vers l'an 585, de la réprimer et par-là même, les désordres qui en étaient la suite; les préteurs tinrent si peu de compte de son sénatus-consulte qu'il disparut bientôt et qu'on n'en a eu connaissance que depuis deux siècles et grâce à un pur hasard (11). Parmi ces magistrats ambitieux et infidèles, on distingua le fameux Verrès, dont les prévarications en ce genre fournirent au prince des orateurs romains, plus d'une occasion de faire admirer son éloquence (12), et enhardirent vraisemblablement à mettre enfin des bornes à la licence que les préteurs s'étaient donnée de changer leurs édits (13).

En effet, trois années à peine après la condamnation de Verrès, ou vers l'an 686 de Rome, le tribun C. Cornélius Sulla les força par une loi, de se tenir à ceux qu'ils avaient d'abord publiés (14). Dès-lors les édits furent vraiment pour chaque préteur

(10) *Voy.* Heineccius, §. 66; Hoffman, p. 235, 236 et 240, d'après Dion; Pothier, d. c. 3; Bouchaud, xlj, 89 et suiv.

(11) Il fut publié par Pighius (il vivait au 16e siècle), qui l'avait trouvé dans les papier de Vivès. — *Voy. au surplus Heineccius*, §. 67; *Hoffman*, *p.* 239; *Walch sur Hoppius*, *p.* 21; *Bouchaud*, xlj, 60 *à* 65.

(12) *Voy.* Cicéron, in Verrem, lib. 15 (la dernière moitié de ce livre); Hoffman, p. 348; Bouchaud, xxxix, 323; xlj, 65.

(13) Cette conjecture de Spanheim, adoptée par Bouchaud, xlj, 68, est fortifiée par les observations qui suivent ci-dessus au texte.

(14) Voy. *Godefroi*, *hist. jur.*, *c.* 2. — *Voy.* aussi *Heineccius*, §. 68, *Hoffman*, *p.* 236 *et* 240; *Walch*, *d. p.* 21; *Bouchaud*, *xlj*, 66.

des édits *perpétuels*, qu'il ne faut pas, comme certains auteurs, confondre avec l'édit d'Adrien, qu'on citera tout à l'heure (15).

Toutefois, il s'en faut que les édits des préteurs eussent tous mérité la censure des lois. Il en était de si recommandables par leur sagesse, que mettant en quelque sorte un frein à la manie législatrice des magistrats, ils furent adoptés d'année en année, par les successeurs de ceux qui les avaient émis. Ils acquirent en un mot, un tel crédit, 1° que les préteurs, qui se permettaient de les négliger, s'exposaient à l'animadversion publique, comme l'éprouva surtout Verrès (16); 2° qu'on les appela *edicta tralatitia* ou *translatitia*, ou en d'autres termes, édits dont l'autorité dure toujours, *de œtate in œtatem translata*, et que par cette raison, ils furent l'objet des travaux de plusieurs grands jurisconsultes, tels que Servius Sulpitius, Offilius, Labéon, Sabinus et Fulcinius (17). Seulement, soit qu'ils y vissent en effet des omissions, soit qu'ils fussent jaloux d'user de leur plus belle et plus dangereuse prérogative, les préteurs y ajoutaient presque toujours des dispositions, qu'on distinguait des précédentes, par le nom d'*edicta nova* (18).

On conçoit maintenant que malgré l'adoption des *tralatitia*, les édits des préteurs dûrent peu à peu

(15) Voy. *Schomberg*, *note* d., *p.* 167; *Bouchaud*, xlj, 69.

(16) Cicéron, sup., le lui reproche plusieurs fois.

(17) *Voy.* sur ces édits et ouvrages, Cicéron, sup.; Heineccius, §. 60; et 69; Baudoin, catéches., p. 12; Hoffman, p. 239; Pothier, d. c. 3; Walch et Hoppius, p. 20; Bouchaud, xxxix, 322, 329, xlj, 71.

(18) *Voy.* auteurs cités à note 17, et Cicéron, à note 28, p. 68. Les *edicta nova* portaient le nom de leurs auteurs, tandis que les *Tralatitia* n'avaient point de nom propre. — Voy. *Heineccius*, d. §. 60; *Bouchaud*, *xlj*, 52; *Cicéron*, *à d. note* 28.

jeter une extrême confusion dans la jurisprudence, par leur nombre et leur variation continuelle (19). Dès le temps de César ou d'Auguste, le jurisconsulte Offilius entreprit d'y remédier en composant une collection méthodique (20) du *droit honoraire*, dénomination attribuée, dit-on, au droit prétorien, parce qu'il dérivait de règles établies par des magistrats jouissant de certains honneurs publics (21). Son ouvrage quoique non approuvé par le gouvernement, obtint un très-grand crédit. Il prépara les voies à une opération légale du même genre, qui fait époque dans les fastes de la législation. Adrien fit extraire des dispositions principales des édits une espèce de corps de droit qu'on nomma *édit perpétuel*, et dont les préteurs furent tenus d'observer les décisions dans leurs jugemens.

En sanctionnant et publiant ce corps de lois, sur lequel nous reviendrons dans la section suivante, un sénatus-consulte ôta aux préteurs la faculté d'y déroger comme par le passé; de sorte qu'ils furent dépouillés de leur espèce de pouvoir législatif (22); excepté, selon plusieurs auteurs, lorsqu'il s'agissait de pourvoir à quelque hypothèse absolument nouvelle (23).

Ce qu'on vient d'exposer de l'usage qu'ils en firent, ne donne pas une haute idée du droit *honoraire*. Il a néanmoins trouvé quelques apologistes. Pothier

(19) *Voy.* ci-dev. Hoffman, 226 et 241; Bouchaud, xlj, 51.

(20) *Voy.* l. 2, §. 44, ff. is fuit, D. or. jur.; Pothier, d. c. 3.

(21) C'étaient les grands magistrats. On les appelait *honorati*. — *Voy.* au surplus, *instit.*, *de jure nat.*, §. 7; Heineccius, §. 56; Hoffman, p. 229; Walch sur Hoppius, §. 26, p. 21; *Bouchaud*, *xxxix*, 307

(22) *Voy.* Heineccius, §. 226; Walch, d. p. 21; Bouchaud, douze tab., ij, 476 et suiv.

(23) *Voy.* Brunquell, 135, §. 10; Bach., 465, §. 4.

entr'autres (24), le regarde comme supérieur au droit civil proprement dit. Ce dernier est trop rigoureux et sacrifie trop souvent ce qu'exige l'humanité, à l'observation stricte des principes, à la subtilité des termes ; tandis que le droit *honoraire* se conformant au temps, aux moeurs, aux circonstances, et prenant presque toujours la seule équité pour guide, sait au besoin se relacher des maximes trop générales, et expliquer ou modifier la loi à l'aide de tempéramens qui conservent le respect qu'on lui doit.

A l'appui de son opinion, Pothier rapporte trois exemples des cas où nous avons dit que le préteur jugeait convenable de tempérer la rigueur de la loi, et du mode qu'il suivait alors : voici le premier.

Elle appelait à recueillir la succession *ab intestat* du père, les héritiers-siens, *suos hæredes*, c'est-à-dire, les enfans qui obtenaient le premier degré dans sa famille, et elle en écartait les enfans émancipés, parce qu'ils étaient sortis de la famille par l'émancipation : mais comme d'après le droit naturel, rien ne peut ôter à un fils une partie des biens de son père, le préteur feignait que l'émancipation était annullée ; et d'après cette fiction, ou sous ce prétexte, il admettait les émancipés à la succession de leur père. Néanmoins, pour ne pas violer ouvertement la loi, il ne les appelait point, en propres termes, à la succession, mais il leur accordait la possession des biens, concurremment avec ceux qui étaient héritiers-siens ; ce qui au fond était la même

(24) D. c. 3. — Voy. *aussi* les auteurs cités et réfutés par Heineccius, §. 65 ; Hoffman, p. 232 ; Bouchaud, xlj, 118.

chose, parce que la possession des biens leur donnait autant d'avantages que la succession (25).

On doit avouer que si le préteur eût toujours fait un aussi bon usage de sa méthode d'explication, on n'aurait qu'à le louer de l'avoir imaginée : c'est précisément ce dont la plupart des interprètes ne conviennent point (26). Ils citent au contraire des cas, où il ne l'avait employée que par corruption ou faveur; et il faut bien que comme on l'a remarqué, ces cas fussent très-fréquens, puisqu'on avait été contraint à deux reprises, de remédier à l'abus que les préteurs faisaient de leur pouvoir (27).

Cette critique est juste; mais elle s'applique plus à l'état du droit *honoraire* avant la loi Cornelia, qu'aux dispositions qui nous en ont été transmises dans le recueil de Justinien. Epurées par les édits *Tralatitia*, où des philosophes tels que Cicéron avaient mis la main (28); perfectionnées ensuite par l'édit *perpétuel* fruit des veilles de Julien, et par les commentaires des plus grands jurisconsultes, parmi celles qui nous restent, il en est bien peu qui ne fassent honneur à la jurisprudence romaine.

(25) *Voy.* Pothier, d. c. 3, n. 4; Hoffman, p. 230, note *b*; Voët, ad pandect., de bonor. possess., n. 2.

Le premier de ces auteurs dit de la possession des biens : *licet effectu* XVI *ab hereditate differat*; le 2e, *ab hereditate in effectu non differebat*; le 3e *palàm est... sensu eamdem esse.* Après des décisions aussi formelles, de tels jurisconsultes, on peut-être surpris que Ritter ait osé dire, sans en donner aucune preuve, qu'il y avait une grande différence entre la possession des biens et l'hérédité. — *Voy. id.*, *sur Heineccius*, 2e *éd.* §. 69.

(26) *Voy.* Heineccius, hist., §. 64, et les auteurs de note 24, p. 67.

(27) *Voy.* Hoffman, p. 235, note *a*, 3o.

(28) Cicéron, dans sa 8e lettre à Appius (*épit. famil.*, *lib.* 3) son prédécesseur, lui écrit qu'il a copié une partie de son édit (*totidem verbis*) dans le sien, qu'il y a ajouté quelque chose de nouveau (*quœdam nova*), mais qui était utile : enfin, qu'une autre partie, dont Appius paraissait se plaindre, était puisée dans les édits anciens (*translatitium est*).

Le droit honoraire ne résulte pas seulement des travaux des préteurs, proprement dits : les magistrats chargés de quelque juridiction, publiaient aussi des édits. Tels étaient en premier lieu, les préteurs des étrangers (*peregrini*) et des provinces, et les gouverneurs des provinces (29); en second lieu, les préfets, dictateurs, censeurs, consuls, etc. (30)...

Tels étaient surtout les *édiles-curules* qui connaissaient des contestations relatives aux marchés, aux grandes routes, etc., en concurrence avec les préteurs, ou à leur défaut (31). Il paraît qu'ils rédigeaient leurs édits en commun (*ediles aïunt*, dit-on dans les lois), tandis que chaque préteur composait le sien séparément (32). Il ne nous reste qu'un très-petit nombre de fragmens de ces édits, dont les développemens remplissent un titre considérable du digeste, le titre de *Ædilitio edicto*, et qui avaient été commentés par plusieurs jurisconsultes du premier ordre, tels que Ulpien, Paul et Caïus (33).

(29) Voy. *Heineccius*, *hist.*, §. 57 *à* 59; 74 *à* 78; *Hoffman*, p. 223, *notes* d *et* e; *Pothier*, *d. c.* 3, *n.* 2.

(30) *Voy.* Bouchaud, acad. inscript., xlv, et mém. instit., scienc. moral., t. v, p. 342 et suiv.; Bonnefoi, aux mss. latins, bibl. R., n. 4508; ad tit. de ædil. ed.

(31) *Voy.* Cujas, observat., lib. 8, c. 38; Sigonius, de judiciis, lib. 1 c. 7; Hoffman, §. 17 *à* 20, p. 248 *à* 255, note *a*.

(32) Voy. *Heineccius*, *hist.* §. 170. — Aussi les édits des préteurs sont-ils toujours conçus au singulier. *Judicium dabo... Pacta conventa servabo.*

(33) Ces fragmens sont rapportés dans plusieurs lois, du même titre, de Ædilitio edicto (xxi), ou cités dans la loi 27, §. 28, D. ad legem aquïliam (ix, 2.)

Voy. au reste, quant à ces trois édits, Pothier, d. c. 3; *Heineccius*, *hist.* §. 71 *à* 73; *Hoffman*, §. 20 *et* 21, *p.* 255 *à* 257.—Celui-ci pense que si l'on excepte quelques principes généraux d'équité, ils ne peuvent guère nous fournir de secours dans notre jurisprudence.

Nous n'avons point parlé de la marche suivie par les préteurs dans l'administration de la justice, ou du mode selon lequel ils statuaient sur les différends des particuliers. Plusieurs auteurs, tels que Sigonius, Heineccius, Bouchaud, ont approfondi cette matière, qui n'entrait pas dans notre plan (34). Nous observerons néanmoins, que le préteur rendait pour l'instruction d'une cause, par exemple, pour ordonner une comparution, une nomination de tuteur, etc., des décrets nommés *edicta repentina*, qui différaient des édits *perpetua*, *tralatitia* et *nova*, en ce qu'ils n'avaient d'effet que relativement à l'instance pour laquelle ils étaient émis (35).

2. Que dans la plupart des causes, le préteur n'était proprement que le juge du droit. Pour l'ordinaire, il ne statuait lui-même, sauf l'assistance d'assesseurs qu'il prenait pour s'aider de leurs avis, que sur les contestations réduites à des questions de droit (36). A l'égard de celles où se présentaient des questions de fait, c'est-à-dire, du plus grand nombre, il en renvoyait l'examen et la solution à des juges nommés *Pédanés*, parce qu'ils siégeaient dans un lieu moins élevé que

(34) *Voy*. Sigonius, de judiciis, c. 7 et 8; Heineccius, antiquit., lib. 4, tit. 17; Hoffman, §. 15, p. 242 à 248; Bouchaud, acad. inscr., XLI, 77 à 83, note 11; Hoppius, §. 26, p. 21.

(35) *Voy*. les auteurs cités à la note 17, p. 65. — Cicéron, *in Verrem*, *lib*. 3, *c*. 14, emploie cette dénomination. — Hoffman, §. 13 *et note e*, *p*. 235 et 238, les appelle *particularia* ou *specialia*.

Il y avait aussi des espèces d'édits *repentina*, qui avaient rapport à la chose publique. S'il s'agissait, par exemple, de prendre une mesure en cas de troubles, etc., on l'ordonnait par un édit de ce genre. — Voy. *Bouchaud*, *ib*., *xxxix*, 331 *et suiv*.

(36) *Voy*. Brunquell, p. 83 et 84; Heineccius, d. tit. 17.

son tribunal, et pour ainsi dire à ses pieds. Mais il traçait d'avance à ces juges, qu'on choisissait parmi un certain ordre de citoyens, la décision qu'ils devraient prendre selon que le fait se serait passé de telle ou telle manière (37). Il paraît que c'est à l'imitation de ce mode d'administrer la justice, qu'on a imaginé en Angleterre et successivement adopté en France, l'immortelle institution des jurés.

(37) *Voy.* sur tous ces points, les auteurs cités à note 34; et Noodt, de jurisd., lib. 1, c. 7 et 8, in ejus d. op., 1713, p. 128.

Ces juges de fait furent en usage jusqu'à Dioclétien. — Voy. *Hanius, apud Wieling, pars. ult., p.* 125.

CHAPITRE IV.

Des réponses des jurisconsultes.

L'INTERPRÉTATION, c'est-à-dire l'explication du vrai sens des lois, appartint d'abord aux décemvirs ; ensuite, pendant environ cent ans, au collége des pontifes (1) ; enfin elle fut abandonnée aux particuliers, dont les talens et les connaissances en jurisprudence avaient mérité la confiance publique. On les appelait *prudentes* et *jurisconsulti*, *juris periti*, *consulti juris.*

Mais il ne faut pas confondre la profession des jurisconsultes Romains avec celle des jurisconsultes modernes. On comptait deux sortes de gens de lois : 1. ceux qui se livraient spécialement à la pratique du barreau, qu'on appelait *Pragmatici*, et qu'on pourrait assimiler à nos avoués et avocats d'audience ; 2. ceux qui ne s'occupaient que de l'interprétation des lois, et auxquels était réservé le titre éminent de jurisconsulte (2). Les citoyens les plus distingués par leur naissance, leur mérite, leurs services et leurs emplois, faisaient gloire de cette profession (3). Leurs décisions n'étaient pas

(1) *Voy.* l. 2, or. j., §. 6 ; Cujas, ad d. §. ; Pothier, p. iv.

(2) *Voy.* Quintilien, orat. xij, 3, éd. 1725 ; Cicéron, orat., i, 49 ; Brisson, de verbor. signif., mot *jurisconsulti* ; Hoffman, 305.

Dès qu'on réservait aux interprètes des lois le titre de jurisconsulte, il n'était point nécessaire d'en employer un autre, de traduire surtout comme Bouchaud (*Essai sur les lois*, *p.* 214), et Hulot (Voy. *nos observat. sur les traduct. des lois*, *page* 34) le mot *prudentes* par *prudens*, qui en français ne donne point l'idée exclusive d'un jurisconsulte, mais peut se rapporter à toutes sortes de personnes.

(3) Voy. *Arth. Duck*, *sup. lib.* 1, *c.* 3, n. 3.

toujours comme celles de nos avocats consultans, de simples avis, que d'autres jurisconsultes et surtout les juges admettent ou rejettent librement selon qu'ils leur paraissent ou non conformes à la loi; mais souvent des règles que les citoyens et même les tribunaux s'astreignaient à observer, ainsi qu'on le dira dans l'instant; qui recevaient le nom honorable de *droit civil* réservé aux douze tables, aux populiscites et aux plébiscites, et dont les auteurs étaient en conséquence appelés, et le furent même par les empereurs, *juris auctores*, *legum conditores et latores* (4).

Ici se présente un nouveau problême que l'on résout encore d'après un examen de l'état politique de Rome. Pendant les premiers siècles, les jurisconsultes furent patriciens. Ils faisaient servir l'interprétation comme les actions des lois à l'accroissement ou à la consolidation de leurs prérogatives; il n'était donc pas étonnant que des collègues ou des magistrats de la même caste, les secondassent par leur adhésion (5).

Les jurisconsultes suivirent pour l'interprétation des lois la méthode qu'ils avaient déjà observée pour les actions. Ils firent un secret de ses principes, et ne le communiquèrent, ni par l'enseignement, ni par des ouvrages. Enfin, vers l'an 500 de Rome, Tiberius

4) *Voy.* l. 120, D. verb. sign.; Cujas, comm. ad. l. 13, D. de excusat.; id., lib. 1 quæst. Pap., ad. l. 8 de postul.; Brisson, sup., mot auctores; Loisel, opusc., p. 96; Hilliger, sur Doneau, édit. 1619, p. 7.

Heineccius, *hist.* §. 47, indique plusieurs matières où les jurisconsultes introduisirent un droit nouveau.

(5) *Voy.* Heineccius, §. 50; Pothier, c. 1, §. 3, n. 3, p. *iv.* — *Voy. aussi* Cicéron, de officiis, lib. 2, c. 19; Hoffman, 41 et 311.

Hoffman, *ibid.*, dit qu'il y avait aussi des plébéïens jurisconsultes; mais il convient qu'il était bien difficile qu'ils pussent acquérir quelque crédit dans l'interprétation des lois.

Coruncanius, Plébéien, mais revêtu successivement des charges de consul, de censeur, de grand pontife et de dictateur, dévoila ce mystère au public (6). Dès-lors, les Romains de sa caste purent participer avec fruit à l'interprétation des lois, quoiqu'il paraisse d'ailleurs que la distinction qui existait entre les jurisconsultes et les *pragmatici* ait toujours subsisté, et que seulement, ce qui jusque-là avait été l'apanage exclusif de la naissance, continua à être réservé aux talens et aux services les plus recommandables. L'histoire nous apprend en effet, que les jurisconsultes ne furent pas appelés, sous les empereurs, à des postes moins éminens, que sous la république. Outre Papinien, Paul et Ulpien, que nous verrons décorés de la préfecture du prétoire, et par conséquent les premiers magistrats de l'empire, on en cite beaucoup qui ont rempli les emplois les plus brillans, et entr'autres Capiton, Alphénus et Trebatius sous Auguste, Cassius sous Claude, Pégasus sous Vespasien, Neratius sous Trajan, Julien et Celsus sous Adrien, Marcellus sous Antonin, Modestin sous Alexandre Sévère (7). Dans tous les temps ils furent appelés par les juges en qualité d'assesseurs, et sous l'empire, en qualité de conseils des monarques (8).

(6) *Voy.* Cicéron, orat., lib. 1, ℣ veteres qui huic scientiæ, etc.; l. 2, D. or. jur., §. 35; Cujas, ad. h. §.; Godefroi, hist j., c. 2; Pancirole, de claris, etc., lib. 1, c. 7; Grotius, de vitis, lib. 1, c. 2; Heineccius, §. 50; Hoffman, 305 et 326.

(7) *Voy.* Pothier, part. 2, c. 1 (à leurs noms); Grotius, c. 12.

Arthur Duck, *liv.* 1, *ch.* 3, *n.* 14. trompé par un passage fautif des éditions de Lampride, place quelques-uns de ces jurisconsultes, sous des règnes auxquels ils n'appartiennent point. — Voy. *Pothier*, ib. *n*os 67 *et* 55; *Taisand, mot Pomponius; Bioë, hist. j.*, §. 22.

(8) *Voy.* Cujas, ad. l. ult, D. de jure fisci.; Hoffman, 41 et 359.

Ces distinctions ne doivent pas toutefois nous surprendre, si nous considérons à quelle sorte de séminaire, si l'on peut parler ainsi, les jurisconsultes étaient astreints. Il ne s'agissait pas uniquement d'apprendre les lois de leur pays et de les comparer aux décisions des tribunaux : histoire, philologie, grammaire, philosophie, sciences naturelles et physiques, leurs études embrassaient toutes les connaissances de leur temps; les poètes mêmes et notamment Homère (9), leur étaient familiers; et les écoles d'Athènes comptèrent au nombre de leurs disciples, les plus illustres d'entr'eux. En un mot, dit un critique : Ces hommes célèbres étaient très-habiles en toutes sortes de sciences (10). Aussi donnaient-ils de la jurisprudence une définition, sans-doute trop pompeuse selon l'acception moderne de ce terme, mais assez juste à l'époque où ils écrivaient : *jurisprudentia est divinarum atque humanarum rerum notitia ; justi atque injusti scientia* (11). D'ailleurs à la fin de leurs études, il fallait avant de se livrer à l'interprétation des lois, qu'ils exerçassent d'abord des magistratures, et affermissent ainsi leur théorie par la pratique (12).

Une méthode particulière et abandonnée de nos jours contribuait à soutenir l'éclat et le crédit attachés à leur profession. Ils se rassemblaient fréquemment, quelquefois près du temple d'Apollon (13),

(9) *Voy.* nos observations sur les citations d'Homère, etc., dans le corps du droit, au magasin encyclop., 1805, t. V, p. 78.

10) *Voy.* Arth. Duck, l. 1, chap. 4; Branquell, p. 130, §. 74. — *Voy.* aussi Gravina, op., p. 152; Hoffman, 361 et 363; Bouchaud, 12 tab., p. 426.

(11) Instit. de justitiâ et jure; l. 10, §. 2, ff. eod.

(12) *Voy.* Hoffman, p. 41, note *e*.

(13) C'est sans doute par allusion à ce lieu d'assemblée que Juvenal (*satyre* 1re, *vers* 128) dit *jurisque peritus Apollo*.

et ordinairement dans l'auditoire des tribunaux, pour traiter les plus importantes et les plus difficiles questions de droit, et surtout celles sur lesquelles on différait. Les décisions adoptées en commun, dans ces conférences, connues sous le nom de discussions du barreau, *disputationes fori*, étaient bientôt selon l'opinion la plus générale des savans, consacrées par l'usage et appelées *receptæ sententiæ*, ou bien *jus receptum*, ou même *jus constitutum*, ce qui les assimilait en quelque sorte aux lois (14).

Hors de ces réunions et agissant seuls, les jurisconsultes ne jouissaient guère d'une moindre considération. A peine se montraient-ils dans quelque lieu public, sous des portiques, dans une promenade, qu'ils étaient entourés d'une foule de plaideurs ou de gens de loi qui sollicitaient leurs conseils (15). On les leur demandait aussi par de simples lettres, et leurs réponses quoique données sans signe officiel et le plus souvent en quelques mots affirmatifs, ou négatifs, non appuyés de raisonnemens, quelquefois même données purement de vive voix, étaient présentées ou récitées aux tribunaux, et lues ou écoutées avec respect par les juges (16). Le chef

(14) *Voy.* Godefroi, hist. jur., c. 2, n. 1; Pothier, d. c. 4, n. 2; Heineccius, §. 48 et 49; Hoffman, p. 41 et 42, note *e*, p. 397, note *b*, p. 357, note *a*; Brunquell, p. 50 à 52; Perrenon, animadvers., lib. 1, c. 11, dans Otton, t. 1, p. 641; Rad. Fournier, rerum quotidian., lib. 5, c. 3, *ib.*, t. 2, p. 257, etc.

Bach, p. 273 à 276, ne partage point cette opinion. — Mais *Voy.* id., p. 237, §. 13.

(15) *Voy.* Cicéron, orat., lib. 3, ℣. *Meminerant illi Sext. Ælium*, etc. — *Voy.* aussi Forster, hist. jur. civ., lib. 2, c. 12, p. 76.

(16) *Voy.* Hoffman, p. 357, 305, note *a*. — *Voy.* aussi L 2, or. jur., §. 47; Hottoman, opera, 1599, t. 1, p. 1097.

Ceci s'applique surtout aux jurisconsultes du temps de la république et du commencement de l'empire, car les jurisconsultes plus récens,

suprême de la justice, ou le préteur avait fréquemment recours à leurs lumières avant de prononcer sur des questions difficiles (17). Les testamens se faisaient sous leur direction; ils les dictaient eux-mêmes ainsi que les stipulations proprement dites (18). Mariages, achats, ventes, défrichemens et cultures de terres, aucune affaire particulière ne s'entreprenait que d'après leur avis (19). Leur maison était appelée l'oracle et le tribunal perpétuel de toute la république (20), et l'on vit le peuple romain en choisir une pour Scipion Nasica, dans une rue fréquentée, et lui en faire don, afin de rendre l'exercice de sa profession plus commode et l'accès auprès de lui plus facile (21). Là, siègeant dans leur vestibule, au milieu des portraits de leurs Ancêtres, ils étaient dès l'aube du jour, assiégés en quelque sorte, par une multitude de cliens de tout rang et de tout âge (22). Ils s'attribuaient franchement (*loi* 1re *du digeste*) la qualification presque audacieuse de pontifes du droit. Un chef de famille se faisait une jouissance de leur présenter ses enfans aussitôt qu'ils avaient pris (23) la robe virile (à seize

motivent souvent leurs opinions (Voy. *ci-après*, *p.* 84), et depuis Massurius Sabinus, qui vivait sous Tibère, ils signèrent leurs consultations — Voy. *d.* §. 47.

(17) *Voy.* un exemple dans la loi 3, §. 11, ff. de minoribus (*iv*, 4.)

(18) *Voy.* Cujas, lib. 16 quæst. Pap., ad. l. 12, ff. de his quæ ut indignis; et comment. ad. l. 1, ff. oblig. et act.

(19) *Voy.* Cicéron, cité à la note 15, p. 76.

(20) *Voy.* Cicéron, de oratore, lib. 1, ỹ. est enim sine dubio, etc. — Manilius (*astronomic.*, *lib.* 4, v. 221.) dit aussi en parlant d'un jurisconsulte, *perpetuus populi privato in limine prætor.*

(21) *Voy.* d. l. 2, or. jur., §. 37.

(22) *Voy.* Cicéron, cité à note 20; Horace, sat. 1, v. 9, lib. 1; épit. 1, v. 103, lib. 2. — *Voy.* aussi Hottoman, oper., *iij.*, 1095 et 1098; Heineccius, hist., §. 26.

(23) *Voy.* Tacite, de oratoribus, in pr.; Cicéron, de amicitiâ, in pr.

ans) : ceux-ci regardaient comme une faveur de pouvoir assister à leurs consultations et d'en prendre des notes (24) ; et Qu. Scævola eut l'honneur de compter au nombre de ses auditeurs ou élèves les plus assidus, l'orateur auquel ses compatriotes décernèrent dans la suite le premier de tous les titres, celui de père de la patrie (25).

Mais ce qui prouve sur-tout combien le crédit dont jouissaient les jurisconsultes à Rome devait être étendu, c'est qu'Auguste jugea que ce crédit serait très-nuisible à ses vues d'usurpation, s'il ne les mettait pas dans sa dépendance. En prenant au contraire ce dernier parti, il comptait tirer d'eux un grand secours. Il se proposait sur-tout de leur faire interpréter les lois anciennes, de la manière qui serait la plus favorable à ses entreprises (26). Il ordonna, en conséquence, qu'aucun homme de loi ne pourrait répondre sur le droit, sans en avoir obtenu la permission du prince (27).

(24) *Voy.* Cujas, ad d. l. 2, §. 35 ; Heineccius, §. 123 et 125 ; Hoffman, p. 40, note d.

(25) Voy. *Ciceron*, *de amicitiâ, in pr., et de claris oratoribus*, ỹ *ego autem*, etc. Il semble par ces deux passages, qu'il fût successivement *auditeur* ou élève de deux, peut-être même de trois Scœvola. Il est du moins certain d'après le premier, qu'il le fut de Qu. Mutius Scœvola, dit l'Augure.

Auditeur était synonime d'*élève*. — Voy. *Cujas*, *observat.*, *xxvij*, 4 ; et in d. §. 35.

(26) *Voy.* Pothier, part. 1, c. 4. — *Voy.* aussi d. l. 3, or. jur., §. 47 ; Heineccius, antiquit., lib. 1, tit. 2, c 39 ; hist., §. 145.

(27) *Voy.* Pothier et Heineccius, ibid. ; Hoffman, p. 309 et 357 ; Bouchaud, *ij*, 448. — *Voy.* aussi Janus à Costa, instit. de jur. natur., not. 15 et 16.

Heineccius, *ibid. et instit.*, §. 54, soutient qu'Auguste défendit aussi aux juges de s'écarter de la décision des jurisconsultes approuvés (idem, *Brunquell*, *p.* 112, §. 29 ; *Bach*, *p.* 397, §. 3) ; mais ce point d'histoire a été contesté. — Voy. *Walch*, *sur Hoppius*, *c.* 1, §. 29, *note* 3, *p.* 23 et 24.

Cette méthode fut suivie par ses successeurs jusques à Adrien, qui rendit aux jurisconsultes leur ancienne liberté d'interprétation. Mais Constantin ou ses fils la leur enlevèrent de nouveau (28).

La politique et la puissance d'Auguste ne purent néanmoins lui concilier les suffrages de tous les jurisconsultes. Un de leurs chefs, Antistius Labéon, adopta des principes opposés, et sa constance ou son opiniatreté à les soutenir, occasionna une scission dans le barreau et fit naître deux *sectes* d'interprètes, qui méritent une discussion séparée (*ci-apr. sect.* 2, *ch.* 2.) Toutefois il ne paraît pas que ce schisme ait diminué la vénération qu'on portait aux maîtres de la jurisprudence. Quatre siècles après (en 426.) Théodose le jeune et Valentinien III enjoignirent aux tribunaux de se conformer dans leurs jugemens, aux décisions des jurisconsultes que le prince avait autorisés à répondre sur le droit. Ils attribuèrent force de loi aux écrits de Papinien, Paul, Caïus, Ulpien, Modestin, ainsi qu'aux décisions de Scœvola, Sabinus, Julien et Marcellus, que les premiers rapportaient dans leurs ouvrages; voulant que lorsqu'ils différeraient d'opinion, on suivît celle du plus grand nombre d'entr'eux, et à égalité de nombre, l'avis de Papinien (29).

Les écrits ou décisions des jurisconsultes non autorisés, n'obtinrent force de loi que lorsque, par le consentement des particuliers, ils furent

(28) *Voy.* d. l 2, §. 47, ℣. et obiter; Pothier, d. c. 4, n. 2, surtout aux notes, où il discute ces deux derniers points.

(29) *Voy.* sur tous ces points, Pothier, d. c. 4, n. 2; Heineccius, hist, §. 271 et 310; Hoffman, p. 459; Walch et Hoppius, p. 24; l. 1, C. Th. de respons. prudent.; Godefroi, in id., et hist., i., c. 3.

reçus dans l'usage, et observés comme droit non écrit.

Justinien enfin, ayant composé la partie de son corps de lois appelée *digeste*, de divers fragmens des ouvrages de la plupart des jurisconsultes, ordonna que ces ouvrages fussent livrés à un oubli éternel (30). Quelques auteurs disent même que, par jalousie, ils les fit tous brûler. Il est certain que les traités innombrables des jurisconsultes romains ont disparu, à l'exception de quelques fragmens d'Ulpien, Paul et Caïus; encore devons-nous ces fragmens à Anien, chancelier d'Alaric, et ne nous sont-ils parvenus que mutilés (*ci-apr. sect.* 4, *ch.* 1); néanmoins, l'imputation faite à Justinien ne paraît fondée sur aucun monument historique (31).

Les plaintes formées par plusieurs interprètes, de ce que Justinien mit en quelque sorte en pièces et mutila aussi parfois les mêmes traités dans son digeste (32), sont plus justes, et cependant susceptibles de réponse, et nous y reviendrons lorsque nous parlerons soit du Digeste, soit du mérite de la Collection Justinienne, aux sections 3e. et 4e. Mais il serait difficile d'opposer quelque chose de solide aux regrets exprimés par une foule d'autres interprètes modernes, tels que Alciat, Ferrarius-Montanus, Duarein, Maurus, Charondas, Labitte, Garcias, Umeau, Ernstius, Arthur Duck (33), sur la perte des ouvrages des jurisconsultes romains. S'ils

(30) *Voy.* Pothier, d. c. 4, n. 2; constit. de confirmat. digest., §. 19.

(31) *Voy.* Heineccius, opuscul., p. 276 à 278; Hoffman, p. 575 et 576, note *i*; Pothier, d. n. 2, in f.; Schomberg, note i, p. 229.

(32) *Voy.* Rebuffe, pref. du comment. des ordonn.; Anulus, jurisprud. deducta, 1554, p. 26; Ernstius, dans Meerman, vj, 846.

(33) Nous avons la note de tous leurs passages.

existaient, s'écrient-ils, les gloses d'Accurse et de ses imitateurs seraient devenues inutiles, et l'on trouverait la jurisprudence bien plus pure dans sa source que dans les *observations embrouillées* des commentateurs (34).

Ces ouvrages, qu'on divisait en petites parties ou titres, étaient dans le principe, des commentaires sur la loi des douze tables; ils eurent ensuite pour objet l'édit perpétuel, et même quelques traités antérieurs à cet édit, tels que ceux de Sabinus et Plautius (35). Mais les jurisconsultes ne se bornèrent pas là... Envisageant sous toutes ses faces, la science qu'ils cultivaient, ils composèrent, 1. des ouvrages élémentaires, comme des Instituts, des abrégés, des règles, des définitions (36); 2. des traités particuliers sur diverses matières, telles que les testamens, les donations, les actions, les appels, les lois, les successions, les fonctions et droits des questeurs, préfets, préteurs, consuls, proconsuls et autres officiers de l'empire; 3. des espèces de recueils des décisions publiques ou privées, données sur les questions et les difficultés qui s'élevaient dans la pratique, et tel est le but de leurs livres de questions, de réponses (37), de lettres, de décrets,

(34) *Voy.* Arth. Duck., liv. 1, ch. 4, n. 7, et ch. 8, n. 1.

(35) *Voy.* Brenkman, de leg. inscript., §. 4, apud Wieling, p. 151, et pour les titres et le nombre des livres de ces ouvrages et des suivans, l'*index Justinianeus*, à la tête du digeste.

(36) Les livres de *définitions* et de *règles* ne diffèrent guère que quant au titre — Voy. *Cujas, definit. Papin., lib.* 1, in pr.

(37) Les réponses sont des décisions sommaires; les questions, des traités plus développés. —Voyez *Cujas, tract. ad. African.*, in pr.

Quelques jurisconsultes modernes ont agité cette question, savoir si l'on doit préférer les *réponses* aux *commentaires*, et ont embrassé diverses opinions à ce sujet. — *Voy.* Hoffman, page 366, note c. — Cette discussion nous paraît oiseuse : dès que ces ouvrages sont dans le corps du droit, n'ont-ils pas par là même, une égale autorité ?

de discussions (*disputationum*), de dissemblance entre des questions (*differentiarum*), de cas singuliers (*casibus enucleatis*) et de consultations, appellées *membranarum*, parce que elles étaient écrites sur du parchemin (*ci-dev. p.* 50); 4. enfin, des recueils plus considérables, où rangeant dans un ordre méthodique toutes les règles générales et toutes les décisions de détail, ils embrassaient l'ensemble de la législation, en un mot, donnaient des corps complets de droit, sous les noms de Pandectes ou Digestes (38).

Pour apprécier l'esprit général de ces ouvrages, il faut examiner les divers âges de la jurisprudence romaine (Voy. *ci-après*, *sect.* 5, *chap.* 2, §. 1er.) Les décisions des jurisconsultes romains qui ont fleuri depuis le temps de Cicéron jusques aux règnes des Gordiens, sont en général fondées sur les principes d'équité établis dans la philosophie des Grecs qu'ils étudiaient tous avec affection. On y remarque aussi la métaphysique subtile et la méthode d'argumentation des diverses écoles où l'on enseignait cette philosophie, et surtout celle de l'école du portique, qui jouissait alors à Rome de la plus haute réputation à cause de ses maximes républicaines; maximes que les Romains préconisaient encore deux siècles après César (39). On cite souvent dans le corps du droit les préceptes des stoïciens, et l'on s'en autorise pour la résolution de beaucoup de questions; les proculéïens, entr'autres, en font un fréquent usage. Ainsi, la définition du mot *loi*, la fixation de l'âge de l'enfance et de celui

(38) Nous avons fait la classification précédente d'après l'*index* déjà cité. Elle nous a paru plus méthodique que celle de Godefroi (*hist. jur.*, *c.* 7; *in f.*), adoptée par Hoffman, *p.* 349, §. 4.

(39) *Voy.* Gibbons, ch. 3, et surtout note 27, ib.

de la puberté, les décisions données sur la question de savoir si l'homme peut être mis au nombre des fruits, et si le fœtus ne fait pas partie du corps de sa mère, etc., sont tirées des écrits des stoïciens (40). En genéral, l'affection des jurisconsultes romains, pour les écoles de philosophie qu'ils avaient suivies, influe souvent sur leurs décisions : *Aliter sentiunt qui à Stoïcis sunt, aliter qui à Peripateticis, aliter qui ab Epicureis*, dit Gravina (*de ortu*, *c.* 44): mais, on le répète, ils avaient de la prédilection pour le stoïcisme (41).

Considérés comme écrivains, les jurisconsultes de Rome sont recommandables par la correction et l'élégance de leurs expressions et de leurs tournures, par la dignité, la gravité et la briéveté de leurs sentences, et par l'urbanité et la modestie qui règnent dans leurs opinions (42). Il faut néanmoins convenir qu'à force de précision, leur style est souvent obscur (43). C'est ce qu'on reproche surtout au style des textes tirés des ouvrages d'Africain; ce qui a fait recevoir, il y a long-temps, cet adage: *Lex est Africani, ergò difficilis*, et regarder comme de vrais tours de force les explications qu'en a donné Cujas (44).

(40) *Voy.* d'autres exemples dans Gravina, c., 44; et dans Pothier, sup., part. 2, c. 2, §. 3. — *Voy. aussi sur ces divers points*, Gravina, opusc., p. 152; Hoffman, p, 363 à 365, note *d*; Schomberg, note c, p. 155 et suiv.; Bouchaud, t. 2, p. 426 et suiv. et 472; id. acad. inscr., xlij, 65 et suiv.

(41) *Voy.* Cujas, obs., xxvj, 40; Guill. Forster, obs. success., 1609, p. 65; Mérille, obs., i, 8, 1626, p. 15. — Voy. *aussi* Brunquell, p. 14; Heineccius, hist., §. 123, et 2e édit., §. 155.

(42) *Voy.* Valla, elegantiarum, 1544, p. 146, lib. 3; Doneau, 1596, i, 49, lib. 1, c. 16; Pothier, d. §. 3; Bouchaud, ij, 427.

(43) *Voy.* Regius, enantiophanon, lib. 2, c. 14, dans Otton, ij, 1503; Pothier et Bouchaud, sup.

(44) *Voy.* Paul Montanus, de jure tutelar., 1656, p. 123, c. 16; Umeau, tractat. varii, 1655, p. 39; Heineccius, hist., §. 256, et 2e édit., §. 307.

Mais dans les décisions où ils ont évité cet excès, on doit avouer qu'ils offrent des modèles, dont les législateurs modernes ont encore bien long-temps à profiter; car, à l'exception de quelques fragmens de notre Code civil, qui même sont loin de les atteindre, quoique les moins imparfaits d'entr'eux en soient des traductions ou imitations, comme dans les titres relatifs aux contrats (45), il n'est aucune loi qu'on puisse comparer au plus grand nombre de celles du Digeste (46). Si l'on en parcourt un titre quelconque, pris au hasard, tels que ceux des *Compensations*, du *Dépôt* et du *Mandat*, aux livres 16 et 17, on voit d'abord que les décisions n'ont en général que deux, trois ou quatre lignes (47). Quant aux questions suivies de réponses, les premières sont extraites avec tant d'art, que six ou huit lignes suffisent au narré du fait et à l'énonciation de la difficulté, et les réponses se réduisent à une ou deux lignes, quelquefois à un mot (48), et leurs motifs, lorsqu'on en donne, à une phrase très-courte (49).

(45) Les lois anglaises, autant qu'il nous est permis d'en juger par le petit nombre que nous en connaissons, sont encore plus diffuses que les lois françaises (Voy. *ci-dev. p.* 23 *et note* 49, ib.)

(46) *Voy.* quant à leur rédaction, ci-après, sect. 3, ch. 4.

(47) Plusieurs paragraphes de ces titres ont un plus grand nombre de lignes; mais il faut observer que beaucoup de ces paragraphes contiennent aussi plusieurs décisions distinctes.

(48) Exemples : *principium* de la loi 60, *mandati* (elle est tirée du livre 1er des réponses de Scævola). *Creditor mandatorem convenit. Is condemnatus provocavit* (a appelé) *Quærendum est an manente appellatione debitorà creditori conveniri possit?* Respondit : POSSE. — *Voy.* en un autre à la loi 26, *in pr.*, *depositi.* (xvj, 3).

(49) Exemple : loi 1ere, §. 4, *mandati.* — Décision. *Mandatum, nisi gratuitum, nullum est.* — Motifs. *Nam originem ex officio atque amicitia trahit. Contrarium ergò est officio merces* (cette loi est tirée du liv. 32 du commentaire de Paul, *ad edictum.*)

Malgré ce laconisme, les jurisconsultes ne montrent ni recherche, ni affectation, ni amour-propre : point de ces assertions tranchantes, de ces tons dédaigneux, ni surtout de ces critiques acerbes, partages trop fréquens des érudits des derniers siècles. *Hoc mihi* ou *nobis videtur : verum, veriùs videtur ; arbitror ; utiliùs, benigniùs videtur ; puto ; plerique probant ; credo ; opinor ; magis puto ; difficile est hoc negare ; vereor nè non ità sit* (50)... voilà leur humble langage : et ne dédaignant point de chercher la vérité auprès de ceux dont ils étaient au moins les égaux en lumières (51), il n'est pas sans exemple de les voir reconnaître la justice d'une décision contraire à l'opinion qu'ils avaient d'abord émise (52).

Les jurisconsultes des temps postérieurs à l'époque précédemment indiquée (*p.* 82), ne méritent point les mêmes éloges. Et d'abord, pendant le long

(50) Les premières de ces tournures se trouvent dans les titres déjà cités. — *Voy.* quant aux dernières, *Lectius, vita Ulpiani, dans Otton*, *t.* 1, *p.* 55; *Noodt, de formâ doli, in ej. op.* 1713, *p.* 507, c. 12; l. 59, §. 1, *D. de jure dot.* (*xxiij*, 3).

(51) Rien de si commun que des conseils demandés par un jurisconsulte romain à un autre jurisconsulte. Cujas (*ad African., tract.* 1, *in pr.*) en donne des exemples, et ajoute : *abfuit simper à viris probis, quamvis æqualibus, invidia : nec erubuit alter ab altero, quòd sciret, appetere.*

(52) Cujas (*ib., tract.* 4, *in l.* 19, §. *ult., ad S.—C. Velleïan.*, et ailleurs; en fait la remarque pour plusieurs jurisconsultes.

Exemples : Dans la loi 6, § 7, *mandati* (xvij, 1), Ulpien après avoir rappelé une question relative à un cautionnement, mêlé de mandat, dit : *videbatur autem mihi*, etc. ; et à la suite de son avis, il rapporte la décision contraire en ces termes : *Sed Divi Fratres* RECTISSIMÈ *rescripserunt*, etc.

Papinien, dans la loi 6, *in f., D. de servis export.*, dit aussi *nobis aliquando placebat*, et ensuite, *sed in contrarium me revocat Sabini sententia.* Cujas dit à ce sujet, *hæc ingenuitas Papiniani mihi valdè placet et debet esse omnibus documento.* — *Voy. ib.* quæst. Papin., lib. 27, ad. l. 54, mandat.

intervalle qui s'écoula entre le règne de Gordien le jeune et celui de Constantin, c'est-à-dire, pendant environ soixante-dix ans, on ne vit paraître aucun homme de loi digne du titre de jurisconsulte, ni aucun écrivain dont les ouvrages en ce genre nous soient connus (53). L'ère de Constantin, quoique moins stérile, ne produisit que trois jurisconsultes qui aient pu fournir des matériaux, et un bien petit nombre de matériaux au digeste (environ 120 lois), et dont le plus habile, ou Hermogénien, en est en quelque sorte rejeté par la critique à cause de l'obscurité et de la barbarie de son style (54). Les autres gens de loi, soit de cette époque, tels que le rédacteur du code Grégorien (*ci-dev. p.* 50), soit des deux siècles suivans jusques à Justinien, se bornèrent à enseigner ou à compiler et interpoler les œuvres de leurs devanciers (55), et si l'on juge de leurs talens par les lois des monarques de leur temps, qu'ils rédigèrent sans doute, on ne doit pas regretter qu'ils aient négligé de les appliquer à un autre usage (56).

Ainsi, après avoir jeté pendant environ trois siècles un si brillant éclat, le flambeau de la jurisprudence romaine s'éteignit tout-à-coup vers l'ère

(53) *Voy.* Pothier, proleg., part. 2, c. 1, 6e class., in pr.

(54) *Voy.* Godefroi, proleg. C.-Théod., c. 1, n. 1.—Voy. *aussi* nos observat. sur les traductions des lois, p. 10; Heineccius, hist., §. 288.

(55) *Voy.* Pothier, d. class. 6, in f.; Gravina, opusc. 154; Heineccius, hist., §. 288 et 309; Schomberg, note i, p. 246.

Théodose le jeune, dans sa novelle sur l'autorité du code Théodosien (in pr.) se plaint de la rareté des jurisconsultes sous son règne; et quelque temps avant lui, Ammien Marcellin (*lib.* 30, *c.* 4) avait fortement critiqué leur avidité, leur orgueil et leur ignorance.

(56) *Voy.* Ci-après, section 3, chap. 2 et 4.

des Constantins, ou du moins ne laissa plus échapper qu'une lueur faible, incertaine et peu propre à servir de guide dans les ténèbres qui couvrirent bientôt presque toute l'Europe (57).

(57) Au sujet de Modestin (il vivait encore sous Gordien III, qui renvoie avec éloge à une de ses décisions, dans la loi 3, c. *ad exhibend.*, et il avait été disciple d'Ulpien, et professeur de l'empereur Maximin. — Voy. *Pothier*, *class.* 4, n. 84), Gravina (*de ortu*, c. 103) dit *hunc postremam jurisprudentiæ vocem appellare licebit, quo sublato hujus doctrinæ oracula conticuere*, etc. Heineccius, d. §. 288, et Brunquell, *p.* 129, §. 70, ont copié à peuprès dans les mêmes termes, cette remarque, sans en citer l'auteur.

CHAPITRE V.

Des Décisions des Pontifes.

Le droit sacré, ou droit résultant de ces décisions, et nommé dans la collection de Justinien, *jus pontificium*, *jus sacrum*, *jus religionis*, etc., peut être considéré comme une cinquième source du droit romain. L'exercice en était confié à un collège de pontifes, présidé par un grand pontife (*pontifex maximus*), dont la dignité et les fonctions étaient si importantes, surtout en ce qu'elles donnaient la suprématie dans les affaires religieuses, 1. qu'on les plaçait au premier rang dans l'énonciation des titres (1); 2. que les empereurs s'empressèrent de s'en faire décorer; 3. enfin, que Constantin et plusieurs de ses successeurs, quoique chrétiens, jugèrent utile de les retenir, et qu'il s'était déjà écoulé plus d'un demi-siècle, lorsque Gratien, le premier, renonça à cette politique (2).

Le collège des pontifes avait dans sa juridiction, les adoptions, les mariages, les funérailles, les testamens, les sermens, les vœux, les consécrations,

(1) *Voy.* Schomberg, p. 25, 173 et 175, note *e*; et quant à la composition du collége, Sigonius, de antiq. jure civ., lib. 1, c. 19; Hoffman, p. 8 et 9, note *c*. —*Voy.* aussi *Cujas*, *ad l.* 2, *ff. or. jur.*, §. 6, ℣. *omnium*. — Le nom de *Pontifices*, ou faiseurs de ponts, fut donné à ces prêtres, parce qu'on les chargea sous Ancus Martius de veiller à la construction du pont Sublicien. — *Lévesque*, *t.* 1. *p.* 43.

(2) *Voy.* Gibbons, ch. 21, et note 172, ib.; Arth.-Duck, liv. 1, ch. 3, n. 7; Hoffman, 293, note *c*.

Jac. Godefroi (*opusc. varia*, *p.* 30 *à* 40) révoque en doute cette politique, que Gibbons regarde comme certaine d'après Bimar la Batie, *acad. inscrip.*, xij, 75 à 144.

la rédaction des annales, la disposition du calendrier, l'indication des jours *fasti* et *nefasti*, et la fixation, mais en concours avec les jurisconsultes (*ci-dev., chap.* 2, *p.* 57), des règles et formes des procédures judiciaires. Il prononçait non-seulement sur les causes de ces divers genres qui tenaient au droit sacré, mais il établissait encore les règles et il interprétait les lois dépendantes du même droit.... Il publiait à ce sujet des édits, qui font partie du droit honoraire (3).

Il paraît que les pontifes usaient, dans l'exercice de cette jurisdiction, du même mystère que les jurisconsultes pour la jurisprudence. On voit entr'autres qu'ils tinrent cachées les lois relatives au droit sacré, que les tribuns militaires avaient fait rechercher après l'incendie de Rome. On leur reproche aussi d'avoir souvent réglé ou même changé le calendrier par fraude, et pour favoriser, soit les plaideurs (4), soit les receveurs des impôts.

(3) *Voy.* sur ces divers points Schomberg, p. 26. — Voy. *aussi* Hoffman, p. 8 et 9; Sigonius, d. c. 19; Arth-Duck, d. n. 7; Bouchaud, acad. inscr., XXXIX, 309; Heineccius, hist. §. 189; Brunquell, p. 57, §. 8; Rad. Fournier, rerum quotidianar., lib. 5, c. 2, dans Otton, ij, 283; Cujas, d. ℣. omnium; Gravina, opusc., p. 295.

(4) *Voy.* Tite-Live, liv. 1, ch. 11; Ammien Marcellin, xxvj, 1; Cujas, sup.; Heineccius, hist., §. 45.

CHAPITRE VI.

Des Mœurs ou Usages.

On établit pour principe dans le digeste, qu'une coutume très-ancienne (*inveterata*), est assimilée à une loi. On en donne cette raison, que la loi n'obligeant à Rome que parce qu'elle émanait du peuple, il était fort indifférent qu'il manifestât sa volonté par des suffrages positifs, ou par des faits (1).

D'après ce principe, très-raisonnable dans un état populaire, mais fort peu concordant avec le système d'un gouvernement monarchique, on conçoit que beaucoup d'institutions et de règles purent à Rome, être introduites ou confirmées par les mœurs ou usages; et cette circonstance est fréquemment indiquée dans la collection justinienne, où en la prenant en considération, l'on a divisé le droit romain en droit écrit et en droit non écrit (2). C'est ce qui a engagé des auteurs, tels que Bach (*liv.* 2, *chap.* 2, *sect.* 2, *sect.* 6), à placer les mœurs ou usages au nombre des sources du droit romain. Mais si l'on excepte le droit honoraire ou autres sources qui ont un nom propre et dont nous avons parlé, ce qu'on peut attribuer aux mœurs est si vague ou si épars, que nous pouvons sur ce point nous borner aux observations précédentes; d'autant que plus d'une fois dans le corps du droit, on a présenté comme dérivé des mœurs, des dispositions qui résultaient directement des lois écrites (3).

(1) *Voy.* l. 32, §. 1, et l. 33, D. de legib. (1, 3.)
(2) *Voy.* inst. de jure nat., §. 3 (1, 2.)
(3) *Voy.* Branquell, p. 28, §. 5; Bach, sup., §. 4.

APPENDICE A LA SECTION Ire

DES DÉSIGNATIONS DES LOIS ET DES ROMAINS.

Au nombre des sources précédentes du droit, se trouvent les lois, dont la désignation, étrangère à nos usages, peut embarrasser ceux qui entreprennent l'étude du corps du droit. La même observation s'applique à la désignation des individus qui y sont cités. Nous dirons un mot de l'une et de l'autre.

§. Ier *Du titre des lois.*

On appelait communément les lois et les sénatus-consultes, même sous les empereurs, du nom des magistrats qui les avaient composés ou proposés; tels étaient la loi *Hortensia* (*v. ci-dev. p.* 26) proposée par le dictateur Q. Hortensius, le sénatus-consulte *Velléïen* proposé par Velléïus sous Claude.

Si un magistrat avait proposé plusieurs lois, on ajoutait au nom précédent, le sujet de la loi, pour la distinguer des autres. Ainsi, l'on nommait *lex Julia de fundo dotali*, la loi portée par Auguste, dont le nom adoptif était Jules, sur l'aliénation du fonds dotal; et *lex Cornelia judiciaria*, la loi par laquelle Sylla (son nom de famille était Cornelius) avait rendu aux sénateurs l'exercice du pouvoir judiciaire, transféré par Caïus Gracchus aux chevaliers, parce que Auguste et Sylla avaient proposé d'autres lois (1).

(1) *Voy.* Ant. Augustin, Emendation., lib. 3, c. 8, p. 159; Ferrarius Montanus, p. 45 et 46; *Bouchaud*, *douze tables*, ij, 127 à 131, 171, 178, 259, 260; *Bach*, 357. — Celui-ci, p. 320, soutient que la loi *Julia de fundo dotali*, n'était qu'une partie de la loi *Julia de adulteriis*.

Lorsque plusieurs lois avaient statué sur le même objet, on les désignait sous un nom générique relatif à cet objet. Telles étaient les lois somptuaires ou *cibariæ*, portées contre le luxe; les lois *agraires*, qui ordonnaient, non pas le partage de toutes les terres, comme on le croit vulgairement, car il n'y eut jamais de semblable proposition; mais celui des terres conquises par le peuple sur les étrangers et usurpées par les citoyens puissans (2).

Les lois faites par le peuple en corps, prenaient quelquefois les noms des deux consuls en exercice à l'époque de leur proposition : telles sont les lois *Ælia-Sentia* et *Junia-Norbana*; tandis que les Plébiscites, tels que la loi *Falcidia*, n'en avaient qu'un seul (3).

On ajoutait au nom d'une loi renouvellée après être tombée en désuétude, un deuxième nom, dérivé de celui du magistrat qui la reproduisait. Ainsi la loi *Fusia* portée en 706, sous le consulat de Q. Fusius Calenus et P. Vatinius fut ensuite appelée loi *Fusia-Caninia*, par ce qu'elle fut renouvellée en 751, sur la proposition du consul C. Caninius-Gallus, tout comme la loi *Pappia-Poppæa* fut ensuite appelée loi *Julia* et *Pappia* (4).

(2) Lévesque, *t.* 1, *p.* 156, frappé de cette dernière considération, trouve justes les lois agraires. Mais il ne fait pas attention que l'illégalité primitive de l'occupation de ces terres avait été couverte par une longue possession; que considérées comme un patrimoine solide, elles avaient subi des milliers de mutations par les successions, les partages, les ventes, les échanges, etc., et avaient été le but et le gage d'un nombre immense de négociations, etc.; de sorte que chercher à en exproprier les derniers possesseurs, c'était vouloir causer un bouleversement général. Tels sont sans doute les motifs pour lesquels le sage Cicéron s'écriait : *quis tulerit Grachos de seditione querentes?*

(3) *Voy.* Heineccius, hist., §. 39.

(4) *Voy.* Loon de manumissione, lib. 1, c. 4, n. 23, p. 74. — Il y a quelques difficultés sur ces dates. — Voy. *id.*, *ib.*; *Hoffman*, *p.* 120.

Quelquefois, mais rarement, on donnait dans l'usage, à la loi ou au sénatus-consulte le nom de la personne qu'on avait eu en vue en les proposant. Ainsi l'on nomma *senatus-consultum Macedonianum*, un sénatus-consulte proposé sous Claude et renouvellé sous Vespasien, à cause de l'usurier *Macedo* qui prêtait à gros intérêts aux fils de famille (5).

Au reste, sous la république on ne donnait point de noms-propres aux sénatus-consultes, sans doute par ce qu'ils n'avaient pas d'autorité (*v. ci-dev. p.* 75), tandis que les édits *nouveaux* des préteurs recevaient à l'exemple des lois, les noms de leurs auteurs (*ci-dev. p.* 91); tout comme (du moins cela est probable) les actions, ceux des préteurs qui les avaient les premiers insérées dans leurs édits, par exemple, la fabienne, la publicienne, etc. (6).

§. IIe *Des noms des Romains, et de leurs princes.*

Les Romains libres portaient souvent plusieurs noms, (on ne désignait les esclaves que par un seul.) Ces noms étaient de cinq sortes : le prænomen le nomen le cognomen, l'agnomen et le nom des adoptés.

Prænomen était le nom propre de l'individu, qu'il portait avant son nom de famille ou *Nomen*. Aussi n'avait-on qu'un seul prénom (7), dont on

(5) *Voy.* Suétone, x, 11; Cujas, lib. 4, tit. 16, cod.; Heineccius, hist., §. 177; Pothier, pand., ad S.-C. Macedonian., n. 1.

Mais les auteurs attribuent souvent à un prince les décisions qu'il n'avait fait que reproduire. — Voy. *Heineccius*, 2e édit., §. 217.

Dans notre usage on désigne souvent les sénatus-consultes par leur nom, en omettant le mot *sénatus-consulte*. Ainsi l'on dit le *Macédonien*, le *Velléïen*, etc.

(6) *Voy.* Bach, p. 205, §. 3, p. 357, §. 2, p. 218, §. 8.

(7) *Voy.* Bach, p. 262, §. 46.

n'écrivait ordinairement que la première ou les deux premières lettres, comme C. pour Caïus, Cn. pour Cneus, etc. (8). *Cognomen* désignait la branche de la famille à laquelle appartenait l'individu: *Agnomen* était une qualification particulière à lui donnée, à cause de quelque circonstance remarquable (9). Enfin, les adoptés en prenant les divers noms de leur nouvelle famille, retenaient celui de l'ancienne, mais le changeaient en adjectif (10).

Prenons pour exemple, Publius Cornelius Scipio Africanus Æmilianus. *Publius* était le *prénom*; *Cornelius*, le *nom* de la famille, ou de la race; *Scipio*, le nom de la branche ou *Cognomen* (la maison Cornelia avait d'autres branches, telles que les Sylla, les Lentulus, Dolabella, etc.); *Africanus* était le surnom (*Agnomen*) donné à Scipion, à

(8) Selon M. de Pastoret (mém., au Moniteur, an 12, p. 1259), tous les *noms* des Romains se terminaient en *ius*, comme *Tullius*, *Julius*, *Cornelius*, etc. — Selon Alciat et Antoine Augustin, c'était seulement la plus grande partie (magnâ ex parte) des noms. — Voy. *Augustin*, *emendation.*, *lib.* 3, *c.* 8, *p.* 159.

Les Grecs n'avaient point de *nom de famille*; et par conséquent, le fils ne portait point le nom de son père. C'est pourquoi leurs auteurs ajoutent toujours au nom de l'individu, quelque qualification distinctive: Alexandre, fils de Philippe; Xénophon, athénien, etc. — *Voy. Boileau*, 9e *réfl. sur Longin*; *Augustin*, *sup.*, *p.* 160.

(9) *Voy.* Quant à tout ce qui précède, *Prateïus*, *Lexicon*, *mot nomen*; et surtout *Gravina*, *de jure natur.*, *c.* 26.; et *Augustin*, *sup.*, *p.* 158 *et seq.*

Cependant celui-ci (*sup.*, *p.* 161) n'admet point le nom *Agnomen* qu'il déclare n'avoir point trouvé dans les livres des jurisconsultes romains et qui paraît avoir été imaginé par des grammairiens modernes (il reconnaît deux espèces de *Cognomen*, dont l'une répond au *Cognomen* ci-dessus, et l'autre à l'*Agnomen*.) Il se lit, il est vrai, aujourd'hui dans la *loi* 4, *C. Testament.*, et au §. 29 des instituts, *de legatis*; mais on soutient qu'il a été interpollé. — Voy. *d p.* 161; *et Denis Godefroi*, *Gl. ad d. l.* 4.

(10) Ce changement de nom avait surtout lieu dans les adoptions testamentaires. — *Voy. Augustin*, *de legib.*, 1584, *p.* 70.

cause de son expédition contre Carthage; *Æmilianus* enfin rappelait son ancienne famille Æmilia, qu'il avait quittée pour entrer adoptivement dans la maison de Scipion.

On nommait Gentils (*Gentiles*) tous ceux qui portaient le *nomen*, et agnats (*agnati*) ceux qui avaient le *cognomen* (11).

C'est aussi par le *cognomen*, que dans l'usage, on désignait le plus souvent les particuliers. On disait, par exemple, Scipion, César, Cicéron, Atticus, etc. et non pas Cornelius, Julius, Tullius, Pomponius, etc. (12).

Les affranchis ajoutaient à leur nom primitif d'esclave, le prénom et le nom de leurs patrons; ainsi, Tiron, affranchi de Cicéron, s'appelait *Marcus Tullius Tiro* (13).

Les femmes portaient simplement le nom de la famille. Ainsi la fille de Crassus s'appelait *Licinia*, celle de Cæsar *Julie*, etc.; et il est probable qu'on le pratiquait de même à l'égard des enfans de tout sexe (14). S'il y avait deux femmes dans une même famille, on appelait l'une, aînée (major), l'autre, cadette (minor); s'il y en avait un plus grand nombre, c'était *prima*, *secunda*, *tertia*, etc. Si on leur donnait un prénom, ce qui était rare, la lettre initiale par laquelle on le désignait, était renversée; on écrivait par exemple Ɔ. pour *Caïa* (15).

(11) *Voy.* Bouchaud, douze tab., t. 1, p. 501 à 503.

(12) *Voy.* Godefroi, sup.; Anonyme, aux mss. Dupuy, vol. 5, f. 71.

(13) *Voy.* Loon, sup., l. 4, c. 1; Augustin, emend., p. 162; Anonyme, ib.

(14) *Voy.* Den. Godefroi, sup.; Augustin, p. 160.

(15) *Voy.* Sur tous ces points, Vossius, Grammaire, liv. 3, ch. 7, édit. 1662, p. 397. — *Voy. aussi* Otton, thes., préf., p. 40.

Lorsqu'elles se mariaient et passaient sous la puissance de leur époux, elles prenaient quelquefois son nom, ou l'ajoutaient au génitif comme une espèce de signe de leur dépendance (16).

Les monarques de Rome avaient des désignations particulières. Dans l'origine ils portèrent le titre de roi : après la république ils prirent celui de prince, et bientôt celui d'empereur, qui finit par devenir leur désignation caractéristique (17), et qu'ils plaçaient avant leurs noms de divers genres *(V. ci-devant p. 37.)* On distingua ensuite les empereurs en deux classes, les Augustes et les Césars. Cette dernière dénomination, d'abord affectée aux fils adoptifs ou légitimes des Augustes, devint le titre d'une espèce de souveraineté secondaire. Le César, associé, au moins en apparence, à l'exercice de la puissance monarchique (18), était subordonné à l'Auguste, ou plutôt était une sorte de vice-roi, revêtu de pouvoirs plus ou moins étendus selon la condescendance de l'Auguste, et dont le droit le plus réel était la successibilité à l'empire.

Lorsque les empereurs avaient été *déifiés* après leur mort, les historiens, surtout les jurisconsultes, les magistrats et les rédacteurs des actes de l'autorité publique, substituaient au titre d'*Imperator* celui de *Divus*, qu'on rencontre en effet presque à chaque instant dans le droit (19), et qui pourrait fournir matière à bien des réflexions.

(16) Ainsi, on disait *Antonia Drusi*, pour désigner Antonia cadette, épouse de Drusus. — Voy. *au reste Bouchaud, douze tab, t.* 1, *p.* 633.

(17) Claude s'abstint de le prendre. — Voy. *Crévier, iij*, 200.

(18) Ainsi, dès le temps de Philippe, on mit souvent le nom de César à la suite de celui de l'Auguste, dans l'intitulé des lois ; comme si elles fussent émanées également de l'un et de l'autre. — Voy. *ci-après sect.* 5, *ch.* 1, n. 36 et suiv.

(19) Ainsi, au lieu d'*imperator Titus Ælius Antoninus Pius* (Antonin

De tous les qualificatifs orgueilleux imaginés par l'orgueil humain, il n'en est assurément aucun d'aussi relevé, d'aussi hyperbolique, si l'on peut parler ainsi, que ce mot DIVUS, dont nos adjectifs *saint* et *divin*, modifiés quant à leur acception par nos opinions religieuses, ne donnent qu'une faible idée. Rien ne devait paraître plus étrange dans ces opinions, qu'un homme *divus*, et cependant au bout de plusieurs siècles les empereurs chrétiens les plus zélés, les Constantins, les Théodoses, les Arcadius, les Honorius, les Justiniens, ne se firent aucun scrupule d'en décorer leurs prédécesseurs, soit payens, soit chrétiens, car pour eux les deux princes mêmes qui ont rendu le plus de services au christianisme, sont *Divus Constantinus*, *Divus Theodosius* (20). Ils firent plus : ils l'accordèrent jusques aux persécuteurs du christianisme, et l'on a peine à en croire ses yeux, lorsqu'on lit dans leurs lois, *Divus Diocletianus*, *Julianus Divæ memoriæ* (21).

Et il ne faut pas croire que ce fût là une affaire de pur style. On verra que l'épithète ne fut point

le Pieux); on disait ordinairement *Divus Pius;* au lieu d'*imperator Marcus Ælius Antoninus* (Marc-Aurèle), on disait *Divus Marcus;* au lieu d'*imperatores M. Ælius Antoninus* et *Lucius Verus*, on disait *Divi fratres* (Marc-Aurèle et Vérus étaient fils adoptifs d'Antonin.)

(20) *Voy.* les premières lois des titres 24 et 23, livre 11 du code, qui sont de Théodose Ier, Arcadius, Honorius et Théodose le jeune.

(21) *Voy.* les lois 3, liv. 12, tit. 57, et 1re, livre 11, titre 60, qui sont de Valentinien Ier, Valens, Gratien, Valentinien II, Théodose Ier et Arcadius.

Ainsi, Grévier (XII, 129) se trompe beaucoup lorsqu'il écrit que par cela seul que Constantin était chrétien, il ne put point concourir à la déification de Dioclétien, et qu'elle dût être l'ouvrage de ses seuls collègues, Maximin et Licinius.

accordée indifféremment à tous les empereurs (22), quoique d'ailleurs quelques circonstances politiques l'aient fait scandaleusement prodiguer à des Claude, des Commode, des Caracalla. Une autre circonstance que nous ne croyons pas qu'on ait remarquée, prouve l'importance qu'on y attachait. Dans les rubriques des lois du Code, les législateurs ne sont désignés que par leurs noms principaux, suivis du signe abrégé des titres Auguste, César, ou Consul, et précédés de la simple qualification *Imperator*, également en abrégé ; il y a une exception unique en faveur des deux meilleurs princes de Rome et peut-être de l'univers. Chacun nomme déjà Antonin et Marc-Aurèle. La rubrique de plusieurs de leurs lois porte DIVUS PIUS, DIVUS MARCUS, DIVI FRATRES. Il est vrai que cette dernière qualification comprend aussi Lucius Verus, l'indigne associé de l'empereur philosophe. Elle n'en est que plus honorable pour Marc-Aurèle (23). Quelle haute idée ne devait-on pas avoir de sa vertu, puisque aux yeux des Romains, elle effaçait, elle absorbait en quelque sorte, les vices de son collègue? D'une autre part, l'envie d'abréger n'avait pas fait imaginer

(22) Les lois ne la donnent point à Tibère, Néron, Domitien, Didius Julianus, etc, et nous voyons dans l'histoire que Caligula, Galba, Othon, Vitelliu, Macrins, Héliogabale, Maximin, Maxime et Balbin, ne furent pas non plus déifiés. — Voy. *Crévier, à leurs articles.*

(23) Voici encore des preuves de la vénération profonde que son nom inspirait. 1° Justinien, quoiqu'extrêmement zélé pour le christianisme, l'appelle SACRATISSIMUS PRINCEPS. — Voy. l. 11, liv. 6, tit. 35 du Code. — 2° Lors des acclamations faites par le sénat à l'avénement d'un nouvel empereur, une des plus honorables était l'invitation de prendre le nom de la famille de Marc-Aurèle, et de s'en rendre digne : ainsi, à l'avénement d'Alexandre Sévère, on s'écriait : *Antonini nomen suscipias! quod Heliogebalus infamavit, tu purifica!* — *Voy.* Brisson, de formulis, edit. de 1583, lib. 2, p. 208.

cette formule *divi Fratres*, si noble, si touchante, surtout lorsqu'on réfléchit qu'elle n'indiquait qu'une *fraternité* adoptive, surtout lorsqu'on la compare aux formules boursouflées où les auteurs des lois européennes modernes, accumulent, entassent tous leurs titres de souveraineté, ou suzeraineté : d'autres monarques associés en auraient obtenu à plus juste titre l'honneur puisqu'ils étaient frères naturels et légitimes ; mais on craignit sans doute de fournir un texte à des rapprochemens peu avantageux, si Carin et Numérien, les fils de Constantin, Valentinien et Valens, Gratien et Valentinien II, Arcadius et Honorius étaient traités de la même manière que Marc-Aurèle.

SECTION II.

DES AUTEURS DU DROIT.

Nous comprenons sous ce titre, et les jurisconsultes qui sont proprement les auteurs du droit romain, et les empereurs qui par leurs constitutions ou leurs soins, ont concouru à l'établir ou à le faire fleurir. Quelques historiens du droit ont donné une notice assez étendue de chacun des empereurs et des jurisconsultes romains, sans aucune exception. Nous ne suivrons point cette méthode dont les avantages ne compensent point les inconvéniens, entr'autres l'inconvénient de jeter dans des longueurs et des détails inutiles. Nous nous bornerons à présenter ici quelques observations sur les principaux de ces auteurs du droit, et nous donnerons à la section cinquième, des tableaux chronologiques dans lesquels nous les comprendrons avec tous ceux qui ne méritaient pas une mention aussi particulière (1).

(1) Au reste, nous indiquerons les ouvrages où l'on pourra puiser les développemens que nous omettons. — Voy. *encore* ce que nous avons dit à ce sujet, p. 4.

CHAPITRE PREMIER.

Des Empereurs.

PARMI le grand nombre d'empereurs compris dans le tableau que nous en donnons à la section 5e, il n'y a guères qu'Adrien, Théodose le jeune et Justinien qui méritent une notice séparée dans l'histoire du droit romain, parce qu'ils n'ont pas publié seulement des lois détachées comme les autres empereurs, mais encore des collections importantes qui embrassent à peu près toute la législation en vigueur au temps de leur règne (2). Quelque nombreuses que fussent les premières, telles que les lois de Caracalla, dont le code de Justinien nous a conservé deux cent cinquante fragmens, outre cent quarante-un de celles auxquelles il concourut avec son père; celles d'Alexandre Sévère, dont il en contient quatre cent quarante-cinq; enfin celles de Dioclétien, dont il n'y en a pas moins de douze cent quarante-cinq, ainsi qu'on le voit au même tableau (3), on sent combien les travaux législatifs des princes auxquels on les dut, sont peu susceptibles de comparaison avec ceux des auteurs des collections qu'on vient de citer. Au reste, nous parlons de plusieurs d'entr'eux dans divers passages de notre ouvrage.

(2) *Voy.* toutefois ce qu'on dit ci-après (art. 2, p. 107 et 111) du Recueil de Théodose.

(3) Ainsi, Heineccius se trompe beaucoup lorsqu'il prétend (hist., §. 266) que Caracalla surpasse presque tous les empereurs en nombre de lois.

ARTICLE Ier.

D'Adrien et de l'Edit perpétuel.

Adrien succéda, l'an 117 de notre ère, à Trajan, dont il était cousin, petit-neveu par alliance, et fils adoptif, ou réel ou supposé (4). Outre beaucoup de lois particulières, citées dans le digeste et les anciens auteurs (5), il fit composer, vers l'an 130 à 134, le corps de droit connu sous le nom d'*édit perpétuel* (6). Cet ouvrage considérable (il avait plus de deux cents titres) tint lieu de toutes les lois précédentes. Il obtint un si grand crédit par la sagesse qui avait présidé à sa rédaction; 1. que les jurisconsultes les plus célèbres, Pomponius, Paul, Caïus, Ulpien, Callistrate, Furius Anthianus, etc., s'empressèrent d'y faire des commentaires (7); 2. qu'on inséra depuis, plus de la moitié de ses dispositions dans le digeste (8); 3. que les empereurs en appliquèrent les décisions dans leurs rescrits et qu'ils n'osèrent depuis y déroger que pour des motifs très-graves (9); 4. qu'il fut cité depuis Sévère par tous les empereurs (plus rarement par les empereurs chrétiens), et surtout par les jurisconsultes (10).

Ce crédit excitera peu de surprise si l'on réflé-

(4) *Voy.* Gibbons, ch. 3, note 380; Hadrianus legislator, par Bottereau, c. 1, no 1er, dans l'hist. du dr. d'Hoffman, t. 2.

(5) *Voy.* Bottereau, sup. — Voy. *aussi* Hoffman, p 433; Heineccius, hist., §. 235 et 237; Sainte-Croix, acad. inscrip., XLIX, 419.

(6) *Voy.* pour cette époque, Bottereau, c. 16; Heineccius, §. 223; Bouchaud, douze tabl., ij, 383, 384, 420.

(7) *Voy.* Pothier, p. viij; Hoffman, 441; Bouchaud, 493 et s.

(8) *Voy.* sur ces points, Godefroi, hist. jur., c. 3.

(9) *Voy.* Godefroi, sup.; Heinecc., §. 223; Bouchaud, p. 403.

(10) *Voy.* Bouchaud, d. t. 2, p. 405.

chit au mérite de Salvius Julien, qu'Adrien eut la sagacité de choisir pour la rédaction de l'édit. Julien fut un des plus grands jurisconsultes de Rome, et après Papinien, celui sur l'autorité duquel les auteurs du droit fondent le plus leurs décisions (11). Il dut ses profondes connaissances à un travail opiniâtre et assidu, car, il l'atteste lui-même, à soixante-dix-huit ans, il se livrait encore à l'étude (12). Il jouit d'un grand crédit sous plusieurs empereurs, fut préteur, préfet de la ville, et deux fois consul, obtint l'amitié de Marc-Aurèle (13), et son arrière-petit-fils Didius, parvint à l'empire. Elève de Jabolénus, il fut attaché à la secte sabinienne dont nous parlerons au chapitre suivant, mais ne s'astreignit pas toujours à son système et adopta au contraire par fois les avis des proculéïens (14).

On a déjà dit que l'édit perpétuel fut extrait des édits des préteurs (15) ; il faut toutefois observer que Julien corrigea et retrancha beaucoup de dispositions de ces édits; il y inséra même un grand nombre de ses propres décisions (16). Au surplus, quoique censé borné au droit honoraire, il peut être regardé comme un corps universel de droit, puisqu'il servait de règle à tous les jugemens.

(11) *Voy.* Cujas, in dig. Juliani, in proem.

(12) *Voy.* l. 20, D. de fideicomm. libert. (xl., 5).

(13) *Voy.* l. 17, in pr., D. de jure patronat. (xxxvij, 14.)

(14) *Voy.* sur ces points, Ménage, amenit. jur., c. 24.

(15) Et non pas des *lois* anciennes et nouvelles, comme le dit Sainte-Croix (*acad. inscript.*, XLIX, 419), qui traduit mal à propos par *loi* le mot *edictum*, qu'il a vu dans Gravina, c. 86.

(16) *Voy.* Cujas, ad l. 10, tit. 5, lib. 4, cod. — *Voy.* aussi Godefroi, d. c. 3.; Heineccius, §. 225; Pothier, d. p. viij; surtout Hoffman, p. 440 et Bottereau d. c. 6.

On ne connaît point précisément l'ordre de l'édit perpétuel. On présume qu'on prit pour modèle celui des douze tables (17). On aurait sans doute pu mieux choisir : mais soit que la vénération qu'on avait pour les décisions de détail qu'il convenait fit fermer les yeux sur les vices de leur distribution, soit que les auteurs du temps eussent peu d'habitude d'une bonne méthode, les jurisconsultes imitèrent le même ordre dans leurs ouvrages et enfin Justinien s'y asservit lorsqu'il composa son digeste (18), ce qui précisément a fait conjecturer que la division de l'édit perpétuel était vicieuse (19).

Ce qu'on sait plus sûrement, c'est que l'édit perpétuel était divisé en plusieurs parties, et chaque partie en plusieurs titres ; que chaque titre avait sa *rubrique* (20), indiquant la matière dont il traitait, et était divisé en segmens ou paragraphes, contenant sans doute chacun des décisions distinctes (21); qu'avant d'être mis en vigueur il fut consacré par un sénatus-consulte, précédé d'un discours du prince (22).

On peut aussi présumer, soit d'après la nature des sources, où on l'avait puisé, soit d'après les talens, les connaissances et le genre d'études de son rédacteur, Julien, un des adeptes de la philosophie stoïcienne (23), soit enfin d'après les frag-

(17) *Voy.* Bouchaud, t. 1, p. 205, d'après Godefroi.

(18) *Voy.* Bouchaud, acad. inscr., XXXIX, 341 ; Godefroi, proleg. C.-Th., p. 183 ; Hoffman, p. 442 ; ci-ap., sect. 3, ch. 3

(19) Thomasius dans Hoffman, p. 447, note *f.*

(20) *Voy.* pour le sens de ce mot, ci-ap., chap. des citations.

(21) *Voy.* sur tous ces points, Bouchaud, douze tab., ij, 485 à 487 ; id. au Monit., an 10, p. 4601 — Voy. *aussi* l. 195, §. 3, *ff.* verb. sign.

(22) *Voy.* l. 2, C. vet. jure enucl., §. 18 ; Bouchaud, ij, 396 et 397.

(23) *Voy.* Bouchaud, d. t. 2, p. 426 et suiv.

mens nombreux que le digeste nous en a conservés dans tous ses livres (excepté les 1er, 41, 44, 45 et 48e), que les décisions de détail de cet édit, quelquefois trop subtiles, sont au moins recommandables par leur conformité aux principes du droit, leur équité et leur sagacité.

Le succès qu'il obtint et dont on vient de parler en est aussi une preuve. Il fit prendre une nouvelle face à la jurisprudence; il donna plus de crédit aux jurisconsultes qui travaillaient d'après ses maximes, tellement que quoique leurs devanciers fussent les vrais fondateurs du droit, la seule circonstance que plusieurs de leurs décisions n'étaient pas en harmonie avec l'édit; détermina le barreau et successivement les empereurs à préférer les ouvrages des derniers, lorsqu'on examinait des causes ou que l'on composait de grandes collections du droit. Enfin, enseigné dans les écoles publiques (24), revêtu des titres imposans *d'edictum perpetuum, jus perpetuum, jus indubitatum* (25), etc., il conserva toute sa force pendant plusieurs siècles et jusques à la révolution judiciaire dont nous parlerons bientôt (26).

Mais remplacé dès-lors par de nouvelles collections, il fut négligé peu à peu et se perdit avec tant d'autres ouvrages dans le gouffre ouvert par les invasions des barbares. Les érudits en ont recherché les traces, dans l'espoir de fournir quelques secours pour l'interprétation des lois dont il fut la

(24) *Voy*. Bouchaud, d. t. 2, p. 406.

(25) On le nommait aussi *edictum Adriani*, ou *edictum* tout simplement. — Voy. *d'autres noms dans Bouchaud, t. 2; p.* 398. — Voy. *aussi Hoffman, p.* 441, *note a.*

(26) C'est-à-dire jusques au Code Théodosien... Quelque temps auparavant l'effet législatif accordé aux ouvrages de plusieurs jurisconsultes (*ci-dev. p.* 79), avait beaucoup nui à l'édit. — Voy. *Bouchaud, p.* 407.

source. Et d'abord, Guillaume Ranchin, élève de Cujas, en a rassemblé et disposé selon leur ordre primitif, un grand nombre de fragmens, rapportés dans le digeste et dans divers auteurs. On les a insérés, d'après lui, dans plusieurs éditions du corps du droit et dans les *Pandectes* de Pothier (27); ensuite Heineccius, dans un ouvrage resté imparfait, avait entrepris de le faire connaître en entier (28).

Selon quelques auteurs, un écrivain inconnu composa sous Adrien, ou l'un de ses deux premiers successeurs, un autre corps de lois nommé *Édit provincial*, entièrement semblable à l'*Édit perpétuel*, à quelques légères différences près, que nécessitèrent vraisemblablement les priviléges particuliers des provinces de l'empire auxquelles il était destiné (29); mais l'existence de cet édit est révoquée en doute, et avec beaucoup de force, par plusieurs savans critiques (30).

Il n'est pas de notre sujet de tracer ici le portrait d'Adrien; nous laissons ce soin ou peut-être cet embarras à l'histoire, car peu d'hommes ont offert un plus étonnant assemblage des vertus et des talens les plus sublimes avec les vices les plus honteux (31).

(27) *Voy.* Pothier, t. 1, p. clxxxj; Godefroi, fontes quatuor; id., Bibl. jur., c. 1, n. 6; Struve, Bibl. jur., c. 3, §. 16.

(28) On peut encore citer la longue dissertation de Bouchaud, sur l'édit perpétuel, mise à la suite de ses douze tables, *t.* 2, *p.* 377 *et suivantes*; mais outre qu'elle est en grande partie traduite d'Heineccius, ni lui, ni Heineccius, n'ont donné une édition de l'édit perpétuel dans le genre du Code Théodosien de Godefroi.

(29) *Voy.* Brunquell, p. 137, §. 17; Pothier, c. 3, n. 3, p. viij.

(30) *Voy.* Heineccius, §. 229; Walch sur Hoppius, c. 1, §. 28, p. 22; Bach, p. 480, §. 14.

(31) *Voy.* son portrait dans Gibbons, ch. 3.

ARTICLE II.

De Théodose le jeune et du Code Théodosien.

Pendant les trois siècles qui s'écoulèrent entre les règnes d'Adrien et de Théodose le jeune, les jurisconsultes firent un grand nombre de commentaires sur l'édit perpétuel, ou de traités sur diverses parties du droit, et les empereurs publièrent beaucoup de constitutions. Cette multitude embarrassante d'ouvrages (32) occasionna un dégoût qui pouvait porter un coup mortel à cette science. Pour y remédier, Théodose, ou plutôt sa sœur Pulchérie qu'il avait créée Auguste, et qui régnait sous son nom (*Voy. ci-après p.* 113), fit travailler à une collection des constitutions publiées depuis Constantin, c'est-à-dire, depuis l'époque où finissaient les codes Grégorien et Hermogénien (33). Huit jurisconsultes qu'on disait du premier rang, mais dont à peine un seul est cité par les anciens auteurs, en furent chargés. Leur travail, qu'on présume avoir été fait avec précipitation, fut mis au jour avec force de loi, l'an 438, sous le titre de *Code Théodosien;* il était divisé en seize livres, dont les cinq premiers étaient relatifs au droit privé, et les autres au droit public et canonique (34).

Quoique les copies du code Théodosien eussent été répandues dans tout l'empire, afin qu'on pût observer ses dispositions (elles ont été en vigueur

(32) *Voy.* Godefroi, proleg. C.-Th., p. 185, c. 1; Heineccius, hist., §. 209, et opusc., p. 221; Hoffman, p. 419, 421, 427.

Eunape, écrivain du 5e siècle, dit que le droit civil aurait fait alors *multorum Camelorum onus.* — *Voy.* Godefroi, ib.

(33) *Voy.* Bach, p. 556, §. 5.

(34) *Voy.* Godefroi, p. 185, 199; — *V.* aussi Hoffman, p. 463.

sous plusieurs des règnes suivans) ; quoiqu'Anien, référendaire d'Alaric, roi des Visigots, en eût ensuite publié à l'usage des états de ce monarque, un abrégé sur lequel nous reviendrons à la section 4e, néanmoins il n'y a que les 10 derniers livres et la fin du 6e de ce code qui soient parvenus jusqu'à nous. Il ne nous reste que des fragmens des cinq premiers, et du commencement du 6e, c'est-à-dire, de la partie la plus précieuse de la collection (35). Cette lacune est très-fâcheuse, car plusieurs jurisconsultes de grand mérite mettent le code Théodosien au-dessus de celui de Justinien (36), et quelques écrivains accusent même ce dernier empereur, si l'on en croit Terrasson (*part.* 3, §. 8), d'avoir fait supprimer l'ouvrage de Théodose, de crainte qu'il ne nuisît à la réputation du sien. Mais cette imputation est dénuée de toute vraisemblance (37).

D'ailleurs, ces deux codes offrent des différences qui doivent diminuer nos regrets et même nous faire beaucoup apprécier le lot qui nous est resté. Par exemple, si l'on comprit dans le code Théodosien, sans exception, toutes les lois des monarques, publiées dans l'intervalle de temps indiqué (ans 312 à 438), lois qu'on se réduisit à abréger et à

(35) Il y a 320 constitutions dans le code de Justinien, qui, quoique puisées dans le code de Théodose, n'existent point dans ce qui nous reste de ce dernier. — Voy. *Hoffman*, p. 481.

Nous apprenons dans ce moment, que M. Clossius, jeune jurisconsulte de Tubingue, recommandable par son zèle et son érudition, vient de découvrir à Milan, dans la bibliothèque Ambrosienne, plusieurs fragmens, jusqu'à présent inconnus, du 1er livre du code Théodosien. — Voy. *ci-apr.*, *chap.* 2, *note* 4.

(36) Tels que Jac. Godefroi (*sup.*, *c.* 1, *n.* 8, *etc.*), qui à la vérité comme éditeur du code Théodosien, est un peu suspect de partialité.

(37) Comment aurait-il pu faire supprimer ce code dans la Gaule, par exemple, où il ne posséda jamais un pouce de terrain ?

rendre plus intelligibles (38), le code de Justinien renferme des constitutions, ou des fragmens de constitutions de tous ses prédécesseurs (39), et par conséquent de celles des princes antérieurs au règne de Constantin où commence le code de Théodose, c'est-à-dire, des constitutions bien supérieures, surtout quant à la rédaction, aux édits des empereurs Grecs (40).

Il est vrai, et c'est un point sur lequel nous reviendrons, il est vrai que Tribonien respecta peu ces constitutions. Pour ne parler que de celles du code Théodosien, sur un millier qu'il y a puisées, il n'en est presqu'aucune qu'il n'ait mutilée ou retouchée, quoique il en eût rejeté un assez grand nombre (quatorze cents), pour qu'il semblât devoir laisser intactes celles qu'il conservait (41).

Mais, dit-on, Justinien lui avait donné le droit de les rectifier, et il était nécessaire d'user de ce droit pour mettre les constitutions en harmonie avec l'état récent de la législation (42). Admettons qu'en effet la constitution où est la concession de cette faculté n'ait pas été antidatée pour justifier les fautes du rédacteur (43); est-il croyable que Justinien ait entendu permettre d'attribuer à des princes, des

(38) *Voy.* Godefroi, sup., p. 186, 187; Hoffman, p. 464.
On abrégea, surtout en supprimant les préambules des constitutions.

(39) Nous disons *des constitutions*, parce que cette collection n'est pas complète comme celle de Théodose.

(40) *Voy.* ce que nous disons à ce sujet ci-après, sect. 3, ch. 2 et 4; et Schomberg, note G, p. 187 et 188.

(41) *Voy.* sur tous ces points, Marville, préf. du code Théod., p. 4 et 5; Hoffman, p. 481, §. 10.

(42) Ce qu'on allègue ici et dans l'alinéa suivant en faveur de Tribonien, est principalement tiré de la défense de Justinien par Heineccius. — Voy. *id., opusc., p.* 280 *et suiv.*

(43) *Voy.* constit. de Justin. cod. confirm., §. 3.

constitutions postérieures à leurs règnes ? d'intercaler dans leurs constitutions, des choses auxquelles ils ne pensèrent jamais (44)?

On insiste : on prétend qu'en ceci Tribonien a plus blessé l'histoire et la critique que la jurisprudence, objet spécial de ses travaux..... Mais outre que c'est une faute que d'induire à erreur les historiens, comment bien entendre les règles qui ont besoin d'être expliquées par l'histoire de la législation sur la matière à laquelle elles ont rapport, si la chronologie de ces règles est entièrement subvertie (45) ?

Les Codes de Théodose et de Justinien ont du moins une ressemblance assez importante. L'un et l'autre, quoique avec un nombre inégal de livres, ont pris le même modèle quant à la disposition et à la série des matières, savoir, le Code Grégorien (46). Justinien s'en est seulement écarté, et avec peu de raison, à l'égard des premiers titres, qu'il a consacrés à la foi chrétienne, aux évêques, clercs, moines, hérésies, etc., en un mot au droit ecclésiastique, tandis que les rédacteurs du Code Théodosien (comme ceux du digeste) les ont réservés aux principes généraux du droit, à l'exposition des règles qui concernent les lois considérées en général. Du reste leurs livres sont également divisés en plusieurs titres affectés à des matières distinctes, et composés de plusieurs lois ou constitutions qui y sont rangées selon l'ordre des dates (47).

(44) *Voy.* Marville, ib., p. 4; Hoffman, p 621; surtout Godefroi, sup., c. 4, p. 191.

(45) *Voy.* les autorités de la note précédente.

(46) *Voy.* Godefroi, sup., c. 12, p. 199; Hoffman, p. 465, note c.; Broë, hist. jur., §. 26.

(47) *Voy.* Godefroi, d. c. 12.

Ils diffèrent, on l'a vu, quant à l'intervalle de temps, pendant lequel ont été rendues les constitutions qu'ils embrassent. Le code Théodosien a recueilli celles de seize empereurs qui ont régné cent-vingt sept ans à compter de l'an 312, époque où l'on présume que Constantin embrassa le christianisme (48).

Plusieurs auteurs anciens nomment les lois contenues dans ce code, *novæ leges legitimorum principum*, soit parce qu'il est composé principalement des constitutions des empereurs chrétiens; soit plutôt parce qu'on n'y inséra point celles des usurpateurs ou tyrans, tels que Magnence et Vetranio, puisqu'on y voit non sans surprise, celles du célèbre Julien qui avait renoncé à la foi chrétienne, et mêmes plusieurs constitutions de Constantin, de Valentinien, etc., favorables au paganisme et à l'hérésie d'Arius (49).

Cette disparate n'est pas le seul défaut qu'on reproche au code Théodosien. Il en est d'autres qu'il partage presque tous avec le code de Justinien. Ainsi, pour y vouloir trop abréger les lois, on en a rendu obscures quelques unes; plusieurs ont été répétées dans divers titres; plusieurs sont semblables, à un petit nombre mots près; plusieurs

(48) *Voy.* Marville, préface, p. 6.

Zosime, *liv. xj*, *p.* 104, recule beaucoup la conversion de Constantin. Selon lui Constantin n'ayant pu obtenir des prêtres payens, l'absolution de ses forfaits (le meurtre de sa femme, de son fils, de ses neveux, etc.), parce que le paganisme défendait d'accorder l'expiation des crimes de cette nature, s'adressa alors aux pontifes chrétiens, dont la religion ne faisait point de semblable défense. Mais l'impartial Gibbons, *ch.* 20 *et note* 69, soutient que la passion fait commettre un anachronisme à l'écrivain payen.

(49) *Voy.* Godefroi, hist. jur., c. 5; et proleg. C.-Th., p. 188, n. 9; Heineccius, hist., §. 307 et 311; Hoffman, p. 464.

n'ont été placées dans certains titres auxquels elles étaient étrangères, que parce qu'elles offraient des homonymies, ou ressemblances de mots; quelques unes ont entr'elles des Antinomies (50).

Le code Théodosien fut observé en Orient jusques à Justinien, et en Occident, du moins dans la Gaule méridionale, jusques aux conquêtes des Visigoths, et à l'espèce de corps de droit d'Anien, dont nous parlerons à la section quatrième (51). Emané d'un empereur plein d'un zèle extraordinaire pour le christianisme et même le monachisme (ci-après p. 113), il dut aux prédications du clergé une partie de ses succès, qui furent tels, qu'on le vit cité par les conciles et copié ou extrait dans les canons de l'église et les capitulaires de Charlemagne (52).

Malgré le long espace de temps qui s'est écoulé depuis son abrogation expresse ou tacite, cette collection n'est pas devenue inutile. On doit au contraire de la reconnaissance à Jacques Godefroi pour les recherches et le travail immense qu'a dû lui coûter son édition (il y consacra les trente dernières années de sa vie), et même au professeur Marville qui l'a publiée et en a terminé et mis en ordre les prolégomènes laissés imparfaits par l'auteur. On peut y puiser des renseignemens importans, 1. pour l'interprétation de plusieurs lois obscures du code de Justinien, et à cet égard il suffit d'examiner les notes de Godefroi sur les lois correspon-

(50) *Voy.* sur tous ces points, Godefroi, d. proleg., c. 2, p. 187; et quant aux *homonymies*, ci-apr., chap. du mérite.

(51) *Voy.* Godefroi, p. 192, et ci-après, sect. 4, ch. 1er.

(52) *Voy.* Hoffman, p. 491, §. 13.

dantes du code Théodosien, lois indiquées par Marville dans une table mise à la fin du tome sixième (53); 2. pour les événemens de l'ère qu'embrasse le même code. La chronologie raisonnée et fondée sur les dates de ses constitutions que Godefroi a placée en tête du tome 1er, est un ouvrage vraiment capital, auquel les historiens du bas empire ne peuvent se dispenser d'avoir recours.

Nous avons attribué la collection précieuse dont nous venons de nous occuper, moins à Théodose qu'à sa sœur Pulchérie : les faits qu'on rapporte de lui autorisent à priver d'un tel honneur un prince dont la faiblesse et l'insouciance passaient pour ainsi dire toutes les bornes. En renvoyant à l'histoire le soin de le peindre (54), nous citerons deux anecdotes qui suffisent pour justifier l'idée que nous en avons donné. Il refusa un jour, dit Gibbon (ch. 32), de manger jusqu'à ce qu'un moine qui avait été assez audacieux pour l'excommunier, eût daigné guérir cette blessure spirituelle. Pulchérie, observe Cujas (55), craignant que d'autres qu'elle-même ne profitassent de l'incurie de son frère, entreprit de l'en guérir par un tour assez singulier : elle lui fit signer un rescrit par lequel il *donnait* l'impératrice son épouse.

Avant de terminer ce que nous avions à dire de son règne, il est juste de citer une institution impor-

(53) Elle indique les lois du code Justinien, qui ont été puisées dans le Théodosien.... Jacques Godefroi, *sup.*, *c.* 5, *inf.*, *p.* 192, prétend même qu'on ne peut en général entendre les premières, sans les conférer avec les dernières. — Cela est sans doute fort exagéré ; mais il est certain qu'on peut tirer parti de la conférence dont il parle. Voy. *Gravina*, *de ortu*, *c.* 131 ; *Hoffman*, *p.* 481, § 10 ; *et un exemple dans M. Merlin*, *rec. alph.*, *mot testament*, §. 6, 2e *édit.*, *t.* 5, p. 225.

(54) *Voy.* Gibbons, chap. 32.

(55) Respons. Papin, lib. 2, ad. l. 4 de serv. præd. rust.

tante dont l'empire lui fut redevable. Jusques-là les juristes romains ou grecs n'avaient que deux écoles extrêmement éloignées, où ils pussent puiser les élémens du droit, Rome et Béryte : il en fonda une troisième dans un point intermédiaire, c'est-à-dire, dans la capitale de l'Orient (56).

ARTICLE III.

De Justinien.

A travers les opinions extrêmes et opposées des historiens ou des jurisconsultes, il est difficile d'asseoir un jugement sain sur l'empereur Justinien (57). Il tient incontestablement le premier rang dans les fastes de la législation, et il en mérite un des plus distingués dans ceux de la guerre ; mais on lui objecte de n'avoir gagné des batailles qu'avec l'épée de ses généraux et fait des lois qu'avec la plume de ses ministres. Alors au moins, ses critiques rigoureux devraient-ils lui accorder le mérite grand et rare chez un monarque, d'avoir su bien choisir ses ministres et ses généraux, et se contenter de flétrir

56) A Constantinople. — Voy. *Hoffman*, *p.* 489, §. 12.

(57) On peut consulter l'ouvrage *ex professo*, qu'Heineccius a publié pour la défense de Justinien (*in opuscul.*, p. 218 *et suiv.*), et où contre son ordinaire, il montre plus d'érudition que de sagacité. Hoffman (*lib.* 2, c. 1, p. 493 à 551) rapporte avec beaucoup d'impartialité les critiques et les réponses; et tout en modifiant les premières, qui ne sont pas moins exagérées que les louanges des panégyristes de l'empereur, on voit qu'il les approuve au fond pour la plupart. Telle était aussi l'opinion primitive d'Heineccius comme on le voit dans la 4e édition de ses Antiquités (proëm., n. 26) antérieure (1734) de quatre ans à celle de ses opuscules (1738). — Enfin, telle est aussi celle de Silberadius (sur id., hist., 2e éd., §. 383), qui dans une savante dissertation, a réfuté presque tout ce qu'Hieneccius avait dit, soit en faveur de Justinien, de Théodora et de Tribonien, soit contre Procope leur principal accusateur.

sa mémoire au tribunal juste et vengeur de la postérité, de la noire ingratitude dont il se rendit coupable envers l'un d'eux (58).

En se décidant d'après les faits les moins contestés, et en laissant de côté les injures et les éloges également outrés (59) qui lui ont été prodigués sans mesure, nous croyons pouvoir dire que Justinien était un prince médiocre, d'un caractère faible, injuste, enclin à l'avarice et à la cruauté, mais doué d'un discernement qu'on ne peut lui refuser sans une partialité blamable (60). Bélisaire, Narsès, Tribonien, vous avez créé sans doute la gloire de votre monarque, mais compte-t-on beaucoup de monarques qui aient été grands uniquement par eux-mêmes et n'aient pas dû une partie de leur réputation à leurs subordonnés?

Passons, quoiqu'on l'en ait bien faiblement excusé, sur la vanité incroyable qui le portait à enjoindre *d'adorer son éternité*, à se qualifier *d'os divinum*, et ses lois de *divina oracula*, *divinos afflatus*, *etc.*, et admettons qu'il n'employa pas sérieusement ces expressions (61); on lui reproche avec justice, d'abord, d'avoir épousé une comédienne, surtout après avoir abrogé, ou fait abroger les lois qui lui défendaient cet acte de folie; ensuite, d'avoir poussé la faiblesse pour cette étrange impératrice,

(58) Bélisaire, qui fut réellement persécuté, quoique sa cécité soit une pure fable (Voy. *Hoffman*, *p.* 532, *note e.*)

(59) *Princeps sine exemplo maximus*, dit Heineccius, *opusc*, *p.* 219; tandis que dans les 1res éditions de ses antiquités (*d. n.* 26) il s'était écrié : *Princeps...... vix laudibus quas ei vulgus jurisconsultorum admettitur dignus.*

(60) *Voy.* le portrait de Justinien dans Gibbon, *ch.* 40, et Gravina, c. 130. — *Voy.* aussi Silberadius, sup.; Struve, bibl. jur., c. 8, §. 4.

(61) *Voy.* l. 2, c. de fabricensib (xj, 9); l. 1, §. 6, c. de vet. jur. enucl. (i, 17) etc., et Heineccius, defensio compilationis, etc., œuvres, iij, 133.

jusques à parler d'elle, avec éloges, dans divers édits; à rendre plusieurs lois à sa demande, en faveur des femmes; à faire graver son nom avec le sien sur les monumens publics; à la citer dans les rescrits, comme son conseil dans le gouvernement; à exiger qu'on lui prêtât serment comme à l'empereur (62).

On lui reproche enfin, d'avoir toléré et peut-être partagé le trafic infâme que Tribonien faisait des lois (63), et la circonstance suivante donne beaucoup de poids à ce reproche. Les exactions que commit Tribonien dans sa charge de questeur, furent si excessives, qu'elles occasionnèrent une grande sédition à Constantinople; sédition que Justinien, qui s'était enfui, ne put appaiser, qu'en destituant Tribonien. Or, on convient qu'au nombre des fonctions principales du questeur était la rédaction et présentation des lois (64); il est donc à présumer que la vénalité de Tribonien était réelle, et que Justinien n'y était pas étranger, puisqu'à la fin des troubles il le rétablit dans tous ses emplois (65.)

Au reste, soit que, comme cet empereur l'an-

(62) *Voy*. Mérille, observ., vj, 14; Hoffman, p. 512 et 513, note c; *Silberadius, sup.*; pour *le serment*, nov. 8, c. 1, et la constit. qui est à la suite; et pour l'*inconduite de Théodora*, Gibbon, sup.

(63) *Voy*. Hoffman, p. 553 et 539; Silberadius, sup.

Heineccius, *opusc.*, *p.* 254 *à* 257, passe à peu près condamnation sur la vénalité de Tribonien, dont Montesquieu (*Grandeur et décadence*, *ch.* 20) parait aussi ne pas douter.

(64) *Voy*. Heineccius, ibid., p. 255.

Le questeur était aussi chargé de lire, et souvent de composer le discours (*oratio principis*. — *Voy*. ci-dev. p. 34), où l'on proposait les sénatusconsultes. — Voy. *Hoffman*, *p.* 370, *note f.*; *surtout Schomberg*, *p.* 40, *note* 7.

(65) *Voy*. à ce sujet, Hoffman, p. 552, note a; Walch, introd. ad instit., §. 3, p. 7 et 8; Heineccius, hist., 2e édit., §. 388; Silberadius, sup.

nonce, les novelles publiées depuis le code Théodosien par les successeurs de Théodose (66), eussent introduit une confusion extraordinaire dans la jurisprudence (67); soit qu'il ne fût excité réellement que par l'envie de se faire un nom, il conçut dès la première année de son règne (68), le projet de rédiger un nouveau code; et successivement les autres ouvrages qui composent le corps du droit, et dont nous parlerons dans la section suivante.

Pendant le même intervalle, un auteur inconnu qui avait eu dans leur intégrité les codes Grégorien, Hermogénien et Théodosien, mit au jour un recueil intitulé *Collatio legum mosaïcarum et romanarum*, que nous indiquons ici parce qu'il offre quelquefois des ressources pour l'interprétation des lois romaines, à raison de ce qu'on y a rapporté dans leur pureté primitive, divers textes que Justinien a mutilés ou abrégés dans sa compilation (69.)

(66) Ces novelles ont été publiées par Sichard et Pierre Pithou, en 1571, et par Rittershusius, en 1615. On les a ensuite mises à la fin du code Théodosien de Godefroi. — *Voy.* Hoffman, p. 484. — Elles n'ont jamais eu autorité en France. — Voy. *Dufresne, journ. des aud.*, *t.* 1, *liv.* 1, *ch* 114.

(67) Ce qui peut inspirer quelques doutes à cet égard, c'est qu'on n'a rapporté dans le code Justinien, que 209 lois de ces princes.

(68) Godefroi (*hist. jur.*, *c.* 8), Gravina (*de ortu*, *c.* 131); Ferrière (*ch.* 21), Hoffman (*p.* 558), Pothier (*part.* 3, *c.* 1, *art.* 1, §. 1, *n.* 5) et Terrasson (*part.* 3, §. 10, *p.* 303) disent la *deuxième* année. Cependant, soit qu'on fixe l'avénement de Justinien, au jour de la mort de Justin 1er, son oncle, c'est-à-dire, au 1er août 527, soit qu'on le fasse remonter à celui de son association à l'empire par le même Justin, c'est-à-dire aux calendes (ou 1er) d'avril 527, il est clair que son projet fut formé dès la *première* année de son règne, puisque la constitution où il ordonne de composer le code, est des ides (ou du 13) de février 528. — Voy. *ci-après*, *sect.* 3, *ch.* 1.

(69) *Voy.* Val. Gu. Forster, obs. succ., i, 18, dans Otton, ij, 919. Pithou a publié cette *collation* en 1572. Il en est souvent question dans sa correspondance manuscrite avec Cujas. — *Voy.* mss. Dupuy, Bibl. R., vol. 700, n. 17, 21, 22, 24 et 26.

CHAPITRE II.

Des Jurisconsultes.

Nous donnerons dans ce chapitre une notice abrégée sur quelques uns des principaux jurisconsultes romains, et nous jeterons un coup-d'œil sur les sectes qui divisèrent le barreau sous les premiers empereurs.

ARTICLE Ier.

Notice sur la vie de quelques-uns des principaux Jurisconsultes.

Entre tous les jurisconsultes compris au 2e tableau de notre section 5 (*chap.* 2), il y en a au moins dix qui mériteraient une notice particulière, savoir : Papinien, Ulpien, Paul, Julien, Caïus, Pomponius, Scœvola, Modestin, Labéon et Capiton, si les bornes de cet ouvrage nous permettaient d'entrer dans de grands détails. Nous nous sommes déjà occupés de Julien (*p.* 103); nous parlerons à présent de Papinien, Ulpien et Paul, et à l'article suivant, de Labéon et Capiton, en observant avec le président Favre, que Labéon, Julien et Papinien sont, en quelque sorte, les fondateurs (*tres maximi ac primi duces*) de la jurisprudence romaine actuelle. Nous dirons enfin un mot de plusieurs autres, dans les notes du même tableau (1).

(1) *Voy.* Ant. Faber, conjectur., in epist. — *V.* d'ailleurs une notice de tous les jurisconsultes, dans Pothier, p. xij et suiv., sup.

§. Ier. *De Papinien.*

Papinien est le plus célèbre des jurisconsultes de Rome, et il le serait peut être aussi de tous les peuples anciens et modernes, si la France n'avait produit l'immortel Cujas. Aucun homme de cette profession n'a reçu autant d'éloges; aucun n'a joui d'autant d'honneurs et de crédit (2), et il est permis de conjecturer que, sans sa fin tragique, sa félicité eût été en rapport avec ses talens et ses lumières (3).

Ce qu'on a rapporté (*p.* 79) de l'autorité législative et de l'espèce de voix prépondérante accordée à ses décisions, donne une idée de ce crédit : ajoutons qu'il fut défendu en les citant, de citer aussi les notes qu'y avaient fait, même Ulpien et Paul, et il fallut une permission de l'empereur pour que Tribonien put faire usage de ces notes dans le digeste (4).

Dès l'âge de dix-huit ans, Papinien succéda à Sévère, son compagnon d'études, dans la charge importante d'avocat du fisc. Ce dernier, devenu empereur, le nomma *magister libellorum*, place qui répondait à peu près à celle de secrétaire d'état

(2) *Voy.* Cujas, in prœm. Papin.; Pothier, p. xxxvj.

(3) Lorsqu'il périt, il n'avait que 36 ans selon deux inscriptions anciennes, mais très-suspectes. Il est difficile qu'il fut aussi jeune dès qu'alors son fils était déjà revêtu de la questure. — Voy. *Pothier, sup.; Heineccius, hist.*, §. 331, 2e *édit.; Schomberg, note* 1, *p.* 234.

(4) La défense faite d'abord par une constitution inconnue, fut renouvelée par Théodose II et Valentinien en 426 (Voy. *l. un. C.-Th. de respons. prud.*, *et Godefroi, in id.*, *t.* 1, *p.* 34). La permission subséquente fut donnée par Justinien en 530.—Voy. *const. de concept. dig.* §. 6; *Pothier*, *p. ccxxxvj.*

La constitution inconnue ci-dessus est au nombre des fragmens découverts par M. Clossius (*ci-dev. p.* 108). Elle fut donnée par Constantin, en 421, et il y accuse Ulpien et Paul, d'avoir plutôt corrompu qu'éclairé les textes de Papinien.

parmi nous (5); et enfin, préfet du prétoire, dignité la plus éminente de l'empire, où on lui donna pour assesseurs ses condisciples (6) Paul et Ulpien... L'empereur en mourant, lui recommanda ses enfans dont les cruelles dissentions faisaient craindre pour eux des évènemens funestes. Papinien employa, mais en vain, tous ses efforts pour les réconcilier; Géta fut poignardé en présence et par les ordres de Caracalla, entre les bras de leur mère Julie (7).

On raconte généralement aujourd'hui, et c'était déjà un récit répandu au siécle de Papinien, que Caracalla voulut le contraindre de justifier ce meurtre auprès du sénat, que ce grand homme, bien supérieur à Sénèque, lui répondit: *Il est plus facile de commettre un parricide que de l'excuser.... C'est un second parricide que de diffamer un innocent assassiné*, et que telle fut la cause pour laquelle Caracalla l'envoya au supplice (8). Quoique ce récit soit contredit par Aurélius Victor et Spartien, auteurs presque contemporains (9), dont le dernier le traite même de fable (*fabella*) en observant qu'il est contre toute vraisemblance (*hoc omninò non convenit*), parce que le préfet ne pouvait pas rédiger les discours, *orationes principis*, adressés au

(5) Le *magister libellorum* et le *magister memoriæ* avaient pour fonctions communes d'expédier les provisions des offices, mais le premier était plus proprement secrétaire du tribunal du préfet du prétoire; et le second, secrétaire particulier du prince. — Voy. *Prateïus*, *h. v; surtout Pothier*, *p. xxxviij*.

(6) C'est l'avis de Cujas, sup. D'autres disent *disciples*. — *Voy*. Gravina, de ortu, ch. 98. — Voy. *aussi Schomberg*, *note* 1, *p*. 245.

(7) *Voy*. Henelius, de vitis jurisc., 1654, pag. 93 et suiv.

(8) *Voy*. Gibbons, ch. 6, vers la note 30, et celle de son traducteur M. de Sept-Chênes; Henelius, p. 94.

(9) Le premier écrivait 150, et le deuxième 80 ans apres.

Sénat (*V. ci-dev. p.* 34) par l'empereur (10); quoique Cujas, c'est-à-dire le savant moderne qui a le mieux connu tout ce qui avait rapport à Papinien, en conteste également la vérité (11); il prouve au moins, et Cujas le remarque aussi, qu'on croyait universellement Papinien digne par son noble caractère, d'avoir fait ces réponses sublimes.

Papinien a laissé sur le droit soixante-deux livres, dont trente-sept de questions, dix-neuf de réponses, deux de définitions, trois sur l'adultère (12) et un sur les édits des édiles; il ne nous en reste que des fragmens dispersés dans le corps du droit; Cujas les a rassemblés en un seul ouvrage et y a joint d'excellens commentaires. C'est surtout dans les livres de *questions* que le génie de Papinien s'est déployé. Il y résout avec une étonnante sagacité les problêmes les plus subtils et les plus difficiles du droit. On lui reproche seulement de s'être quelquefois servi, contre l'usage des bons jurisconsultes, d'expressions déjà vieillies (13); mais on convient que personne n'était plus attaché à l'équité et qu'il ne répugnait point à revenir de son opinion lorsqu'il doutait de sa rectitude (14)... Les professeurs expliquaient les livres des *réponses* pendant la troisième année du cours de droit, et les élèves qu'on appelait alors, par motif d'émulation, *papi-*

(10) Ce droit appartenait en effet au questeur (Voy. *ci-dev.*, *p*. 116, *note* 64); et il est clair que Spartien a voulu parler de ces *orationes principis* et non pas d'un simple *morceau d'éloquence;* car autrement, aurait-il dit qu'un préfet n'en pouvait composer un ?... Cette seule observation suffit pour réfuter la longue apologie que Sept-Chênes a faite du récit précédent.

(11) *Voy.* Cujas, sup. et in lib. 1 quæst. Pap., ad. l. 3 de officio.

(12) Voy. *Cujas in lib. adulter. Papin.*, *in pr.*

(13) *Voy.* Cujas, obs. xxiv, 23; Henelius, p. 108.

(14) *Voy.* Cujas, à note 52, ci-dev. p. 85; Henelius sup.

nianistes, célébraient au commencement de cette année, une fête en l'honneur de *Papinien* (15). Enfin, quoiqu'il n'appartienne qu'au Souverain de remplir les lacunes qui existent dans la législation, et quoique Papinien vécut sous des princes absolus, il donna beaucoup de décisions de droit purement nouveau, qui n'obtinrent pas moin d'autorité, que si elles eussent été contenues dans des constitutions impériales (16), et il établit dans le droit, des règles générales en plus grand nombre que celles qu'on doit à tout autre jurisconsulte (17).

§. IIe *D'Ulpien et de Paul.*

Ulpien, natif de Tyr en Syrie, fut, on vient de le voir, condisciple et ensuite assesseur de Papinien, et comme lui *magister libellorum* (*v. p.* 120, *note* 5). Exilé pour sa probité par l'efféminé Héliogabale (18), il fut rétabli dans ses emplois, et nommé ensuite préfet du prétoire par Alexandre Sévère, qui en fit son conseil, et pour ainsi dire son tuteur, malgré l'opposition de sa mère. C'est pour avoir toujours dirigé sa conduite d'après les avis d'un guide aussi éclairé, que ce jeune empereur mérita d'être placé au rang des meilleurs monarques de Rome. Malheureusement il n'eut ni assez de pouvoir, ni assez d'énergie pour le sauver de la rage des prétoriens auxquels Ulpien avoir enlevé plusieurs priviléges excessifs accordés par Hélio-

(15) *Voy.* Cujas, d. proem. in Papin., et surtout ce qui précède, Pothier, d. p. xxxvj, n. 75.

(16) Cujas, comm. ad. l. ult. D. de jure fisci.

(17) *Voy.* Cujas, lib. 2, quæst. Pap., ad. l. 38 de pactis.

(18) *Voy.* Lampride, vie de Heliogabale, p. 100, hist. august.

gabale, et il eut la douleur de le voir massacrer sous ses yeux (19).

Paul fut aussi condisciple et assesseur de Papinien, avocat du fisc, *magister memoriæ* (*v. ci-dev. p.* 120, *note* 5), préteur, préfet du prétoire et l'un des conseillers principaux d'Alexandre Sévère, qui le rappela de l'exil où l'avait également envoyé Héliogabale, quoique celui-ci fût son gendre (20).

Ces deux jurisconsultes, et surtout Paul, sont ceux qui ont laissé le plus grand nombre d'ouvrages (21) et qu'on a le plus souvent cités dans le corps du droit. Mais les ouvrages d'Ulpien, bien qu'ils aient fourni plusieurs alimens à la critique, qu'on reproche par exemple à leur auteur, 1. d'employer des termes trop durs ou trop triviaux, comme *indifferenter*, *fataliter*, *derisorium*, *sufficienter* : 2. d'être par fois trop subtil, ce qui l'avait fait nommer *collector spinarum* (22); 3. d'insister presque jusqu'à la satiété sur le sens des mots, dont il recherche jusques à trois ou quatre étymologies (23).... les ouvrages d'Ulpien, disons-nous, sont plus estimés que ceux de Paul, et on en loue entr'autres la clarté de la diction (24).

Selon Duarein, Regius et d'autres interprètes, le style de Paul est au contraire embrouillé (*tenebricosus*) et obscur; Bynckershoeck, il est vrai,

(19) *Voy.* au surplus Lampride, vie d'Alex. Sévère. — Gibbons, chap. 6; Lectius, de vitâ Ulpiani, dans Otton, t. 1, p. 60; Henelius, sup., p. 121 et suiv.; Pothier, n. 79; Bouchaud, ij, 493; Gravina, opusc. p. 154.

(20) *Voy.* au reste dd. auteurs; Grotius, de vitis, ij, 10; Heineccius, §. 280.

(21) Paul 290, Ulpien 244 livres. — Voy. *Pothier*, *ccxl*.

(22) *Voy.* Lectius, p. 54; Gravina, de ortu, c. 100.

(23) *Voy.* Val. Gu. Forster, obs. succ., 1609, p. 65.

(24) *Voy.* Pothier, p. xxxviij et xxxix.

conteste cette imputation (25) ; mais il faut au moins avouer que Paul est trop concis; qu'il omet souvent la conclusion dans ses questions, et a besoin qu'on supplée à ses décisions (26). Les meilleurs de ses ouvrages sont les livres sur l'édit (*ad edictum*) et les questions. Au reste, suivant Cujas, il égala presque Ulpien *virtute, fortunâ et auctoritate* (27) ; et il est certain que tous les deux sont comblés d'éloges dans plusieurs lois (28). Mais ils diffèrent d'ailleurs sous deux points de vue. Paul attaque trop souvent l'avis des autres jurisconsultes, surtout de Papinien et d'Ulpien, à la vérité en taisant le nom de ce dernier dont on loue au contraire la condescendance (29) ; et celui-ci s'attache principalement à l'équité, tandis que Paul tient beaucoup aux principes rigoureux du droit (30). Terminons par une remarque qui suffit assurément à l'éloge de l'un et de l'autre ; c'est que la moitié environ de la meilleure collection de lois (4500 sur 9100) qui ait jamais existé, c'est-à-dire, du digeste, a été tirée de leurs seuls écrits, quoique on eût à en choisir les textes parmi les œuvres de près de quarante jurisconsultes. (*V. section* 5, *ch.* 2, §. 2.)

(25) *Voy.* Regius, Enantiophanon, dans Otton, ij, 1503; Pothier, d. p. xxxviij et xxxix; Heineccius, §. 281.

(26) *Voy.* Cujas, lib. 23, quæst. Papin, in f.

(27) *Voy.* Cujas, de vitâ Pauli, in proem. quæst.

(28) *Voy.* les dans Henelius, p. 130 et 150.

(29) *Voy.* Cujas, in tit. proemptore; Pothier, sup.; Hottoman, obs, vij, 15; Freher, parerg., dans Otton, i, 896.

(30) *Voy.* Henelius, p. 144 et 151; Gravina, c. 101.

ARTICLE II.

Des Sectes des Jurisconsultes, et de Labéon et de Capiton.

Il se forma sous Auguste, parmi les jurisconsultes, deux sectes très-opposées, qui se perpétuèrent jusqu'aux Antonins, et dont les opinions passèrent même aux âges suivans; mais sans esprit exclusif. Elles tirèrent probablement leur origine des divisions de deux hommes de loi célèbres, qui étaient à la tête du barreau romain, Antistius Labéon et Atteïus Capiton : le premier fut chef de la secte Proculéïenne ou Pégasienne, le second, de la Sabinienne ou Cassienne; noms dérivés de ceux de divers jurisconsultes de leurs écoles respectives.

Labéon avait reçu l'éducation distinguée qu'on donnait dans toutes les familles illustres de Rome. Versé dans les arts et les lettres, instruit des principes de la grammaire et de la dialectique, initié dans tous les mystères de la philosophie, surtout de la philosophie Stoïcienne, la haute idée qu'il avait de ses connaissances et de sa capacité l'enhardit à mépriser les ouvrages des anciens, à ne faire aucun cas de leur autorité, lorsqu'elle lui paraissait peu en harmonie, non pas avec les maximes de l'équité, mais avec les principes rigoureux, et même subtils du droit. Par un contraste assez bizarre, il ne tenait aucun compte des décisions nouvelles dictées au peuple ou au sénat par Auguste (31) qu'il regardait comme un usurpateur. Fils d'un des conjurés contre

(31) *Voy.* l. 2, D. or. jur., §. 47; Aulu-Gelle, xiij, 10 et 12; Mérille, obs., liv. 1, c. 3, 8 et 20, édit. 1626; Hoffman, p. 347.

César, d'un homme qui s'était fait tuer sur le corps de Brutus après la perte de la bataille de Philippes (32), il avait sucé avec le lait un amour passionné pour la liberté, qui ne l'abandonna jamais, le détourna de s'avilir comme tant de patriciens (33) devant Auguste, et lui fit renoncer, au contraire, à la place éminente de consul, par laquelle l'empereur espérait le gagner (34). Cette opposition peu prudente ne l'empêcha pas de jouir jusqu'à une extrême vieillesse, du premier rang parmi les jurisconsultes, de surpasser même Capiton son émule, quoique celui-ci fût appuyé de la faveur du prince.

Ses ouvrages conservèrent même cette prééminence pendant les siècles suivans, où pourtant le souvenir de son système politique ne devait pas les mettre en recommandation auprès des Césars. On peut juger du crédit de Labéon, soit par ce qui est dit aux instituts (*liv.* 2, *tit.* 25), que lorsqu'il eut fait un codicile, personne ne douta plus que ce mode de disposer qu'Auguste avait essayé d'introduire, ne fût très-conforme au droit; soit par la circonstance qu'on a extrait de ses écrits plus de soixante lois dans le digeste, et qu'on les y a cités plus de cinq cents fois, et fort souvent pour des décisions ou définitions importantes (35).

(32) *Voy.* Appien, lib. 4; Gravina, de ortu, c. 73.

(33) Cæteri nobilium quantò quis servitio promptior.—*Tacite, annal.*, *édit. de* 1606.

(34) *Voy.* d. l. 2, §. 47; Aulugelle, xiij, 12; Dion, lib. 54, p. 531, édit. de 1606.

Pothier (*ad. d.* §. 47) pense que c'est cet attachement à la constitution ancienne, qui engageait Labéon à innover dans le droit. Il paraît d'après cela, que Labéon aimait les innovations dans le droit privé, et les réprouvait dans le droit public, et que Capiton avait un système entièrement opposé. — *Voy. Heineccius*, *hist.*, 2e *édit.*, §. 195.

(35) *Voy.* ci-après, sect. 5, ch. 2, §. 2, n. 35.

Capiton offre dans sa conduite, ses principes et ses succès, un contraste aussi piquant que Labéon. Servilement attaché aux lois et à la jurisprudence ancienne, dont il observait les préceptes avec un minutieux rigorisme, excepté qu'en cas de doute il les interprétait dans le sens le plus doux (*benigniùs*), le plus favorable aux transactions et le plus conforme à l'équité (36); il n'en fut pas moins le bas complaisant d'Auguste et de son successeur. On cite des traits d'adulation qui font peu d'honneur à son caractère, comme lorsqu'il voulait, malgré les désirs de Tibère lui-même, faire déclarer coupable du crime de lèze-majesté, un chevalier, pour avoir converti en vaisselle, des pièces d'argent où était l'effigie de l'empereur (37). Il parvint au consulat (en 758); mais ni ses contemporains, ni la postérité ne lui accordèrent l'estime qu'avait obtenue Labéon. Aucune loi du digeste n'a été puisée dans ses écrits; et à peine son nom y est-il cité dans sept passages, encore ne l'est-il dans deux d'entr'eux que comme rappelant une opinion de Servius (38).

Il est probable, on le répète, que ce fut à la division politique des deux chefs, qu'on dut la diversité d'opinions des sectes proculéienne et sabinienne, et il est alors permis de présumer que quelquefois on eût plus égard aux principes de son parti qu'à ceux qu'aurait prescrit la saine raison.

Il ne faut pas cependant croire que ces deux

(36) *Voy* Mérille sup.; Stockmann sur Bach, p. 402, §. 8.

(37) *Voy.* Tacite, sup., iij, 70, 75; Gravina, 73 et 74; Heineccius, §. 146, 147.

(38) *Voy.* Augustin, de nominibus, dans Otton, i, 226; ci-apr. d. ch. 2, §. 2, n. 36. — Ainsi, Hoffman se trompe lorsqu'il annonce (*p.* 323) que Capiton est cité souvent.

sectes fussent toujours séparées et tinssent rigoureusement aux bases ci-dessus exposées; elles variaient, au contraire, et leurs principes étaient sujets à des modifications; chose peu étonnante, puisque cédant à cet esprit aimable de modestie qui distingue les jurisconsultes de Rome, on vit plus d'une fois les membres d'une secte assister aux écoles et ensuite adopter les opinions de leurs adversaires (39).

Pothier dans les prolégomènes de ses *Pandectes* (*part.* 2, *chap.* 2), a fort bien exposé les caractères des deux sectes. Il cite beaucoup de cas où elles différaient d'opinions, et beaucoup d'autres où elles se relâchaient de leurs principes. Nous en rapporterons un du premier genre (40).

On demandait si l'on pouvait faire une *vente* sans stipuler de prix, et en donnant une chose pour une autre. Sabinus et Cassius, d'après leur système d'interprétation *bénigne*, prononcent l'affirmative, parce que la chose donnée pour prix, peut être estimée en espèces. Nerva et Proculus, plus attachés aux principes rigoureux du droit, décident que, dans ce cas, il n'y a point vente, mais *échange*, parce que la monnaie a été inventée pour être le prix de toute chose, qu'une chose ne peut être le prix d'une autre, et que par conséquent le contrat indiqué n'a pas tous les caractères substantiels de la vente (41).

39) *Voy.* Mérille, sup., lib. 1, c. 4, lib. 5, c. 29 et 38.

On a remarqué néanmoins, que Cassius ne s'est écarté qu'une fois de l'avis de Sabinus. — Voy. *Freher*, *parerg.*, *dans Otton*, *i*, 924.

(40) *Voy.* en d'autres dans Pothier, ibid; Hoffman, p. 347, note d; Mérille, sup., lib. 1, c. 20 et 5, p. 3, 4 et 5.

(41) Ce passage est extrait de la loi 1re, *D. de contrahendâ emptione*,

Voici les noms des jurisconsultes qui, selon Jacques Godefroi (42), formèrent ou entretinrent ces deux sectes pendant plus d'un siècle et demi, à partir du règne d'Auguste.

Sabiniens ou Cassiens.	*Proculeïens ou Pégasiens.*
	Sous Auguste.
Atteïus Capiton, disciple d'Offilius.	Antistius Labéon, disciple de Trébatius.
	Sous Tibère.
Massurius Sabinus.	Nerva, père.
	Sous Caligula, Claude et Néron.
C. Cassius Longinus; de lui vint le nom de *Cassiens.*	Proculus; de *id.* le nom de *Proculeïens.*
	Sous Vespasien et ses successeurs.
Cælius Sabinus; de *id.* le nom de *Sabiniens* (43).	Nerva, fils. Pégasus; de *id.* le nom de *Pégasiens* (44).
	Sous Trajan, Adrien et Antonin.
Priscus Javolenus. Aburnus Valens. Tuscianus ou Tuscius-Fuscianus. Salvius Julien.	Juventius Celsus, père. Celsus, fils. Priscus Neratius.

que nous avons traduite ailleurs en entier. — *Voy.* nos observ. sur Homère, citées à p. 75, note 9.

(42) *Voy.* id., hist. jur., c. 7. — *Voy.* aussi l. 2, ff. or. jur., §. ult.

(43) D'autres disent de Massurius Sabinus. — Voy. *Gravina*, c. 45 *et* 84; Hoffman, *p.* 348; Pothier, sup.

(44) On ne trouve point ce nom dans le corps du droit, suivant *Stockmann sur Bach*, *p.* 413.

Jurisconsultes qu'on rapporte aux mêmes sectes (45).

Aux Sabiniens.	*Aux Proculeïens.*
Minicius Natalis.	Atilicinus.
Terentius Clemens.	Urseius Ferox (47).
Africain.	T. Ariston.
Vol. Mœcianus (46).	Ulpius Marcellus.
Vindius Verus.	

L'édit perpétuel et les constitutions des empereurs ayant fixé la jurisprudence sur la plupart des points contestés entre ces deux sectes, elles s'éteignirent peu à peu vers le règne des Antonins (48).

Les jurisconsultes des règnes suivans, et même plusieurs du règne des Antonins, ne s'attachèrent plus sans doute avec ténacité aux opinions de l'une ou de l'autre des deux sectes, mais on en compte quelques uns qui avaient plus de penchant pour les opinions des Proculéïens, que pour celles des Sabiniens, et réciproquement. Papinien et Paul, par exemple, montrent, selon Pothier (*p. xxxvij et xxxviij*), de la prédilection pour le sabinianisme, et Gaius, dans ses instituts nouvellement découverts (*voy. ci-après, sect.* 3, *chap.* 5), nous apprend (*p.* 137, 148, 294) qu'il se regardait comme élève et membre de la dernière école.

On range encore parmi ces jurisconsultes, qui sont appelés par les auteurs, *Miscelliones*, et, depuis

(45) *Voy.* Hoffman, p. 348, et pour Gaius, ci-après (au texte).

(46) Quelques uns le confondent avec Tuscianus. — Voy. *Pothier, pand. ad. l.* 2, *or. jur.*, *not. ult.*

(47) *Cujas, ad Juliani lib. ex Minicio et Urseio*, rapporte Minicius et Urseius aux Sabiniens.

(48) Voy. *Bouchaud, ij*, 408; *Walch*, *p.* 24; *Broë*, §. 19.

Cujas, *Erciscundi* (49), comme s'étant fait en quelque sorte les intermédiaires de leurs prédécesseurs, Pomponius, Tertullien, Cerbidius Scævola, Saturnin, Triphon, Ulpien, Macer, et Modestin. Ils annoncent les variations dans les opinions des jurisconsultes par ces formules qu'offre assez fréquemment le corps du droit : *Pridem placuit, sed obtinuit.. Fuit questionis et obtinuit* (50).

Un des grands embarras qu'on éprouve lorsqu'on se livre à l'étude du droit romain, naît de la diversité d'opinion des proculéïens et sabiniens; diversité que Tribonien n'a point assez précisée, quoiqu'il eût fait annoncer qu'il concilierait tout les avis, et dont il reste des traces dans plusieurs lois du digeste, quelqu'effort qu'aient fait bien des interprètes pour chercher des distinctions et des hypothèses, à l'aide desquelles leurs antinomies pussent disparaître (51).

(49) Il paraît que Cujas trompé par un manuscrit fautif, a employé mal à propos cette dénomination ; mais son autorité l'a fait consacrer. — Voy. *Bach*, *p.* 472, §. 3.

(50) *Voy.* Hoffman, 349; Pothier, p. xlv; Walch, d. p. 24. — Surtout Brunquell, p. 121, §. 50 et 51 (Ils y comprennent Gaïus ; mais voyez *ci-dev. p.* 130..

(51) *Voy.* Proem. de concept. dig., §. 4; Gravina, c. 45 et 137; et pour les antinomies, Umeau, tract. varii, 1655, p. 39, et ci-apr., ch. 3.

SECTION II.

DU CORPS DU DROIT ROMAIN.

Le corps du droit romain est composé de quatre parties principales, le code, le digeste, les instituts et les novelles ou authentiques : on y a en outre annexé diverses constitutions ou autres ouvrages. Nous jetterons d'abord un coup-d'œil sur les circonstances qui ont accompagné la *confection* ou composition de ces quatre parties, considérées dans leur ensemble, et nous dirons en même-temps un mot des jurisconsultes qui furent chargés de les mettre en ordre. Nous traiterons ensuite de chacune d'entre elles, dans un chapitre particulier, où nous rassemblerons toutes les observations qu'on peut faire sur leur état *matériel*, s'il est permis de parler ainsi. Par exemple, relativement au code, nous parlerons au chapitre second (*ci-après*, *p.* 141), des lois dont ce recueil dût être composé, du plan d'après lequel on voulait les coordonner, des défauts d'exécution de ce plan, des diverses divisions et subdivisions de l'ouvrage et de leurs dénominations, des désignations par lesquelles on les distingue, du rapport des divisions du code avec celles du digeste; du mérite ou des défauts de la rédaction des lois dont elles sont formées...... Le dernier chapitre sera consacré aux ouvrages joints à ces quatre parties fondamentales.

CHAPITRE PREMIER.

De la confection du corps du droit.

Justinien conçut, dès la première année (*v.p.* 117) de son règne (l'an 528 de l'ère vulgaire), le projet de faire un nouveau corps de lois. Il en confia l'exécution à Tribonien, questeur du palais, ensuite consul (1), jurisconsulte d'une rare capacité, mais malheureusement très-sujet à céder à l'attrait des richesses et à l'ascendant de la puissance (2). Il le chargea d'abord de la rédaction d'un code ou collection des constitutions impériales, et il lui associa pour cet effet, neuf autres jurisconsultes ou magistrats. Cet ouvrage commencé au mois de février 528, fut achevé au mois d'avril de l'année suivante.

Au mois de décembre 530, Justinien chargea encore Tribonien de la composition d'un digeste ou extrait méthodique des meilleures décisions des anciens auteurs du droit, avec pouvoir de s'adjoindre, pour ce travail immense, tels professeurs, jurisconsultes, etc., qu'il jugerait convenable. Ceux qu'il choisit furent au nombre de vingt, dont quatre l'avaient déjà aidé pour le code. Ils s'occupèrent de l'objet de leur commission avec tant d'ardeur qu'en moins de trois ans (au mois de dé-

(1) Il est nommé ex-consul dans le corps du droit; mais son consulat ne fut sans doute qu'honoraire, puisqu'il n'est pas rappelé dans les fastes des consuls. Voy. *Hoffman*, *p.* 552.

(2) *Voy.* Gravina, c. 137; ci-dev. p. 116.

Cujas (*ad. l. ult.*, *C. de jure do.*) dit de Tribonien : *sanè fuit maximus jurisconsultus; hæc laus ei eripi non potest*, etc. (Il le répète en d'autres termes ailleurs.)

cembre 533), le digeste fut en état d'être publié (3); Il paraît cependant que Justinien leur avait donné dix ans pour faire cet ouvrage, mais Tribonien, pressé de se faire un nom, précipita son travail; *potius ex celeritate gloriam quàm posteris utilitatem*, dit Gravina (*chap.* 132).

Selon Terrasson (*part.* 3, §. 12), il est vrai, on ne voit nulle-part que Justinien ait donné ces *dix* ans; cependant il est difficile d'entendre dans un autre sens les expressions suivantes de la constitution sur la confirmation du digeste, §. 12 : *quæ ut primum separari* (ou *sperari*, selon la Vulgate) *cœpit, neque in totum* DECENNIUM *compleri sperabatur*, et c'est aussi dans cette acception que les ont pris beaucoup d'historiens ou interprètes (4).

Pendant cet intervalle, Justinien réfléchit que le code ou digeste étaient beaucoup trop étendus pour être mis d'abord entre les mains des élèves, et il résolut de faire composer des élémens qui pussent leur servir d'introduction à l'étude du droit. Tribonien, chargé également de diriger cette opération, s'adjoignit deux des mêmes professeurs (5) ou légistes; les élémens ou *instituts* projetés furent en état d'être publiés un mois avant le digeste, et on leur donna ensuite force de loi à dater du même jour que le digeste (6).

(3) Le digeste ne fut réellement publié qu'au bout de trois ans, mais il était achevé depuis quelque temps. — Voy. *constit. de confirm. inst.*, §. 2. — Voy. aussi *Hoppius*, *c.* 2, §. 10, *p.* 30.

(4) Voy. *entr'autres*, *Wesembeck*, *in proleg. instit. de composit. jur.*; *Arth. Duck*, *liv.* 1, *ch.* 4, *n.* 8; *Ferrière*, *hist. du dr.*, *ch.* 22; *Beger*, *dissert. prolus.*, §. 3, *en tête de son corpus juris.*

(5) Walch présume, mais d'après des conjectures assez faibles, que ces deux professeurs composèrent les instituts, et que Tribonien ne fit que les diriger dans leur travail.

(6) Les instituts, quoique publiés avant le digeste, n'ont été compo-

Depuis la publication du code, c'est-à-dire, depuis le milieu de 529 jusques à la fin de 533, Justinien avait donné cinquante décisions sur les points du droit ancien les plus contestés, et avait publié plusieurs constitutions nouvelles (7). Ces changemens dans la législation, joints à beaucoup d'imperfections qu'on avait aperçues dans le code, firent désirer d'en donner une nouvelle édition où l'on corrigeât les défectuosités, et où l'on suppleât les additions. Tribonien et quatre de ses premiers collaborateurs, auxquels on en confia le soin, la firent paraître au mois de novembre 534, sous le titre de *codex repetitæ prælectionis*, titre déjà usité pour les secondes éditions, et le premier code fut abrogé, avec défense de le citer; aussi n'est-il point parvenu jusqu'à nous (8).

Depuis cette époque jusques en 566, année du décès de Justinien, cet empereur publia un grand nombre de nouvelles constitutions, appelées dans l'usage, *novelles* (*novellæ*), et contenant des dispositions additionnelles ou dérogatoires au code. Quoique Tribonien soit mort en 546, on croit qu'il fut l'auteur de la plupart des novelles, d'au-

sés qu'après, puisque on l'y cite quelquefois, et même qu'on l'y copie. — Voy. *inst. de actionib.*, §. 2 (*iv.* 6); *de emptione*, §. 11 (*iij.*, 24). — Voy. *aussi const. de confirm. inst.*, §. 2 *et* 4; *const. dedit*, ou *l.* 3, *vet. j. enucl.*, § 23; *Pothier*, *part.* 3, *c.* 1, *art.* 1, §. 4. — Néanmoins Walch pense que le digeste n'était pas achevé lorsque l'on commença les instituts. — Voy. *id.*, *c.* 2, §. 7, *n.* 2, *p.* 24.

(7) *Voy.* Cujas, parat. cod., in proem. — Quant à ces 50 constitutions qui ont été recherchées, éclaircies et publiées, surtout par Mérille, Voy. *Cujas*, *ib.*; *Henneccius*, §. 323; *Bach*, *p.* 602; *Brunquell*, *p.* 239 *et suiv.*; *Walch*, §. 8, *n.* 3, *p.* 25; *et Hoffmann*, §. 8, *p.* 595, qui semble penser que ces sortes de recherches ne sont pas fort utiles.

(8) Voy. *const. de emend. cod.*, §. 3 *et* 5; Voy. *aussi Hoppius*, §. 18, *p.* 35.

tant que presque toutes sont antérieures à cette année (9).

Le tableau suivant, rédigé par Godefroi (*hist. jur.*, *c.* 7), et adopté par Gravina (*c.* 134) donnera une idée de la célérité que l'on mit dans la confection du corps du droit (10).

Années.	*Ouvrages ordonnés ou publiés.*
528	*Justinien, consul* 2° — Il ordonne, aux ides (ou 13) de février, que le code soit rédigé.
529	*Decius, consul.* — Le Code est publié le 7 des ides (ou 7) d'avril; et il est déclaré obligatoire à dater du 16 du même mois.
530	*Lampadius et Oreste, consuls.* — Justinien publie, au commencement de l'année, 50 décisions nouvelles. Le 15 décembre (18 des kalendes de janvier 531), il ordonne de composer le Digeste.
533	*Justinien, consul* 3° — Le Digeste étant achevé, il ordonne à la fin de cette année, de composer les Instituts. Les Instituts sont publiés le 22 novembre (le 11 des kal. de décembre).

(9) Voy. *Walch*, §. 4, *p.* 9; et ci-après, sect. 3, ch. 5.

(10) Nous avons rectifié ou suppléé dans ce tableau quelques erreurs ou omissions dans les époques des constitutions et de la mise en activité des parties du corps du droit. — Voy. *const. de novo cod. fac*; *de Justin. c. confirm.*; *de emendat. cod.*; *de confirm. instit.*; *de concept. ff et de confirm. ff*; (ces constitutions sont ordinairement imprimées à la tête des parties du corps du droit qu'elle concernent, et les deux dernières forment en outre, les deux premières lois du titre du code *de veteri jure enucleando*. — *Voy.* aussi, l. 3. §. 23, *cod. tit.*

Années.

Le Digeste est publié le 16 décembre (17 des kal. de janv. 534) et le même jour, on lui donne force de loi, ainsi qu'aux Instituts, à dater du 30 décembre (3 kal. id.)

534 *Justinien* 4°, *et Paulin, consuls.* — Il ordonne une nouvelle édition du Code.

Cette nouvelle édition est publiée le 17 novembre (le 16 des kal. de décembre) et on la rend obligatoire à dater du 29 de décembre.

Si l'on jette un coup d'œil sur notre table chronologique des *novelles* (Voy. *sect.* 5, *chap.* 5) et sur la précédente, dont elle est la suite, on sera convaincu de la célérité ou plutôt de la précipitation avec laquelle Justinien rédigeait ses lois. Il a à peine employé quatorze années à publier son corps de droit, savoir sept pour le Digeste, les Instituts et les deux éditions du Code, et autant pour les Novelles. Les Novelles qui sont sans date, lors même qu'elles seraient toutes postérieures aux époques indiquées dans la même table, (11) ne méritent point d'être comptées, puisqu'elles n'ont pas la douzième partie de l'étendue des autres (15 pages sur 183 de l'édition des Elzévirs, de 1681, in-8°).

Il nous reste à parler des jurisconsultes qui travaillèrent au corps du droit. Si l'on excepte deux

(11) Des novelles datées, deux seulement sont postérieures à 541: or, le corps du droit fut commencé en 528.

passages où l'historien Procope fait un éloge assez vague de deux d'entr'eux, Basilide et Phocas (12), on ne les connaît guère que parce qu'en dit Justinien dans les Constitutions qu'il a publiées pour la composition, correction ou confirmation du Code, du Digeste et des Instituts, et qu'on a indiquées à la note 10. Voici leurs noms et professions principales, selon l'ordre des ouvrages auxquels ils travaillèrent (13).

1. — *Ier et 2e Code*, c'est-à-dire, 1ere et 2e éditions du Code, *Digeste*, *Instituts*, *et Novelles*, en un mot tout le corps du droit : TRIBONIEN (il est ainsi le seul jurisconsulte qui ait participé à toutes les *opérations législatives* de Justinien.)

2. — *Ier et 2e Code et Digeste* : Jean, ex-questeur, consulaire et patrice.

3. — *Ier Code, Digeste et Instituts* : Théophile, professeur et *magister libellorum* (*Voy.* ci-dev., p. 120, note 5, et ci-ap., sect. 4, chap. 1er, art. 1er.).

4. — *Digeste, Instituts et 2e Code* : Dorothée, *questeur du palais et professeur*.

5 et 6. — *Ier Code et Digeste* : Léonce, *consulaire* et *patrice* ; Constantin, *trésorier*.

7 et 8. — *Digeste et 2e Code* : Menas et Constantin, *avocats*.

9 à 13. — *Ier Code seulement* : Phocas et Basilide, *patrices* ; Thomas, *questeur et consulaire* ; Dioscore et Prœsentinus, *avocats*.

14 à 26. — *Digeste seulement* : Isidore, Sala-

(12) Voy. *Heineccius*, *hist.* 2e *édit.*, §. 387.

(13) Hoffman (*p.* 556, *note c*, *d'après Fabricius*) en donne la liste par ordre alphabétique : il nous a semblé plus utile de les ranger dans l'ordre ci-dessus.

mine, Thalelæus, Théodore (14) et Anatole, *professeurs;* Cratinus, *trésorier et professeur;* Etienne, Prosdoscius, Eutolmius, Thimotée, Léonide, Platon et Jacques, *avocats.*

On présume bien que Justinien en nous apprenant ces noms et professions, ne manque pas de faire un éloge pompeux des personnages dont les travaux devaient lui assurer l'immortalité : *eloquentissimi, facundissimi, excellentissimi, sublimissimi, eminentissimi, gloriosissimi, disertissimi, prudentissimi, magnificentissimi*..... Voilà les qualifications qu'il leur donne dans son style ampoulé (15). Mais ces éloges, par là même suspects, n'ont pu les mettre à l'abri de la censure, qu'ils eussent bien mieux prévenus, en apportant plus de soins à leur ouvrage. Il est inutile de revenir sur ce qu'on a exposé de Tribonien (*p.* 116 *et* 133); à l'égard des autres, le fameux Hottoman reproche à Justinien d'avoir confié la composition de son recueil à des grecs, qui devaient être peu *habiles* à comprendre des lois écrites dans un latin souvent vieilli. « Les épitres, dit-il (*Anti-Tribonien*, « *chap.* 11), et préfaces (16) qui sont au com- « mencement des Pandectes et du Code, ou mê-

(14) Ceux-ci ne sont nommés que dans l'inscription de la constitution *omnem*, de conceptione Digestorum ; mais en comparant l'inscription à la constitution, l'on voit que Justinien les range au nombre des rédacteurs du digeste.

(15) *Voy* const. de emend. C., §. 2 et 4 ; de C. confirm., §. 2 ; de confirm. Dig., §. 9.

Ritter entre dans divers détails sur quelques-uns de ces rédacteurs. Il examine, par exemple, dans quel lieu ceux qu'on qualifie de professeurs, enseignèrent, etc. — Voy. *id.*, *sur Heineccius*, *hist.*, 2e *édit.*, §. 362, 363, 386.

(16) Ce sont les constitutions indiquées ci-devant note 10, p. 136.

« lées en d'autres endroits, donnent assez à en-
« tendre quels furent les dits docteurs. »

Un des défenseurs les plus zélés de Justinien (17), a tâché de réfuter cette critique en observant que des hommes chargés d'enseigner les élémens des lois dans les écoles, ou de les discuter devant les tribunaux, tels que la plupart des collaborateurs de Tribonien, devaient avoir approfondi la langue latine du droit; mais lorsqu'on examine les mêmes préfaces, on ne saurait dissimuler qu'il a plutôt éludé que détruit l'objection de son adversaire.

(17) Heineccius, Defens. Justin., in opusc., p. 272 et seq.

Il avait dans le principe (Voy. *ci-devant note* 57, *p.* 114) embrassé une opinion peu favorable à ces rédacteurs. *Nec opera usus est* (*Justinianus*) *virorum huic labori parium*, avait-il dit dans les premières éditions de ces antiquités, *proem.*, n. 27.

CHAPITRE II.

Du Code.

On a déjà annoncé (*p.* 50) que le titre de *code* était affecté aux collections de décisions impériales. Le code de Justinien est le recueil méthodique des constitutions ou des parties des constitutions des empereurs romains, qui étaient observées comme lois, au temps où il en ordonna la rédaction. Toutes celles qui n'y sont pas comprises furent par là même abrogées, soit qu'elles fissent partie des codes antérieurs, soit qu'elles eussent été mises au jour séparément, et il fut même défendu (*v. p.* 135) de les citer. On s'efforça, du moins telles étaient plusieurs des bases du plan qu'on s'était tracé, 1. de concilier entre elles par des corrections ou additions, les constitutions qu'on avait conservées; 2. d'écarter celles qui étaient tombées en désuétude, ou qui étaient semblables à d'autres lois maintenues (1); mais le travail des rédacteurs laisse sur ce point beaucoup à désirer: comme on l'a déjà remarqué (*p.* 111), on trouve dans le code, des lois inutiles, des lois semblables, des lois formant double emploi, ou produisant des antinomies (2). On y ob-

(1) *Voy.* constit. de C. confirm., §. 3; de novo C. fac., §. 2.

(2) Ainsi, quant aux lois *semblables*, les lois 13, C. *dignitatibus*, et *ult.*, *C. incolis*, ont les mêmes mots, quoique distribués avec quelques différences. — Ant. Augustin (*emendat.*, *lib.* 1, *c.* 7, *p.* 49) en indique plusieurs autres. — Mais Voy. *ci-après*, *au chap.* 3, *p.* 152), l'excuse que donne Justinien de ces répétitions de lois. — Justinien, dit Cujas, (lib. 62 Digest. Juliani, ad l. 6, de divortiis), *recantavit sæpiùs*, *quòd antè constituerat semel.*

serve même une lacune assez singulière ; les rédacteurs y ont omis plusieurs constitutions qui étaient dans la première édition, et auxquelles on se réfère dans divers passages des instituts. Telles sont celles qui concernent les legs faits aux posthumes, ou payés par erreur, et l'institution des personnes incertaines (3). On leur reproche aussi d'avoir usé avec trop de latitude, ou plutôt abusé du droit de corriger les constitutions, de les avoir par exemple tronquées dans beaucoup de cas où il eût été nécessaire de les rapporter intégralement pour qu'on pût les appliquer avec exactitude (4).

Le code est divisé en douze livres, chaque livre en un assez grand nombre de titres (depuis 44 jusqu'à 77 ; tout le code en a 744) ; une grande partie des titres (5) est sous-divisée en constitutions ou fragmens de constitutions appelés lois (en tout plus de 4600. — *V. ci-apr. sect.* 5, ch. 3.)

Cette dernière dénomination, comparée au régime constitutionnel de Rome, où elle n'était rigoureusement applicable qu'aux populiscites ou plébiscites, est sans doute peu exacte ; mais outre que tous les fragmens des titres, soit du code, soit du digeste, ont eu réellement force de lois parmi

(3) On renvoie à ces constitutions dans les instituts, *de legatis*, §. 27, et *de obligationib. quæ ex quasi-contractu*, §. 7. — Voy. *Vinnius sur ces* §§. ; *Furgole, des testamens*, *ch.* 6, *sect.* 2, *n.* 31.

La constitution à laquelle on renvoie du §. 11, *de testamentis ordinandis*, manque aussi, mais on y supplée par une constitution de Zénon. Voy. *Vinnius*, *d.* §. ; *et Denis Godefroi*, *Glos. ad. d.* §. — Au reste, quant à toutes ces constitutions omises dans le code, Voy. *Walch*, c. 2, §. 7, *n.* 1, *p.* 23 ; *Baudosa*, *instit.*, *édit.* 1591, *p.* 343.

(4) *Voy.* Vertr. Maurus, de jure liberor., 1646, p. 111, c. 16 ; Ant. Faber, de erroribus., 1622, ij, 354.

(5) Beaucoup de titres (175 sur 744), principalement dans les derniers livres, n'ont qu'une loi.

nous, elle a été universellement consacrée depuis le 15e siècle, époque où les interprètes l'imaginèrent (6).

Un grand nombre de lois ont elles mêmes des sous-divisions qu'on appelle principium et paragraphes; chaque principium et paragraphe contient une décision, souvent même plusieurs, qui quelquefois forment dans les éditions modernes, une sous-division particulière appelée verset.

On nomme *principium* le commencement ou la première partie ou première subdivision d'une loi, soit du code, soit du digeste, ou d'un titre des instituts, ou d'un chapitre des novelles. On n'y joint aucun numéro. Les parties ou subdivisions suivantes en ont au contraire, savoir : la seconde partie le no 1er, la 3e, le no 2, etc., et sont nommées *paragraphes.*

Cette seconde espèce de subdivision, dont il est assez inutile de chercher l'étymologie, et qui n'existe point dans les manuscrits (*v. ci-apr. leur chapitre*, *no* 10), fut faite par d'anciens interprètes, mais souvent avec inexactitude (7). Elle eut probablement pour but de faciliter l'application et la recherche des décisions diverses qu'on trouve dans une loi; et tel est sans doute aussi le motif qui aura engagé les éditeurs modernes à diviser en versets

(6) *Voy.* Ferr. Montanus, instit., p. 64; ci-après, chap. des *citations*, où nous revenons sur ce point.

(7) *Voy.* Govéa, opera, 1562, p. 220.
Selon Calvin (*lexicon*, *h. v.*, *d'après un ancien interprète*) le mot paragraphe signifie tout ce qui est enfermé dans la même décision; mais cette définition conviendrait également au *principium.*— Pacius (*instit.*, *proleg.*, *in f.*, *p.* 14), Bouchaud (*douze tabl.*, ij, 487) et Broë. (*hist.*, §. 51) donnent d'autres raisons de la distinction des *principium*, et paragraphes.

certains paragraphes ou *principium*, comme comprenant également plusieurs décisions différentes. Mais cette dernière subdivision n'est point distinguée par des numéros; les versets ne sont caractérisés que par des signes particuliers, tels que des croix ou des astérisques.

La *rubrique* de chaque titre du code annonce l'objet dont on y traite. A la tête de chaque loi, on donne les noms des empereurs qui ont publié la constitution dont elle est tirée, et des personnes et corps auxquels ils l'ont adressée : on indique aussi, à la fin, l'époque où ils l'ont publiée, c'est-à-dire, seulement les jours et mois, et les noms des consuls en exercice au temps des publications. La désignation des années de l'ère vulgaire auxquelles correspondaient les consulats de publication, se trouve aussi dans les éditions modernes; mais c'est encore une addition des éditeurs ou interprètes, parce que notre ère, imaginée seulement au sixième siècle, par Denys-le-Petit, ne fut usitée qu'au huitième (9), ou plus de deux siècles après la confection du corps du droit. Au reste presque toutes les indications précédentes sont souvent fautives (10).

Après la première de ces indications, vient le *principium* de la loi sans aucun récit du fait qui y a donné lieu, ni aucun exposé des motifs de la dé-

(8) *Sens* de ce mot, *Voy.* d. chap. des citations.

(9) Sa fixation est d'ailleurs inexacte; on aurait dû la faire commencer 4 ou cinq années plutôt. *Voy.* Lenglet, méthode de l'hist., in-12, t. 1er; *p.* 139; *tablett. chron*, 1744, t. 1, *p.* 129; *Hoffman*, *p.* 261.

Quelques anciens arrêtistes (Basset, par exemple), pour annoncer qu'ils ignorent la date d'un arrêt, disent ridiculement qu'il est *sine die et consule*; ils devaient pourtant savoir que le calendrier romain était inusité depuis plusieurs siècles.

(10) *Voy.* Godefroi, proleg. C.-Théod., c. 8, p. 196.

cision ; en un mot, les lois du code sont en quelque sorte des textes purement isolés.

Elles sont rangées dans chaque titre, assez exactement, dit Cujas (11), selon l'ordre chronologique des empereurs qui les ont émises, et des temps auxquels ils les ont émises (12); méthode fort utile puisqu'elle aide à l'histoire du droit relatif à la matière annoncée dans la rubrique (13).

Lorqu'une des lois contient une décision abrogée ou modifiée dans la suite par une novelle, la modification ou abrogation est indiquée par un extrait de cette novelle mis en italiques à la suite de la loi; on nomme ces extraits les *Authentiques du code;* nous en parlerons au chapitre V.

On a remarqué (*p.* 46) que les rescrits composent la plus grande partie du code. C'est surtout par rapport aux textes qu'on y a puisé, que plusieurs jurisconsultes modernes, entr'autres le premier émule de Cujas, ou Duarein (14), se sont plaint de la suppression des faits et motifs. Peut-être est-ce à l'embarras né de cette circonstance, qu'on a dû les doutes que quelques-uns ont élevés sur le point de savoir si les rescrits devaient obtenir la même autorité que les autres lois ou les lois générales? Mais si l'on considère que Justinien a donné force de loi à toutes les décisions de ce recueil (15), on

(11) Not. in cod., ij, 7, dans l'éd. de Fabrot, x, 616.

(12) *Voy.* sur ces divers points, coustit. de novo cod. fac., §. 2; Hanius, ap. Wieling, §. 13, p. 128; Hoffman, p. 603, note d.

(13) On en a conclu, par exemple, que la loi 2, *C. de feriis*, est de Theodoric ou Théodosic, roi des Goths, plutôt que de Théodose, parce qu'elle est placée entre deux constitutions de Constance et de Constant; aussi n'a-t-elle été expliquée ni reconnue par aucune glose. — Voy. *Hanius*, *ibid.*, §. 14.

(14) *Vid.* disputat., lib. 1, c. 41, éd. 1598, p. 1041.

(15) *Voy.* constit. de Just. C. confirm., §. 3.

ne conçoit point les motifs d'après lesquels nous en ferions une classification à laquelle il n'a point pensé; aussi nos tribunaux ne paraissent-ils pas avoir admis de distinction entr'elles. Toutefois, si l'on s'en rapporte à plusieurs écrivains du dix-huitième siècle, on suit un système un peu différent en Allemagne (16).

La fixation du nombre des livres du code n'a point été déterminée ensuite d'une classification générale de matières, mais selon Cujas, à l'imitation de la division des douze tables (17). Un nombre de livres plus ou moins grand eut été tout aussi convenable, dès qu'aucun d'eux n'est affecté précisément à une espèce de matières (18). Il semble même qu'on eut dû choisir un nombre équivalent à celui des livres du digeste, ou bien réduire ce dernier nombre, puisque, quant à la série générale des matières, ces deux recueils, disposés vraisemblablement d'après le même modèle, c'est-à-dire, l'édit perpétuel, ont beaucoup d'analogie entr'eux. Ainsi le livre 1er du code, à partir du titre 14, correspond au livre 1er du digeste; son livre 2e, aux livres 2, 3 et 4; son livre 3e, aux livres 5 à 11; son livre 4e, aux livres 12 à 22; son livre 5e, aux livres 22 à 27; son livre 6e, aux livres 28 à 38; son livre 7e, aux livres 40 à 42; son livre 8e, aux livres 39 et 43 à 46; son livre 9e, aux livres 47 et 48; son livre 10e, depuis le titre 14, au

(16) *Voir* à ce sujet, Brunquell, p. 258; Bach, p. 606.

(17) *Voy.* Cujas, parat. C. in proem.; Bouchaut, t. 1, p. 205.—D'autres disent que c'est parce qu'il y a 12 mois, 12 signes du zodiaque, 12 onces dans l'hérédité, etc. — Voy. *Gyfanius*, *œconom. jur.*, 1606, *p.* 24; *Pacius*, *isagogica*, 1662, *p.* 454.

(18) *Voy.* Hoppius, c. 2, §. 26, p. 39; Hoffman, p. 602. — *Voy.* aussi Rod. Henne, p. vj, in f.

livre 49 et à une partie du 50e...... Néanmoins le code, surtout dans les trois derniers livres, a beaucoup de titres qui ne se rencontrent pas dans le digeste (19).

Ces mêmes trois derniers livres, surtout les 11e et 12e, se rapportent aux devoirs, droits, priviléges, etc., du fisc, des magistrats, des villes, des provinces, etc., enfin au droit public intérieur de l'empire au temps de Justinien, et par conséquent sont peu applicables à nos transactions. Aussi furent-ils négligés par les premiers interprètes ou glossateurs, de telle sorte qu'on ne les comprit point dans les premières éditions du corps du droit, que plusieurs de leurs textes se perdirent (20), et qu'aujourd'hui même ils sont indiqués sous une dénomination qui semble les placer dans une classe inférieure aux autres (21).

Quoique plus heureux quant à la conservation des textes, les neuf premiers livres ont toutefois souffert à cet égard de l'injure des temps. Les interprètes des derniers siècles, entr'autres Cujas (22), en ont retrouvé divers fragmens, qu'on a placés d'après eux dans les éditions modernes, mais ils ne jouissent pas d'une autorité législative, cet avantage étant réservé aux textes commentés par les glossateurs.

Nous reviendrons ailleurs (au chapitre des éditions) sur le crédit singulier accordé aux travaux des premiers interprètes; bornons-nous à observer ici, que les commentaires du code, dont on fait le plus

(19) *Voy.* Rod. Henne, p. 6; Hoffman, p. 600 et 602.

(20) *Voy.* Le Conte, præf. ad volum. parv. legum, dans la glose, édit. 1625; Beger, dissertat. prolus., §. 7; Brencman, 262.

(21) Ils sont dans le *volumen* PARVUM *legum* de la glose.

(22) *Voy.* id., obs. xij, 21, 22, etc. — *Voy.* aussi Brunquell, p. 264.

10.

l'éloge, sont ceux de Doneau (le 2e émule de Cujas), de Gyfanius, de Brunneman, de Wissembach et de Pérez (23); auxquels nous devons ajouter Mornac, à cause de l'indication qu'il fait des décisions du droit romain en vigueur parmi nous, mais dont le travail s'est borné aux quatre premiers livres.

Le code embrasse, comme le digeste, tout ce qui a rapport au droit public ou privé, sacré ou profane, et civil ou criminel, à la police, etc. de l'empire romain. Il est cependant de moitié moins considérable que le digeste (24).

La rédaction des lois contenues dans le code, n'est pas uniforme. Le style des constitutions des empereurs qui ont siégé à Rome, est précis et serré, sententieux et élégant; celui des constitutions faites à Constantinople, des constitutions par exemple, de Marcien, Zénon, Anastase, Justin et Justinien, est, d'une part, obscur, incorrect, diffus et très-verbeux, ce qui avait d'abord fait penser, mais mal à propos, qu'elles avaient été publiées en grec et que le code n'en donne que des traductions (25) : de l'autre, il est enflé, et plus convenable à un rhéteur qu'à un monarque, comme lorsque Justinien dit, qu'en substituant sa collection aux lois anciennes, il a fait l'échange de Glaucus et de Diomède, c'est-à-dire, donné de l'or pour du cuivre (26). En un mot, ces consti-

(23) *Voy.* Struve, Bibl. jur., c. 7, §. III.

(24) Dans l'édition in-8°, 1681, il occupe 851 pages, et le code seulement 472, surquoi il faut retrancher l'espace qu'occupent : 1° 211 authentiques; 2° 57 constitutions grecques; 3° 7 novelles de Frédéric.

(25) *Voy.* Ant. Faber, sup., ij, 236; Vinnius, quæst. select., lib. 1, c. 45, in f.; Scot, præf. de l'édit. de Cujas, de 1614.

(26) *Voy.* const. omnem, *de concept.* digest., in f.

tutions sont très-inférieures aux précédentes en éloquence, en majesté et en prudence (27).

Nous reviendrons sur ce point au chapitre IV, où l'on verra que les instituts et le digeste l'emportent sur le code, quant à la rédaction. Ce n'est pas là le seul désavantage du code comparativement au digeste. 1. Ses lois ont moins de liaison et offrent beaucoup plus d'antinomies et des antinomies plus difficiles à lever : 2. quelque immense que soit le nombre des décisions du digeste, elles se rapportent à une quantité limitée de principes généraux, et sont accompagnées d'ailleurs, des éclaircissemens nécessaires à leur intelligence; au contraire le droit général du code est en quelque sorte incertain, et l'on ne peut bien le reconnaître et saisir sans le secours du digeste (28).

(27) *Arth. Duck.*, *c.* 3, *n.* 10; Montesquieu, *esp. des l.*, *liv.* 29, *ch.* 16; Coquille, *cout. de Nivernais*, *préf.*, *p.* 3.

(28) *Voy.* Cujas, epist. ad. Paul. de Foix, autè Parat. cod.

CHAPITRE III.

Du Digeste.

RASSEMBLER en un seul corps les décisions des jurisconsultes romains, les distribuer dans un ordre méthodique pour faciliter leur étude et leur application, les modifier de manière à anéantir les contradictions qui se trouvaient entr'elles : telles ont été les vues principales de Justinien, en ordonnant la composition de la collection célèbre, connue sous le nom de *digeste*, qu'on donnait déjà depuis long-temps aux ouvrages, dans lesquels plusieurs matières se rapportant à un objet commun, étaient traitées avec un certain art, un certain ordre (1).

Mais parmi ces jurisconsultes il en était, tels que ceux antérieurs à Auguste, qui avaient travaillé sous une administration et pour des mœurs bien étrangères à celles du Bas-Empire, ou bien dont les œuvres n'avaient obtenu aucun crédit : les uns et les autres furent écartés en quelque sorte de la mine où les rédacteurs durent puiser, et l'on restreignit ceux-ci à choisir parmi les productions des jurisconsultes approuvés par les Césars. Cependant il est de fait que la plupart des auteurs

(1) *Voy.* sur ces points, const. deo auctore, de concept. digest., §. 2, 4, 5, 6, 7 et 10; Hoffman, p. 569, 576, 589; et pour le nom de *digeste*, Colerus, Parerga, dans Otton, i, 374; Pothier, p. ccxxxvij.

Justinien (*d.* §. 5) prétend que le digeste comprend tout le droit qui s'est formé pendant près de 1400 ans; il se trompe, puisqu'il ne parvint à la couronne, que l'an 1280 de Rome. — Voy. *Pothier, p.* ccxxxvj.

dont on a extrait le digeste n'étaient pas approuvés, puisque ils ont vécu après Adrien, qui avait rendu et avant les Constantins qui avaient ravi de nouveau aux jurisconsultes la liberté de l'interprétation (*ci-devant p.* 79.) On attribue cette erreur de Justinien à ce qu'il était peu instruit en histoire (2), mais peut-être avait-il pensé qu'on pouvait regarder ces auteurs comme approuvés, du moins *tacitement*, vû la permission d'Adrien.

On recommanda aussi aux rédacteurs de ne laisser glisser, dans leur travail, aucune antinomie. On leur prescrivit d'éviter tout double emploi, et en conséquence, de ne conserver entre plusieurs décisions semblables, que celle qui leur paraîtrait la meilleure; surtout d'écarter toute maxime superflue, toute règle tombée en désuétude (3). C'est qu'on voulait éviter de surcharger un recueil qui déjà devait être fort étendu, puisqu'il était destiné à embrasser toutes les matières du droit et que par ce motif, Justinien lui imposait le nom pompeux (4) de *Pandectes*, dérivé de deux mots grecs, qui signifient *je comprends tout*, et donné précédemment par Ulpien et Modestin, à des ouvrages à peu près du même genre (5).

(2) *Voy.* d. §. 4; Hoffman, p. 570; Pothier, p. ccxxxv; et pour l'erreur de Justinien, id., ib. et p. x, note 3.

(3) *Voy.* d. const., §. 7 à 10; Cujas, lib. 15 Pauli, ad edict.

(4) *Amplum* (nomen) *magis quàm verum*, dit Vulteius, proleg. de stud. jur., 1598.

(5) *Voy.* d. constit., §. 12; Pothier, Proleg., p. ccxl, note 6; Pacius, instit., prolegom, p. 3.; Hoppius, c. 2, §. 7, p. 28; Nerius, analector., dans Otton, iij, 379; l'index Justinianeus mis à la tête du digeste. D'après les auteurs cités par Heineccius, *hist.*, 2e *édit.*, §. 391, ce même titre de *Pandectes*, n'a pas une origine fort brillante; c'était le nom d'un buffet sur lequel on déposait tous les plats destinés à un repas: aussi Apicius appelait-il *Pandectes* son traité de la cuisine.

Malgré de telles recommandations, nous sommes obligés de répéter ici la remarque déjà présentée (*p.* 141) pour le code : doubles emplois ou lois géminées, lois semblables, lois et locutions inutiles, antinomies.... tous ces mêmes défauts s'observent également dans le digeste (6); et l'on y trouve de plus, des décisions abrogées par les instituts, qui pourtant avaient été promulgués (*v. p.* 134) un mois auparavant (7).

A l'égard des lois *géminées* ou répétées, et des lois *semblables*, Antoine Augustin et Théodore Straitmann en ont donné des listes de plusieurs pages. Justinien qui les avait d'abord proscrites, les excusa ensuite sur ce qu'il était utile de répéter les mêmes principes dans des titres relatifs à des matières différentes (8). Mais cette excuse, assez plausible, n'est certainement pas admissible lorsque ces principes sont répétés dans un même titre. Par exemple, les lois 80 et 83, *de jure dotium*, quoique à peine séparées par une douzaine de lignes, et tirées du même ouvrage, contiennent à peu près les mêmes mots (9).

Quant aux locutions *inutiles*, il suffira d'indiquer celle-ci, *ut* ou *sicut diximus*, et autres de même genre, qu'on trouve souvent dans le digeste, quoique on n'y ait point parlé précédemment de

(6) *Voy.* sur tous ces points, Hoffman, p. 583 à 586; ci-apr., chap. du mérite. — *Voy.* aussi Heineccius, antiqu., procm., n. 29.

(7) Despeisses, *t.* 1, *part.* 1, *tit.* 16, *sect.* 4, le nie mal à propos : Brunquell, *p.* 197, §. 18 *et* 19, en indique plusieurs. — *Voy.* aussi ci-apr., ch. 4, note 12, p. 168.

(8) *Voy.* Augustin, emendat., p. 42; Straitmann, Harmonia, etc., 1571, p. 236; l. 1, §. 4 et 9, et l. 2, C. vet. j. enucl. (i, 17).

(9) Muret, *obs. jur.*, *dans Otton*, *iv*, 135, en cite d'autres.

ce qu'on annonce par cette locution (10), qui par conséquent, si elle était utile et exacte pour l'ouvrage où elle a été puisée, est devenue inutile et inexacte pour le digeste.

Enfin, à l'égard des antinomies, Ragueau, Thomasius, Umeau, Straitmann, Cisner, en un mot tous les interprètes qu'une admiration superstitieuse pour l'œuvre de Justinien n'aveugle pas, conviennent que le digeste en a un assez grand nombre (Straitmann en indique plus de soixante), dont quelques-unes sont absolument inconciliables (11), même avec le secours de la règle importante proposée par Cujas, et d'après laquelle, entre deux lois opposées, il faut préférer à celle qui est simplement conforme aux principes rigoureux du droit, celle qui l'est aux maximes de l'équité, ou dont l'application est plus favorable aux transactions sociales (12).

Il eut été facile aux rédacteurs du digeste, d'éviter de tels défauts, puisque Justinien leur avait accordé le pouvoir, et ils en ont usé largement, de diviser et rectifier les textes des jurisconsultes, et d'y faire des additions et suppressions (13).

(10) *Voy.* un exemple dans l. 2, §. 2, or. jur. (1, 2); et Pothier, ad d. l., n. 2.

(11) *Voy.* Cujas, not. in inst. de legat., §. 30; id., lib. 1, quæst. Pap., ad. l. 8 de postul. et 5 de decurionib. : Ragueau, ad. cod., 1610, p. 202; Thomasius, de servit. stillicidii, n. 47; Umeau, tractat. varii, 1666, p. 39; Straitmann, sup., p. 252; Cisner, epist. in oper. Duareni, 1608, p. 12; Struve, hist. jur., c. 3, §. 5, not. 6; Silberad. sur Heinec., §. 398; Furgole, des testam., ch. 10, sect. 1, n. 88; Pothier, proleg., part. 3, c. 2, n. 2.

(12) *Voy.* id, lib. 27, quæst. Pap, ad l. 74, de leg., 2°, in f.

(13) *Voy.* Duarein, in prim part. Dig., c. 3; Baudoin, proleg. de jure civ., 1545, p 79; Garcias, de expensis, 1671, p 483; et les plaintes rapportées, ci-dev. p. 80.

Dans son désir d'assurer au digeste un crédit durable, Justinien ne se borna pas aux recommandations précédentes. Il défendit, 1. à tous les jurisconsultes d'y joindre des commentaires, commentaires qui auraient pu ramener la confusion dans laquelle la jurisprudence avait été plongée; invitant, en cas de doute sur le sens d'une loi, à en demander directement l'interprétation à l'empereur : 2. à tous les écrivains, d'employer dans les copies, même pour les nombres des livres, les notes et abbréviations usitées dans les anciens ouvrages(14). Il permit seulement, en premier lieu, de mettre à la tête de chaque titre, des paratitles, qui y serviraient d'introduction, c'est-à-dire, selon les uns, des sommaires des matières des titres, et selon d'autres, des indications des lois placées ailleurs et qui ont quelque rapport avec celles du titre où l'on met les paratitles (15); en second lieu, de faire des lois, des traductions de mot à mot, ou purement littérales.... Mais il fut encore trompé dans ses espérances, quant aux signes abréviatifs, et quant aux commentaires. On verra au chapitre des manuscrits, que les abréviations y sont assez multipliées; et à celui des interprètes, qu'ils ont, pour ainsi dire, accablé la jurisprudence de commentaires innombrables, entre lesquels les bibliographes en recommandent à peine (pour le digeste) une dixaine, tels que ceux de Doneau, Brunneman, Zoès, Voët, Mornac et Boehmer (16); à quoi nous

(14) *Voy.* const. deo auctore, de concept. Dig., §. 2 et 13; et de confirm. Dig., §. 18, 21 et 22.

(15) *Voy.* d. §. 12 et 21; Ménage, amœnit. jur., c. 15; Trotz, préf. des œuvres de Maran, 1741, p. 11; Cujas, lettre, aux mss. Dupuy, B. R., vol 700, n° 14.

(16) *Voy.* Struve, Bibl., c. 71, §. 7 et 8; Camus, 3e éd., p. 300.

ajouterons les pandectes de Pothier, dont les notes ont été en grande partie extraites de Cujas (17).

Le Digeste est divisé en sept parties et en cinquante livres, chaque livre, à l'exception des 30, 31 et 32e, qui auraient pu être réduits à un seul, et même à un seul titre puisqu'ils sont relatifs à une matière unique, les legs, contient plusieurs titres (depuis 2 jusques à 33; le digeste en a en tout 432.) Tous les titres, sauf vingt-neuf d'entre eux, ont plusieurs subdivisions appelées *lois* comme celles du code. — Sur 9,100 à 9,200 lois qu'ils contiennent, réunis, un tiers environ a également comme celles-ci, des *principium* et paragraphes, et un assez grand nombre, des versets (voy. *ci-après sect. 5, chap. 4.*)

Les lois sont des fragmens d'ouvrages de trente-neuf jurisconsultes différens (*v. d. ch. 4.*) Elles portent chacune pour inscription, la désignation de l'intitulé et du livre de l'ouvrage d'où elles sont tirées, ainsi que le nom de l'auteur, quoique souvent elles ne lui appartiennent guères en entier, à cause des corrections que Tribonien y a faites, corrections qu'on nomme vulgairement ses emblêmes, ou des tribonianismes et dont on trouve des exemples dans une foule d'interprètes modernes (18).

Justinien, il est vrai, avait autorisé Tribonien à ces opérations (voy. *page* 150); mais comme il

(17) Nous l'avons reconnu par beaucoup de comparaisons.

(18) *Voy.* les auteurs cités à la note 13, p. 152 : Bouchaud, douze tables, i, 583, ij, 465; Pothier, Pand., de ritu nupt., n° 30.; Vinnius, just. de legat., §. 3; Hottoman, anti-trib., ch. 12; Hoffman, p. 588; Walch., p. 41; Rod. Henne, p. 6; Cujas, édit. 1614, l. 1, p. 885; 955, 1269, 1352, 1367, 1549, 1559, 2243, etc., surtout obs., lib. 5, c. 38.

avait en même temps prescrit les inscriptions soit par honneur pour les jurisconsultes romains, soit pour faciliter l'histoire du droit (19), il semble qu'on eut dû avertir des tribonianismes lorsque l'on s'en permettait; d'autant que les inscriptions peuvent servir quelquefois à faire découvrir le véritable sens des décisions dont elles sont suivies (20).

Il semble même que Tribonien fut pénétré de l'utilité de l'exactitude quant à l'indication des sources où il puisait. Du moins, si l'on s'en tient à un examen rapide du digeste, on pourrait croire qu'il poussait à cet égard le scrupule jusques au plus haut degré. En effet, quoique autorisé à substituer des phrases à celles des originaux, il n'a pas osé s'approprier quelques mots servant de transitions à des décisions d'auteurs différens, et il a mieux aimé produire des lois composées simplement de deux ou trois mots ne formant aucun sens par eux-mêmes, ce qui est assez ridicule, que d'enlever aux anciens jurisconsultes l'honneur d'avoir imaginé ces deux ou trois mots (21). Voici par exemple, le texte entier de huit lois, toutes prises dans des titres divers du digeste : 1re, *vel fatuo* (22) ; 2e, *vel melancholicis* ; 3e, *vel similem* ; 4e, *ut sunt magistratus* ; 5e, *aut religionis beneficium* ; 6e,

(19) *Voy.* const. de confirm. Dig., §. 10 et 20.

(20) *Voy.* Duaren, disputat., lib. 2, c. 28; Cisner sur id., 1608, épit., p. 8; Maran, paratit., p. 834, d'après Cujas; Noodt, obs, ij, 9

(21) Hottoman (*d. ch.* 12) se récrie beaucoup sur ce scrupule *hippocrite* de Tribonien, et il faut avouer que pour un homme en général si peu exact, c'est une véritable affectation que d'avoir montré tant de soins.

(22) La loi précédente n'a que trois mots, *vel surdo, muto.* — *Voy.* sur ces deux lois, *nos observat. sur les traduct. des lois*, *note* 104.

vel alium arbitrum ; 7e, *et loco ;* 8e, *et clientes* (23)... Il n'est pas inutile de rappeler à cette occasion une autre règle importante établie par Cujas, savoir : que pour bien interpréter une loi, il faut la lire et conférer avec celle qui la précède et celle qui la suit (24).

Nous verrons au chapitre du mérite, qu'un des grands reproches faits au digeste, est le défaut de méthode analytique quant à la distribution des décisions et matières ; défaut tel, selon Colombet, qu'on aura appelé ce recueil *digeste*, par antiphrase. Il est d'abord certain que les diverses parties d'une même matière, au lieu d'être rassemblées dans un même lieu, sont souvent morcellées et placées dans des livres ou titres séparés par de grands intervalles ; il suffit pour ce point, de renvoyer à Doneau qui l'a démontré jusques à l'évidence (25). A l'égard de la distribution des décisions ou lois, elle est encore plus vicieuse. Ceci tient, du moins autant qu'on peut le conjecturer, à ce que les rédacteurs se seront plus attachés à placer les lois d'après la série des livres (26), la nature et l'importance des ouvrages

(23) *Voy.* l. 21, de rebus auctor. (xlij, 5) ; l. 2, de ædil. ed. (xxj, 1) ; l. 7, de alienatione judic., (iv., 7) ; l. 6, ex quib. causis majores (iv, 6) ; l. 18, procurator. (iij, 3) ; l. 10, de recept. (iv, 8) ; l. 2, de incendio (xlvij, 9) ; l. 3, de usu et hab. (vij, 8.)

On pourrait en indiquer plusieurs autres, telles que les lois 39 *de ædilit. ed.* ; 20, *de rebus auctor. jud.* ; 4 *et* 52, *de procuratorib.*

(24) *Voy* Cujas, lib. 2 quæst. Pap., ad l. 38, de pactis ; nos observ., etc. de note 104 ; et un autre exemple aux lois 17 (§ 2) et 18 à 24, de procuratorib., qui réunies, forment une seule phrase.

(25) *Voy.* Colombet, paratit., p. 3 ; Doneau, commentarior., lib. 1, c. 1. — Voy. *aussi* Hilliger, Donellus enucleatus, d. c. 1 ; Duaren, de ratione doc. juris, op., 1608, p. 291.

(26) C'est-à-dire, que lorsqu'ils ont puisé dans un même ouvrage, plusieurs lois pour un titre, ils ont d'abord donné les lois tirées du

où ils les puisaient, que d'après la matière particulière, où l'espèce des décisions qu'elles contenaient. En général, les lois d'un titre un peu long sont ainsi disposées : 1. les définitions et divisions; 2. les décisions tirées des commentaires sur Sabinus; 3. celles tirées des commentaires sur l'édit perpétuel (quelquefois on les mêle avec les précédentes); 4. celles tirées des livres de questions (27), de digestes, de règles, de disputes et des commentaires sur Plautius. — Si la matière d'un titre a été réglée par un édit du préteur, on rapporte d'abord l'édit et ensuite on donne les décisions puisées dans les commentaires selon l'ordre de leurs livres. — Dans l'une et l'autre hypothèse, si les règles exposées par les jurisconsultes ont éprouvé quelques modifications, même au temps de Justinien, on met à la suite ces modifications, c'est-à-dire, d'autres lois puisées dans des ouvrages postérieurs.

L'auteur à qui nous devons les recherches d'après lesquelles on a découvert ce singulier mode de classification, ne les avait pas entreprises dans le dessein d'appuyer le reproche relatif au défaut de méthode analytique dans la distribution des lois du digeste. Cependant il est facile de voir par l'exposé précédent, que tel est le résultat de son

1er livre de cet ouvrage; en deuxième lieu, les lois tirées du 2e livre, et ainsi de suite. On l'observe surtout dans les deux derniers titres du digeste. Voy. *Augustin*, *emendation.*, *lib.* 1, *c.* 1 ; *Cujas*, *lib.* 27 *quæst. Papin.*, *ad l.* 54, *mandati.*

(27) Lorsque les lois du digeste sont tirées d'un livre de réponses (*responsorum*) il faut selon Breneman (*Apud Wieling*, §. 14, *p.* 161), les interpréter strictement et ne pas les appliquer à un fait différent de l'espèce exposée; Ulpien en donne indirectement l'avis dans la loi 7, §. 17, *in ff. quibus ex caus. in possess.* (xlij, 3).

travail (28) ; d'autant plus (il l'avoue lui-même), que souvent on rencontre dans divers titres, ce que Cujas, qui en a le premier fait la remarque, nomme des *lois fugitives*, c'est-à-dire, des lois qui n'ont pas le moindre rapport au sujet du titre où on les a glissées (29).

Nous ne connaissons pas le motif de la distribution du digeste en cinquante livres (voy. *ci-après p.* 160), mais Justinien a pris la peine de nous apprendre qu'il faisait diviser cet ouvrage en sept parties, à cause de la nature, des propriétés, ou peut-être de l'excellence du nombre sept; ce que les commentateurs, condamnés en quelque sorte à trouver tout beau, ne manquent pas de justifier, observant qu'il y a sept sphères, sept planètes, sept jours dans la semaine, sept sacremens, sept péchés capitaux, etc. (30).

Justinien aurait pu se dispenser de constater ainsi légalement la superstitieuse ignorance de son temps. Cette division, qui n'interrompt point la série des cinquante livres, n'est d'aucune utilité. Elle n'indique point comme on le croirait au premier aperçu, et comme Terrasson (*p.* 529) a eu la hardiesse de l'affirmer, sept classes distinctes de matières. On trouve il est vrai dans les auteurs, sept intitulés différens aposés aux sept parties; d'où il semblerait que chaque partie ne traite que des sujets indiqués par son intitulé; mais,

(28) *Voy.* Gysanius, œconomia juris, 1606, p. 174; Baudoin, d. prolegom., p. 79; Duaren, in prim. part. Dig., p. 1.

(29) *Voy.* Cujas, obs., iij, 37; id., notes sur les instit. citées ib.; Doneau, commentar., 1596, t. 1, p 4.

(30) *Voy.* Const. de confirm. digestor., §. 1, in f. — *Voy.* aussi Hoffman, p. 579, note d.; Hoppius, c. 2, §. 15, p. 32.

selon la remarque de Cujas, il n'en est point ainsi (31). Outre que Justinien n'a donné d'intitulé qu'aux trois premières parties (les *principes*, les *jugemens* et les *choses*), la première, qui comprend les livres 1er à 4e, n'a reçu son nom de principes (*principia*) que parce qu'elle n'est précédée par aucune autre, et les seconde (livres 5 à 11e) et troisième (livres 12 à 19e), n'ont tiré le leur que du titre par lequel elles commencent. Enfin la quatrième partie (livres 20 à 27e), la cinquième (livres 28 à 36e), la sixième (livres 37 à 44e) et la septième (livres 45 à 50e), que les commentateurs ont intitulées, des *gages et hypothèques*, des *testamens*, des *possessions de biens*, des *stipulations*, contiennent simplement divers traités particuliers détachés; et toutes les parties renferment des matières étrangères aux sujets indiqués par les intitulés qu'ont mis, soit Justinien, soit les compilateurs modernes. Pour ne parler que de la quatrième partie (32), consacrée d'après leur intitulé, aux *gages et hypothèques*, il n'est question de cette matière, que dans son premier livre qui est le 20e du Digeste : les sept autres concernent les ventes, les fruits, preuves, mariages, dots, donations, divorces, alimens, tutèles et curatèles.

Le nombre des livres n'est pas moins insignifiant, on l'a déjà dit (*p.* 146 *et* 159), et plusieurs auteurs avouent qu'il a été choisi sans aucune

(31) *Voy.* Cujas, ad tit. 2, lib. 4, C. si certum pet., in prœm.; Gysfanius, sup., p. 95.

(32) Justinien (*d. const. de confirm. dig.*, §. 5) annonce que cette 4e partie est en quelque sorte le milieu (*umbilicus*) de tout l'ouvrage: cela a induit plusieurs interprètes, à appeler en effet cette 4e partie, l'*ombilic*.

raison plausible (33). Cependant il ne faut pas en conclure qu'il n'y ait absolument aucun ordre dans la distribution générale des matières. Les compilateurs ont suivi, on l'a aussi observé (*p.* 104), l'ordre de l'édit perpétuel, mais sans s'y astreindre rigoureusement (34); car on trouve dans le digeste quelques titres qui ne sont pas placés au même lieu que dans cet édit (35).

Le digeste est extrait de près de deux mille livres sur la jurisprudence; il contient 9,100 à 9,200 lois, et celles-ci, à ce que nous dit Justinien, cent cinquante mille versets (*versus*), qui ont été tirés de plus de *trois millions* que renfermaient les mêmes livres (36). Mais ces versets, nous le montrerons ailleurs (*sect.* 5, *ch.* 4, §. 2) ne sont pas comme l'ont pensé plusieurs érudits, autant de décisions, ou au moins autant de périodes *différentes* : ce sont tout simplement des lignes. Le digeste a au plus, trente mille décisions, nombre au reste bien considérable, sur tout lorsqu'on réfléchit que notre code civil n'a pas 2,300 articles.

A la tête du recueil, est une table connue sous le nom d'*Index Justinianeus*, dans laquelle on a mis la nomenclature des jurisconsultes cités et de la plus grande partie de leurs livres, mais qui a été rédigée avec tant de négligence, ou qui a tant souf-

(33) *Voy.* Gysanius, p. 96: Colombet, sup., p. 3.

(34) *Voy.* Gysanius, p. 95; Brencman, ap. Wieling, p. 152; Heineccius, §. 320; Hoppius, p. 31; Hoffman, p. 587 et 588.

Cet ordre était fort commode pour les rédacteurs, parce que les jurisconsultes l'avaient suivi dans leurs commentaires. — Voy. *d. p.* 104.

(35) Tels sont les titres *de edendo*, *de pignoribus* et *de Ædilitio edicto*, selon *Brencman*, *d. p.* 152.

(36) *Voy.* const. de confirm. dig., §. 1.

fert par l'injure des temps, que malgré les recherches supplétives des érudits, nous ne connaissons point encore toutes les œuvres de ces législateurs de l'Europe ancienne et moderne (37).

Dans les éditions anciennes, le digeste est divisé en trois parties, intitulées digeste *ancien*, digeste *infortiat* et digeste *nouveau* (38). La première comprend les vingt-trois premiers livres et les deux premiers titres du vingt-quatrième; la deuxième, qui commence au titre suivant, et finit avec le 38e livre, se subdivisait dans le principe en deux parties, dont l'une finissait aux mots *quatuor partes dividuntur*, c'est-à-dire, au milieu d'une phrase de la loi 82, *ad legem falcidiam* (xxxv, 2), et l'autre commençait aux mots suivans, ou *tres partes*, de la même loi, et en reçut même le nom (39), mais toujours finissait avec le trente-huitième livre...... La troisième partie, enfin, contient le reste de l'ouvrage.

Cette division, qui n'est pas légale, Justinien n'y ayant eu aucune part, est attribuée à des auteurs du 12e siècle : elle est non-seulement inutile comme celle des sept parties, mais *inepte* et incommode, puisqu'elle interrompt, et cela sans raison, la série

(37) *Voy.* Cujas, obs., ij, 21; Pothier, p. ccxxxvij; ci-apr., le chap. des manuscrits.

(38) Elles furent même d'abord imprimées séparément, comme formant des ouvrages distincts. — Voy. *ci-apr.*, *chap. des éditions.*

(39) *Voy.* Glos. ad. d. l. 82; Alberic de Rosate, 1534, part. 2, f. 2 et 138.

Lorsque les manuscrits comprenaient le 38e livre, on y distinguait quelquefois cette 2e partie, en laissant en blanc la fin de la même loi, et commençant le cahier suivant par les mots *tres partes* : enfin, on commençait aussi le volume suivant, par les mêmes mots, de sorte qu'il y avait un double emploi de plus de deux livres. — Voy. *Brenoman*, *hist. pant. p.* 229, 282, 283.

des livres (40); aussi a-t-elle été abandonnée dans les éditions modernes. Néanmoins les érudits, dans leur passion oiseuse de tout expliquer, se sont fatigués à chercher les motifs de cette division, et surtout de la dénomination barbare d'*infortiat*, donnée à la seconde partie. Ils n'en ont guère trouvé que de ridicules. Selon Alciat par exemple, on la nommait ainsi, parce que *infortiare* est synonime à *munire* et que c'était la plus utile (pour les gens de lois) *ad panem lucrandum* (41). Walch, de son côté (p. 32 et 33), croit avoir fait une découverte merveilleuse en tirant l'étymologie d'infortiat, de la circonstance que la seconde partie du Digeste, est, à cause de sa place entre la 1ere et la 3e, en quelque sorte fortifiée comme une ville de guerre (42).

La rédaction des lois du digeste est bien supérieure à celle des lois du code : nous en dirons bientôt le motif (43). Leur style est également recommandable, et par la pureté, et par l'élégance. L'auteur le plus difficile quant à l'élocution latine, Valla, ne pouvait se lasser de les lire et de les admirer ; en un mot, c'est un point sur lequel il

(40) *Voy.* Heineccius, hist., §. 343 ; Arth. Duck, liv. 1, ch. 4, n. 11.

(41) *Voy.* Hoppius, c. 2, §. 16, p. 32; Coras, miscell., 1555, p. 54. Balde avouait d'avoir gagné plus de quinze mille ducats en consultations sur les substitutions, dont l'infortiat expose les règles. *Voy. Hotto-man, consilia*, 1578, *in epist.*, *ib.*

(42) *Voy.* en d'autres dans Ferrandus-Adduensis, explication., 1561 p. 83 ; Vulteius, jurisprud. rom., 1598, p. 28.

Coras, *d. p.* 54, qualifie de *puériles* les recherches sur le sens du mot infortiat. Elles sont d'autant plus oiseuses, qu'au temps d'Alberic de Rosate (voy. *id.*, *d. f.* 2), c'est-à-dire, à peine au bout d'un siècle ou un siècle et demi après l'invention de ce mot, on en ignorait déjà l'étymologie.

(43) *Voy.* ci-apr., ch. 4, p. 173. — *Voy.* aussi ci-dev. p. 149 et 83 et suiv., d'autres éloges du digeste, ou du style des jurisconsultes, etc.

n'y a aucun dissentiment (44). L'on trouve quelquefois, il est vrai, dans les décisions, de l'obscurité ou de l'incertitude ; mais c'est la faute des compilateurs plutôt que celle des jurisconsultes. Les premiers auraient pu, par exemple, suppléer les sous-entendus nombreux des passages qu'ils copiaient, et où ces sous-entendus se comprenaient sans peine à l'aide des *précédens* qu'ils ont supprimés. Ainsi, il eut été facile d'ajouter quelques mots pour bien faire distinguer des questions proposées aux jurisconsultes, leurs réponses, qui souvent n'en sont séparées que par les mots *respondi*, *respondit*, *aït*, ou par le nom simple du jurisconsulte, et presque toujours sans aucune transition... Il leur était facile d'indiquer laquelle de deux opinions par lui transcrites il avait préférée, ce qu'il n'énonce pas toujours, et ce qu'il faut, selon Cujas, entendre toujours de la dernière (45)... Il leur eut été facile, et cela était même nécessaire puisqu'ils travaillaient pour des romains comme pour des grecs, de traduire en latin les termes grecs employés par les jurisconsultes, termes qui n'ont été traduits que dans la suite, et souvent avec inexactitude, par un interprète du 12e siècle (46).

Malgré la négligence des rédacteurs à user de tels soins ou autres semblables qui eussent perfectionné le digeste, nous n'en répéterons pas moins que c'est toujours le recueil de lois le plus recommandable dont on ait connaissance dans les fastes de la jurisprudence du monde.

(44) *Voy.* Valla, elegantiarum, 1544, p. 146; Arth. Duck, sup., n. 5 et 8; Heineccius, antiquit., prœm., n. 29.

(45) *Voy.* id., ad l. 6, communia præd., 1614, ij, 452.

(46) *Voy.* Ménage, amæn., c. 33; Brunquell, p. 201; Bach., p. 598.

CHAPITRE IV.

Des Instituts, et, par occasion, de la rédaction du Digeste et du Code.

Les instituts sont des élémens du droit, que Justinien fit rédiger pour servir d'introduction à l'étude du code et du digeste. Nous disons rédiger, parce qu'ils furent extraits des ouvrages de même genre qu'avaient laissés d'anciens jurisconsultes, tels que Ulpien, Florentin, Marcien, et principalement Gaïus, que Justinien avait indiqués pour sources, aux rédacteurs du sien (1). Il est d'ailleurs facile de s'en assurer. Si l'on examine le petit nombre de fragmens des ouvrages des trois premiers auteurs que le digeste nous a conservés, on reconnaît bientôt que six passages des instituts de Justinien ont été puisées dans ceux d'Ulpien, neuf dans ceux de Florentin, seize dans ceux de Marcien (2). Quand aux instituts de Gaïus, la découverte heureuse récemment faite par M. Niebuhr, d'un mamanuscrit où une grande partie de leur texte a été conservée dans sa pureté, tandis que nous n'en avions auparavant que les fragmens corrompus, insérés au code d'Alaric (*v. ci-apr., sect. 4, chap. 1, art.* 2), nous a mis à portée d'apprécier avec plus d'approximation ce que les rédacteurs de ceux de Justinien leur avaient emprunté. Or, lorsqu'on parcourt le nouveau Gaïus, dont nous devons la

(1) *Voy.* constit. de confirmat. digestor., §. II.
(2) *Voy.* sur tous ces points, la savante introduction de Walch aux instituts d'Hoppius, c. 2, §. 2 à 5, p. 15 et suiv.

publication à MM. Bekker, Gœschen et autres savans de Berlin (1820, 8°), on ne compte pas moins de quatre-vingt sept passages du même genre dans un seul des quatre livres des instituts, c'est-à-dire, dans le deuxième, qui correspond au second commentaire de Gaïus (3). Et il ne peut y avoir de doute à cet égard, parce que les rédacteurs des élémens de Justinien, au lieu de se borner à analyser les anciens institutaires, ou d'user fréquemment du droit qu'ils avaient de les corriger, les ont le plus souvent copiés, presque de mot à mot, dans les passages qu'ils voulaient employer (4).

Au reste, cette espèce de respect est peu surprenante, vu le crédit dont jouissaient ces élémens, surtout les instituts de Gaïus, qu'on enseigna dans les écoles jusques au temps de Justinien (5).

Cependant les rédacteurs des instituts puisèrent aussi à d'autres sources; ils prirent ordinairement les définitions et divisions dans le digeste; enfin le traité *Rerum quotidianarum* de Gaïus, leur fut également d'un grand secours, et avant la découverte du manuscrit dont on a parlé, c'était celui auquel on croyait qu'ils avaient le plus emprunté (6).

(3) Nous devons ce résultat à M. Ducaurroy (voy. *aussi la note suivante*), professeur-suppléant chargé de la deuxième chaire du droit romain, à la faculté de droit de Paris.

Quant à la publication du nouveau Gaïus, et aux recherches aussi pénibles que louables des savans ci-dessus, *Voy.* un article de M. Lauth, dans la *Thémis j. c.*, 1820, *p.* 287 *et suiv.*

(4) *Voy.* d. const., de conf. dig., §. 11; Walch, §. 13, p. 30.

M. Ducaurroy (voy. *note* 3.) a aussi compté *quarante trois* passages du nouveau Gaius, extraits ou modifiés dans le 2e livre des instituts; et *quarante sept*, qui ont de l'analogie avec d'autres du même livre.

(5) *Voy.* Walch, ib., §. 2, p. 16.

(6) *Voy.* Cujas, ad l. 1, D. oblig. et act.; Walch, §. 10 et 6, p. 26 et 22.

Chargés de présenter les élémens de la science dans son état au temps de Justinien, on conçoit qu'ils dûrent exposer les variations qu'elle avait éprouvées quant à plusieurs institutions, afin de faire sentir en quoi les principes des auteurs précédens différaient de ceux qu'il fallait désormais enseigner. En conséquence, ils donnent assez souvent l'histoire du droit, et quoique, suivant la remarque de Baudoin, ils y mettent quelquefois trop de prolixité, ce n'est pas la partie la moins utile de leur travail : sans eux, on ignorerait même tout-à-fait cette histoire, relativement à quelques matières (7).

Il est aussi plusieurs points à l'égard desquels ils rapportent ou citent des faits, des décisions et des principes qu'on chercherait vainement ailleurs et qui servent à éclaircir plus d'un passage du digeste et du code (8).

D'autre part, ils résolvent bien des difficultés qui s'étaient élevées sur des questions importantes de droit; et ils laissent de côté, soit la plupart des subtilités dont on a trop embarrassé le digeste, comme celles qui concernent certaines espèces de pactes; soit les détails peu utiles qu'on regrette d'y trouver par fois, tels que ceux dans lesquels on y est entré à l'égard de diverses magistratures de l'empire (9).

Voilà bien des avantages qu'offrent les instituts même indépendamment de leur utilité comme élémens; on en fut sans doute frappé, ainsi que du

(7) *Voy.* Baudoin, Proleg. de j. civ., 1545, p. 88 et 89; Brunquell, p. 254; Walch, §. 11, p. 28.

(8) *Voy.* Cujas, obs., xj, 38, qui en note plus de 30 différens. — *Voy.* aussi Baudoin, sup.

(9) *Voy.* Baudoin, d. p. 88 et 89.

mérite de leur rédaction, soit qu'on dût tout cela à la richesse des mines que les rédacteurs avaient exploitées, soit qu'ils eussent mis plus de soins dans leur travail; et Justinien s'empressa lorsqu'ils le terminaient, de lui attribuer force de loi (10). Tribonien informé selon toute apparence, de cette résolution, en profita pour *constituer* dans quelques parties des instituts, un droit entièrement nouveau (11).

Peut-être est-ce aussi par les mêmes motifs qu'il y inséra ou y laissa insérer plus d'une décision contradictoire avec le droit du digeste (12). Quel parti prendre lorsque ce défaut, le plus considérable des instituts, se rencontre dans les décisions dont on fait usage? Voilà ce qui a embarrassé plusieurs commentateurs. Il en est qui sans faire attention que les instituts, publiés d'ailleurs avant le digeste, n'ont été rendus obligatoires qu'à dater du même jour (*v. p.* 134), ont voulu que les instituts dérogeassent au digeste par cela seul qu'ils étaient en général, plus récens quant à la composition. La règle suivante proposée par Heineccius, Walch et quelques autres, nous semble plus conforme aux principes. S'il y a contradiction le digeste doit être préféré aux instituts excepté dans les cas où il paraît clairement par le texte de ceux-ci, que

(10) *Voy.* proem. institut., §. 6.

(11) *Voy.* Cujas, d. obs., xj, 34; Walch, §. 12, p. 29.

On compte quatre passages de cette nature, savoir: §. 7 *qui et quib. ex causis*; §. 10 *de testamentis ordin.*; §. *ult. de satisdationibus*; §. 7, *de fidei commissariis hered.* — Walch., *ibid.*, a quelques doutes sur le dernier.

(12) Walch, §. 8 et 9, p. 50, indique une douzaine de décisions de ce genre, que désignent aussi les commentateurs des instituts, dans leurs notes sur les passages où elles se rencontrent. — Voy. *aussi ci-devant p.* 152, *note* 7.

leurs rédacteurs ont voulu déroger au digeste (13). Par la même raison, l'on n'éprouve point une semblable difficulté dans les hypothèses où il y a contradiction entre les instituts ou le digeste, et le code, parce qu'il a été composé et à plus forte raison promulgué après les instituts et le digeste (14).

Les instituts sont divisés en quatre livres; chaque livre en plusieurs titres; presque tous les titres en divers *paragraphes*, précédés d'un *principium*. Le premier livre a 26 titres et 150 paragraphes; le second, 25 titres et 217 paragraphes; le 3e, 30 titres et 175 paragraphes; le 4e, 18 titres et 164 paragraphes : en tout 99 titres et autant de *principium*, et 706 paragraphes, ou 805 décisions en réunissant les paragraphes aux *principium*.

Tels sont les nombres et désignations des subdivisions des instituts dans l'édition qui est depuis long-temps reçue au barreau et qui a été faite d'après la vulgate. Dans l'édition célèbre donnée par Cujas, en 1585, d'après d'anciens manuscrits, et réimprimée en 1777, dans le corps de droit de Gebaüer — Spangenberg, en 1er lieu, les titres sont intitulés *chapitres* et leurs dispositions sont écrites de suite, sans alinéa ni paragraphe (15); en 2e lieu, et il en est de même à cet égard, quant à

(13) *Voy*. Hoppius, p. 30 et 31; Hoffman, p. 591; surtout Walch, *p.* 50 *et* 51; *Heineccius*, *elem. jur.*, §. 16. — Ils y font l'application de cette règle, à divers textes pour l'une et l'autre hypothèse. — Par exemple: il faut préférer la loi 7, §. 7, *ff. acquir. rer. dom.*, au §. 25, *inst. de rer. divis.*; et au contraire il faut préférer le §. 7, *instit. ex quib. causis manum.*, aux lois 9 et 11, *ff. de manum. vind.* — *Voy* d. §. 16.

(14) *Voy*. ci-dev. p. 135; Pacius, instit., proleg., p. 3; Heineccius, d. §. 16; Furgole, des testam., ch. 7, sect. 2, n. 123.

(15) *Voy*. épit. de Cujas, ib; Ferrar. Montanus, instit. de jure nat., §. 8, p. 65; ci-apr. chap. des éditions.

Gebaüer a conservé le mot *titre*, et la division en §§.

l'édition de Pacius, de 1641, et à quelques autres, le 3e livre n'a que 29 titres, parce que dans la plupart des anciens manuscrits et dans les instituts de Théophile, le titre 7e, *de servili cognatione*, forme la fin du titre 6e, *de gradibus* (16); aussi dans ces éditions les titres 7 et suivans ont-ils des numéros différens de ceux de l'édition usuelle.

Les personnes, les choses et les actions sont les trois grandes divisions qu'on a toujours eues en vue dans le droit ancien. Le premier livre des instituts, après avoir donné les définitions et divisions du droit, ce qu'on peut en nommer les *principes*, traite des personnes; le second, le troisième et les cinq premiers titres du quatrième, des choses; le sixième titre du livre quatrième et les suivans jusques au quinzième, traitent des actions; enfin, les trois derniers titres du même livre traitent des jugemens privés et publics (17).

On voit que la distribution des instituts en *quatre* livres n'a rapport, ni à la division générale du droit, d'après laquelle, on eut dû se restreindre à trois livres, savoir un pour les personnes, un pour les choses et un pour les actions: ni à celle des matières principales des instituts qui en eut exigé cinq, dont trois pour les objets précédens, un pour les principes, et un pour les jugemens publics ou privés. Nous n'excuserons pas avec quelques auteurs, cette faute de distribution, sur ce qu'à l'exemple d'autres anciens ouvrages, on n'aura divisé les instituts en quatre portions, que pour ob-

(16) *Voy.* Baudosa, Pacius, Vinnius, etc., in hh. tt.

(17) Pacius distingue avec soin ces trois titres, des précédens, comme ayant rapport à une matière différente. Voy. id., *instit. de pœnâ temere litig.* (*iv*, 16.)

tenir des livres à peu près égaux en étendue (18) : outre que ce motif est passablement riducule, outre qu'on aurait même alors manqué le but, puisque dans le fait les livres des instituts ne sont pas égaux en étendue, qu'entr'autres, le second est presque du double plus étendu que le premier (16 pages contre 9 dans l'édition in-8° de 1681), on eut pu assigner facilement à chacun des quatre livres une matière spéciale, comme l'a fait Hottoman qui, dans son commentaire affecte le premier livre aux personnes, le second aux choses, le troisième aux obligations, le quatrième aux actions (19).

Mais vu le peu d'étendue de l'ouvrage, cette faute des rédacteurs est bien moins grave que l'omission qu'ils ont faite de beaucoup de matières dont il était essentiel d'exposer les principes, telles que les dots, les biens paraphernaux, les secondes nôces, les séparations, le divorce, l'illégitimité des enfans, l'interdiction, le domicile, l'absence, les hypothèques, les preuves, etc.

On excuse encore ici Justinien sur ce que ces matières sont difficiles (20) ; mais d'une part, il est faux que plusieurs d'entr'elles, les dots par exemple, soient plus difficiles que quelques autres, telles que les fidéicommis et l'accroissement entre héritiers dont traite le second livre des instituts : de l'autre, Justinien, pouvait comme il l'a fait à l'égard des donations (*même livre*), se borner à exposer les définitions et règles fondamentales, ce qui eut été fort avantageux pour les élèves sans avoir l'inconvénient

(18) *Voy.* Baudosa, instit., 1591, préf. ; Silberadius sur Heineccius, hist., 2e édit., §. 392.

(19) *Voy.* id., in argumento op. institut., dans ses œuvres, t. 2.

(20) *Voy.* Heineccius, opusc., p. 290 et suiv.

de mêler à leurs études des difficultés sérieuses.. Enfin il avait annoncé que ses élémens seraient complets. Il fait même dans sa préface, § 4e, une espèce d'image ou d'allusion qui témoigne combien il était persuadé de ce qu'il avançait. *In quatuor libros partiri jussimus, ut sint totius legitimæ scientiæ prima elementa.*

D'après ces expressions, Accurse dans sa glose sur ce §, prétend que les instituts ont été divisés en quatre livres, en l'honneur des quatre élémens; et si l'on fait attention à ce que nous venons d'observer sur le défaut de correspondance du nombre des livres des instituts, soit avec les parties du droit, soit avec les matières qu'ils embrassent; si l'on pèse les termes dont se sert ici Justinien; si l'on réfléchit aux opinions de son siècle; si l'on se rappelle enfin le motif qu'il a donné de la division du digeste en *sept* parties (*v. ci-dev. p.* 159), la remarque d'Accurse ne paraîtra point aussi ridicule que Terrasson (p. 337) voudrait le persuader.

Quant à la rédaction, les Instituts sont, comme le digeste, bien supérieurs au code. Il n'y a qu'une voix sur le mérite de leur style. « *Quibus*, remarque Gravina, chap. 133, *libris vix aliquid superfuit elegantius, aut selectius, si quis contextu veterum, mixturam discusserit recentioris ætatis.* — Ce livre, dit Cujas, est le plus clair, le plus poli et le plus aisé de tous les livres du droit; on n'a nul besoin d'interprète pour l'entendre. Le style, observe Arthur Duck, en est uni et facile; et l'ouvrage a encore cela de particulier qu'on n'y trouve rien qui soit extrait des jurisconsultes postérieurs à Modestin, c'est-à-dire, des jurisconsultes les plus médiocres. On devrait, s'écrie enfin l'écrivain le plus célèbre du dix-huitième siècle, on devrait dans nos édits imiter l'élégance des Instituts (21).

L'observation d'Arthur Duck nous conduit à exposer les motifs de la supériorité du style du digeste sur le code, dont nous avons déjà parlé. Elle tient à la différence des temps où les ouvrages ou constitutions dont leurs lois sont extraites, ont été publiés. Sur 9,100 à 9,200 lois que contient le digeste, il n'y en a que 120 (c'est-à-dire, à peu près la 70e partie) qui appartiennent à des jurisconsultes des siècles postérieurs aux Gordiens, pendant lesquels la littérature et la jurisprudence avaient sensiblement décliné. Au contraire, des lois du code, il n'y en a que deux dixièmes qui aient été tirées de constitutions publiéesavant cette époque, c'est-à-dire, avant l'an 243 de notre ère, un dixième appartient aux successeurs de Gordien jusques à Dioclétien, ou de l'an 244 à l'an 283; trois dixièmes à Dioclétien ou à ses successeurs jusques à Valentinien, ou de l'an 284 à l'an 363; trois dixièmes enfin, à Valentinien et à ses successeurs jusques à Justinien inclusivement, ou de l'an 364 à l'an 534 (22). On critiquait le style de la bulle de Léon X contre Luther, parce qu'on y remarquait une phrase qui avait *quatre cents* mots (23); on en trouvera quelques-unes du même genre dans les lois de Justinien, et celles qui en contiennent plus de *cent*, et même plus de *cent cinquante*, ne sont pas rares (24).

(21) *Voy.* Cujas, obs. xj, 34; Duck, liv. 1, ch. 4, Voltaire, conseils à un journaliste, dans ses Mélanges littéraires.

(22) *Voy.* sur ces nombres de lois, ci-après, sect. 5, ch. 3 et 4.

(23) *Voy.* nouvelles de la rép. des lettres, 1685, p. 478.

(24) *Voy.* entr'autres, lois 46 et 57, C. de episcopis et clericis (i, 5.) Dans la loi 34, § 4, de episcopali audientiâ (i, 4), il y a une phrase de *quatre cents quinze mots.*

D'après ce que nous venons d'exposer on présume bien que de tels défauts ne se rencontrent pas dans les instituts. On y trouve, il est vrai, soit quelques locutions peu élégantes, ou même inusitées chez les bons auteurs, comme *præfatam*, *compendiosus*, *pertransit*, *peculiatenus*, *altercatur*; soit quelques tournures un peu diffuses (25), qui sans doute selon la conjecture de Gravina, ci-devant rapportée, appartiennent les unes et les autres aux compilateurs; enfin on y désirerait parfois moins de concision, et plus de détails dans certains points (26), comme dans le fameux passage *uno casu* du 2e paragraphe du titre des actions (*liv.* 4, *ch.* 6), qui a tant exercé la patience des érudits (27)... Mais ces taches sont, ou si légères, ou si rares qu'on serait presque tenté de souscrire à l'avis de Cujas, sur l'inutilité de faire le commentaire d'un tel ouvrage, si ce n'est pour en *restituer* les passages altérés par l'injure du temps ou les fautes des copistes et éditeurs, objets auxquels il avait d'abord restreint son propre tra-

(25) *Voy.* Walch, d. introd., c. 4, §. 2, p. 45.

(26) *Voy.* Baudoin, d. prolegom., p. 88 et 89.

(27) Après y avoir exposé que dans les actions négatoires pour les servitudes, le possesseur exerce l'action, et observé que cela n'a pas lieu pour les choses corporelles, où celui qui exerce l'action n'est pas possesseur, on ajoute *sane* UNO CASU, *qui possidet nihilominus is actoris partes obtinet, sicut in latioribus digestorum libris apparebit.* Prenant ces mots à la lettre, beaucoup d'auteurs se sont inutilement fatigués à chercher dans le digeste le cas unique qu'ils semblent énoncer. D'autres résolvent la difficulté par une addition ou correction au texte, où ils lisent NON *uno casu*, ou HOC *uno casu*, ou bien, *illo* (au lieu d'*uno*) *casu*. La première leçon proposée par Doneau et Wesembeck, conformément à un manuscrit, a été adoptée par Vinnius (*in h.* §. 2.); la seconde, indiquée par Cujas (*not. prior. in id.*) d'après quelques manuscrits, est approuvée par Vitalis (*lection. variar.*, *dans Otton*, ij, 674) et par Heineccius (*sur Vinnius*, *sup.*); la troisième, proposée par Gyfanius (*in h.* §.) rentre dans l'avis de Cujas, qui préférait lire, comme Baron, IN HOC *casu*.

vail, à quoi nous ajouterions, et pour en indiquer aussi les règles modifiées par le code et les novelles (28) : « c'est, dit-il, employer bien mal son loisir (*otium ignobile*) que de surcharger ce petit livre, d'énormes commentaires; que de délayer presqu'à l'infini, ce qui a été exposé avec une briève précision; que de manquer aux préceptes judicieux de Justinien sur la nécessité d'ouvrir aux étudians la carrière du droit par une voie unie et facile.... Quel est donc le but de ces écrivains? Aucun autre si ce n'est celui de montrer qu'ils ont beaucoup de science, et dans la réalité, ils ne font preuve que d'ignorance; *nam quœ scientia hœc est, quœ modum non habet ullum? quœ fines suos egreditur* (29)? »

Il faut avouer que ces réflexions s'appliquent à une grande partie des commentaires presqu'innombrable des instituts (30). Mais peut-être Cujas eût-il été moins sévère si l'on eût publié de son temps les travaux des Vinnius, des Corvin, des Hoppius, des Heineccius (31). Nous pouvons aussi espérer

(28) *Voy.* Cujas, obs., xj, 34; Brunquell, p. 255, §. 21.

Cujas s'excuse (*d. c.* 34) d'y avoir fait un petit nombre de notes explicatives. Il fut entraîné, dit-il, par l'exemple des commentateurs. Il se proposait de refaire ce travail, et de dévoiler leurs fautes. Combien on doit regretter qu'il n'ait pas accompli son dessein !

(29) N'est-ce pas là un portrait fidèle de la plupart des commentateurs?

(30) Walch (p. 51 à 57) qui écrivait en 1771, donne une liste de cent dix-sept commentaires rangés par siècles et par nations; et il s'en faut que cette liste soit complète. — 70 ans auparavant, on se plaignait déjà de leur trop grand nombre : on cite un ouvrage publié en 1701, sous ce titre : *de multitudine nimiâ commentariorum in institutiones.* — *Voy.* Struve, bibl. jur., c. 7, §. 4.

(31) Le commentaire de Vinnius est trop savant pour des élèves; mais il est bien utile aux jurisconsultes. Les élémens d'Heineccius et d'Hoppius conviennent mieux aux premiers. L'Enrichidion de Corvin est un ouvrage commode pour la préparation aux examens.

On peut encore recommander (voy. *les listes de Struve et Walch, sup*)

que les professeurs de nos écoles modernes, où l'on a, avec tant de raison, prescrit de commencer l'enseignement du droit par l'explication des instituts, publieront des ouvrages dignes de l'approbation des successeurs de Cujas, s'il en existe, et qui du moins, rendront le service de faire disparaître la médiocre et inexacte compilation de Ferrière (32).

Ce dernier auteur emploie et prétend qu'il faut employer le mot *institutes*, et non pas le mot *instituts* (33), pour désigner les élémens de Justinien : mais dans l'usage moderne de la plupart des pays de droit écrit, on préfère la dénomination d'*instituts* à l'expression lourde et trainante approuvée par Ferrière, et dont il n'a d'ailleurs fondé l'emploi sur aucun motif raisonnable.

Baudoin, Hottoman, Baron et Faber (quoique du siècle de Cujas), Doneau, Mérille, Lacoste (Janus à Costa), Grotius, Voët, Schneïdwin, Borcholten, Giphanius, Rithershusius, Bachovius, etc. — Jusques au 18e siècle, celui de Schneïdwin a eu un très-grand crédit, et a été plus souvent réimprimé que les autres.

(32) Il s'agit ici des instituts de Ferrière, publiés d'abord par Claude de Ferrière en deux volumes. Ils contenaient la traduction française des instituts avec quelques notes, qui furent tellement étendues par Claude Joseph, son fils, que l'ouvrage fut porté à sept volumes, dont le dernier pour l'histoire du droit romain. Mais ni le commentaire, ni la traduction (voy. *nos observat. sur les traduct. des lois*, p. 16 et 52), ni l'histoire ne méritent le grand nombre d'éditions qu'a obtenues cet ouvrage, sans doute parce qu'il n'y en avait aucun autre du même genre en langue française.

(33) *Voy.* Ferrière, hist. du droit, ch. 23.

CHAPITRE V.

Des Novelles, et des Authentiques du Code.

La quatrième et dernière partie du corps du droit est composée des constitutions que Justinien fit depuis la composition des trois précédentes parties. On leur donna le nom de *novelles* qu'il avait lui-même indiqué et qu'on avait déjà donné aux constitutions publiées par ses prédécesseurs, après le code Théodosien, comme étant *nouvelles* relativement à celles du même code. Aussi les interprètes grecs les appelaient-ils très-souvent novelles postérieures au code, *novellæ post codicem* (1).

Le but de Justinien en composant les novelles fut de rémédier aux défauts et omissions qui pouvaient s'être glissés dans le code, le digeste ou les instituts : il serait certainement fort louable s'il s'y fut renfermé; par malheur il le dépassa dans une foule de novelles. Méconnaissant le principe de droit public d'après lequel la stabilité des lois est un des fondemens les plus solides de l'ordre social, il se livra à tant d'innovations, il apporta tant de modifications même à ses propres lois, puisqu'il corrigea par des novelles d'autres novelles de très-peu de temps plus anciennes (2), qu'on a

(1) *Voy.* constit. de emend. cod., §. 2 et 4; Pothier, proleg., p. lxj; Heineccius, antiquit., prœm., n. 24; Godefroi, proleg. c.-th., p. 184, c. 1, n. 2; Gudelinus, infrà, lib. 1, c 1, n. 2; Broë, hist. jur., §. 35; surtout Cujas, exposit. novell., in prœm.

(2) Ainsi la novelle 127 modifie la novelle 118, à peine antérieure de quatre ans.

présumé que s'il avait vécu quelques années de plus il aurait fini par abroger toutes les lois du code et du digeste. Cette conjecture d'Hoffman est sans doute fort exagérée, puisque dans les vingt-quatre dernières années de sa vie, Justinien ne fit presque que des novelles sur le droit public de l'empire (*v. ci-apr. p.* 185) : il faut néanmoins avouer que les innovations furent beaucoup trop nombreuses. Elles ont en effet exigé pour être développées avec méthode, un volume in-folio; ouvrage fort utile qu'on doit à Pierre Gudelin (3).

D'abord éparses et publiées pour la plupart en grec, les novelles furent rassemblées et traduites en latin, par un ou peut-être par plusieurs auteurs inconnus (4), vers la fin du règne de Justinien, ou selon quelques érudits, sous celui de Justin II, son successeur (5), et non pas au douzième siècle par Irnérius ou autres interprètes comme l'ont pensé divers écrivains (6). Cette version, qu'on nomme *ancienne*, *vulgate* et *authentique*, ayant été approuvée par Justinien ou par Justin II, est la seule qui soit suivie dans les tribunaux (7).

Cependant elle n'était pas digne d'obtenir une telle faveur. Presque tous les auteurs, Alciat, Dumoulin, Baudoin, Le Conte, Pacius, Jacques Go-

(3) C'est son traité *de jure novissimo*, publié en 1644, et ensuite dans ses œuvres, en 1685. — Voy. *aussi Hoffman*, *p.* 589 *et* 604.

(4) *Voy.* Pacius, instit., proleg., p. 4; Hoppius et Walch, p. 57.

(5) *Voy.* pour le 2e avis, Gravina, c. 135; Le Conte, in præf. nov.; Arth. Duck, lib. 1, c. 4, n. 15; Rod. Henne, préf., p. vij; Brunquell, p. 282; et *pour le premier*, Pothier, sup.; Heineccius, *sup.*, *n.* 32, *et hist.*, §. 324; Hoffman, *p.* 607 *et* 608; Bach, p. 610, §. 21.

(6) *Voy.* Hoffman, p. 617 (§. 15) et 621.

(7) *Voy.* Jac. Godefroi, Bibl. jur., c 4; Gravina, d. c. 135; Heinec., d. n. 32; Hoffman, p. 623; Denis Godefroi, 1re Glos. ad. novell.; Struve, bibl. jur., c. 3, § 10.

defroi, Gravina, Hoppius, Heineccius, Hoffman, Pothier, etc. (8), s'accordent à la regarder comme obscure et barbare. Cujas, il est vrai, en fait l'éloge, mais c'est à cause de son antiquité et de l'érudition du traducteur, et peut-être aussi parce qu'étant faite littéralement et de mot à mot, suivant la méthode prescrite par Justinien pour les traductions des lois (*v. ci-dev. p.* 154), elle est en général plus fidèle que celles qu'Haloander, Agyleus et Scrimger avaient publiées au temps de Cujas (en 1531, 1561 et 1558), et qui n'avaient sur la vulgate que l'avantage de l'élégance (9).

Ceci nous explique le succès de la vulgate auprès des tribunaux : en matière de traduction de lois, il n'y a certainement pas à balancer entre l'exactitude et le choix des expressions. Mais la vulgate n'a pas toujours le premier de ces mérites. Il est plus d'un passage où l'on consulte avec fruit les autres versions, surtout celle d'Haloander; par exemple, pour le sujet indiqué dans la rubrique de la novelle 107, et pour la véritable décision de la novelle 115 sur la prétérition (10).

A quoi bon, s'écrieront sans doute les Hellé-

(8) *Voy.* Godefroi, bibl. jur., c. 4; Arth. Duck, c. 16; Heineccius, d. n. 32; Hoffman, §. 15, p. 617; Bouchaud, douze tabl., t. 1, p. 317, etc.

(9) *Voy.* Cujas, obs., viij, 40; Gravina, c. 135.; Godefroi, ibid.; Heineccius, n. 32. — *Voy.* aussi Hoppius, §. 8, p. 42; Hoffman, p. 615, 616 et 623 : Gudelinus, d. n. 4; Struve, §. 12.

La dernière version des novelles a été faite par Homberg, et publiée en 1717. — Voy *Heineccius, hist.*, §. 324; *Hoffman, p.* 625, *note d.*; *Struve*, §. 13

(10) *Voy* Merlin, rec. alph., 2e édit., iv., 530 et suiv; Furgole, des testamens, ch. 8, sect. 2, n. 14 à 17 et 30; et d'autres exemples des fautes de la Vulgate, dan Walch, p. 42; Bouchaud, t. 1, p. 317; Stockmann sur Bach, p. 612; Mabillon, de re diplomat., 1681, p. 242.

nistes, s'occuper du mérite ou du défaut des versions lorsqu'on a le texte original, auquel chacun est libre de recourir? Par malheur, il n'est pas absolument certain que le texte grec qui nous reste soit le type de la vulgate; d'une autre part, nous ne l'avons point pour plusieurs novelles, telles que les 9, 11, 23, 34, 35, 41, 62, 65, 104, 114, 143; enfin, lorsque ce texte long-temps inconnu ou négligé par l'ignorance, fut mis au jour par Haloander (en 1531), l'autorité de la vulgate était si bien affermie qu'elle ne put en être affaiblie. Il ne faut donc considérer les autres versions et même ce texte, que comme des secours propres à faciliter l'intelligence d'une loi qu'on a préférée dans l'usage, malgré ses défauts ou son infériorité (11).

Il est un autre secours non moins utile en cette occasion; c'est un abrégé des novelles fait vers 570, peu à près Justinien, par Julien, professeur à Béryte et successivement à Constantinople, et publié d'abord en 1512 par Boyer, et successivement en 1560 et 1565 par Louis le Mire, en 1567 par Antoine Augustin, en 1576, d'après l'avis de Cujas, par les frères Pithou, dont l'édition perfectionnée a été de nouveau donnée par Desmares en 1689 (12). On convient que Julien a écrit très-purement cet ouvrage; mais outre qu'il n'y a pas compris toutes les novelles (il n'en a extrait que 125), et qu'il a réduit le texte

(11) Voy. *Struve*, *d.* §. 10; *Hoffman*, *p.* 607, 615, 617, 622 *et* 623. — Ce dernier soutient qu'Humberg a levé tous les doutes sur l'authenticité du texte grec.

(12) *Voy.* Le Conte, sup.; Hoffman, p. 556, 613, 614; Struve, sup., §. 11; Broë, hist. jur., §. 37; Heineccius, hist., §. 328.

lorsqu'il le trouvait trop verbeux, et il l'est très souvent, il en a supprimé les préfaces et épilogues, dont nous parlerons tout-à-l'heure. Néanmoins cet abrégé obtint dans les premiers siècles un si grand succès qu'on lui donna le titre de recueil des novelles; *liber novellarum*, réservé aujourd'hui à la vulgate; qu'il fut inséré dans les éditions du corps du droit civil; et qu'enfin les compilateurs du corps du droit canonique en copièrent une partie des décisions (jusques à 17 chapitres), comme si elles fussent émanées des conciles ou des souverains pontifes du christianisme (13).

On pressent que les remarques précédentes sur les versions des novelles, ne s'appliquent pas aux novelles primitivement écrites en latin, telles que les novelles 9, 11, 23, 62, 143, 150 et quelques autres sur lesquelles les auteurs varient (14); ou écrites tout à la fois en latin et en grec, car Justinien nous apprend lui-même qu'il y en eut de ce genre, et il est d'ailleurs probable qu'il dut au moins faire traduire et publier en latin, les novelles qui intéressaient spécialement les provinces, à la vérité peu nombreuses de son empire, où le grec n'était pas en usage (15).

Ce que nous venons de dire suffit pour expliquer la dénomination d'ancienne (*vetus*), donnée

(13) *Voy.* relativement à l'ouvrage de Julien, *Le Conte, sup.*; *Godefroi, hist. jur.*, *c.* 8; *Gravina*, *c.* 135, 136; *Bouchaud*, *t.* 1, *p.* 317; *surtout Hoffman*, §. 13, *p.* 612 *à* 615.

(14) *Voy.* Hoppius et Walch, §. 28, p. 41; Hoffman, p. 606, 607; Heineccius, antiqu., n. 32.

(15) *Voy.* nov. 17 (in præf.) et 66, c. 1, §. 2; Hoffman, d. p. 607.

par beaucoup d'auteurs à la version usuelle des novelles. Il est également clair qu'on l'a nommée *vulgate*, par opposition aux autres versions non consacrées par l'usage. — On ne s'accorde pas aussi bien sur l'étymologie du mot *authentique*, qui en général signifie certain, vrai, notoire, approuvé, et le contraire d'apocryphe; il est pourtant assez vraisemblable qu'il a été appliqué à la vulgate, par opposition à l'abrégé de Julien, qui comme elle, n'avait pas eu la sanction de l'autorité publique (16).

Presque toutes les novelles sont précédées de préfaces, dans lesquelles on explique les motifs des constitutions et qui par là-même sont fort utiles pour en faire découvrir l'esprit; néanmoins elles sont si verbeuses et si diffuses que plusieurs jurisconsultes auraient préféré qu'on n'en mît point (17).

Les novelles sont composées de plusieurs chapitres, divisés dans les éditions modernes, en paragraphes, qui en contiennent les décisions; elles sont terminées par des épilogues, qui en ordonnent l'observation, et en indiquent souvent la date (18).

Voilà du moins ce que nous en rapportent les manuscrits. Les premiers interprètes ont dans la suite, mis avant les préfaces et les chapitres, des rubriques où ils énoncent les divers objets traités

(16) *Voy.* Le Conte, d. préf.; Pacius, d. prolegom., §. 4; Hoffman, p. 617, §. 15 et p. 611, note *a*; surtout Hoppius et Walch, §. 29, p. 42; Gudelinus, sup., c. 1, n. 3. — Brëe, *hist. jur.*, §. 38, dit qu'*authentique* est une expression des grecs modernes.

(17) *Voy.* Brunquell, p. 2.5; §. 9; Hoffman, p. 607.

(18) *Voy.* Pacius, d. proleg., p. 14; ci-apr., sect. 5, ch. 5.

en général dans les novelles, et en particulier dans les chapitres. Mais ces rubriques, non consacrées par l'autorité publique, et qui varient selon les éditions, ne peuvent, comme les rubriques légales, fournir des argumens lorsqu'il s'agit d'interpréter ces lois. On y trouve d'ailleurs des fautes, même dans l'édition usuelle : par exemple elles énoncent quelquefois avec inexactitude la nature des objets, et quelquefois aussi elles ne désignent pas tous les objets de la novelle qu'elles précédent (19).

C'est qu'en effet chacune des novelles n'est pas affectée à un objet particulier ; elles en comprennent ordinairement plusieurs qui sont distingués par chapitres ; mais quelquefois aussi plusieurs chapitres sont affectés à un seul objet, et d'autres à un objet différent. Par exemple dans la novelle 22, les vingt premiers chapitres traitent du divorce et de la répudiation ; les suivans, des secondes nôces, etc. D'où il est aisé de juger que la distribution des novelles en chapitres est mal ordonnée, et que pour qu'elle eut été utile, il eut fallu d'abord diviser chaque novelle en autant de parties ou sections qu'elle avait de matières différentes, sauf à subdiviser chaque partie ou section, en chapitres.

A l'égard de la rédaction, il faut appliquer aux novelles les remarques faites pour le code, avec cette différence à leur désavantage, qu'appartenant toutes à un même siècle et à un siècle de décadence, elles ont sans mélange, tous les défauts de style des plus mauvaises et plus ré-

(19) *Voy.* Hoppius, p. 43 ; Pacius, p. 12 ; Rod. Henne, p. vij.

centes lois du code, et qu'on y chercherait en vain des textes comparables aux bonnes lois du même recueil (20). Obscurité, diffusion, verbosité, termes vieillis et barbares, tournures pénibles et boursouflées ... il est difficile d'accumuler plus de fautes dans un corps de lois (21).

Cependant il est juste d'observer que ce recueil si mal rédigé offre beaucoup de décisions équitables, pleines de sagacité et conformes aux principes; que s'il a introduit dans le droit romain une versatilité facheuse, il l'a au moins perfectionné dans plusieurs points. Tels sont entr'autres les résultats des dispositions de la novelle 118 sur les successions ab intestat, bien préférables à celles du droit ancien qu'expose le livre troisième des Instituts et que développent les livres 37e et 38e du digeste.

Mais quelque soit le mérite de plusieurs de leurs règles, il ne faut pas oublier que les novelles étant en général des dispositions dérogatoires ou *modificatrices* du droit général et commun, on ne doit les appliquer que strictement et sans extension d'un cas à un autre, conformément à la règle établie par Cujas, et consacrée par la jurisprudence française (22).

Le nombre des novelles a varié suivant les éditions; on en compte aujourd'hui 168 dont l'étendue est à peu près égale au tiers de celle du code; mais il n'y en a que 98 d'observées

(20) *Voy.* ci-dev., p. 148 et 173. — *Voy.* aussi Gudelinus, c. 2, n. 2.

(21) Par exemple, les phrases y sont presque toutes fort longues; celles de plus de *cent mots y* sont communes. — Voy. *entr'autres, la préface de la* 3e *novelle.*

(22) *Voy.* Cujas, lib. 4 resp. Pap., ad l. 28, test. tut., et lib. 5, ad l. 17, de injust.; Bezieux, 1750, p. 505 et 392, et arrêt de 1696, ib.

parmi nous. Ce sont les novelles qui ont été reçues dans l'usage, c'est-à-dire, les novelles qui étaient connues au temps d'Accurse et des premiers interprètes et qu'ils ont enrichies ou obscurcies de leurs commentaires (23). Les autres novelles retrouvées pour la plupart et publiées au seizième siècle, par Haloander (1531), en partie d'après l'abrégé de Julien, et par Le Conte (vers 1560) d'après Cujas, et mêlées dans la suite parmi les précédentes (voy. *ci-ap. p.* 187), peuvent seulement être consultées pour l'intelligence des décisions légales; au surplus, elles ne sont presque toutes relatives qu'à des objets intéressant plus la constitution de l'empire romain que notre législation.

Mais parmi ces 168 novelles, en premier lieu, il en est quatre, les 165, 166, 167 et 168e, qui sont de simples édits des préfets du prétoire, approuvés il est vrai par Justinien (24); en second lieu, il en est quelques unes qui appartiennent à Justin II (les 140, 144 et 149e), ou à Tibère (les 161, 163 et 164e), ses successeurs immédiats (25). Elles auront été ajoutées par in-

(23) *Voy.* Vulteius, jurisprud. romanæ, 1598, p. 184; Art. Duck, liv. 1, ch. 4, n. 15 et 16; Gravina, c. 135 et 136; Brunquell, p. 275, 284, 360; Hoffman, p. 612 et 624; Bach, p. 609, §. 20.

Tous ces auteurs et beaucoup d'autres, comptent 98 novelles glosées, et par là même reçues au barreau (*voy. ci-apr., sect.* 4, *ch.* 3, *vers la note* 42, *et chap.* 4). Stockmann sur Bach, *ib.*, n'en compte que 97. Enfin, après plusieurs vérifications de la grande glose, édition de 1625, nous n'en avons trouvé que 94. Voici les novelles non glosées de cette édition: 11, 13, 21, 24 à 32, 35 à 38, 40 à 45, 50 à 59, 62 à 65, 75, 87, 101 à 104, 106, 110, 121, 122, 126, 129, 130, 133, 135 à 142, 144 à 158, 160 à 168.

(24) *Voy.* Cujas, obs., vj, 10; Brunquell, p. 274, §. 8.

(25) Voy. *à ce sujet Heineccius, antiqu., præm., n.* 32. — Il leur en attribue même deux autres, les 117 et 148; mais Hoffman, p. 624, *note a*,

advertance au recueil, qui du reste ne comprend pas non plus toutes celles que la manie législatrice de Justinien lui avait fait publier (26), et qui vraisemblablement auraient été retrouvées et recueillies comme tant d'autres, si elles eussent été d'une utilité générale. Il est en effet à présumer que, dans cette hypothèse, les possesseurs de leurs manuscrits les eussent multipliées par la voie des copies, tandis que ils durent négliger les constitutions locales et temporaires. Cette conjecture est fortifiée par la nature des novelles découvertes au seizième siècle; elles sont, on l'a dit, peu intéressantes pour nous. Tel est sans doute le motif pour lequel les premiers glossateurs les négligèrent également, car il est certain qu'au moins plusieurs d'entr'elles leur ont été connues (27).

Vers le milieu du douzième siècle le recueil des novelles fut divisé par un inconnu, en neuf *collations* ou parties, dont chacune contient plusieurs titres ou novelles (28); savoir la première, les 1re à 6e novelles; la seconde, les 7 à 13e; la troisième, les 14 à 21e; la quatrième, les 22 à 45e; la cinquième, les 46 à 71e; la sixième, les 72 à 88e; la septième, les 89 à 99e; la huitième, les 100 à 117e; la neuvième, les 118 à 168e. Cette distri-

soutient que c'est sans fondement pour cette dernière. — Voy. *aussi Brunquell*, p. 274.

(26) C'était bien une manie, puisque à peine un mois et demi après la publication du code, il mit au jour la première novelle. — Voy. *Le Conte*, *d. préf. des nov.*

(27) *Voy.* l'index des novelles par Charondas, dans le corps de droit, imprimé chez Plantin, en 1575.

(28) Chaque novelle forme un titre, si ce n'est la huitième qui en a deux.

bution a été conservée dans l'usage, quoiqu'elle soit extrêmement vicieuse (29), car on n'y a observé ni ordre de matières, ni ordre chronologique. Le dernier défaut que, le tableau de notre section 5, chapitre 5, mettra en évidence, pourrait surtout entraîner dans des erreurs graves si l'on consultait la dernière partie du droit romain sans l'avoir présent à la pensée, car les dispositions des novelles qui paraissent les plus récentes d'après leur *rang*, sont quelquefois abrogées par les novelles qui précèdent, parce que celles-ci sont réellement postérieures en date. Ainsi, la novelle 23e est rectifiée par la 20e, la 50e par la 41e, la 162e par la 57e (30).

Quelques éditions anciennes ont une dixième collation, qui comprend en partie les novelles retrouvées au seizième siècle (*ci-dev. p.* 185), et que les anciens interprètes, avant qu'elles fussent perdues avaient nommées *extravagantes*, parce-que n'étant d'aucun usage, ils les avaient laissées ou jetées, pour ainsi dire, hors du corps du droit (*vagantes extrà*); mais elles ont été ensuite replacées dans les neuf premières collations (31). Nous aurions préféré que l'on maintînt cette dixième partie, et que même on la complétât,

(29) Heineccius, hist., §. 3 3, attribue à Burgondius cette mauvaise division et cette dénomination *barbare*. Si l'on demande, dit Baudoin, quel en est l'auteur, *fatebor mihi notum non esse hunc* RAPSODUM, *sed simul dicam* FARRAGINEM *esse sine ullâ arte congestam*. — Voy. *Hoffman*, *p.* 610 et 612.

(30) *Voy.* Pothier, proleg., part. 3, c. 1, art. 1, § 4, n. 2, p. lxij; surtout Hoffman, p 610, note *a*.

(31) Voy. *Pacius*, *proleg.*, *instit.*, *p.* 5; Struve, bibl. jur., c. 3, §. 12. On trouve encore cette dixième collation, dans les éditions de Lyon, de 1567 (Voy. *Hoffman*, *p.* 612) et de Plantin, de 1575.

afin qu'on put avoir dans un même lieu une foule de textes qui n'ont point force de loi.

Au surplus cette division des novelles en collations et celles des collations en titres, est devenue absolument inutile. Comme elle ne change rien à la série des numéros des novelles, on s'est habitué à ne citer ces constitutions que par leurs numéros, sans s'occuper, ni des collations, ni de leurs titres. On dit par exemple, la novelle 22, la novelle 118, sans indiquer leurs titres ou collations : mais les anciens interprètes les citaient différemment. (voy. *ci-après le chapitre des citations.*)

Dès que les novelles modifiaient certaines parties du corps du droit, il était utile de les en rapprocher afin de saisir avec plus de rapidité et d'exactitude les modifications. Ce travail fut essayé à plusieurs reprises, même peu après Justinien. Il paraît qu'il était peu avancé lorsqu'il fut terminé vers le douzième siècle, par le jurisconsulte Irnerius (32). Il consistait en des extraits abrégés de chacune des novelles, qu'on mit à la suite des passages du code qu'elles modifiaient, ou auxquels elles ajoutaient; ce qui les fit nommer les *authentiques* du code.

Ces extraits qui, depuis l'édition de Pacius, ont

(32) Tel est l'avis de Walch (*sur Hoppius*, *c.* 6, §. 4, p. 57), d'Heineccius (*antiquit.*, *proem.*, *n.* 33, *et hist.*, §. 344), de Silberadius (*in id.*, 2e *édit.*, §. 419), et d'autres savans qu'ils citent. Selon eux, les authentiques sont évidemment l'ouvrage de plusieurs auteurs, et elles diffèrent entr'elles, même quant au nombre. C'est mal à propos que quelques jurisconsultes les attribuent en général à Irnerius, et il paraît qu'elles furent placées après lui, et par un inconnu dans le code. — Mais Sartius a depuis soutenu qu'Irnerius est seul l'auteur des authentiques extraites des novelles de Justinien. — Voy. *Pohlius sur Suarès*, *notitia Basilic.*, §. 23, 1804, *p.* 91.

été imprimés en caractères italiques, dans l'objet d'en faciliter la recherche, et d'empêcher de les confondre avec les lois modifiées (33), sont précédées de rubriques imprimées ordinairement en caractères romains, et qui commencent ainsi : *In AUTHENT*. (dans l'authentique.) On y indique ensuite la matière de la novelle, les premiers mots du paragraphe cité, les numéros de la collation, du titre, de la novelle et du chapitre extrait. D'autres éditions se bornent à placer les deux dernières indications après le mot abrégé AUTH.

Mais ce qu'il importe le plus d'observer, c'est que ces extraits ne sont pas toujours exacts; il faut avoir recours aux novelles dont il sont tirés pour bien s'assurer des changemens apportés aux constitutions du code. Par exemple, l'authentique *Cessante*, au code *de legitimis heredibus* (*vj*, 58), en traitant de la successibilité des neveux, dit qu'ils sont appelés par souches (*in stirpes*), d'où l'on a pu induire que les neveux dans tous les cas succédaient par représentation, tandis que les novelles 118 et 127 dont on annonce que cette authentique est tirée ne se servent point du mot souches (*stirpes*), pour les neveux, que la première ne leur accorde la représentation que dans certains cas et par pur privilége, et qu'ainsi lorsqu'il n'y a que des neveux, ils doivent succéder par têtes (34).

On pressent que cette méthode est fondée sur la règle générale de droit, qu'il faut avoir recours aux originaux par préférence à leurs extraits ou copies; règle si constante que plusieurs grands Ju-

(33) *Voy*. Pacius, proleg. instit., p. 4.

(34) *Voy*. à ce sujet, Hottoman, quæst. illustr., c. 14.

risconsultes, tels que Cujas et Henrys ne citent presque jamais les authentiques (35). Aussi ne l'aurions nous pas rappelée, si entraînés par leur ridicule admiration pour les glossateurs, quelques interprètes n'avaient pas osé soutenir qu'en cas de discordance, les authentiques devaient être préférées aux novelles (36).

Quant aux autres authentiques fautives, il suffit d'indiquer l'auteur qui les a examinées avec le plus de soin et qui n'en note pas moins de quatorze (37) : c'est Wissembach dans son *Sylloge errorum Irnerianarum*, imprimé à la suite de son traité *de mutuo* (in-4°., 1666), et de ses disputes sur les instituts. On lui impute, il est vrai, d'avoir mis trop de rigueur et quelquefois de l'injustice dans ses critiques, mais on a fini par convenir qu'elles étaient fondées sous beaucoup de rapports (38).

Les authentiques du code sont en assez grand nombre. On en compte deux cent onze, ce qui donne une idée de la grande versatilité de la légis-

(35) *Voy.* Bretonnier, avertissem. sur les œuvres d'Henrys. — *Voy.* aussi Doneau, commentar. jur., 1596, p. 26; Arth. Duck, liv. 1, ch. 4, n. 13; Hoppius et Walch, p. 57; Beger, dissertat. prolusor., §. 14 note *r*.

(36) *Voy.* Brunquell, p. 270, 271; Bach, p. 607. §. 18.

(37) Les voici : 1. Quas actiones, c. sacro sanctis eccles. — 2. Principales, c. jurejurand. propt. cal. — 3. Ad hæc, c. de judic. — 4. Hodiè jurant, cod. — 5. Novissimà lege, c. inoff. testam. — 6. Quòd obtinet, c. de probationib. — 7. At qui semel, cod. — 8. Dos data, c. donation. propt. nupt. — 9. Similiter, c. ad l. falcid. — 10. Cessante (voy. ci-dessus, p. 189) — 11. Post fratres, c. legitim. hered. — 12. Nisi rogati et contrà, c. ad S.-c. Trebellian. — 13 Et consequenter, c. sentent. et interlocut. — 14. Si quis vult., c. qui potior. in pignor.

Il faut y ajouter l'auth. Cum ita., c. duobus reis. — Voy. *Walch*, *sur Hoppius*, §. 6, *note* 2, *p.* 58.

(38) *Voy.* Brunquell, p. 269, 270; Silberadius, sur Heinecc., 2e éd. §. 419.

lation de Justinien. Il en est toutefois quelques unes qui ne sont point tirées de ses novelles, mais de celles des empereurs allemands Frédéric Ier et Frédéric II (39). Elles ont passé par abus, des éditions allemandes où elles sont utiles, dans les éditions françaises, quoiqu'elles n'aient jamais eu d'autorité parmi nous. Telle est l'authentique *Omnes peregrini*, mise à la suite de la loi 10, au code *Communia de successionibus* (40).

(39) Brunquell (*part.* 2 ; *c.* 10, *p.* 265 *et seq.*) indique toutes les authentiques tirées des novelles de ces deux empereurs, néanmoins il n'y comprend pas l'authentique *Omnes peregrini*, que désigne Furgolle, *infrà*.

(40) *Voy.* Hoppius et Walch, c. 6, §. 2, et p. 56 à 58; Furgole, des testamens, ch 4, sect. 2, n. 52.

Cette authentique est insérée dans la petite glose, édition de Lyon, 1583, comme tirée de la dixième collation, que cependant cette édition n'a point donnée.

CHAPITRE VI.

Des ouvrages annexés au Corps du Droit.

QUOIQUE les jurisconsultes du seizième siècle n'eussent point obtenu pour les novelles qu'ils avaient en quelque sorte découvertes (*v. ci-devant p.* 185), l'autorité accordée aux novelles anciennes, cette espèce d'échec ne les empêcha point de continuer leurs recherches sur la législation de l'empire romain, et d'en grossir le recueil. On devrait pour être conséquent, ou en changer l'intitulé, ou n'y insérer que les textes considérés comme lois, c'est-à-dire, ceux du code, du digeste, des instituts et des novelles. Mais tel est l'empire de la coutume, ou plutôt de la routine, que l'on a continué et à lui donner le nom de corps du droit civil, et à mettre à la suite des novelles un assez grand nombre d'ouvrages, qui ne peuvent absolument être cités ou consultés que pour chercher le sens des décisions légales (1) comme l'ont fait divers auteurs, entre autres Cujas et Furgole, auxquels les novelles de Léon (*ci-apr. n*o 5) ont servi à expliquer divers passages de la collection Justinienne (2).

Voici la nomenclature de ces ouvrages dans l'ordre de classement de l'édition des Elzévirs (in-8o, 1681), tome deuxième.

(1) *Voy.* Vultéius, jurisprud. romanæ, 1598, p. 30 et 32; Pothier, proleg., part. 3, c. 1, art. 1, §. 4, n. 3. —*Voy.* aussi Gravina, de ortu, c. 136; Arth. Duck, liv. 1, ch. 4, n. 16; Struve, bibl. jur., c. 3, §. 14.

(2) *Voy.* Cujas, obs., xj, 31; Furgole, des donations, qu. 42, n. 27.

1. Treize édits de Justinien publiés par Scrimger, traduits en latin par Agyleus.— *D. t.* 2, *p.* 657 *à* 671.

2. Cinq novelles de Justin II, son successeur. — *D. p.* 671.

3. Cinq novelles de Tibère, successeur de Justin II. — *Ib.*, *p.* 672, 673.

4. Trois constitutions de Justinien, Justin II et Tibère. — *Ib.*, *p.* 675 *à* 677.

5. Cent treize novelles de Léon le philosophe (il régnait de 886 à 911), qui ont eté également publiées par Scrimger, et traduites en latin par Agyleus. — *Ib.*, 677 *à* 700 (3).

6. Une constitution de Zénon (il régna avant Justinien, de 474 à 491). — *Ib.*, *p.* 701.

7. Soixante-treize constitutions de divers empereurs grecs, depuis Heraclius, qui commença à régner en 610, jusqu'à Michel Paléologue, qui mourut en 1282. Elles sont désignées sous la rubrique générale de *Constitutiones imperatoriæ.* — *Ib.*, *p.* 703 *à* 721.

8. Les canons des apôtres, au nombre de quatre-vingt-quatre. — *Ib.*, *p.* 722 *à* 725 (4).

9. Les livres des fiefs, ou recueils des coutumes féodales des Lombards, joints aux novelles avec des constitutions des empereurs allemands Conrad et Frédéric II, par Hugolinus, ancien jurisconsulte de Bologne, sous le titre de dixième collation. — *Ib.*, *p.* 725 *à* 749. — On croit qu'ils furent rédigés au douzième siècle, par deux officiers municipaux

(3) *Voy.* les auteurs précédens; Hoffman, c. 4, p. 665 et suiv.; Hoppius et Walch, c. 4, p. 52 et 53 (selon lui, quelques unes de ces novelles sont reçues en Allemagne.)

(4) *Voy.* quant à ces canons que beaucoup d'érudits regardent comme apocryphes, *Dupin*, *Bibliothèque ecclésiastiq.*, *t.* 1, *p.* 35. — Au reste, ils sont tout-à-fait étrangers au droit civil.

(consuls) de Milan, nommés Niger et Ab-Orto (5); mais cela est contesté surtout par rapport au premier livre, qu'Hottoman soutient être un *Farrago* émané de divers auteurs (6). Quoiqu'il en soit, ils n'ont pas plus été reçus dans notre droit français que les ouvrages précédens et suivans (7).

10. Une constitution du même empereur Frédéric II. — *D. p.* 749.

11. Deux extravagantes, que quelques uns nomment onzième collation (8), c'est-à-dire, deux constitutions de Henri VII. — *Ib.*, *p.* 751.

12. Enfin un livre intitulé *de pace Constantiæ*, ou un traité entre Frédéric, Henri son fils, et les villes de la Lombardie. — *Ib.*, *p.* 751 *à* 754.

Un coup-d'œil sur cette nomenclature suffit pour montrer que les éditeurs du corps du droit auraient pu se dispenser de le surcharger de la plupart de ces ouvrages, d'autant que plusieurs d'entr'eux, comme une partie des treize édits de Justinien et des dix novelles de Justin II et Tibère (*ci-devant* nº. 1 *à* 3, *p.* 193), étaient déjà compris, au moins par fragmens, dans les novelles 8, 111, 122, 136, 154, 161, 163 et 164 (9); et que d'autres n'ont aucun rapport avec notre droit civil.

(5) Quant à ces *livres des fiefs*, et à l'origine des coutumes féodales, *Voy.* Cujas, in id., lib. 1, in pr.; Heineccius, hist., §. 345; surtout Walch et Hoppius, c. 7, p. 58. — Quant à la 10e collation, *voy.* Cambolas, dissertation sur l'histoire du droit, intitulée *Quomodò jus romanum*, etc., et imprimée en tête de ses arrêts, édit. de 1671, p. 6.

(6) *Voy.* Hottoman, opera, 1599, ij, 639.

(7) *Voy.* Bretonnier, préf. d'Henrys; Laurière, bibl. des cout., p. 41.

(8) *Voy.* Heineccius, d. §. 345.

(9) *Voy.* Bach, p. 618 à 620, §. 29 à 32.

SECTION IV.

Observations diverses sur le droit romain.

Cette section est consacrée à diverses remarques sur l'histoire ou ayant du rapport à l'histoire du droit romain, et spécialement de la collection de Justinien. Nous parlerons, 1. de la destinée du corps du droit romain, c'est-à-dire, soit du succès qu'il obtint dans les deux empires d'orient ou d'occident, et de l'espèce d'oubli dans lequel il y tomba ensuite; soit des collections qui lui furent préférées ou par lesquelles il fut remplacé, telles que le code Théodosien, le bréviaire d'Anien ou d'Alaric, et les basiliques; soit des événemens qui le remirent en vigueur dans les anciennes provinces de l'empire d'occident; 2. de l'autorité dont il y a joui ou jouit encore; 3. des manuscrits qui l'ont conservé; 4. des éditions principales qui l'ont reproduit; 5. de son mérite et de ses défauts; 6. des jurisconsultes qui se sont livrés à son interprétation depuis qu'il fut remis en vigueur, de leurs diverses classes, de l'esprit qui règne dans leurs ouvrages, des époques où ils fleurirent; 7. du mode selon lequel il est cité lorsqu'on en fait usage.

CHAPITRE Ier.

De la destinée du corps du droit romain, ou coup-d'œil historique sur son extinction et sa renaissance.

ARTICLE Ier.

De la destinée du droit romain en Orient, des instituts de Théophile et des Basiliques.

La compilation de Justinien n'eut point d'abord une destinée aussi brillante qu'il se l'étoit promis. En Orient, sous son règne même, on traduisit en grec, le code et le digeste, et à ce qu'on présume, le petit nombre de novelles publiées en latin (*v. p.* 181), et l'on paraphrasa les instituts. Ces traductions et paraphrase furent, dès le siècle suivant, consultées de préférence au texte original (1). On n'en sera point surpris si l'on réfléchit que le grec était la langue usuelle de la plupart des sujets de Justinien, comme il l'annonce à la fin du chapitre 1er de sa 7e novelle (2); ou bien si l'on juge des deux premiers ouvrages par le dernier, qui est parvenu jusques à nous. La paraphrase des instituts composée par le jurisconsulte Théophile, que, presque tous les savans croient être le même

(1) *Voy.* Arth. Duck, liv. 1, ch. 5, n. 3; Struve, bibl., c. 4, §. 1; Heineccius, hist., §. 328 et 329; Walch et Hoppius, §. 2, p. 46; Hoffman, §. 1 à 7, p. 627 à 635; Brunquell, p. 295; Cambolas, sup., p. 6; Suarès, notit. Basil., éd. de 1804, p. 65 et suiv., §. 19 et 20; et Pohlius, in id.

(2) *Hâc* (voce) *communi et Græcâ*, y dit-il.

que le second rédacteur des instituts et qui du moins fut contemporain de Justinien (3), est regardée par plusieurs interprètes comme supérieure au chef-d'œuvre de la collection Tribonienne. Elle n'est cependant pas exempte de fautes: le célèbre évêque d'Avranches la trouve, par exemple, beaucoup trop prolixe (4), défaut qu'il était du reste fort difficile d'éviter dans un ouvrage destiné à en développer un autre. Mais, outre qu'elle sert dans plusieurs centaines de passages à confirmer le texte des instituts, avantage déjà considérable, puisque il prévient les discussions sur la pureté du texte de ces passages, il en est un grand nombre où elle l'éclaircit, ou bien en rectifie les fautes, ou bien en supplée les omissions (5). On ne peut enfin mieux la faire apprécier, qu'en observant que, selon le plus habile des interprètes modernes, Cujas, le meilleur moyen de bien entendre les instituts de Justinien, consiste à les étudier en les conférant avec la paraphrase de Théophile (6); 2. que le plus savant commentateur des instituts, Vinnius, la confère aussi à chaque instant avec le texte original, et que des jurisconsultes estimés, tels que Viglius de Zuichem, Doujat, Fabrot et Reitz, se sont empressés de la publier avec des traductions latines (7).

(3) *Voy.* Broë, hist. jur., §. 46; Heineccius, præfat. sur Vinnius, p. xj; antiquitat., proem., n. 35; et hist., §. 327; Silberadius, in id., 2e éd., §. 401; surtout Walch sur Hoppius, §. 2, p. 46.

(4) *Voy.* Arthur Duck, liv. 1, ch. 4, n. 14; surtout Walch, introduct., c. 5, §. 4 à 7; p. 34 à 38; *Schomberg*, p. 91, *note* 6.

(5) *Voy.* Walch, sup., et c. 4. §. 2, p. 45; Godefroi, bibl. jur., c. 4.

(6) Voy. *Vie de Loysel*, *p. ix; Augustin*, *emendat.*, *lib.* 3, *c.* 8.

(7) *Voy.* Godefroi, Hoffman, Struve et Walch, sup.; Bouchaud, douze tab., ij, 46 (les traductions de Fabrot et Reitz, sont les meilleures.)

Quoique les traductions et paraphrase précédentes eussent nécessairement affaibli la vénération qu'on portait à l'ouvrage de Justinien, au moins lui laissaient-elles au fond, son autorité (8). On se lassa d'une telle condescendance. Et d'abord une grande partie du corps du droit fut abrogée par les novelles que publièrent à son imitation, les successeurs de Justinien, et dont la notice analytique n'occupe pas moins de quatorze pages (*p.* 636 *et suiv.*) dans le tome second de l'histoire d'Hoffman. Ensuite, dans les dernières années du 9e siècle, les empereurs Basile le Macédonien et Léon le philosophe firent travailler à des abrégés du corps du droit, appelés *Procheirons*, ou *Synopsis*, ou *Eclogues*, et dont l'un, divisé en 40 titres, fut publié vers 876, et l'autre, vers 910; 2° à une collection nouvelle et complète, distribuée en livres, en titres et en lois, nommée les *basiliques*, en l'honneur de son premier auteur, et publiée vers 886 ou 887 (9). Enfin, le fils de Léon, Constantin-Porphyrogenète, qu'on croit aussi l'auteur d'une éclogue, publia, comme Justinien l'avait fait pour son code, une seconde édition des basiliques, vers 910 ou 912, et selon Pohlius, seulement vers 945 (10).

Quoiqu'il en soit, depuis les travaux deBasile et

(8) Aussi Gravina (c. 139) estime-t-il qu'il fut en vigueur en orient jusqu'à la publication des Basiliques.

(9) *Voy.* sur ces points, ainsi que pour les autres éclogues, Schomberg, p. 93, note 7; Hoppius et Walch, c. 5, p. 53 et 54; Hoffman, p. 651, 654, 661, 662; Struve, sup., §. 3; Silberadius, ad §. 404, hist. Heinecc., 2e édit.; Broë, sup., §. 42 à 44; Cambolas, p. 6 et 7; Brunquell, p. 307 Bach, p. 657; et surtout Suarès et Pohlius, §. 3, 10, 12.

Terrasson, p. 358, confond les éclogues avec les Basiliques. Au reste, toute sa notice du droit oriental, fourmille d'erreurs.

(10) *Voy.* Brunquell, Bach et Pohlius, sup.

Léon, l'ouvrage de Justinien cessa entièrement d'être en usage, et les Basiliques furent le fondement du droit qu'on observa dans l'Orient jusqu'à la destruction de l'empire grec, qui eut lieu en 1453, lors de la prise de Constantinople par Mahomet II. Une circonstance que note Arthur Duck, donnera une idée du discrédit et de l'oubli dans lesquels était tombée la compilation Justinienne. Il observe que parmi les ouvrages nombreux qu'on apporta dans l'Occident après la prise de Constantinople, il ne se trouva pas un seul exemplaire de ses 4 parties, excepté des novelles (11).

Les basiliques n'eurent guère un sort plus heureux. En premier lieu, presque tous les empereurs Grecs, et Léon et Constantin eux-mêmes, séduits encore par l'exemple funeste de Justinien, les modifièrent par un grand nombre de novelles, que divers interprètes du 16e siècle, Bonnefoi, Freher et Labbé ont recueillies et publiées, et à l'analyse desquelles Hoffman a eu la patience de consacrer 50 pages (12). En second lieu, après la translation de l'empire aux Turcs, les vainqueurs loin de s'en servir dans quelques points comme l'ont cru Heineccius et autres écrivains, leur substituèrent le Qôran ou leurs coutumes pour leurs propres contestations (13). En troisième lieu, leurs nouveaux sujets, ou les Grecs adoptèrent et ont suivi depuis, comme loi, un abrégé du droit, composé au 14e siècle, à l'aide du corps de Justinien, des Basiliques et des novelles pos-

(11) *Voy*. Arth. Duck, liv. 1, ch. 5; Cambolas, p. 10.
(12) *Voy*. id., *p*. 665 à 710; Pacius, *proleg.*, *p*. 7; *Cambolas*, *p*. 10.
(13) *Voy*. Heineccius, hist., §. 333; Hoppius et Walch, c. 3, §. 9, p. 51; Todérini, *littérature des Turcs*, *trad.*, 1789, *t*. 1, *ch*. 2, *n*. 4.

térieures, surtout de la première éclogue de Basile, par le jurisconsulte Harmenopule, et traduit et publié souvent en latin, sous le titre de *Promptuarium juris* (14).

Aussi, des soixante livres dont les Basiliques étaient composées, ne nous en est-il parvenu que quarante-trois, les 1er à 18, 20 à 30, 38 à 42, 45 à 52 et 60, dont six, ou les 2, 6, 16, 17, 18 et 30 sont même mutilés, et nous ne connaissons rien des dix-sept autres, que par des fragmens extraits des abrégés précédemment indiqués (15). On a cru, il est vrai, ou plutôt cherché à faire croire que Catherine de Médicis, avait possédé tout le recueil dans sa bibliothèque, et que Cujas l'en avait soustrait et en partie supprimé : mais nous prouverons dans la vie de ce grand homme, que c'est une noire calomnie.

Chaque livre des basiliques a un, ou plusieurs titres, et chaque titre plusieurs lois, distinguées entr'elles, non pas comme celles du digeste ou du code, par les noms des jurisconsultes ou empereurs, auxquels on les doit, ni par l'indication des ouvrages des premiers ou des dates des constitutions des seconds, car sauf les noms des jurisconsultes qu'on y a insérés quelquefois, toutes les autres indications ont été omises; mais seulement par des numéros (16). Peut-être ces suppressions tiennent-elles, au moins en partie, à un scrupule singulier qui a engagé les pieux rédacteurs à rappeler le moins possible ce qui avait rapport à l'an-

(14) *Voy.* un mémoire d'un Grec (M. Clonary) dans la Thémis-jurisconsulte, 1820, p. 201 et suiv.

(15) *Voy.* Pohlius, §. 32, p. 113 à 119.

(16) *Voy.* Cambolas, p. 10; Brunquell, 307; Polhius, 59.

cienne religion de l'empire, par exemple à substituer les noms de baptême Pierre, Paul, etc., aux prénoms Titius, Seïus, etc., fréquemment employés dans les lois pour les hypothèses qu'elles rapportent ou supposent (17).

Les lois des Basiliques sont tirées indifféremment de tout le corps du droit romain. On a rassemblé, dans chaque titre, les règles relatives à la matière dont il traite, qui se trouvent dispersées dans les quatre parties de la compilation de Justinien. Ainsi, un titre relatif à un contrat par exemple, nous présente d'abord les lois du digeste sur ce contrat, ensuite celles du code, enfin les paragraphes des novelles et des instituts et même les textes des treize édits de Justinien et des novelles de ses successeurs (*ci-dev. p.* 193) jusques à Basile, qui les concernent également (18).

Quoique par les suppressions précédentes, on nous ait privé de plusieurs renseignemens utiles, on aperçoit facilement que les basiliques l'emportent beaucoup quant à la méthode, sur la compilation de Justinien (19). Peut-être eut-on dû les prendre pour modèles, ou bien travailler d'après un semblable système, lorsqu'on rédigea notre code civil; on n'aurait pas eu à lui reprocher les lacunes nombreuses qui en sont le défaut capital. Par exemple, ayant sous les yeux deux à trois cents décisions du code ou du digeste sur la *chose jugée*, on ne se serait pas borné pour une matière si usuelle et si importante, aux sept

(17) *Voy.* Cambolas, d. p. 10.

(18) *Voy.* Pacius, proleg., p. 7; Brunquell, 310; Suarès, sup., §. 24, p. 95.

(19) *Voy.* Senkemberg, préf. du corp. jur. de Beger, 1767, §. 8.

ou huit lignes de l'article 1351. Il eut fallu sans doute élaguer de la collection ou rectifier toutes les régles non applicables à notre gouvernement et à nos mœurs, ou tombées en désuétude, et ajouter celles que nos usages et notre régime particulier exigeaient et qui résultaient du dernier état de la législation ; mais c'est aussi ce qu'avaient fait les rédacteurs des basiliques (20), pour l'époque à laquelle ils travaillaient, et il leur avait suffi de consulter les novelles des successeurs de Justinien, tout comme il aurait suffi aux rédacteurs du code civil de consulter les lois et la jurisprudence françaises.

L'ouvrage des rédacteurs des basiliques, soit à raison des suppressions ou corrections précédentes ; soit parce que le plus souvent ils ne se sont pas astreints à rendre les textes de leurs devanciers, *de verbo ad verbum*, mais tantôt avec plus, tantôt avec moins de précision ; soit parce qu'ils y ont ajouté des décisions d'anciens jurisconsultes et empereurs, écartées du digeste et du code, n'est donc pas une traduction exacte du droit romain (21). Néanmoins tel qu'il est, les interprètes modernes et notamment Cujas, y ont puisé des renseignemens fort utiles, même dans les gloses, ou scholies ou notes que les interprètes grecs y mirent après leur publication et qu'on y a laissées depuis (22). On concevra facilement les se-

(20) *Voy.* Cambolas, p. 9 ; Hoffman, §. 2 et 7 p. 650, 651, 657 ; Pohlius, §. 17, p. 59 à 61.

(21) *Voy.* Hoffman, p. 655, 656 ; Fabricius et Pohl., sur Suarès, p. 17.

(22) *Voy.* l'édition de Fabrot, où elles sont placées à la fin des titres. — Voy. *aussi Broë*, *hist. jur.*, §. 46. — Elles ont été publiées séparément par Labbé et autres. — Voy. *Hoffman*, §. 9, *p.* 659 ; *Struve*, *bibli.*, *c.* 4, §. 2.

cours qu'ils en ont tiré, si l'on réfléchit que les basiliques ou leurs gloses ont été composées par des auteurs qui avaient sous les yeux, dans toute leur pureté, les textes des lois romaines; d'ou il résulte, 1. que lorsque les passages des basiliques s'accordent avec les leçons du corps du droit civil, on peut-être assuré de l'exactitude de celles-ci; 2. qu'en cas d'obscurité ou d'omissions dans ces dernières, on peut y suppléer ou les interpréter à l'aide des passages correspondans des basiliques, et même, mais en s'en servant avec précaution, de leurs gloses et commentaires (23).

Ces considérations importantes ont encouragé les érudits des derniers siècles à rassembler et publier les divers fragmens des basiliques. Le plus célèbre dans ces recherches, est Annibal Fabrot. Il mit au jour en 1647, un recueil en sept volumes in-folio, intitulé les *basiliques*, où, à l'exception des livres 49 à 52, donnés par Reitz, et insérés en 1752 dans le tome 5e du trésor de Meerman, l'on trouve tout ce que nous avons vu (*p.* 200) qui nous restait de ce corps de règles, soit en texte littéral, soit en supplémens tirés des éclogues et autres ouvrages des grecs. Il y a joint une traduction latine tirée en partie de Cujas, dont le nom se trouve mêlé à presque tous les travaux utiles de la jurisprudence; et a, surtout par ce dernier moyen, facilité l'usage qu'on peut faire de cette collection, qui n'a sans doute point force

(23) *Voy.* Platner, dans Pohl., §. 44, p. 144, 145.— *Voy.* aussi Leoninus, emendat., 1610, lib. 2, c. 10, p. 169; Rhuncken, comment. Thalælei, dans Meerman, t. 3, p. 1; Leyckert, vitæ clariss., 1686, p. 167.

de loi, mais qui peut encore servir pour l'interprétation de celle de Justinien (24).

ARTICLE II.

De la destinée du Droit Romain en Occident ; du code d'Alaric, et de la découverte des Florentines.

Si nous dirigeons maintenant nos regards vers nos contrées, nous voyons que la compilation de Justinien y eut encore moins de succès que dans les pays grecs proprement dits. À peine put-elle pénétrer dans les faibles parties de l'empire d'Occident, qui de son temps avaient échappé ou qu'il parvint à arracher aux invasions des barbares, c'est-à-dire, dans l'Afrique septentrionale, la Sicile et l'Italie ; encore fut-elle presqu'aussitôt, dans l'Italie supérieure, restreinte à l'exarchat de Ravenne, les Lombards s'étant emparés de presque tout le reste sous le successeur de Justinien (25).

Plusieurs érudits modernes pensent d'après quelques passages d'écrits des septième et neuvième siècles, que les vainqueurs, à l'exemple des autres conquérans dont nous allons parler, permirent aux vaincus, l'usage du droit de Justinien (26) ;

(24) *Voy. Hoppius et Walch*, *c.* 5, §. 4, *p.* 54 ; *surtout Hoffman*, §. 10, *p.* 660, 661 ; *Struve*, *d.* §. 2 ; Cujas, obs., iv. 21 (à l'aide des Basiliques, il y lève une antinomie entre deux lois romaines).

(25) *Voy.* Heineccius, hist., liv. 1, §. 334 à 336 ; liv. 2, §. 25. — Gaillard. (*acad. inscr.*, *xxxij*, *xxxv*, *etc.*), et Mentelle (voy. *encyclop. méthodique, géogr. anc.*, *mot Longobardi*) ne donnent pas un territoire aussi étendu, au royaume des Lombards.

(26) *Voy.* Heineccius, d. §. 336. — *Voy.* aussi Hoffman, p. 477, note 4 ; Valsechi, apud id., t. 1, part. 2, p. 189.

d'autres soutiennent qu'il s'agissait du droit antérieur à Justinien et non pas du droit de Justinien, qui, selon eux, ne fut guère en usage hors de Rome et de l'exarchat de Ravenne (27); d'autres enfin, frappés de la circonstance, que vers le siècle de Charlemagne, le corps du droit avait presqu'entièrement disparu à Ràvenne, et qu'on n'y trouva plus que la cinquième partie du digeste, qui traite des testamens et des successions, soutiennent que dès l'an 753, il fut entièrement livré à l'oubli, lors de la prise de cette ville par Astolphe, roi des Lombards, et remplacé par les lois sauvages de ces peuples (28).

Ce qu'il y a de certain, c'est que dans les trente années qui précédèrent la confection du digeste, du code et des instituts, on publia pour une grande partie des provinces occidentales de l'empire, trois corps de lois puisés il est vrai, dans la législation romaine, mais dans une législation antérieure à Justinien; d'où il serait permis d'induire que celle-ci put beaucoup plus facilement être négligée par les peuples, ou bien accueillie peu favorablement lorsque Justinien l'introduisit en Italie après avoir reconquis cette contrée.

Le premier de ces corps de lois est un édit donné en 500 par le roi Théodoric, pour les Goths, c'est-à-dire, pour le peuple qui occupait alors presque toute l'Italie. Il y mêla à la jurisprudence romaine, beaucoup de décisions tirées du droit de ce peuple (29).

(27) *Voy* Silberadius sur Heinecc., hist., 2e édit., §. 409.

(28) *Voy*. Arth. Duck, liv. 1, ch. 5, n. 12; Pothier, proleg., part. 3, c. 1, art. 2, n. 1; p. lxij; *Gravina*, c. 139. — Tel parait être aussi l'avis d'Hoppius, c. 3, n. 3, p. 47.

(29) *Voy*. Bach, lib. 3, c. 4, n. 13, p. 562.

Les deux autres corps de lois furent destinés aux romains devenus les sujets des Bourguignons et des Visigoths. Il leur était permis de suivre, quant aux contestations qui n'intéressaient point leurs vainqueurs, la législation romaine (30), et probablement, on en voulut régler l'application en faisant composer ces recueils.

On connaît l'un d'eux sous le titre impropre de *réponses de Papien*, qui paraît provenu d'une erreur de copiste, ou peut-être qui dérive du nom de son rédacteur. On présume qu'il fut composé par l'ordre de Gondebaud, roi des Bourguignons, mort en 516, ou de Thierri Ier, roi d'Austrasie, qui régna de 511 à 534. Nous en devons la connaissance à Cujas, qui le fit imprimer avec le code Théodosien, en 1566, et successivement en 1586 (31).

Nous nous arrêterons davantage au second corps de lois. Il fut publié en 506 par Alaric, roi des Visigoths, et extrait des codes Théodosien, Grégorien et Hermogénien, des instituts de Gaïus et des sentences de Paul. Quelques uns ont même pensé, mais mal à propos, qu'il avait aussi été puisé dans les règles d'Ulpien (32).

Le recueil d'Alaric est connu sous les noms de loi romaine, loi Théodosienne et abrégé ou bréviaire d'Anien, *breviarium Aniani* (33), parce que ce ju-

(30) *Voy.* Hoffman, p. 477 et 478, notes l et m; Coquille, cout. de Nivernais, préf., p. 3.

(31) *Voy.* Bach, sup., §. 16, p. 565.

(32) *Voy.* Pothier, d. n. 1; Gravina, c. 139; Godefroi, hist. jur., c. 9, et biblioth. jur., c. 2; Heineccius, hist., lib. 2, n. 15; Hoffman, p. 350 à 351 et 475; Arth. Duck, d. ch. 5, n. 13; surtout Stockmann, sur Bach, p. 564 et 394.

(33) On donna aussi quelquefois en Italie, le titre de *loi romaine* au corps de Justinien, mais en général ce fut celui d'Alaric qui obtint

risconsulte y avait travaillé, ou, ce qui est plus probable, parce qu'en sa qualité de référendaire d'Alaric il en avait souscrit les exemplaires afin de leur donner de l'authenticité (34).

Quoique le recueil d'Alaric mérite peu le premier nom puisqu'il ne contient que des fragmens dont ses rédacteurs ont même mutilé et interpolé les principaux, c'est-à-dire, les sentences de Paul, et surtout les instituts de Gaïus (35), il a été d'un grand secours aux jurisconsultes des 16e et 13e siècles pour restituer et publier les ouvrages précédens et fournir par là des ressources pour l'interprétation du corps de droit de Justinien (36), aux éditions duquel on joint souvent les derniers; mais leurs altérations et interpolations commandent de n'en user qu'avec une réserve dont on est heureusement affranchi aujourd'hui quant aux instituts de Gaïus, puisque comme on l'a vu (*p*. 165), nous possédons actuellement une grande partie de leur texte dans toute sa pureté primitive.

Le code d'Alaric fut bien plus utile à nos ancêtres. Malgré les défauts de sa composition, dûs

cet honneur. — Voy. Hoffman, p. 477. — Voy. *aussi Heineccius*, *antiquit.*, *procm.*, *n.* 22.

(34) *Voy.* Godefroi, proleg, C.-Théod., c. 5. —*Voy.* aussi Hoffman, p. 476; Bouchaud, mém. de l'instit., scienc. moral., t. 4, p. 79.

(35) *Voy.* Cujas, not. prior., in instit., lib. 2, tit. 1; Godefroi, bibl. jur., c. 2, n. 2; Hoppius, c. 2, §. 32, p. 43; Walch, introduct., c. 2, n. 2, p. 17. — *Et quant à Paul*, Cujas, notes sur ses sentences, lib. 5, tit. 9; Augustin, emendat., lib. 1, c. 8; Noodt, ad pand., 1716, lib. 1, tit. 6, p. 40 et 41; Pothier, *pandect.*, *ad. s-c. Tertyll.*, *n.* 5.

(36) Voy. *Hoppius*, *c.* 2, §. 32, *p.* 43; *surtout Hoffman*, *note b*, *p.* 351 *et suiv.*, *et Godefroi*, *bibl. jur.*, *d. c.* 2, où ils indiquent les points principaux à l'égard desquels ces ouvrages éclaircissent le droit de Justinien. —Voy. *aussi* quant aux éditions qu'on en a donné, Godefroi, ib.; Struve, bibli. jur., c. 3, §. 17; et la *jurisprudentia vetus* de Schulting, où ils ont été recueillis.

à l'ignorance du temps, et les intercallations de plusieurs points de la législation des barbares (37), l'équité et l'humanité générale de la jurisprudence romaine qui en faisait le fond, contribuèrent à adoucir le sort fâcheux des Gaulois.

Malgré cette tolérance pour les lois romaines, que nous voyons avoir été maintenue par les monarques européens des siècles suivans, elles tombèrent peu à peu dans l'oubli, et selon l'opinion la plus commune, vers le commencement du 12e siècle, il n'en était plus question, lorsque la découverte des *pandectes florentines* en ranima, dit-on, tout-à-coup l'étude.

Ce manuscrit précieux qu'on nomma d'abòrd *pandectes pisanes*, avait été apporté de Constantinople à Amalfi, ville maritime où le commerce et les arts étaient très-florissans, et située près de Salerne, dans le royaume de Naples. Trouvé au pillage de cette ville, en 1135, par les troupes de Lothaire II, il fut donné aux Pisans qui avaient aidé ce prince dans son expédition, et passa, en 1406, au pouvoir des Florentins, lorsqu'ils se rendirent maîtres de Pise (38).

Telles sont les circonstances auxquelles on a généralement attribué, dans les premiers temps, l'espèce de *renaissance* du droit romain. On a depuis, révoqué en doute leur influence. On s'est fondé, 1. sur

(37) Ces intercallations sont probables puisqu'on annonce dans la préface du recueil d'Alaric, qu'on y a corrigé les lois romaines. — Voy. *la dans Hoffman*, *p.* 474, *note*.

(38) Selon Grandi (*vindiciæ pro epistolâ*, *Pise*, 1728, *c.* 2), ce ne fut que cinq ans après la prise de Pise : selon Breneman (*hist. pandect.*, 1722, *p.* 26, 61 *et* 64), ce fut de 1406 à 1411. — *Voy.* au reste quant à ce qui est exposé ci-dessus au texte, Pothier, sup., §. 2 ; Gravina, ch. 140 ; Arth. Duck, d. ch. 5 ; Schomberg, note N, p. 303 et suiv. ; Struve, bibliot. jur., c. 3, §. 7 ; Gibbon, ch. 56.

ce que le droit romain n'avait pas cessé d'être en vigueur, et qu'ainsi il n'y avait besoin d'aucun événement pour le tirer de l'oubli ; 2. sur ce que tout ce que l'on raconte de la découverte et du don des florentines, lors de l'expédition d'Amalphi, est une fable ridicule.

Deux savans du 18e siècle, Grandi et Silberadius se sont surtout exercés dans la discussion de ces deux points (39).

A l'égard du premier, ils se sont livrés, et d'autres d'après eux, à de longues recherches pour établir par divers passages d'actes des neuvième, dixième, onzième et douzième siècles, que le recueil de Justinien, et à plus forte raison le droit romain en général, n'était pas inconnu avant l'époque où l'on prétend que les florentines furent découvertes. C'est en effet ce qui résulte des mêmes passages : mais les traces du droit de Justinien qu'on y aperçoit, sont si légères, si fugitives, comme Silberadius en convient indirectement, qu'elles supposent, sinon qu'on avait totalement oublié la législation romaine, du moins qu'on en avait à peine un souvenir éloigné, vague et confus.

On insiste sur ce que, dit-on, vers le même temps, 1. l'on découvrit une seconde copie du digeste; 2. le code était tellement connu, qu'on fit la traduction de ses trois derniers livres en français, traduction que Cujas avait possédé et dont il s'est servi quelquefois.... Il est sans doute à présumer,

(39) *Voy.* Grandi, epistola de pandectis, Florence, 1727, et vindiciæ pro id., Pise, 1728 ; Silberadius, sur Heinecc, hist., 2e édit., §. 412, 413. *Voy.* aussi Heineccius, 1re édit., §. 337 à 339, d'après Conringius ; Senkenberg, dans Beger, dissertat. prolusor., §. 1, note *d*; Hoppius et Walch, c. 2, §. 17, p. 34, et c. 3, §. 4, p. 48.

selon la remarque judicieuse de Gravina (*ch.* 140), que beaucoup de manuscrits négligés jusque là, furent non pas trouvés, mais *reconnus* lorsque le droit romain eut repris de la faveur; mais le récit de la découverte de la seconde copie du digeste, offre tant d'incertitudes et de variations que l'auteur le plus versé dans ces matières, c'est-à-dire, Brencman, le révoque justement en doute (40).

D'autre part, Freher, Brodeau et Camus, qui fixent à l'an 1135 l'époque de la traduction des livres 10, 11 et 12 du code, ne citent aucun garant à l'appui de leur assertion, et l'on ne peut l'étayer du suffrage imposant de Cujas, puisqu'il se borne à dire d'une manière vague, *VETERES franci hos tres* (libros) *duntaxat*, *francos fecerunt* (41).

Quand au second point, ou à ce que beaucoup d'auteurs du 18e siècle et de celui-ci, ont nommé la *fable* de la découverte des florentines, il est contre toute vraisemblance, il faut l'avouer, que des guerriers et même des administrateurs du 12e siècle aient choisi un manuscrit pour leur part de butin; un manuscrit que presque tous étaient hors d'état de lire, et dont ils ne devaient d'ailleurs faire aucun cas si le droit romain était absolument inconnu.

Néanmoins, si l'on écarte, soit cette partie du récit, qu'on trouve pour la première fois dans Rainier de Grancis, poète pisan, postérieur de deux siècles, et que l'amour du merveilleux lui aura

(40) *Voy.* id., hist. pandect., p. 235 à 238.

(41) *Voy.* Freher, epist. du jus Græco-romanum de Leunclaw, 1596, p. 5, Brodeau sur Louet, lett. D, somm.-21; Camus, biblioth. du dr., 1re édit., no 157; Cujas, épit. avant les 3 dern. liv. du code.

fait imaginer (42), soit celle qui est relative à la prétendue donation du manuscrit, faite par Lothaire à ses alliés, donation dont un autre Pisan, l'ancien annaliste Plotius Gryphius assure avoir possédé l'acte, mais en ajoutant que cet acte avait péri dans un auto-da-fé de ses papiers, destiné à le préserver de la peste, ce qui rend son récit indigne de toute croyance (43)..... le fait principal de la découverte semblerait assez constaté pour que la critique put l'admettre sans trop de scrupule.

Nous disons le *fait principal*, parce qu'il est fort indifférent que la découverte ait eu lieu lors de la prise, ou peu de temps après la prise d'Amalfi. En la fixant à cette dernière époque, l'objection principale que Silberadius (*d.* §. 413, *n°.* 6) fonde sur le silence des annalistes qui ont parlé du siège de cette ville, n'a plus la même force. Observons d'ailleurs que les antagonistes de la découverte n'ont pas attaché assez d'importance aux relations nombreuses que le commerce avait établies entre Amalfi et Constantinople, et à la circonstance que les lettres et surtout le droit étaient cultivés avec beaucoup de soin par les Amalfitains (44).

Voilà ce qui pourrait excuser les auteurs nombreux, et entr'autres Arthur Duck, Gravina, Struve, Brencman, Ferrière, Terrasson, Pothier, Schomberg (*v. note* 38, *p.* 208), qui ont admis la découverte des florentines à l'époque de l'expédition d'Amalfi.

Mais nous n'admettrons pas avec la plupart

(42) *Voy.* Muratori, scriptor. rer. italic., t. 11, p. 287; Heineccius, hist., §. 338; Grandius, vindiciæ, c. 2, p. 29.

(43) *Voy.* id. dans, Taurelli, épit. des Florentines.

(44) *Voy.* Brencman, sup., p. 22; Schombertg, note N.

d'entre'ux, l'influence exclusive qu'on lui a attribuée sur l'étude et l'expansion du droit romain. Il paraît en effet certain, que vers le commencement du 12e siècle, Pepon, et quelques années avant la même expédition, Irnerius (45) enseignaient le droit romain à Bologne. Selon quelques auteurs, c'est même à Irnerius que le droit romain doit uniquement son nouvel empire. Il forma plusieurs élèves. Leurs connaissances en législation leur procurèrent partout de l'accueil, du respect, du crédit au barreau, des places dans les cours de justice; et des faveurs des souverains. Il fut naturel qu'ils cherchassent à répandre la science à laquelle ils devaient leur illustration et leur fortune, et leurs propres élèves les secondèrent à cet égard. Irnerius avait eu pour disciples, Martin Gosias, Bulgare, Jacques (*Jacobus*), et Hugues de Laporte, de Ravennes, ou Hugolinus : l'empereur Frédéric Ier les admit dans son conseil et accorda des prérogatives à leur école de Bologne. On vit ensuite sortir de celle-ci, Roger Vacarius, Placentin, Pyleus, Azon, Otton, Alberic de Laporte, de Ravennes. Quelques-uns de ces apôtres d'un nouveau genre allèrent semer leur doctrine dans d'autres états; le premier en Angleterre (vers 1149), le second, à Montpellier (vers 1160), le troisième, à Modène : le quatrième forma le célèbre Accurse. En un mot, ajoute-t-on, le monde fut tout émerveillé de se trouver romain presque en un clin-d'œil (46).

(45) *Voy* quant à Irnerius, ci-après le chap. des interprètes.

Selon Haubold (*institut. jur. rom. litter.*, 1809, *p.* 31) le droit romain avait même été enseigné dès le IIe siècle à Bayeux par l'archevêque Lanfranc, mort en 1089. Mais cela nous paraît au moins fort douteux, d'après beaucoup d'observations qu'il serait trop long d'exposer ici.

(46) *Voy.* sur tous ces points, Brencman, p. 51 et suiv.; Brunquell,

En admettant cette explication de la *renaissance* du droit romain, on voit qu'elle n'exclut point la découverte des Pandectes Florentines. Il nous semble au contraire qu'elle en reçoit quelque appui. N'est-il pas vraisemblable qu'Irnerius et ses disciples durent redoubler d'efforts et obtenir plus de crédit, dès qu'ils connurent une collection authentique et complète dont ils pouvaient s'étayer ou s'aider comme un fondement ou comme un flambeau de la doctrine qu'ils professaient (47)?

Quoique, même avec l'appui de la découverte des Florentines, cette explication ne satisfasse pas entièrement (48), elle est pourtant la meilleure

c. 2, p. 336 et seq.; Heineccius, hist., lib. 1, §. 328 et seq., lib. 2 §. 54 et seq.; Hoppius et Walch, c. 3, §. 4 et 5, p. 48 et 49; Thomasius, n. 120 et seq.; Struvius, hist. jur., c 5, § 10. — Voy. *aussi* quant à Roger, Silberadius, sup., §. 416; surtout Selden, ad Fletam, c. 7, n. 3 et 4; et quant à Placentin, ci-après, note 48.

(47) Une anecdote qu'on cite d'Irnerius semble favoriser cette opinion. Il professait d'abord la langue latine : pour expliquer la signification du mot AS, il fut obligé d'avoir recours au digeste, ce qui lui donna l'idée d'enseigner le droit romain. — Voy. *Heineccius*, hist. *lib.* 1, §. 337; *Thomasius*, n. 124; *Hoppius*, §. 4, p. 48.

(48) L'obscurité qui règne encore sur les circonstances de la renaissance du droit romain, est peu étonnante, vu l'ignorance générale du siècle où elle eut lieu. Les auteurs ne sont pas même d'accord sur les temps précis où vécurent les docteurs dont l'enseignement lui redonna son premier crédit. Par exemple, tout le monde convient que Placentin fut le premier qui le professa en France (à Montpellier); mais on diffère de 30 à 40 ans sur l'époque de l'ouverture de ses cours, et ce n'est qu'après de longues et ennuyeuses recherches, que nous avons pu prendre un parti entre les diverses opinions des érudits sur ce point. Selon Pancirolle (*de claris, etc., lib.* 2, *c.* 20, *p.* 132, *et lib.* 4, *c.* 5, *p.* 501), elle n'eut lieu qu'en 1196 : selon Daigrefeuille (*hist. de l'égl. de Montpellier*, 1739, *part.* 2, *liv.* 12, *ch.* 2, *p.* 354 *et suiv.*), elle eut lieu en 1160 ou 1162. Cette dernière opinion est la plus sûre. Il serait trop long d'exposer les motifs sur lesquels nous nous fondons. Bornons nous à deux remarques : 1. Le début de Placentin ne peut être reculé à 1196, puisque il mourut en 1192, ce qui est attesté par une inscription trouvée près de son tombeau, et rapportée par Cattel (*Mémoires du Languedoc*, 1623, *p.* 293), Pasquier (*recherch.*, *liv.* 9, *ch.* 37) et Daigrefeuille (*d.*

solution qu'on puisse donner du problême de la renaissance du droit romain. Il est certain qu'au temps de Lothaire et de ses deux premiers successeurs, les lois romaines se répandirent avec rapidité, et qu'elles furent enseignées dans les universités d'Occident, surtout dans les provinces méridionales de France, où l'on avait observé le code Théodosien. L'ardeur qu'on mit à les apprendre fut telle que bientôt un concile (celui de Tours, en 1163), et successivement un Pape (Honorius III, en 1225), craignant qu'elles ne nuisissent au droit canon, en défendirent l'étude aux ecclésiastiques (49).

Cependant, il n'existe aucune trace d'actes de la puissance législative, qui au 12e siècle, ait autorisé l'enseignement du droit romain et lui ait donné force de loi. On en trouve bien plusieurs des deux siècles suivans, qui le supposent en vigueur dans les provinces méridionales de la France, tels que

ch. 2). — *Voy.* aussi *Gabriel*, cité par D. *Vaissette*, *hist. du Langued.* *ij*, 517. — 2. Pancirolle cite uniquement à l'appui de sa version, *Boërius*, *addit. ad prœm. Dyni*, *de regul. jur. in Sexto;* mais Boërius (*ib. édit. de* 1540, *in*-12, *Goth*, *f. vij*) dit seulement, et sans indiquer aucune date, que Placentin fut le premier qui enseigna à Montpellier, et qu'il y mourut.

(49) *Voy.* Décrétales, lib. 3, tit. ne clerici 50, c. 3 et 10, cùm gloss., ibid. — *Voy.* aussi Ferrière, hist. du dr., ch. 29; Arth. Duck, liv. 2, ch. 5, n. 38. — La décision citée du Concile de Tours en est le canon 8. — Voy. *concil. regia*, 1644, t. 27, *p.* 352 *et* 368; *ibid.*, *regia maxima*, 1714, *t.* VI, *p.* 1598; *iid.*, *de Labbe*, *t.* 10, *p.* 1421. — D'après ces trois collections, Pasquier (*recherch.*, *ix*, 36), Moreri (*mot conciles*), Lenglet (*tablet. chronol.*) et Moreau (*disc. sur l'hist. de Fr.*, *xvj*, 170), il se tint en 1163 et non pas en 1180, comme le dit le corps de droit canonique, sup. (*édit. in-f. de* 1687, *Paris*, *Thierry*); cela ne pourrait d'ailleur s'accorder avec l'histoire du pape Alexandre III, qui y présida.

Quant à l'enseignement du droit en France, Voy. *la note* 48. Il résulte d'ailleurs, d'un passage de Rigord, qu'il était pratiqué même à l'Université de Paris, sous Philippe-Auguste, c'est-à-dire de 1180 à 1223. — Voy. *Pasquier*, *ib.*, *ch.* 28.

les lettres ou ordonnances, 1. de Saint-Louis, de juin 1230, qui autorise l'évêque de Maguelonne à recevoir le serment des professeurs de droit canonique ou civil de Montpellier (50); 2 et 3. du même, d'avril 1250 et juillet 1254, qui confirment les habitans de Beaucaire et de Carcassonne dans leur usage *ancien* du droit écrit (51); 4 à 6. De Philippe le Bel, et Louis-Hutin, des 23 mars 1302, art. 59, mois de juillet 1312, art. 1er, et 17 mai 1315, art. 19; dont il est inutile de rappeler les dispositions (52). On en trouve également plusieurs qui considèrent d'abord le droit romain en quelque sorte comme le droit commun et successivement comme le supplément des coutumes, des provinces septentrionales; tels que les établissemens de Saint-Louis, de 1270, et la même ordonnance du mois de juillet 1312 (53)... Mais, ni les uns ni les autres ne rappellent les actes souverains qui l'ont érigé en loi dans les premières provinces, et en supplément de la loi dans les secondes.

On observe à peu près la même chose dans les autres états de l'Europe. Très attachés à leurs vieilles coutumes, les peuples n'ont point d'abord reçu légalement le droit romain; il s'est glissé en quelque sorte dans leur législation et leur jurisprudence, et il a acquis par l'usage et successivement par l'approbation expresse ou tacite des souverains, une autorité semblable à celle dont il a joui jusques à nos jours dans le nord de la France (54).

(50) *Voy.* Baluze, hist. papar. avenionens., t. 1, p. 976.

(51) *Voy.* ord. du Louvre, t. 1, p. 63, art. 4; D. Vaissette, t. 3, p. 507.

(52) *Voy.* ord. du Louvre, t. 1, p. 366, 502 et 571.

(53) *Voy.* d. t. 1, p. 261 et 272; notes ib; ci-ap., ch. 2, p. 224.

(54) Il suffit pour en être convaincu de parcourir le livre deux d'Arthur Duck; et tel est aussi l'avis du cardinal de Luca, *de servitut. præd.*,

Quelques auteurs prétendent, l est vrai, que Lothaire à la demande de la comtesse Mathilde, provoquée par Irnerius, publia un édit pour l'observation et l'enseignement du droit romain (55): mais, le silence absolu des contemporains et le défaut de documens à cet égard ont fait justement révoquer en doute, l'existence de cet édit (56), qu'on présente d'ailleurs comme donné dans des circonstances qui le rendent tout-à-fait invraisemblable. Il faudrait supposer en effet, que dans le court espace d'une année qui s'écoula entre la prise d'Amalfi et la mort de Lothaire, 1. les Florentines eussent été examinées; 2. qu'on les eut envoyées à Pise; 3. qu'elles y eussent acquis assez de réputation pour parvenir à a connaissance d'Irnerius; 4. qu'il les eut vues lui même; 5. qu'il se fut rendu auprès de Mathilde; 6. qu'elle eut agi auprès de Lothaire; etc., etc (57).

Tout annonce donc que ce fut à de simples particuliers sans caractère et sans mision, qu'on dût l'expansion du droit romain en Europe, ou plutôt à la sagesse, à l'humanité, à la sagacité de ses décisions, qui frappèrent tous les esprits, les subjuguèrent et triomphèrent en eux de l'empire si puissant de l'usage; phénomène sans exemple dans l'histoire, et qui seul offre le plus bel éloge qu'on puisse faire de la législation des anciens maîtres du monde.

disc. 1, *n.* 11 (dans Brenemam, p. 445), et du président de Bézieux; *arrêts notab.*, *p.* 382.

(55) *Voy.* Forster, hist. jur., lib. 3, c. 6, n. 2; Gravina, c. 142; Pothier, d. § 2.

(56) *Voy.* Brenemam, p. 41 et 43; Brunquell, sup.; Heineccius, hist., lib. 2, c. 54; Hoppius et Walch, §. 4 et 5, p. 48 et 49.

(57) *Voy.* aussi Silberadius (*d.* §. 413, n. 1 à 4), qui établit l'*inexistence* de l'édit d'après d'autres preuves.

CHAPITRE II.

De l'usage et de l'autorité du droit romain, principalement en France.

Ce que nous venons d'exposer relativement à l'autorité du droit romain, ou droit civil, dans les états de l'Europe autres que la France, en donne une idée suffisante pour atteindre au but de notre ouvrage. Dans la plupart en effet, il est suivi comme droit commun, comme droit supplétif qui doit être observé au défaut des lois ou coutumes locales, ou comme droit explicatif de ces mêmes lois et coutumes. En Dannemarck, Islande et Hongrie, il a servi de base ou source aux mêmes lois, en Angleterre et Irlande, où on l'a abandonné, il a été conservé pour règle par les cours des militaires, des marins, du clergé et des universités. Enfin il n'y a guère que la Russie et la Suède où il paraisse avoir été inconnu. Il serait superflu d'insister davantage sur un point qui est traité *ex-professo* dans le livre second d'un ouvrage souvent cité, celui d'Arthur Duck (1).

Nous donnerons plus de détails à l'égard de la France, dont ce savant auteur n'a pu approfondir le systeme, qui d'ailleurs n'a été bien discuté que

(1) *Voy.* aussi en particulier : 1. pour l'Angleterre, *le tableau de la grande Bretagne, par Baert, t.* 2, *p.* 254, *et ci-dev. p.* 58 ; 2. pour le Portugal, *M. de Serra, au Moniteur, an* 12, *p.* 1521 ; 3. pour l'Allemagne, *Heineccius, hist., lib.* 2, §. 114 *et suiv.* ; 4. pour la Turquie, *ci-devant p.* 199.

dans quelques ouvrages postérieurs à son siècle, tels que la préface des œuvres de Henrys, par Bretonnier, édition de 1708, les observations sur la coutume de Bourgogne, par le président Bouhier, édition de 1742, tome 1er, chapitres 1 à 13, l'histoire du droit romain par Ferrière, chapitres 28 à 30. Nous observerons auparavant que quoique nous nous énoncions au *présent*, nous n'entendons parler que de la situation judiciaire de la France antérieurement à l'émission du code civil.

On distingue pour le droit, les provinces de France en deux classes générales connues sous les noms de *pays de droit écrit*, et de *pays coutumiers*. Dans les premiers, le droit romain est la législation générale qu'on suit à l'exception des cas infiniment peu nombreux de droit civil, réglés par les ordonnances des rois et les statuts et usages locaux : dans les deuxièmes, ce sont les coutumes, dont il sera question à l'histoire du droit Français. Le nom de *droit écrit* a été attribué aux premiers, vers le 13e siècle (2), vraisemblablement parce que les coutumes n'étaient pas encore écrites. On voit en effet dans les établissemens de Saint-Louis composés en 1270, qu'on donnait alors le nom de *droit écrit*, et au droit canonique, et au droit romain, en un mot à toutes les lois réellement écrites. On eût dû abandonner cette dénomination lorsqu'on écrivit les coutumes, mais l'usage en cette occasion comme en tant d'autres, l'a emporté sur la raison..

Mais quelles provinces doit-on comprendre dans l'une ou l'autre de ces deux classes ? Voilà ce qui

(2) *Voy.* Bouhier, sup., ch. 5, n. 18, p. 221.

a donné lieu à des difficultés très-sérieuses. Indiquons d'abord celles auxquelles on a toujours universellement attribué la dénomination et les prérogatives de pays de droit écrit, parce que des lettres patentes ou édits des monarques les ont confirmées dans l'usage ancien où elles étaient d'observer le droit romain. Ce sont pour la plupart les provinces méridionales (3), ou les provinces 1° qui jadis relevaient des parlemens de Toulouse, Grenoble, Bordeaux, Aix et Pau; 2° quelques-unes de celles qui relevaient, soit du parlement de Paris, telles que le Lyonnais, le Forez, le Beaujolais, l'Auvergne méridionale, le Maconnais, la principauté de Dombes (4), la partie de la Basse-Marche qu'occupait la sénéchaussée de Bellac formée elle-même des chatellenies de Bellac, Rincon et Champanhac (5); soit du parlement de Dijon, comme la Bresse et les pays adjacens (6); 3° celles qui dépendaient des conseils supérieurs de Perpignan, de Colmar et de Bastia, c'est-à-dire, le Roussillon, l'Alsace et la Corse (7).

(3) *Voy.* Bouhier, d. ch. 5, n. 1 et 20; Ferrière, d. ch. 28; Mornac, in pandect., ad l. 1, de hered. pet., p. 316, édit. de 1629. — Voy. *aussi* les ordonn. citées ci-dev., p. 215, et pour le Languedoc, celle de mars 1484, dans D. Vaissette, t. 5, p. 69.

(4) *Voy.* pour le *Maconnais*, Bouhier, d. n. 20; l'abbé Expilly, iv, 475 à 478; le président Expilly, plaid. 17, n. 30; arrêt de cassat., 12 oct., 1813, dans Jalbert, 1815, p. 27; pour la *Dombes*, l'encyclop. par ordre de matières, jurisprud., vj, 446 à 448.

(5) Ces chattellenies qui dépendaient jadis du parlement de Bordeaux, ville dont elles étaient déjà assez éloignées (environ 40 lieues), en furent détachées au 16e siècle, pour être unie au parlement de Paris, à une distance à peu près double. — Voy *Chopin*, *œuvr.*, *édit. de* 1633, *t.* 1, *p.* 33; *l'abbé Expilly*, *dict. des Gaules*, *iv*, 529.

(6) *Voy.* pour ces provinces, Bouhier, d. n. 20, et ch. 6, n. 8; Raviot sur Perrier, t. 2, qu. 251, n. 68; qu. 300, n. 2; et addit. à la qu. 4, n. 6, t. 1.

(7) *Voy.* pour le *Roussillon*, l'abbé Expilly, t. 5, p. 639; pour l'*Alsace*,

Si on les distribue selon l'ordre de ces anciennes cours, autant du moins qu'il nous a été possible de déterminer leurs ressorts, en suppléant par beaucoup de recherches de détail au défaut d'un ouvrage *ex-professo* sur l'ancienne statistique judiciaire (8), ces provinces forment aujourd'hui les départemens dont les noms suivent.

1. (Ressort ancien du parlement de *Toulouse*) Haute-Garonne, Arriège, Tarn, Aude, Hérault, Gard, Ardèche, Lozère, Aveyron, Lot, Tarn-et-Garonne, Hautes-Pyrénées, partie du Gers et de la Haute-Loire ; c'est-à-dire, les arrondissemens du Puy et d'Yssengeaux (jadis le Velay.)

2. (Id. de *Grenoble*), Isère, Drôme, Hautes-Alpes et la partie de Vaucluse composée de la principauté d'Orange (le comté de Grignan et quelques autres enclaves du Dauphiné, réunies à la Drôme, étaient du ressort d'*Aix*.)

3. (Id. de *Bordeaux*), Gironde, Landes, Lot-et-Garonne, Dordogne, Corrèze, Haute-Vienne, et partie du Gers et de la Charente-Inférieure.

4. (Id. d'*Aix*), Bouches-du-Rhône, Var et Basses-Alpes, et les cantons (*v. n*° 2) unis à la Drôme.

5. (Id. de *Pau*), Basses-Pyrénées.

Bouhier, d. n. 20; Laurière. Bibl. des coutumes, mot Alsace, p. 70; Dunod, des prescriptions, part. 3, ch. 10, p. 349; surtout, arrêt de Colmar, du 22 mars 1816, journal des avoués, xiv, 55, et édit d'avril 1774, au répert. de M. Merlin, 4e édit., xij, 406; pour la *Corse*, arrêt de cassat., 23 germ. an 10, au bullet. civ., p. 290.

(8) Les moins imparfaits sur cette matière sont à notre connaissance, l'état de la France par Boulainvilliers (*t.* 5, *p.* 333 *et suiv.*, *t.* 6, *p.* 340), le Dictionnaire des Gaules, par l'abbé Expilly (*t.* 5, *p.* 579, etc.) et l'Encyclopédie, *sup.*, *mot parlement.* Et néanmoins ils laissent encore beaucoup à désirer, tellement que nous avons été souvent forcés de feuilleter les arrêtistes, tels que la Peyreire, Catelan, Albert, Graverol, Maynard, pour tâcher de remédier à leurs omissions ou inexactitudes.

6. (Id. partie de *Paris*), Rhône, Loire, Cantal, partie de la Haute-Vienne, de la Creuse, du Puy-de-Dôme, de Saône-et-Loire et de l'Ain (9).

7. (Id. partie de *Dijon*), Ain.

8. (Id. conseil supérieur de *Colmar*), Haut-Rhin et Bas-Rhin.

9. (Id. id. de *Perpignan*), Pyrénées-Orientales.

10. (Id. id. de *Bastia*), Corse.

Il en est de même du comtat d'Avignon, qui forme à présent la plus grande partie du département de Vaucluse (10).

On voit qu'en effet la plupart de ces provinces sont situées au midi de la France. Leur territoire, qui se termine du côté du nord et d'occident en orient, par le Bordelais, la Saintonge, le Limousin et partie de la Marche (11), la Haute-Auvergne, le Velay, le Forez, le Beaujolais, le Maconnais, la Dombes, et la Bresse et les pays adjacens, équivaut à plus du tiers de la France, et à près de la moitié en y joignant l'Alsace et la Corse (12). La partie de la France où ces provinces touchent les pays cou-

(9) *Partie*, etc..., c'est-à-dire, pour la Sénéchaussée de Bellac (*ci-dev. note* 5, *p.* 219), pour l'Auvergne (*ci-apr.*, *p.* 222), pour le Maconnais et pour la Dombes. — Voy. *ci-dev. note* 4, *p.* 219.

(10) *Voy.* pour son *droit*, Arth.-Duck, liv. 2, ch. 3, n. 17.

(11) La *Saintonge*, quoique ayant des coutumes, était pays de droit écrit, et dépendait du parlement de Bordeaux (l'Encyclopédie, *sup.*, *p.* 437, ne le lui donnait point). — Voy. *La Peyreire*, *lett. P.*, *n.* 14; *lett. M.*, *n.* 41 *et* 67; *lett. O*, *n.* 49; *Boulainvillers*, *sup.*, *t.* 5, *p.* 333; *Expilly*, *sup.*, *t.* 5, *p.* 580, *t.* 6, *p.* 598.

Le *Limousin* était aussi un pays de droit écrit (Voy. *arr. cass.*, 5 *germ. xij*, *bull. civ.*, *p.* 211) et dépendait également de Bordeaux. — Voy. *La Peyreire*, *lett.* I, *n.* 115; *lett. O*, *n.* 12; *Boulainvilliers*, *t.* 5, *p.* 333; *Expilly*, *t.* 4, *p.* 268; *t.* 5, *p.* 580.

Quant à la *Marche*, *Voy.* ci-dev. note 5, p. 219.

(12) Les anciens départemens de la rive gauche du Rhin, de la Belgique, de la Savoie et du comté de Nice, étaient aussi pays de droit écrit.

tumiers offre une espèce d'échiquier. Ainsi, 1. l'Aunis et l'Angoumois qui étaient pays coutumiers et dépendaient du parlement de Paris, sont à la même latitude que la Saintonge et le Limousin, qui étaient pays de droit écrit et dépendaient du parlement de Bordeaux, et leurs territoires étaient en quelque sorte mêlés (13). Ainsi, 2. l'Auvergne était régie en partie par le droit romain (le territoire de Clermont, par exemple), en partie par le droit coutumier; quelquefois une portion d'une ville ou d'un bourg suivait la loi romaine, et l'autre portion, une coutume (14)... Enfin la ligne qui sépare les pays coutumiers des pays de droit écrit, peut être représentée à peu près par cette figure :

PAYS COUTUMIERS.

OUEST.

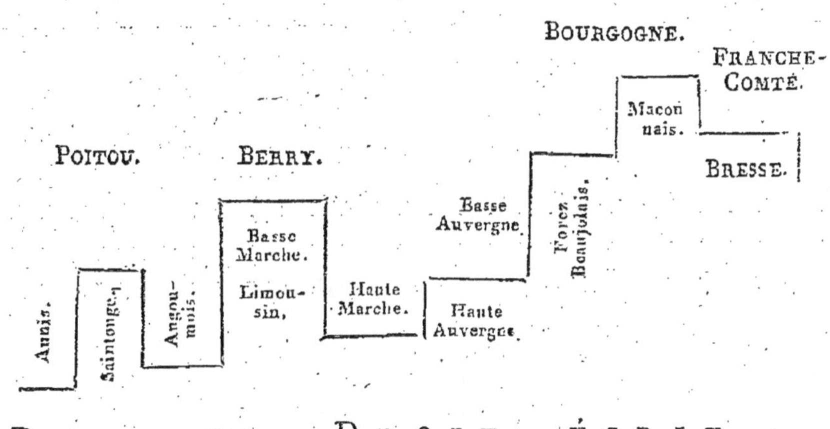

EST.

PAYS DE DROIT ÉCRIT.

Et ce ne sont pas les moindres bizarreries qu'offrait jadis l'état de la France, quant à l'ordre législatif ou judiciaire.

A l'égard des provinces septentrionales, l'usage

(13) *Voy.* Boulainvillers, iv, 242 et 348; Expilly, t. 5, p. 579.

(14) *Voy.* Legrand, voyage en Auvergne, t. 1, p. 90; et pour Clermont, arr. cass. 13 avr. 1818, au bull. civ.

leur a conservé la dénomination de pays coutumiers; mais cette dénomination est au fond assez insignifiante. Ce qu'il y a de plus important à examiner c'est la question de savoir si le droit romain en est le droit commun, ainsi que le soutiennent, dans deux dissertations remarquables par la force du raisonnement autant que par la profondeur de l'érudition, Bretonnier, avocat au parlement de Paris, et Bouhier, président à celui de Dijon (*v. p.* 218), et que l'ont déclaré plusieurs fois d'autres auteurs, tels que Jean Umeau et Charles Dumoulin (15). Observons avant d'aller plus loin, que ces jurisconsultes étaient des pays où l'on suit le droit coutumier, dont le dernier est même considéré comme l'oracle. Ainsi, c'est fort mal à propos que le rédacteur du dictionnaire de jurisprudence de l'encyclopédie (*mot coutume, t.* 3, *p.* 404), prétend que la question actuelle a été décidée d'après l'affection que les jurisconsultes portaient au droit qu'ils suivaient, et que surtout les auteurs de pays de droit écrit ont montré trop de prévention pour le droit romain.

Il serait d'autant plus permis d'adopter l'avis des jurisconsultes ci-dessus désignés, que jusques à présent on n'a point répondu aux observations de Bouhier et de Bretonnier, et que les écrivains postérieurs qui ont embrassé un avis différent se sont bornés à des allégations dénuées de preuves et souvent contradictoires; et entre autres le même rédacteur de l'encyclopédie, puisque dans un autre passage (*mot droit commun, t.* 4, *p.* 80), il

(15) *Voy.* Umeau (ou Ulmus), tract. varii, lib. 2, c. 5, p. 17 (il était professeur à Poitiers, au 17e siècle); et quant à Dumoulin, *Voy.* Bretonnier, sup., 8e preuve, note 41.

déclare que depuis qu'on a rétabli dans les universités l'étude du droit romain, il a toujours été considéré comme le droit commun du royaume.

Maintenant si l'on entend par droit commun la loi générale qui doit être suivie dans un pays au défaut des lois spéciales de ce pays, et qui même sert à l'interprétation des lois spéciales, il n'est pas douteux que le droit romain ne soit le droit commun de toutes les provinces, dont les coutumes écrites, ou leurs ordonnances d'homologation (16); 1. lui donnent ce titre; 2. lui renvoient pour les matières qu'elles n'ont pas décidé; 3. ont été entièrement puisées dans ses dispositions.

Dans la première hypothèse sont les coutumes de l'Auvergne septentrionale, de la Marche, du Bourbonnais, de la Flandre et des Trois-Evêchés (17).

Dans la seconde, les coutumes de Bourgogne et de Franche-Comté; et il faut leur assimiler les coutumes de Melun, de Sens, Étampes, Orléans, Tours, Vermandois, Rheims, Anjou et Angoumois qui, pour les matières omises, renvoient, il est vrai, tout simplement *au droit, à la raison écrite*, mais qui, par là, désignent clairement le droit romain, puisque ces qualifications, comme celles de *droit civil*, lui ont toujours été exclusivement attribuées.

Dans la troisième hypothèse, se trouve la coutume de Berry et peut-être celle de Nivernais (18).

(16) *Voy.* à ce sujet Bouhier, ch. 5, n. 20 et suiv.

(17) Il semble qu'on range les Trois-Evêchés, ou le ressort du parlement de Metz, plutôt dans la seconde hypothèse que dans la première. Il est certain au reste, que le droit romain y a force de loi au défaut des lois nationales et des coutumes. — Voy. *Gabriel, cité au rec. alph. de M. Merlin*, 2e *édit.*, *t.* 1, *p.* 323.

(18) *Voy.* pour les coutumes qui sont dans ces trois différentes hy-

Il ne reste de provinces, à l'égard desquelles on ait pu douter que le droit romain fut le droit commun, que celles dont les coutumes ne lui renvoient point pour les matières omises, telles que les coutumes de Paris, de Normandie et de Bretagne; et un auteur estimé a réduit en effet au territoire de ces trois coutumes, la qualification propre de pays coutumier (19).

Mais par rapport à ces mêmes provinces, Bretonnier soutient encore que le droit romain y est également droit commun, avec cette seule modification, qu'on ne doit y avoir recours qu'après avoir consulté les coutumes voisines de celle qui a omis de décider la question qu'on a à discuter. Le judicieux Ricard et le président Bouhier (20) apportent même à ceci un tempérament qui restreint beaucoup l'usage des coutumes voisines. Selon eux, on ne doit expliquer deux coutumes voisines, l'une par l'autre, que quand elles ont des dispositions conformes et que l'une se trouve seulement moins étendue que l'autre.

Nous sortirions des limites naturelles de notre ouvrage, si nous voulions suivre les raisons et les

pothèses, Bretonnier, *d. préface*, où il en cite, soit au texte, soit aux notes, les articles d'où résultent ces hypothèses. Nous avons seulement présenté ces coutumes dans un ordre qui nous a paru plus méthodique que le sien.

Voy. en particulier : 1° pour les deux Bourgognes, Bouhier, *ch.* 6 *à* 8, *p.* 223 *et suiv.*, où il établit contre l'avis de Raviot, qu'elles sont pays de droit écrit; 2° pour la Franche-Comté, Dunod, *des prescriptions*, *part.* 3, *ch.* 10, *p.* 349; — 3° Pour le Cambresis, M. Merlin, *rec. alph.*, 2e *édit.*, *iij*, 310.

(19) Galland, traité du Franc-Aleu, cité par Bouhier, *sup.*, *ch.* 8, *n.* 4, *p.* 242. — C'est pourtant encore un auteur de droit coutumier. Voy. *ci-dev. p.* 223.

(20) *Voy.* Ricard, des donations, part 1, n. 645 à 648; Bouhier, ch. 2, n. 64 et 65.

preuves que Bretonnier produit à l'appui de sa proposition et qui n'occupent pas moins de quinze pages. Nous en noterons seulement deux sur lesquelles il n'a pas assez insisté. La première se puise dans la considération importante qu'un siècle après la *renaissance* du droit romain, il était réellement le droit commun des pays régis aujourd'hui par la coutume de Paris (21). C'est ce qui résulte évidemment du recueil de lois coutumières connu sous le nom d'*établissemens de Saint-Louis* et publié vers 1270, recueil qui, comme l'a démontré le savant Laurières, est vraiment un corps de lois, et non pas l'ouvrage d'un simple particulier, et qu'en conséquence il n'a pas hésité à placer parmi les ordonnances des rois (22). Non-seulement on y fonde à chaque instant les décisions sur le droit romain, par des citations formelles et exactes (nous les avons presque toutes vérifiées) du code, du digeste, des instituts, et même des authentiques du code; mais dans deux passages on y reconnaît expressément son autorité. Dans le premier (*liv.* 2, *chap.* 22), on dit que *quand len n'use pas de droit escrit len doit avoir recort à la coustume du pays et de la terre* (23). Dans le deuxième (*id.*, *chap.* 14), on décide que l'avocat ne doit point faire de marché avec son client, car, ajoute-

(21) Ce serait même moins d'un siècle après cette époque, si l'on avait décidé, vers 1226 à 1228, une question de droit romain sur la tutèle de Saint-Louis, d'après l'avis du jurisconsulte Hugue Bobio de Parme, comme le disent Pancirolle (*de claris*, *etc.*, *lib.* 2, *c.* 30, *p.* 150) et Taisand (*vies des jurisc.*, *p.* 71); mais d'après des recherches, qu'il serait trop long d'extraire, nous croyons que cette anecdote est apocryphe.

(22) Voy. *ordonnances du Louvre*, *t.* 1, *préface*, *numéro* 46 *et suivans*, *sur tout*, *numéro* 56.

(23) *Voy.* id., t. 1, p. 272, avec la note b, ibid., où Laurière, quoique partisan très-prononcé du droit coutumier, avoue qu'au temps de ce monarque, le droit romain était le droit commun du royaume.

t-on, CAR DROIT LE DÉFEND *en code* de postulando, *en la loi qui commence par* quisquis vult (24)... Mais si le droit romain était alors le droit commun de ces pays, quelle est la loi qui l'a depuis, dépouillé de ce caractère?

La seconde preuve se tire de ce qu'il n'y a point proprement de droit *commun* coutumier, ainsi qu'on le verra à l'histoire du droit Français : comment donc pourrait-on suppléer aux omissions d'une coutume particulière, par l'esprit général d'un droit qui n'a peut être pas une seule maxime adoptée uniformément dans toute l'étendue de son territoire?

Quoique il en soit, observons que les auteurs qui n'accordent pas une aussi grande autorité au droit romain dans ces pays, et notamment le rédacteur de l'encyclopédie, au mot *coutume*, déjà cité, décident cependant qu'en cas de silence ou d'obscurité des coutumes, il faut le consulter au moins comme *raison écrite* (25), c'est-à-dire, comme exprimant cette équité, supplément naturel de la loi positive. Ce n'est pas que jadis on n'ait essayé de soutenir un système opposé, système qui aujourd'hui semble prendre quelque faveur, en un mot qu'on n'ait prétendu qu'il était fort inutile de prendre dans ce cas le droit romain pour guide, et de se fatiguer à en chercher les préceptes, puisque chaque juge trouve dans son cœur et sa propre raison les règles de cette équité, par laquelle il doit suppléer à la loi. Mais, s'écrie Ferrière, avec une franchise un peu âpre, accueillir un pareil système, « c'est vou-

(24) C'est la loi 6, §. 2, lib. 2, tit. 6. — *Voy.* d. t. 1, p. 261.

(25) *Voy.* aussi Ferrière, d. ch. 28; Terrasson, part. 4, §. 8, p. 443

« loir introduire dans le barreau une périlleuse « ignorance, et dans toutes les fonctions de la ju- « dicature un bouleversement général (26). »

Sans distinguer en effet avec le président Bouhier (*ch.* 2, n° 43), entre l'équité naturelle et l'équité civile, car il nous semble qu'il ne peut y avoir qu'une sorte d'équité, observons que hors le très-petit nombre de cas tout-à-fait étrangers au droit positif, qui sont résolus par les principes généraux de la morale, tels par exemple que les délits punis par les lois criminelles comme contraires au principe *alteri non facias, etc.*, il n'en est point où tous les hommes doivent nécessairement avoir la même idée de l'équité. C'est au contraire parce qu'il leur est facile de se faire illusion sur le sens dans lequel il faut entendre les maximes d'après lesquelles la plupart de leurs relations sont réglées (c'est-à-dire les maximes du droit purement positif), pour qu'elles soient conformes à l'équité, que leurs contestations sont si variées et si multipliées. Permettre à un magistrat d'appliquer ces maximes d'après ses notions particulières de l'équité, c'est donc évidemment jeter l'administration de la justice dans la confusion, et la livrer au caprice et à l'arbitraire.

Lorsque la Savoie, conquise sous François Ier, fut réunie temporairement à la France, elle envoya des députés qui demandèrent entr'autres, qu'il fut défendu à leurs tribunaux de juger d'après l'équité. Le maître des requêtes qu'ils prièrent de rapporter au conseil du roi leur supplique, la trouva d'abord extravagante. Il changea bientôt

(26) *Voy.* id, ch. 28. — *Voy.* aussi M. Gary, disc. au corps législatif, séance du 9 pluv. xij; Faber, de errorib., dec. 26, err.7, n.20; Garsias, de expensis, c. 18, n. 12.

d'avis. Il sentit qu'il était infiniment dangereux qu'un juge put s'écarter des dispositions du droit sous prétexte de suivre les lueurs trompeuses d'une équité apparente (27).

Le remède à cet inconvénient grave était et est encore en notre pouvoir. Dans les cas douteux ou non résolus par les lois locales ou les lois quelconques en vigueur, consultons le droit romain (28); ce droit qui est la source de presque toutes les lois modernes, et notamment de la plupart des coutumes et ordonnances françaises relatives au droit civil (29); ce droit qu'on a toujours considéré comme la raison et l'équité mêmes, parce qu'une expérience de bien des siècles a prouvé qu'il méritait dans presque toutes ses règles, de leur être assimilé.

Avouons sans difficulté avec un grand jurisconsulte, que l'omission de l'avoir pris pour base d'une sentence, n'entraine point la cassation de cette sentence aujourd'hui qu'il a cessé d'avoir force de loi; mais, répétons avec le même jurisconsulte, que les juges ne sauraient mieux faire que de choisir toujours un guide si propre à les écarter des sentiers trop communs de l'erreur (30).

(27) Connan, comment. jur., lib. 1, c. 11, p. 48, éd. 1558.

Bretonnier (*d. préface*) qui indique aussi cette anecdote, se trompe en la rapportant au Dauphiné. Connan qui en fut témoin vivait au milieu du 16e siècle. Il fut fait maître des requêtes en 1544 (*Taisand*, *p.* 130). Il ne pouvait donc par le mot *Allobroges* désigner le Dauphiné réuni alors depuis 200 ans à la France. D'ailleurs le mot *senatus* qu'il employe est le titre du tribunal supérieur de la Savoie et ne convient point à celui du Dauphiné, qui depuis un siècle avait celui de parlement.

(28) C'est aussi ce qui est prescrit aux juges, en Espagne. — Voy. *Arth Duck*, *liv.* 2, *ch.* 6, *n*o 30.

(29) *Voy.* Ferrière, d. ch. 28 et suiv.; et ci-apr., *chap. du mérite.*

(30) *Voy.* M. Merlin, réquis. 5 janv. 1809, à la jurispr. c-civ., xiij,

En ceci, d'ailleurs, nous ne faisons qu'exprimer l'intention des législateurs français de tous les temps. Au 14e siècle, Philippe-le-Bel, et au 17e, Louis XIV, persuadés que « le meilleur moyen d'introduire l'équité, la raison et la stabilité dans les jugemens de tous les tribunaux quelconques, était l'expansion de la connaissance du droit romain, » en ont prescrit l'enseignement pour les pays où il n'est pas la loi spéciale (31); et de nos jours le corps législatif a renouvellé cette mesure après lui avoir tout-à-fait enlevé l'autorité de loi (32). Il fallait donc bien qu'ils en sentissent l'utilité pour l'application et l'interprétation des lois spéciales ou de toutes lois en vigueur, et c'est au reste ce que déclare expressément le premier de ces monarques (33). Enfin les auteurs les plus prévenus en faveur du droit coutumier, le rédacteur de l'encyclopédie, par exemple, avoue qu'un avocat qui ne joindrait pas à la connaissance des lois locales, celle du droit de Justinien, ne serait jamais qu'un homme superficiel, qu'il ne mériterait point le nom de Jurisconsulte, et ne serait tout au plus qu'un médiocre praticien (34).

Les observations précédentes relatives à la cassation, ne s'appliquent point aux jugemens qui ont statué sur des différens nés de faits ou actes antérieurs au code civil, et qui concernent les pays

287. — *Voy.* aussi notre cours de procédure, titre de la cassation, note 15.

(31) *Voy.* ord. de juillet 1312, aux ord. du Louvre, t. 1, p. 502, art. 1; édit. d'avril 1679, au préambule.

(32) *Voy.* loi du 22 ventôse, et décret du 4 complém. an 12, sur les écoles de droit.

(33) *Voy.* d. ord. de juillet 1312.

(34) *Voy.* id., jurispr., mot droit romain, t. 4, p. 105.

de droit écrit; ils sont susceptibles d'être annullés s'ils ont contrevenu aux lois romaines. Mais cette règle reçoit une exception lorsqu'ils se sont conformés à une Jurisprudence dérogatoire à ces lois. Il suffit même d'une jurisprudence locale (pourvu qu'elle soit constante), parce que ces lois n'étaient pas en vigueur dans toute la France (35), tandis qu'il faut une jurisprudence générale et uniforme pour déroger aux ordonnances qui obligeaient tout notre territoire (36).

(35) *Voy.* à ce sujet M. Merlin, rec. alphabéth., mots mines, réversion, et servitudes, §. 2, surtout mot révocation de testament, §. 2, 2e édit., iv, 540; arrêts cassat. des 2 messid. et 28 therm. xj, et 29 août 1820, au bull. civil; d. cours de proc., d. note 15.

(36) *Voy.* sur ce dernier point, arrêt de cassat. des 20 nivôse et 4 fructidor an xj, 1 fruct. an xiij, 12 nov. 1806, surtout 12 vend. ix et 25 brum. xj, au bullet. civ.

CHAPITRE III.

Des manuscrits du Corps du Droit romain, et surtout des Florentines.

La *renaissance* du droit romain en Europe, ayant précédé au moins de trois siècles la découverte de l'imprimerie, les manuscrits des quatre parties qui composent sa collection durent dès-lors beaucoup se multiplier par la voie des copies. Il nous en reste à présent même un assez grand nombre. On en trouve dans la seule bibliothèque du roi à Paris, près de quatre-vingt, savoir : dans l'ordre du catalogue, les nos 4421 à 4440, pour les instituts, ou séparés, ou réunis aux novelles et aux trois derniers livres du code; les nos 4450 à 4487, pour le digeste; les nos 4516 à 4540, pour le code; les nos 4566 et 4567 pour les novelles, séparées : et l'on trouve aussi des fragmens du texte des mêmes parties, dans les nos intermédiaires, c'est-à-dire, les nos 4441 à 4449, 4488 à 4514, 4541 à 4565, consacrés à leur commentaires (1). Les autres bibliothèques de l'Europe, quoique moins riches séparément, doivent en posséder bien davantage en masse. Pour ne parler que des instituts, le catalogue de Walch, où l'on a compris seulement leurs manuscrits les plus importans, n'a pas moins de trente-un numéros, parmi lesquels il recommande surtout, 1. le manuscrit de Strasbourg dont Hotto-

(1) *Voy.* d. Catal. des mss., iij, 591 et suiv. — A l'égard des manuscrits des autres bibliothèques, Voy. *Brencman.*, *p.* 245 *et suiv.*

man s'était servi et faisait le plus grand cas; 2. celui de Gottorp ; 3. celui de J.-P. d'Orville, qui a fourni beaucoup de variantes à l'édition de Reitz (2).

Mais le plus précieux de tous les manuscrits du droit romain, est sans contredit celui qui, d'abord appelé lettre pisane (3), pandectes pisanes, livres ou digestes toscans, étrusques, de Bologninus, ou d'Haloander (4), est connu depuis long-temps sous le nom de *pandectes florentines*. Nous avons déjà rapporté (*p.* 208), ce qu'on raconte de sa découverte et les contestations auxquelles elle a donné lieu; il nous reste à parler du manuscrit considéré en lui-même, ou du moins de tout ce qui dans ce manuscrit peut avoir rapport au but de notre ouvrage.

Considérées d'abord quant à l'*âge*, aucun manuscrit du digeste ne saurait entrer en comparaison avec les florentines. Les plus anciens que nous possédions sont à peine du 12e siècle ; les florentines, d'après l'opinion la plus commune, fondée sur la nature de leur écriture, quoiqu'elle soit de plusieurs mains, de leur orthographe et sur d'autres circonstances, remontent à la fin du 6e siècle, à une époque très-voisine du règne de Justinien (5). Quelques auteurs ont même prétendu qu'elles étaient le manuscrit authographe de cet empereur, mais ce sentiment est abandonné depuis qu'on a observé qu'elles ont plusieurs signes

(2) Walch, introd. ad instit., c. 3, §. 7, p. 38. et s.

(3) *Voy*. Gl. ad l. 9. de peculio, et 8 de acceptilationib.

(4) *Voy*. Augustin, emendation., iij, 3, et 132; ci-ap. ch. 4.

(5) *Voy*. Breneman, p. 246 et 11 et 12, et 120 et 121; Mabillon, de re diplomaticâ, p. 356; Struve, bibliot. jur., c. 3, §. 7; Augustin, sup., iv, 2 et 16.

abréviatifs, par exemple, des signes pour tenir lieu des lettres M, N, S et T, qui se trouvaient à la fin du dernier mot d'une ligne, et qui ne pouvaient faute d'espace entrer dans cette même ligne (6). Quoique ces signes y soient en très-petit nombre il n'est pas probable que Justinien, qui les avait si sévèrement proscrits (*v. p.* 154), eut approuvé un exemplaire où l'on remarquait un tel défaut (7).

Nous laissons aux curieux, soit antiquaires, soit voyageurs, le soin de noter que les Florentines sont conservées, non dans la bibliothèque, mais dans le trésor et parmi les joyaux les plus riches du grand-duc de Toscane, et renfermées dans un écrin précieux; qu'elles consistent en deux volumes reliés magnifiquement, dorés sur tranche, et formés de plusieurs cahiers distingués les uns des autres par des chiffres romains; que le premier volume contient les vingt-neuf premiers livres du digeste, et le second, les vingt-un suivans; que le même premier volume a en tête l'effigie de Moïse tenant les tables du décalogue, et le second celle de Justinien recevant de Tribonien, son corps de lois; que le format en est à peu près carré (la longueur excède seulement de deux doigts, la largeur); que les pages ont deux colonnes, chaque colonne, quarante-cinq lignes, chaque ligne environ trente lettres, d'une forme également à peu près carrée, en un mot des espèces de capitales; que les marges sont très larges, et ainsi que les lignes, réglées, ou tracées et mesu-

(6) *Voy.* Augustin, ij, 2, p. 74; Taurelli (ou Taurellus), præf. de l'édition des Florentines, p. 1; Brencman, p. 9, 122 et 123. — *Voy.* aussi Cujas, obs., iij, 38.

(7) *Voy.* Taurelli, même p. 1; Brencman, p. 8, 9, 117 et suiv.; *Augustin, liv.* 1, *in pr.; Hoppius et Walch*, §. 17, *p.* 34; *Struve*, *d.* §. 7; surtout Cujas, not. prior., Inst. de vulgt. subst. (ij, 15.)

rées; que les lignes sont toujours pleines, de telle sorte que quand la fin d'un alinéa n'arrive pas à la marge, l'espace intermédiaire est rempli par des lettres répétées et insignifiantes; que leur couverture est couleur de pourpre, et ornée d'agrafes et clous d'argent; que plusieurs des cahiers sont interfoliés avec de la soie verte lorsque leurs feuillets, ce qui heureusement est rare, sont usés ou déchirés; que le parchemin en est très-blanc, et si fin, qu'il se roule au contact d'une main un peu échauffée; qu'en général le manuscrit est bien conservé, et n'a que peu de taches ou défectuosités (8); que jadis on le montrait avec des cérémonies propres aux objets d'un culte religieux; par exemple, en présence du premier magistrat de la ville et de plusieurs moines portant des flambeaux, les uns et les autres debout et nue tête, et que dans les temps modernes, on ne pouvait le voir qu'avec une permission spéciale du prince, qui ne l'accordait pas à tous les voyageurs (9)..... voici des observations plus utiles.

1. Les mots, comme les inscriptions des anciens monumens, sont serrés les uns contre les autres, presque sans aucune séparation, de telle sorte que chaque alinéa, c'est-à-dire, chaque loi semble ne former qu'un seul mot (10).

(8) Une partie de ces remarques se trouve dans Brencman, p. 20, 64 à 66, 70, 94 à 102, 107, 157, 388 et 450. Nous avons puisé les autres dans Augustin, lib. 3, c. 3; de Thou, de vitâ suâ, lib. 1, ad ann. 1573; Mabillon et Germain, iter Italicum, in musæo Italico, t. 1, part. 1, p. 184, 185; Camus, biblioth., 3e édit., nº 121.

(9) *Voy.*, Leyckert, vit. clariss., p. 132; Mabillon, de re diplomat., 1681, p. 356; Brencman, p. 68, 69.

Plusieurs des taches du manuscrit portant l'empreinte de la cire fondue, c'est à cette cérémonie qu'on les doit.

(10) *Voy.* Taurelli, d. præfat; Augustin, c. 9, p. 54; Brencman, p. 104 et 150; Budée, ad pand, 1535, p. 88; Mabillon, sup.

2. L'inscription qui désigne l'ouvrage où une loi est puisée (*voy. ci-dev. p.* 155), et dont nos éditions font un intitulé, est presque toujours confondue avec le corps de la loi, ce qui a induit les anciens copistes ou imprimeurs du digeste, à en détacher quelquefois des mots pour les insérer au commencement du texte des lois Cette erreur est assez excusable lorsque à l'inverse de ce qu'on observe ordinairement dans les manuscrits, les intitulés, ou les fins des intitulés ne sont pas, comme cela se remarque par fois dans les florentines, écrits en lettres rouges (11).

3. Il n'y a presqu'aucune ponctuation. Le petit nombre de points proprement dits, dont on y a fait usage, est presque toujours à la fin des lois. Il y a alors un ou trois points; ailleurs, un ou deux. Au reste, cette ponctuation est purement arbitraire, et le petit nombre de virgules qu'on observe dans le manuscrit, est d'une écriture récente (12).

4. Les lettres sont toutefois distinctes et sans liaisons. On y observe à peine deux ou trois diphtongues, dont les deux caractères qui les composent, soient réunies (13).

5. Elles sont presque toutes égales en grandeur (voy. *p.* 234) à l'exception des premiers mots de la loi, c'est-à-dire, du nom du jurisconsulte d'où elle est tirée, et dont les lettres sont plus grandes, et

(11) *Voy.* Breneman, 115, 127, 131, 132, 152 et 107; Augustin, i, 4, p. 33.

(12) *Voy.* Augustin, d. p. 33, et c. 9, p. 57; Taurelli, d. præf.; Breneman, 132, 137, 138, 185. — Voy. *aussi* les *fac simile* donnés par Mabillon, sup., Breneman, 109, et Gebauer, corp. juris civ., 1776, t. 1, p. 802.

(13) *Voy.* Mabillon et Germain, d. p. 185; Breneman, 105; Taurelli, d. præf.; Ræyard et Gentilis, dans Breneman, 426 et 434.

des rubriques, dont les lettres sont encore plus grandes (14).

6. Quelques-unes ont assez de ressemblance dans leurs formes, pour que les copistes aient pu par inadvertance, les employer quelquefois les unes pour les autres. Telles sont les F avec les R, et les S avec les G (15).

7. Plusieurs sont également employées les unes pour les autres, non point à cause d'une ressemblance, mais uniquement d'après l'usage des anciens. Telles sont le V et l'F pour le B, le T pour le D, l'E pour l'I, et réciproquement (16). Par exemple, dans les lois 15 et 17, de *usufructu* (vij, 1), il y a *movilibus* pour *mobilibus*, *ribo* pour *rivo*.

8. On n'y voit, ni accens, ce qui rend difficile la lecture des textes grecs, ni parenthèses (17).

9. Les lois ne sont distinguées entr'elles que parce que chacune forme un alinéa différent; encore les alinéa ne sont-ils pas toujours distincts : elles ne sont point numérotées (18).

10. Elles ne sont point non plus subdivisées en paragraphes, comme celles de nos éditions (19).

11. L'usage des chiffres y est à peu près inconnu. Les nombres des livres des jurisconsultes d'où les lois sont tirées, sont en général exprimés tout au

(14) *Voy.* Augustin, d. p. 33; lib. 3, c. 7, p. 155; surtout Brencman, p. 107; *Leo Allatius et Mabillon, dans id.*, 448 *et* 455.

(15) *Voy.* Taurelli, adnot. ad Florent., p. 1, col. 2; p. 3, col. 1.

(16) *Voy.* Taurelli, d. col. 2; surtout Brencman, 360, 453.

(17) *Voy.* Taurelli, d. præf.; Augustin, ad Modestinum, à la suite des emendations, p. 236; ci-apr. ch. 4.

(18) *Voy.* Augustin, emendation., iij, 9 et 124; Brencman, 182, 183; Taurelli, sup.

(19) *Voy.* Taurelli, sup.; ci-dev., p. 143; Broë, hist. jur, §. 51; Brencman, p. 133, 187.

long, excepté dans le titre (i, 3) *de legibus et senatusconsultis* (20).

12. Assez souvent on a omis d'écrire deux fois des lettres qui auraient dû être répétées, soit dans un mot, soit dans deux mots voisins (Voy. *ci-après*, *n. IV*).

13. Souvent aussi les lettres d'un mot sont transposées : on lit par exemple dans les lois 1res *depositi* (xvj, 3), et 40, de *contrahendâ emptione* (xviij), IUNRÆ pour *ruinæ*, DOMUS pour *modus*... Mais ces fautes de copiste sont faciles à reconnaître (21).

14. Dans quelques passages l'écriture est tellement effacée qu'on a besoin de loupes pour la distinguer (22).

15. D'autres ont des additions et corrections de différentes mains et de différentes époques, même du temps où le manuscrit était encore à Pise. Mais ces corrections sont peu nombreuses parce que les copistes, pour éviter le coup-d'œil désagréable qui serait résulté des ratures et surcharges, ont préféré souvent de récrire ce qu'ils avaient déjà écrit, ou de transcrire hors de son rang le passage dont ils apercevaient l'omission, en désignant la transposition, par des nombres grecs (23).

16. Les mots grecs mêlés assez fréquemment dans le texte, n'y sont point accompagnés d'une traduction latine. Celle de nos éditions usuelles est fort mauvaise, et néanmoins, comme elle a été consacrée depuis fort long-temps par l'usage, on la préfère à

(20) *Voy.* Taurelli, ibid. — *Voy.* aussi Brencman, p. 121.

(21) *Voy.* Augustin, iv, 2, p. 174 ; Brencman, p. 151.

(22) *Voy.* Brencman, p. 387 ; Budée, sup. ; Augustin, p. 134.

(23) *Voy.* Brencman, p. 145, 153 à 155, 162, 164, 166, 176, 179, 182. *Voy.* aussi pour des exemples, Augustin, lib. 2, c. 2, p. 75, et lib. 3, c. 1, p. 116 ; et Taurelli, adnot. ad pandect., col. 1 et 2.

celle qu'Antoine Augustin a donnée d'une grande partie de ces mots, quoique bien supérieure (24).

17. Il y a aussi un assez grand nombre de lacunes, qui proviennent de l'inadvertance du copiste, ou de l'injure des temps, et qui ont été remplies par les éditeurs, à l'aide du sens, ou d'autres manuscrits. Par exemple : on n'y trouve point la dernière loi du dernier titre, ni les dix dernières du titre *de interdictis et relegatis* (xlviij, 2), dont nous devons la restitution à Cujas (25).

18. On y donne au commencement, 1°. un *index* ou table des livres et titres du digeste, index qui a servi à rectifier l'ordre de quelques-uns d'entr'eux. (Voy. *ci-après p.* 244.)

2°. Quatre constitutions de Justinien sur la conception et la confirmation du digeste, et l'enseignement du droit, qui commencent par les mots *Deo auctore*, *Omnem reipublicæ*, *Tanta circa*, et *Dedit nobis*, et qu'on imprime ordinairement en tête du digeste (26).

3°. Un second *index* connu sous le nom d'*index Justinianeus* (*v. p.* 161), partie en latin et partie en grec, des ouvrages des jurisconsultes d'où l'on a tiré les lois du digeste.

De ces remarques sur l'état *matériel* des florentines on peut déduire diverses règles pour l'interprétation des lois du digeste lorsque leur texte tel qu'il nous est présenté par l'édition usuelle (*ci-apr. ch.* 3), offre de l'obscurité, ou paraît entièrement contraire

(24) Celle des mots d'une grande partie du titre *de excusationibus*. *Voy.* à ce sujet, entr'autres, Pothier, proleg., p. ult., n. 3.

(25) *Voy.* Taurelli, d. præf.; Brencman, p. 145; Augustin, iij, x, p. 119; Cujas, édit. de Fabrot, x, 286.

(26) La dernière est en grec dans les Florentines.

aux principes du droit. Nous en indiquerons quelques-unes.

I. On fonde la première sur la disposition des caractères, et le défaut de ponctuation. Si en changeant la ponctuation actuelle, on peut arriver à un sens plus clair et plus raisonnable, on ne doit s'en faire aucun scrupule. Antoine Augustin le déclare expressément ; tous les jurisconsultes paraissent approuver cette méthode, qui est d'ailleurs consacrée par l'usage qu'en a fait Cujas (27).

II. On peut également, mais avec plus de réserve, substituer une lettre à une autre, comme un E à un A ou à un U, surtout si, comme celles qu'on a indiquées (*p.* 237), elles ont dans le manuscrit beaucoup de ressemblance (28).

III. Si le premier mot d'une loi en pervertit le sens, il est permis de l'en détacher et de le transporter à la fin de l'inscription lorsqu'il s'y adapte sans difficultés (29).

IV. Lorsqu'il y a évidemment, une omission de lettres, on peut la réparer par la gémination, ou répétition des lettres voisines du lieu où est l'omission, si par ce moyen on trouve un sens clair et conforme à l'esprit général de la loi. C'est d'ailleurs, ce que Taurelli a facilité en mettant en majuscules les lettres qui, dans les mots imprimés par lui en minuscules (et réciproquement) doivent selon lui être répétées. Par exemple : dans les lois 2, (§. 11), *de origine*

(27) *Voy.* Augustin, sup., lib. 1, in f., p. 60 ; Cujas, obs., i, 14 ; Hilliger, Donellus enucleatus, 1619, p. 345 ; Hoppius, c. 2, §. 17, p. 35 ; Heineccius, opusc., p. 35.

(28) *Voy.* un exemple dans Heineccius (*opusc.*, *p.* 35), d'après Noodt (*probabilium*, *lib.* 1, *c.* 4), relativement à la loi 14, *commodati* (xvij, 6).

(29) *Voy.* des exemples dans Augustin, lib. 1, c. 4, p. 33 à 35.

juris (i, 2), et 5, *usufructuarius quemadmodum* (vij, 9),

Au lieu de	*Il faut lire*
DOLVmALUM	dolum malum
ut necESSEt	ut necesse esset (30).

Plusieurs auteurs, tels que Cujas, Rodolphe Fournier, Vinnius, surtout Binckershoeck et Noodt ont tiré un grand parti de cette duplication des lettres, pour la correction et l'explication de divers textes obscurs (31).

V. C'est surtout lorsqu'une lacune s'offre dans un passage obscur, qu'on peut user de plus de liberté dans l'interprétation ; parce que ces lacunes ont été remplies par les interprètes ou éditeurs, qui ont fort bien pu se tromper.

Mais il faut observer que la plûpart des règles précédentes et toutes autres dont l'état *matériel* des florentines fait naître l'idée, ne doivent être employées qu'avec beaucoup de circonspection, et qu'il ne faut y avoir recours, que quand le texte des éditions usuelles n'offre aucun sens raisonnable et conforme aux principes du droit (32).

Les détails dans lesquels nous venons d'entrer sur les florentines, dispensent presque de parler des au-

(30) Nous avons recueilli un grand nombre d'autres exemples, en examinant le premier volume de l'édition des florentines.... Au reste, Taurelli a également imprimé en majuscules, afin de les rendre plus sensibles, les lettres employées pour d'autres lettres, telles que les lettres indiquées ci-devant *n*° 7, *p*. 237. Celles-là ne doivent pas être redoublées.

(31) *Voy*. Cujas, not. prior. in instit. lib. 3, tit. ult. ; Rad. Fournier, rerum quotidianar., lib. 2, c. 1, dans Otton, ij, 159 ; Vinnius, quæst., lib. 1, c. 3 ; Noodt., observation., lib. 2, c. 16 et 17 ; Heineccius, opusc., p. 35.

(32) *Voy*. Heineccius, opusc., p. 31 et suiv.

tres manuscrits du digeste. Les savans qui ont étudié les florentines avec le plus de soin, Antoine Augustin, Taurelli et Brencman, dont les deux premiers consacrèrent à leur examen, l'un trois mois, et l'autre dix années au 16e siécle, et le troisième, dix-sept mois, au 18e (33), soutiennent avec force qu'elles sont le type, l'original des mêmes manuscrits (34). Cette opinion adoptée par beaucoup d'érudits, a éprouvé diverses objections (35). Elle nous paraît cependant au moins très-probable. Si on la rejette. il est deux circonstances qui semblent n'être susceptibles d'aucune explication, le désordre des lois du dernier titre du dernier livre, et le déplacement du huitième titre du trente-septième livre, désordre et déplacement qu'on observe dans tous les manuscrits ordinaires, comme dans les florentines.

En premier lieu, à la suite de la loi *prætor bonorum*, du dernier titre, ou titre de *Regulis juris*, loi qui a le numéro 118 dans la vulgate, et le numéro 117 dans les florentines et l'édition usuelle, on trouve dans les manuscrits la loi *creditor qui permittit* et les 41 suivantes, jusques à la loi *non potest dolo* inclusivement, en tout 42 lois, qui dans les florentines et l'édition usuelle, ont les numéros 158

(33) *Voy.* Taurelli, épit. dédicat., p. 2; Brencman, p. 83 et 89, etc.

(34) *Voy.* Augustin, lib. 1, c. 1, p. 7 et suiv.; c. 9, p. 54; lib. 3, c. 1, p. 115; Taurelli, sup.; Brencman, 216, 218 et suiv. — *Voy.* aussi, Hoppius et Walch, c. 2, §. 17, p. 33 et suiv.; Guadagni, à d. p. 33; de Thou, de vità suà, lib. 1, ad ann. 1573; Hilliger, Donellus enucleat., p. 345; Brunquell, p. 213, 219, 230, 239; Heineccius, opera, iij, 9; Stekius, observat. crit., 1627, dans Otton, t. 1, p. 503, 505.

(35) *Voy.* Walch, d. c. 2, not. 3, p. 34; Grandi, epist., note 27, p. 83 (les objections de celui-ci sont très-faibles). Brencman, p. 223 à 238, réfute victorieusement toutes celles qu'on avait faites avant son ouvrage.

a 199; et à la suite de la loi *non potest dolo* on trouve la loi *qui in servitute*, jusques à la loi *ad ea quæ* inclusivement, en tout 40 lois, qui dans les florentines et l'édition usuelle ont les numénos 118 à 157; de telle sorte que ces 40 lois qui auraient dû précéder les 42 ci-dessus, sont au contraire placées à leur suite; et voici pourquoi. Le dernier cahier des florentines, en fut détaché par accident. Il était composé de cinq feuilles; lorsqu'on les relia, on mit la quatrième à la place de la troisième. Le relieur fut facilement trompé, parce que les deux feuilles commençaient chacune par une loi, et que, on l'a dit, les lois ne sont point numérotées; mais il restait à la tête de l'une d'elles, un mot à demi effacé qui terminait la dernière loi de la précédente, et qu'il n'avait point aperçu; Taurelli, guidé par ce mot, rétablit l'ordre dans son édition et fut imité sur ce point en 1583, par Denis Godefroi, dont l'édition a servi (voy. *ci-apr. ch.* 4) de type aux éditions usuelles (36). Augustin s'écrie à cette occasion, *negare*

(36) On a conservé l'ancien ordre ou plutôt l'ancien désordre, dans l'édition d'A-Porta, de 1625; mais l'éditeur a eu soin d'en prévenir avant la loi 118 et a noté à côté des n^os anciens et fautifs, les véritables numéros, c'est-à-dire, ceux des éditions usuelles.

Il est essentiel de ne pas perdre de vue ces remarques, autrement on ne pourrait trouver dans les éditions usuelles les citations des lois du même titre, qui sont faites par les anciens auteurs, et réciproquement dans les éditions anciennes, les citations faites par les auteurs modernes, parce que ces citations qui sont très-fréquentes, sont souvent faites par les simples numéros des lois. Une circonstance ajouterait d'ailleurs à l'embarras. Après la loi *quæ legata* 18, la vulgate en donne une (*si filiusfamilias*) avec le numéro 19, qui manque aux florentines, et qu'on a placée sans numéro dans l'édition usuelle, de sorte qu'à partir de cette loi toutes celles des florentines et de l'édition usuelle ont un numéro de moins que celle de la vulgate, la loi 20 de celle-ci, étant la loi 19 de celle-là, et ainsi de suite. Au reste cette diversité de numéros s'observe assez fréquemment dans le digeste, comme on le voit en parcourant le *Promptuarium Cujacii*.

audeo extare aliquem digestorum librum, quo non idem error sit! et son assertion n'a point encore été contestée. Loin de là, Le Conte ayant vérifié la même erreur dans un grand nombre de manuscrits, dont un très-ancien, adopta l'avis d'Augustin, qu'il avait d'abord combattu. Il n'y a rien, dit-il, à répondre à l'argument qu'on tire de cette circonstance en faveur de l'*originalité* des florentines (37). Et en effet, comment supposer que les dernières feuilles de tous les manuscrits ordinaires auraient aussi été séparées par le même hasard, et ensuite rassemblées sans ordre et précisément avec le même désordre que celles des florentines, par les relieurs?

En second lieu, le copiste des florentines ayant omis le 8e titre du 37e livre, ou le titre de *conjungendis cum emancipato*, et s'étant aperçu de son omission après avoir transcrit le 9e, ou le titre *de ventre in possessionem*, plaça le précédent à la suite, de sorte que le 8e devint le 9e, et réciproquement. Cette erreur, rectifiée par Taurelli (et d'après lui, par Godefroi), fut reconnue à l'aide du premier index des florentines (*v. p.* 239) et d'une note grecque marginale, où le copiste l'avouait, et qu'on n'avait pas comprise dans les premiers temps, parce que le dernier mot en était mal écrit (38). Mais précisément elle se trouve dans les manuscrits ordinaires comme dans les florentines (39)..... Il faudrait donc encore supposer que par un second hasard non moins

(37) *Voy.* Augustin, lib. I, c. I, p. 8 et s.; Le Conte, disput., 1567, f. 24.

(38) *Voy.* Taurelli, adnotata, p. 3, col. I; Hoppius, d. p. 34; surtout Augustin, lib. I, tit. I, p. 11 et 12.

(39) Et par là même dans les commentateurs antérieurs à l'édition de Taurelli, tels que Albéric de Rosate, auteur du 14e siècle. — Voy. *ib.*, *édit. de* 1534, *Goth.*

étrange, tous les copistes des manuscrits ordinaires y seraient également tombés !

Aussi ces deux preuves, indépendamment de plusieurs autres telles que celle qu'on tire de la circonstance notée par Breneman, que plus les manuscrits ordinaires se rapprochent du temps de la découverte des florentines, plus ils leurs sont conformes (40), ont paru tellement décisives en faveur de son système, que suivant Guillaume Best, jurisconsulte du commencement du 18e siècle, la vérité en est évidente même pour les mendians et les barbiers, *jam Lippis et Tonsoribus notum est* (41).

Ce n'est pas que même en les considérant comme des copies des florentines, les autres manuscrits soient à dédaigner. Outre qu'ils peuvent avoir été rectifiés sur d'autres manuscrits anciens, perdus depuis, et servir au moins pour les passages effacés ou corrigés des florentines, il est une circonstance qui les rend dignes d'attention ; c'est qu'ils ont servi de texte aux travaux des premiers glossateurs, et l'on tient en général que les textes du droit romain approuvés par les premiers interprètes, sont les seuls que le barreau reçoive comme lois, d'après l'axiome vulgaire *quem textum non agnoscit glossa, eum nec forum agnoscit* : aussi dans les bonnes éditions du digeste, faites sur celle des florentines, a-t-on soin de noter, et Cujas recommande-t-il de consulter les variantes des autres manuscrits (42).

Mais quelque importance qu'on attache à ces ma-

(40) *Voy.* Breneman, p. 246.

(41) *Voy.* id., ratio emend. leg., 1707, dans Breneman, p 457. — Voy. *aussi* pour ce système, les auteurs cités à note 34, p. 242.

(42) *Voy.* Heineccius, opusc., p. 31. — *Voy. aussi* Cujas, observ. 11, 2; ci-devant p. 185, et ci-après ch. 4, p. 253.

nuscrits, il n'en est aucun, nous le répétons, qui entre en comparaison avec les florentines. Il n'y a qu'une voix sur ce point. Non-seulement elles les précèdent par l'âge, mais encore elles les surpassent par la correction et la pureté du texte. Quoiqu'elles ne soient pas exemptes de fautes (43), toutes les fois qu'il s'est élevé un différend sur une leçon, l'on a eu recours à elles comme à un oracle; ainsi que le firent entr'autres, Bartole et Balde, ou Accurse le jeune, au 13 ou 14e siècle (44). Des jurisconsultes estimés ont mis au nombre des circonstances heureuses de leur vie, d'avoir pu les examiner un instant, ou même y jeter un coup d'œil rapide (45). Enfin, le plus grand de tous offrait de déposer une somme énorme (deux mille écus d'or, qui vaudraient aujourd'hui environ trente mille francs), et de fournir la garantie d'un souverain (Emmanuel-Philibert, duc de Savoie), pour en obtenir le prêt pendant quelques mois; et jusques à la fin d'une carrière illustrée par l'estime et les éloges de tout ce qu'il y avait de plus distingué en Europe, même de son propre souverain, Henri III, Cujas exprima le regret d'avoir échoué dans ses tentatives (46). Exprimons-en ici

(43) *Nulli sunt vetustiores, nulli castigatiores*, dit Cujas, lib. 2, defin. Pap., ad. l. 2 de diversis. — Voy. *aussi* les éloges d'une foule d'auteurs, rapportés par Brencman, *p.* 193, 436 *et* 437.

A l'égard des fautes, *Voy.* Augustin, lib. 4, in f.; ci-dev. p. 238, n. 12 et suiv. — Taurelli cite aussi des omissions ou erreurs dans ses *adnotata*, mais elles sont en fort petit nombre.

(44) *Voy.* Augustin, lib. 1, c. 1, p. 8; Brencman, p. 197. — *Voy. aussi* Blaublomius, dans id., p. 415; Labbé, observ. in synops. Basilic., 1607, epist.

(45) On cite entr'autres Tudeschi, ou Panormitanus, et Budée. — Voy. *Brencman, p.* 407 et 411; et la note suivante.

(46) *Id unum post exactissimam in excolendâ suâ scientiâ adhibitam solertiam ad animum explendum sibi defuisse, in eoque desiderio se*

un autre. Plaignons-nous de ce qu'un vain espoir d'attirer à Florence et de s'attacher le prince des interprètes du droit romain, ait engagé Cosme Ier, (47), ce digne héritier de l'affection que les Médicis ont porté aux lettres, à refuser un service qui nous a privé, et peut-être sans retour, de l'ouvrage le plus utile pour la jurisprudence.

Il paraît en effet certain par l'histoire, qu'après avoir exploré en quelque sorte les florentines, Cujas voulait en donner une nouvelle édition (48). Or, cette édition eut vraisemblablement été reçue dans le barreau à la place de celle de Denis Godefroi, qui ne parut que plusieurs années après la demande faite à Cosme Ier, et où l'on prit pour modèle l'édition des florentines de Taurelli (*v. ci-après chap.* 4.) On aurait donc dès-lors, pu parcourir la carrière épineuse de l'interprétation du droit à l'aide d'un guide bien autrement éclairé (l'immense supériorité de Cujas sur Taurelli en est un garant), et si l'on réfléchit que l'édition de Taurelli, quoique imparfaite, avait déjà fait cesser d'innombrables difficultés occasionnées par l'inexactitude des éditions anciennes (49), on peut croire que la plupart

moriturum aiebat Cujacius. — De Thou, de vitâ suâ, l. 1, ad ann. 1573. — Jacques Godefroi et Conrad Crusius exprimaient le même regret. — Voy. *id.*, *dans Brencman*, *p.* 451.

(47) C'est ce qui résulte évidemment du récit de De Thou, au même lieu. *Tantum à Cosmo responsum, si Florentiam veniret* (*Cujacius*), *fore ut et libro ad plenam satietatem uti posset*, NEQUE AD SE ACCESSISSE IPSUM PŒNITERET.

(48) *Nàm quamvis fidelissimè expressus putetur* (le texte des florentines) *editione illâ quam Lœlius Taurellus procuravit*, *multa tamen potuisse fugere illum et Librarios*, *quæ proprio aspectu*, *et Libri tractatione se deprehensurum sperabat homo felicis diligentiæ* (Cujas), *idque Thuano sæpè dixerat.* — De Thou, sup.

(49) *Voy.* Cujas, de rat. doc. jur., dans Fabrot, viij, 1303.

du temps on eut été dispensé de compulser cette foule d'ouvrages consacrés à l'éclaircissement du digeste (50) ; ouvrages qui souvent ne font que jeter de nouveaux embarras dans une route déjà assez difficile par elle-même (51).

(50) D'autant que Cujas aurait eu sans doute le soin dont Taurelli s'est dispensé et que la plupart des modernes ont été hors d'état de remplir (voy. *ci-apr. ch.* 4) ; 1° de distinguer dans des notes toutes les corrections et additions faites aux florentines (voy. *ci-dev. n°* 15, *p.* 238) ; — 2° d'indiquer les variantes des autres manuscrits, et il en possédait un grand nombre de très-anciens ; — 3° de marquer les fautes des florentines elles-mêmes, fautes qu'il était si bien en état de démêler.

(51) *Voy.* à ce sujet, Heineccius, opusc., p. 31 et suiv.

CHAPITRE IV.

Des éditions du Corps du Droit romain, et entr'autres de la Norique, des Florentines, de la Vulgate et des Gloses.

Lorsque l'imprimerie fut inventée, on s'empressa d'appliquer cette découverte immortelle, aux ouvrages les plus usuels. La collection de Justinien dût à ce titre être bientôt choisie par les typographes. Mais dès long-temps elle ne paraissait en quelque sorte qu'accompagnée des gloses, des remarques et autres travaux des premiers interprètes du droit : ce fut avec tout ce cortège que son texte fut publié, et le seul texte reconnu par les glossateurs. On en imprima d'abord les diverses parties séparément; et les bibliographes citent des éditions des instituts, ou du code, ou du digeste, ou des novelles, de 1468 et années suivantes jusques à 1487. On ne les réunit pour la première fois qu'en 1489, et l'on ne donna même à leur collection le titre de corps du droit civil, que plus d'un siècle après (1). Malheureusement, soit négligence, soit défaut de critique, les glossateurs ne s'étaient pas attachés à en prévenir ou rectifier les altérations causées par le temps et par l'ignorance ou l'inadvertance des copistes. Il en est résulté qu'à l'inverse de ce qui s'observe dans les autres parties des sciences et des

(1) *Voy.* Camus, 3e édit., nos 275 à 281; actes de Leipsick, 1723, p. 29; Heineccius, opusc., p. 37, et surtout, Walch, introd. in lect. instit., c. 3, §. 9, p. 42, pour les instituts; et Brenceman, p. 260 et suiv., pour le digeste.

lettres, les premières éditions du corps du droit, ce qu'on nomme en bibliographie, les éditions *princeps*, ou faites sur les manuscrits, n'en sont point les plus précieuses; elles peuvent bien flatter la curiositémaniaque des bibliomanes, mais ellesne sauraient guère être utiles aux jurisconsultes. D'une part, elles sont imprimées en caractères gothiques difficiles à lire, et elles regorgent de fautes (2); de l'autre, le motif qui engage les savans à rechercher les éditions *princeps*, c'est-à-dire, l'espoir quelquefois réalisé, d'y trouver la solution des difficultés auxquelles donne lieu le texte des éditions postérieures (3), ne saurait exister, dumoins pour le digeste, puisque l'édition de Taurelli, de 1553, en est la véritable édition *princeps*, comme ayant été calquée sur le meilleur de ses manuscrits (*v. ci-apr., p.* 252.)

Ces éditions du 15e siècle, et celles du 16e à qui elles servirent de types, sont comprises sous le nom général de *vulgates*, pour les distinguer de trois autres éditions du 16e siècle, recon-

(2) *Voy.* Struve, bibl. jur., c. 3, §. 6; Brunquell, p. 361, §. 11. — Heineccius (*opusc.*, *p.* 38) dit cependant y avoir trouvé des renseignemens pour la *restitution* de plusieurs passages.

Boileau avoit sans doute en vue l'une de ces éditions, lorsqu'il dit (*Lutrin, ch.* 5, v. 223:)

> A ces mots, il saisit un vieil *infortiat*,
> Grossi des *visions* d'Accurse et d'*Alciat*,
> Inutile ramas de gothique écriture,
> Dont quatre ais mal unis formaient la couverture.

Mais ces vers, d'ailleurs si plaisans, si bien *frappés*, contiennent une critique injuste, en ce que le poète y traite de visions les remarques d'Alciat; et tout à la fois inexacte, en ce qu'on n'a pu joindre à une édition gothique du digeste, des notes d'Alciat, qui n'écrivit qu'après ces sortes d'éditions. — Voy. *ci-après*, *ch.* 6, *art.* 2, §. 4.

(3) *Voy.* Lagrange, note sur Senèque, 49e lettre.

nues depuis, pour les éditions *mères* (4) de toutes celles qu'ont cité les interprètes et jurisconsultes postérieurs, savoir : la norique ou édition de Grégoire Haloander, les florentines, ou édition de Taurelli, et ce que nous nommerons l'édition *usuelle*, ou édition de Denis Godefroi.

La *Norique* fut publiée de 1529 à 1531. On l'appele ainsi à cause de la ville de Nuremberg où on commença à l'imprimer et qui contribua aux frais de son impression (5) : mais d'anciens auteurs la nomment également *Gregoriani libri*, du prénom de son éditeur (6). C'est la première où l'on ait donné en lettres capitales les textes des lois, sénatus-consultes, édits des préteurs, etc. (7). Elle est encore consultée avec avantage, soit quant au code, soit quant aux novelles (*v. ci-apr. p.* 260; *et ci-dev. p.* 179.)

A l'égard du digeste, Haloander se servit d'un exemplaire de la vulgate sur lequel Louis Bolognini avait copié des corrections et additions marginales faites par Ange Politien, sur un autre exemplaire (édition de 1499), d'après le manuscrit des florentines (8). Mais Politien et Bolognini, manquaient des connaissances ou de l'attention nécessaires à un semblable travail, de sorte que celui d'Haloander s'est trouvé très-imparfait et même rempli d'erreurs; cela est généralement reconnu et nous nous en sommes assurés en comparant ses premiers livres à ceux de Taurelli (9). Enfin, il paraît qu'Haloan-

(4) *Voy.* Camus, 1re édition, n. 122; *voy.* aussi Struv., sup.
(5) *Voy.* Brunquell, p. 222, §. 10.
(6) *Voy.* Dyemenus, dans Meerman, iij, 324.
(7) *Voy.* Haubold, hist. jur. litt., p. 229, §. 76.
(8) *Voy.* Taurelli, præf. des Florent.; Struve, d. §. 6.
(9) *Voy.* Ménage, amænit., c. 8; Brencman, p. 327.

der le pressentait lui-même puisqu'il avait entrepris le voyage de Toscane pour examiner les florentines, lorsqu'il mourut à Venise, en 1532 (10).

Néanmoins, la norique ne doit pas être dédaignée. Elle peut être consultée avec fruit, surtout quant aux passages où les florentines offrent du doute ou de l'altération, comme l'ont pratiqué Denis Godefroi, Pothier (11), et d'autres jurisconsultes. Aussi dans beaucoup d'éditions estimées, celles de Charondas et Pacius, par exemple (*v. ci-apr. p.* 252), a-t-on eu soin de noter ses variantes.

Les *Florentines* ont été publiées à Florence, en 1553, par Lœlio et François Taurelli, père et fils, à l'aide des presses de Torrentin, et grâce à la munificence éclairée de Cosme Ier. Elles peuvent former et forment en effet deux ou bien trois volumes in-folio (nous connaissons des exemplaires de chaque espèce), selon le goût de leurs possesseurs, parce que chaque livre étant imprimé en tête d'une feuille, et n'y ayant qu'une seule pagination pour tout l'ouvrage, les relieurs peuvent le distribuer comme bon leur semble. On les considère comme un chef-d'œuvre de typographie, par la beauté des caractères et du papier et surtout par leur grande correction. Selon Taylor, elles sont la gloire de l'imprimerie, et Cujas les qualifie de présent digne de la divinité (12). Elles ont été imprimées en entier sur le manuscrit dont elles portent le nom, et dont l'examen et la collation a couté aux deux Taurelli

(10) *Voy.* Brencman, sup.; Camus, 3e édit., n. 282.

(11) *Voy.* entr'autres, Godefroi, Gl. ad l. 6, in pr., de action. empt. (xix, 1); et Pothier, Pand., ad. d. l., n. 68, note a.

(12) *Voy.* Camus, sup., n. 283; Schomberg, p. 82, note 9; Cujas, lib. 2 definit. Papin., ad l. 2 de diversis.

dix années de travail. Cette édition quoique très-rare depuis long-temps (13), n'a point été réimprimée avec exactitude (voy. *ci-ap. p.* 257), et c'est à elle par conséquent, qu'il faut avoir recours, au défaut du manuscrit, lorsqu'il s'élève quelque difficulté sur le texte du digeste, seule partie du corps du droit qu'on y ait reproduit.

Elle avait été précédée de quelques éditions d'abord assez estimées, et notamment d'une édition publiée à Lyon par Hugues de la Porte (*A Porta*), en 1536, réimprimée plusieurs fois dans les vingt années suivantes, et rédigée, soit d'après la norique, soit d'après diverses notes que Taurelli fils prétend avoir été dérobées à son père (14).

Elle fut bientôt suivie de plusieurs autres éditions capitales, connues surtout par le nom des jurisconsultes qui y présidèrent, telles que celles de Roussard, en 1561 et 1567; de Le Conte (*Contius*), en 1562 et 1571; de Charondas, en 1575; de Jules Pacius, en 1580; dans lesquelles on s'attacha à reproduire le texte des florentines, avec la même ortographe et les mêmes lettres, par exemple les mêmes majuscules (voy. *ci-dev. p.* 240). Si on l'eut fait avec exactitude, elles l'eussent emporté, du moins celles de Charondas et Pacius sur les florentines, en ce qu'elles contiennent des documens qui manquent à celles-ci. On y trouve en effet 1. les variantes de divers manuscrits et de la norique, seulement on a omis et très-mal à propos d'en indiquer les sources;

(13) *Rarissima est*, disait déjà Struve (§. 7) en 1720.

(14) *Voy.* id., préf. des Florent.; et pour les éditions d'A-Porta, ou autres à peu près du même temps, telles que celles d'Hervagius, de Vintimille et de Fradin (imprimée aussi par A-Porta), Struve, *sup.*, §. 6 et 7; Brencman, p. 267 et 292; Augustin, emendat., ij, 5; iij, 1, etc.

2. des explications des passages difficiles, extraites de Cujas et autres grands interprètes; 3. des sommaires indiquant les matières traitées dans chaque loi, sommaires tirés de Duarein pour les éditions de Roussard et de Charondas, et rédigés avec plus de développemens, par Pacius, pour la sienne (15).

A l'égard de l'édition de Le Conte, de 1571, du reste assez incommode à consulter à cause de l'exiguité de son format (il est in-18), elle nous a paru plus conforme au texte des florentines, que celles de Roussard, Charondas et Pacius : mais elle leur est fort inférieure à raison de la rareté des notes, de l'omission de la plupart des variantes, etc. Aussi selon Cujas, son principal mérite consiste-t-il à pouvoir facilement « être portée en une valise, ou, en la main (16). »

Enfin parut, en 1583, l'édition de Denis-Godefroi, que nous avons cru devoir nommer édition *usuelle* à cause de son succès, et pour la distinguer des précédentes. Quoique, sous le rapport du texte où Godefroi prit il est vrai, le plus souvent pour modèle, celui de Taurelli, mais qu'il puisa aussi en partie dans la vulgate, son édition soit bien loin d'égaler les florentines, néanmoins elle fut bientôt, probablement à cause de ses notes, plus concises, plus claires et plus utiles que les grandes gloses (voy.

(15) Son travail a été adopté dans les éditions de Denis Godefroi, de Van-Leeuven et autres postérieures, qui sont accompagnées de notes; si ce n'est qu'on y a omis, et fort mal à propos, la distribution que Pacius fait quelquefois de ses sommaires en classes, comme dans les lois 18, 20 et 25, *de hereditatis petitione* (l. 5, t. 3.)

(16) *Voy.* id., lett. du 15 nov. 1570, aux mss. Dupuy, vol. 700, n. 13. — L'édition de 1562, déjà citée, porte aussi le nom de Le Conte; mais on soutient qu'il n'en a revu que le code et les novelles. — Voy. *Bach*, *p.* 600, § 11.

ci-après p. 262), universellement adoptée dans les écoles, dans le barreau et dans les tribunaux des diverses nations européennes. C'est ce qu'attestait déjà en 1610, au bout de vingt-sept ans, Oswald Hilliger, et ce qui a été affirmé depuis, à diverses époques, entr'autres en 1720 par Struve, en 1728 par Jauchius, en 1740 dans la préface de l'édition de Van-Leeuven, en 1777 et 1805 par Camus (17). Dès-lors l'axiome que le seul texte reçu est le texte admis par les anciens glossateurs (voy. *p.* 245), a été modifié de fait, puisque celui-ci diffère maintefois du texte des florentines suivi le plus souvent par Godefroi... Dès-lors les éditions précédentes n'ont plus été utiles que pour éclaircir les difficultés qui naissent de l'obscurité de divers passages du texte, en les comparant aux leçons de ces éditions et surtout de celle de Taurelli (18). Dès-lors aussi toutes les éditions postérieures, telles que celles de Genève, 1624, et de Paris (Vitray), 1628, 2 vol. in-f°, qui sont les plus estimées, n'ont plus été, ni dû être que des réimpressions plus ou moins exactes de l'édition de Godefroi.

Il en est cependant deux qui méritent une mention particulière (19).

La première, est l'édition des Elzévirs, de 1663, publiée et revue par Simon Van-Leeuven. Quoique elle ne soit non plus qu'une copie de l'édition

(17) *Voy.* Hilliger, Donellus enucl., édit. 1619, préf., p. 3 (elle est datée de 1610); Jauchius, meditation. crit., aux actes de Léipsick, 1729, p. 86; Struve, d. §. 8; d. préf. de Van-Leeuven; Camus, 1re édit., n. 122, et 3e, n. 289.

(18) *Voy.* Silberadius sur Heineccius, hist., §. 417 et 391, 2e édit.; Struve, §. 7.

(19) On fait aussi l'éloge d'une troisième, celle de Halle, 1735, in-4°, avec une préface d'Heineccius. — Voy. *Camus, d. n.* 289.

de Godefroi, la beauté de son exécution typographique, et beaucoup de nouvelles notes interprétatives ajoutées d'après Anselme et Modius (*voy. ci-ap. p.* 261), lui ont donné un crédit qu'elle méritait fort peu sous d'autres rapports (20). C'est l'édition que les derniers typographes se sont attachés à reproduire, et l'on en recommande entr'autres, les réimpressions de Léipsick, 1688, 1720, 1726 1740; d'Anvers, ou Louvain, 1726; enfin, de Bâle (*Coloniæ-Munatianæ*), 1756 et 1781, celles-ci appelées vulgairement et par corruption, éditions de Cologne (21).

La seconde est l'édition de G. C. Gebaüer, publiée à Gottingue, en 1776 et 1797 (2 gros in-4°), par G. A. Spangenberg. Gebaüer l'avait préparée d'après les recherches manuscrites de Brencman, qui, vers 1718, fit exprès un long voyage en Italie et en France pour examiner les manuscrits du digeste et surtout les florentines (*v. p.* 242). Grâce à de tels documens, cette édition, du reste très-médiocre quant au papier et aux caractères typographiques, l'emporte sans contredit sur toutes les précédentes, si ce n'est toujours sur l'édition de Taurelli, parce qu'elle ne l'a pas non plus toujours reproduite avec exactitude, comme nous nous en sommes asssurés par l'examen de plusieurs livres.

(20) Leeuven l'a *souillée* d'une foule d'additions *très-ineptes*, dit Brencman, p. 298. Cette critique est sans doute trop dure, mais (nous l'avons reconnu) elle est en partie juste au fond. Voy. *d'ailleurs ci-apr., p.* 257, *n.* 1 *à* 6.

(21) *Voy.* Struve, c. 3, §. 8; Camus, d. n. 289.

Les tables chronologiques des lois, mises à la tête de ces éditions, fourmillent de fautes; mais il n'en est pas de même de l'histoire abrégée du droit, de Broë, qu'ils y ont jointe.

Struve, *ib.*, place mal à propos l'édition de Léipsick, de 1705, d'ailleurs très-belle, parmi les réimpressions de Van-Leeuven; elle n'a (comme celle de Vitray, de 1628) que les notes de Godefroi.

Mais quelque soit le mérite du travail de Gebaüer, comme l'édition de Godefroi est suivie, dans l'usage, depuis plus de deux siècles, c'est celle que nous devons surtout nous attacher à faire connaître.

Elle est calquée le plus souvent, on l'a observé, sur les florentines de Taurelli; mais outre que Godefroi ne s'y est pas entièrement asservi, il paraît qu'il a plutôt consulté les éditions, ou de Roussard, ou de ses imitateurs Charondas et Pacius, que celle de Taurelli, ce qui l'a entraîné dans plusieurs fautes.

1. Roussard (ou plutôt son libraire, quoique en dise Brencman), et successivement Charondas et Pacius annoncent à la suite de la préface de Taurelli, réimprimée en tête de leurs éditions, que les mots qu'ils placent entre ces deux signes ‖ ‖, n'existaient point dans les éditions antérieures; ce qui est vrai quant à la norique et à celles qui en sont dérivées, mais entièrement faux quant aux florentines et à l'édition de Le Conte, de 1571: néanmoins Godefroi et Vanleeuven ont adopté cette erreur, et ils comprennent les mêmes mots, savoir: le premier (édition de 1615), entre deux guillemets « », et le second entre deux crochets [ ]. Godefroi, il est vrai, n'explique point l'objet de ses guillemets, mais comme ils sont aux mêmes endroits que les traits ‖ ‖ de Roussard, Charondas et Pacius, on est porté à leur attribuer la même signification.

2. Godefroi et Leeuven emploient les mêmes deux [ ] pour désigner comme Charondas et Pacius les mots suspects d'altération (22); mais ils s'en

(22) Le plus souvent ils n'indiquent par aucun signe, les mots suspects; ce qui est une nouvelle source d'erreurs.

servent aussi pour les mots superflus que Charondas et Pacius désignent par deux { }, ce qui fait confondre aux premiers, deux et même trois choses très-différentes (23).

3. Godefroi et Leeuven placent bien entre deux parenthèses ( ) comme Charondas, les mots omis dans les florentines; mais ils y renferment aussi les phrases incidentes que, ni Charondas, ni Taurelli n'y ont incluses; ce qui fait encore confondre deux choses différentes. Observons à cette occasion, en premier lieu, qu'on ne trouve pas plus de parenthèses dans les manuscrits ordinaires, que dans les florentines (*ci-dev. p.* 237); en second lieu, que les parenthèses des éditions du corps du droit n'ont pas toujours, comme on vient de le voir, le même objet que celles des autres sortes d'ouvrages. Pacius est probablement (*v. sa préface*) le premier qui a inséré au corps du droit, des parenthèses pour distinguer les phrases incidentes, et Godefroi, Leeuven et autres éditeurs subséquens, ont reproduit les siennes. Mais Pacius avait eu le soin essentiel, qu'ils ont négligé, d'y joindre un autre signe (**), lorsqu'il s'en sert pour les mots omis aux florentines.

4. Godefroi et Leeuven omettent ou bien ne caractérisent point les leçons doubles du manuscrit des florentines, c'est-à-dire, les mots qui s'y lisent de deux façons parce qu'ils ont été corrigés d'une autre main que celle du copiste et que les corrections n'empêchent pas de lire encore les mots pri-

(23) Ils désignent même quelquefois, les mots superflus par deux parenthèses, comme dans la loi 14 *de transactionibus* (ij, 14). Autre source d'erreurs.

mitifs; leçons que Taurelli, Le Conte, Charondas et Pacius placent à leurs marges avec une †.

5. Ni Godefroi, ni Leeuven ne tiennent compte des mots ajoutés au même manuscrit postérieurement à sa première transcription, et que Taurelli, Charondas, Pacius et Le Conte placent entre deux astérisques **.

6. Ni Godefroi, ni Leeuven, ne donnent comme les mêmes éditeurs, les majuscules qui indiquent une gémination ou un changement de lettres à faire (*v. ci-dev. p.* 240.) Ils impriment seulement les lettres telles qu'elles ont dû exister après la gémination et le changement. Le lecteur est par là porté à penser que ces lettres étaient ainsi écrites dans le manuscrit, et que le texte ne peut offrir deux versions, tandis que averti par les majuscules il pourrait en chercher une différente de l'édition usuelle.

Du reste, on suit dans les éditions de Godefroi et Leeuven pour les titres et les lois et leurs inscriptions, l'ordre, la numération, etc., rétablis par Taurelli (24). On y a toutefois ajouté la subdivision des lois en paragraphes, qui existe dans l'édition de Pacius. On y a même (il paraît que ce travail est dû à Godefroi), en premier lieu, subdivisé les paragraphes où sont plusieurs décisions, en versets désignés par des †; en second lieu, indiqué par des italiques beaucoup de passages remarquables, et par des astérisques, plusieurs des règles générales. Enfin on y a remédié en quelque sorte dans les notes, à plusieurs des défauts que nous venons de signaler (25), et dont nous nous sommes assurés

(24) Par exemple, on a remis à leur rang naturel, les titres de conjungendis, de ventre, etc (voy. *ci-dev. p.* 244.)

(25) C'est-à-dire qu'on y annonce plusieurs des lacunes, additions,

par la comparaison de leurs éditions avec celles de Taurelli, Charonas, etc. (26).

Les observations précédentes sont relatives au digeste. Nous n'avons pas d'aussi grands détails à donner pour les autres parties de la compilation justinienne, également comprises dans les éditions d'Haloander, de Godefroi, Leeuven, etc., parce que nous n'avons pu faire le même travail comparatif.

A l'égard du CODE, il n'existe aucun manuscrit qu'on puisse proprement regarder comme original (27). Jusques à présent la norique en est considérée comme l'édition *princeps*, parce qu'elle fut faite sur beaucoup (une quinzaine) de manuscrits. Les éditions les plus estimées sont ensuite celles de Le Conte, 1562, in-8°, de Roussard, 1565 (collationnée également sur plusieurs manuscrits), et surtout de Charondas, 1575 (28). Mais l'édition de Gebaüer est encore préférable parce qu'elle contient les variantes de celles-là.

Elle conserve la même supériorité quant aux *novelles*, qu'elle reproduit avec la version vulgate, le texte grec et la traduction nouvelle d'Homberg; mais elle ne donne pas la version d'Haloander (*v. ci-dev. p.* 179), que Charondas avait réimprimée (1575) avec le même texte grec.

A l'égard des INSTITUTS, on court peu de risques

passages douteux, etc., indiqués par des signes, dans les éditions de Taurelli, Charondas et Pacius, et plusieurs des variantes des manuscrits et de la norique.

(26) Nous avons noté séparément à l'appui de chacune des six remarques précédentes, beaucoup d'exemples, qu'il serait trop long de rapporter.

(27) *Voy.* Augustin, emendat., iij, præf.; Brencman, p. 335.

(28) *Voy.* Struve, §. 6; Camus, n. 282; Brunquell, p. 265.

d'être égaré par les fautes du texte, parce que les bons commentateurs précédemment indiqués (*p.* 175), ont soin de rappeler dans leurs notes les variantes ou les leçons douteuses; et l'on peut consulter d'ailleurs le catalogue que Walch a donné des éditions les plus remarquables (29). Néanmoins on reconnaît généralement que l'édition publiée par Cujas en 1585, d'abord (en mars) in-fº avec les livres 21 à 24 de ses observations, et bientôt après (en juillet) séparément in-12 (30), est celle dont le texte est le plus pur; et en conséquence Gebaüer l'a aussi insérée dans son corps de droit. Il est vrai que comme l'avis préliminaire de l'édition séparée in-12, est mis sous le simple nom d'un étudiant (*studiosi cujusdam*), des savans distingués ont pensé que les notes seules en appartenaient à Cujas (31). Mais outre que cet avis est aussi inséré dans l'édition in-fº, dont le frontispice porte le nom de Cujas, il émane évidemment de ce grand jurisconsulte. Seulement on peut induire de l'espèce de voile dont il s'y couvre, qu'il n'avait pas revu avec scrupule le texte, qui est pourtant qualifié au frontispice, d'*emendatissimus*, et qu'en conséquence il ne voulait pas se rendre responsable du petit nombre de fautes qui auraient pu s'y être glissées.

Editions avec gloses. Les notes de l'édition usuelle, fruits du savoir et de la patience de Godefroi, auxquelles on a ajouté dans la suite, les remarques de Simon Van-Leeuven et d'Antoine-Anselme, et enfin celles de François-Modius ont été

(29) *Voy.* Walch, introd. in lect. inst., c. 3, §. 9, p. 42. — *Voy.* aussi Brunquell, p. 256, 288.

(30) *Voy.* ci-après, Vie de Cujas, éclairciss., §. 5, n. 25, 26.

(31) *Voy.* M. Hugo, magas. civilist., iij, 238 à 240.

puisées soit dans les notes de la vulgate dont elles contiennent des extraits ; soit dans les ouvrages des grands interprètes du 16e siècle, des Cujas, des Duarein, des Augustin, des Hottoman, des Le Conte, etc. (32). Elles sont, et moins nombreuses et moins étendues que celles de la vulgate ancienne, ce qui a fait appeler leurs éditions, les *petites gloses*, par opposition aux éditions des notes de la vulgate, nommées les *grandes gloses*, ou tout simplement *les gloses*.

On verra au chapitre VI, article 1er, que les gloses, ou interprétations des premiers jurisconsultes, recueillies, augmentées et publiées par Accurse vers 1227, jouirent long-temps d'une autorité au moins égale à celle de la loi. Elles sont bien discréditées depuis plus d'un siècle, et il y en a deux qu'on ne les réimprime plus. Cependant, outre que leurs dernières éditions ont été retouchées par d'habiles interprètes du 16e siècle, tels que Le Conte et Denis-Godefroi, qui ont eu soin, 1. d'indiquer par des notes (ordinairement à la marge) les erreurs des gloses relevées par Cujas ou par des interprètes antérieurs; 2. d'y joindre les remarques du même Cujas et les leurs propres, comme on le voit entr'autres dans l'édition de 1625 (33); par cela seul qu'on n'a long-temps reçu au barreau que les textes

(32) *Voy.* Brunquell, p. 360, §. 8 à 10; Pasquier, recherch., ix, 39. Les notes de Godefroi n'ont point de désignation, excepté lorsqu'elles sont suivies de celles des autres glossateurs, et alors on y a joint l'abréviation *Goth.*. Celles de Leeuven sont désignées par S. L., celles d'Anselme par *Ans.*, celles de Modius, par *Mod.*

(33) *Voy.* ib., notes sur les gloses ad l. 26, §. 12 et 13; l. 32, in pr. et §. 3, l. 38, in pr., et l. 40, §. 1, ff. de condict. indeb. (xij, 6); l. 11 et 18, de condict. furt. (xiij, x); l. 4, de condict. tritic. (xiij, 3); l. 2, §. 2 et 3, et l. 8 et 10, de eo quod (xiij, 4); l. 7, §. 1, commodati (xiij, 6); etc.

auxquels elles se rapportent (voy. *p.* 245), il est difficile de n'avoir pas à les consulter quelquefois. Voici les éditions que recommandent les bibliographes : Genève (par Baudoza), 1593 et 1614, 4 vol. in-4o ; Lyon, ou la Salamandre, 1549, 1550, 1554, 5 vol. in-fo ; Paris, 1576, 5 vol. in-fo (par Le Conte) ; surtout, 1o celle de Venise, 1574, 5 vol. in-4o, avec scholies et index ; 2o celles du Lyon moucheté, Lyon, 1589 et 1627 (celle-ci est la dernière édition des gloses), 6 vol. in-fo, dont le sixième est une table sous le titre de *thesaurus Accursianus*, rédigée par Brosseus et Hennequin. On y joint même quelquefois sous le titre de *tomus septimus*, un second index composé par Daoys, et complété par Th. de Juges, qui est plus considérable, fort estimé et très-rare, et qui a été imprimé en 1610, 1612, 1625, 1635 (34). A l'égard des cinq autres volumes, le premier contient le digeste ancien, le second le digeste in-fortiat, le troisième le digeste nouveau, le quatrième les neuf premiers livres du code, le cinquième, sous le titre de *volumen parvum legum*, les 10, 11 et 12es livres du code, les novelles, les instituts et les ouvrages annexés (voy. *ci-dev. p.* 147, 192).

La défaveur de la grande glose a un peu réfléchi sur la petite. Depuis le milieu du 17e siècle les éditions du texte dégagé de remarques, parmi lesquelles on distingue celles des Elzévirs de 1664 (c'est la meilleure), 1681 et 1700, 2 vol. in-8o, se sont beaucoup multipliées. Quelquefois seulement on y joint l'indication des textes correspondans aux lois qu'on rapporte, et des objets traités dans ces lois.

(34) *Voy.* Struve, sup., §. 15 ; Camus, sup., n. 291 ; Schomberg, p. 83, note 9 ; Brunquell, p. 361, 362, §. 11 à 14.

La première espèce d'indication se trouve dans les notes de deux éditions en 2 vol. in-4° très-usitées dans les écoles, l'une publiée par un professeur de Turin, en 1757, l'autre par Friesleben (Ferro-montanus), en 1720 ou 1721 sous le titre de corps de droit académique, toutes les deux, surtout la dernière qui est très-remarquable par ses tables (voy. *ci-ap. ch.* 7), réimprimées fréquemment (35). On y désigne sans aucune espèce de remarque, d'après les gloses de Godefroi (les éditeurs se sont à peu-près bornés à les extraire), par numéros et rubriques, 1. avec le signe *vide*, les lois dont la décision est à peu près semblable; 2. avec le signe *adde*, les lois ampliatives et explicatives; 3. avec le signe *facit*, les confirmatives; 4. avec les signes *imò*, ou *vide tamen*, ou *obstat*, les lois contraires.

L'indication des objets des lois est dans la même édition de Turin. Elle ne consiste que dans la répétition des sommaires de Pacius ou de Godefroi (*ci-dev. p.* 254), qu'on y a joints aux rubriques.

Mais toutes ces indications sont bien insuffisantes. Elles n'apprennent rien sur une foule de choses à l'égard desquelles on trouve des renseignemens dans les gloses de Godefroi; telles que, 1. les variantes; 2. les passages altérés; 3. les mots omis; 4. les antinomies et leur conciliation; 5. la version des termes grecs (voy. *p.* 238); 6. les usages, institutions ou professions qu'il faut connaître pour entendre les passages nombreux qui y font allusion; 7. les mots avec lesquels les éditeurs ont rempli les lacunes des manuscrits; 8. les négations omises ou superflues, etc.

(35) Le corps académique l'a encore été en 1789.

L'absence de ce dernier renseignement prouverait seule l'insuffisance des éditions de Turin et de Friesleben, puisque selon l'érudit qui a examiné avec le plus de soin les discussions de Cujas et autres habiles interprètes sur les négations du digeste, on n'en compte pas moins de quarante-sept à intercaller dans les florentines, de quarante-deux à en retrancher, et de quatre à transposer (36).

Nous pensons donc avec un savant jurisconsulte, qu'un avocat doit avoir dans sa bibliothèque, des éditions, du texte pur, et des deux gloses, ou au moins de celle de Denis Godefroi (37).

Doit-il y joindre des traductions du corps du droit en langue française?... Une traduction correcte et surtout exacte serait sans doute un secours utile, et l'on voit que les grands jurisconsultes du 16e siècle l'ont ainsi pensé, puisque plusieurs d'entr'eux, tels que Cujas, ont traduit en latin beaucoup de textes de la législation Grecque: malheureusement les traductions françaises, du moins les traductions imprimées avant 1807, époque où nous en avons publié un examen critique, fourmillent tellement de fautes, et de fautes grossières, qu'elles sont plus propres à égarer qu'a servir de guide dans la carrière épineuse de la jurisprudence (38).

Mais, ce qu'un homme de loi ne négligera pas de placer dans sa bibliothèque, c'est sans contredit les *Pandectæ Justinianeæ in novum ordinem digestæ*, publiées par Pothier, à Paris en 1748, réimprimées

(36) *Voy.* Jauchius, méditation. critic., aux actes de Leipsick, 1729, p. 85 à 91. — *Voy.* aussi Augustin, emendation., lib. 1, c. 2, lib. 4, c. 17.

(37) *Voy.* Camus, 3e édit., t. 1er, p. 285.

(38) *Voy.* nos observat. sur les traduct. des lois romaines, in 8o, Paris, chez Nève.

dix ans après sa mort, à Lyon, en 1782, 3 vol. in-folio, et dont on fait à présent deux ou trois éditions nouvelles. Ce recueil où il a distribué méthodiquement chaque titre du digeste, en chapitres, articles, paragraphes, etc., composés des lois ou parties de lois relatives aux sujets des intitulés de ces chapitres, etc., et puisées, soit dans le titre même, où elles étaient ordinairement jetées au hasard (voy. *p.* 157, *et ci-apr. chap.* 5), soit dans d'autres titres du digeste, soit dans ceux du code, en les liant entr'elles par des transitions qui leur donnent un sens suivi et sont imprimées en italiques pour les distinguer des textes; est peut-être l'ouvrage de droit le plus remarquable du dernier siècle..... On ne sait qu'admirer le plus, ou de l'immensité et de la difficulté de l'entreprise, ou de la simplicité des nouvelles divisions adoptées par l'auteur, de la pureté des définitions, de la clarté des explications, qui s'y rencontrent trop rarement.

Il s'y est, il est vrai, mêlé quelques fautes. Nous ne parlons pas des erreurs reprochées par des érudits allemands (39) à l'histoire du droit insérée dans les prolégomènes et que par cette insertion faite sans remarques, Pothier avait au moins adoptée (40), si comme on le prétend, il n'en est pas l'auteur; elles sont, ou à peu près insignifiantes, ou relatives à des faits plus curieux qu'utiles à éclaircir (41). Nous insisterions davantage sur ce qu'il n'indique pas

(39) *Voy.* act. de Léipsick, 1753, p. 433, 1755, p. 673.

(40) On en convient dans son éloge.—Voy. *d. Pandectæ, édit. de* 1782, *t.* 1, *in pr.*, *p.* 3.

(41) Par exemple, au véritable prénom de Papyrius, à la découverte des pandectes à Amalfi (voy. *ci-dev. p.* 13, *et p.* 208), au prénom de Noodt, etc — Voy. *d. act. de Léips.*

assez souvent les passages des auteurs auxquels il a emprunté ses notes, ou pour mieux dire de l'auteur, car la plupart sont tirées de Cujas (voy. *ci-devant page* 155); et sur ce que les analyses des décisions du code et des novelles qui modifient les lois du digeste, sont plus d'une fois rédigées avec peu d'exactitude, par exemple celles du droit nouveau des divorces et des secondes noces (voy. *édition de* 1782, *t.* 1, *p.* 57, 58, 88 *à* 90.)

Malgré ces défauts, les *pandectes* de Pothier offrent tant d'avantages, au moins aux jeunes légistes, qu'on pourrait les considérer comme l'ouvrage le plus utile peut-être du droit romain.

CHAPITRE V.

Du mérite et des défauts du Corps du Droit romain.

L'OUVRAGE qui a le plus contribué à la gloire de Justinien a été, comme son auteur (*v. ci-devant p.* 114), accablé d'éloges et de critiques également exagérés, à travers lesquels il est difficile de démêler la vérité.

Selon les uns, le corps du droit est une compilation indigeste (1), un véritable monstre composé de membres tirés d'une multitude d'être différens, et qui n'ont aucun rapport entr'eux (2). Imitant en quelque sorte un libraire ignorant qui lorsque des poètes et des philosophes lui auraient fait demander, les uns Homère et Virgile, et les autres, Aristote, enverrait aux premiers, les simples remarques d'Eusthate et de Servius, et aux deuxièmes, celles de Thémistius ou de Simplicius; au lieu de nous y donner le droit romain dans toute sa pureté primitive, c'est-à-dire, les lois anciennes, les édits des préteurs, les sénatus-consultes, etc., d'où il résultait, on ne nous en transmet que les commentaires (3). Ces commentaires ne sont pas puisés dans les ouvrages des

(1) *Voy.* M. Bellart, plaidoyer dans la Gazette des triban. de Drouet, t. 2, p. 63. — *Voy.* aussi id., ib., t. 6, p. 495.

(2) *Voy.* Bart. Faye, préf. des comment. de Connanus, p. 4, édit. de 1558; Doneau, commentar, 1596, t. 1, p. 4; critiques doctissimorum virorum, rapportées par Heineccius, préface de Vinnius, édit. de 1777, p. 4.

(3) *Voy.* Muret, de orig. jur., dans Otton, iv, 147; Hottoman, Anti-Tribonien, 1603, ch. 12, p. 87.

grands jurisconsultes de la république ou du commencement de l'empire, qui étaient de véritables romains, mais, dans ceux des juristes postérieurs, Grecs, Syriens ou Africains de nation, peu experts dans la langue et les institutions de Rome (4); encore se trompe-t-on souvent dans l'indication des auteurs de ces ouvrages (5). Bien plus, au lieu de rassembler les traités complets de ces juristes étrangers et modernes (6), on nous en rapporte seulement des fragmens d'un petit nombre de lignes, même d'une ou deux lignes, de trois ou quatre syllabes (7), bien peu dignes du titre pompeux de *lois*, par lequel les interprètes modernes se sont ridiculement habitués à les désigner (8). Tantôt en effet, et grace à un caprice inexplicable, composés en particulier de plusieurs décisions relatives à diverses hypothèses, tantôt ne comprenant que des parties de décisions dont les autres parties forment des lois distinctes (9); souvent tronqués,

(4) *Voy.* Anti-Tribonien, d. ch. 12, p. 88.

(5) *Voy.* Baudoin, proleg. de j. civ., 1545, p. 83; Pothier, proleg., part. 3, c. 2, n. 1; ci-dev. p. 155.

(6) *Voy.* Rebuffe, Anulus et Schomberg, cités à note 32, p. 80; Garcias, de expensis, 1671, p. 3, n. 5.

(7) « De deux ou trois mille traités faits par divers auteurs, il (Tribonien) en a pris une ligne de l'un, six de l'autre, neuf ou dix d'un autre: tellement que rapetassant ce corps, de tant de pièces, il semble avoir voulu faire, comme si un tonnelier qui aurait devant soi, un grand nombre de tonneaux, cuviers et poinçons, et après les avoir tous déliés, prenait quelques douves de plusieurs pièces diverses et différentes, et en reliait un vaisseau de nouvelle façon. » — *Anti-Tribonien, d. ch.* 12, *p.* 93. — *Voy.* aussi *ci-dev. p.* 156.

(8) *Voy.* Laurent. Valla, dans Ferrar. Montanus, instit. de jure nat., §. 8, p. 63, édit. de 1542.

(9) Cela se voit *sæpissimè*, et le seul motif qu'on en puisse donner est *sic volo, sic jubeo, sit pro ratione voluntas.* — Ferrar. Montanus, ib., p. 64.

altérés, ou interpollés, par le compilateur (10); quelquefois jetés au travers de règles dont le sujet leur est étranger (11), et presque toujours mêlés ensemble avec une telle confusion, qu'ils n'offrent de toutes parts que discordance (12).... il est aussi difficile de les comprendre sans le secours de l'interprétation, qu'il l'eût été aux anciens de découvrir pendant une nuit profonde et dans une forêt immense, le rameau unique (*Enéide*, *lib.* 6) à l'aide duquel on pouvait se tirer des enfers (13)... Ce n'est pas tout: une grande partie de ces fragmens est relative à des institutions anéanties avant le règne de Justinien, à des pratiques que leur inutilité, leur absurdité ou leur ridicule, avaient fait abroger ou tomber en desuétude dès long-temps avant le même règne, telles que les manières d'acquérir par la mancipation et le *jus quiritium*, les droits de successibilité des agnats, cognats, mères, filles, enfans émancipés; les stipulations solennelles, les formules des actions (14). Une autre partie est re-

(10) *Voy.* Cujas, Duarein, Baudoin et autres auteurs cités à p. 153, note 13, et p. 155, note 18.

(11) Il s'agit ici des lois *fugitives* (voy. à p. 159, Cujas et Doneau.)

(12) *Voy.* Duarein, oper., 1608, p. 291; Baudoin, sup., d. p. 83.

« En rassemblant ainsi tant de divers *Lopins*, il (Tribonien) n'a gardé ordre, suite, ni disposition, en aucune matière. Car, par exemple, dans le titre de la loi Julia des adultères, le premier morceau, extrait des livres de Triphoninus, appartient au dixiéme article de la loi, le deuxiéme, extrait de Jabolenus, appartient au sixième; le troisième, tiré de Papinien, appartient au premier, etc.; tellement que la loi qui est la dernière aurait dû être souvent la première; et qui plus est, ces propos s'entretiennent si mal et sont si tronçonnés et entrerompus, qu'ils ressemblent plutôt à un *coq-à-l'âne*, qu'à l'instruction d'un sage et avisé précepteur. » — Voy. *Anti-Tribonien*, *d. p.* 93.

(13) Critiques citées à note 2, p. 268; Ferr. Montanus, d. p. 64.

(14) *Voy.* Anti-Tribonien, d. ch. 12, p. 98, ch. 3, p. 13, ch. 4, p. 27, ch. 5, p. 32, ch. 6, p. 35, ch. 8, p. 53, ch. 9, p. 61; Nic. Reusner, de quat. obligat. caus., 1602, p. 4.

marquable par sa subtilité, qui pour la solution de questions importantes, oblige de s'attacher à de pures arguties scholastiques ou grammaticales (15)... Un autre se distingue par son obscurité qui la rend tellement inintelligible, qu'elle exigerait la perspicacité d'un nouvel OEdipe; ou par ses contradictions, qui ont épuisé la patience des hommes les plus habiles (16)... Une autre consiste en une foule de doubles emplois et de répétitions inutiles (17), ou dans des maximes si futiles, qu'il semble qu'on ait voulu y tracer les règles de quelques jeux d'enfans (18)... Une autre offre une instabilité bien étrange et bien nuisible dans un corps de lois, beaucoup de règles conservées dans certains titres, étant abrogées par des fragmens insérés ailleurs (19); soit parce que dans un chapitre on aura établi des règles d'après les principes rigoureux du droit, tandis que dans un autre on aura préféré s'en tenir à ceux de l'équité (20); soit plutôt grâces à cette inconcevable incurie qu'on a mise dans la composition de l'ouvrage. On l'y a en effet poussée à un tel point, qu'on a laissé subsister plusieurs décisions favorables au paganisme, dans ce corps de lois rédigé par des chrétiens zélés, et dont une des

(15) *Voy.* Anti-Trib., ch. 15, p. 119 et suiv.; critiques citées à n. 2, p. 268; Reusner, sup.

(16) *Voy.* Faber, conjectur., lib. 8, c. 8, etc, dans Chiflet, de juris architect., c. 2, n. 5, p. 8 (*Anvers*, 1651); Alciat, de verb sign., ad. l. ult., §. 1; Elenus, diatribar. jur., dans Otton, ij, 1452; Hottoman, op., 1599, ij, 70; d. critiques, citées à note 2, p. 268.

(17) *Voy.* Budée, ad l. ult., ff. ædilit. edicto; Hottoman, observ., vij, 19; Augustin, Straitman, Muret et Cujas, cités ci-dev., p. 151 et 152, notes 3, 8 et 9.

(18) *Voy.* d'Argentré, cout. de Bretagne, art. 456, in f.; Umeau, tractat. varii, 1655, p. 5.

(19) *Voy.* Cujas, obs., lib. 5, c. 38; Anti-Trib., ch. 6, p. 38 et suiv.

(20) *Voy.* Cujas, lib. 23 Pauli ad edict., ad l. pen., commod.

parties (le code) commence par des constitutions qui proscrivent avec rigueur, et le polythéisme, et toutes les sectes opposées à l'orthodoxie (21)..... Combien il est fâcheux que Justinien ou son ministre aient souillé en quelque sorte, de leur travail, cette belle jurisprudence ancienne! Combien sont à plaindre ceux qui sont chargés d'appliquer, interpréter et expliquer les tristes fruits de leur audace et de leur ignorance! Ne faut-il pas être imbécile, ou en démence, ou frappé de l'aveuglement le plus complet, pour essayer, comme certaines gens, de les justifier de leurs délits et de leurs sacrilèges (22)?....

Les apologistes tiennent un langage bien différent. Doués par la divinité, d'un entendement bien net, et d'un cœur bien franc (23), les romains avaient été choisis par elle, pour montrer au monde un *échantillon* de sa justice (24). Aussi, nouveaux registres du temple de Minerve, leurs livres de droit contiennent-ils les décisions les plus sages et les plus saintes qui aient jamais existé (25), et auxquelles celles

(21) *Voy*. Perrenon, animad., dans Otton, ii, 599; Freher, Parerg., ib., 919; Ferrandus Adduensis, explication., ib., ij, 530; Brunquell, p. 206.

(22) *Voy*. Rœvard, variorum, lib. 1, c. 17; Alciat, d. §. 1; Balt. Boniface et Baudoin, dans Chiflet, sup., n. 6 et 7; Muret, observat., c. 4, dans Otton, iv, 135.

« Et toutefois, dit Hottoman (*Anti-Trib., ch.* 12, *p.* 93), il s'en est trouvé de si sots, que de vouloir rédiger ce droit Tribonianique en art et méthode certaine, comme si quelque géométrien entreprenait de montrer l'artifice et proportion de ce vaisseau dont nous parlions (*ci-dev. note* 7, *p.* 269) ».

(23) *Voy*. Coquille, quest. et réponses, 1646, ch. 109.

(24) *Voy*. Zonaras, in constit. apost., dans Ferrière, hist. du dr., ch. 31, p. 382; Schomberg, préf., p. ij.

(25) *Voy*. Leuvius, de orig. jur., 1672, p. 722; Gendræus, ars digesor., 1644, c. 1, p. 2; Arth.-Duck, liv. 1, ch. 2, n. 5; Dumoulin, cout

d'aucun peuple connu n'ont été et ne seront jamais comparables, sous le point de vue de leur conformité à la raison et au droit naturel, de leur rectitude et de leur sublîmité (26); décisions sans le secours desquelles, en 1er lieu, l'ordre, la police et la paix ne régneraient point dans un état (27); en 2e lieu, les mœurs d'un pays ne pourraient être bien réglées; en 3e lieu, un particulier ne saurait acquérir une idée bien exacte du bon et du juste (28); décisions où les jurisconsultes romains marchent sur la même ligne que l'auteur (Salomon) du traité sacré de la sagesse, ou plutôt dont l'esprit saint lui-même semble avoir dicté les principes (29).... Oracles sincères de la vraie politique, receptacles ou trésors inépuisables d'équité, de justice, de doctrine et d'érudition (30), ces livres renferment toutes les connaissances imaginables et dispensent d'étudier dans d'autres, presque toutes espèces de sciences et jusques à la théologie (31).... Ils sont en quelque sorte la représentation, l'image de l'univers entier, et ils en bannissent l'iniquité (32)... Un art admirable y étincelle de toutes parts : il n'y a que des gens étrangers à toute notion d'ordre, des gens plein d'igno-

de Paris, des fiefs, tit. 1, n. 110; Mercadier, oratio, mss. lat. Bibl. R., n. 4509, p. 387.

(26) *Voy.* Calvin, parat. C., 1612, epist.; Leeuvius, p. 734.

(27) *Voy.* Maran, disc. politiq., 1621, p. 36, ch. 10.

(28) *Voy.* Cujas, epist. filio suo, ante tract. vj, Africani.

(29) *Voy.* Le Maître, plaid., 1673, p. 232; Gendræus, sup., p. 16; Balde, in cod., 1585, f. 116; le pape Jean VIII, au décret de Gratien, part. 2, caus. 16, qu 4, can. 17.

Selon Bonricius, jurisconsulte hollandais, le fait que les écrits des jurisconsultes romains furent inspirés de Dieu, est presque un article de foi. — Voy. *Bouchaud, acad. inscript.*, *xlj*, 57.

(30) *Voy.* Duarein, op., 1598, p. 1; Baudoin, prol., sup., p. 127.

(31) *Voy.* Gl. ad l. 10, §. 2, D. de just. et j.; Arth. Duck, d. n. 5.

(32) *Voy.* Pacius, inst., prol., p. 12; Umeau, d. p. 5.

rance et de méchanceté, des gens dont l'ineptie égale l'impudence, qui puissent en critiquer la disposition (33).... Pour tout dire en un mot, Justinien en les faisant recueillir et extraire méthodiquement fut le ministre de DIEU sur la terre (34), et, si l'on excepte l'écriture sainte, il n'est aucun ouvrage qui soit comparable à son corps de droit (35).....

Il serait difficile de trouver plus d'opposition entre deux sentimens, et il semble qu'il soit impossible d'en tirer quelque secours pour se former une idée juste de l'ouvrage qu'ils ont pour objet.

On peut cependant remarquer, 1. que les adversaires les plus acharnés du corps du droit reconnaissent qu'on y a conservé la meilleure et la plus saine partie de la jurisprudence romaine : que les lois y sont en général fondées sur les principes de l'équité et de la raison naturelle, tellement que toutes les nations modernes se sont empressées de les adopter, et qu'elles régissent encore aujourd'hui la plus grande partie de l'Europe : qu'il est infiniment probable que la plupart des livres des jurisconsultes d'où elles sont tirées, auraient été détruits comme un si grand nombre d'autres ouvrages, par la superstition, par l'ignorance, ou par les barbares du nord,

(33) *Voy* Cujas, paratit dig., tit. mandati; Heineccius, defens. Justiniani, in opusc., p. 225 et 226.

(34) *Voy.* Selvaghius, de orig. Pand., dans Otton, t. 1, p. 13; Maran, commentar. de æquitate, in op., 1671, t. 1, p. 62.

(35) *Voy.* Heineccius, sup., p. 223; Umeau, d. p. 6. — *Voy.* aussi, 1. l'éloge pompeux que Pothier (*proleg.*, *part.* 3, *c.* 1, *art.* 2, §. 3) fait du droit romain; 2. les dissertations où Heineccius (*ib.*, *p.* 280 *à* 288) et Terrasson (*part.* 3, §. 11 *et* 12) ont essayé de justifier Tribonien, de la plupart des reproches faits à son recueil; elles sont en général (surtout la dernière) assez faibles, et Heineccius avait d'abord embrassé un système différent. — Voy. *id.*, *antiqu.*, *præm.*, *n.* 25, *et hist.*, 2e *édit.*, §. 400.

si Justinien n'en eût conservé dans sa collection les fragmens principaux (36).

2. Les partisans du corps du droit tels que Maran, Umeau, Schulting, Pothier, conviennent de leur côté (37), qu'on n'y a observé aucune méthode raisonnable dans la division et sous-division des matières : que l'ordre chronologique et analytique y est perpétuellement violé : que la confusion est extrême dans la disposition des passages des divers empereurs et jurisconsultes.... Et si d'autres auteurs n'admettent pas formellement de semblables propositions, du moins, ils les admettent tacitement par les critiques, il est vrai éparses, mais très-nombreuses, qu'ils font de la disposition de tel ou tel livre, ou titre, etc. *Cujas*, par exemple, observe qu'il y a des titres qui n'ont été mis à la suite de leurs antécédens, que par *homonymie* ou ressemblance d'une partie de leurs intitulés, et non des matières ; qu'ainsi le titre *de recepto nautarum* (dépôt des vaisseaux) a été mis après le titre des juges arbitres appelés à Rome *judices recepti*, quoiqu'il n'y ait pas le moindre rapport entre ces matières. — Il avoue également que Tribonien, *in fragmentis pandectarum, ingentia admisisse flagitia* (38).... Enfin la plupart reconnaissent que les contradictions entre les décisions des deux sectes principales n'y ont pas été levées exactement (voy. *ci-dev. p.* 131), et qu'il y a des oppositions frappantes et

(36) *Voy.* Cujas, ad. tit. 4, lib. 6, cod. ; Ayrer, opusc. min., 1747, p. 453.

(37) *Voy.* Maran et Umeau, sup. ; Schulting, dans Hoffman, p. 585 ; Pothier, proleg., part. 3, c. 2, n. 1.

(38) *Voy.* Cujas, parat. dig., nautæ, etc. — *Voy.* aussi id, ad lib. 10 Pauli ad. edict., in pr. ; not. in inst., de rer. div., §. 34 ; obs., lib. 1, tit 22, lib. 5, tit. 38.

18.

tout-à-fait inconciliables, entre les textes de plusieurs lois ; et il suffit à cet égard, de renvoyer aux passages de Cujas et autres jurisconsultes, cités aux chapitres du code et du digeste, p. 149, note 28, p. 153, notes 11 et 12.

Ces aveux échappés aux esprits les plus divisés peuvent nous servir à fixer notre opinion sur la compilation de Justinien. C'est un monument dont l'architecture est très-vicieuse, soit dans l'ordonnance générale, soit dans les détails, mais dont presque tous les matériaux sont si bons qu'ils ont résisté aux injures des temps, et qu'ils servent encore à la construction d'autres monumens du même genre. Nous voyons en effet, 1. que la plupart des décisions des codes modernes, tels que le code Frédéric, pour la Prusse (39), et notre propre code civil, sont puisées dans les lois romaines; 2. que ces mêmes décisions sont en général supérieures en raison et en clarté aux règles qu'ils ont empruntées à des coutumes ou à une législation étrangères au recueil de Justinien. Combien, par exemple, les titres des contrats de notre code, qui sont en général des traductions du digeste, ne sont-ils pas supérieurs à ceux qu'on a tirés du droit français, tels que les titres des donations et testamens, de la communauté, et des hypothèques ? (voy. *aussi ci-dev. p.* 23[f])

Enfin, après avoir été déterminé par les changemens que le temps et les vicissitudes humaines ont apporté dans notre régime public, nos mœurs et nos usages, à substituer un nouveau droit à la collection Justinienne, on a été contraint en quelque sorte de la conserver pour servir de guide aux ma-

(39) *Voy.* en la préface, §. 28.

gistrats dans l'application et l'interprétation usuelles des lois modernes (voy. *ci-dev. p.* 230), et de flambeau aux jeunes légistes dans leurs études.

Cette dernière circonstance, si honorable pour le droit romain, mérite de fixer notre attention. C'est dans le tems même où on lui otait force de loi par l'acte final du code civil, qu'on créait (40) des écoles, dont la première chaire est affectée à l'exposition de ses principes. Le passage suivant d'un des hommes les plus savans et les plus éloquens de notre siècle, prouvera mieux que tout ce que nous pourrions dire, combien cette institution était jugée nécessaire.

« Une législation civile vient d'être donnée à la France; mais n'allez pas croire que vous puissiez abandonner comme inutile tout ce qu'elle ne renferme pas. Jamais vous ne saurez le nouveau code civil si vous n'étudiez que ce code. Les philosophes et les jurisconsultes de Rome sont encore les instituteurs du genre humain. C'est, en partie, avec les riches matériaux qu'ils nous ont transmis, que nous avons élevé l'édifice de notre législation nationale. Rome avait soumis l'Europe par ses armes; elle l'a civilisée par ses lois (41). »

(40) L'acte final est du 21 mars 1804 (30 ventôse an xij), et la loi de création, du 13 du même mois (22 ventôse.)

(41) Portalis, discours à l'acad. de législation, 23 nov. 1803 (1er frim. an 12), au Monit., p. 255. — M. Gary professe les mêmes principes dans le discours cité *ci-dev.*, *note* 26, *p.* 228.

CHAPITRE VI.

Des interprètes du droit romain.

Nous appelons interprètes du droit romain les auteurs qui en ont développé l'esprit et les principes et expliqué les décisions. Il ne faut pas les confondre avec les auteurs qui ont interprété le droit romain dans ses rapports avec la jurisprudence de notre pays, et dont on doit s'occuper dans l'histoire du droit français.

Nous parlerons d'abord des diverses classes des interprètes, des époques où ils fleurirent et des espèces d'ouvrages qu'ils composèrent. Nous traiterons ensuite de l'esprit général de ces ouvrages, de leurs défauts et mérite, de l'usage qu'on peut en faire.

ARTICLE Ier.

Des diverses classes ou écoles d'interprètes, de leurs ères et de leurs ouvrages.

Les premiers jurisconsultes qui entreprirent d'expliquer et enseigner le droit romain (voy. *ci-dev. p.* 212), soit que pleins d'admiration pour l'ouvrage de Justinien ils se crussent astreints à se conformer, et à sa recommandation de n'y insérer que des paratitles (*ci-dev. p.* 154), et à sa défense de le commenter, comme le pensent Gravina et Brunquell (1), soit que n'ayant point encore approfondi

(1) *Voy.* Gravina, de ortu, c. 184; Brunquell, p. 350 et s. — Ce sont les auteurs qui ont donné le plus de détails sur les anciens interprètes.

ce droit, ils fussent hors d'état d'en sonder les profondeurs et dévoiler les mystères, ce qui est beaucoup plus vraisemblable, se bornèrent à en expliquer les termes et les phrases, à chercher les hypothèses diverses auxquelles se rapportaient les décisions, et à donner des sommaires ou abrégés de ces décisions. Tel fut le travail principal du jurisconsulte auquel on attribue l'espèce de *renaissance* du droit romain (voy. *d. p.* 212), cest-à-dire, d'Irnerius, ou Warnerius, ou Warnier, ou Garnier, italien, ou peut être allemand, qu'on croit, 1. avoir appris le droit à Constantinople, ville où dans les temps d'ignorance, ceux des occidentaux qui voulaient acquérir quelque instruction, étaient obligés d'aller faire leurs études; et 2. avoir fleuri jusques au milieu du 12e siècle (2). Ce travail fut continué par les élèves d'Irnerius, Hugues Delaporte de Ravennes, Jacques, Burgundius, Bulgare, Martin Gosias, et successivement par leurs disciples, Roger Vacarius, Alberic Delaporte, Placentin, Pilius, Jean Bossianus, Lothaire, Azon, Hugolin, Jacques Baudoin, Rofredus, et enfin Accurse, qui y donnèrent plus de développemens (Voy. *ci-après, art.* 2, §. 1, *p.* 287 *et suiv.*)

On les appele du nom commun d'Irnériens, ou jurisconsultes de l'école d'Irnerius, ou bien les Sommistes (3), parce qu'ils faisaient des abrégés, ou sommes (*summœ*), telles que celles de Placentin et d'Azon, qui ont joui long-temps, surtout la der-

(2) *Voy.* Pasquier, recherch., liv. 9, ch. 34; Gravina, c. 143; Arth Duck, liv. 1, ch. 5, n. 10 et 14; surtout Silberad., sur Heinecc., §. 414.

(3) *Voy.* Durand, dit Speculator, de prescriptionib., 1567, p. 53; Selden, ad Fletam, c. 7, n. 4; Heineccius, hist., §. 342.

nière, d'un très-grand crédit (4); ou bien enfin les Glossateurs, parce qu'ils s'attachèrent surtout à composer les gloses dont nous parlerons bientôt, c'est-à-dire, des explications des termes obscurs des lois (5).

Lorsqu'on parle des interprètes par opposition aux jurisconsultes qui s'occupaient alors du droit canonique, on les appele encore du nom général de légistes, et quelquefois de civilistes, nom très-expressif, encore employé aux 16e et 17e siècles (6), et que aujourd'hui les allemands cherchent avec raison à réhabiliter. Peut être craignait-on de voir confondre les civilistes avec les canonistes, qu'on appelait aussi décretistes et quelquefois décrétalistes (7), dénominations tirées du décrêt et des décrétales, principales parties du droit canonique, et qui étaient si décriés que semblables aux augures de Rome, ils devaient, selon Hottoman (8) lorsqu'ils se rencontraient, avoir envie d'éclater de rire.

Les deux principaux disciples d'Irnerius, Bulgare et Martin-Gosias ayant à l'exemple de Labéon et de Capiton (*ci-dev. p.* 125), adopté des systèmes différens d'explication, d'après lesquels le premier s'attachait plus à la rigueur du droit et l'autre à

(4) *Voy.* Panciróle, de claris, lib. 2, c. 25; Gravina, c. 151; Brunquell, p. 349.

(5) Des termes, des expressions, *voces*, *Glossæ*. — *Voy.* Gravina, c. 144. — *Voy.* aussi Quintilien, instit. orat., lib. 1, c. 10; Pasquier, recherch., liv. 9, ch. 34.

(6) *Voy.* Montanus, de jure tutelar., c. 5, n. 30; Hottoman, quæst. illustr., c. 43; Chenu, quæst. 22, 38, 91, etc.; Vinnius, quæst. select., lib. 1, c. 35; Thomasius, delineat. jur., n. 144, 145, 158 et sequ.; Bach, lib. 4, c. 3, §. 4.

(7) *Voy.* Chenu, d. quest. 38; Thomasius et Bach, sup.

(8) *Voy.* id., épit. des comment. de Connan, édit. 1609.

l'équité, on distingua leurs sectateurs en deux espèces d'écoles, les bulgariens et les gosiens (9). Il en est souvent question dans la grande glose, dont le rédacteur, Accurse, qui était bulgarien, rapporte rarement l'opinion de Martin sans lui opposer celle de Bulgare ou de quelqu'un de ses disciples.

L'anecdote suivante donnera une idée de l'attachement que ces interprètes avaient à leurs opinions. La femme de Bulgare mourut après une dispute des deux écoles sur les cas de restitution d'une dot. Bulgare préférant sa doctrine à ses propres intérêts, rendit la dot, qu'il aurait dû garder en suivant les principes de Martin (10).

Les irnériens ou glossateurs fleurirent depuis 1128 jusques à environ 1227; du moins il résulte d'une note de la loi 16 au titre du code *de accusationibus* (*ix*, 2), où cette année est citée, qu'on travaillait encore à la grande compilation que nous allons indiquer. Ainsi c'est mal à propos que Struvé, Heineccius, Bach et autres en fixent la mise au jour à l'an 1220 (11).

On la dut à Accurse, qui, profitant des recherches de ses devanciers et y joignant les siennes, peut-être

(9) *Voy.* Thomasius, ib., n. 134 à 138, et Bach, sup., §. 3; surtout Gravina, sup., c. 145, 146.

(10) *Voy.* Pancirole, lib. 2, c. 15.

Le lendemain de son mariage avec cette femme, qui était veuve, où de mauvaise conduite, Bulgare eut à expliquer la loi 14, code de judiciis. A ces mots, *rem non novam neque insolitam agredimur*, par lesquels elle commence, ses élèves éclatèrent de rire, et applaudirent en faisant un grand bruit avec leurs livres. — Voy. *Gl. ad d l.; Pancirolle, d. c.* 15. — Cette anecdote a fourni un texte à Bayle (*mot Bulgare, note B*) pour des réflexions piquantes, mais beaucoup trop libres.

(11) *Voy.* Struve, biblioth. jur., c. 3, §. 15; Heineccius, hist., §. 342; Bach, d. c. 3, §. 5.

aussi considérables et surtout faites avec un peu plus de critique, publia ce qu'on nomme la grande glose, ou le recueil digéré des gloses déjà connues et de celles d'Accurse lui-même; recueil auquel on joignit ensuite, 1. quelques autres gloses de François et Cervot Accurse, ses fils, dont les dernières, beaucoup moins estimées ont reçu le nom particulier de gloses Cervotines (12); 2. les cas, ou hypothèses des lois (voy. *ci-apr. p.* 299).... Accurse donna son nom à une seconde classe de jurisconsultes que quelques auteurs, tels que Grotius, confondent avec la suivante, ou celle des Bartolistes.

Quoiqu'il en soit de cette classification, au fond assez superflue, puisque les Accursiens, sauf leur chef pour sa glose, ne sont guère plus consultés que les Bartolistes, c'est pendant l'ère de l'école d'Accurse que parurent les commentaires, ou explications plus développées, non-seulement des diverses expressions des lois considérées en particulier, mais encore des décisions des lois considérées dans leur ensemble (13). Elle embrasse un peu plus d'un siècle, de 1228 à 1340, et l'on y comprend les deux fils d'Accurse, Hugo ou Ubert Bobius, Odefroi, Vivien, Dynus, Pierre de Belleperche, Oldrad, Jacques de Bellevue, Cynus, Alberic de Rosate, etc. (14).

Bartolle et ses élèves ou imitateurs suivirent la même méthode, si ce n'est; 1. qu'ils donnèrent plus d'étendue à leurs commentaires et en firent même sur ceux des Irnériens et Accursiens (15); 2. qu'ils

(12) *Voy.* Pancirole, sup., lib. 2, c. 29; Camus, n. 291.

(13) *Voy.* Gravina, sup., c. 144 et 184; Bach, sup., §. 6.

(14) *Voy.* Bach, d. §. 6; surtout Gravina, c. 155 à 163; Brunquell, p. 362 à 365.

(15) *Voy.* Cisner, epit. des œuvr. de Duarein, 1608, p. 13; Gravina, c. 144.

composèrent des traités particuliers sur diverses matières du droit, genre d'ouvrage bien préférable aux commentaires, mais où malheureusement ils ne se distinguèrent ni sous le rapport de la littérature, ni sous celui de la méthode, ni sous celui de la critique, comme on le voit dans le recueil vulgairement appelé *tractatus tractatuum* (*Venise*, 1584, 28 *vol. in-fol.*), qui en contient un grand nombre (16); 3. qu'ils cherchèrent à faire l'application de leur doctrine aux questions agitées dans le barreau, à sa pratique et à ses usages (17). Ils occupent dans les fastes de la jurisprudence un espace de temps plus considérable que les Irnériens et Accursiens réunis. Du temps où fleurissait Bartolle jusques à l'époque où Alciat fit naître l'âge d'or, ou ce que Gravina (c. 144) nomme le printemps de la jurisprudence (18), on ne compte guère moins de trois siècles (1339 à 1518), pendant lesquels brillèrent Balde, le plus fameux disciple, et en même temps l'adversaire de Bartolle (19), Paul de Castro, dont on prétend que Cujas appréciait singulièrement les ouvrages (20), François Accolti, Cæpola, Gui-Pape, Salicéti, Curtius, Jason-Mainus, Riminaldus, Raphaël-Cumanus, Raphaël-Fulgose, Marien et Bartellemi-Socin, Alexandre-Imola, Alexandre d'Alexandre, etc. (21).

(16) *Voy.* Otton, thesaur., t. 1, præf., p. 2; Brunquell, 386.

(17) *Voy.* Gravina, c. 164.

(18) L'ère des trois premières écoles en est selon lui, l'*hiver*.

(19) *Voy.* Ant. Faber, de errorib., déc. 25, c. 2, n. 22; déc. 29, c. 1, n. 204.

(20) C'est de Catherinot que vient cette opinion, qu'il ne fonde au reste que sur un ouï dire. — Voy. *id.*, *remarqu. sur le testam. de Cujas*, *p.* 2. *Voy.* aussi *ci-apr. histoire de Cujas*, *éclairciss.*, §. 14.

(21) *Voy.* Cisner, d. p. 13; Heineccius, §. 346; Bach., sup., §. 7; Gravina, c. 165 à 169; Brunquell, p. 365 et s.

Les jurisconsultes de la quatrième classe sont communément nommés les Cujaciens, non que Cujas ait fondé cette école, puisqu'il vint à peine au jour, au moment où Alciat professait avec le plus d'éclat; mais parce qu'il y occupe le premier rang, et que par ses écrits distingués, il assura en quelque sorte le règne de la méthode qu'on y avait adoptée (22).

Ils s'attachèrent moins aux commentaires que les Accursiens et Bartolistes, et indépendamment des traités, ils donnèrent sous les noms d'observations, corrections, animadversions, notes, remarques, etc., une foule de dissertations sur des points particuliers de droit, sur le vrai sens ou texte des lois; mais ils ne firent pas autant que les Bartolistes, l'application de leurs interprétations aux usages du barreau (23).

C'est ici que s'arrête la classification des interprètes du droit romain; parce que si l'on excepte l'école peu nombreuse des Ramistes (v. *ci-apr. art.* 2, §. 5), qui ne s'est détachée qu'en partie, de celle de Cujas, et qui paraît n'avoir eu de faveur qu'en Allemagne (24), tous les jurisconsultes postérieurs ont suivi la même méthode, et le même esprit règne dans leurs ouvrages.

Que si l'on veut avec quelques auteurs, les subdiviser par nations et par siècles, on pourrait observer qu'au 16e, les jurisconsultes français, de l'aveu même des étrangers (25), l'emportèrent

(22) *Voy.* Gravina, c. 180; ci-ap., vie de Cujas, note 31.

(23) *Voy.* Stracha, de asseccurationib., 1658, p. 3 et 4; Gravina, d. c. 184; Brunquell, p. 366.

(24) Aussi Gravina n'admet que les quatre premières classes.

(25) *Voy.* Galvani (italien), de usufructu, dans Leyckert, vitæ claris-

en nombre et souvent en talens, sur ceux de tous les autres pays du même temps. On citerait alors à l'appui de cette assertion, pour les Français, Cujas, Duarein, Govéa (26), François Baudoin, François Hottoman, Doneau, Pierre Faber ou Du Faur, Antoine Faber ou Favre, Le Conte, Baron, Dumoulin, Pierre et François Pithou, Fernand, Boyer, Budée, Coras, Connan, Denis Godefroi, Brisson, Duranti, Bonnefoi, Roaldès, Lacoste (Janus à Costa), Roussard, Charondas, Baudoza, Maran, Ranchin, Philippi, Labitte, Robert, Mornac, Ayraut, Gordon, Français Broë, Jean Mercier, etc... On ajouterait que la plupart d'entr'eux, surtout les premiers, ne sauraient être balancés par les plus célèbres jurisconsultes étrangers de ce siècle, tels que Alciat, Sichard, Haloander, Wesembeck, Viglius, Giphanius, Modius, Borcholten, Valteïus, Scipion et Alberic Gentilis, Rittershusius, Oldendorp, Eberlinus, Matheus, Antoine Augustin, Scrimger, Agyleus, Jacques Ræward, Mendosa, Garcias, Pinellus, etc.

La justice exigerait d'un autre côté, d'avouer qu'au 17e et surtout au 18e siècle, les Français furent surpassés par les étrangers. En effet, pour un très-petit nombre d'interprètes, tels que (17e siècle) Mérille, Jacques Godefroi, Labbé, Ferrière, Fabrot, Hauteserre, Davézan, Ménage, Domat et (18e siècle) Pothier, dont trois seulement, les deux premiers et le dernier ont mérité

simor., 1686, préf., p. 7; Leyckert (allemand), ibid.; Gravina (italien), c. 175; Brunquell, p. 376; Heineccius, §. 349; Bach, sup., §. 10.

(26) Govéa naquit, il est vrai, en Portugal, mais il se fixa de bonne heure en France, et il y fit toutes ses études, tout comme il y composa tous ses ouvrages de droit. — Voy. *Moreri, h. v.; et notre hist. de l'Univ. de Grenoble; vers les notes 42 et suiv.*

une grande réputation; les autres nations ont à nous opposer (17e siècle) les Gravina, Bachovius, Pérez, Brunneman, Fontanella, Strauchius, Carpzovius, Lauterbach, Schilter, Jauchius, Corvin, Vinnius, Ramos, Farinaccius (27), Grotius, Wissembach, Antoine Mathæus, Hoppius, Bœkelman, Van-Leeuven, Van-der-meulen, Uber, Voët, Noodt; (18e siècle) Perizonius, Van-ek, Westemberg, Schulting, Bynkershoek, Boehmer, Gundlingius, Reynold, Éverard Otton, Heineccius (28), Brencman, Hoffman, Gebaüer, Brunquell, Mascovius, Cortius, Mylius, Ritter, Silberadius, Beger, Senkenberg, Walch, etc., etc.

Mais ces subdivisions plus curieuses pour la biographie qu'utiles pour la jurisprudence, ne changent rien à la classification précédente; car l'école des ramistes n'y fait pas proprement une exception, puisqu'elle ne diffère de celle de Cujas ou Alciat, que par une méthode particulière de discussion.

Si l'on désire d'ailleurs, des renseignemens sur la vie et les ouvrages de ces interprètes, on peut consulter les bibliographies et biographies du droit, telles que les bibliothèques de Lipenius, Simon, Struve et Camus, les vies des jurisconsultes par Taisand, les extraits que Ferrière et Terrasson en ont donné dans leurs histoires du droit, les *institiones litterariæ* d'Haubold, la notice des auteurs

(27) Prosper Farinaccio (né à Rome en 1554, mort en 1618), connu surtout par un traité de droit criminel, était fort méchant, et de plus adonné à un vice honteux. Le pape Clément VIII disait de lui, que la farine était bonne, mais que le sac ne valait rien.

(28) Heineccius occupe depuis un siècle, parmi les jurisconsultes allemands, le premier rang, qu'ils avaient long-temps accordé à Oldendorp. — Voy. *Journ. littér. d'Heidelberg*, 1813, *p.* 138 *et* 148.

jointe aux pandectes de Pothier (29); et pour ceux du 16e siècle, Gravina, chapitre 170 et suivans. L'ordre que nous nous sommes tracés ne nous permettait pas ces sortes de détails. Nous n'y avons dérogé qu'en faveur de Cujas, soit à cause de sa prééminence avouée, soit parce que ayant eu à citer presque à chaque instant dans notre ouvrage, ses travaux ou ses opinions, sa vie se trouve liée sous plusieurs rapports, à l'histoire du droit romain.

ARTICLE II.

De l'esprit général, des défauts et du mérite, et des principaux caractères des diverses classes d'interprètes.

§. Ier. *Des Irnériens, ou Glossateurs.*

Les critiques des derniers siècles ont traité avec beaucoup de sévérité les glossateurs. Barbarie de langage; défaut de logique, de goût, de tact, de bienséance, de critique; puérilités, inutilités, inepties, ignorance totale de la science de l'histoire et de l'antiquité si nécessaire pour l'intelligence d'une législation qui suppose à chaque instant la connaissance des actions, du régime et des usages du peuple qu'elle concernait; ignorance non moins profonde de la littérature et même des sciences les plus communes.... voilà les principales imputations par lesquelles ils sont parvenus, non-seulement à priver la grande glose de la prééminence étrange qu'on lui avait attribuée sur la loi, mais à lui enlever et fort injustement, presque toute espèce de crédit.

(29) Dans l'édition de 1782, t. 3, in pr.

En un mot, ils semblent avoir eu pour but de justifier la comparaison grossière d'un fameux critique qui assimilait le corps de droit glosé, à une robe d'or bordée d'excrémens (30).

Si nous examinons cette glose célèbre, qu'on peut regarder comme l'ouvrage de tous les irnériens, puisque Accurse et ses enfans y ont copié ou extrait leurs opinions et leur systèmes, nous reconnaîtrons que ces imputations sont pour la plupart malheusement fondées (31).

Que penser, par exemple, de latinistes qui, pour exprimer une bourse, une corde, la bourre des selles, nous ne fûmes pas contens de cette constitutions,... emploient ces termes : *bursa, una corda, borra sellarum, non fuimus contenti dictâ constitutione* (32)?

Les rangerons-nous parmi les logiciens?.... Ils blâment Ulpien et Justinien de définir la justice, une volonté constante de rendre à chacun ce qui lui est dû : cela ne peut, selon eux, convenir à l'homme, parce que le juste pèche sept fois par jour (33). — En rappelant que la loi ancienne faisait apprécier la puberté d'après l'état du corps de l'homme, ils en concluent que le juge doit pronon-

(30) Voy. *Rabelais, Pantagruel, liv.* 1, *ch.* 5. — « Au monde, continue-t-il, n'y a livres tant beaux, tant ornés, tant élégans comme le sont les textes des pandectes; mais la bordure d'iceux, c'est à savoir la Glose d'Accurse est tant sale, tant infame et punaise, que ce n'est qu'ordure et vilenie. »

(31) Nous avons parcouru les Gloses des deux premiers et de la première moitié du troisième livre des instituts, des neuf premiers livres du digeste, et du premier du code, et examiné un grand nombre d'autres gloses prises au hasard dans divers autres livres de ces trois parties du droit.

(32) *Voy*. Gl. ad. l. 22, ff. de minorib. (iv, 4); ad instit. de rer. divis., §. 22 et 37, et de legatis, §. 3 et 4 (ij, 1 et 20.)

(33) *Voy*. Gl. ad. l. 10, ff. de justit. et jure (i, 1.)

cer d'après sa conscience (34). — Ils expliquent l'accroissement insensible de terre (*l'alluvion*) que forme contre ses bords la retraite d'un fleuve, par l'accroissement rapide et invisible de la courge (35). — De ce qu'on ne peut extraire des pierres dans la carrière d'autrui sans une indemnité préalable, ils induisent que l'avocat a le droit de se faire payer d'avance ses honoraires (36).

Comment les affranchir du reproche d'avoir grossi leurs gloses d'explications et de recherches inutiles ou puériles?... ils prennent la peine de nous apprendre que les lois emploient *uti* pour *ut*, *esti* ou *etiamsi* pour *quamvis*, *nè* pour *ut non*, *nequè* ou *nec* pour *non*, *admodùm* pour *valdè*, *cæterum* pour *alioquin*, *petitor* pour *actor*, *atquin* ou *autem* ou *verò* pour *sed*, *unà* pour *simul*, *it* pour *vadit*, etc., etc. (37)... que *filii superstites*, et *minorem natu*, signifient la même chose que *filii vivi* et *minorem nativitate* (38),... que permettre, en termes généraux, de postuler pour un fils, une sœur, une femme, un pupille, c'est le permettre au père pour son fils, au frère pour sa sœur, au mari pour sa

(34) *Voy*. Gl. ad. instit. quib. modis finit. tut., in pr. (i, 22.)

(35) *Voy*. Gl. ad. instit. de rer. divis., §. 20 (ij, 1.)

(36) *Voy*. Gl. ad l. 13, §. 1, D. si servit. vind. (viij, 5.)

(37) *Voy*. Gl. ad constit. omnem (in prœm. ff), §. 1; ad l. 21, de in jn. voc. (ij; 4); ad. l. 7, in pr., quod metus causà (iv, 2); ad l. 24, §. 4, de minorib. (iv, 4); ad l. 32, §. 7, de receptis (iv, 8); ad l. 19, §. 5, de negotiis gestis (iij, 5); ad l. 1. in pr. et l. 13, §. 1, de dolo malo (iv, 3); ad l. 7, §. 10, de minorib. (iv, 4); ad l. 13, §. ad 1, de publicianà (vj, 2); ad l. 1, in pr., quod cujuscumque universitat. (iij; 4); ad l. 4, §. 3, de alienatione judicii (iv, 7); ad l. 31, de judiciis (v, 1); ad l. 20, §. 13, de hereditat. petit. (v, 3); ad instit. de militari testam., in pr. (ij, 11); ad id. de rer. divis., §. 41 (ij, 1); ad id. de att. tut., §. 5 (i, 20); ad l. 8, ff. quemadmod. servit. amitt. (viij, 6.)

(38) *Voy*. Gl. ad instit. de excusationib. in pr., et de adoptionib., §. 4 (i, 25 et 11.)

femme, au tuteur pour son pupille (39); que pour trouver le milieu d'un champ, il faut le mesurer avec une corde où l'on a fait un point (40); que les jeunes gens s'enfuient plus vite que les vieillards, etc., etc. (41)...

Quelque dures que soient les autres espèces d'imputations des critiques, il ne serait guère plus facile de les détruire. On nous citerait pour exemples d'inepties ou absurdités, les explications ou remarques suivantes. Le titre d'Auguste donné aux empereurs vient d'*Augeo* parce que leur but doit toujours être d'augmenter leurs états (42). — Lorsque Justinien parle de l'amour inné pour l'étude (*innato studio*), d'un magistrat auquel il adresse une constitution, c'est parce que ce magistrat avait été studieux avant et après sa naissance (43). — Si César fut ainsi appelé c'est peut-être parce qu'il fit ouvrir (*cædere*) le ventre de sa mère pour voir le lieu où il avait été conçu (44). — La toile d'un tableau est considérée comme l'accessoire de la peinture quand c'est un homme et non pas un ours qui a été peint (45). — Les choses inanimées telles que les machines ou mécaniques ne sont point censées commettre des fautes (46). — Lorsqu'à Rome on expo-

(39) *Voy*. Gl. ad l. 1, §. 11. ff. de postulando (iij, 1.) — Il y a une dixaine de Gloses dans le même goût sur chacun des mots de ce §.

(40) *Voy*. Gl. ad instit. de rer. divis., §. 22 (ij, 1.)

(41) *Voy*. Gl. ad l. 5, §. 6, D. commodati (xiij, 6.)

(42) *Voy*. Gl. ad constit. hæc quæ (in prœm. cod.), in pr., et ad constit. imperatoriam (in prœm. instit.), in pr.

(43) *Voy*. Gl. ad. d. constit. hæc quæ.

(44) *Voy*. Glos. ad constit. omnem (in prœm. ff.), in pr.

(45) *Voy*. Glos. ad instit. de rer. divis., §. 34. — Il est inutile d'observer combien il est absurde d'apprécier un tableau d'après la nature de l'objet peint, plutôt que d'après l'excellence du travail de l'artiste.

(46) *Voy*. Gl. ad l. 5, §. 7, ff. commodati.

sait ou livrait des hommes aux bêtes féroces (*qui bestiis subjiciuntur*), c'était, ou pour qu'ils les conduisissent, ou pour qu'ils mangeassent avec elles, ou pour qu'ils fissent alia bestialia (47). — Lorsque les ambassadeurs de Rome eurent réclamé des grecs, les lois dont on fit ensuite les douze tables (*ci-dev. p.* 17), avant de céder à leur desir les grecs voulurent d'abord s'assurer si les romains étaient dignes de recevoir des lois. Ils chargent un sage de les examiner. Les romains opposent un fou à ce sage, afin qu'en cas de revers dans cette sorte de lutte, on n'eut rien à imputer à la nation en masse. Le sage commence la dispute en s'expliquant par signes. Il léve un doigt vers le ciel pour montrer qu'il n'y a qu'*un Dieu*. Le fou s'imaginant qu'on veut lui crever un œil, répond qu'il en crévera deux pour un, et l'annonce en levant deux doigts, et par un mouvement naturel, il lève en même temps le pouce. Le sage croit alors que le fou répond que Dieu a trois personnes, qu'il parle, en un mot, de la *S. Trinité*: il riposte en ouvrant la main pour montrer que tout est découvert à Dieu. Le fou s'imagine qu'on veut lui donner un souflet, et il se met en défense en présentant un poingt fermé. Le sage interprète ce signe en ce sens que Dieu tient tout dans sa main... Et sur ce, il juge les romains dignes de recevoir des lois (48)!.. — Une loi retrace une convention par laquelle un particulier concède un doigt (*digitum*) d'eau : cela signifie qu'on a accordé autant d'eau qu'il en sort par le doigt de la statue d'où l'eau jaillit;

(47) *Voy.* Gl. ad instit. quib. mod. patria pot. (i, 12).
(48) *Voy.* Gl. ad l 2, §. 4, ff. or. jur. (i, 2).
Ne serait-on pas plus excusable que le cardinal d'Est, de s'écrier ici, *dove, diavolo, avete pigliate, tante coglionerie?*

car l'eau sort, tantôt par le bec, tantôt par le doigt, etc. (49) !.

On citerait ces passages pour exemples d'observations ridicules. Un mineur qui n'a pu manger sa portion d'une soupe de fèves, ne doit pas être restitué parce qu'il n'a point été trompé (50). L'expression *capitis deminutio* (changement d'état) ne doit point être entendue en ce sens qu'il n'y ait un changement d'état que lorsque on vous coupe la tête, *cum caput abscinditur* (51). — Dès que le changement de lit d'un fleuve peut priver un riverain de son fonds, les fleuves tiennent donc lieu de juges (52). — On nomme dans le droit les plongeurs, *urinatores*, peut-être parce que dans l'eau ils ont le regard aussi perçant que les médecins, qui à l'aspect des urines, devinent les maladies (53).

On prouverait par ceux-ci combien l'histoire et les antiquités romaines leur étaient peu connues. Et, pour l'observer en passant, il en était de même des Bartolistes, car Guillaume Durand, dit Speculator, Bartolle, Balde et presque tous les auteurs des 13 et 14e siècles ignoraient tellement l'histoire du droit, qu'ils appliquaient à la hiérarchie judiciaire de Rome tout ce qu'ils voyaient établi de leur temps (54). Pyrrhus et les grecs firent le *siége* de Rome... Appius-Claudius (le decemvir) était un certain *juge*.... La loi Hortensia fut portée par le

(49) *Voy.* Gl. ad l. 37, ff. de servit. præd. rust. (viij, 3.)

(50) *Voy.* le *casus* de l. 44, ff. de minorib. (iv, 4.)

(51) *Voy.* Gl. ad instit. de capit. deminut. (i, 16.)

(52) *Voy.* Gl. ad instit. de rer. divis., §. 23.

(53) *Voy* Gl. ad l. 4, §. 1, ff. de lege Rhodiâ (xiv, 2.)

(54) *Voy.* Hanius, disc. dans Wieling, p. 129.

Roi Hortensius (55). — Auguste voulait adopter *un certain homme* nommé Germanicus ; celui-ci n'ayant pas voulu y consentir, Auguste persuada *adroitement à un certain homme* nommé Tibère d'adopter ce Germanicus ; après quoi il adopta lui-même ce Tibère (56). — Les constitutions des empereurs romains furent d'abord rédigées en grec (57). — On appelait consulaire le fils ou le petit-fils d'un consul (58). — Les sénateurs étaient nommés pères conscrits, parce que pour les distinguer des autres citoyens on écrivait leurs noms en lettres d'or sur un diadême qu'ils portaient (59). — La loi Falcidia tire son nom de la faux (*falx*) parce que de même que la faux coupe le foin, de même cette loi coupe ou retranche les legs (60). — Les Romains entendaient par *labra* (c'était une espèce de vase), l'herbe appelée lèvre d'âne, et par *cucumella* (autre espèce de vase), une courge, un melon (61). — Pendant l'espace de quinze ans appelé *indiction*, les Romains levaient des impôts sur tout l'univers, savoir : au bout du premier quinquennaire, du fer pour armer leurs soldats ; au bout du deuxième, de l'argent pour les payer ; au bout du

(55) *Voy.* Gl. ad l. 1, §. 5, ℣. casum, ff. de postulando (iij, 1); ad l. 2, §. 24, de orig. jur.; ad instit. de jure natur., §. 4.

(56) *Voy.* Gl. ad instit. de adoptionib., §. 11 (i, 11.)

(57) *Voy.* Gl. ad constit. omnem (in proœm. ff.) et ad instit. satisdat. tut. vel curat., §. 2 et 3 (i, 24), où l'on cite des lois du code sous le titre de *græcæ constitutiones*. La dernière bévue est d'autant plus étrange, que la constitution citée (*l.* 2, *c. de magistratib. conveniend.*; *v*, 75) est d'Alexandre Sevère qui régnait un siècle avant la translation de l'empire à Constantinople.

(58) *Voy.* Glos. ad l. 35, § 3, ff. de receptis (iv, 8.)

(59) *Voy.* Gl. ad constit. cordi, de emendat. codicis (in. proœm. C.)

(60) *Voy.* Gl. ad instit. de lege falcid., in pr. (ij, 22.)

(61) *Voy.* Gl. ad l. 17, §. 1, ff. si servit. vind. (viij, 5.)

troisième, de l'or pour mettre dans le trésor public. JESUS-CHRIST n'était pas encore né lorsque Ulpien (il fleurissait deux siècles après) fit le traité dont on a tiré la loi 5 au digeste *de feriis* (ij, 12), et lorsque Justinien parvint au trône (c'est 527 ans après), ce qui empêcha celui-ci de se servir de l'ère vulgaire (62)....

D'autres passages ne prouveraient pas moins, soit leur ignorance de l'histoire naturelle et de la physique la plus grossière, tels que ceux où ils disent qu'une femme pourrait facilement accoucher de sept enfans; que le Coucou n'est pas engendré, mais naît de la terre (63).... Soit leur défaut de tact et de bienséance, comme lorsque à l'occasion du précepte d'après lequel il ne faut faire les lois que pour les cas les plus communs, ils concluent qu'il n'en faut point faire pour les bonnes femmes, parce qu'elles sont rares; mais bien pour les méchantes, parce qu'elles sont en très-grand nombre (64); lorsqu'expliquant la règle ancienne d'appréciation de la puberté par l'inspection du corps, ils disent qu'il s'agissait d'examiner si l'on avait une barbe ou bien deux barbes; lorsqu'ils observent que les *cloaca* étaient les lieux où les colons allaient *propter necessitatem sui corporis* (65); lorsqu'ils disent que Justinien avait trop bu, quand il prétend avoir fait le premier un changement à des règles des prescrip-

(62) *Voy*. Gl. ad nov. 47, in præf. et c. 1, et ad d. l. 5.

(63) *V*[illegible]. Gl. ad l. 28, §. 5, ff. de judiciis (v, 1); et ad l. 1, §. 3, de justitiâ et jure.

(64) *Voy*. Gl. ad l. 4, ff. de legibus (i, 2.)

(65) *Voy*. Gl. ad instit. quib. modis tutela finit. (i, 22); et ad l. 2, ff. de servit. præd. rust. (viij, 3.)

tions que, selon eux, d'autres empereurs avaient fait avant lui (66).....

Ne doit-on pas être surpris maintenant, d'entendre Gravina (*c.* 156) affirmer que si l'auteur d'une partie des gloses, et le compilateur de toutes, et par conséquent l'homme qui a plus ou moins participé aux fautes précédentes, Accurse, enfin, avait eu de l'élégance dans le style et avait connu la science de l'antiquité, il n'aurait peut-être rien laissé à faire aux interprètes subséquens?

On le serait avec plus de justice de l'éloge que Cujas fait d'Accurse, lorsqu'il dit au chapitre II du livre 3e de ses observations, publié en février 1557, qu'il le préfère à tous les interprètes latins ou grecs, s'il fallait prendre cet éloge à la lettre. En effet, comment dans ce cas le concilier avec ce qu'il avait dit deux ans auparavant dans ses notes sur Ulpien (tit. 6), publiées vers le 1er novembre 1554, qu'il préférait Govéa à tous les jurisconsultes présens ou passés (67)? Comment le concilier surtout avec les qualificatifs de *ridiculus*, *ineptus*, *absurdus*, *stultus*, *ineptissimus*, qu'il donne au Coryphée des glossateurs dans plus d'un passage (68)?...

(66) *Voy.* Gl. de Placentin et d'Accurse, ad l. Sancimus 5, in quib. causis in integr. restitutio (ij, 41); Cujas, not. ad tit. 40, lib. 2 cod. (éd. Fabrot, 1, 642).

Cujas y observe que l'assertion de Justinien était exacte. Par conséquent, la critique des glossateurs était aussi mal fondée que triviale et grossière.

(67) *Voy.* notre hist. de l'Univ. de Grenoble, note 42.

(68) *Voy.* id. lib. 3 Pauli ad edict., ad l. 14, jurejurandi; lib. 7, respon. Papin., ad l. 57, de usufructu; lib. 9 id., ad l. 58, de condict. indebiti; lib. 20 quæst. Papin., ad l. 72 de leg. 2°; lib. 13 respons. id., ad l. 15, §. fructus, ad l. falcid. — Voy. *aussi* pour d'autres critiq., id lib. 5 de id. ad l. 28, §. verbis, de testament. tut.; lib. 8 id., ad l. 77, §. fidei, de leg. 2°; lib. 1, id., de adulter., ad l. 12, de fundo dot.; lib. 3 quœst. Pauli, ad l. 41, de Pignerat. act.; comment. ad l. 43, verb. sign., au t. 10

S'il fait quelquefois, et notamment dans le chapitre ci-dessus, l'éloge d'Accurse, c'est parce qu'il le regardait réellement comme supérieur aux interprètes des premières classes, et qu'il se croyait obligé à une espèce de vénération pour les anciens interprètes, *quià soleo*, dit-il (69), *veterum interpretum venerari scripta;* et non point parce qu'il pensait qu'Accurse l'emportât sur les grands jurisconsultes du 16e siècle. Il est impossible que Cujas ait eu une semblable idée d'un homme à qui il donne les qualificatifs précédens, et dont il dévoile et réfute à chaque instant les erreurs. C'est ce qu'on voit entr'autres dans les tables de l'édition de 1614, en 4 vol. in-fol., intitulées *censiones in Accursium*, où l'on ne trouve pas moins de 172 erreurs d'Accurse discutées par Cujas, dans les 1ers, 2e et 4e volumes; et, sans compter celles du 3e volume, dont on n'a point fait de table, nous avons reconnu par un examen rapide des 1ers, 2e et 4e, que selon toute apparence leurs tables avaient omis un plus grand nombre d'autres erreurs discutées.

Mais quelque nombreuses et grossières que soient les fautes des gloses, dont nous avons rapporté ci-devant des exemples, on ne doit point pour cela dédaigner les travaux des Irnériens et surtout ceux d'Accurse. On peut au contraire, reconnaître avec Gravina, qu'on trouve dans la grande glose, l'exposition du sens de chaque loi considérée tant en général qu'en particulier; l'indication de tous les textes du corps du droit semblables ou contraires, soit en réalité, soit en apparence; la conciliation

de Fabrot, p. 926. — Voy. *également* Duarein, op., 1598, p. 599; Muret, observation., dans Otton, iv, 207.

(69) *Voy.* id., édit. de 1614, t. 3, supplém., p. 10.

par fois heureuse de ces derniers avec la loi dont on s'y occupe; l'extrait et la discussion de toutes les opinions qui y sont relatives; l'indication d'une foule de questions très-utiles pour la pratique, auxquelles donne lieu chaque texte annoté (70).

La grande glose nous offre donc des secours aussi abondans que précieux pour l'interprétation des lois romaines. Trop pénétré de leur importance, son auteur dit qu'ils donnent l'étymologie de son nom; qu'on l'appela Accurse parce qu'il avait fourni (*quod accurrit vel succurrit*) des moyens efficaces pour dissiper les ténèbres du droit (71). Il aurait assurément mieux fait de ne pas se donner lui-même un tel éloge, mais comme, selon la remarque de Baudoin, cet éloge est en partie fondé, il ne mérite point l'imputation d'arrogance que Coras lui a adressé à cette occasion (72).

Les Légistes des premiers siècles furent du moins bien éloignés d'adopter une opinion du genre de celle de Coras. Singulièrement frappés des avantages que leur offraient les élucubrations d'Accurse, ils les apprécièrent outre mesure. La glose fit longtemps négliger le texte de la loi, et lui fut même préférée. On eut craint de commettre un sacrilège, si l'on eut cherché dans la loi un sens différent de celui que les Irnériens ou Accurse avaient cru y découvrir. Enfin, la vénération qu'avaient inspiré leurs gloses alla en quelque sorte, jusqu'à l'idolatrie, ainsi qu'on le voit dans un passage très-connu

(70) *Voy*. Gravina, c. 155. — *Voy*. aussi Heineccius, hist., §. 346; Bach, sup., d. c. 3, §. 6.

(71) *Voy*. Gl. ad l. facta 63, §. 10, ff. ad S. C. Trebell. (xxxvj, 1.)

(72) *Voy*. Baudoin, proleg. de jure, 1545, p. 113; Coras, miscellan., 1549, p. 303.

de Raphaël Fulgose, auteur du 15e siècle (73) : *Heri dixit Cynus glossam timendam propter prescriptam idololatriam per advocatos, significans quòd sicut antiqui adorabant idola pro Diis, ità advocati adorent glossatores pro evangelistis. Volo enim pro me potiùs glossatorem quam textum. Nam si allego textum, dicunt advocati diversæ partis, et etiam judices: Credis tu, quod glossa non ità viderit illum textum sicut tu, et non ità benè intellexerit sicut tu? etc.*

Cette espèce bien étrange de culte n'est plus, ne doit plus être la nôtre. Chaque homme imbu des véritables principes du droit et qui en a un peu étudié l'histoire, peut tout aussi bien que les glossateurs chercher le sens des lois ; mais les avantages qu'offre leur travail et qui leur avaient procuré mal à propos une vénération servile, sont encore assez grands pour qu'ils aient droit à notre reconnaissance et que nous recourions plus souvent qu'on ne le fait aujourd'hui, à leurs remarques ou recherches.

En terminant ce long article sur les glossateurs, il faut observer que lorsque Accurse expose leurs opinions dans la glose, il les désigne rarement par leurs noms. Le plus souvent il emploie des initiales comme si ces docteurs fussent trop célèbres pour n'être pas devinés. Ainsi, il met *I.* ou *Ir.* pour Irnerius, M. pour Martin-Gosias, *B.* ou *Bul.* pour Bulgare, P. pour Placentin ou Pilius, mais plutôt pour le premier, *J.* ou *Jo.* pour Jean Bossianus, L. pour Lothaire de Crémone, H. pour Hugolinus.

(73) *Voy.* Hottoman, op., 1599, t. 2, préf. des consilia ; Bayle, mot Accurse, note b ; Brunquell, p. 359, 360 ; Heineccius, hist., §. 342. — Voy. *aussi* Maynard, arrêts, 1583, p. 906 ; Garsias, de expensis, 1671, p. 147 ; Broë, hist., §. 58 ; Heineccius, préf. de Vinnius, p. viij ; Gravina, c. 155 ; Struve, bibl., c. 3, §. 15.

Ajoutons que la première glose de chaque loi en développe les diverses hypothèses, ce qu'on en nomme les cas (*casus*), dans une note placée sans signe de renvoi, à côté du commencement du texte. Quelques unes de ces sortes de préfaces, conçues ordinairement sous la forme d'un dialogue sur l'objet de la loi, entre un maître et son disciple, ou entre Justinien et un de ses sujets, appartiennent à Accurse, mais la plupart sont de Vivien, un de ses contemporains, dont, en effet, le nom est souvent écrit à la fin de ces sortes de notes.

Ajoutons encore, qu'on cite quelquefois dans les gloses les questions *sabattines*, ainsi nommées parce qu'elles avaient été agitées dans des conférences tenues le samedi (74).

Remarquons enfin, qu'on y désigne par le mot *littera*, soit le texte des lois, soit le manuscrit qui le contient (*v. ci-apr.* §. 3, *note* 103.)

§. II. *Des Accursiens.*

Pour atteindre le but que nous avons eu en vue dans l'article 2, il suffit quant aux accursiens ou interprètes postérieurs à Accurse et antérieurs à Bartole, de remarquer avec Gravina (*ch.* 144 *et* 169), qu'on observe dans leurs ouvrages le même esprit, les mêmes caractères, les mêmes défauts que dans ceux des Glossateurs. Nous verrons d'ailleurs à la fin du paragraphe suivant, qu'ils n'ont pas été exempts du reproche d'ignorance en littérature, qu'on adresse à tous les anciens interprètes.

(74) *Voy.* entr'autres, gl. ad l. 7, ff. communi divid. (10, 3.)

§. III. *Des Bartolistes.*

Une semblable remarque s'applique à ceux-ci quant aux mêmes défauts; mais ils diffèrent sous d'autres rapports, des irnériens et accursiens.

Indépendamment, en effet, de l'application des principes du droit romain aux questions usuelles du barreau, à laquelle nous avons vu qu'ils s'attachèrent beaucoup, ils introduisirent dans leurs discussions la dialectique des Arabes, alors en grande vogue, et l'usage ou plutôt l'abus des citations; et ils mirent un grand désordre et une extrême subtilité dans leurs argumentations.

On sait que la dialectique se complait beaucoup dans les distinctions, divisions et subdivisions des questions et matières qu'elle traite. Bartole et ses sectateurs embrassèrent cette méthode avec une espèce de fureur. *Qui benè distinguit, benè docet*, dit Wesembeck, chef de l'école ramistique (*v. ci-apr.* §. 5), d'après les observations de Schneïdwin et Saliceti, tous les deux de l'école bartoliste, et dont le dernier passait, au 15e siècle, pour le monarque du droit (75). Qu'une matière soit susceptible ou non de division, que sa division puisse ou non être utile, que les motifs sur lesquels ils la fondent soient sensés ou puériles, que les principes du droit s'y adaptent ou la contrarient; tout cela est indifférent aux bartolistes : il faut absolument qu'ils divisent et distinguent. Chacun peut se convaincre de leur manie sur ce point en jetant un coup-d'œil sur quelqu'une des éditions de la grande glose, celle

(75) *Voy.* Wesembeck, not. sur Schneidwin, instit., prœm., §. 4; Taisand, vies, p. 511. — Voy. *aussi* Ferrandus Adduensis, explicationum, 1561, p. 10; et quant à la *dialectique*, Gravina, c. 164.

de 1625, par exemple, où l'on a inséré les sommaires de Bartole. En voici des exemples.

La constitution *omnem*, qui sert de préface ou *proemium* au digeste, est adressée par Justinien à Théophile, Dorothée et autres Jurisconsultes. C'est ce qu'énonce sa rubrique en ces termes : *imperator Cœsar Flavius Justinianus*, etc. (suivent ses titres), *Theophilo, Dorotheo*, etc. (suivent les noms et titres des autres), *salutem*. Bartole, après avoir observé que cette rubrique jointe à la constitution est une espèce de lettre, ajoute qu'elle a trois parties, dont la première qui va jusqu'au mot *Theophilo*, indique les noms et les qualités de celui qui écrit la lettre, la deuxième qui va jusqu'au mot *salutem*, ceux des personnages auxquels il écrit, et la troisième qui comprend le mot *salutem*, la salutation à eux faite (76).

Passe pour de telles puérilités qui n'ayant d'autre défaut que celui de grossir inutilement les volumes, ne peuvent égarer les juristes; mais il est d'autres divisions qui offrent ce grave inconvénient. Ainsi, avant de traiter de la jurisdiction proprement dite (77), Bartole la divise en six espèces qu'il qualifie de *maxima*, *major*, *magna*, *parva*, *minor et minima*. Il développe les caractères de chacune et leur applique des règles différentes. Mais cette division est entièrement fausse et par là même l'application des règles inexacte, comme l'ont établi Baron, Duarein, Govéa, Muret et Le Conte, qui réduisent à trois tout au plus, ces six espèces de jurisdiction. Ce qu'il y a de singulier, c'est que Bartole le recon-

(76) *Voy.* note sur cette rubrique, d. édit. 1625.

(77) *Voy.* dans la même édition, une espèce de préface placée avant le livre 2, tit. 1 (de jurisdictione) du digeste.

nait lui-même dans d'autres écrits, et néanmoins sa division sexenaire lui plaît tant, qu'il l'applique aussi à ce qu'on nomme *imperium* (sorte de juridiction), et qu'après l'avoir distingué en deux genres *imperium plenum* et *imperium mixtum*, il sous-divise chacun de ces genres en six autres, qu'il nomme aussi *maximum*, *majus*, *magnum*, *parvum*, *minus et minimum*, dont il assigne également les caractères, etc., et avec tout autant de justesse que pour la jurisdiction (78).

Il en est de même de presque toutes les distinctions dont abondent les écrits de Bartole, si l'on s'en rapporte au célèbre président Favre (79), qui en a examiné un grand nombre; et il faut bien que ce jugement approche au moins de la vérité puisque le grand panégiriste de Bartole, Gravina (*c.* 164), avoue qu'il fait un usage si immodéré de ses divisions, et de divisions si subtiles, qu'il pulvérise une matière plutôt qu'il ne la divise, et qu'il la réduit en quelque sorte en atômes que le vent emporte et disperse.

D'ailleurs lorsque les bartolistes prennent la peine de donner les motifs de leurs divisions, on en trouve de si puériles, qu'on n'est point étonné des erreurs auxquelles cette manie aura pu les entraîner. Nous en rapporterons encore des exemples.

Le plus célèbre disciple de Bartole, Balde, se fait demander combien Justinien a choisi de Jurisconsultes pour rédiger le code, et il répond que l'empereur considérant trois choses, savoir, *operis*

(78) *Voy.* les notes de Le Conte sur la même préface; Muret, observation., dans Otton, IV, 207.

(79) *Voy.* Ant. Faber, de erroribus, dec. 42, err. 9, n. 12.

ponderositatem, operis substantialitatem, et *operis utilitatem*, en a choisi dix, etc. (80).

Alberic de Rosate, contemporain de Bartole, voulant donner une idée de son livre sur le code, annonce qu'il sera *liber libans*, *liber librans*, et *liber liberans* : *liber libans*, parce qu'il délectera les lecteurs; *liber librans*, parce qu'il y pèsera le texte, les gloses et les opinions des docteurs; enfin, *liber liberans*, parce qu'il délivrera les étudians de leurs opinions erronnées (81).

Le mot *matrimonium*, selon Accurse, vient *à matre*, parce que la femme en se mariant est destinée à devenir mère. Un annotateur de la glose développe cette belle invention. Le mariage suivant lui a dû tirer son nom de la femme ou mère, plutôt que du mari ou père, parce qu'elle en supporte davantage les charges. En effet, dit-il, elle est *antè partum onerosa, in partu dolorosa, et postpartum laboriosa* (82).

Les citations ou allégations multipliées d'autorités sont un autre défaut des bartolistes. En général, ils s'occupent moins de chercher le véritable sens de la loi et d'appuyer leurs décisions sur une discussion raisonnée, que d'examiner si leurs prédécesseurs ou contemporains ont adopté ces déci-

(80) *Voy.* note de Balde sur la constitution *hæc quæ*, *de confirm. codic.* (in proœm. cod.), d. édit. 1625.

(81) *Voy.* id., édit. goth., 1534, in proœm. cod.

(82) *Voy.* note in gl. ad inst. de pat. pot. (i, 9), édit. 1625.

Il paraît que ce mode singulier d'explication a long-temps plu aux jurisconsultes allemands. Dans un éloge du professeur Harprecht, publié à Tubingue, en 1640, par Thomas Lanzius, on se plaint (p. 32) de ce que la plupart des élèves suivent le barreau trop tôt, lors même qu'ils sont encore FERÈ in Grammaticâ *pulli*, in poëticâ *nulli*, in logicâ *asini*, in rethoricâ *muli*, in musicâ *oves*, in arithmeticâ *boves*, in ethicis *porci*, in physicis *canes*, in mathematicis *bardi*.

sions, et ils s'empressent d'en rapporter avec luxe, les témoignages, préférant sans hésiter, l'opinion qui en a le plus grand nombre en sa faveur, à l'opinion opposée quoique peut-être mieux motivée. En un mot, selon la remarque d'Arthur Duck, ils n'approfondissent aucune matière, et ils suivent presque toujours, dans leurs décisions, l'avis de ceux qui les ont précédés. On compare avec justice, dit-il, nos docteurs à des *gruës* et à des *étourneaux, qui vont toujours à la suite des premiers oiseaux de leur troupe.* Aussi, a-t-on depuis, beaucoup plus estimé l'avis de cinq ou six bons jurisconsultes qui ont traité *ex professo*, d'une matière, que celui de cinquante interprètes qui ne l'ont qu'effleurée (83).

Mais il n'en fut pas d'abord de même. Dans les questions controversées, l'opinion adoptée par une très-grande partie des docteurs, qu'elle fut juste ou non, fut qualifiée d'*opinion commune*, et regardée par cela seul, comme une autorité irréfragable à laquelle les jurisconsultes, et, ce qu'il y a de plus étrange, les tribunaux étaient obligés de se soumettre (84). Aussi les bartolistes, qui, au 16e siècle, s'efforçaient de repousser le mode d'interprétation introduit par Alciat et consolidé par Cujas (*ci-apr.*, §. 4), tels que Forcadel, se

(83) *Voy.* Duck, lib. I, c. 8. — *Voy.* aussi Broë, §. 58.

Cependant il paraît que la manie des citations existait encore en Allemagne, au commencement du 18e siècle. Heineccius (*préf. de Vinnius, p. oiij*) s'en plaint en observant que les juristes qui ont pour leur avis, Sandius, Wesembeck, Schneidwin, Carpzovius, etc., *certam presumunt victoriam, seque jactant magnificè*, etc.

(84) *Voy.* Montanus, de jure tutel., 1656, in epist.; Morzius, de contractib., 1597, p. 4; Duval (Vallius), tractat. varii, 1617, p. 78; surtout Nevisan, silva nupt., 1602, p. 421, lib. 5, n. 3; Soares, observ. jur., dans Meerman, t. 5, p. 571.

faisaient-ils un titre de gloire, de ne point s'écarter des mêmes opinions (85).

On conçoit que d'après ce système, lorsque dans les questions controversées chacune des deux opinions opposées, auxquelles elles avaient donné lieu, avait en sa faveur un nombre à peu près égal de suffrages, les bartolistes devaient être fort embarrassés. On voit, en effet, qu'alors ils ne savent pas toujours faire un choix entre ces deux opinions (86). C'est ce qui a surtout remué la bile du fameux Hotoman : « Souvente fois, dit-il, dans son Anti-Tribonien (*chap.* 4), Tiraqueau, en ses traités enrichis prodigieusement de ces allégations et autorités chafourrées, après avoir entassé les témoignages et conformités de 100 ou 120 docteurs, tous accordant en une opinion, adjoute par après un tel ou semblable propos : et afin que tu sache, ami lecteur, qu'il n'y a rien en notre droit qui ne soit ambigu et mis en dispute ou controverse, je t'en veus ici raconter autant ou plus grand nombre qui tiennent l'opinion contraire, et sur cela desploie une grande liste d'autres docteurs opposés (87). »

« J'ai connu, dit aussi Thomas Delorme (avocat à Grenoble, au 17e siècle), un fameux jurisconsulte qui avait fait des recueils immenses des raisons

(85) *Voy.* ci apr. vie de Cujas, éclaircissem., §. 7, note 68. — *Voy* aussi Montanus, sup.

(86) *Voy.* Ferrandus Adduensis, sup., p. 10 et 11.

(87) Tiraqueau passe pour avoir mis au jour chaque année, et pendant trente années, un enfant et un volume. — Voy. *de Thou*, *hist.*, *ad. ann.* 1558. — Quoique il en soit de cette anecdote, que discute Bayle (*mot Tiraqueau*), il paraît que le jurisconsulte et littérateur Budée, portait envie sous ce rapport à Tiraqueau, puisque il se plaignait d'avoir produit plus d'enfans que de volumes. — Voy. *id.*, *mot Budée*.

pour et contre, et qui ne pouvait se déterminer à prendre un parti; semblable à l'âne de Buridan, qui mourut de faim entre deux picotins d'avoine, ne sachant auquel s'attaquer. Un peu de bon sens ne vaudrait-il pas mieux que tout ce fatras de doctrine sans discernement (88) ? »

Delorme aurait encore pu citer le fameux ouvrage intitulé *Silva nuptialis*, où Nevizan emploie ses deux premiers livres à prouver qu'il ne faut pas se marier, et les deux derniers à prouver tout le contraire.

D'après ce qu'on vient d'exposer de leur vénération pour les décisions des auteurs, on concevra plus facilement pourquoi les bartolistes ne s'attachèrent guère à pénétrer le véritable sens des lois. C'est là, en effet, un de leurs torts les plus graves. Il semble qu'ils aient rempli leur tâche lorsqu'ils sont parvenus à découvrir l'opinion des commentateurs qui les ont précédés : en un mot, ils ont moins commenté les lois que les gloses ou les commentaires des lois (89); tandis que les accursiens et surtout les irnériens s'étaient au contraire attachés à la discussion des textes (90).

A l'égard de la subtilité des Bartolistes dans leurs discussions ou argumentations, nous pouvons bien encore nous en rapporter au témoignage de leur apologiste Gravina (*c.* 164) qui leur en fait le reproche. Il convient que de la plus légère ressem-

(88) *Voy.* Delorme, aux mss. biblioth. de Grenoble.

(89) *Voy.* Em. Ferret, instit., 1543, epist.; Duarein, op., 1608, p. 289; Coras, variar. quæst., 1548, epist., p. 4; Baudoin, prolegom. de j., 1545, p. 115. — Voy. *aussi* Mérille, variantium, 1638, epist.; Vacca, dans Leyckert, vitæ, p. 356.

(90) *Voy.* Le Conte, op., 1616, p. 103; Hévin, arrêts, p 737.

blance dans les hypothèses ils tirent avec hardiesse des argumens en faveur de leurs systèmes ; et réciproquement s'ils aperçoivent la plus légère dissemblance, ils écarteront ceux qui naissent naturellement du sujet, et que les règles les plus saines de l'interprétation favorisent.... A quoi, Mérille ajoute que d'une décision particulière, ils font souvent, et sans hésiter, une règle générale, au lieu de la restreindre à l'hypothèse pour laquelle elle avait été établie (91).

Enfin, quant au désordre qui règne dans leurs ouvrages il suffira de rapporter ce passage de Muret : « Quel farrago ils nous ont laissé ! si un cultivateur jetait en un même monceau, du blé, de l'orge, des légumes, je doute qu'il y eut moins d'ordre que dans leurs commentaires. S'il s'agit de l'autorité des magistrats, ils diront aussi quelque chose des testamens... si de la vente, ils parleront des peines, etc. (92).

Et, si l'on pensait que l'espèce d'horreur que Muret avait conçu pour les anciens interprètes à cause de leur latinité barbare, le rend un peu suspect en cette occasion, nous lèverions tous les doutes en citant deux ouvrages très-répandus, d'auteurs du 16e siècle, le commentaire du chapitre *raynutius*, aux décrétales *de testamentis*, par Guillaume Benoît (*Benedicti*), Toulousain, et le traité de *pactis nuptialibus*, par Pierre Fontanella, Espagnol. Dans le premier, Benoît affecta d'appliquer aux divers mots du chapitre Raynutius, toute la matière des testamens ; sur quoi Simon observe qu'avec une

(91) *Voy.* Mérille, sup., p. 25, c. 11.

(92) *Voy.* id. dans Heineccius, hist., §. 346. — *Voy.* aussi id., observ. dans Otton, IV, 147 ; Duarein, d. p. 289 ; Cujas, ad l. 9, D. de just. et j,

pareille méthode, on pourrait faire venir tout le droit dans un commentaire sur les divers mots du *Pater* (93). Dans le 2e, Fontanella s'excusant d'avoir employé presque tout un chapitre à discuter les effets des actes d'un syndic de commune, « si on lui objecte, dit-il naïvement, que cela n'a point de rapport aux pactes nuptiaux, il répondra : *Vertè folium; nemo te compellit hoc legere.* D'ailleurs, ajoute-t-il, cela n'est pas aussi hors de propos que l'expulsion des Maures (d'Espagne), dont tant de juristes ont rempli leurs traités (94). »

D'après tout ce que nous venons de dire, on voit combien est ridicule cette opinion vulgaire, qui assimile en quelque sorte Bartole à Cujas en associant leurs noms lorsqu'on parle des chefs des jurisconsultes; et, quoique nous n'adoptions point l'opinion outrée de Govéa qui qualifie Bartole de *pessimus magister* (95), nous ne devons pas moins réclamer contre le rapprochement étrange de ces deux auteurs, qui n'ont presque de rapport entr'eux, que par l'étendue des ouvrages. Cujas lui-même était bien loin de se douter qu'un et deux siècles après sa mort, on oserait lui comparer Bartole, lorsque émettant son avis sur Accurse et déclarant qu'il le préfère à tous les glossateurs et même à Bartole, il ajoute que celui-ci ne dit que des choses vaines et stupides lorsqu'il s'écarte de l'opinion d'Accurse (96).

Bartole, il est vrai, a joui long-temps d'un crédit

(93) *Voy.* Simon, biblioth., t. 1, p. 44.
(94) *Voy.* id, ib., claus. 6, gl. 1, part. 4, n. 39.
(95) *Voy.* id., op., 1562, p. 300.
(96) *Voy.* id., obs., xij, 16. — *Voy.* aussi id., éd. de Scot, ij, 1293, 1294; Gravina, c. 155.

extraordinaire, soit en Italie, où un professeur était chargé d'expliquer ses ouvrages, en même temps que les lois et leurs gloses (97); soit en Espagne et en Portugal, où nouveau Papinien, ses décisions étaient regardées comme des suplémens aux loix; mais les universités et les monarques, qui dans le principe, lui accordèrent de tels honneurs, furent en quelque sorte excusables, parce que c'était avant l'ère de Cujas (98), à une époque où Bartole, connaissant, suivant l'expression de Gravina (*d. c.* 164), tout ce qu'on pouvait savoir dans son siècle, devait paraître un véritable prodige aux Européens grossiers du moyen âge; qui en effet, se sont complûs long-temps à lui prodiguer les qualifications les plus pompeuses, à l'appeler le Pilote de la jurisprudence, le Prince des législateurs, la Lumière du droit, le Miracle de la nature (99).

Nous n'avons point parlé jusqu'à présent de l'ignorance des bartolistes en littérature, parce qu'ils partagent ce défaut avec leurs prédécesseurs des deux premières classes. On a dû le pressentir d'après la latinité barbare des glossateurs dont les accursiens et les sectateurs de Bartole se sont pour ainsi dire,

(97) *Voy.* notre hist. de l'Univ. de Grenoble, not. 20.

(98) Dans le recueil d'arrêts du président de Bézieux, ouvrage d'ailleurs estimable, on avance (*liv.* 6, *ch.* 11, §. 8, *p.* 490, *édit. de* 1750) que Jacques Godefroi rapporte l'édit du roi de Portugal, qui accorde cette prérogative à Bartole; mais Godefroi au lieu cité dans Bézieux (c'est-à-dire, *ad leg. unic.*, *C.-Theod. de respons. prudent.*), loin de donner l'édit, se borne à l'indiquer en ajoutant cette remarque: « si l'on peut s'en rapporter à ce que dit sur cela J. B. Gazaluppis dans un ouvrage annexé au vocabulaire du droit. » Observons aussi que l'ouvrage de Gazaluppis avait paru en 1518 (voy. *Struve*, *bibl.*, *c.* 8, §. 11), ce qui est loin du temps où fleurissait Cujas, et encore plus Godefroi.

(99) *Voy.* Forcadel, op., 1595, p. 237; Morzius, de contractib., 1597, p. 4; Forget, paraphrase, dans Duverdier, bibl., 1585, p. 487; Taisand, p. 59 et s.

gardés de s'écarter (100), et que les cujaciens n'ont pas même entièrement bannie des ouvrages de jurisprudence; latinité qui, au jugement de Muret, est une espèce de *salmigondi* composé d'une foule de mots barbares, étrangers et inusités, et qu'on pourra apprécier par ces passages d'Aretin, jurisconsulte du 15e siècle : *multi testes viderunt aquam benè ire ad molendinum, et ipsum benè molere ... ista mulier benè gessit portaturam capitis secundum habitum nuptarum* (101). Les lettres grecques étaient encore plus étrangères à ces premières classes d'interprètes, car il paraît fort probable que comme le soutient Ferrandus Adduensis (102), Accurse ne savait pas même lire cette langue. Du moins il est certain qu'on ne trouve dans les gloses presque aucune discussion sur les mots grecs mêlés dans les lois (103), pas plus que de citations de bon poëtes ou prosateurs latins; et enfin, Cujas ayant remarqué que l'un des premiers

(100) Imola en faisait même une règle. — Voy. *dissert. à la suite du lexicon, édit. de 1573, p. 1207.* — aussi *Cujas, lib. 8, respons. Papin., ad l. 77, §. corum, ff. de leg. 2°; Gravina, c. 164.*

(101) *Voy.* Heineccius, hist., §. 346; Bayle, mot Aretin, note c.

(102) *Voy.* id., explication., 1561, p. 68.

(103) Accurse dit dans la Glose sur les instituts *de emptione*, §. 2, à l'occasion d'un passage d'Homère, *græcum est quod legi non potest*, ce qui signifie littéralement, que ce passage étant en langue grecque ne pouvait se lire ou s'expliquer. Quelques auteurs pour excuser Accurse, prétendent que cela peut signifier aussi que le grec du manuscrit dont il se servait, étant mal écrit ou altéré, ne pouvait être lu. Mais cette explication est dénuée de vraisemblance. Il faudrait en effet supposer, ou qu'Accurse n'avait à consulter qu'un manuscrit, tandisque il en cite souvent plusieurs en ces termes : alia littera (voy. *Gl. ad l. 3, §. 4, ff. de minorib.; et ad l. 16, §. 1, ff. de inoffic. testamento*), ou que le passage d'Homère était mal écrit dans tous les manuscrits, ce qui est absurde. D'ailleurs, le même passage étant rapporté dans la lo 1, *ff. de contrah. empt.*, Accurse aurait pu y avoir recours. Enfin, il pouvait encore faire consulter les Florentines, qu'il cite quelquefois e ces termes, *Littera Pisana.* — Voy. *Gl. ad l. 32, §. 16, ff. de receptis; ad l. 24, §. 1, ff. de judiciis; ad d. l. 16, §. 1, de inoffic.*, etc.

glossateurs, Jean, *videtur habuisse peritiam linguæ græcæ*, on peut présumer qu'il n'avait pas la même opinion des autres (104).

C'est ce qui justifie jusques à un certain point les critiques de Rabelais et d'Hottoman. « Les Accurse, dit le premier, dans son Pantagruel (*liv.* 1, *ch.* 10), les Bartole, Balde, Paul de Castro, etc., ignoraient tout ce qui est nécessaire à l'intelligence des lois romaines. Celles-ci viennent des grecs, sont pleines de mots grecs, et d'ailleurs écrites en latin le plus élégant qu'il soit, tandis que ces vieux rêveurs jamais ne virent de bons livres de langue latine. »

Voilà, s'écrie Hottoman, après avoir fait sur Tiraqueau la remarque ci-devant rapportée, « voilà le pauvre état que l'on a vu depuis deux cents ans entre ces docteurs scolastiques, qui les a rendus si odieux qu'à la fin on ne les a pas tenus seulement pour gens de gros et lourd cerveau, mais pour sophistes, chicaneurs, abuseurs et imposteurs de justice. Car, quant à la lourdise de leurs cerveaux enrouillés, quel est l'homme de sens qui puisse lire une seule page de ce qu'ils ont écrit hors les termes et questions de pratique, sans en rire comme d'un badinage, ou sans en avoir mal au cœur comme d'une ordure? Et si quelqu'un en veut avoir le passe temps, qu'il prenne la peine de lire ce que Bartole, ou Balde, ou Barbatias, etc., ont écrit sur les préfaces des pandectes; ou bien le procès où Bartole introduit le diable disputant contre la vierge Marie. »

Ce procès fameux que Bartole suppose avoir été agité devant Jesus-Christ, est en effet, un des jeux

(104) *Voy.* id., lib. 9 quæst. Papin., ad l. 66 de procuratorib.

d'esprit les plus bizarres qu'on puisse imaginer. Il y est question du salut du genre humain. La sainte Vierge y plaide pour les hommes. Le diable lui oppose d'abord des exceptions péremptoires et dilatoires; ensuite demande le possessoire et la réintégrande, etc., etc. Tout cela est appuyé de citations de lois romaines ou canoniques, que le diable repousse par d'autres, etc. On en trouve une notice dans les mémoires de l'académie des inscriptions (*t.* 18, *p.* 366), et d'après eux dans Villaret (*hist. de France*, *in*-12, *t. xj*, *p.* 176) et dans Terrasson (*mélang.*, *p.* 161 *et suiv.*) qui les a copiés sans les citer. Au surplus, ce procès prétendu, que nous avons eu la patience de lire dans l'original, offre au moins quelque utilité en ce qu'il donne une idée de la méthode d'instruction et discussion judiciaire au tems de Bartole; mais que dire d'un moine sicilien qui, à la fin du 18e siècle, a osé imiter Bartole, en imaginant aussi un procès devant Jesus-Christ entre la Sainte-Vierge et le diable, au sujet du rosaire, que celui-ci veut faire défendre à cause du grand nombre de prédestinés à la damnation, que cette pratique pieuse lui enlève (105)!..

Quelque mordantes que soient les critiques d'Hotoman et Rabelais, d'autres jurisconsultes, tels que Ferrandus Adduensis, Jean Mercier, Muret, Christophe Rupert et Heineccius, y ont encore enchéri (106): cela suffit pour donner une idée de la nature de leurs remarques, et de leur opinion

(105) *Voy.* Moniteur du 2 fructidor xiij. — Voy. *aussi* l'extrait d'un procès du diable contre Jésus-Christ, par Jacques Ancharanus, chanoine de Padoue, au 14e siècle, dans M. Bernardi, *éloge de Cujas*, 1775, *p.* 77.

(106) *Voy.* Ferrandus, sup.; Mercier et Muret, dans Otton, ij, 1557, iv, 147; Heineccius, hist., §. 38.

sur l'ignorance littéraire des trois premières classes d'interprètes. Il serait d'ailleurs à desirer pour la réputation de ceux-ci, que la critique n'eut à les reprendre que quant à cette ignorance, que surtout ils n'eussent point prêté au trait précis et énergique par lequel Cujas peint leur manière de traiter les questions de droit : *verbosi in re facili, in difficili muti, in angustâ diffusi* (107).

On peut en effet en citer, Arius Pinelli, par exemple, qui lorsque une loi très-claire ne peut absolument s'accorder avec leur opinion, terminent naïvement par dire qu'il faut passer sur cette loi *conniventibus oculis*, c'est-à-dire, qu'il faut feindre de l'ignorer (108). Encore vaudrait-il mieux qu'ils eussent toujours pris ce parti, que de donner, comme le remarque le président Favre, des explications, le plus souvent ineptes ou fausses (109), que de mériter l'application que leur fait Cujas d'un mot fameux de Cicéron, *nihil tam absurdum dici potest, quod non dicatur à quodam doctorum* (110); et enfin, que de lui avoir fait regarder comme le temps le plus mal employé de sa vie, celui qu'il avait consacré à les lire (111).

§. IV. *Des Cujaciens.*

Ils suivirent une méthode bien différente de celle des premières classes. Ils pensèrent judicieusement avec Alciat, fondateur de leur école, que

(107) *Voy.* id., lib. 5 respons. Papin., ad l. 17, de injusto rupto.
(108) *Voy.* Duperier, quest., liv. 1, ch. 9.
(109) *Voy.* id., de errorib., dec. 36, c. 3, n. 2 et 3; et jurisprud. Papin., 1667, in præfat., p. 7.
(110) *Voy.* Cujas, ad l. 5, in f., D. ann. legatis.
(111) *Voy.* id., obs., xxiv, 35; consult. 23.

les lois romaines, soit à raison de la langue dans laquelle elles étaient conçues, soit à raison de ce qu'elles avaient une relation directe avec des mœurs, des usages et un régime étrangers, ne pouvaient être bien entendues qu'avec le secours de l'histoire et de la littérature (112). Ils mirent à contribution tous les écrivains. Les poëtes comiques mêmes, tels que Plaute et Térence, leur fournirent plus d'une interprétation de textes obscurs, et le prince des orateurs romains fut peut-être l'auteur auquel ils empruntèrent le plus de lumières (113).

Mais quelque évidente que fut l'utilité de l'exploitation d'une telle mine, ce ne fut pas sans peine qu'Alciat parvint à persuader de l'ouvrir. Déjà avant lui, Christophe Castiglione, et deux de ses élèves, Raphaël Cumanus et Raphaël Fulgose l'avaient tenté sans succès. Les légistes entrainés par cet orgueil si propre à l'ignorance, les traitèrent et même ensuite Alciat avec un profond dédain. Ils censurèrent avec amertume et tâchèrent d'entraver par mille obstacles la nouvelle manière d'enseigner de ces jurisconsultes et successivement de Duarein, Baron, Coras, Govéa et Ferrier, qui l'avaient suivie (114). Ils soutinrent que tous ces novateurs ne cri-

(112) Les services qu'Alciat a rendu à la jurisprudence par sa nouvelle méthode, lui ont procuré de grands éloges. Superior entr'autres (*ad. l. 8, ff. de servitutib.*) l'appelle *virum omni laude dignum.* — aussi Bayle, mot *Alciat.* — Cependant Cujas ne parait pas le regarder comme un grand jurisconsulte. Alciat, dit-il, quelque part, cite mal, tord les citations, en abuse, etc. — aussi ce qu'il en dit dans son *mercator*, *lib. 2, c. 29, in f.*

(113) Au commencement des volumes de Cujas, édition de 1614, on a donné une table des auteurs dont il a cité ou discuté des passages. Dans le seul tome 4e, Cicéron est cité plus de 90 fois. Quant aux autres *voy. ci-apr. vie de Cujas, éclairciss.*, §. 27, *n.* 3.

(114) *Voy.* Baron, variar. quæst., 1548, epist.; Scrimger, novell.,

tiquaient les œuvres des accursiens et bartolistes que parce que, semblables aux chiens qui aboient contre les inconnus, ils étaient hors d'état de les comprendre (115). Ils affectèrent de regarder leurs excursions littéraires comme un badinage puéril, et dans l'objet de les décrier aux yeux du vulgaire, ils leur infligèrent les noms de jurisconsultes grammairiens ou humanistes, s'attribuant à eux-mêmes celui de jurisconsultes réalistes, comme si leurs discussions seules eussent un objet réel, fussent seules de quelque utilité pour la décision des questions judiciaires (116). Les premières qualifications ne furent pas même épargnées à Cujas, et l'un de ses ennemis, Jean Robert, qui les reproduisait avec délices, lui reprocha en outre, comme si c'eût été l'action la plus vile pour un jurisconsulte, d'avoir enseigné la grammaire dans sa jeunesse (117).

Les succès de la nouvelle école la vengèrent de ces mépris. Tous les jurisconsultes, si l'on en excepte les Italiens et les Allemands, qui se traînèrent sur les pas des bartolistes, les premiers jusques au milieu, et les autres jusques vers la fin du 17e siècle (118), s'empressèrent d'adopter son système, et

1558, epist.; Exca, de jurisdict., 1559, p. 6; Govea, op., 1562, p. 148; surtout Cisner, sur Duarein, op., 1608, epist.; ci-ap, vie de Cujas, éclaircissem., §. 20, n. 2.

(115) *Voy.* Pardulfus Prateius, jurisprud. media, publiée en 1560; dans Otton, iij, 574.

(116) *Voy.* Augustin, emendation., lib. 2, préf.; Duarein, op., 1608, p. 201; Cisner, sup.; Ant. Faber, cod, in epist. ad Senatum; Pasquier, recherch., liv. 9, ch. 39; Laroche-Flavin, des parlemens, liv. 1, ch. 28, n. 29; Bayle, mots Alciat, note H, et Aretin, note C.; Bach, d. c. 3, § 9; surtout Gravina, c. 170.

(117) id., *Voy.* animadv., lib. 1, c. 21, lib. 2, c. 23 et 26, lib. 3, c. 20.

(118) Dans sa vie de Baudoin, publiée en 1738 (voy. *id.*, *op. iij*, 268

bientôt la barbarie fut presque entièrement bannie de la jurisprudence.

§. V. *Des Ramistes.*

Cette école, démembrée de celle d'Alciat et Cujas, a appliqué à la manière de traiter et enseigner le droit, la méthode philosophique du fameux Ramus, d'où elle a tiré son nom (119). Mathieu Wesembeck, né à Anvers, en 1531, professeur de droit à Iéna, dès 1558, et successivement à Wittemberg, en 1568, introduisit cette méthode (120). Il eut bientôt des imitateurs, entr'autres Corneille Brederode, qui la suivait déjà en 1593 (121), et Valentin-Guillaume Forster, aussi professeur à Wittemberg, qui en faisait l'éloge vingt ans après (122). Enfin, il paraît qu'elle était encore en faveur en Allemagne, vers le milieu du 18e siècle (123). Elle consiste à rechercher dans chaque matière ses causes, dont on distingue quatre espèces, la matérielle, la formelle, l'efficiente et la finale (124), que Jean Bellon, jurisconsulte toulousain et ramiste, nous explique ainsi. La cause matérielle d'un gobe-

Heineccius avoue que 30 années auparavant, on disait encore en Allemagne, que les ouvrages de Cujas, Duarein, Hottoman et Baudoin, ne pouvaient servir de rien pour la jurisprudence.

Quant aux Italiens, ce fut un jurisconsulte nommé Nicolas Bonaparte, professeur à Pise, vers le milieu du 17e siècle, qui le premier mit en faveur les ouvrages de Cujas (voy. *Heineccius*, *de vitâ Chesii ; in ej. op.*, *t.* 3, *part.* 1, *p.* 333); mais depuis, c'est le pays où ils en ont eu le plus, puisque dans le 18e siècle, on y en a donné trois grandes éditions avec deux tables générales. — Voy. *la vie de Cujas*, *éclairciss.*, §. 27, nº 4.

(119) *Voy.* Pasquier, recherches, liv. 9, ch. 18.

(120) *Voy.* Brunquell, p. 385 à 388; Bach, p. 709, §. 13.

(121) *Voy.* id., resolutio dialectica, etc., in 8°, Bâle.

(122) *Voy.* id., interpres (daté de 1613), dans Otton, ij, 968.

(123) *Voy.* Bach et Brunquell, sup.

(124) *Voy.* Taisand, vies, mot Wesembeck; Brunqu., sup.

let est l'or dont il est fabriqué; la formelle est celle qui lui donne la forme, *ut ex massa aurea scyphus formam poculi assumpsit;* l'efficiente est celle *ex quâ fit aliquid*, par exemple, le consentement est la cause efficiente du mariage; la finale est celle *cujus gratiâ omnia fiunt.* Par exemple, quand la loi première au digeste *soluto matrimonio* (xxiv, 3), dit qu'il importe à la république que les femmes aient une dot, elle ajoute aussitôt la cause finale, *scilicet ad sobolem procreandam* (125).

Cette méthode ne sert à rien qu'à embrouiller ce qui est clair, et jeter de l'embarras dans l'esprit des élèves; aussi un des meilleurs historiens du droit, après l'avoir qualifiée de méthode qui fait horreur, émettait-il de toutes ses forces le vœu que l'Allemagne l'abandonnât pour s'en tenir à celle de Cujas (126).

(125) *Voy* Bellon, de argument. legum, 1551, p. 45.

(126) *Voy.* Bach, d. §. 13.

CHAPITRE VII.

Des Citations des Textes et ouvrages de Droit.

Toute discussion de droit se réduisant en dernière analyse, à l'application ou interprétation d'un ou plusieurs textes légaux ou assimilés à la loi, il est indispensable de citer avec une exactitude rigoureuse les autorités sur lesquelles on se fonde, et par conséquent de les examiner soi-même. Cependant il arrive souvent dans les ouvrages de droit comme dans ceux des autres sciences, qu'on en indique de pure confiance les autorités, de sorte que très-souvent aussi l'on ajoute des fautes à celles qu'avait déjà commis, en suivant la même méthode vicieuse, le jurisconsulte qu'on a pris imprudemment pour guide; ou bien, pour employer l'expression naïve de Despeisses (1), il arrive alors « qu'un aveugle étant conduit par un aveugle, ils tombent tous les deux dans le même précipice d'erreur. »

Si, vû les conséquences fâcheuses de cette méthode, quelque chose pouvait excuser de la suivre, ce serait l'embarras que cause et le temps que coûte la recherche des textes, d'après le mode singulier qu'on a adopté pour les citations, et que nous allons exposer sommairement, soit quant au droit en général, soit quant à chacune des diverses parties de la collection de Justinien.

(1) *Voy.* id., 1664, t. I, avertissement.

I. *Droit en général.* Les citations se font presque toujours en indiquant par des abréviations les intitulés des ouvrages des auteurs, et les *rubriques* des lois, c'est-à-dire, les intitulés des titres où elles sont contenues, dénomination tirée de ce qu'ils étaient d'abord écrits en lettres rouges (2), et dont on a continué à se servir par habitude, quoique le motif n'en subsistât plus. L'indication *abréviative* consiste à mettre les nombres en chiffres, et à rapporter les premières lettres des premiers mots des rubriques, livres, titres, chapitres. Par exemple, 1. pour citer la loi 35e au titre du digeste, *de contrahendâ emptione, et de pactis inter emptorem et venditorem, et quæ res venire non possunt*, on emploie les seuls signes suivans, *l.* 35. *D.*, *de contrah. empt.*, ou bien seulement, *l.* 35, *D. contrah. empt.*, parce que les titres qui commencent par la syllabe *de*, étant fort nombreux, on l'a supprimée dans les index ou tables (3). — Pour citer le chapitre 35 du livre 24 des observations de Cujas, on met seulement, Cujas, *observat.*, ou *observ.*, ou *obs.*, *xxiv*, 35, car, lorsqu'on a à désigner des livres ou des volumes en même temps que des chapitres, ou sections, ou pages, on se borne souvent à indiquer les premiers par des chiffres romains, et les autres par des chiffres arabes.

On ne se sert point ordinairement de nombres pour désigner les lois dernière et avant-dernière d'un titre, on met les signes *ult.* (ultima) et *pen.*

(2) *Voy.* Cujas, lib. 63 Pauli, ad edict., ad l. 2, de interdict.; et ci-dev. p. 236.

(3) De sorte que lorsqu'il s'agit de chercher les nos de la rubrique et de son livre dans les index (voy. ci-apr., p. 328 et 329), il faut passer au mot qui suit la syllabe *de*.

(penultima); tout comme pour désigner, 1. la loi qui est unique dans un titre, on met *un.* (unica), et 2. le commencement d'une loi, d'un §, etc., on met *pr.* (principium), ou *in pr.* (in principio.)

Si l'on ne fait usage que d'une partie d'une loi un peu longue et divisée en plusieurs paragraphes, on emploie la même méthode pour indiquer le paragraphe, ou même la partie du paragraphe, c'est-à-dire, la période, ou le verset qu'on cite; et l'on désigne toujours le verset par son premier ou ses premiers mots, parceque les versets ne sont pas numérotés, mais seulement quelquefois précédés (*v. p.* 259) de croix, ou d'astérisques (4).—*Exemple*: la loi 1re, paragraphe 43e, verset *idemque*, titre du digeste, *depositi*, se cite ainsi : *l.* 1, §. 43, ℣. *idemque*, *D. depositi.*

Lorsque la citation se rapporte à une des parties du droit, ou bien à un de leurs titres les plus usuels, on se borne aux lettres initiales, en les mettant en majuscules. C'est ce qu'on fait entr'autres pour les titres *de verborum significatione*, *de regulis juris*, *de verborum obligationibus*, *de obligationibus et actionibus*, *de justitiâ et jure*, qu'on désigne, savoir : le 1er par V. S., le 2e par R. J., le 3e par V. O., le 4e par O *et* A, le 5e par J. *et* J... Ainsi, L. 2, D. R. J., désigne la loi 2e au titre du digeste *de regulis juris* (5).

Si plusieurs titres de la partie citée ont le même premier, ou les mêmes premiers mots, on met en abréviation plusieurs de ces mots jusques à ce

(4) Le numérotage eût été bien utile dans un grand nombre de lois du code, et dans presque tous les §§. des novelles, à cause de leur longueur démesurée. Voy. *ci-dev. p.* 173 *et* 184.

(5) Les livres 30, 31 et 32 du digeste, étant relatifs au même sujet, les legs, on les cite ainsi, de leg. 1°, de leg. 2°, de leg 3°.

qu'on arrive à celui où les deux titres commencent à différer. On veut, par exemple, citer le titre du Digeste *de his qui effuderint vel dejecerint*, et le titre *de his qui notantur infamiâ:* on met pour le premier, *D. de his qui effuder.*, et pour le second, *D. de his qui notant.*

Jusques ici cette méthode n'offre presque rien d'étranger à ce qui se pratique dans tous les ouvrages d'érudition; voici maintenant ce qui donne principalement lieu à l'embarras et à la perte de temps que nous avons annoncés.

1. Les anciens auteurs ne séparent les divers signes de leurs abréviations que par des points, de sorte qu'on est porté quelquefois lorsqu'on n'a pas une certaine expérience, à confondre plusieurs citations en une, ou à ne donner aucune attention à la dernière, ou même à confondre le discours avec la citation lorsqu'il n'a que peu de mots. (v. *l'exemple rapporté ci-après note 7, p. 322.*)

2. Ils abrégent les noms des auteurs dans les citations: ainsi ils écrivent *Bart.* pour Bartole, *Cyn.* pour Cynus, *Salic.* pour Saliceti, etc. Mais la plupart de ces anciens interprètes n'étant presque plus consultés, les citations où ils se trouvent sont souvent inintelligibles. (v. *d. note 7.*)

3. Dans leurs éditions, les citations sont imprimées du même caractère que le discours; nouvelle source de difficultés. (v. *d. note 7.*)

4. Ils ne citent point les lois par leurs numéros, parce que dans le principe elles n'en avaient point, (v. *ci-dev. p.* 237); mais seulement par leur premier mot (6). Ainsi, la même loi 35e, §. 5, *de contrahendâ*

(6) Cette manière de citer était usitée en Judée et à Rome. Les

emptione, est indiquée par eux, *l. quod sæpè*, §. *in his*, *ff. contr. empt.* (7).

5. Si plusieurs lois d'un titre commencent par le même mot, ils mettent à la seconde dans l'ordre des numéros, le n° 2, etc. (8). Par exemple : les lois 1, 58, 63 et 67 du titre du digeste *de procuratoribus et defensoribus*, commençant par le mot *procurator*, ils citeront ainsi la loi 63e, *l. procurator* 3, *ff. de procuratorib.*, parce qu'elle est la 3e de ce titre, qui commence par le mot *procurator*.

On voit que pour vérifier la loi qu'ils citent, il faut lire le premier mot de toutes les lois d'un titre, et il en est beaucoup dans le digeste qui en ont plus de cent, et deux (les deux derniers) qui en ont plus de deux cents. Il est vrai qu'on retient mieux le sujet d'une loi par son premier mot, que par son numéro (9), d'autant que ce premier mot a quelquefois de l'affinité avec le sujet (10) ; mais cet avantage ne compense nullement la perte de temps où

Hébreux par exemple, désignaient la Genèse par ses deux premiers mots, *in principio*. — Voy. *Broë*, *hist. jur.*, §. 51.

(7) Les deux passages suivans de Schneidwin, auteur du reste recommandable, donnent une idée de ces divers inconvéniens. Ils sont tirés du titre 2 de ses institutes. — Pater cogi potest ad alendos liberos. L. si quis à liberis, in pr. ff. de lib. agnosc. l. fin. de alend. lib. à parentibus, non solùm existentes in patriâ potestate, sed et naturales tantùm. d. l. si quis, in pr. junctâ Auth. licet, c. de natural. lib. — De materiâ statutorum, videte Bar. et alios in l. omnes populi, ff. de just. et jur., Plat. et Ang. hìc, et quos ligent statuta, plenè traditur per Bar. et alios in l. cunctos populos, c. de sum. trin. etc., et in l. de quibus. ff. de legib. et Plat. hìc in d. §. jus autem civile. n. 33.

(8) C'est ce que remarque aussi Hoppius, inst., c. 9.

(9) Les jurisconsultes s'attachent à retenir de mémoire le premier mot des lois *magistrales*, c'est-à-dire, des lois les plus importantes sur une matière.

(10) C'est l'observation d'Hoppius (c. 9), qui cite pour exemple, la loi *diffamari*; *c. d. ingen. manumi.* (vii, 14), où il s'agit d'une question de diffamation, et la loi *absentem*, *ff. de pœnis* (xlviij, 19), où il s'agit d'un procès contre un absent ; mais ces exemples sont assez rares.

entraine la recherche de la loi. Il est encore vrai qu'on est alors plus assuré de l'exactitude de la citation, en ce que les copistes ou imprimeurs se trompent moins facilement lorsqu'ils rapportent un nombre en toutes lettres, que lorsqu'ils le retracent avec des chiffres; mais on obtient, et cet avantage, et le précédent à l'aide de la méthode de quelques modernes, qui consiste à citer tout à-la-fois et le premier mot, et le numéro de la loi, de cette manière, *l. quod sæpè 35, §. in his 5, D. contrah. empt.*

La plupart des modernes remédient également aux autres inconvéniens, en séparant les divers signes d'une citation par des virgules, et les citations entr'elles, par des points, ou virgules et points; en écrivant tout au long le nom des auteurs; en imprimant les citations avec un caractère différent; par exemple en italiques, si le discours est en romain, ou bien en les plaçant en forme de notes, à la marge ou au bas des pages (11).

Mais la méthode des modernes a encore besoin d'un perfectionnement: il faudrait joindre à leurs indications, celle des numéros du livre et du titre de la loi dont on fait usage; par ce moyen on en abrégerait beaucoup la recherche et la vérification. On conçoit en effet qu'il est impossible de retenir de mémoire les numéros de plus de quatorze cents titres dont sont composés les quatre parties réunies de la collection Justinienne. Il faut donc sans cesse recourir à leurs tables ou index alphabétiques, pour trouver ces numéros, et revenir ensuite au corps

(11) Il paraît que c'est à Despeisses qu'on doit l'introduction de l'emploi ci-dessus des italiques (voy. *id., sup., d. avertissem.*), et à Alciat celui des renvois aux marges ou au bas des pages. — Voy. *nouv. rép. lett., août* 1704, *p.* 220.

du droit pour chercher les titres qu'ils indiquent. Ces sortes d'entraves dégoutent souvent d'une vérification essentielle, dont on ne se fut peut-être pas dispensé si elle eût été moins longue.

Il est vrai que dans les 1ers siècles l'indication des numéros des titres n'eût pas été utile, pas plus que celle des numéros des lois, parce qu'ils n'étaient pas les mêmes dans toutes les éditions (*v. ci-après sect.* 5, *c.* 4, §. 1er), et c'est ce qui excuse les anciens jurisconsultes de l'avoir négligée ; mais depuis que l'édition de Denis Godefroi a été généralement reçue au barreau (*v. p.* 254), il ne peut plus y avoir d'erreur. D'ailleurs nous ne proposons point de restreindre les citations à l'indication des nombres des livres, titres et lois, comme on le fait aujourd'hui en Allemagne, mais seulement de joindre cette indication à celles des premiers mots des rubriques. Par exemple, pour indiquer la 35e loi *de contrahendâ emptione*, déjà rapportée, on mettrait *l. quod sæpè* 35, §. *in his.* 5, *a. quod si*, *D. de contr. empt.*, *XVIII*, 1, ce qui annoncerait qu'elle est au livre 18, titre 1er, du digeste.

Cette double indication, déjà très-utile en ce qu'elle prévient en général les fautes où peuvent tomber les copistes ou typographes, quant à la reproduction des chiffres (*v. p.* 323), l'est encore bien davantage en ce qu'elle facilite deux sortes de recherches qui, sans son secours, deviennent fort longues et fort difficiles. La première est relative à la vérification des citations des lois dans les éditions anciennes, qui diffèrent souvent de l'édition de Godefroi, quant à la numération des titres et des lois (*v. ci-dev. p.* 243, *note* 36). La deuxième concerne les passages des ouvrages publiés avant que l'édition de Godefroi ne fût devenue usuelle, ou avant la fin du 16e siècle (*ci-dev. d. p.*254); ouvrages dans lesquels on cite le plus souvent les textes par leur premier mot sans addition de numéro, ou bien dans lesquels les numéros des textes lorsqu'on les y cite, ne correspondent pas toujours à ceux de l'édition usuelle, comme on le voit entr'autres dans le *Promptuarium* de Cujas, où l'on a été obligé de rapporter les numéros des titres et des lois de diverses éditions. Or, c'est précisément avant la fin du 16e. siècle, qu'ont écrit les interprètes les plus habiles, les Cujas, les Duarein, les Doneau, les Govéa, les Baudoin, les Hottoman, les Le Conte, etc.

Il est facile de voir maintenant combien la simple indication des numéros des livres, titres et lois à laquelle on réduit depuis quelques années la citation des textes en Allemagne, probablement à l'imitation de Gibbon (12), est moins avantageuse que la double indication dont nous venons de parler. Et puisque nous en sommes à cette matière, nous ne voyons pas quelle utilité on y a trouvé à substituer le mot *fragment* (et en abrégé *fr.*) au mot *loi* par lequel nous désignons les textes du digeste, et le mot *constitution* (en abrégé *const.*) pour ceux du code. Le terme *loi* n'était pas sans doute le mot le plus propre à désigner ces textes; mais il a été en quelque sorte légitimé depuis plusieurs siècles (*v. p.* 142) par l'usage de tous les auteurs, même du premier ordre, dont on court d'ailleurs le risque, en l'abandonnant, de rendre la lecture plus difficile aux jeunes légistes.

On distingue les citations en directes et indi-

(12) *Voy.* id., décadence, chap. 44, note 1.

rectes. La décision dont il est question se trouve-t-elle littéralement dans une loi? on indique simplement cette loi.... N'y est-elle pas littéralement, mais peut-elle s'en induire par voie de raisonnement? on l'annonce par le signe *arg.*, qui signifie qu'on *argumente* de cette loi en faveur de la décision. *Exemple: Arg. l.* (ou bien *ex l.*) *quod sæpè* 35, §. *in his* 5, ℣. *quòd si*, *D. contrah. empt.*, *XVIII*, 1.

II. *Parties diverses du corps du droit.* — Indépendamment des règles précédentes, communes à tout le droit romain, il en est de propres à chacune de ses parties.

Le *code* est désigné par la lettre C. — Comme ses trois derniers livres ont un grand nombre de titres, on use à leur égard de la méthode que nous proposons pour toutes les parties du corps du droit, c'est-à-dire, qu'on indique les numéros des livres et titres des lois qu'on en cite. Exemple: *l. filios* 5, *c. de decurionibus*, *lib.* 10, *tit.* 31.

Les authentiques du code ne sont citées que par leur premier mot précédé du signe *auth.*, et suivi de l'indication du titre du code où elles sont insérées, comme dans cet exemple: *Auth. si qua mulier*, *c. ad s-c. Velleianum*. Il faut donc parcourir tout ce titre pour les trouver, tandis qu'il serait bien plus simple d'indiquer aussi les numéros des lois auxquelles elles sont annexées; et alors on écrirait ainsi, la citation précédente; *Auth. si qua mulier*, *post l.* 22, *c. ad s-c. Velleian.*, *IV*, 29.

Le *digeste* est indiqué par sa lettre initiale, ou par deux *ff* (jadis souvent par la lettre *p* grecque, π, ϖ) précédés comme on l'a vu, de l'indication du numéro ou du premier mot de la loi.

Observons à ce sujet que les érudits ont beaucoup varié sur l'éthymologie du signe *ff*, qui n'a point de rapport au mot *digeste*. Hoffman cite quelques-unes des nombreuses recherches qu'ils ont faites pour la découvrir, recherches, dit Cujas (13), aussi frivoles qu'inutiles (*inanis labor.*)

Les anciens interprètes, tels que Accurse, renversaient l'ordre précédent, en plaçant d'abord le signe du digeste, ensuite la rubrique, enfin la loi et le §, de cette manière, *ff. de fund. dot.*, *l. dotale*, *heredi*; au lieu de *l. dotale* 13, §. *heredi* 3, D. *de fund. dot.* (14).

Quelquefois, en citant une loi, on n'ajoute ni le signe du code (*c*), ni celui du digeste (D. ou *ff*); il est alors sous-entendu que c'est une loi du digeste. Telle était notamment la méthode de Cujas et d'Henrys, méthode fondée sans doute, sur ce que le digeste est la plus importante des quatre parties du corps du droit (15).

Les *instituts* sont désignés par la lettre J, ou l'abréviation *inst.*, en ajoutant la rubrique du titre et le numéro du paragraphe. *Exemple* : J., ou *inst. de nupt.*, §. 3, désigne le §. 3e du titre *de nuptiis* des instituts (d'autres commençent par le §, de cette manière : §. 3, J. *de nupt.*)

Les anciens interprètes citaient les *novelles* comme nous citons aujourd'hui les autres parties du droit, c'est-à-dire, par les premiers mots des rubriques, et souvent ils y ajoutaient le numéro de leur collation. S'agissait-il de la novelle 118, chapitre 3, relatif aux successions collatérales ? ils mettaient *auth.* (16)

(13) *Voy.* Cujas, obs. xij, 40 ; Hoffman, p. 577, note c.
(14) *Voy.* Hoppius, c. 9, §. 3, p. 86.
(15) *Voy.* Hoppius, sup. ; Bretonnier, préf. d'Henrys.
(16) Les novelles, on l'a dit, *p.* 182, sont aussi nommées *authentiques.*

de heredib. ab. intest. c. 3, *collat.* 9, *tit.* 1. Cette méthode embarrassante a depuis long-temps été abandonnée, et l'on se borne au numéro des novelles et des chapitres, ce qui est beaucoup plus commode, et d'ailleurs suffisant, puisque les novelles n'ont qu'une série de numéros (*v. p.* 188). Ainsi, au lieu de la citation précédente, on mettrait tout simplement, N. (ou bien *Nov.*) 118, *c.* 3.

Quant aux novelles de l'empereur Léon et aux lois du code Théodosien, dont on se sert quelquefois pour interpréter les textes de la collection de Justinien, on cite les premières par leur numéro, en ajoutant le signe *Léon.*, de cette sorte *nov. Leon.* 64; et les secondes, de la même manière que les lois du code de Justinien, en ajoutant à la lettre C, le signe *Th.* ou *Théod.* Exemple: *l.* 1, *C.-Th.* ou (*Theod.*) *de omiss. act. impetr.*

A l'égard des gloses, on les indique par l'abréviation *Gl. ad* (glose sur), ou par le signe *Doctor. ad* (les docteurs sur), suivis de la désignation du texte, faite selon les modes qu'on vient d'indiquer.

D'après ce qu'on a observé précédemment, on voit, en premier lieu, que les lettres initiales C, D, N, et I suffisent pour désigner le code, le Digeste, les novelles et les instituts, et l'on doit pressentir qu'à plus forte raison, l'on peut employer plusieurs des initiales, telles que *Cod.*, *Dig.*, *Nov.*, *Inst.*

En second lieu, que lors qu'on veut vérifier une citation du code, du digeste ou des instituts, il faut chercher le premier mot de la rubrique qu'elle énonce, dans un index du corps du droit. On en trouve à la fin ou au commencement du texte de toutes les éditions, sauf dans l'édition appelée *corpus academicum* (*v. p.* 264). Dans celle-ci, les lettres par lesquelles commencent les rubriques y ont toutes des *index* séparés, imprimés tant au *rectò* qu'au *versò* de feuillets intercallés de distance en distance, et indiqués par des onglets saillans hors de la tranche, et où sont répétées les mêmes lettres en majuscules.... Il y a aussi des *index* imprimés séparément, tant pour le droit civil que pour le droit canonique, sous le titre d'*alphabetica series rubricarum*, etc., et où l'on donne par ordre alphabétique toutes les rubriques du droit, (excepté celles qui commencent par la syllabe DE. (*v. p.* 319 et *note* 3), et à la suite de chacune, les numéros des livres et titres des divers parties du droit qui les contiennent (17).

(17) Quant à l'explication des autres espèces de citations dont nous ne parlons pas ici, voy. *les dictionnaires ou répertoires de droit, au mot* citation, *et notre cours de procédure, à l'appendice.*

SECTION V.

TABLEAUX DIVERS RELATIFS A L'HISTOIRE DU DROIT ROMAIN.

QUOIQUE les documens que nous allons présenter, se rapportent à diverses subdivisions des sections précédentes, nous les avons réunis ici, parce qu'étant donnés sous la forme de tableaux, ils auraient en quelque sorte interrompu le fil de notre narration, et que pour la plûpart, utiles à consulter, ils ne sont pas susceptibles d'une lecture suivie.

Les intitulés des divers chapitres où ces tableaux sont contenus, en indiqueront suffisamment le sujet, tels que les époques où régnèrent ou bien fleurirent les empereurs et les jurisconsultes romains à qui l'on doit les lois et les ouvrages extraits dans le corps du droit; celles où furent publiées les diverses novelles de Justinien, etc. Nous indiquerons aussi, par occasion, les divers nombres de subdivisions, tels que livres, titres, lois, etc. des parties principales du corps du droit.

CHAPITRE Ier.

Tableau des Empereurs romains jusques à Justinien, avec l'indication du nombre de leurs lois qu'on a insérées dans le code.

LORSQU'IL s'agit d'appliquer ou interpréter une loi, il est souvent utile et même nécessaire d'en connaître l'époque et l'auteur : l'époque, parce que cette loi peut avoir été abrogée, modifiée ou éclaircie par une loi subséquente ; l'auteur, parce que d'autres lois ou ouvrages émanés de lui peuvent développer avec plus de clarté les principes ou systèmes de législation qu'il suivait, indépendamment de l'influence qu'auront pu exercer à cet égard, soit son caractère, soit les diverses circonstances politiques où il fut placé.

Déterminés par ces motifs et plusieurs autres qu'il est superflu d'exposer, et qu'on trouve d'ailleurs dans divers ouvrages (1), Jacques Labitte, Wolfangus Freymonius, François Broë, Abraham Wieling ont publié des index (2) de toutes

(1) *Voy.* entr'autres Brencman, dans Wieling, part. 2, p. 145 et s.

(2) Labitte composa sur l'invitation que Cujas lui en avait faite dès 1547, et ensuite publia en 1557, l'index du digeste ; Freymonius le revit et y ajouta celui du code. Wieling fit le même travail sur ces deux opuscules, et les publia dans un nouvel ordre, en 1727, sous le titre de *jurisprudentia restituta*, etc., où il inséra aussi plusieurs tables des instituts, et diverses observations, additions ou dissertations de Labitte, de Smuccius, Hanius, Beynolds et Brencman. François Broë en avait également profité dans son histoire chronologique abrégée du droit, publiée en 1622, et insérée depuis (au 18e siècle) à la tête du corps du droit de Van-Leeuren (voy. *ci-dev.*, *p.* 255), avec des corrections que

les lois des empereurs ou Jurisconsultes romains, en les tirant des titres du corps du droit où elles étaient éparses, et les rangeant sous les noms de leurs auteurs, par ordre chronologique quant à celles des empereurs, et par ordre des ouvrages où elles avaient été puisées, quant à celles des jurisconsultes.

Pour remplir l'objet de notre histoire, il suffit de renvoyer à ces index, surtout à l'index de Wieling, ceux de nos lecteurs qui ont besoin de faire les recherches et comparaisons précédentes. Il s'y est, il est vrai, glissé bien des fautes, soit quant à la chronologie, soit quant à l'indication des auteurs d'un grand nombre de lois; mais nous excéderions de beaucoup les limites que nous avons dû nous prescrire, si nous donnions l'indication de toutes les fautes de la dernière espèce que nous avons découvertes en examinant le même index. Nous tâcherons d'y suppléer dans quelques points, en fixant avec précision dans le tableau suivant, les époques des avénemens des empereurs, qui sont en général celles de la mort de leurs prédécesseurs (3); elles serviront à rectifier les inscriptions de beaucoup de lois du code, parcequ'elles montreront que d'après leurs dates, ces lois doivent appartenir à d'autres empereurs que ceux désignés dans leurs rubriques. Nous avons puisé ces époques dans les ouvrages les plus exacts, tels que les suivans: 1. *chronologia legum* (ou *consularia theodosiana*) mise à la tête du

les éditeurs modernes de ce corps du droit paraissent y avoir faites d'après Wieling, mais où il s'est aussi glissé un très-grand nombre de fautes.

(3) Quand il y aura des différences remarquables entre ces deux époques, nous les indiquerons aux notes.

code Théodosien, par Jacques Godefroi; 2. histoire critique de l'établissement de la monarchie française, par Dubos; 3. *historia juris*, par Hoffman; 4. tablettes chronologiques, par Lenglet Dufrénoi (1744, 2 vol. 8o); 5. histoire des empereurs, par Crévier (12 vol. in-12, 1749 à 1755); 6. art de vérifier les dates, par D. Clément (édit. de 1770); 7. histoire ancienne des peuples de l'Europe, par Dubuat, 1772; 8. Décadence de l'empire (4), par Gibbon. (édit. in-12, traduction.)

Après ces époques, réduites aux années de l'ère chrétienne, nous donnons les noms vulgaires des empereurs, sauf à indiquer dans des notes, les noms que leur attribuent ordinairement les lois lorsqu'ils diffèrent des vulgaires.

Nous indiquons ensuite le nombre de leurs lois insérées dans le code; non pas le nombre qui résulte des index ci-devant désignés, ou que rapportent les diverses histoires du droit, car à cet égard les uns et les autres fourmillent d'erreurs; mais les nombres qui résultent de recherches considérables, que nous avons faites en examinant les index.

Les astérisques jointes, comme dans le catalogue de Beger (*v.* son *corpus juris reconcinnatum*, Francfort, 1767), à plusieurs des noms des empereurs, annoncent qu'ils ont péri d'une mort funeste, par le fer, le poison, etc.

Avant de passer au tableau, il est deux observations importantes à faire.

I. On ne trouve dans le corps du droit, aucune loi des 14 premiers empereurs. Cela confirme l'opi-

(4) Afin de ne pas multiplier les notes, nous ne citerons ces auteurs que lorsqu'il y aura quelque difficulté, ou divergence, ou circonstance remarquable, relativement aux avénemens des empereurs.

nion de ceux qui soutiennent qu'ils n'acquirent le droit législatif que par une usurpation insensible, et que la loi regia est supposée (*v. ci-dev. p.* 39). Cependant quelques uns de ces empereurs sont cités plusieurs fois dans le digeste, par les jurisconsultes ; savoir, d'après l'index de Wieling (5), César, 6 fois, Auguste, 18, Tibère, 3, Claude, 11, Néron, 2, Vespasien, 6, Titus, 4, Domitien, 3, Nerva, 5, Trajan 38 (5)..... d'où, au premier aperçu, l'on est porté à penser qu'ils agirent réellement comme législateurs. Mais lorsque l'on examine ces citations en elles-mêmes (nous les avons toutes vérifiées), l'opinion précédente n'en est point affaiblie.

Et d'abord, il faut écarter toutes les citations de lois où ces empereurs ne sont nommés que pour indiquer l'époque d'un fait qui a eu lieu sous leur règne, telles que les lois où Néron est nommé uniquement pour citer, soit un procès de sa fille, soit un sénatus-consulte fait de son temps ; en un mot il faut se restreindre aux lois où l'on cite celles de leurs décisions, qui ont quelque rapport à l'exercice de la puissance législative. Or, si l'on examine les lois où l'on en indique de cette dernière espèce, on voit que leurs décisions étaient du nombre de celles qu'ils pouvaient prendre en leur qualité de magistrats, par exemple de censeurs, consuls, édiles, préteurs, généraux d'armées, etc. (6) ; enfin,

(5) *Voy.* d. index, sect. 3, p. 353 et seq.

D'après Baudoza (*instit.*, 1591, *p.* 344), plusieurs d'entr'eux sont cités dans les instituts, savoir Auguste, 6 fois, Tibère 1, Claude 1, Nerva 1, Trajan 3.

(6) Exemples : 1. D'après la loi 12, §. 1, *de re militari* (xlix, 16), Auguste décida qu'un cavalier ne doit pas conduire son cheval hors de sa province. — 2. Selon la loi 18, §. 30, *de muneribus* (l. 4), Vespasien déclara que les magistrats, les grammairiens, etc., sont affranchis

il n'en est aucune où ils aient agi proprement en qualité de *conditores legum*.

Une circonstance assez remarquable et négligée jusques à ce jour, fortifie la même opinion. De plus de cinq cent soixante lois du digeste, tirées des ouvrages des jurisconsultes qui ont vécu depuis César jusques au temps d'Adrien, c'est-à-dire, des ouvrages d'Alfenus, Labéon, Proculus, Javolenus, Neratius et Celsus, et où ils se fondent sans cesse sur l'autorité des lois anciennes ou d'autres jurisconsultes, il y en a à peine quatre où il soit fait mention du prince, et encore peut-on leur appliquer l'observation précédente.

II. Nous avons suivi l'opinion commune en plaçant à la tête du tableau, Jules-César que l'on regarde, en général, comme le 1er des empereurs, parce qu'il fut réellement maître du monde romain, après la victoire de Pharsale, l'an 48, avant l'ère vulgaire, et 706 de la fondation de Rome (7); mais, comme à sa mort (années 44 et 710), la république renaquit pendant quelque temps, plusieurs chronologistes ne font commencer l'empire qu'à la fin des années 43, avant notre ère, et 711 de Rome, époque du triumvirat d'Antoine, Octave et Lepidus. On devrait même reculer cette époque jusques à la bataille de Philippes, années 42 et 712. Dès-lors, Octave et Antoine furent à peu près les seuls maîtres du monde, jusques à la bataille d'Ac-

du logement militaire. — Heineccius (*hist.*, §. 141 *et s.*) après avoir cité quelques édits des empereurs, ajoute (§. 235), qu'ordinairement le prince les faisait confirmer par des sénatus-consultes.

(7) En 706, selon Varron, et en 705, selon les marbres capitolins. — Voy. *Lenglet*, *i*, 121 *et* 135. — Broë observe comme une chose singulière, qu'aucun auteur n'a indiqué le jour de cette bataille, qui décida du sort du monde connu. — Voy. *id.*, *sup.*, §. 17.

tium (années 31 et 720), qui donna tout-à-fait l'empire à Octave, nommé ensuite Auguste. L'ère vulgaire (voy. *ci-dev. p.* 144), correspond à la 31e année de son régne, et à la 754e de Rome (8).

Tableau des Empereurs.

Nos.	Avénemens.		Noms vulgaires.	Lois.
1.			César * (9).	»
2.			Auguste.	»
3.	19 août	14.	Tibère *.	»
4.	16 mars	37.	Caligula *.	»
5.	26 janv.	41.	Claude * (10).	»
6.	13 octob.	54.	Néron *.	»
7.	11 juin	68.	Galba *.	»
8.	16 janv.	69.	Othon *.	»
9.	15 avril	69.	Vitellius *.	»
10.	20 déc.	69.	Vespasien.	»
11.	24 juin	79.	Titus.	»
12.	13 sept.	81.	Domitien *.	»
13.	18 sept.	96.	Nerva.	»
14.	27 janv.	98.	Trajan.	»
15.	11 août	117.	Adrien (11).	1
16.	10 juill.	138.	Antonin le pieux.	9
17.	7 mars	161.	Marc-Aurèle et Lucius Verus (12). . .	4

(8) Selon Varron. — Voy. *Lenglet*, *i*, 123 *et s.*, 137, 238; *Gibbon*, *ij*, 179.

(9) Il est nommé dans le droit, *divus Julius* (voy. *p.* 96.)

(10) Caligula fut tué le 24 janvier, mais Claude ne fut reconnu par le sénat, qu'au bout de deux jours, pendant lesquels il y eut une espèce d'interrègne. — Voy. *Crévier*, *iij*, 160 *et suiv.*

(11) Adrien datait son avénement, du 11 août, époque où il reçut la nouvelle de la mort de Trajan, dont on ignore le moment précis (voy. *Crévier*, *viij*, 50), mais qui ne doit être antérieure que de peu de jours. — Il est cité 149 fois dans le digeste. — Voy. *Wieling*, sup., *part.* 1, *p.* 356 *à* 358. — Et 6 fois dans les instituts. — Voy. *Baudoza*, *sup.*

(12) Marc-Aurèle, d'abord proclamé seul, demanda par une générosité sans exemple, qu'on lui associât son frère adoptif Verus. On ne connaît pas l'intervalle qui sépara cette demande de la première pro-

Nos	Avénemens.	Noms vulgaires.	Lois.
18.	janv. 170.	Marc-Aurèle seul.	5
19.	176.	Marc-Aurèle et Commode (13). . .	»
20.	17 mars 180.	Commode, seul *.	»
21.	1er janv. 193.	Pertinax *.	2
22.	28 mars 193.	Didius Julianus *.	»
23.	2 juin 193.	Sévère (14).	42

clamation; mais il fut si petit que nous n'avons pas cru devoir faire deux articles séparés pour ces princes.

Il y a beaucoup de diversité quant aux noms donnés à Antonin et à Marc-Aurèle et Verus. On peut consulter à ce sujet Antoine Augustin, *ad Modestinum*, *p.* 256 *à* 262. Nous avons indiqué les dénominations les plus communes, *ci-dev. p.* 96, *note* 19.

Les historiens marquent la mort de Verus à l'an 169. M. Goulin, *Encycloped.*, *dict. de médecine*, *mot Gallien*, nous paraît avoir démontré qu'elle n'eut lieu qu'à la fin de janvier 170.

Antonin le pieux est cité quatre fois dans les instituts, d'après Baudoza, *sup.*; et 241 fois dans le digeste, d'après Wieling, *sup.*, *p.* 359 à 363. Mais dans le nombre des citations, qu'indique celui-ci, il en est qui paraissent se rapporter à M. Aurèle et à Caracalla; et la même observation s'applique aux citations de ces derniers que retrace Wieling aux pages suivantes.

Quant à M. Aurèle et Verus, ils sont cités et presque toujours sous le titre de DIVI FRATRES (voy. *ci-dev. p.* 97 *et* 98), savoir dans les instituts, 2 fois (voy. *Baudoza*, *sup.*), et dans le digeste, 137 fois. — Voy. *Wieling*, *p.* 363 *à* 366.

(13) Crévier, *viij*, 224 *et* 361, recule l'association de Commode jusqu'à 177, et D. Clément, p. 341, jusqu'au 27 novembre de cette année. Hoffman, *p.* 270, Lenglet, *ij*, 18, Gibbon, *i*, 215, la placent à 176. Cette opinion nous paraît la meilleure, parce que dans les fastes consulaires de 177, Commode a la qualité d'Auguste, et que les consuls étaient ordinairement désignés dès l'année précédente.

Quoique les acclamations faites à l'avénement d'un empereur (voy. *ci-dev.*, *p.* 34), soient par elles-mêmes assez suspectes, elles retracent cependant jusques à un certain point l'opinion qu'on avait conçue de son prédécesseur. Quel homme, ou plutôt quel monstre était-ce donc que ce Commode, puisqu'on s'écriait en parlant de lui?.. SÆVIOR DOMITIANO!... IMPURIOR NERONE!... PEJOR COMMODO SOLUS HELIOGABALUS!... — Voy. *Lampride*, *vie de Commode et d'Alexandre Sévère*, *p.* 77 *et* 174, *hist. August.*, *édit.* 1603.

M. Aurèle, seul, est cité quatre fois dans les instituts, et 109 fois dans le digeste, et réuni à son fils Commode, 16 fois (ainsi, il y a pour M. Aurèle, en tout 268 citations). Commode seul, est cité 8 fois. — Voy. *Baudoza*, *sup.*; *Wieling*, *sup.*, *p.* 366 *à* 369.

(14) Pertinax est cité 2 fois dans les instituts, et 3 dans le digeste

N^os	Avénemens.	Noms vulgaires.	Lois.
24.	198.	Sévère et Caracalla.	141
25.	208.	Les mêmes et Geta.	»
26.	4 févr. 211.	Caracalla et Geta *.	»
27.	27 févr. 212.	Caracalla seul (15) *.	250
28.	8 avril 217.	Macrin *.	»
29.	7 juin 218.	Héliogabale *.	5
30.	11 mars 222.	Alexandre Sévère *.	445
31.	19 mars 235.	Maximin (16) *.	4
32.	27 mai 237.	Gordien l'ancien * et Gordien le jeune *.	»
33.	9 juill. 237.	Maxime, dit Pupiénus * et Balbin *.	»
34.	15 juill. 238.	Gordien III (17) *.	272

Didius Julianus l'est une fois dans le digeste, mais non pas pour une décision. — *Voy.* Baudoza et Wieling, sup.

Nous ne plaçons point ici les compétiteurs de Sévère, Pescennius Niger et Clodius Albinus; ils ne furent point reconnus par le sénat, et ils ne sont point cités dans le corps du droit.

(15) Sévère et Caracalla sont appelés ordinairement dans le droit, *Divi Severus et Antoninus.* Caracalla, seul, est presque toujours nommé *Antoninus*..... A qui ce beau nom était-il prostitué?

Crévier, *ix*, 224, et Gibbon, *ij*, 6, d'après Tillemont, fixent l'association de Geta à 208. Cependant nous trouvons dans Wieling, *p.* 116 *et* 117, l'indication de 31 lois rendues depuis cette année, jusqu'au temps du meurtre de Geta. Nous les avons vérifiées; aucune d'entr'elles ne joint comme elles le devraient toutes, le nom de Geta à celui de ses père et frère: peut être Caracalla le fit-il effacer de tous les actes publics.

Sévère, seul, est cité une fois dans les instituts, et 89 dans le digeste; réuni à Caracalla, il l'est dans les instituts 15 fois, et dans le digeste, 188 fois; Caracalla seul, dans le digeste, 79 fois. — Voy. *Baudoza, sup.; Wieling, sup., p.* 369 *à* 376; *et ci-dev. note* 12 *inf.*

(16) Alexandre est le dernier empereur qui soit nommé dans le digeste: il y est cité 6 fois. — Voy. *d. p.* 376.

Quoique Maximin n'ait péri qu'en mars ou avril 238, nous avons dû placer au rang des empereurs, les deux premiers Gordiens (tués le 3 juillet 237), et Maxime et Balbin, parce qu'ils furent reconnus ou élus par le sénat, aux jours indiqués ci-dessus par le tableau. — Voy. *Crévier, x*, 135, 173, 183, 191, 215; *Gibbon, ij*, 142, 144, 157.

(17) Selon le père Pétau, Maxime et Balbin furent élus le 25 juin 237; mais la date du 9 juillet paraît généralement adoptée. Le même jour, 9 juillet, Gordien III, fils d'une fille de Gordien l'ancien, fut proclamé César. Quelques antiquaires pensent qu'il ne faut pas le confondre avec un autre Gordien, fils de Gordien le jeune, qui avait aussi été nommé César, lorsque son père et son ayeul furent élus empereurs.

Nos	Avénemens.	Noms vulgaires.	Lois.
35.	10 mars 244.	Philippe.	33
36.	247.	Philippe, père, *Auguste* *, et Philippe, fils, *César* (18) *.	53
37.	oct. 249.	Dèce *.	9
38.	déc. 251.	Gallus et Hostilien.	»
39.	juill. 252.	Gallus * et Volusien * (19).	1
40.	1er mai 253.	Emilien *.	»
41.	août 253.	Valérien * et Gallien.	60
42.	255.	Les mêmes et Valérien II, *César*.	27
43.	260.	Galien, seul.	»
44.	»	Gallien * et Valérien II *, *Augustes* (20).	5

Ainsi, suivant eux, il y a eu 4 Gordiens. — Voy. *hist. des ouvrages des savans*, *juillet* 1696, *p.* 486.

Gordien III est cité une fois dans les instituts. — Voy. *Baudoza*, *sup.*

(18) *Voy.* au sujet de cette association d'un Auguste et d'un César dans les lois, *ci-dev. p.* 96, *et note* 18, *ib.* — Les deux Philippes périrent à la fin de l'été, ou au commencement de l'automne 249, suivant Tillemont, cité par Crévier, *x*, 277. — D. Clément, *p.* 344, fixe l'avénement de Dèce à la mi-octobre.

(19) Il nous paraît probable que, comme le remarque Crévier, *x*, 301, Gallus ne créa Auguste son fils Volusien, qu'après la mort d'Hostilien (fils de Dèce). D. Clément, *p.* 344, dit avant la fin de juillet 252, et il fixe à la fin de novembre 251, la promotion de Gallus, qui suivant Gibbon, *ij*, 327, est de décembre.

(20) A son avénement, Valérien 1er déclara Auguste son fils aîné, Gallien. Son second fils, Valérien II, était César dès 255 (voy. *Crévier*, *x*, 361), et dans les lois, il est nommé en cette qualité avec son frère et son père, dès 256.

Valérien 1er fut pris par les Perses en 260. — Dès-lors, l'empire fut transmis au seul Gallien, et en effet, il y a 4 lois de 266 à 268 (voy. *Wieling*, *p.* 74), qui ne portent que son nom D'autre part, il est certain que son frère avait le titre d'Auguste au moins en 264 (voy. *Bréquigny*, *acad. inscript.*, *xxxij*, 176 *et s.*); mais peut être que Gallien ne lui en aura laissé que les honneurs. Quoiqueil en soit, Valérien II n'est point nommé dans ces quatre lois, non plus qu'Odenat, que Gallien et le sénat avaient cependant proclamé ou reconnu Auguste vers 264, et qui fut assassiné en 267.

Observons encore, 1. Que Gallien eut aussi deux fils Césars, dont l'un nommé Valérien, fut tué en 260; 2. Qu'on ignore l'époque précise de la mort de Valerien 1er. — *Voy.* sur cette partie très-obscure de l'histoire romaine, *Brequigny*, *sup.*; *Crévier*, *x*, 322, 339, 361, 389, 412 *à* 415 *et* 430; *Gibbon*, *ij*, 376, 397 *et s.*

22.

Nos	Avénemens.	Noms vulgaires.	Lois.
45.	20 mars 268.	Claude II.	2
46.	mai 270.	Aurélien * (21).	4
»	janv. 275.	*Interrègne* (22).	
47.	25 sept. 275.	Tacite *.	»
48.	12 avril 276.	Probus *.	4
49.	août 282.	Carus.	»
50.	283.	Carus, * Carin et Numérien (23). .	19
51.	25 déc. 283.	Carin * et Numérien *.	7
52.	17 sept. 284.	Dioclétien (24).	25
53.	1er avril 286.	Dioclétien et Maximien Hercule. .	1220
54.	1er mai 305.	Constance Chlore et Galère, *Augustes;* Sévère et Maximin, *Césars* (25).	6

(21) Après la mort de Claude II, ou le Gothique (mars ou avril 270), son frère Quintillus et Aurélien (désigné par Claude lui-même), prirent en même temps le diadème. Mais le 1er l'abandonna avec la vie, au bout d'une vingtaine de jours. — Voy. *Crévier*, *xj*, 3; *Gibbon*, *x*, 21.

(22) Cet interrègne, qui dura huit mois, est surtout remarquable, en ce que l'armée et le sénat se renvoyèrent mutuellement et à plusieurs reprises, le droit d'élire un empereur, et que l'armée le laissa enfin exercer au sénat.

(23) Carus élu après le meurtre de Probus, nomma d'abord César, ses deux fils Carin et Numérien. On ne connaît pas précisément l'époque à laquelle il les créa Augustes. Cependant, comme dans les fastes ils ne sont désignés consuls en 283, qu'avec la qualité de Césars, il est probable que leur promotion n'est pas antérieure à cette année.

(24) Dioclétien fut proclamé le 17 septembre 284. Numérien avait péri quelques jours auparavant. Carin fut tué au mois de mai 285. — Voy. *Crevier*, *xj*, 238; *Gibbon*, *iij*, 168, 171. — Selon ces deux auteurs (*xij*, 10 *et* 128, *iij*, 270) et D. Clément, p. 348, Dioclétien mourut en 313. Godefroi (*chronolog. C.-Theod.*, *p.* 6, *et t.* 5, *p.* 115) soutient que ce ne fut qu'en 316.

(25) Constance et Galère devinrent Augustes le 1er mai 305, par l'abdication de Dioclétien et Maximien. — Voy. *Crévier*, *xj*, 402; *Gibbon*, *iij*, 265, *d'après Tillemont et Pagi*.

Ils sont nommés dans les lois, *Constantius* ou *Constantinus* et *Maximianus* (Dioclétien avait donné ce nom à Galère. — voy. *Crévier*. *xj*, 312).

Il y en a même sept (lois 5 à 10, liv. 1, tit. 18, et loi 2, liv. 1, tit. 22) où ils sont joints dans les rubriques avec leurs qualités primitives de *Césars*, aux *Augustes* Dioclétien et Maximien. Néanmoins, nous n'avons point fait d'article pour eux au texte, à raison de ces lois, parce qu'il y en a un si grand nombre d'autres, des mêmes temps, où

Nos	Avénemens.	Noms vulgaires.	Lois.
55.	juill. 306.	Galère et Sévère, * *Augustes*; Maximin et Constantin, *Césars* (26). .	»
56.	307.	Galère, Maxence, Maximien,* Constantin, Licinius et Maximin, *Augustes* (27).	»
57.	309.	Galère, Maxence, Constantin, Licinius et Maximin.	»
58.	mai 311.	Maxence *, Constantin, Licinius et Maximin (28).	»

les noms de ces deux Césars sont omis, que probablement les inscriptions de celles-ci sont fautives.

Le jour de leur promotion à l'empire, Sévère et Maximin furent nommés Césars. — Voy. *Gibbon*, *iij*, 287.

(26) Constance mourut le 25 juillet 306, et Constantin fut aussitôt proclamé *Auguste* par son armée ; mais il ne fut pas reconnu par Galère, le véritable chef de l'empire. Galère donna ce titre à Sévère, et n'accorda à Constantin que le rang de *César*, et même après Maximin. — Voy. *Crévier*, *xij*, 28; *Gibbon*, *iij*, 298.

(27) Ces six empereurs sont rangés ici dans l'ordre de leurs promotions, non légales, mais effectives. Maxence fut élu Auguste par l'armée, aux acclamations du sénat et du peuple, en octobre 306; bientôt après, son père Maximien 1er en reprit le rang, et ensuite, le 21 mars 307, le conféra à Constantin. Galère n'approuva point d'abord ces promotions, et irrité d'ailleurs de la chûte de Sévère II, que Maxence avait forcé de se donner la mort en février 307, il marcha contre celui-ci. Ayant échoué dans son expédition, il nomma Auguste (le 11 novembre 307) Licinius, qui n'avait point été César, et il reconnut enfin, au commencement de 308, Maximin (élu par l'armée) et Constantin. — Voy. *sur tout cela*, *Gibbon*, *iij*, 304 *à* 318; *Crévier*, *xij*, 2 *et* 50 *à* 55.

Régulièrement, Licinius devrait être placé avant Constantin, mais les rubriques des lois nomment celui-ci le premier.

(28) Maximien après une 2e abdication en 308, reprit et fut forcé d'abdiquer une 3e fois la pourpre en 309, et fut condamné à mort, en février 310. — Galère mourut en mai 311. — Voy. *Gibbon*, *iij*, 319 *à* 324; *Crévier*, *xij*, 51 *à* 62 *et* 70 (vers le 1er mai, *suiv. D. Clément*, *p.* 348)

Nous avons laissé Maxence au tableau des Augustes, parce qu'il avait été reconnu tacitement par Constantin, qui avait même épousé sa sœur en 307. — Voy. *Gibbon*, *iij*, 309.

Dès l'abdication de Dioclétien, Crévier a divisé son récit en deux règnes seulement, ceux de Constance-Chlore et de Constantin. Mais il déclare que ce n'est que pour plus de *commodité*, car il reconnait qu'après Constance, Galère fut jusqu'à sa mort le légitime chef de l'empire. — Voy. *id.*, *xij*, 26.

Maxence fut défait par Constantin, et se noya le 28 octobre 312. — Voy. *Gibbon*, *iij*, 351; *Crévier*, *xij*, 105.

Nos	Avénemens.	Noms vulgaires.	Lois.
59.	28 oct. 312.	Constantin, Licinius et Maximin.	»
60.	août 313.	Constantin et Licinius * (29).	4
61.	sept. 324.	Constantin-le-Grand.	201
62.	22 mai 337.	Constantin le jeune *, Constance et Constant.	9
63.	mars 340.	Constance et Constant *.	33
64.	27 févr. 350.	Constance, seul.	22
65.	5 mars 351.	Constance, *Auguste*, et Gallus, dit Constant *, *César*.	»
66.	janv. 355.	Constance, seul.	»
67.	6 nov. 355.	Constance, *Auguste*, et Julien, *César* (30).	16
68.	3 nov. 361.	Julien *.	19
69.	27 juin 363.	Jovien.	3
70.	févr. 364.	Valentinien Ier.	2
71.	mars 364.	Valentinien Ier et Valens (31).	91
72.	24 août 367.	Valentinien Ier, Valens et Gratien.	62
73.	17 nov. 375.	Valens *, Gratien et Valentinien II.	13
74.	9 août 378.	Gratien et Valentinien II.	9
75.	3 janv. 379.	Les mêmes et Théodose (32).	91

(29) Maximin, défait par Licinius en mars, meurt au mois d'août 313. — Voy. *Gibbon*, *iij*, 364; *Crévier*, *xij*, *et* 141.

Licinius défait et dépouillé en 324, fut condamné en 325. — Voy. *Gibbon*, *iij*, 400; *Crévier*, *xij*, 14, 167; *surtout Godefroi*, *chronol. C.-Th.*, *xxiij*. — D. Clément, *p.* 349, dit en 323 et 324.

(30) Gallus et successivement Julien sont placés en leur qualité de Césars, dans les rubriques des lois de ce temps, à la suite du nom de Constance. Aussi Godefroi (*chronol.*, *p. l.*, *liij et lv*) a-t-il fait avec raison trois époques de cette partie du règne de Constance. Observons toutefois que ces lois quoique revêtus du nom de ces princes, émanaient probablement, au moins la plupart, du seul Constance. Quelle apparence en effet, que par exemple Julien eut concouru sincèrement à l'émission de la 1re loi du titre de *Apostatis*, qui porte son nom et celui de Constance?

(31) Jovien mourut le 17 ou 18 février 364. Dix ou douze jours après, Valentinien fut élu, et au bout de 29 ou 30 jours, s'associa son frère Valens. — Il créa Auguste son fils aîné Gratien, au mois d'août 367, et mourut le 17 novembre 375. — Six jours après, son 2e fils, Valentinien II, fut élu, et ensuite reconnu par Gratien. — Voy. *Gibbon*, *xij*, 203, 245, 247, 387, 391; *Godefroi*, *lxviij*, *lxxj*, *lxxx*, *xcv*. — D. Clément fixe le 1er de ces événemens au 16 ou 17 février 364; le 2e au 26; le 3e au 28 mars suivant; le 4e, au 24 août 367. — Voy. *id.*, *p.* 351.

(32) Valens est tué le 9 d'août 378. Cinq mois après, ou le 16 janvier

Nos	Avénemens.	Noms vulgaires.	Lois.
76.	janv. 383.	Gratien *, Valentinien II, Théodose et Arcadius.	18
77.	août 383.	Valentinien II *, Théodose et Arcadius (33).	125
78.	15 mai 392.	Théodose et Arcadius.	11
79.	janv. 393.	Les mêmes et Honorius.	30
		Empire d'Orient et Empire d'Occident.	
80.	17 janv. 395.	Arcadius et Honorius (34). . . .	142
81.	11 janv. 402.	Les mêmes et Théodose le jeune. .	41
82.	408.	Honorius et Théodose le jeune. . .	143
83.	8 févr. 421.	Les mêmes et Constance II (35). . .	1
84.	2 sept. 421.	Honorius et Théodose le jeune. . .	25
85.	15 août 423.	Théodose le jeune, seul.	9

379, Gratien nomme Théodose, Auguste. — Voy. *Godefroi*, *sup.*, *p. c*; *Gibbon*, *viij*, 116. — D. Clément, *p.* 352 *et* 354, dit le 19.

(33) Arcadius fut créé Auguste le 16 des Kal. de février 383, et Gratien tué le 8 des Kal. de septembre suivant. — Voy. *Godefroi*, *cx*.

Après la mort de celui-ci, son meurtrier Maxime, régna dans la Gaule, l'Espagne et la Grande Bretagne depuis 383 jusqu'à 388. Gibbon, *viij*, 166, et Chorier, *hist. du Dauphiné*, *i*, 431, regardent comme certain que Théodose le reconnut par un traité dont Chorier parle avec indignation, et dont l'inaction de Théodose pendant cinq ans, semble être aussi une preuve. Godefroi se tait sur ce point délicat. Au reste, après la défaite de Maxime, en 388, Théodose ayant aboli ses actes (*Godefroi*, *exix*), il n'est point étonnant que nous n'ayons aucune loi de lui.

Valentinien II fut tué le 15 mai 392.—Voy. *Godefroi*, *cxxv*. Valentinien, Théodose et Arcadius sont cités 2 fois dans les instituts. — Voy. *Baudoza*, *sup.*

(34) Quoique Théodoze n'ait jamais régné seul, on trouve dans le code six lois qui ne portent que son nom. Après sa mort, le 16 des Kal. de février 395 (*Godefroi*, *cxxx*), l'empire romain fut divisé, *de fait*, en empire d'orient et empire d'occident.

(35) Arcadius mourut de mai à août 408. — *Godefroi*, *clij*. — Le 1er mai, *suivant D. Clément*, *p.* 353.

Constance II, ou le Patrice Constance, fut associé par Honorius, qui lui donna sa sœur Placidie en mariage, vers le 8 février 421. Il régna environ sept mois. — Voy. *Godefroi*, *clxvj* (jusqu'au 2 septembre, *suiv.* *D. Clément*, *p.* 354, d'après Muratori).

Gibbon, *x*, 92, semble annoncer que Constance ne fut pas reconnu par Théodose le jeune; mais comment le supposer lorsqu'on voit même Théodose insérer dans son propre code, rédigé à peine au bout de 17 ans (en 438), quatre constitutions où le nom de Constance est joint au sien et à celui d'Honorius?

N^es	Avénemens.	Noms vulgaires.	Lois.
86.	oct. 424.	Théodose le jeune, *Auguste*, et Valentinien III. *César*.	9
87.	23 oct. 425.	Théodose le jeune *, et Valentinien III, *Augustes* (36). . . .	172
88.	28 juill. 450.	Valentinien III, seul.	»
89.	25 août 450.	Valentinien III *, et Marcien. . .	21
90.	mars 455.	Marcien, seul.	5
91.	455.	Marcien et Avitus (37).	»
92.	456.	Marcien, seul.	5
93.	févr. 457.	Léon Ier ou le Grand, etc. . . .	43
94.	1er avril 457.	Léon Ier et Majorien * (38). . . .	»

(36) Valentinien III était fils de Constance II. Théodose le jeune le nomma César vers octobre 424, et Auguste le 10 des Kal. de novembre 425, pour l'empire d'occident. — Voy. *Godefroi*, *clxx*, *clxxj*. — Gibbon, *x*, 98, prétend, mais avec peu de fondement, que dès la nomination de Valentinien III, l'unité du gouvernement du monde romain fut à peu près anéantie. Il suffit d'observer à ce sujet, que dans les lois faites par un seul des deux empereurs, soit d'orient, soit d'occident, le nom de l'autre empereur, lorsqu'il avait été reconnu, fut jusqu'à Julius Nepos, toujours joint au nom du véritable auteur, de sorte qu'elles étaient censées émaner de tous les deux, et être obligatoires pour les deux empires.

(37) Théodose meurt le 28 juillet 450. Pulchérie lui succède, et le 25 août elle épouse et fait empereur Marcien. — Voy. *Gibbon*, *x*, 206, 207. — Le 16 ou 17 mars 455, Valentinien est tué. — Voy. *id.*, 286; *Dubuat*, *viij*, 35 (le 26, *suiv. D. Clément*, *p.* 354). — Maxime, auteur de sa mort, le remplaça en occident, et fut massacré le 12 juin. Avitus fut élu par l'armée, et successivement par une assemblée tenue à Arles, les 10 juillet et 15 août, et enfin déposé en octobre ou décembre 456 (il périt peu de temps après). — Voy. *Gibbon*, *x*, 294, 304, 318; *Dubuat*, *viij*, 35, 37, 46; *Dubos*, *i*, 526, 532.

Nous avons inséré Avitus dans le tableau, et non point Maxime, parce qu'il ne paraît pas que celui-ci ait été reconnu par Marcien, dont Avitus demanda et obtint au contraire l'approbation. — Voy. *Gibbon*, *x*, 309; *Dubos*, *i*, 535, *ij*, 20. — Or, cette reconnaissance du souverain de l'autre partie du monde romain, était essentielle. — Voy. *Dubos*, *ij*, 8 *et suiv.*

(38) Peu après la mort de Marcien, Léon Ier, ou le grand, ou le Thrace, ou l'ancien fut élu, vers la fin de janvier ou en février 457. — Voy. *Dubos*, *ij*; *Gibbon*, *x*, 358; *Dubuat*, *viij*, 152. — Le 7 février, *suiv. D. Clément*, *p.* 356.

Majorien fut élu pour l'occident, avec l'agrément de Léon, le 1er avril 457, déposé le 1er août 461, et tué 6 jours après. — Voy. *Dubos*,

Nos	Avénemens.		Noms vulgaires.	Lois.
95.	1er août	461.	Léon Ier, seul.	»
96.		461.	Léon Ier, et Lybius-Sévère (39). .	»
97.		464.	Léon Ier, seul.	»
98.		467.	Léon et Anthémius *.	38
99.		472.	Léon Ier, et Olybrius (40).	»
100.	oct.	472.	Léon Ier, seul.	»
101.	janv.	474.	Léon le jeune et Zénon l'Isaurien. .	10
102.	juin	474.	Les mêmes et Julius Nepos. . . .	»
103.	nov.	474.	Zénon et Julius Nepos * (41). . . .	»

ij, 27 *et* 76; *Dubuat*, *viij*, 46 *et* 58; *Gibbon*, *x*, 344. — Cujas a publié à la suite de son code Théodosien (1566 et 1586), plusieurs novelles de Majorien.

Léon, seul, est cité 2 fois dans les instituts. — Voy. *Baudoza*, *sup.*

(39) Après la déposition de Majorien, il y eut un interrègne en occident. Lybius-Sévère fut élu le 19 novembre 461, et confirmé par le sénat. Dubos et Dubuat pensent qu'au bout d'un intervalle incertain, il fut enfin reconnu par Léon. Au reste, ce n'était qu'un empereur de nom; Ricimer, chef des Vandales, qui l'avait fait nommer, était le véritable souverain... Ce qui prouve d'ailleurs son peu d'autorité, c'est qu'on ne sait pas, à trois ans près, l'époque de sa mort, qui dût avoir lieu de 464 à 466, selon Dubuat. — Voy. *Dubos*, *ij*, 79, 119, 120; *Dubuat*, *viij*, 60, 61, 160; *Gibbon*, *x*, 346. — Néanmoins, Cujas a découvert deux de ses novelles, où il est nommé avec Léon, et qui ont été insérées dans le supplément mis à la fin du code Théodosien de Godefroi, 1665, p. 37 et 38.

(40) Il y eut après Lybius-Sévère, un nouvel interrègne en occident, Anthémius, nommé par Léon, n'y ayant été envoyé qu'en 467. — Olybrius détrôna Anthémius, et fut proclamé vers mars ou avril 472 (Anthémius ne périt qu'en juillet.) Il régna jusqu'au 23 ou 25 octobre suivant, ayant été reconnu au moins tacitement par Léon. — Voy. *Dubos*, *ij*, 120; *Dubuat*, *viij*, 160, 183, 186; *Gibbon*, *x*, 360, 390 *à* 395. — D. Clément, *p.* 356, fixe la mort d'Anthémius au 11 juillet, et celle d'Olybrius, au 23 octobre. — Parmi les novelles mises dans le supplément du code Théodosien, il y en a trois d'Anthémius, réuni à Léon.

En 473, au bout de quelques mois, Glycerius fut nommé empereur par Gondebaud (successeur de Ricimer), mais il ne fut point reconnu par Léon, qui dès-lors destinait le trône d'occident à Julius Nepos. — Voy. *Dubuat*, *viij*, 186, 187.

(41) Nepos (voy. *la note précédente*), parvint en Italie, fit déposer Glycerius et fut promu à l'empire, seulement le 24 juin 474 (suivant Lenglet, tablettes.) Léon 1er, son protecteur, était mort dès le mois de janvier, et avait été remplacé en orient, par Léon le jeune son petit-fils, qui s'était associé Zénon l'Isaurien, son beau-père. Au mois de

Nos	Avénemens.	Noms vulgaires.	Lois.
104.	476.	Zénon, seul.	64
105.	480.	Zénon et Romulus Augustule.	»
		Fin de l'Empire d'Occident (42).	
106.	480.	Zénon, seul *.	»
107.	11 avril 491.	Anastase *.	54
108.	10 juill. 518.	Justin.	10
109.	1er avril 527.	Justin et Justinien.	2
110.	1er août 527.	Justinien, seul (43).	403

novembre suivant, Zénon, resté seul maître de l'empire d'orient par la mort de Léon le jeune, soutint Julius Nepos. Mais avant la chûte de celui-ci (voy. *la note suivante*), Zénon fut chassé du trône par Basilisque, en 475, mais le recouvra ensuite, au bout d'environ deux ans. — Voir *Dubuat*, *viij*, 186 *à* 189, 206 *à* 214, 231 *à* 233 (Muratori, cité par D. Clément, p. 357, croit qu'il le recouvra la même année.)

Dans les dix lois attribuées ci-dessus à Léon le jeune et à Zénon, il en est sans doute où le nom de Julius Nepos aurait dû être joint; mais il est probable, vu les désordres du temps, qu'on ne s'inquiétait plus guère de ce soin à Constantinople; et la même remarque s'applique à Augustule, quant à plusieurs des 64 lois attribuées à Zénon seul.

(42) L'histoire chronologique de Romulus Auguste ou Augustule, est extrêmement obscure. Dubuat emploie soixante pages à l'éclaircir (t. 8, et p. 230 à environ 290). Il croit qu'après avoir chassé Julius Nepos, Augustule régna environ cinq années, depuis le 26 août 475 jusqu'en 480, mais qu'il ne fut reconnu pendant ce temps, que par les occidentaux; que les historiens grecs ne le considérèrent point comme empereur, tant que Nepos exista; que probablement Zénon exigea qu'Odoacre, après une première usurpation qui fut la suite de la défaite d'Oreste, père d'Augustule, vers 476, rétablit celui-ci, ce qui dût avoir lieu vers janvier 480; que ce second règne d'Augustule, reconnu par les grecs, cessa avant la fin de 480, et dura onze mois; que c'est à cette dernière époque que finit réellement l'empire d'occident, par une seconde usurpation d'Odoacre. — Voy. *Dubuat*, *viij*, *suprà*, *surtout*, *p.* 231, 258, 259, 266, 267, 284 *à* 287.

Au reste, Julius Nepos fut tué en 480. — Voy. *Dubuat*, *ib*, 281.

Ceux qui aiment les rapprochemens observeront sans doute que le dernier empereur de Rome et de l'occident, portait tout à la fois les noms du fondateur de la capitale et de l'empire De même, le dernier empereur d'orient avait le même nom que le fondateur de la capitale de l'empire d'orient.

Zénon, seul, est cité sept fois dans les instituts. — Voy. *Baudoza*, *sup.*

(43) Quant aux dates des avénemens depuis Anastase jusqu'à Justinien, Voy. *D. Clément*, *p* 358; *surtout Dubuat*, *ix*, 50 *et* 77, *x*, 86.

Anastase est cité une fois dans les instituts, et Justin deux fois. — Voy. *Baudoza*, *sup.*

Il est impossible de jeter un coup d'œil sur le tableau précédent sans être frappé du triste sort d'une grande partie des maîtres du monde romain. Sur quatre-vingt-dix princes dont les noms y sont désignés, il n'y en eut pas moins de cinquante-six qui périrent d'une mort funeste!..... Et sur ces cinquante-six, deux seulement, Julien et Valens, eurent l'honneur de perdre la vie en combattant les ennemis de leur pays!..... et cependant, leur dignité était tellement enviée, que des usurpateurs en nombre peut-être plus considérable (44), cherchèrent à la ravir, et périrent presque tous, également d'une mort violente!...

Une remarque de Crévier (*viij*, 417) fournit matière à d'autres réflexions non moins tristes. Depuis César jusqu'à Constantin, Commode est le seul prince qui soit né dans le palais d'un empereur : et ce prince, peut-être le plus méchant de tous (*v. ci-dev. not.* 13, *p.* 337), était le fils de Marc-Aurèle!...

(44) Crévier les a marqués séparément dans ses fastes; il y en a cinquante-neuf depuis l'an 92 (règne de Domitien) jusqu'à l'an 337 (mort de Constantin) où finit son ouvrage.

CHAPITRE II.

Tableau des Jurisconsultes Romains, et indication des âges de la Jurisprudence.

On ne peut fixer le temps où vécurent les jurisconsultes Romains avec la même précision que celui des empereurs, parce que l'histoire nous fournit naturellement moins de documens pour les particuliers que pour les souverains.

Les érudits modernes qui ont écrit celle du droit, se sont bornés forcément à tracer des intervalles plus ou moins longs, où fleurirent les divers jurisconsultes, dont les ouvrages ont été copiés, extraits ou cités dans le digeste. C'est d'ailleurs ce qui suffit pour cette partie du droit romain (1), parce qu'au moyen de la distribution par intervalles, on sait si tel ou tel jurisconsulte appartient à une secte qui put exercer une certaine influence sur ses décisions, ou à un *âge* de la jurisprudence dont elles durent en quelque sorte prendre le caractère.

§. 1er. *Des âges de la Jurisprudence.*

Nous avons déjà parlé (*p.* 125) des époques et de l'esprit des sectes de jurisconsultes. Quant aux *âges* de la jurisprudence, les auteurs ne sont d'accord ni sur leur nombre, ni sur leurs dénomina-

(1) Il est au contraire souvent nécessaire de connaître avec précision l'époque où une loi d'un empereur a été émise, parce qu'elle peut avoir été abrogée ou modifiée par une autre.

tions, ni sur les intervalles dont ils doivent se composer (2).

Selon Gravina, le premier âge, ou celui de la jurisprudence *ancienne*, commence à la publication des douze tables et finit au temps de Cicéron. Il embrasse environ trois cent cinquante ans. Pendant ce temps, la jurisprudence est ténébreuse, dure, et fondée uniquement sur une subtilité rigoureuse de termes. — Le deuxième âge qui comprend soixante-dix-neuf ans, est celui de la jurisprudence *moyenne*, beaucoup plus douce que la précédente, et s'attachant davantage à interpréter la loi dans le sens le plus favorable à l'équité. Le troisième âge se compte depuis le règne d'Auguste jusques à Justinien; c'est celui de la jurisprudence *nouvelle*; enfin le dernier âge ou celui de la jurisprudence *très-nouvelle*, commence à la publication du corps de droit de Justinien, et finit à l'année 753 de l'ère vulgaire, époque de la prise de Ravenne, et selon lui, de l'anéantissement de ce droit en occident (*v. ci-dev. p.* 205.)

Mais, tout en adoptant l'opinion de Gravina sur le caractère des premiers âges de la jurisprudence, il nous semble que l'espace qu'embrassent les deux derniers doit être différemment distribué, et former lui-même quatre âges, parce qu'il offre quatre époques très-remarquables dans l'histoire du droit romain, et que parconséquent on doit compter six âges au lieu de quatre. Le troisième commencerait comme dans le système de Gravina, à Auguste, et

(2) *Voy.* entr'autres Vinnius, inst., lib. 3, tit. 2, §. cæterum 3; Heineccius, not., ib.; Bouchaud, 12 tabl., ij, 400 à 403; Hoffman, p. 44; Schomberg, p. 52 et 53. — Voy. *aussi* Faber, de errorib., ij, 69, n. 34; Noodt, observation., 1706, 120.

finirait à Adrien (3) ; ce serait celui des grandes dissensions entre les sectes, celui où l'on examinait et discutait beaucoup de règles à l'égard desquelles il y avait des contestations, ou une sorte d'incertitude (*v. ci-dev. p.* 130.)

Le quatrième âge daterait d'Adrien, dont l'édit perpétuel donna, comme on l'a dit (*p.* 105), une nouvelle face à la jurisprudence, surtout à l'aide des écrits de son rédacteur Julien, qui servirent souvent de guides à ses successeurs (4) : ce serait le véritable âge d'or de la jurisprudence. C'est en effet celui où parurent presque tous les grands jurisconsultes, les Papinien, les Julien, Ulpien, Paul, Caïus, Pomponius, Cervidius-Scævola, Modestin, Marcien et Celsus ; c'est celui où furent composés les ouvrages dont on a extrait presque tout le digeste (les quatorze quinzièmes) : c'est enfin celui où furent fixés à jamais une foule de principes du droit, d'après le système d'équité et de philosophie, et quelquefois d'argumentation subtile dont on a parlé, *page* 82.

Nous fixerions le commencement du cinquième au règne de Constantin, temps où, comme on l'a dit, il y eut une décadence sensible dans la langue, la littérature et la jurisprudence, où, enfin, le flambeau de celle-ci s'éteignit en quelque sorte.

Il est vrai, et on l'a également remarqué, que dès le temps des Gordiens, aucun jurisconsulte ne laissa des ouvrages qui pussent transmettre son

(3) Zasius, qui fait commencer le 2e âge au temps de Cicéron, le fait aussi terminer au temps de Trajan, ou bien du jurisconsulte Paul. — Voy. *Bouchaud et Hoffman, sup.*

(4) On verra au §. 2, que Julien, indépendamment des 457 lois que les rédacteurs du digeste ont puisé dans ses ouvrages, y est cité près de huit cents fois par les autres jurisconsultes.

nom à la postérité (*v. p.* 86); mais au moins en resta-t-il encore qui conservèrent la bonne doctrine et en grande partie l'art de l'exposer, puisque les lois des empereurs suivans jusques à Dioclétien, qu'ils dictèrent sans doute, quoique moins bien rédigées que les précédentes, sont fort supérieures à celles des princes Grecs (*v. ci-dev. p.* 148.)

Le sixième et dernier âge embrasserait le temps assigné par Gravina au quatrième, et il suffit pour le caractériser, de rappeler ce qu'on a observé (*p.* 148 *et* 173) au sujet de la rédaction des lois de Justinien.

§. II. *Tableau chronologique des Jurisconsultes Romains, avec l'indication du nombre des lois du digeste qu'on a extraites de leurs ouvrages, et de celui des citations qu'en font les lois non extraites.*

Nous avons extrait ce tableau, des notices de Pothier et d'Hoffman, en les rectifiant l'une par l'autre et à l'aide de l'index de Wieling. — Quant à l'ordre chronologique des jurisconsultes, nous avons suivi la notice de Pothier, qui diffère peu du tableau d'Hoffman (5). Cette notice est au reste bien supérieure à celle de Terrasson, sous le rapport de l'érudition, de la critique et de l'exactitude. N'est-ce pas une dérision de la part de ce dernier auteur, d'avoir compris au nombre des jurisconsultes, César, Pompée et Sylla, parce qu'ils ont por-

(5) Voy. *Pothier, prolegom.*, *part.* 2, *cap.* 1, *p. xj à xliij*, où les jurisconsultes sont désignés chacun en particulier par un numéro; *Hoffman*, *p.* 318 *à* 344, où est une notice historique et alphabétique de tous les jurisconsultes; *idem*, *p.* 345 *et* 346, où est leur tableau chronologique; *Wieling*, 5e *index*, *p.* 1 *à* 346.

té quelques lois en leur qualité de dictateurs ou de consuls? Autant vaudrait appeler de ce nom, Auguste et ses successeurs jusques à Adrien, parce qu'ils ont proposé divers sénatus-consultes. Autre chose est d'être dirigé par des hommes de loi, et d'en avoir soi-même les talens, ou d'en avoir fait les études.

Quoique il en soit, nous allons indiquer, 1, les noms des jurisconsultes; 2, le nombre des citations qu'on a faites de leurs avis dans les lois du digeste qui ne sont pas tirées de leurs ouvrages; 3, le nombre des lois qui en sont tirées. Ces divers nombres ont été calculés d'après les index de Wieling, et en suivant la méthode exposée au chapitre premier, *p.* 332, 333. Nous distinguerons par des caractères romains les noms des jurisconsultes des ouvrages desquels on n'a point extrait de lois, et qui sont néanmoins cités plusieurs fois dans le digeste; et par des lettres *italiques*, ceux des jurisconsultes auteurs des lois du digeste.

I. *Jurisconsultes antérieurs au siècle de Cicéron* (6).

	Citations.	Lois.
1. P. ou C. Papyrius.	2	»
2. Appius Claudius, décemvir.	2	»
3. App. Claudius Centumanus Cæcus.	3	»
4. Cn. Flavius.	2	»
5. P. Sempronius Longus Sophus.	1	»
6. Tib. Coruncanius.	2	»
7. Q. Mutius.	1	»
8. S. Aelius Pœtus Catus.	6	»
9. P. Attilius.	1	»

(6) C'est-à-dire antérieurs à l'an 650 de Rome, qui correspond à l'an 104 avant notre ère.

	Citations.	Lois.
10. P. Scipion Nasica (7).	1	»
11. M. Caton.	5	»
12. P. Mucius Scævola.	4	»
13. M. Manilius.	3	»
14. M. Brutus.	7	»
15. C. Livius Drusus (8).	1	»

II. *Jurisconsultes de la fin de la République.*

16. Cicéron (9).	7	»
17. P. Rutilius.	5	»
18. Q. Ælius Tuberon.	1	»

(7) Pothier a omis les jurisconsultes n°s 1 à 7, et 9 et 10, qui à la vérité, sauf Appius Cœcus, ne sont cités que par Pomponius dans la loi 2, *dig. de origine juris* (liv. 1, tit 2); mais au moins aurait-il dû en avertir comme pour quelques uns des n^{os} suivans (voy. *ci-ap.*, *notes* 8, 13 et 14), vu l'importance du rôle que la plupart d'entr'eux ont joué.

Nous avons parlé de Papyrius, à p. 13; d'Appius-Decemvir, à p. 19; d'Appius Cœcus, et de Cn. Flavius, à p. 58; de Coruncanius, à p. 74; de Pœtus, à p. 59.

Hoffman qui a été plus exact, place (p. 245) dans ce nombre, un T. Manlius Torquatus; mais il n'est point cité dans le digeste, et Hoffman lui-même n'en parle pas dans sa notice historico-alphabétique. — Enfin, Hoffman et Pothier ont omis Publius Ælius, frère de Sextus, n° 8, que nomme Pomponius, *d. l.* 2, §. 38.

(8) Caton, n° 11, était fils du censeur. Ce dernier est aussi désigné comme jurisconsulte, dans le §. 38, déjà cité. — M. Brutus, n° 14, n'est point le même que le fameux collègue de Cassius. — Voy. *Bouchaud*, *douze tab.*, *i*, 195.

Entre les jurisconsultes qui fleurissaient vers la fin de l'époque indiquée, par le n° I ci-dessus, ou au commencement de celle du n° II, Pomponius (*d. l.* 2, §. 40 *et* 42) nomme aussi P. Verginius, S. Pompée, oncle du grand Pompée, Cælius Antipater, P. Crassus Mucianus, S. Papyrius, C. Juventius, et Lucilius Balbus; mais ils ne sont cités dans aucun autre passage du digeste.

(9) Les érudits ont été très-divisés sur le point de savoir si Cicéron doit être rangé parmi les jurisconsultes; mais comment lui refuser un tel titre lorsqu'on se rappelle ses études (voy. *ci-dev.*, *p.* 78), et qu'on voit qu'il avait composé un ouvrage (*Aulu-Gelle*, *liv.* 1, *ch.* 20, *le cite*) sur le droit civil? — Voy. au reste, *Heineccius*, *hist.*, §. 119; *Hoffman*, *p.* 307 *et* 308. — A l'égard des sept citations de Cicéron dans le digeste, voy. nos observations sur les citations d'Homère, etc., au *magasin encyclop. de* 1805, *t.* 5, *p.* 78 *et suiv.*

	Citations.	Lois.
19. *Q. Mucius Scævola, le pontife.*	50	4
20. C. Aquilius Gallus.	16	»
21. S. Sulpicius Rufus (10).	93	»
22. Q. Cornelius Maximus.	2	»
23. Antistius Labéon, père.	1	»
24. Gr. Flaccus.	1	»
25. *Æl. Gallus.*	2	1

III. *Du temps de César et d'Auguste.*

26. A. Ofilius.	73	»
27. A. Cascellius.	16	»
28. Trebatius Testa.	96	»
29. Q. Ælius Tubéron, élève d'Ofilius.	17	»
30. Cinna.	3	»
31. *Alfenus Varus* (11).	19	54
32. Aufid. Namusa.	6	»
33. C. Ateius Pacuvius.	1	»
34. P. Gellius.	1	»
35. *Antistius* LABÉON, fils.	541	63
36. Ateius Capiton (12).	7	»
37. Blæsus.	1	»
38. Vitellius (13).	1	»

(10) Sulpicius fut un des plus grand jurisconsultes de ce temps; il avait laissé 180 livres sur le droit. — Voy. *Hoffman*, *p.* 340; *surtout Pothier*, *n°* 11. — Cujas, *ad l.* 1, *D. de tutelis*, dit de lui, *autor peritissimus conficiendarum definitionum.*

(11) Cinna, n. 30 (omis par Pothier), est indiqué par Hoffman, p. 325. — Varus, n. 31, après avoir exercé la profession de jurisconsulte, devint consul. Il avait d'abord été cordonnier, selon Taisand, p. 22, Pothier, sup., n. 20, et Crévier, t. 1, p. 370, qui à cette occasion, dit avec son élégance accoutumée, que Varus QUITTA LE TRENCHET, *prit les livres*, etc.; mais plusieurs érudits (voy. *Bach*, *p.* 264) révoquent en doute cette dernière profession.

(12) Quant à Labéon et Capiton, *voy.* ci-dev., p. 125.

(13) Parmi les jurisconsultes de ce temps, Pomponius (*d. l.* 2) cite encore T. Cœsius, Aufid. Tucca, et Fl. Priscus; il n'en est pas fait mention dans d'autres lois du digeste.

Hoffman a omis Cornelius, n. 22, et Blæsus, n. 37.

IV. *Depuis Tibère jusqu'à Vespasien.*

	Citations.	Lois.
39. Massur. Sabinus.	220	»
40. Cocc. Nerva, père.	34	»
41. C. Cassius Longinus (14).	160	»
42. *Sempronius Proculus.*	136	37
43. Fulcinius (Priscus).	16	»
44. Fabius Mela.	39	»
45. Cartilius.	2	»
46. Cocc. Nerva, fils.	15	»
47. Attilicinus (15).	27	»

V. *Depuis Vespasien jusqu'à Adrien.*

48. Cælius Sabinus.	18	»
49. Pegasus (16).	28	»
50. Juvent. Celsus, père.	5	»
51. *Priscus Javolenus.*	11	206
52. Ariston.	81	»
53. *Neratius Priscus.*	128	64
54. Arrianus.	6	»
55. Plautius.	4	»
56. Minitius Natalis.	3	»
57. Urseius Ferox (17).	4	»
58. Varius Lucullus.	1	»
59. Fufidius.	3	»
60. Servilius (18).	1	»

(14) Pomponius cite un autre Longinus, dont il n'existe aucun fragment dans le digeste. — Voy. *Pothier*, n. 31.

(15) Hoffman, p. 345, a omis Nerva fils et Attilicinus.

(16) Quoique les 2 Sabinus, Cassius et Pegasus, n°s 39, 41, 48 et 49, soient mis dans l'index de Justinien, au nombre des auteurs du digeste, aucune loi n'a été tirée de leurs ouvrages.

(17) Ferox vivait vers les règnes de Vespasien à Trajan (voy. *Hoffman*, p. 327; *Pothier*, n. 47), et non point vers ceux de Claude et Néron, comme le dit Bouchaud, *ij*, 471.

(18) Fufidius est très-peu connu malgré les recherches des érudits. Hottoman se moque à cette occasion, des peines qu'ils ont prises pour éclaircir l'histoire, souvent très-inutile, d'un jurisconsulte. *Qualis ille*

VI. *Temps d'Adrien et d'Antonin le Pieux.*

	Citations.	Lois.
61. L. *Celsus*, fils.	173	142
62. *Salv.* JULIEN (19).	778	457
63. *Aburnius* ou *Aburnus Valens*.	4	20
64. Lœlius-Félix.	2	»
65. Vindius Verus.	4	»
66. *S. Cæcilius Africanus* (20)	3	131
67. *Volus. Mæcianus.*	18	44
68. *Ulp. Marcellus* (21).	256	158
69. Val. Severus.	4	»
70. *Ter. Clemens.*	1	35
71. Publicius.	3	»
72. Pactumeius Clemens.	1	»
73. Campanus.	2	»
74. Octavenus.	23	»
75. Vivianus.	23	»
76. S. Pedius.	60	»
77. Tuscius-Fuscianus (22).	1	»

fuerit, utrum albus an ater, brevis an longus, non magnoperè puto ad Tribonianicam jurisprudentiam intelligere. — Observat., xiij, 9. — Au reste, il est maintenant certain qu'il jouissait au moins de quelque réputation, puisqu'un de ses ouvrages est cité dans les instituts (*p.* 124) de Gaïus, nouvellement découverts. (voy. *ci-dev. p.* 165).

Hoffman, p. 346, a omis les n°s 54, 55, 57, 58 et 59; et Pothier, le n. 60.

(19) *Voy.* quant à Julien, ci-dev. p. 103 et 118.

(20) Africain est-il le même que le *Sextus Cœcilius*, dont il est question dans Aulu-Gelle et plusieurs lois? c'est sur quoi les auteurs ne sont pas d'accord. — Voy. *Ménage, cap.* 22 *et* 23; *Heineccius, hist.*, §. 256; *Pothier, sup., n.* 55. — Ses lois, en général très-obscures (*voy. p.* 83), sont ordinairement placées dans le digeste après celles de Julien, comme ayant traité des mêmes matières. — Voy. *Cujas, ad African., tract.* 8, *in l. pen. condict. sine causâ.*

(21) Il faisait, dit Heineccius, §. 263, venir du pain de Rome, afin de le manger plus sec. Au lieu de noter cette puérilité, Heineccius aurait dû rappeler avec Cujas (*ad l.* 73, §. 4, *de leg.* 1°), que *Marcellus est perpetuus Juliani adversarius.*

(22) *Voy.* sur Campanus, Ménage, cap. 37. Pothier et Hoffman ont omis Fuscianus et le dernier, en outre, Severus et Publicius, n°s 69 et 71.

VII. *Temps de Marc-Aurèle et de Commode.*

	Citations.	Lois.
78. *Caius* ou *Gaius.*	4	536
79. *S. Pomponius.*	409	588
80. *Q. Cervidius Scævola* (23).	63	307
81. *J. Mauricianus.*	6	4
82. *Papyrius Justus.*	»	16
83. Papyrius Fronton.	4	»
84. *Claudius Saturnin* (24).	»	1
85. *Tarentenus Paternus.*	1	2

VIII. *Depuis Sévère jusqu'aux Gordiens.*

86. *Callistrate.*	»	101
87. *Œm. PAPINIEN.*	153	596
88. *Arrius Menander.*	5	6
89. *Tertullien* (25).	3	5
90. *Jul. Paul*	45	2087
91. *Dom. Ulpien* (26).	20	2461

(23) *Voy.* quant à Gaius, p. 165, et à Pomponius, p. 8. — Scœvola est désigné ordinairement par son simple surnom (Scœvola), tandis que le n. 19 l'est aussi par ses prénom et nom (Mutius). — Hoffman, *p.* 346, et Pothier, *n.* 68, l'appellent *Cerbidius*; Augustin, *ad Modestinum, p.* 282, soutient qu'il faut lire *Servidius.* Cujas (*quæst. Pap. in pr.*) l'égale presque à Papinien, dont il fut le professeur.

(24) Les interprètes ne sont pas d'accord sur le prénom de Saturnin; quelques-uns pensent qu'il y a eu 2 et même 3 jurisconsultes du nom de Saturnin. Quelques-uns n'en admettent qu'un seul, qu'ils nomment *Qu. Claudius Venuleius.* — Pothier, *sup.*, *n.* 72, expose ces opinions. Wieling, *index quartus*, *p. xciij*, nous paraît avoir prouvé qu'il y en eut deux, Claudius et Venuleius. — Voy. *aussi Hoffman*, *p.* 341. — Celui-ci, p. 346, a omis Papyrius Fronton, n. 83.

(25) Ce jurisconsulte est-il le même que le père de l'église? Les érudits sont très-divisés sur ce point. Voy. *Hönius dans Wieling, part. ult.*, §. 41; *Hoffman, p.* 342; *Pothier, n.* 77; *surtout Ménage, c.* 12. — Celui-ci soutient la négative, qu'il fonde principalement sur la différence des styles; et lorsqu'on compare la loi 33, *D. de testamentis*, avec un chapitre du traité de *animâ*, il est difficile de ne pas embrasser son opinion.

(26) Quant à Papinien, Ulpien et Paul, voy. *ci-dev. p.* 119 *et* 122.

	Citations.	Lois.
92. *Venuleius Saturnin.*	4	71
93. Messius (27).	1	»
94. *Æl. Marcien*	6	282
95. *Cl. Triphoninus.*	21	79
96. *Lic. Rufin.*	1	17
97. *Æm. Macer.*	»	62
98. *Heren. Modestin* (28).	2	345
99. *Florentin.*	»	42

IX. *Depuis les Gordiens jusques à Constantin.*

Il y eut dans cet intervalle une espèce d'interruption dans la série des jurisconsultes. (*v. ci-dev. p.* 86.)

X. *Depuis Constantin jusques à Justinien.*

100. *Hermogénien* (29).	»	107
101. *Aurel. Arcadius Charisius.*	»	6
102. *Julius* ou *Gallus Aquila.*	»	2

XI. *Jurisconsultes dont le temps est incertain.*

103. Puteolanus.	1	»
104. Paconius.	1	»
105. *Furius Antianus.*	»	3
106. *Rutilius Maximus.*	»	1
107. Antæus (30).	1	»

(27) *Voy.* pour Saturnin (n. 92), *voy.* ci-dev., p. 357 et pour Messius, qu'omet Pothier, *Hoffman*, *p.* 333; *Cujas, ad l.* 50, *D. de jure fisci.*

(28) Nous avons suivi Pothier (*sup., n.* 85), en plaçant Florentin après Modestin, quoique celui-ci soit considéré en général comme le dernier des jurisconsultes de la 8e époque (*voy ci-dev., p.* 87). Dans le fait, le temps précis où vécut Florentin est incertain. On sait seulement qu'il est moins ancien qu'Antonin le pieux, et l'on croit qu'il existait encore du temps d'Alexandre Sévère.

(29) *Voy.* quant à son style, ci-dev. p. 86.

(30) Hoffman, p. 346, a omis les n°s 102 à 107, et Pothier, ce dernier n[o].

En réunissant les cent sept noms compris dans le tableau précédent, aux noms que nous avons indiqués dans les notes 7, 8, 13 et 14 (*p*. 353 à 355), et qui sont au nombre de 13, on voit que le digeste nous a transmis ceux de *cent vingt* jurisconsultes, dont trente-neuf y ont fourni des lois, et quatre-vingt-un seulement des citations. Parmi les derniers, vingt-huit ont été simplement nommés par Pomponius dans la loi historique *de origine juris* (31), de sorte qu'il n'y en a que cinquante-trois dont les opinions soient rappelées comme décisions, ou à l'appui de décisions par les trente-neuf législateurs.

(31) Ce sont les 13 des notes rappelées ci-dessus, et les nos 1, à 7, 9, 10, 18, 23, 33, 34, 60 et 77.

CHAPITRE III.

Tableau du nombre des titres et lois de chaque livre du code.

Livres.	Titres.	Lois.
1 (1)	57	363
2	59	347
3	44	310
4	66	568
5	75	466
6	62	485
7	75	438
8	59	453
9	51	337
10	76	318
11	77	264
12	64	303
	765	4652

Les nombres du tableau ont été calculés d'après l'édition des elzévirs, in-8°, 1681, qui est une des réimpressions de l'édition usuelle (*v. p.* 263). Si l'on additionne maintenant toutes les lois attribuées aux divers empereurs dans le chapitre 1er, *p.* 336 à 347, on n'en trouvera que 4612, ou 50 de moins. Cette différence tient entr'autres à ce que dans les 4652 lois du tableau, on a compris et dû comprendre les lois assez nombreuses qui dans l'édition de 1681 ne portent aucun nom d'empereur.

(1) Les titres 41, 42 et 44 du liv. Ier, n'ont que des rubriques sans lois.

CHAPITRE IV.

Nombre de lois et de décisions du digeste.

§. Ier *Tableau du nombre des titres, des lois, des principium et paragraphes et des versets de chaque livre du digeste.*

Livres.	Titres.	Lois.	Principium et §§.	Vers.
1	22	234	408	68
2	15	205	448	77
3	6	182	367	67
4	9	249	582	81
5	6	187	388	72
6	3	100	186	28
7	9	177	352	57
8	6	163	259	40
9	4	112	310	38
10	4	121	306	37
11	8	108	257	28
12	7	192	368	39
13	7	132	274	29
14	6	77	231	26
15	4	87	242	30
16	3	90	209	18
17	2	146	347	35
18	7	173	296	45
19	5	147	362	41
20	6	100	208	13
21	3	144	378	24
A report.	142	3,126	6,778	893

Livres.	Titres.	Lois.	Principium et §§.	Vers.
De l. p.	142	3,126	6,778	893
22 . . .	6 . . .	130	221	19
23 . . .	5 . . .	221	398	30
24 . . .	3 . . .	145	346	45
25 . . .	7 . . .	67	191	7
26 . . .	10 . . .	210	478	45
27 . . .	10 . . .	148	433	45
28 . . .	8 . . .	266	453	44
29 . . .	7 . . .	235	525	44
30 . . .	1 . . .	128	390	40
31 . . .	1 . . .	89	241	34
32 . . .	1 . . .	103	321	34
33 . . .	10 . . .	206	426	66
34 . . .	9 . . .	192	413	70
35 . . .	3 . . .	218	439	68
36 . . .	4 . . .	145	447	55
37 . : .	15 . . .	172	499	61
38 . . .	17 . . .	202	590	105
39 . . .	6 . . .	192	576	99
40 . . .	16 . . .	330	740	126
41 . . .	10 . . .	217	514	99
42 , . .	8 . . .	172	369	66
43 . . .	33 . . .	154	762	119
44 . . .	7 . . .	154	340 . . . ,	83
45 . . .	3 . . .	200	394	80
46 . . .	8 . . .	307	554	86
47 . . .	23 . . .	248	724	119
48 . . .	24 . . .	347	881	71
49 . . .	18 . . .	177	476	23
50 . . .	17 . . .	622	1,100	61
	432	9,123	21,019	2,737

Nous avons à faire ici une observation du même genre que celle que nous avons déjà présentée au chapitre des lois du code, p. 360. Si l'on ajoute ensemble les lois attribuées aux divers jurisconsultes dans le chapitre 2 (*p.* 352 *et suiv.*), on obtient un nombre total (9143) qui excède de 20 lois le précédent. Cette différence, au reste trop peu considérable pour qu'on s'y arrête, tient principalement à ce que Wieling sur l'index duquel nous avons fait les calculs du même chapitre 2e, a répété beaucoup de lois dans des articles de différens jurisconsultes. Nous avons découvert plusieurs de ces doubles emplois, mais il nous a été impossible de les tous vérifier. Au reste, les nombres des lois du digeste varient aussi avec les éditions : par exemple, Brunquell (*p.* 200) en a trouvé dans celle dont il se servait, 9142, ou 19 de plus que nous, et Henelius, 9198 ; ce qui tient aussi au défaut de numération des lois des florentines (1).

§. 2e *Du nombre des décisions du digeste.*

En rédigeant le tableau du § 1er, nous avons considéré comme *versets*, 1. les phrases précédées d'une † dans l'édition de Denis Godefroi, et dans ses réimpressions, telles que l'édition de Van-Leeuven et autres (*v. ci-dev. p.* 255) ; 2. les phrases ou portions de phrases précédées simplement d'astérisques *, par lesquelles on y désigne des règles générales, toutes les fois que ces règles nous ont paru pouvoir se détacher des décisions auxquelles

(1) *Voy.* Henelius, de veterib. jurisc., 1654, præfat.; Augustin, emendation., p. 124; Hoffman, p. 575, note *h*; ci-dev. p. 237.

elles étaient annexées (2). Mais, est-ce des versets pris dans cette acception, c'est-à-dire, considérés comme formant des décisions distinctes, que Justinien a entendu parler, lorsqu'il a dit (3) que le digeste en contient près de 150 mille (*in centum quinquaginta penè millia versuum totum opus consummantes*) tirés de plus de trois millions (*plus quàm trecenties decem millia versuum à veteribus effusa*) d'autres versets renfermés dans les ouvrages des anciens jurisconsultes ? . . . Les savans ont été très-divisés sur ce point : les uns disent que le mot *versus* désigne une période ou sentence ; les autres, seulement une ligne (4).

Les recherches dont le tableau du §. 1er présente le résultat nous ont conduit à la solution de cette question indécise. On y voit que les *principium* et les paragraphes réunis aux versets, ne forment que vingt-trois à vingt-quatre mille décisions. A la vérité, il s'en faut que les éditeurs modernes aient mis le signe des versets à toutes les phrases des paragraphes ou *principium* qui contiennent des décisions distinctes ; il suffit de parcourir quelques titres pour s'en convaincre. On en trouve d'ailleurs la preuve dans les tables mises à la fin de chaque volume des pandectes de Pothier, et où l'on indique beaucoup de versets, qui ne sont point marqués comme tels dans l'édition de Van-Leeuven. Mais, d'après l'examen que nous avons fait des signes

(2) Au surplus, vu la *ténuité* de ces signes, quelques-uns des versets peuvent avoir échappé à nos recherches.

(3) *Voy*. constit. tanta, de confirmat. digestor., §. 1.

(4) *Voy* pour le 1er avis, Duarcin, op., 1598, p. 1061 ; Vulteius, jurisp: romanæ, 1598, p. 26 ; Henelius, sup. ; Bouchaud, douze tabl., ij, 486... et pour le deuxième, Le Conte, op., 1616, p. 31 et 32 ; Brunquell, p. 200 ; Walch sur Hoppius, c. 2, §. 8, p. 28.

actuels, nous sommes persuadés qu'on n'a omis d'en placer que dans un nombre de décisions tout au plus double, de sorte qu'au lieu d'environ 2700 versets marqués, il faudrait en compter six à huit mille, et que par conséquent le nombre total des décisions du digeste doit être fixé au plus, à environ *vingt-huit à trente mille.*

D'autres recherches nous ont conduit à un résultat à peu près semblable. Si l'on compare une édition soignée, telle que celle des elzévirs de 1681, in-8°, à deux colonnes, au *fac simile* que Gebaüer a donné d'une page du manuscrit des florentines (5), on voit que 72 de ses lignes correspondent à 90 du manuscrit. Or, le digeste, dans cette édition occupe, déduction faite des espaces blancs soit de la fin, soit des intitulés des parties et livres, espaces qui n'existent pas dans le manuscrit (*v. p.* 235), à peu près cent trente mille lignes; donc le manuscrit n'en a, qu'environ cent soixante-deux mille.... Mais si l'on admet qu'un verset forme une décision, il faudra en même temps admettre que chacune des 150 mille décisions indiquées dans ce cas par Justinien, n'avait qu'une ligne et un 12e et en tout environ trente-trois lettres puisque les lignes du manuscrit n'en ont que trente (*v. p.* 234); ce qui est tout-à-fait absurde. Si en effet, un assez grand nombre de décisions pures du digeste, principalement en matière de contrats, n'ont qu'une ligne dans l'édition des elzévirs, il en est beaucoup qui en ont davantage, et à plus forte raison celles qui sont précédées de questions, surtout dans les difficultés des libéralités à cause de

(5) *Voy.* son édition, t. 1, p. 802.

mort (*v. ci-dev. p.* 84). On ne saurait guère en fixer l'étendue commune à moins de quatre à cinq lignes des elzévirs, et alors on arrive au résultat déjà obtenu, c'est-à-dire, à environ vingt-huit à trente mille décisions; nombre au reste bien considérable, ainsi que nous l'avons déjà remarqué (*voy.* p. 161), surtout si on le compare à celui de notre corps actuel de lois (6), et si l'on réfléchit que ce corps de lois ne contient que des règles isolées, non appuyées de principes généraux et de motifs, tandis que l'on trouve dans le digeste, du moins le plus souvent, et les règles, et les définitions, et la doctrine.

(6) En partant de cette base, on peut évaluer à environ quarante-cinq mille les décisions du corps du droit de Justinien; nos cinq codes réunis n'ont que 5,098 articles.

CHAPITRE V.

Tableau chronologique des Novelles.

Nous avons dit (*p.* 187) que le désordre qu'on observe dans l'arrangement actuel des novelles, pouvait souvent induire en erreur; la table suivante, dressée d'après Denis Godefroi, prouvera combien l'anonyme qui est l'auteur des *collations*, a peu consulté la chronologie, lorsqu'il les a composées, et servira en même temps de guide dans la citation des novelles.

A la vérité le classement chronologique des novelles n'est pas sans difficultés, parce qu'entr'autres les dates de plusieurs de ces constitutions varient dans les manuscrits. Les années 535 à 566, ou les 31 dernières du règne de Justinien, pendant lesquelles on les publia (1), n'eurent que six consuls, savoir : Bélisaire pour 535, Jean pour 538, Appion pour 539, Justin le jeune pour 540, Basile pour 541. Les années 536 et 537 sont indiquées par les signes 1ere ou 2e après le consulat de Bélisaire, et les années 542 à 565 par les signes 1ere, 2e, 3e, etc. après le consulat de Basile (2). Les noms de Basile

(1) On va voir que des novelles dont la date est connue, la moins ancienne, est de 539, et comme Tribonien n'existait plus (voy. *ci-dev. p.* 135), il est probable qu'il n'en est guère de plus récentes. Néanmoins, il est possible que parmi les novelles sans date, quelques-unes soient postérieures à cette époque... D'ailleurs, on verra aussi que plusieurs novelles sont des successeurs de Justinien.

(2) L'année 565 est la dernière de notre ère, que l'on désigne ordinairement par les noms des consuls; elle était la 24e après le consulat de Basile.

et de Bélisaire, vû leur ressemblance et l'usage des abréviations, ont été facilement confondus et mis l'un pour l'autre par les copistes; de sorte que telle novelle datée par exemple d'une 2e année après un consulat, peut être attribuée à l'an 537 ou à l'an 543 selon qu'ils auront mis *Belis.* ou *Basil.* en abréviation.

L'anonyme serait donc excusable s'il ne s'était trompé que quant aux novelles, dont les dates sont énoncées par de semblables désignations; mais, comme on le va voir, son classement est fautif, et pour les novelles dont les dates sont certaines et uniformes dans les divers auteurs, et pour les novelles dont les dates sont douteuses.

Afin d'éviter de semblables erreurs, nous avons classé les novelles, d'après les dates (3) que l'édition usuelle, ou édition de Denis Godefroi (*v. ci-dev. p.* 254) leur donne. Nous avons joint des astérisques aux numéros de celles à l'égard desquelles divers auteurs et notamment Wieling, dans sa *jurisprudentia restituta*, partie 2, page 167 et suivantes, ne sont pas d'accord entr'eux; et indiqué dans des notes, les époques différentes que ces auteurs leurs assignent.

Tableau.

An 534, ou 535 — *Novelle* 2 *.

An 535.... 1. 3. 4. 5. 31 *. 7. 8. 17 *. 9. 10. 26 *. 27 *. 102. 32. 15. 28 *. 13. 12. 14. — sans mois et sans jour, *nov.* 11. 30 *. (4).

(3) Les novelles de la même année sont rangées selon l'ordre de leurs mois et jours.

(4) La nov. 2 est sans date dans quelques éditions. Il en est fait mention dans la nov. 22, c. 46, d'où l'on a induit qu'elle est de 534 ou 535.

An 536. — 20 *. 21. 22. 18. 40. 41. 43 *. 105. 23. 19. 42. 16. 45. 49. 46. — sans mois et sans jour, *nov.* 35.

An 537.— 62. 44. 47. 50. 52. 54. 48. 51. 53. 56. 55. 57 *. 59. 60. (5).

An 538. — 66. 63. 65. 67. 68. 69. 72. 71 73. 70. 64. 76.

An 539. — 78. 79. 80. 133. 81. 83. 101. 84. 89. 162. 90. 91. 94. 95. 96. 97. 98. 99. 100. — sans mois et sans jour, *nov.* 82.

An 541. — 107. 119. 108. 115. 137. 131. 122 *. 136. 116. 132. 121 *. 110 *. 109. 123. 134. 157 *. 120. 111. 135. 128. 74 *. 129. 112. 125. 142. 113. 117. — sans mois et sans jour, *nov.* 124. (6).

An 542. — 114 *.

An 544. — 141 *. 118. 147. (7).

An 545. — 130. — sans mois et sans jour, *nov.* 148.

An 548. — 146 *. 38. 143 *. 127.

An 549. — 145 *. (8).

—Voy. *Godefroi*, *ad d. nov.* 2. — La nov. 17 a été adressée à Tribonien en 536 ; mais sa date réelle est de 535. — Les nov. 26, 27, 28, 30 et 31, sont marquées sans date dans Wieling. Godefroi en a fixé les époques dans ses notes, d'après des motifs qu'il est inutile de rappeler.

(5) La nov. 20 est datée dans un manuscrit, du consulat d'Appion, c'est-à-dire, de 539, époque qu'approuve Le Conte, *note sur id.*, *grande Glose.* — La nov. 43 est sans date dans Wieling.... même observation que pour les nov. 26, 27, etc.

(6) Les novelles 110, 121 et 157 sont placées par Wieling à l'an 535; la nov. 122 à l'an 536; et la nov. 74 à l'an 538.

(7) La nov. 114 est sans date dans Wieling; Godefroi la place à 539, d'après Cujas. — La nov. 141 est placée à 559 par Wieling.

(8) L'année de la nov. 143 qui est sans date dans Wieling, a été déterminée par Godefroi d'après Cujas. — La nov. 146 est de 541, selon Scrimger, et de 553, selon Wieling. — La nov 145 est aussi de 553, selon le même Wieling.

Novelles sans dates. — 6. 24. 25. 29. 33. 34. 36. 37. 61. 75. 77. 85. 86. 87. 88-92. 95. 103. 104. 106. 126. 138. 139. 150. 151. 152. 153. 154. 155 *. 156. 158 *. 159. 160. 165. 166. 167. 168.

Dates incertaines. — 39 *. 58 *. (9).

Ans 566 *à* 569. — Novelles de JUSTIN II placées mal-à-propos parmi celles de Justinien. — 140 *. 144 *. 149 *.

Ans 578 *à* 582. — Novelles de TIBÈRE II, placées id., etc. — 161 *. 163 *. 164 *. (10).

(9) La nov. 155 est de 535, selon Wieling. — La nov. 158 n'a que la date du jour et du mois. — La nov. 39 indique seulement la préfecture de Bélisaire. — La nov. 58 fixée par Godefroi à 552, peut être de 546 ou de 537, et Wieling la place à 536.

(10) Quant à ces six novelles de Justin ou Tibère, *voy.* ci-dev., p. 185, et note 25, ib.; Godefroi, notes sur les novelles; Hoffman, p. 637, 638; Wieling, sup., p. 174. — Ce dernier revendique la novelle 146 pour Justinien, mais on a adopté généralement l'opinion de Cujas qui l'attribue (*voy. Godefroi sup.*) à Justin II.

CHAPITRE VI.

Table des Auteurs cités souvent par pages, dans l'Histoire du Droit.

Cujas, opera; Lyon, 1614, 4 vol. in-fol.

Nous indiquons spécialement les éditions de Fabrot et de Naples, lorsque nous les citons.

Baudoin, prolegomena de jure civili; 1545, in-4°.

id., Cathechesis juris, in-8°; 1747, avec les notes de *Rodolphe Henne.*

Siconius, de antiquo jure civium, dans ses œuvres.

Ferrarius-Montanus (J.), adnotationes in institutionum libros; Lyon, 1542, in 8°.

Broé ou Broeus (*Franc.*), historia juris chronologica; 1622 (voy. *ci dev. p.* 256 *et* 331).

Godefroi (Jac.), manuale juris; 1665, in-12, contenant bibliotheca et historia juris.

id., Codex Theodosianus; 1665, 6 vol. in-fol., surtout la chronologie et les prolégomênes, qui sont à la tête du 1er vol., et sous la même pagination.

Ménage, juris civilis amoenitates; in-12., 1680.

Arthur-Duck, de l'usage et autorité du droit civil; 1695, in-12, traduction.

Thomasius (*Christ.*), delineatio historiæ juris, dans l'histoire d'Hoffman, t. 1, part. 2.

Gravina, origines juris, où sont les traités de ortu et progressu juris, de jure naturali, etc., in-4°.

id., orationes et opuscula; in-12, Trèves, 1713.

Brunquell, historia juris; 1738, in-8°.

Hoffman, *id.*; 1734, 2 v. in-4°.

HEINECCIUS, historia juris civilis; 1733, in-8o.

C'est l'édition que nous avons ordinairement citée, et par paragraphes; lorsque nous citons la dernière, qui est dans ses œuvres, nous l'indiquons, pour abréger, par le signe, 2e édit. Les notes de RITTER et de SILBERAD, que nous citons aussi, sont dans cette dernière édition.

ID., antiquitatum romanarum, Syntagma, etc.; 1734, 2. in-8o.

ID., opuscula minora; 1738, in-8o.

CRÉVIER, histoire des empereurs, édit.; in-12, 1749 à 1755.

BACH, historia juris; in-8o, 1807, avec les notes de Corn. Aug. Stockmann.

POTHIER, pandectæ Justinianeæ; 3 in-fol., 1782, surtout les prolegomènes du 1er vol.

HOPPIUS, commentar. ad instituta; 2 vol. in-4o, 1771, avec les notes et l'introduction de WALCH.

SCHOMBERG, précis historique du droit romain; in-8, 1793, traduction.

BOUCHAUD, comment. sur la loi des 12 tables, suivi de dissertat. sur l'édit perpétuel; 2 v. in-4o, 1803.

STRUVE, bibliotheca juris; in-8o, 1756, avec les notes de Buder.

CAMUS, bibliothèque de droit, 3e édit.; 1805, 2 vol.

HAUBOLD, institutiones juris litterariæ; in-8o, t. 1, 1809.

WIELING, jurisprudentia restituta; in-8o, 1727.

BRENCMAN, historia pandectarum; in-4o, 1722.

OTTON, thesaurus juris; 5 in-fol., 1733 à 1735.

MEERMAN, novus *id.*; 7 vol. in-fol., 1751 à 1754, outre le supplément, qui forme le t. 8, 1780.

GAÏUS, instituts nouvellement découverts (*v. p.* 165).

FIN DE L'HISTOIRE DU DROIT ROMAIN.

APPENDICE.

HISTOIRE DE CUJAS.

La vie de Cujas fut publiée en 1590, presqu'aussitôt après sa mort, par Papyre Masson (1). On aurait dû donner un titre un peu moins relevé à cette notice, où Masson esquisse en quelques pages et sans indiquer aucune époque, les principaux traits de l'histoire de son héros (2).

Cependant, au bout d'environ deux siècles, c'était encore ce que nous avions de mieux sur le plus grand des jurisconsultes, lorsque en 1775, M. Bernardi consacra un volume in-12 à son éloge. A la vérité, dans cet intervalle, Leyckert avait ajouté beaucoup de notes à l'éloge de Masson; et Duverdier, Pancirole, Doujat, Gravina, Ferrière, Taisand, Niceron et Terrasson avaient donné dans leurs recueils, des articles plus ou moins développés sur Cujas (3); mais les additions de Leyckert ne contiennent que très-peu de faits, et les

(1) *Voy.* ci-après éclaircissemens, §. 7, note 1.

(2) Dans le recueil des éloges de Masson (Paris, 1638), l'article de Cujas a 10 pages petit in-8°, qui n'en occupent que deux dans les grandes éditions in-folio de Cujas, publiées par Scot, Fabrot et les Napolitains. L'édition originale de 1590, a 6 pages petit in-4°.

(3) *Voy.* l'indication de leurs ouvrages au d. §. 7, notes 12, 14, 27 et 34.

articles des autres auteurs fourmillent d'erreurs et d'omissions importantes malgré leur prolixité. Ils ne citent d'ailleurs presque aucune autorité à l'appui de leurs narrations, et ils y violent perpétuellement la chronologie (4).

Les derniers ouvrages publiés sur le même sujet sont, 1. une notice fort étendue et fort détaillée par M. Hugo, professeur à Gottingue, insérée en 1803, dans son Magasin de droit civil, et réimprimée en 1814; 2. une deuxième notice de M. Bernardi, où il a réduit et perfectionné son premier travail, et qu'on a insérée en 1813, dans la Biographie universelle des Michaud, tome 10, mot Cujas (5).

Les notices de MM. Bernardi et Hugo sont fort supérieures à tout ce qu'on avait publié avant eux. Si l'on y observe beaucoup d'omissions et plusieurs inexactitudes, cela ne tient sans doute qu'à ce que ces deux savans n'auront pu explorer les sources authentiques où nous avons puisé une partie de nos documens, telles que les archives de Toulouse, Cahors, Bourges, Valence, Paris et Turin, où Cujas professa (6), et les œuvres de divers écrivains de son temps qu'on ne trouve pas dans toutes les Bibliothèques. On va voir combien les unes et les autres nous ont été utiles (7).

Jacques Cujas naquit à Toulouse en 1522 (8).

(4) Nous citerons quelques exemples de ces erreurs, etc.; mais il serait aussi long que fastidieux et inutile, d'en indiquer même une petite partie.

(5) Nous ne connaissions point ces ouvragés lors de la première composition du nôtre. — Voy. *ci-ap. éclairciss.*, §. 1er.

(6) *Voy.* d. éclairciss., §. 2.

(7) Nous avons aussi tiré un grand parti des épîtres dédicatoires des ouvrages de Cujas, et de plusieurs actes publiés par Fabrot dans le tome 1er de son édition. — Voy. *d. éclairciss.*, §. 3.

(8) *Voy.* d. éclairciss., §. 4, n. 8.

Tout ce que l'on sait de sa famille, c'est que son père s'appellait Cujaus (9); nom dont le fils corrigea de bonne heure la désinence qui aurait été trop dure à l'oreille, surtout dans la langue latine, seule usitée entre les savans; qu'il était foulon, ou tondeur de draps (10), et qu'il avait assez de fortune pour que son fils put abandonner cet état obscur et se vouer à l'étude de la jurisprudence (11).

Il en apprit les élémens à l'université de Toulouse sous Arnaud Ferrier (12), qui, n'ayant laissé aucun ouvrage, serait tout-à-fait ignoré dans les fastes du droit civil, sans l'honneur d'avoir formé un tel disciple. Conseiller au parlement de Toulouse, vers 1543 à 1545 (13), à celui de Paris, en 1551, président aux enquêtes de ce dernier parlement, en 1555, et successivement maître des requêtes (14), ambassadeur de France au concile de Trente et à Venise, pendant une vingtaine d'années, enfin, chancelier du roi de Navarre (15), on pourrait penser que les soins qu'exigea la carrière de la magistrature et de la politique, firent abandon-

(9) D. éclairciss., d. §. 4, n. 7.

(10) Teissier (*éloges des hommes savans, etc.*, 1683, *t.* 2, *art. de Bujas* dit qu'il était Foulon, et cite en marge Pap. Masson, qui n'en parle pas. Bruneau (*supplém. au traité des criées, préface*) et Ménage (*vie d'Airault, p.* 185) disent un tondeur de draps. Au reste, ces deux professions peuvent se confondre. — Voy. *encore d.* §. 4, *n.* 6.

(11) *Voy.* d., §. 4, n. 1 à 6.

(12) C'est le nom qu'on lui donne dans deux lettres-patentes, dont les premières sans date, doivent être de 1543 à 1545 (voy. *table mss. des registr. du parl. de Toulouse, Bibl. de Gronoble, n.* 1719, 5e *regist., n.* 98), et les 2es du 20 septembre 1548. Quelques écrits du temps l'appellent aussi Arnoul ou Arnold Duferrier.

(13) *Voy.* lettres citées à la note précédente.

(14) *Voy.* Blanchard, catalogue des conseillers de Paris, 1647, p. 72; id. des maît. des requ., 1673, p. 306.

(15) *Voy.* Bayle, mot Ferrier, notes A et B.

ner à Ferrier celle de la jurisprudence, si l'on ne savait qu'à l'époque où il remplissait le poste éminent d'ambassadeur, il se rendait par fois, de Venise à Padoue pour y exercer volontairement et comme une espèce de surnuméraire, son premier état de professeur.

Ces excursions singulières, dont il fut blâmé par le roi (16), font supposer au moins que Ferrier croyait professer avec assez d'éclat pour les faire excuser; et, si l'on s'en rapporte à son plus célèbre élève, il ne se faisait point illusion sur ses talens, puisque Cujas, à une époque où sa propre supériorité sur les jurisconsultes de son siècle, n'était plus disputée depuis long-temps, présentait Ferrier comme le plus habile et même comme le seul vraiment habile des professeurs nombreux qu'il avait connus (17).

Quoiqu'il en soit de cet éloge, qu'on peut croire inspiré en partie par la reconnaissance du disciple (18), il paraît que celui-ci, dont l'intelligence était d'ailleurs assez paresseuse (19), ne profita pas beaucoup des leçons universitaires. Quelque assiduité qu'il mit à les suivre, il fallait bien qu'il n'en prisât guère la doctrine, puisque à l'inverse de ce que pratiquent presque tous les juristes, il n'avait pas conservé une seule ligne de ses élémens, du cours de ce Ferrier dont il préconise tant la saga-

(16) Brantôme, hommes illustres, disc. 45.

(17) Cujas, epist. à P. de Foix, 15 mars 1579. — *Voy.* d'autres éloges, ci-apr. éclairciss., §. 5, n. xxxv.

(18) Cependant, Govéa qui avait dû connaître Ferrier à Toulouse en fait aussi un très-grand cas. — *Voy. d. éclairciss.*, §. 20, *n.* 2.

(19) *Voy.* Taisand, mot Cujas, p. 149. — *Voy.* aussi Gravina, c. 180

cité et la science, et à qui il se crut obligé de dédier les prémices de ses veilles (20).

Mais il suppléa bientôt à l'insuffisance des leçons par un travail opiniâtre. Dès son enfance il ne passa pas un seul jour sans étudier (21). Il lut avec attention tous les interprètes connus (22). Il eut souvent des conférences où il discutait les questions difficiles avec les plus habiles de ses condisciples, et il continua cette méthode au commencement de son professorat, notamment avec Pierre du Faur de Saint-Jorry, depuis, premier président au parlement de Toulouse, et l'un des plus grands jurisconsultes du 16e siècle, que Cujas, en 1556, qualifiait déjà de condisciple, quoiqu'il lui enseignât encore le droit (23). Il apprit avec soin, et, dit-on, sans maître, les langues anciennes, surtout la langue grecque, qui lui fut du plus grand secours pour l'interprétation des lois romaines (24). L'histoire, l'éloquence, la poésie, la grammaire, la philosophie, la morale, aucun des genres de littérature ne lui furent étrangers (25).

Muni de cet amas de connaissances, il se sentit

(20) *Voy.* d. epist. à de Foix, et d. éclairciss., §. 5, n. 1, et xxxv.

(21) *Voy.* d. epist., à de Foix; et d. §. 5, n. xxxv.

Dans son commentaire sur le titre de usurpationibus, publié en 1555 (voy. *d.* §. 5, *n.* 111), Cujas affirmait qu'il avait fait un travail du même genre, sur toutes les parties du droit.—Voy. *id.*, *édit. de Scot*, *ij*, 1353.

(22) *Voy.* Pap. Masson, sup.; ci-dev., hist. du droit, p. 313.

(23) *Voy.* Cujas, epist. aux Faber; note sur les instit. de legatis, §. 4; observ., ij, 3 et 22; ij, 6; iv, 24, etc. Au liv. 2, c. 3, publié en 1556, il le nomme compagnon de ses études, quoique du Faur n'eut encore que *seize* ans (voy. sur *Saint Jorry*, *ci-apr. éclairciss.*, §. 6, *n.* 3.)

Amariton (*epist. à Cujas*, *sur les notes d'Ulpien*), en 1554, et Cujas lui-même (*epist. à Lomellini*), en 1569, parlent aussi de ces discussions.

(24) *Voy.* Masson, vita Cujac.; Gravina, c. 180; Taisand, p. 147.

(25) *Voy.* d. éclairciss., §. 14, n. viij.

en état, dès l'âge de vingt-cinq ans, en 1547, d'ouvrir un cours particulier sur les instituts (26). Il y obtint un tel succès, qu'au bout de deux années, un juriste, même d'une secte différente de la sienne, lui dédia un ouvrage où il le célébrait comme un très-savant jurisconsulte, comme la gloire des érudits de son siècle, comme un homme dont l'avis équivalait à celui de toute une académie (27); que des personnages distingués de provinces éloignées et de la capitale, tels que le président du Faur et Jean de Foix, de Paris, Loisel, de Beauvais, Lescure, de Grenoble, et Mittailler, de Vienne, lui envoyèrent leurs enfans (28); que des professeurs mêmes, tels que Jean Amariton, de Paris, suivirent leur exemple (29); et que plusieurs de ses élèves renoncèrent aux leçons des autres professeurs, qui leur paraissaient barbares en comparaison des siennes (30).

Il fut moins heureux dans la postulation qu'il fit en 1554, d'une chaire de droit romain, vacante à l'université de Toulouse. Ses compatriotes et probablement aussi les collègues auxquels il voulait s'agréger, fermèrent les yeux sur son mérite, que sept années de succès couronnés par des suffrages tels que ceux des de Foix, du Faur et Loisel, auraient dû les empêcher de méconnaître.

Par malheur, le nouveau système d'enseignement du droit, introduit à Bourges vingt-cinq ans aupa-

(26) Pasquier assista à ses premières leçons. — *Voy. id., liv.* 19, *lett.* 13, *œuvres*, 1723, ij, 568. — *Voy.* aussi *d. éclairciss*, §. 6, *n.* 1 *et* 10.

(27) *Voy.* ci-apr. d. éclairciss., §. 20, n. 1.

(28) *Voy.* d. éclairciss., §. 6, n. 1, et 3 à 9.

(29) *Voy.* d. §. 6, n. 2.

(30) *Voy.* Loisel, opuscul., vie, p. ix.

ravant par Alciat (31), et adopté successivement par Ferrier et par son élève Cujas, avait été repoussé, soit par les membres du collège de Toulouse, soit par la plupart des élèves, qui alors avaient de l'influence sur les nominations et étaient dirigés par le fameux Jean Bodin, auteur du traité de la république, ennemi acharné de Cujas. Déjà, vers 1550, les professeurs n'avaient point cherché à ramener dans leur sein le maître de Cujas (32). l'espèce d'abdication de leur patrie à laquelle leurs dédains pouvaient entraîner le disciple, ne les toucha point, et deux ans après que Cujas eut quitté sa ville natale (novembre 1554), pour n'y jamais rentrer, ils installèrent (9 février 1556) dans la chaire qu'il avait sollicitée, un des partisans les plus prononcés de la méthode barbare des bartolistes, Etienne Forcadel, que Bodin avait ouvertement favorisé (33).

Cujas abandonna donc la lice avant qu'elle fut fermée. C'est qu'on l'en avait exclu au moins tacitement, lorsqu'il avait essayé de la parcourir (34). Les juges, ou ceux qui les subjuguèrent, eurent bientôt lieu de regretter leur injustice. Jusques-là Cujas s'était borné à amasser des matériaux et à les ordonner pour les ouvrages qu'il méditait; il semble même qu'il voulut attendre pour faire participer le public aux fruits de ses veilles, une époque très-éloignée,

(31) On voit par les épitres dédicatoires d'Alciat (*in ejusd. op.*, *iv*, 619 *et* 909, *édit.* 1582) qu'il professait à Avignon le 1er mars 1529, mais que le 1er mai suivant, il était déjà établi à Bourges, où en effet Cathérinot, cité par Bruneau (*sup.*, *p.* 97), fixe sa première leçon au 19 avril.

(32) *Voy.* ci-apr. éclairciss., §. 20, n. 1 à 3.

(33) *Voy.* d. éclairciss., §. 7, et d. §. 20, n. 4.

(34) *Voy.* d. §. 7 des éclairciss., n. 11.

afin sans doute de laisser murir son talent. Un de ses élèves, Jean Amariton, n'approuva point ses vues. Au moment du départ de Cujas, il publia secrètement, les notes de celui-ci sur les titres d'Ulpien et les lui dédia (35). Cujas accepta l'hommage; mais par un sentiment délicat de reconnaissance, le reporta tout entier sur l'éditeur (36).

La publication de ce premier travail, quoiqu'il ne s'agit que de simples notes, dût donner une idée du mérite de l'homme que les juristes de Toulouse avaient repoussé, puisque quant à l'exactitude et à la stabilité des principes, c'est celui que Cujas lui-même appréciait le plus (37).

Amariton voulait aussi que son professeur continuât dès-lors la publication de ses ouvrages (38). Cujas résista, et il fallut qu'il fut en butte à de nouvelles intrigues pour qu'il se déterminât enfin à prouver par-là aux jurisconsultes de l'Europe ses titres à l'emploi dont il avait été écarté.

La ville de Cahors n'attendit point cette preuve, ni même la publication des notes sur Ulpien, pour dédommager Cujas par une promotion à une chaire et à une chaire illustrée par Antoine Govéa, que Cujas dans ces notes plaçait à la tête de tous les jurisconsultes (39). Il fallait donc que Cujas jouit déjà d'une bien haute réputation puisque quoique dépourvu de titres littéraires, une ville voisine de

(35) *Voy.* épit. dédicat. avant les notes sur Ulpien.

(36) A la fin des notes, Cujas dédia à Amariton l'ouvrage que ce dernier lui avait dédié au commencement, par l'épitre qu'on vient de citer; c'est peut être un exemple unique dans la littérature.

(37) *Voy.* Masson, sup.; Scot, de ordine librorum Cujacii, t. 1, de l'édition de 1614.

(38) *Voy.* d. §. 7 des éclairciss., d. n. 11.

(39) *Voy.* notes du tit. 6, mots nec interest.

Toulouse lui déférait un tel honneur, sans tenir compte des revers qu'il venait d'essuyer (40).

Cette réputation ne déchut point à Cahors où il fut accompagné par plusieurs de ses dissiples (41). Au bout de huit ou neuf mois (juillet 1555) il fut appelé à l'université de Bourges, la plus célèbre du monde, quant au droit civil (42), pour y remplir la chaire d'un autre grand jurisconsulte, François Baudoin, à qui ses opinions religieuses venaient de faire quitter la France (43).

Il est vrai qu'il ne dût point cet emploi à des succès obtenus à un concours; mais une offre et successivement une nomination faites par Marguerite de France, duchesse de Berri, fille de François Ier, et comme son père, protectrice des sciences et des lettres, et faites sur l'avis d'un des plus grands de nos magistrats, l'immortel l'Hopital, alors chancelier de cette princesse (44), étaient peut-être des signes de mérite plus décisifs, que des épreuves où

(40) C'est au commencement de novembre 1554, que Cujas alla Cahors. — Voy. *d.* §. 7, *note* 69. — Govéa venait alors de passer à l'Université de Valence.

(41) *Voy.* vie de Loisel, p. ix; d. éclairciss., §. 6, n. 3.

(42) *Voy.* d. éclairciss., §. 21, n. 1 à 3.

(43) *Voy.* lett. 21 juillet citée à note 69 du d. §. 7; lett. pat. de Marguerite, du 3 février 1555 (1556, nouv. style) au t. I. des édit. de Fabrot et de Naples; Bayle, mot Baudoin, note B; Heineccius, d. n. 17.

Pour donner l'avis contenu dans la lettre du 21 juillet, il fallait que précédemment l'Hopital eut ecrit à Cujas, et en eut reçu une réponse: l'offre qu'il lui fit au nom de Marguerite, se reporte donc au commencement de juillet ou à la fin de juin 1555. Observons qu'aucun biographe n'a connu avec approximation l'époque de la translation de Cujas à Bourges. Lathaumassière (*hist. de Berry*, p. 62) et Jamme (voy. *d. note* 69) la font même remonter à l'année 1554.

(44) *Voy.* dd. lett. des 21 juillet et 3 février.

Marguerite en qualité d'apanagiste du Berri, y exerçait une grande partie des droits de la souveraineté.

l'intérêt, l'intrigue, l'esprit de parti ont quelquefois tant d'influence.

Cujas trouva malheureusement à Bourges des rivaux dans d'autres jurisconsultes célèbres, Hugues Doneau et François Duarein (45). Le moins ancien des deux, Doneau, qui déjà professait à Bourges depuis quatre ans, grâce à la protection de l'Hopital (46), écrivit à celui-ci pour se plaindre vivement, mais sans succès, de la préférence qu'il accordait à Cujas relativement à la chaire vacante (47). Le refus tout à-la-fois affectueux et sévère que Doneau essuya, est une nouvelle preuve que le choix du chancelier n'avait été déterminé que par une conviction profonde de la haute capacité de Cujas. Mais il irrita l'envie que cette capacité avait déjà excitée chez Duarein comme chez Doneau; ils apportèrent des entraves à l'installation de leur nouveau collègue, quoique l'université l'eut déjà admis à faire des leçons (48), et à soutenir des disputes ou thèses publiques dans l'école sur divers points de droit (49). Obligés ensuite de céder soit aux avis que leur donna l'Hopital, soit aux ordres précis que Marguerite transmit au conseil municipal de Bourges (50), ils s'efforcèrent de dégoûter Cujas de l'enseignement, en lui suscitant mille traverses. Ils soulevèrent entr'autres contre lui un grand nombre d'élèves, qui, pendant un voyage qu'il fit à Paris dans le courant du trimestre d'avril, mai et juin 1557, demandèrent aux officiers munici-

(45) *Voy.* ci-apr., d. éclairciss., §. 21, n. 2.
(46) *Voy.* d. §. 21, n. 3.
(47) *Voy.* d. n. 3 du §. 21.
(48) *Voy.* d. lettre de Marguerite, du 3 février 1555 (1556, n. st.)
(49) *Voy.* d. éclairciss., §. 21, n. 4.
(50) *Voy.* d. lett. 3 février 1555 (1556, nouv. st.)

paux de Bourges, qu'on l'empêchât de revenir à l'université.

D'autres élèves formèrent, il est vrai, une demande opposée, que le conseil municipal appuya de son avis, et que Marguerite approuva par un rescrit formel, où elle ordonnait, même avec des menaces, la remise en activité de Cujas (51); mais les esprits s'étaient tellement aigris au temps où il reprit ses fonctions, qu'il se décida bientôt à y renoncer (52), n'hésitant point entre le sacrifice de ses propres intérêts, et le desir de prévenir les troubles dont cet état de choses menaçait la ville.

Il abandonna en conséquence vers la fin d'août 1557 (53) l'université, où cependant il était soutenu du suffrage d'un des plus grands jurisconsultes et professeurs du 16e siècle, Antoine Le Conte (54), et où, indépendamment des du Faur et Loisel, qui l'y avaient suivi, il comptait parmi ses auditeurs, des hommes qui se firent bientôt un nom dans la science des lois, Pierre Airault, Nicolas Cisner, François Ragueau, et Pierre Pithou (55).

Il se retira d'abord momentanément à Paris; où à peine au bout de trois mois (28 novembre) des députés de la ville de Valence traitèrent avec lui pour une chaire de leur université, aux appointemens de 600 livres (56).

(51) *Voy.* lett. pat. datées de Rennes le 9 juin 1557, présentées et transcrites dans la délibération des officiers municipaux, du 25 du même mois (*Reg. mss. de Bourges.*) — On y cite les deux requêtes opposées, présentées à ce sujet par les élèves.

(52) *Voy.* d. §. 21 des éclairciss., n. 6.

(53) *Voy.* de Thou, hist., lib. 23, ad ann. 1559; et le d. n. 6.

(54) *Voy.* d. §. 21 des éclairciss., n. 7.

(55) *Voy.* ci-apr. éclairciss., §. 6, n. 3 et suiv., et §. 18, art. 1 et 2.

(56) *Voy.* répert. mss. des titres de Valence.

Cette prédilection des Valentinois après la nouvelle espèce d'échec essuyé par Cujas, surprendra peu, lorsque on saura que pendant les deux années de son professorat à Bourges, il avait commencé la publication de ces ouvrages, qui, encore mieux que l'enseignement, lui ont assuré la prééminence entre tous les interprètes du droit. Les premières éditions de ses notes sur les instituts, de son commentaire sur le titre *de usurpationibus*, du digeste, et les sept suivans, et sur tout des trois premiers livres de ces observations appelées par plusieurs grands jurisconsultes, *opus incomparabile, opus divinum*, parurent dans ce court intervalle (57), quoique une partie en eut dû être absorbée, soit par les soins qu'exigeait sa défense contre les persécutions de ses ennemis, soit par plusieurs voyages qu'elles nécessitèrent, soit par les fonctions de l'enseignement (58). Il mit même à profit son espèce de passage dans la capitale, pour ajouter en publiant ses notes sur les sentences de Paul, un nouveau titre à ceux qui avaient déterminé le choix des habitans de Valence (59).

Le départ de Cujas pour Valence, où il fut également accompagné par plusieurs disciples (60), ne

(57) Leurs épîtres dédicatoires sont des 12 février, 1er mars, 17 avril et 14 août 1556, et 8 février 1557. Leur publication suivit de très-près ces époques. — Voy. *d. éclairciss.*, §. 5, *n. iij et vij à xij.*

La réputation que Cujas dut à ces ouvrages, lui procura l'amitié du célèbre Etienne Pasquier. — Voy. *d. éclairciss.*, §. 21, *n.* 7.

Quant à la qualification d'*opus incomparabile*, etc., *Voy.* entr'autres, *Heineccius, oper.*, *iij*, 182.

(58) Nous indiquons aux éclairciss., §. 21, n. 6, un voyage fait à Paris au printemps de 1557; l'épître du liv. 1er de ses observations, fait mention d'un autre voyage dans la même ville, au mois d'avril 1556.

(59) *Voy.* d. §. 21, n. 8, et §. 5, n. iij et xij.

(60) Entr'autres Loisel, Pithou et Ragueau. — Voy. *vie de Loisel*, *p. ix et x; la Thaumassière, hist. de Berri*, *p.* 67.

diminua ni l'animosité de ses rivaux, ni la bienveillance de Marguerite. Les premiers manifestèrent leur inimitié en faisant publier par un de leurs séïdes, Adrien Pulvæus, une satyre violente contre notre jurisconsulte (61), et Marguerite, ses intentions généreuses, soit en lui tenant compte de ses honoraires pendant le temps de ses voyages, soit en lui substituant dans sa chaire de Bourges, son intime et son admirateur, Antoine Le Conte (62). Mais ces titres et ce choix honorable firent hériter celui-ci de la haine que Doneau et Duarein avaient vouée à Cujas, et ce ne fut qu'après deux années d'altercations qu'il put remplacer son ami (63).

Un tel sentiment ne fut pas du moins transmis aux membres de l'université de Valence. Bien loin de là, quoique Cujas ne fut que le dernier professeur en rang parmi eux, quoique il ne fut professeur en titre que depuis trois ans et demi, tandis que plusieurs d'entre eux, tels que Pierre Loriot et André d'Exéa, exerçaient et avaient mis au jour des traités depuis vingt, trente et quarante ans (64); enfin, quoique la première chaire eut été donnée à un autre professeur deux mois avant la promotion de Cujas, ils déférèrent à celui-ci, et le premier rang, et tous les droits attachés à cette chaire (65).

(61) *Voy.* d. éclaircis., §. 21, n. 5.

(62) *Voy.* d. §. 21, n. 6 et 8.

(63) *Voy.* d. §. 21, n. 9.

(64) Exéa professait depuis 40 ans (voy. *id.*, *de jurisdictione*, *in-12*, *Lyon*, 1559, *p.* 6 *à* 8), et il avait publié son traité *de Ærario*, *en* 1532 (in-4°, Lyon). Loriol professait depuis 1528. — Voy. *notre hist. de l'Univ. de Grenoble* (*Mém. de la soc. des antiquaires, t.* 3) *vers la note* 80.

(65) L'un d'eux seulement, Claude Roger, annonça qu'il voulait réclamer contre cette résolution; nous ignorons s'il persista dans ce projet. — Voy. *Répert. mss. des délibérat. de Valence, au* 13 *octob.* 1557, *et au* 25 *mars* 1557 (1558, *nouv. st.*)

Le premier professorat de Cujas à Valence, qui est le quatrième de ceux qu'il avait exercés jusques-là (66), ne dura guères plus que son premier professorat de Bourges; et les soins ou les embarras inséparables, soit d'une transplantation à une si grande distance de son dernier domicile, soit d'un mariage qu'il contracta alors avec la fille d'un médecin d'Avignon (67), durent d'ailleurs diminuer beaucoup le temps de ce professorat où il aurait pu être utile aux progrès de la jurisprudence. Aussi, doit-on lui savoir gré d'avoir pendant cet intervalle publié une seconde édition des ouvrages précédemment indiqués, et une première édition, qu'il joignit à celle-là, du quatrième livre de ses observations, et de son commentaire sur les titres des pactes, des transactions et neuf autres du digeste (68).

Il dédia ce dernier ouvrage au fameux Jean de Montluc, évêque de Valence, dont il acquit l'amitié. Le mérite du jurisconsulte effaça la distance qui, sur tout dans ce siècle, séparait un Montesquiou, déjà évêque et connu par plusieurs ambassades, et bientôt ministre d'état (69), du fils d'un simple

(66) Le 1er (enseignement privé) à Toulouse, le 2e à Cahors, le 3e à Bourges.

(67) Elle se nommait Magdeleine du Roure. Son père était juif. — Voy. *Masson, sup.*; *Pithœana, in pr.*; *Catherinot, remarques sur le testament de Cujas, p.* 3. — Celui-ci fixe l'époque du mariage au 22 mars 1557; mais nous devons plutôt nous en rapporter sur ce point, à Jean Brunet (*cité au Menagiana, édit.* 1715, *iij*, 253), qui dit le 24 mai 1558; d'autant que Cujas était encore à Bourges le 22 mars 1557, et que Brunet était tout à la fois, et natif de Valence, et contemporain de Cujas. — Voy. *catalog. mss. bibl. roy.*, *n.* 8113.

(68) *Voy.* d. éclairciss., §. 5, *n. xiij.*

(69) *Voy.* quant à Montluc, d. hist. de l'Univ. de Grenoble, vers la note 103.

foulon. La réputation de celui-ci était déjà telle, que dans un traité estimé, un jurisconsulte jugeait inutile de rapporter des fragmens de ses écrits, parce que, disait-il, ils étaient entre les mains de tout le monde (70). Nous n'en apporterons pas pour nouvelle preuve la réfutation véhémente de la satyre de Pulvæus, publiée avec de grands éloges de Cujas, par Antoine Foquelin, d'Orléans, parce que Foquelin venait d'étudier sous lui (71); ni à plus forte raison, la dédicace que lui fit, d'une thèse, un des plus profonds érudits de son siècle, Pierre Pithou (72), parcequ'elle fut sans doute plutôt un tribut de reconnoissance payé à l'affection de son professeur, avec qui Pithou forma dès-lors, malgré la différence des âges, une amitié étroite, une espèce de lien fraternel, car dans sa correspondance Cujas lui donna pendant plus de dix années, ce titre si doux de frère (73), inusité dans le style épistolaire même des plus intimes amis.

Sur ces entrefaites, la mort de Duarein arrivée le 22 juin 1559 (74), en levant l'obstacle principal par lequel Cujas avait été écarté de Bourges, inspira à Marguerite, devenue depuis peu l'épouse d'Emmanuel-Philibert, duc de Savoye, sans cesser d'être duchesse de Berri, le desir de l'y rétablir. Notre jurisconsulte ne put malgré les vives sollicitations des Valentinois, résister à la demande de

(70) *Voy*. Vertranius Maurus, de jure liberorum, *ch.* 27, *dans Otton, iij*, 1035. — Ce traité fut publié en 1558. — Voy. *id.*, *p.* 967.

(71) *Voy*. d. éclairciss., §. 21, n. 10.

(72) *Voy*. la thèse et la dédicace du 29 juin 1559, dans Loisel, p. 293.

(73) *Voy*. d. éclairciss., §. 6, n. 13.

(74) *Voy*. Cujas, mercator, liv. 2, ch. 29.

cette protectrice généreuse (75); et toujours suivi de plusieurs disciples, il alla vers le mois de novembre suivant, occuper la chaire laissée vacante par son antagoniste (76).

La mort de celui-ci éteignit le juste ressentiment de Cujas. Il est dumoins certain que par un noble mouvement de générosité, oubliant tous les sujets de plainte qu'il en avait reçus, il se rendit le panégyriste des travaux de Duarein auprès de cette même Marguerite, qui l'avait protégé contre les manœuvres de son envieux rival (77).

Ces manœuvres qui d'abord lui avaient inspiré du dégoût pour sa profession et fait prêter l'oreille aux avis de ses parens qui voulaient qu'il y renonçât, lui avaient ensuite été utiles en excitant en lui une vive émulation, en l'encourageant a redoubler d'application et d'efforts dans ses méditations et ses recherches (78).

On s'en aperçut sans doute, dans les ouvrages que malgré les orages qui grondaient sur la France, il publia pendant ce cinquième professorat (le second de Bourges), ou de 1560 à 1566, tels que ses commentaires sur les trois derniers livres du code et sur le titre des obligations par paroles, qu'il dédia à ses deux protecteurs, Marguerite et l'Hopital (79).

(75) *Voy.* délibér. du 10 oct. 1559, au répert. mss. de Valence et d. éclairciss., §. 21, n. 11.

(76) *Voy.* d. §. 21, et d. n. 11.

(77) *Voy.* epist. à Marguerite, 10 juillet 1562; observ., xvj, 30.

Cujas affirme aussi (*mercator*, *lib.* 2, *c.* 29), qu'il n'attaqua jamais Duarein, ni avant, ni après sa mort.

(78) *Voy.* de Thou, hist., lib. 23, ad ann. 1559.

(79) *Voy.* epist. des 10 et 6 juillet 1562; et ci-apr. le §. 5 des éclaircissem., n. xvj.

Ces deux ouvrages étant les deux premiers qu'il publia pendant son second professorat de Bourges, le soin qu'il eut de les adresser à Mar-

Aussi ses succès et sa réputation s'accrurent-ils encore comme on peut juger soit par les éloges dont il fut comblé par divers auteurs, soit par les dédicaces qu'on lui adressa (80), soit enfin par le nom, et le rang ou la célébrité subséquente de plusieurs de ses disciples, tels que l'illustre président Jeannin, le cardinal d'Ossat, l'évêque Alphonse d'Elbène, l'avocat-général Mangot, le premier président Prunier de Saint-André, le professeur et conseiller d'état d'empire Gifanius (81).

Jouissant de tels avantages, il est probable que Cujas aurait fini ses jours à Bourges sans quelques circonstances particulières.

Depuis que la France s'était emparée d'une partie des états de la maison de Savoie et entr'autres de sa capitale, les ducs avaient transféré à Mondovi l'université de Turin. Lorsqu'ils recouvrèrent cette ville en 1562, Emmanuel-Philibert et Marguerite son épouse projetèrent d'y reporter cet établissement (82), et de l'y reporter avec éclat, en y appelant des professeurs d'une grande réputation. Leur choix tomba d'abord sur Antoine Govéa alors attaché à l'université de Grenoble. Malheureusement au moment où la réintégration, au moins de la

guerite et à l'Hopital, annonce assez qu'il leur devait sa promotion. D'ailleurs, il est dit expressément dans la délibération du 10 octobre 1559 citée à note 75, p. 386, que la duchesse de Savoie demande que Cujas retourne à Bourges.

Les autres ouvrages publiés pendant le même professorat, au nombre de neuf, sont indiqués au même §. 5, n. xvj, xvij, xviij et xxij.

(80) *Voy.* quant aux éloges, *d. éclairciss.*, §. 16; et quant aux dédicaces, *ib.*, §. 6, n. 3 et 13.

(81) *Voy.* le tableau des élèves, d. éclairciss., §. 18, art. 5.

(82) *Voy.* Tiraboschi, storia della letteratura, edit. de 1791, t. 7, p. 120, 121 et 123, d'après le savant baron Vernazza, ancien professeur et conseiller du roi de Sardaigne.

faculté de droit, venait d'être opérée à Turin, Govéa y mourut presque inopinément le 5 mars 1566 (83).

Le duc et la duchesse entrevirent un moyen de réparer et avec avantage cette perte. Il consistait à donner à Cujas la chaire de Govéa. On sent que vu les bienfaits dont il était redevable à Marguerite, notre jurisconsulte ne pouvait guère se refuser à sa demande, que deux autres motifs puissans appuyaient encore dans son esprit, l'envie d'échapper aux guerres intestines dont il prévoyait que la France était incessamment menacée, et le desir non moins vif d'examiner les manuscrits que renfermaient les bibliothèques d'Italie (84); car dès sa jeunesse il avait eu une extrême passion pour ces véritables sources des sciences et de la littérature, et avant de quitter Toulouse, il en avait déjà une collection considérable (85).

Marguerite pourvoyait d'ailleurs avec une grande libéralité, soit aux frais du voyage de Cujas (86), soit à ses honoraires comme professeur, et elle lui faisait donner le titre de conseiller du duc, que celui-ci avait déjà conféré à Govéa (87). Il ne

(83) *Voy.* à ce sujet, d. éclairciss., §. 8, n. 1.

(84) *Voy.* lettre de Cujas à Pithou, du 15 septembre 1566, mss. Dupuy, vol. 700, n. 32.

(85) *Voy.* l'épit. d'Amariton, de 1554, citée à note 35, p. 380; Cujas observ., lib. 1, c. 1, publié en 1556, et ce que nous disons ci-après (p. 420) de sa bibliothèque.

(86) Elle lui envoya pour son voyage 200 écus d'or *sol.* (*voy. lett. de Cujas, du* 20 *août* 1566, *d. vol.* 700, *n.* 34), qui valaient alors 300 à 310 liv. tournois (voy. *reg. mss. des délibérations de la chambre des comptes de Grenoble, au* 10 *nov.* 1559; *iid. de la mairie de id.*, 22 *et* 29 *juin* 1565; *iid. de celle de Valence*, 2 *mai* 1567), et vaudraient aujourd'hui au moins cinq ou six fois davantage. — Voy. *ci-apr.*, *éclairciss.*, §. 22, *n.* 4.

(87) *Voy.* d. éclairciss., §. 8, n. 2.

restait plus qu'à obtenir l'agrément du chancelier de France, ce qui ne fut pas fort difficile à la duchesse (88), l'Hopital qui depuis six ans remplissait ces fonctions éminentes ayant été fort long-temps son ministre particulier.

Cujas partit pour Turin, vers le 21 septembre 1566 (89). Quoique il soit pour ainsi dire, fastidieux d'observer que dans ses migrations, il était toujours accompagné par plusieurs disciples, cependant, si l'on considère qu'en cette occasion l'on avait à parcourir une distance et à faire des dépenses très-considérables, et surtout à essuyer beaucoup de difficultés dans un voyage de ce genre, entrepris à une époque où les grandes routes étaient inconnues, et dans une saison où les Alpes, qu'il fallait franchir, sont souvent couvertes de neiges; la détermination de suivre Cujas malgré de tels obstacles, est une preuve trop décisive, ou du mérite du professeur, ou de l'affection singulière qu'il avait inspirée à ses élèves, pour que nous négligions de citer ici Claude Dorsanne (90), fils d'Antoine Dorsanne, lieutenant-général au bail-

(88) *Voy*. d. §. 8, n. 3 et 4.

(89) Je suis contraint de partir dans cinq ou six jours, dit-il dans la lettre du 15 septembre, citée à note 84.

Nous remarquerons à cette occasion une nouvelle faveur de Marguerite, qui consista à faire courir les honoraires de Cujas, à dater du 1er octobre (voy. *d.* §. 8, *n.* 2), quoiqu'il soit impossible que Cujas soit arrivé à Turin avant ce jour-là. Il voyageait en effet sur un mulet avec une litière où étaient sa femme et son fils, et traînée par un autre mulet (voy. *lettre du 20 août, citée à note* 86): il est difficile qu'avec un semblable équipage, il n'ait pas mis au moins quinze jours pour se rendre à Turin.

(90) *Voy*. Edmond Mérille, dissertat. avant ses variantium, c. 12, édit. 1638, p. 27 et 28.

liage d'Issoudun, et qui au bout de dix-huit ans, succéda à son père dans cette charge (91).

Nous avons peu de détails sur le séjour de Cujas en Italie. Nous savons toutefois qu'il professa quelque temps à Turin (92); qu'il fit un voyage dans quelques villes, soit pour observer la méthode d'enseignement de leurs universités (93), soit pour examiner les manuscrits de leurs bibliothèques et tâcher d'en acquérir quelques uns (94); qu'il se rendit entr'autres à Venise, où indépendamment de ce dernier motif, il voulait sans doute revoir son professeur Ferrier, et un de ses plus illustres disciples, Paul de Foix (95); qu'il tâcha, en s'appuyant de la protection et en offrant la garantie qu'un souverain (Emmanuel-Philibert) daignait, chose peut-être sans exemple dans l'histoire, souscrire en sa faveur, qu'il tâcha, mais sans succès, d'obtenir en prêt le manuscrit des pandectes florentines, et que Cosme de Médicis essaya de l'attirer dans ses états (96).

Les mœurs et les usages de l'Italie entièrement opposés au caractère et aux habitudes de Cujas, ne lui permirent pas d'y profiter long-temps (97) des

(91) *Voy.* la Thaumassière, hist. de Berri, p. 364 et 1068; Catherinot, vie de mademoiselle Cujas, p. 1.

(92) *Voy.* d. éclairciss., §. 8, n. 5.

(93) D'après la description critique qu'il fait dans son épître à Lomellini, de la manière d'enseigner de plusieurs professeurs italiens, il faut qu'il en ait entendu un grand nombre.

(94) Tels que vingt-cinq livres des basiliques. — Voy. *sa lettre du 7 août* 1567, dont nous avons donné le fac simile dans la Thémis, *t.* 1, *p.* 94, d'après les *mss. Dupuy*, *vol.* 700, *n.* 36.

(95) *Voy.* d. éclairciss., §. 8, n. 6 et 7, §. 6, n. 8.

(96) *Voy.* notre hist. du droit rom., p. 246.

(97) Cujas le dit dans son épître à Lomellini, et le président de Thou le lui rappelle dans son épître de 1584. — *Voy. d. éclairciss.*, §. 25, *n.* 2

bienfaits de Marguerite. Elle eut probablement desiré de le renvoyer au moins dans l'université de son apanage; mais il y avait alors un obstacle insurmontable. Aussitôt après l'établissement de Cujas à Turin, elle avait donné sa chaire de Bourges à François Hottoman (98), qu'elle ne pouvait déplacer. Il fallut donc consentir à ce que Cujas accepta ailleurs une chaire. Le choix ne fut pas difficile. Sollicité par les habitans et par l'évêque de Valence son ami (99), il se décida à rentrer, vers la fin d'août 1567, dans l'université de cette ville, dont l'importance s'était récemment accrue par la réunion de l'université de Grenoble (100).

Les Valentinois et Montluc désirant le fixer pour toujours dans leur ville, s'efforcèrent de lui assurer un sort, au moins égal à celui qu'il tenait de la munificence de Marguerite. Ils le rétablirent dans la première chaire quoiqu'il l'eut abandonnée contre leur gré en 1559, et qu'il y eut toujours des professeurs beaucoup plus anciens et quant à l'âge et quant aux fonctions (101). Ils lui accordèrent en quelque sorte la direction arbitraire de l'université, se conformant aveuglément à ses desirs, même pour la promotion aux chaires vacantes (102). Ils porte-

(98) *Voy.* d. éclairciss., §. 22, n. 1.

(99) *Voy.* d. §. 8, n. 8, et §. 22, n. 3.

(100) *Voy.* dd. n. 8 et 3, et notre hist. de l'Univ. de Grenob., vers le renvoi de la note 101.

(101) Si l'on excepte Jacques de Saillans qui, probablement en qualité de gentilhomme, est placé quelquefois au premier rang, Cujas est toujours nommé le premier dans les patronages ou présidences de Thèses, même avant Claude Roger, qui, ayant été pourvu anciennement de la première chaire, avait voulu lui disputer la préséance en 1558. (voy. *ci-dev. note* 65, *p.* 385.)

(102) « Je suis mieux à Valence, écrivait-il à Pithou, là où l'on en « demande un autre (professeur) avec moi, et le prendront tel que je « le voudrai. » — *Lettre du* 6 *avril* 1570, *ci-apr. éclairciss.*, §. 6, *n.* 14.

rent enfin ses honoraires à 1600 livres, ce qui en y joignant le prix de location d'une maison fournie gratuitement pour son habitation et celle de ses pensionnaires (103), et les rétributions des grades, beaucoup plus considérables pour lui que pour ses collègues, parce qu'on lui laissait toujours exercer le patronage des thèses (104), équivaudrait aujourd'hui à un revenu au moins de douze mille livres ; traitement énorme pour l'habitant d'une petite ville du quatrième ou cinquième ordre, telle que Valence (105), d'autant que les subsistances y ont toujours été à bas prix.

Mais la fortune lui enviait en quelque sorte une destinée paisible. A peine était-il arrivé à son nouveau poste (106), que l'insurrection générale des protestans, connue sous le nom de Saint-Michel, ou de seconde guerre civile, éclata dans toute la France le 29 septembre 1567, et deux jours après ils s'emparèrent de Valence (107).

Aussitôt les réquisitions de vivres, de munitions de tout genre, et surtout d'argent, suites fâcheuses

(103) *Voy.* reg. mss. des délibér. de Valence, 22 mai, 6 juillet, 2 août et 3 sept. 1567; ci-apr. d. éclairciss., §. 22, n. 4.

(104) Dans le registre des approbations de 1568 à 1575, il n'y a, hors le temps où Cujas était en voyage, qu'une seule promotion où il n'ait pas été patron ou présentateur.

(105) *Voy.* d. éclairciss., §. 22, n. 4.

(106) On voit dans la lettre du 7 août 1567, citée à note 94, p. 392, qu'il était absorbé par les préparatifs de son départ, ce qui fait supposer qu'il quitta Turin dans le courant de ce mois. Il arriva à Valence au plus tard le 1er septembre, puisque la location de sa maison fut passée le 2 (voy. *d.* §. 22, *n.* 4). Il est d'ailleurs certain par un passage de la réponse de Doneau (voy. *Funesterri defensio*, *etc.* 1576, *bibl. de Grenob.*, *n.* 18764, *p.* 147), à la défense de Montluc publiée par Cujas, que celui-ci était à Valence au moins avant le 29 septembre 1567 (*tum eras Valentiæ*, y dit-il à Cujas.)

(107) *Voy.* reg. mss. des délibérat. de Valence, 29 et 30 sept., et 4 octob. 1567.

et inévitables des conquêtes, vinrent en quelque sorte assaillir le conseil municipal, qui alors était dénué de ressources. Dès le cinq octobre, il arrêta que pour faire face aux besoins les plus pressans, on chercherait à emprunter à *change*, c'est-à-dire, à intérêt, trois ou quatre cents livres. Cujas, informé de la résolution, se rendit sur-le-champ à l'assemblée, et prêta à la ville deux cents livres, *libéralement et sans aucun change* (108).

Les Valentinois remercièrent vivement Cujas de ce service. Ils en sentirent d'autant plus le prix, qu'au bout de quinze jours, ayant été forcés de faire un nouvel emprunt ils ne purent l'obtenir pour *quatre mois*, qu'au *change* de dix pour cent, et encore sous l'obligation personnelle de deux consuls, tandis que Cujas s'était contenté de la délibération du conseil (109).

Aussi lui donnèrent-ils bientôt des témoignages de la vénération qu'il leur avait inspirée, soit en l'appelant à plusieurs de leurs assemblées les 8, 9 et 21 décembre suivant, quoique il ne fut pas membre du conseil municipal; soit en le nommant le 7 janvier 1568, un des arbitres souverains d'une contestation très-importante qui s'était élevée entre le premier consul et l'un des notables (110).

Mais la situation de la ville s'aggravant chaque

(108) *Voy.* d. reg. mss., 5 octob. 1567.

On y voit que Cujas n'était point présent au commencement de la délibération, où son nom a été ajouté par apostille.

(109) *Voy.* d. reg. mss. aux 16, 18 et 20 octob. 1567.

(110) *Voy.* d. reg. mss., 8, 9 et 21 déc. 1567 et 7 janv. 1568.

Le différent était relatif à une injure que le consul avait reçue du notable pendant une assemblée. On n'en dit point la nature, mais il fallait qu'elle fut bien grave puisque le consul déclara qu'il donnerait sa démission si le notable n'était pas puni.

jour à cause du passage continuel des troupes, ou des réquisitions multipliées que lui faisait le conseil général de la noblesse protestante, siégeant à Montelimart; les officiers municipaux étant souvent persécutés et même punis (111), lorsque elles éprouvaient des retards; enfin le service de l'université étant interrompu, Cujas chercha un asyle où il put se livrer au moins aux travaux du cabinet (112).

Il le trouva au château de Charmes, en Vivarais (à deux lieues au midi de Valence), appartenant à Antoine de Crussol, duc d'Usès, chevalier d'honneur de Catherine de Médicis, qui lui-même y était alors temporairement (113). Il y resta jusques aux vacances de Pâques suivantes, pendant lesquelles la seconde paix, faite à Chartres le 23 mars 1568, fut publiée (15 avril) à Valence, et enfin les clefs de la ville remises (19 avril) par le gouverneur protestant (114).

Quelque peu solide que parut généralement cette

(111) Il parait par beaucoup de passages des registres de Valence et de Grenoble, que le tiers-état n'était souvent qu'un instrument passif dans ces troubles intestins.

Le 8 décembre, Claude de Rivière, Seigneur de Sainte-Marie, commissaire du conseil de la noblesse, mit aux arrêts plusieurs officiers municipaux ou notables de Valence, parce qu'une taxe de 8000 fr. imposée par le conseil sur la ville, n'avait pu être entièrement levée. — Voy. *d. reg.*, *d. date.*

(112) Il n'y eut point de grades délivrés depuis le 13 avril 1567, jusqu'au 1er avril 1568, et depuis le 2 avril 1568, jusqu'au 22 mai suivant, époque où Cujas commença à assister comme patron, à ces solennités. — Voy. *reg. mss. des approbations.*

(113) *Voy.* d. reg. mss. des délibérat., au 27 févr. 1568.

On peut induire de cette délibération et de celle du 16 janvier, que c'est entre ces deux jours que Cujas s'établit à Charmes.

(114) *Voy.* dd. reg. mss. aux 12, 15, 16 et 19 avril 1568. — Voy. *aussi* quant à l'époque du retour de Cujas, le certificat de son confesseur, du 5 juillet 1573, au t. 1 de Fabrot et de Naples.

paix, qualifiée de paix boiteuse ou Malassise (115), lorsque Cujas reprit son enseignement, sa réputation parvenue au plus haut période, lui attira un concours immense d'auditeurs; les étrangers mêmes, tels que les Allemands, se rendirent en foule à Valence, sans être retenus par la distance, la différence des moeurs et du langage, et les troubles religieux et politiques dont la France était désolée; troubles qui abreuvaient Cujas d'amertume, et qu'il tâchait d'écarter de sa pensée, en s'enfonçant plus que jamais dans l'étude (116).

La troisième guerre civile qui commença au mois de septembre 1568, ne suspendit point d'abord les cours de l'université de Valence, parce que l'effort des armées catholique et protestante s'était à peu près concentré dans les provinces occidentales, où elles se livrèrent en mars et octobre 1569, les batailles de Jarnac et de Montcontour (117).

Il en fut autrement en 1570. L'espèce de trève dont jouissait une partie du Dauphiné, ayant cessé à la nouvelle de l'approche de l'armée que Coligny conduisait du côté du midi de cette province, Cujas se retira avec sa famille, à Lyon (118). Là, quoique entouré en quelque sorte de toutes les horreurs de la guerre, il s'occupait de la composition de nouveaux ouvrages, et d'une nouvelle édition des

(115) *Voy.* notre hist. de l'Univ. de Grenoble, note 119.

(116) *Voy.* Cujas, épit. à Lomellini; Masson, vie de id.

(117) *Voy.* de Thou, hist., lib. 45 et 46, ad ann. 1569.

Malgré la guerre, on reçut 26 docteurs en 1569. — Voy. *reg. mss. des approbations.*

(118) *Voy.* de Thou, hist., lib. 47, ad ann. 1570, édit. de 1620, ij, 647; Chorier, hist. génér., ij, 637 et suiv.... Et quant au voyage de Cujas à Lyon, lettr. de id., 6 et 16 avril 1570, aux mss. Dupuy, vol. 700, n. 22 et 19.

anciens, pour laquelle il éprouva un embarras assez rare, celui de ne pouvoir trouver pour l'imprimeur, un exemplaire de chacun d'eux (119).

Ce séjour à Lyon fit sans doute penser qu'il était disposé à renoncer à son établissement de Valence. A l'instant, d'autres universités cherchèrent à l'attirer, notamment celles d'Avignon, de Besançon et de Bourges (120).

Mais aussitôt que la marche des négociations entre les deux partis qui divisaient la France, put donner quelque espoir de conciliation, Cujas se hâta d'abandonner les occupations si douces dont on vient de parler. Il était déjà à son poste, à Valence, présidant à des thèses, dès le 28 juillet, dix jours avant la signature de la troisième paix, ou paix de Saint-Germain, et un mois avant sa publication dans la capitale du Dauphiné (121) ; et au commencement de l'automne suivante, il renouvella pour quatre années son engagement avec la ville de Valence (122).

C'est alors que l'affluence de ses auditeurs de tous pays, redoubla, si l'on peut parler ainsi (123). La

(119) *Voy.* lettre du 12 juin 1570, d. vol. 700, n. 20.

(120) Il fut élu professeur à Avignon en 1570, d'après Cadecombe, *disquisit. legal*, c. 23, *n.* 2, cité par M. Bernardi, éloge de Cujas, p. 118.

A l'égard des démarches des universités de Besançon et de Bourges, *voy.* lettres du 6 avril et du mois de décembre 1570, *d. vol.* 700, *n.* 22 *et* 11.

(121) *Voy.* reg. mss. des approbat. de Valence, au 28 juill. 1570 ; de Thou, ad ann. 1570, lib. 47 ; Chorier, hist. génér., ij, 642.

(122) *Voy.* lettre du 17 octob. 1570, mss. Dupuy, vol. 700, n. 1 ; répert. mss. de Valence, 19 octob. 1569, et 10 août 1570.

(123) *Voy.* lettre du mois de décembre 1570, d. vol. 700, n. 11 ; autre, du 10 du même mois, ibid., n. 4, et dans les édit. de Fabrot, viij, 1311, et de Naples, viij, 1181 ; autre du 1 décembre 1571, d. vol. 700, n. 21. — Voy. *aussi* Poncet, de jure municipali, 1595, p. 191.

La lettre du 10 décembre n'a pas d'indication d'année ; mais elle est de 1570, puisque la lettre de Muret, qu'on a imprimée à la suite, et qui est datée du 14 avril 1571, a été écrite à la marge sur l'ori-

crainte de fatiguer le lecteur nous a empêchés de de réitérer l'indication des principaux : nous devons pourtant faire ici une exception en faveur de deux élèves à cause de leur mérite extraordinaire, savoir : le prince des érudits modernes, Joseph Scaliger, et le plus grand de nos historiens, Jacques-Auguste de Thou. Ce dernier, frappé d'admiration pour les ouvrages de Cujas, quitta à la fin de l'été de 1571, pour l'université de Valence, les universités d'Orléans et de Bourges, où il avait commencé son droit (124). Le premier, déjà célèbre, mais malheureux et en butte à diverses persécutions, vint chercher quelque temps auparavant, et trouva auprès de Cujas un asyle comme dans un port après un naufrage; et un asyle si doux, si utile et si sûr, qu'il ne voyait que Dieu qui put, en versant avec abondance ses bienfaits sur ce grand homme, acquitter la dette immense de son nouveau disciple (125).

Lorsque de Thou arriva à Valence, un excès de travail avait jeté Cujas avant la fin de l'année scholaire, dans une maladie grave, qui fit craindre pour ses jours, et le retint fermé pendant toute l'automne. Elle ne refroidit point son zèle pour l'enseignement. A peine fut-il hors de danger, que sans attendre d'avoir recouvré assez de force, même pour monter les degrés de sa chaire, en un mot, dans un moment où suivant l'expression d'un de ses élèves, il ressemblait plutôt à une ombre qu'à un être vi-

ginal (*d. n.* 4), et qu'une de ses lignes va même s'intercaller dans celles de la lettre de Cujas, ce qui prouve qu'elle est postérieure a celle-ci.

(124) *Voy.* de Thou, de vitâ suâ, lib. 1, ad ann. 1571.

(125) *Voy.* ci-apr. éclairciss., §. 9, n. 7 et 9, et notes, ib.

vant (126), il s'y fit transporter le 13 novembre, dans une litière à bras ; s'excusant auprès de ses auditeurs, par un exorde plein de sensibilité, et de l'emploi d'un tel moyen, et de ce qu'il serait obligé pendant l'hiver, de s'envelopper d'un manteau ; remerciant enfin le ciel de ce qu'en le laissant dans un état général de faiblesse, il lui donnait au moins le courage de reprendre ses travaux (127).

On conçoit qu'on ne devait pas être facilement disposé à abandonner un semblable professeur. Aussi de Thou suivit-il ses leçons avec exactitude pendant près d'une année, jusqu'à ce que les nuages avant-coureurs de la Saint-Barthelemi eussent engagé son père, Christophe de Thou, premier président du parlement de Paris, à le rappeler dans la capitale, ce qu'il ne fit qu'après avoir obtenu un congé de Cujas (128).

Déjà, avant cette journée fatale, Cujas avait bien mérité de sa seconde ville adoptive en conciliant un différend sérieux qui s'était élevé entre la légion du maréchal d'Ornano et les étudians de l'université de Valence, différend à l'occasion duquel plusieurs soldats et élèves avaient été tués ou blessés (129). Il ne rendit pas alors un service moins utile aux lettres et à la jurisprudence, en sauvant la vie à Scaliger et à Ennemond Bonnefoi, savant professeur de droit civil (130), que des forcenés voulaient joindre aux victimes heureusement peu

(126) Magis imaginem spirantis mortui, quam vivi hominis referens. — Voy. *Jean Brouet, aux mss. lat. bibl. roy., n.* 4503, *f.* 160.

(127) *Voy.* d. éclairciss., §. 22, n. 5.

(128) *Voy.* de Thou, de vitâ suâ, sup.

(129) *Voy.* Chorier, hist. génér., ij, 646. — *Voy.* aussi de Thou, sup.

(130) *Voy.* d. éclairciss., §. 22, n. 2.

nombreuses que fit cette proscription dans notre province, au mois de septembre 1572, lorsque les ordres sanguinaires de la cour y furent parvenus (131).

Cette conduite généreuse ne lui fut point imputée à crime. Bien loin de là, Charles IX, pressé peut être de remords, ou cédant à cette affection pour les lettres qui honore tous les Valois, récompensa bientôt Cujas de ses services, par un brevet de conseiller honoraire au parlement de Grenoble, daté du 15 mai 1573. Il imagina pour lui cette espèce de charge, jusques alors inconnue (132), lui donnant les honneurs et les prérogatives des conseillers titulaires, même la voix délibérative lorsqu'il serait présent, et le dispensant néanmoins de de toute obligation d'assistance (133).

Ces exceptions aux règles usitées excitèrent des murmures. Il ne fallut pas moins que l'estime profonde que les talens et les ouvrages du professeur lui avaient acquise, pour surmonter les obstacles que le second avocat général du roi opposa à son admission (134). Mais enfin elle fut délibérée et effectuée le 24 juillet 1573, avec le concours et en la pré-

(131) *Voy.* sur ce fait important, d. éclairciss., §. 9.

(132) Selon M. Hugo (*magas.*, *iij*, 211), ce n'était point une innovation, puisque Govéa avait déjà obtenu comme professeur, une semblable place à Grenoble, c'est une erreur. Jamais Govéa ne fut conseiller au parlement, ainsi que cela résulte des registres de la mairie extraits dans notre histoire de l'Université de Grenoble: D'ailleurs, Govéa résidant à Grenoble, l'innovation aurait été moins étrange.

(133) *Voy.* les lettres patentes au t. 1 des édit. de Fabrot et de Naples. Elles n'expriment point la dispense de l'assistance, mais outre que cette dispense est prouvée par le fait, puisque Cujas était de retour à Valence dès le 28 juillet (voy *reg. mss. des approbat. de id.*), il en parle dans sa lettre du 4 (ou 2 *non.*) août 1573, à Tydeman Gysius. — Voy. *id.*, *dans Fabrot*, *viij*, 1253, *et aux mss. lat. bib. roy.*, *n.* 4552.

(134) *Voy.* d. éclairciss., §. 22, n. 6.

sence du parlement et de la chambre des comptes réunis, et avec cette autre circonstance remarquable, que le chef de l'assemblée, Guillaume de Portes, second président du parlement, y prononça un discours dans lequel il fit l'éloge du récipiendaire (135).

Quelques écrivains pensent que c'est alors que Cujas ajouta à son nom la syllabe DE (Jac. DE Cujas), si chérie en France, qu'on voit dans plusieurs de ses actes ou lettres; d'autres font remonter l'addition à l'époque où il fut conseiller du duc de Savoie (136). Mais une classification chronologique et soignée de ses actes et de sa correspondance, nous a montré le peu de fondement de ces conjectures : et nous n'avons encore découvert aucun motif plausible de cette espèce d'honneur, que plus inconstant à cet égard que le capucin Joyeuse pour sa profession, il prit, quitta, reprit six ou sept fois pendant les trente dernières années de sa vie (137).

On ne voit pas d'ailleurs, qu'il ait jamais tiré vanité, ni de son nouveau rang de magistrat souverain, ni de la charge qu'il en obtint ensuite et qu'il ne sollicitait que pour laisser un poste hono-

(135) *Voy.* quant aux actes de la réception, *d. t.* 1; quant au discours, *lett. de Cujas à de Portes* (*Portanus*) *du* 8 *août* 1573, *ibid.*, *t.* 8, *p.* 1253; *et mss. lat. bib. roy.*, *n.* 4552; et quant à la qualité du président de Portes, *Chorier*, *ij*, 665.

Jean Truchon, premier président, alors absent, témoigna bientôt encore plus de vénération pour notre professeur; ayant un jour reçu une lettre de Cujas, il la baisa lorsqu'il en reconnut l'écriture. Il lui envoya aussi son fils pour assister à ses leçons. — *Voy. lett. de Cujas*, 19 *nov.* 1573, *à Jean Truchon* (Joann. Truchius), *au d. n.* 4552, *et au d. t.* 8, *p.* 1249.

(136) *Voy.* M. Hugo, sup., p. 212; Catherinot, remarqu. sur le testam. de Cujas, p. 2.

(137) *Voy.* d. éclairciss., §. 10.

rable à son fils (138). S'il en eut conçu de l'amour propre, il en aurait quelquefois exercé les fonctions pendant qu'il habitait dans le voisinage de Grenoble (139); ou au moins en aurait pris la qualification dans ses œuvres et éditions subséquentes où au contraire il se borna au simple titre de jurisconsulte (140); titre dont, bien différent de quelques légistes modernes, il n'avait commencé à se décorer qu'après que le succès de son premier ouvrage, lui en avait en quelque sorte donné le droit (141).

Henri III hérita des sentimens de son frère pour Cujas. Le 17 septembre 1574, à peine rentré en France (142), après avoir quitté le trône de Po-

(138) « Je ne le pourchasse que pour le garder à mon petit homme. » — *Lettre du 24 févr 1574*, *mss. Dupuy*, *vol.* 700, *n.* 8.

Il disait que puisque sa fortune avait porté qu'il eut tant de peine, il voulait qu'elle servit de repos aux siens. — *Duverdier*, *prosopogr.*, *t.* 3, *art. Cujas.*

(139) *Hac dignitatis accessione*, *sanè amplissimâ*, *lubens abstinuit*, dit Sainte-Marthe (*Gallorum doctrinâ illustrium etc.*, *édit. de* 1602, *p.* 90 *à* 93.)

(140) C'est ce qu'on voit dans les frontispices de l'édition complète de ses œuvres donnée par Nivelle en 1577, des paratitles du code et des livres 18 à 20 des observations publiés en 1579, et indiqués ci-après aux *éclaircissemens*, §. 5, *n.* 23 *et* 24 (il ne vendit sa charge qu'en 1582.)

Qu'importe maintenant, que comme Terrasson (*hist. de la jurispr.*, *p.* 464) le prétends, sans en donner la preuve, Cujas ait en effet pris le titre de conseiller dans un acte relatif à une métairie ? Cet acte était ignoré hors du canton où il le passa, tandis que ses ouvrages devaient être et furent répandus dans tout le monde *civiliste.*

(141) Nous parlons des notes sur Ulpien. Le frontispice de la seconde édition que Cujas en donna lui-même, et qui est à la page 161 de la première édition de ses œuvres, publiée en 1558 (voy. *d. éclairciss.*, §. 5, *n.* 8), porte simplement *Jacobo Cujacio auctore.*

(142) Il n'y était rentré que le 6 du même mois. — Voy. *l'Etoile*, *édition de Lenglet*, 1744, *t.* 1, *p.* 100. — Il s'arrêta à Lyon jusqu'au milieu de novembre. — Voy. *ses lettres dans les addit. aux mémoir. de Castel*;

logne, il lui accorda par des lettres patentes délivrées à Lyon, des gages pour l'espèce de sinécure due à Charles IX, et lui assura la première charge de conseiller en titre qui deviendrait libre. Une vacance ayant eu lieu au bout de deux mois, Cujas fut pourvu de la charge titulaire, le 17 novembre 1574. Enfin, par d'autres lettres du 16 janvier 1575, enregistrées à Grenoble le 19 février, Henri le dispensa d'assistance pour la charge en titre, et lui en assura les gages tant qu'il enseignerait le droit, soit à Valence, soit dans toute autre ville du royaume (143).

Le roi ne borna point là ses témoignages d'estime pour Cujas. Un grand nombre de préposés au service des vivres, des étapes, des munitions, etc., avaient, comme cela arrive trop souvent, profité du désordre des guerres pour s'approprier les fonds de l'état. Il s'agissait de vérifier et appurer la gestion de ceux du Dauphiné. Ce soin délicat et difficile, qui appartenait naturellement à la chambre des comptes de Grenoble, fut cette fois et vers le commencement de 1575, attribué par une exception extraordinaire, à deux commissaires uniques, savoir Cujas et Montluc; et l'on ne voit pas sans surprise dans l'extrait officiel des lettres patentes érectives de la commission, le nom du jurisconsulte

nau, *t.* 3, *p.* 440 *à* 442; *et Chorier*, *ij*, 663. — Cujas fut l'y voir un peu avant le 13 septembre (*voy. lettre du libraire Regnaud*, *du même jour*, *aux mss. Dupuy*, *vol.* 712); ainsi, l'expédition de sa demande, accordée le 17, fut bien rapide.

(143) *Voy.* toutes ces pièces aux t. I de Fabrot et de Naples.
La faculté d'enseigner soit à Valence, soit dans toute autre ville, n'est pas exprimée dans les lettres de 1574 et 1575; mais elle est rappelée dans celles du 12 avril 1583, données en faveur d'Antoine de Dorne, successeur de Cujas. — Voy. *d. t.* I.

placé avant celui de l'évêque ministre d'état et ambassadeur (144).

Comblé de tant d'honneurs et de grâces, lié d'amitié avec les principaux fonctionnaires de la province, tels que l'évêque Montluc, les premier et second président Truchon et de Portes, enfin avec le baron de Gordes, commandant pour le roi (145), il semble que Cujas eut dû finir ses jours à Valence. Il en avait manifesté dans sa correspondance intime, à plusieurs reprises et même tout récemment, l'intention, surtout celle de ne pas retourner à Bourges (146); et les Valentinois venaient de lui proposer de renouveller leurs anciens traités (147).

Cependant, on le voit tout-à-coup, au printemps de 1575, écouter les propositions des Berruyers, leur laisser obtenir, peut-être solliciter lui-même en secret un ordre du roi, qui levât tout obstacle

(144) *Voir* lettres patentes du 28 août 1575, qui (après le départ de Cujas) transfèrent cette commission à la chambre des comptes de Grenoble, comme étant de sa compétence. Elles sont analysées dans la table manuscrite des édits, etc. enregistrés à cette cour, table qui est dans ses archives. On n'y indique point l'époque précise où la commission avait été donnée à Cujas et Montluc. D'après diverses circonstances, nous l'avons fixée à l'hiver de 1575.

(145) *Voy.* quant à Truchon et de Portes, ci-dev. note 135, p. 402, et les lettres citées ibid. Dans une autre lettre à de Portes (voy. *Fabrot, viij*, 1249 *et mss. lat., bibl. royale, n.* 4552), Cujas lui dit qu'il se regardes comme son fils.

Lorsque le commandant perdit son fils aîné, Gaspard de Gordes, vers février 1575, ce furent Montluc et Cujas qui lui en donnèrent la première nouvelle à Valence, et qui, dit élégamment Chorier (*hist. génér.*, *ij*, 667), appliquèrent à sa douleur le premier appareil.

(146) *Voy.* lettres de décembre 1570, et 24 février 1574, mss. Dupuy, vol. 700, n. 11 et 8.

Je n'ai pas plus d'envie, dit Cujas, dans la première, de retourner à Bourges, que de m'aller noyer.

(147) *Voy.* répert. mss. de Valence, au 19 mars 1574.

Il n'y est pas dit si le renouvellement de *conduite* arrêté par cette délibération, fut effectué.

de la part des Valentinois, résister aux sollicitations empressées de ceux-ci et à celles de Montluc et du baron de Gordes (148), braver l'animadversion que pouvait concevoir et que conçurent en effet les autorités locales (149), de sa renonciation à l'enseignement dans leur pays, et se rendre précipitamment à Bourges, avec sa famille, au commencement de juin 1575 (150).

L'histoire ne nous fournit pas de documens pour expliquer les motifs d'une telle conduite. Ils durent être d'autant plus graves que Cujas agissait contre son intérêt. Henri III l'autorisait, il est vrai, à conserver sa charge de magistrat malgré son éloignement du Dauphiné (151). Mais si l'on excepte sa promotion au décanat de l'école de Bourges, que les Berruyers lui assuraient, son nouvel établissement ne lui offrait pas les mêmes avantages que

(148) *Voy.* Chorier, hist. génér., ij, 668; Le Conte, lettre du 12 juin 1575, mss. Dupuy, vol. 712; reg. mss. des délibér. de Bourges, 14 mai 1575.

Cette délibération, surtout comparée avec la lettre de Le Conte, fait supposer une négociation antérieure pour s'accorder avec Cujas, et obtenir l'ordre du roi. Selon Chorier, Cujas *fit en sorte* d'avoir cet ordre.

(149) On verra ci-après (*p.* 414), qu'elles la manifestèrent, lorsque Cujas résigna sa charge.

(150) Il avait notifié son intention aux Valentinois à la fin de mai, après l'arrivée d'un député de Bourges, à lui envoyé avec l'ordre du roi, en vertu de la délibération du 14 mai, citée à la note 148. Le 28, ils lui offrirent de faire cautionner ses gages par trois ou quatre marchands notables. — Voy. *répert. mss. des délibérat. de Valence.*

Il était encore à Valence le 1 juin. Ce jour-là, les consuls lui passèrent une obligation de 466 liv. (probablement pour des gages arriérés), qui est citée dans une requête en paiement, du 14 novembre 1577. — Voy. *répert. mss. des titres des dettes de Valence.*

Dès avant le 12 juin, il était à Lyon avec sa famille et son bagage; et on l'attendait à Bourges vers le 20. — Voy. *lettre de Le Conte, citée à note* 148.

(151) *Voy* lett. pat. d'Henri III, dès 16 janv. 1575, et 12 avr. 1583, aux t. 1 de Fabrot et de Naples.

l'ancien. D'une part, les honoraires qu'on y attachait, égaux en apparence, étaient inférieurs en réalité, puisque la promesse d'un quart de leur somme était uniquement fondée sur une espérance, tandis qu'à Valence, on offrait de lui garantir la totalité par un cautionnement solide (152); de l'autre, il ne pouvait point à Bourges, remplacer l'appui efficace des Montluc, des Gordes, des Truchon, par la protection de Marguerite et de l'Hopital, qui n'existaient plus depuis une ou deux années (153).

Peut-être comptait-il trouver plus de tranquillité à Bourges, ville presque exclusivement catholique et située dans une province alors paisible, qu'à Valence, où les protestans avaient un parti formidable, et dont les régions voisines étaient infestées par la guerre civile que la bravoure et l'audace des Montbrun et des Lesdiguières y entretenaient (154).

Mais, si tel fut le motif déterminant de sa nouvelle

(152) *Voy.* dd. délibérat. de Bourges et Valence, 14 et 28 mai 1575. Il est vrai que celle de Bourges lui assure aussi, 1° Une maison commode « en tel endroit que sa qualité le requiert »; 2° Une exemption de toutes impositions et charges ordinaires et extraordinaires. Mais on a vu qu'il avait le premier avantage, et il paraît certain qu'il avait aussi le second, à Valence.

(153) L'Hopital mourut près d'Etampes, le 12 mars 1573 (voy. *Moreri*), et Marguerite, à Turin le 18 septembre 1574 (*l'Etoile*, *édit. de* 1744, *t.* 1, *p.* 103.)

(154) La Thaumassière, si minutieux pour les événemens du Berri, n'en cite pas un seul des années 1573, 1574 et 1575. — Voy. *id. hist.*, *p.* 198. — Chorier au contraire ne consacre pas moins de vingt-deux pages (650 à 672) au récit de la guerre du Dauphiné pendant cet intervalle.

Dans une lettre du 21 décembre 1576 (voy. *Cujas*, *édit. de Fabrot et de Naples*, *t.* 1), Montluc cite comme un motif qui empêchait alors Cujas de revenir à Valence, l'existence d'un prêche dans cette ville. Mais ce ne put être la cause du départ de Cujas, en juin 1575, époque où les catholiques étaient maîtres de Valence, d'autant que les prêches ne durent y être introduits qu'après la cinquième paix, faite en mai 1576.

migration, il fut bientôt déçu dans ses espérances. Trois mois après son arrivée à Bourges, le duc d'Alençon, frère du roi, s'enfuit de la cour dans le dessein de se mettre à la tête des protestans quoiqu'il ne partageât point leurs opinions (155). Pour leur enlever son appui, on fit avec lui, au mois de novembre 1575, une trève par laquelle on lui accorda plusieurs villes de sûreté, entr'autres Bourges, avec le droit d'y mettre garnison, et d'en désarmer les habitans (156).

Les Berruyers craignirent, s'ils accédaient à cette clause, d'être la victime de leurs ennemis. Ils tremblèrent qu'on ne voulut se venger (157) des massacres dont ils avaient laissé ensanglanter leur ville après la Saint-Barthélemi, et dont deux rivaux célèbres de Cujas, Doneau et Hottoman, avaient failli à être les victimes (158). Ils résolurent de fermer leurs portes au duc d'Alençon et se disposèrent à lui résister à force ouverte (159).

(155) *Voy.* à ce sujet, l'Etoile, édit. de 1744, t. 1, p. 150; La Popelinière, hist., liv. 40, f. 290.

C'est le 15 septembre 1575, que d'Alençon s'évada, et le 17, arrivé à Dreux, il publia une espèce de manifeste. — Voy. *iid.*

(156) Cette trève fut passée avec Catherine de Médicis, à Champigny, le 8 novembre, pour 6 mois, à partir du 22. — Voy. *Lenglet sur l'Etoile, d. p* 150; *La Popelinière, f.* 291; surtout *mss. Dupuy, vol.* 87, *f.* 72, où en est la copie.

(157) *Voy.* Davila, historia delle guerre civile, 1644, t. 1, p. 331.

(158) Lorsqu'on eut reçu la nouvelle de la Saint-Barthélemi, l'un d'eux sortit de la ville en robe de chambre, feignant d'aller à la promenade; l'autre se déguisa avec des écoliers allemands (voy. *La Thaumassière, f.* 194 *à* 197, où il donne des détails sur les massacres.) Les étrangers s'empressèrent de leur donner des chaires. Doneau mourut professeur à Altorf, en 1591, et Hottoman, à Bâle, en 1590.

(159) *Voy.* Davila, sup.; La Popelinière, liv. 40, f. 295; lettre de Cujas à Dorsanne, du 26 novembre 1575, dans Ménage, vie d'Airault, p. 164 (cette lettre à demi énigmatique, se comprend parfaitement lorsqu'on connait les faits ci-dessus.)

Cujas, pour échapper aux malheurs dont on était menacé, chercha d'abord à mettre en sûreté sa famille (160); prêta ensuite l'oreille à des propositions que lui fit la ville d'Angers, d'accepter une place dans son université; enfin, la négociation ayant échoué, se détermina à se réfugier dans la capitale (161).

Le premier parlement de France fit alors en sa faveur une honorable exception à une loi canonique qui défendait l'enseignement du droit civil dans l'université de Paris. Il le permit à Cujas et l'autorisa même à délivrer des grades, par un arrêt du 2 avril 1576 (162).

Sur ces entrefaites, la paix générale, la cinquième de ces temps malheureux, ayant été conclue et mise à exécution, les Berruyers dont le duc d'Alençon (le traité avait mis le Berri dans son apanage), devenait le suzerain, l'admirent dans leur ville le 15 juillet (163).

On eut alors une nouvelle preuve de l'estime profonde qu'avaient inspiré les talens et les services de Cujas. Un des premiers soins des Berruyers fut de solliciter son rappel. Le duc d'Alençon déféra avec

(160) Il s'agit de *deux jeunes sœurs de sa femme*, auxquelles il pria Claude Dorsanne, lieutenant-général au Baillage d'Issoudun, son ancien élève, d'accorder pendant quelque temps un asyle. — Voy. *d. lett. du 26 novemb.* — Ainsi, sa femme n'était point morte dès 1570, comme le dit M. Bernardi, *éloge*, *p.* 118.

A l'égard de son fils, il était alors en pension à Paris. — Voy. *et conférez lettres* des 11 avril 1573 (*mss. Dupuy, vol.* 700, *n.* 7), 24 févr. 1574 (*n.* 8), 13 sept. et 15 déc. 1575 (*n.* 23 *et* 24), et 6 janv. 1576 (*n.* 25.)

(161) *Voy.* ci-apr., d. éclairciss., §. 23, n. 1.

(162) *Voy.* d., §. 23, n. 2.

(163) Il s'agit ici du 5e édit de pacification, daté du mois de mai 1576, enregistré le 24 au parlement. — Voy. *mémoires de Nevers*, *t.* 1, *p.* 574; *La Popelinière*, *liv.* 40, *f.* 304; *Chorier*, *ij*, 676; *la Thaumassière*, *p.* 43 *et* 198 (celui-ci surtout, pour la réception solennelle du duc.)

empressement à leurs désirs. Dès le 18 juillet, il les transmit au Roi par une lettre expresse et fort élogieuse, où il les appuyait de tout son pouvoir (164); et bientôt après, Cujas retourna à l'université de Bourges, pour ne plus la quitter, si ce n'est pendant quelques voyages de courte durée qu'il fit à Paris (165).

Cette démarche n'était pas une pure condescendance de la part du duc, mais la suite de l'admiration dont il était pénétré pour notre jurisconsulte. Il la manifesta encore au bout de deux années, en lui accordant une pension de cinq cents livres par un brevet du 24 mai 1579, conçu dans les termes les plus honorables, et successivement une charge de maître des requêtes dans son conseil (166).

Ce ne fut pas non plus faute de sollicitations de s'établir dans d'autres universités, que Cujas se fixa à Bourges. Il en reçut en 1577 et 1578, des Toulousains; en 1582, des Valentinois; en 1584, du pape Grégoire XIII; indépendamment d'autres

(164) *Voy.* la aux mss. Dupuy, vol. 481. — La demande du duc est aussi rappelée dans les lettres patentes du 12 avril 1583, au t. 1 de Fabrot et de Naples.

(165) Il enseignait à Bourges, dès le 10 octobre 1576. — Voy. *la rubrique d'une de ses leçons, dans l'édition de Scot, de* 1614, *t.* 3, *appendix*, *p.* 12.

On trouve la mention d'un de ces voyages qu'il faisait à Paris, ordinairement pendant les vacances de Pâques, dans une lettre datée de Paris, le 22 avril 1583, où Nicolas Lefebvre annonce à Dupuy, « que M. Cujas retourne un de ces jours à Bourges. » — Voy. *mss. Dupuy, vol.* 700, *n.* 61.

(166) Le brevet de la pension est aux *mss. Dupuy*, *vol.* 481.

Nous ne connaissons pas précisément l'époque de la promotion à la charge de maître des requêtes; Cujas en prend le titre dans une procuration du 20 octobre 1582, passée pour la résignation de sa charge de conseiller, et insérée *au t.* 1 *de Fabrot et de Naples.*

sur lesquelles les écrits du temps ne s'expliquent point (167).

Il les refusa toutes, probablement de crainte de perdre la liberté et surtout la tranquillité dont il jouissait enfin dans sa nouvelle patrie. Ne s'y occupant que de son emploi et de la composition de ses ouvrages, il ne prit aucune part aux dissentions religieuses qui agitaient tous les esprits, si ce n'est pour répondre aux plaintes qu'on lui faisait de sa neutralité, que tout cela n'avait aucun rapport à la législation, *nihil hoc ad edictum Prætoris* (168)... Ou pour insinuer qu'il fallait laisser chacun libre dans sa croyance, parce que la religion ne se peut point commander ; langage si extraordinaire quoique si naturel et si raisonnable, qu'il a fallu deux siècles pour y accoutumer les Français ; et ce n'est pas un des moindres titres de Cujas à l'estime de la postérité, que d'avoir osé publier des maximes de tolérance cinq ans après la Saint-Barthélemi, à une époque où Henri III excité par les états généraux de Blois, défendait l'exercice de toute religion autre que la catholique ; où, en un mot, la ligue était déjà assez puissante pour espérer d'écraser les protestans et d'exclure du trône des Valois, les princes de la maison de Bourbon élevés dans les dogmes du calvinisme (169).

(167) Nous parlerons bientôt des offres des Valentinois et du pape : quant à celles des Toulousains, *voy.* d. éclairciss., §. 7, n. 10.

(168) *Voy.* Papyre Masson, vita Cujac. ; Alexand. Scot (élève de Cujas), epist. ad lectorem, t. 1 de l'édit. de 1614 ; Gravina, c. 180 ; Vigneul de Marville, mélang., édit. de 1701, t. 1, p. 40 ; et quant aux ouvrages de Cujas et à sa religion, d. éclairciss., §. 5 et 11.

(169) 1° Quant à la *défense*, etc. — *Voy.* D. de Vienne, hist. de Languedoc, tome 5, p. 352 et suiv.

2° *Religio imperari non potest, quia nemo cogitur ut credat invitus*

Cependant il paraît que des malheurs domestiques lui avaient d'abord fait accueillir les propositions des Valentinois (170). Depuis son retour à Bourges, la mort lui avait enlevé en peu de temps plusieurs amis ou patrons bien chers, tels que le professeur Le Conte en 1577, le baron de Gordes et le premier président Truchon en 1578, et l'évêque Montluc en 1579 (171) : ce n'était qu'une préparation à des coups plus cruels. Dans l'automne de 1581, il perdit successivement, sa femme et son fils unique (172). Ce jeune homme, qui annonçait les dispositions les plus heureuses; pour l'éducation duquel il n'avait négligé ni soins, ni dépenses; dont il avait eu en vue l'établissement futur lorsqu'il avait sollicité la charge de conseiller au parlement de Grenoble; à qui il avait dédié un de ses plus savans ouvrages (173); sur lequel en un mot, il concentrait presque toutes ses affections et fondait toutes ses espérances, mourut, encore à la fleur de l'âge, d'une

voilà ce que dit Cujas au commencement du chapitre 3 du livre 16 de ses observations, publié en 1577 (voy. *d. éclairciss.*, §. 5, *n. xxiij.*)

Jean Mercier, collégue de Cujas à Bourges, pensait bien différemment. Il avait publié en 1573, deux livres d'opinions et observations (voy. *les dans Otton, t.* 2, *p.* 1549 *et suiv.*), dont un des chapitres (*le* 26e *du liv.* 2, *ib.*, *p.* 1615) porte l'intitulé suivant : *quod plures in eodem regno religiones esse non possint ; quodque princeps* COGERE RELIGIONEM POSSIT.

(170) Il est question de cette négociation dans quatre délibérations prises par le conseil de ville de Valence, les 23 septembre, 11 et 27 novembre et 27 décembre 1582. La 2e fait mention d'une réponse favorable de Cujas. — Voy. *répert. mss. de iid.*

(171) *Voy.* quant au décès, 1° de Le Conte, *de Thou*, *hist.*, *lib.* 64, *ad ann.* 1577; 2° et 3° de Gordes et Truchon, *Chorier*, *hist. gén.*, *ij*, 634, 685; 4° de Montluc, *Lafaille*, annal. de Toulouse, ij, 360; *de Thou*, lib. 68, ad ann. 1579.

(172) *Voy.* ci-apr., d. éclairciss., §. 24, n. 1.

(173) *Voy.* d. n. 1, et ci-dev. note 138, p. 403.

pleurésie prise à une partie de paume (174). Cujas pénétré des principes du stoïcisme dont étaient imbus la plupart de ses maîtres, les grands jurisconsultes de Rome (175), s'imagina qu'ils l'aideraient à surmonter sa douleur; qu'il pourrait reprendre à la fin des vacances ces leçons pour lesquelles il avait tant de zèle, qu'il se faisait pour ainsi dire transporter d'un lit de malade à l'université (176). Mais lorsque parvenu à sa chaire, il voulut commencer son exorde, la nature l'emporta sur la philosophie, les sanglots étouffèrent sa voix, et ce père infortuné fondit en larmes à l'aspect de ses nombreux auditeurs dont l'âge lui rappelait trop celui qu'il avait vû assis parmi eux (177).

Rien de plus touchant que les lettres qu'il écrivait quelque temps après. « J'ai céans, disait-il d'abord à Loisel, M. de la Scala (Scaliger), de qui la douce compagnie m'a tiré du sépulchre où j'étais misérablement tombé, et m'a essuyé une partie de mes piteuses larmes (178) »... « Pourquoi, mandait-il au conseiller, depuis procureur-général, de la Guesle : pourquoi n'êtes-vous pas venu me voir comme vous me l'aviez fait espérer? Combien votre vue eût contribué à arracher mon âme à la tristesse qui l'accable? car je suis seul, isolé, privé de ce qui m'était cher... Je vous prie du moins de m'aimer toujours,

(174) C'est le récit de Duverdier (*prosopographie*, *iij*, 2573 *et suiv.*). Nous l'avons préféré, et comme plus vraisemblable, et comme émanant d'un contemporain, à celui du satyrique Catherinot, d'après lequel Cujas fils mourut des suites de ses débauches, mais qui du reste ne présente cela que comme un *oui dire*, et avoue que ce jeune homme *promettait beaucoup*.

(175) *Voy.* ci-devant l'hist. du droit, p. 83.

(176) *Voy.* ci-devant, p. 399.

(177) *Voy.* Duverdier, prosopographie, sup.

(178) *Voy.* lettre du 27 décembre 1581, mss. Dupuy, vol. 663, n. 102.

puisque je n'ai plus à aimer que vous, vos parens, M. de la Scala et quelques autres (179)... »

Ainsi privé de son fils, la charge de conseiller qu'il lui destinait, devenait pour Cujas un honneur inutile. Résolu dès-lors, de la résigner, il voulut du moins présenter un sujet qui fut digne de l'emploi. Il se détermina au mois d'octobre 1582, en faveur d'un de ses anciens élèves, Antoine de Dorne, petit-fils d'un professeur célèbre du même nom, à qui un long exercice dans l'université de Valence avait mérité la qualité de comte (180). Mais l'espoir de forcer Cujas à y retourner, engagea le parlement de Grenoble à mettre à la réception de son résignataire une foule d'obstacles, qui ne furent définitivement levés que le 10 avril 1584, après plusieurs ordres du Roi (181).

Bientôt Cujas cessa également d'être maître des requêtes, et il perdit sa pension par la mort du duc d'Alençon, arrivée le 10 juin suivant (182).

Informé de ces circonstances, le pape Grégoire XIII crut sans doute qu'elles pourraient fa-

(179) *Voy.* ci-apr. d. éclairciss., §. 25, n. 1.

(180) Cela est énoncé littéralement dans les lettres patentes du 12 avril 1583. — Voy. *t.* 1er *des édit. de Fabrot et de Naples.* — C'est qu'autrefois on tenait en général, qu'après vingt ans d'exercice, un professeur de droit pouvait prendre la qualité de comte; et l'on cite comme l'ayant prise en effet, Pierre Rebuffe, dans son commentaire sur les ordonnances, édition de 1550, et Jean Dartis, dans un ouvrage publié en 1656, avec privilége. — Voy. *mémoire mss. rédigé vers 1680, sur les droits du doyen des professeurs, au registre n° 4, de la faculté de-droit de Paris.*

(181) *Voy.* lett. patent. du 20 oct. 1582 et autres pièces suivantes, aux d. t. 1 de Fabrot et de Naples.

(182) *Voy.* lettres du 25 juin 1584 (mss. Dupuy, vol. 700, n° 29). Cujas s'y plaint, il est vrai, de ce que sa pension n'était point payée; mais sa plainte ne se rapporte probablement qu'aux dernières années de la vie du duc.

voriser le dessein qu'il avait formé d'attirer Cujas dans son université de Bologne. Il en écrivit lui-même à notre jurisconsulte, lui faisant des offres très-brillantes, et quant aux honneurs, et quant aux émolumens (183). Soit que Cujas fut flatté de cette démarche directe d'un souverain pontife, qui était aussi un habile jurisconsulte; soit qu'il entrevit dans ce nouvel emploi un asyle contre les bouleversemens dont la Ligue menaçait la France depuis la mort de l'héritier présomptif de la couronne; soit qu'il voulut saisir une occasion de s'éloigner du lieu qui lui rappelait la source principale de ses chagrins, il paraît qu'il ne repoussa pas d'abord les propositions de Grégoire. On est autorisé à le penser lorsqu'on voit le président de Thou s'arracher en quelque sorte à des devoirs funèbres, qu'il rendait vers la fin d'octobre 1584 aux mânes de sa sœur, épouse du chancelier de Chiverni, pour composer et adresser à Cujas une épître de deux cent quarante vers latins, où il fait tous ses efforts pour le détourner du projet de quitter la France (184).

Ces exhortations obtinrent du succès. De nouveaux bienfaits de Henri III, tels que le don d'une charge de conseiller au présidial de Bourges, dont Cujas fut autorisé à vendre le titre, qu'il eut été peu convenable de prendre après avoir renoncé à celui de conseiller d'une cour souveraine (185); et

(183) *Voy* Papyre Masson, vie de Cujas.

(184) *Voy*. ci-après, d. éclairciss., §. 25, n° 2.

(185) Tels sont les motifs pour lesquels nous fixons le don de cette charge à l'an 1584. La Thaumassière (*hist. de Berri*, *p*. 56) n'en indique point l'époque precise; et Catherinot (*fori Bituricensis inscriptio*, *p*. 7) se borne à dire que ce fut sous Henri III, qui permit à aussi Cujas de vendre sur-le-champ la charge, ce qu'il fit (la Thau-

enfin le temps, ce remède unique à la douleur, affermirent Cujas dans sa résolution de finir ses jours à Bourges.

Mais affaibli par l'âge et encore plus par le travail, il sentait le besoin de secours qu'on ne peut guère trouver que dans l'affection et la sollicitude d'une compagne (186). Il semblait toutefois, que, vû cette même situation, un vieillard plus que sexagénaire et d'un extérieur peu avantageux, si l'on en juge par ses portraits, dût avoir peu de latitude dans ses choix. La douceur de ses mœurs et de son caractère, probablement aussi le rang distingué et la haute considération qu'il devait à ses talens, le firent au contraire rechercher. Une femme jeune et tenant à une famille noble, relevée par d'illustres alliances (187), s'empressa de donner la main au rejeton d'un artisan, et la préférence que lui accorda ce dernier, fut célébrée comme une espèce de victoire (188).

Il paraît également que l'espoir d'avoir un successeur auquel il put transmettre son nom, et au moins une partie de ses connaissances, influa sur sa détermination (189). Il fut complètement déçu : le fruit unique de cette seconde union, la fameuse Suzanne, n'est connue que par ses étranges dé-

massière parle également de cette vente.) Mais dans ce cas on ne peut placer le don avant le temps où Cujas fut tout-a-fait dégagé de sa charge de conseiller à Grenoble, par l'installation de son acquéreur, Antoine de Dorne.

(186) *Voy.* ci-apr. d. éclairciss., §. 24, n° 2.

(187) *Voy.* d. §. 24, n° 3.

(188) *Voy.* d. §. 24, n° 4.

(189) Il écrivait à Dorsanne, au bout de trois mois (le 22 février 1587) qu'il s'était encore mis au mariage, *nec Deo faciente frustrà, qui quos mihi abstulerat affectus, reddere parat.* — Voy. Catherinot, *vie de mademoiselle Cujas*, *p.* 1.

sordres, dont heureusement son père ne fut pas le témoin, puisque, quoique en dise un vieil et scandaleux adage, connu dans toutes les écoles, elle n'avait que trois ans au décès de son père (190).

Les travaux excessifs de celui-ci, joints aux chagrins de tout genre auxquels il avait été si souvent en proie, et surtout à ceux que lui causait l'état fâcheux de la France, avaient précipité avant le temps, sa vieillesse. Après quarante années d'exercice le professorat lui devint à charge (191). Il se rendit à Paris en 1588, et obtint le 1er mars, dans le palais de la reine-mère, une audience, où il demanda sa retraite par un discours latin adressé directement au roi. Mais Henri III le refusa par une réponse faite dans la même langue, et aussi remarquable par son élégance, qu'honorable pour le jurisconsulte, à qui le roi promettait d'ailleurs d'accorder toutes les autres grâces qu'il voudrait réclamer (192).

Presque vers la fin de sa carrière, le repos de

(190) Cela est prouvé non-seulement par le témoignage de Catherinot relatif à l'époque de la naissance de Suzanne. (*Voir* même §. 24, nº 4), mais encore par une délibération du 15 décembre 1594, où le conseil municipal de Bourges, arrêta de payer au tuteur de mademoiselle Cujas, les honoraires dûs à son père. — Voy. *répert. mss. des délibérat. de id.*

Au reste, quelque faux que soit l'Adage, il est trop vrai que Suzanne en justifia le sens par ses désordres. On peut consulter à ce sujet, Catherinot (*suprà*), mais avec réserve; car si Suzanne eut été aussi débauchée qu'il le dit, il est peu croyable que devenue veuve et ayant dissipé presque toute sa fortune, vers l'âge de 30 ans, un gentilhomme eut encore consenti à lui donner la main. — Voy. *aussi d. éclairciss.*, §. 26, *nº* 1.

(191) Dans le discours qu'on va citer, Cujas dit seulement *sex lustra et plus*, ce qui ne ferait que 34 ans, au maximum. Il ne comptait sans doute qu'à dater de son 1er professorat en titre, ou de celui de Cahors, obtenu en 1554 (tandis que en partant du professorat particulier de Toulouse, ou de 1547, il y avait 41 ans.

(192) *Voy.* ci-apr., d. éclairciss., §. 26, nº 1.

Cujas fut troublé d'une manière sérieuse. Après l'assassinat de Henri III (2 août 1589), la ligue proclama roi, sous le nom de Charles X, le cardinal de Bourbon, oncle de Henri IV, reconnaissant par là, au moins pour le moment, les droits de cette famille illustre, que la maison de Guise voulait faire exclure du trône (193). On sollicita alors vivement Cujas, et en lui offrant de magnifiques récompenses, d'écrire en faveur du cardinal. Aux promesses on fit succéder les menaces; on anima contre lui les fanatiques, dont la ville de Bourges fourmillait.... Rien ne l'ébranla dans son refus, pas même une émeute populaire, où il faillit à perdre la vie (194). Etait-ce à lui, répondait-il, qu'on devait proposer de dépraver, de corrompre les loix, et de commettre le crime de faux (195)?.....

La résistance de Cujas était d'autant plus louable que la ville de Bourges était et fut encore pendant plusieurs années au pouvoir des ligueurs et des lieutenans du duc de Mayenne, et qu'elle leur servait de place d'armes pour les arrondissemens voisins (196). Animé de tels sentimens et chérissant tendrement sa patrie, combien son cœur ne dut-il pas être navré de voir la guerre civile commencée dans plusieurs cantons sous le règne de Henri III, déchirer après sa mort toutes nos provinces, et surtout le Berri (197), où il ne se passait presque pas

(193) Les princes Lorrains avaient fait publier divers écrits où l'on prétendait que leur famille venait du dernier prince de la dynastie Carlovingienne, Charles, duc de la Basse Lorraine ; d'où ils concluaient que Hugues-Capet avait usurpé le trône sur leur maison.

(194) *Voy.* d. éclairciss., §. 26, n° 2.

(195) *Voy.* sur ce point, d. éclairciss., §. 12.

(196) *Voy.* d. éclairciss., §. 26, n° 3.

(197) *Voy.* d. §. 26, n° 2.

un seul jour que le sang français ne fut répandu par la main des Français (198).... Aussi, quoique doué d'un tempéramment très-robuste, on s'accorde à dire qu'il mourut de chagrin (199), et la plupart des nombreuses épitaphes qu'on fit après sa mort arrivée le 4 octobre 1590, lui donnent-elles cet éloge délicat, qu'il n'avait pas voulu survivre à l'anéantissement des lois, alors généralement méconnues dans toute la France (200).

Sa mort ramena les Berruyers, sans distinction d'opinions, à des sentimens plus dignes de ce grand homme. Ils s'empressèrent de lui rendre les honneurs les plus pompeux. Tous les ordres de la ville, toutes les corporations, les habitans de la contrée assistèrent en foule à ses obsèques. Ceux de ses élèves qui étaient du rang le plus distingué, voulurent se charger du soin de porter eux-mêmes le corps inanimé de leur maître au champ du repos, et son oraison funèbre y fut publiquement prononcée par un de ses anciens disciples, Claude Maréchal, alors conseiller au parlement de Paris (201).

La vénération qu'il avait inspiré, ne parut pas moins dans les soins qu'on donna à l'indigne héritière de son nom. L'illustre président de Thou se chargea lui-même de marier Suzanne à un gentilhomme du Blaisois. Lorsqu'elle eut dissipé la fortune

(198) Voir le détail de cette guerre intestine du Berry, dans la Thaumassière, *p.* 202 *et suiv.* Celui des seules années 1589 et 1590, les dernières de la vie de Cujas, occupe sept pages in-fol.

(199) *Voy.* De Thou et Sainte-Marthe, cités au d. §. 26, n° 2; Scipion Gentilis, dans les opusc. posth. de Doneau, 1604, p. 459; la Thaumassière, p. 66; Catherinot, vie de mademoiselle Cujas, p. 2.

(200) *Voy.* ces épitaphes au t. 1er des édit. de Scot, de Fabrot, etc.

(201) *Voy.* Masson, vie de Cujas; De Thou, lib. 99, ad ann. 1590; Blanchard, conseillers, p. 104.

assez considérable de son père, les habitans, surtout les professeurs de Bourges, Mérille, Pinsson, Broé et Mercier, lui fournirent une pension alimentaire jusques à la fin de ses jours (202).

Le plus précieux des biens laissés par Cujas, fut par malheur, encore plutôt dissipé que tout le reste. Nous voulons parler de sa bibliothèque, une des plus riches qui existassent alors, qui n'occupait pas moins de six ou sept chambres, et où l'on comptait cinq cents manuscrits (203).

Sous ce dernier rapport, et eu égard au temps où elle avait été formée, la bibliothèque de Cujas était certainement très-remarquable. Dès sa jeunesse, on l'a dit, il avait eu une forte passion pour ces dépôts originaux des produits de l'esprit humain (204). Il n'avait épargné aucun soin, aucune

(202) *Voy.* Catherinot, vie de mademoiselle Cujas, p. 3 et 4.

Elle ménageait si mal sa pension qu'on fut obligé de la lui payer semaine par semaine, et souvent jour par jour. — Voy. *id.*

(203) *Voy.* Catherinot, d. p. 3 et 4; De Thou, d. lib. 99.

P. Pithou avait demandé à Cujas, en 1570, un ouvrage qu'il lui avait prêté. Cujas lui répondit au mois de décembre, qu'il le chercherait; mais, ajoute-t-il, « à peine l'ai-je, car il me semble qu'il y a long-temps que je ne l'ai vu parmi mes livres. Si je les voulais à cette heure *récoller*, j'y serais *pour une grosse heure.* J'aime mieux employer le dimanche, que je suis de loisir, à vous écrire. » — Voy. *mss. Dupuy*, *vol.* 700, *n.* 11.

Le nombre des chambres que la bibliothèque occupait, est d'ailleurs une preuve de la multitude immense d'ouvrages dont elle était composée, parce que d'après la disposition de l'ancien hôtel de Salvi, appartenant à Cujas, on a reconnu (M. C. a bien voulu faire cette vérification) qu'elles devaient toutes être fort vastes.

(204) *Genus*, écrivait-il à un de ses amis le 11 janvier 1574, en lui parlant de la promesse qu'un autre lui avait faite, de lui envoyer d'Afrique, des manuscrits de Saint-Augustin, *genus hoc est voluptatis meæ quærere et perscrutari libros.*

La lettre où il dit cela est au tome 8 des éditions de Fabrot et de Naples, p. 1254 et 1134. On l'y a mal à propos datée de 1573. Sa date véritable est 1574, comme on le voit au *mss. lat. bibl. royal.*, *n.* 4552, où Fabrot l'a puisée.

dépense pour en découvrir, ou en acquérir, ou au moins se procurer la communication de ceux qu'on ne pouvait lui céder. L'examen des manuscrits avait été, on l'a aussi vû, un des principaux motifs de sa transplantation en Italie : il le fut également d'un voyage littéraire qu'il fit en Provence, au printemps de 1571 (205). L'année précédente, il avait plusieurs commissionnaires occupés à lui en chercher en trois lieux différens; la suivante, ou 1572, il entretenait dans le même objet, un de ses amis en Italie. En 1573, il en avait prié un autre, qui était en Afrique, de lui procurer des ouvrages de Saint Augustin; et en 1575, un gentilhomme devait venir exprès de Padoue à Bourges, lui apporter un recueil des sentences des anciens jurisconsultes (206).

Et ce n'était pas pour tirer vanité de ces trésors, but principal de tant de bibliomanes, qu'il avait pris tant de peines à les recueillir; c'était pour s'en servir et en faire profiter le public. Une foule de passages de ses ouvrages prouvent combien il les avait mis à profit, et il résulte du témoignage de beaucoup de ses contemporains, qu'il faisait une offre sérieuse lorsque dès 1556, il annonçait qu'il communiquerait ses manuscrits à tous les gens d'é-

(205) *Voy.* lettres des 20 janvier et 20 juin 1571, mss. Dupuy, vol. 700, n. 3 et 18.

Il annonce dans la première, qu'il visitera *toutes* les bibliothèques de la Provence. Dans la 2e, il dit qu'il a trouvé que le feu évêque de Montpellier y avait tout *ravagé;* c'est-à-dire, sans doute, acheté tout ce qu'il y avait de bon, car cet évêque (Guillaume Pellicier, mort en 1568. — voy. *Daigrefeuille, hist. de Montpellier, part.* 2, *p.* 170) était ami des lettres. Cependant Cujas s'y procura encore des manuscrits de Senèque, de Prudence, de Marianus Capella et de quelques conciles.

(206) *Voy.* lettre du 24 févr. 1572, d. vol. 700, n. 5; autre du 11 janvier 1574, citée ci-dev. note 204; autres des 13 septemb. et 15 décemb. 1575 d. vol. 700, n. 23 et 24.

tude qui désireraient les consulter (207); d'autant qu'il en prêtait et même donnait, soit à ses amis, soit aux libraires qui voulaient les publier (208), et qu'il en perdit plusieurs, même très-précieux, que ceux auxquels il les avait prêtés, avaient *oublié* de lui rendre (209).

Une telle manière d'agir montre d'avance le peu de fondement de deux imputations injurieuses qu'on lui fit lorsqu'il n'existait plus. On prétendit 1. qu'il s'était approprié les scholies ou notes mises par des interprètes grecs en marge de l'exemplaire manuscrit des basiliques, appartenant à Catherine de Médicis; 2. qu'il avait dérobé à l'aide d'une escalade, cet exemplaire à la succession d'Antoine Le Conte (celui-ci l'avait emprunté à la bibliothèque de la reine).

L'éditeur des basiliques, Annibal Fabrot, qui pour son travail s'est servi du même exemplaire, a déclaré que la première imputation, d'ailleurs uniquement fondée sur des conjectures insignifiantes, est souverainement absurde (210). Elle est

(207) *Voy.* observ., liv. 1, ch. 1 — *Voy.* aussi liv. 7, ch. 36.

(208) Entre une foule de faits relatifs à ce que nous disons ci-dessus au texte, nous citerons les suivans. Cujas donna un manuscrit de droit civil à Bonnefoi. — Voy. *Gilbert Regius*, *enantiophanon*, *au trésor d'Otton*, *ij*, 491. Il en prêta deux de Pline et d'Avienus aux libraires Crispin, de Genève, et de Tournes, de Lyon. — Voy. *préf. de l'édit. de Pline*, *de Dalechamp*; *et nos observat. sur Avienus*, *au journal de la librairie*, 1820, *p.* 92. — Ayant appris qu'Elie Vinet preparait une édition d'Ausone (voy. *id. préf. d'Ausone*, 1580, *in*-4°), il lui en adressa un de cet auteur: *Cujacius qui me audierat emendationem*, *etc. Ausonii suscepisse*, *vetustum codicem spontè*, *pro suâ singulari humanitate*, *mihi misit.* — *Voy.* aussi ce que dit Jacques Lect, dans une épitre du 1er février 1587 (*in ejusd. orationes*, 1615, *p.* 402.)

(209) *Voy.* Scaliger, epistolæ, 1628, 8°, lett. 418, p. 710.

(210) *Voy.* les Annales encyclopédiques de Millin, 1817, t. 1, p. 273 et suiv.

On a prétendu que Cujas, après avoir inséré dans ses observations

en outre démontrée fausse, soit par l'attention qu'a eu Cujas de citer fort souvent les interprètes grecs, en ces termes, *Græci dicunt, Græci notant;* soit par la circonstance avouée tacitement par ses ennemis, qu'il avait en horreur le vice du plagiat (211).

Plus la seconde imputation est outrageante, plus il aurait été nécessaire de l'appuyer de preuves. Mais elle n'est fondée que sur une simple allégation, faite *vingt-sept ans* après la mort de Cujas, dans une correspondance *privée*, publiée seulement au bout de deux siècles. D'autre part, elle est encore plus absurde que la première, et elle est tellement contradictoire avec les documens de l'époque à laquelle elle se rapporte, que nous n'aurions pas daigné la citer, si on ne lui eut donné place dans un recueil estimable (212).

La bibliothèque de Cujas fut vendue en 1593. Elle dût l'être, 1. en détail, d'après une disposition de son testament, qui d'ailleurs était conforme aux intérêts de son orpheline; 2. à des enchères publiques, puisqu'il s'agissait de biens d'une pupille. Selon Catherinot, des libraires de Lyon achetèrent les manuscrits et s'en servirent à couvrir des *rudimens;* et comme si cette anecdote, que Terrasson

une scholie des basiliques, déchirait le feuillet où elle était, et le jetait au feu (voy. *dd. p.* 273, etc.), de sorte que les volumes des basiliques furent *très-mutilés.* Un seul mot détruit cette calomnie; *il n'y a rien de coupé dans le texte :* on voit seulement quelques coupures au bord des pages de trois livres. — Voy. *Fabrot, ibid.*

(211) Jean Robert ayant dit en 1579, qu'il s'était approprié une opinion de Bartolle, Cujas soutint, en 1580, qu'il ne l'avait pas connue, et qu'on ne pouvait imputer le vice du plagiat, vice qu'il détestait, à un écrivain dans les ouvrages duquel on n'avait découvert qu'une faute de ce genre; et Jean Robert, dans sa réplique, en 1582, ne contredit pas cette dernière assertion. — Voy. *le mercator, cum animadvers. et not. Roberti, l.* 2, *c.* 20, *dans l'édit de Naples, t.* 10, *p.* 217 *à* 221.

(212) *Voy.* ci-après les éclaircissemens, §. 13.

s'est empressé de répéter, n'était pas déjà assez absurde par elle-même, Catherinot, sans s'apercevoir qu'il va en fai[illegible] sentir davantage le ridicule, ajoute que le seul manuscrit des Basiliques fut acheté par un conseiller de Bourges, quatre cents écus. Or, ces quatre cents écus, même en ne prenant pour base d'appréciation que le prix du marc d'argent, équivaudraient aujourd'hui à plus de quatre mille deux cents livres (213). Comment Catherinot n'a-t-il pas senti que si dans une ville où siégeaient plusieurs tribunaux, composés chacun de plusieurs magistrats, un seul de ces derniers avait été en état de donner une somme aussi considérable d'un seul manuscrit, assurément ses collègues, sans parler des membres du barreau et des professeurs et élèves nombreux de l'université, n'auraient pas laissé vendre les quatre cent quatre-vingt dix-neuf autres (214), au poids, et même moins qu'au poids, car plus un manuscrit est ancien, et Cujas en avait beaucoup qu'il qualifie de *vetustissimi*, c'est-à-dire, plus il est précieux, moins il a de valeur pour un épicier ou un cartonnier. Enfin, quand les Berruyers auraient contre toute vraisemblance, ignoré le prix d'une collection qui était depuis vingt ans sous leurs yeux, et qu'on avait inventoriée en 1590, à la mort de Cujas (215), les

(213) *Voy.* Paucton, métrologie, 1780, p. 928; ci-apr., éclairciss., §. 22, n. 4; et quant à l'*anecdote*, *voy.* Catherinot, vie de mademoiselle Cujas, publiée en 1684, p. 3; Terrasson, mélang., p 418.

(214) Catherinot lui-même en avait donné la preuve dans un ouvrage publié 24 ans avant celui où il débite la fable des *rudimens*, puisqu'il s'y dit propriétaire d'un manuscrit de Varron, ayant appartenu à Cujas. Les manuscrits de Cujas n'avaient donc pas tous été employés à couvrir des rudimens. — Voy. *Catherinot*, *observation.*, *lib.* 2, *c.* 8, *au trésor de Meerman*, *vj*, 773.

(215) *Voy.* Catherinot, vie de mademoiselle Cujas, p. 3.

étrangers n'auraient pas négligé d'y enchérir, puisque au bout de onze ans, ou en 1604, nous voyons un ambassadeur faire exprès le voyage de Paris à Bourges pour tâcher de s'en procurer quelques restes (216).

Catherinot est plus exact lorsqu'il affirme que la bibliothèque de Cujas n'était pas seulement propre à un jurisconsulte, mais encore à un théologien, à un médecin, historien, géographe ou philologue (217) ; et il aurait pu ajouter, à un mathématicien, à un philosophe. Nous pouvons juger de son état en 1590, par ce qu'elle avait été en 1573, époque où nous avons découvert qu'avait été dressé le catalogue qui en existe aujourd'hui ; car depuis cette époque, Cujas n'avait cessé de faire des acquisitions comme on le voit par sa correspondance, et comme le prouve aussi la fixation du nombre de ses manuscrits, portée à cinq cents par Catherinot, tandis que dans le catalogue de 1573, il n'y en avait que cent quatre-vingt-cinq (218).

Ce catalogue pourrait fournir le sujet de beaucoup de remarques curieuses; mais afin de ne pas trop ralentir notre narration, nous nous bornerons ici (219) aux suivantes.

Bien différente de la plupart des bibliothèques des jurisconsultes, les ouvrages de *droit* de celle de Cujas, ne forment qu'une faible partie (la septième) du nombre total; les ouvrages d'histoire sont presque aussi nombreux; ils en forment la huitième par-

(216) *Voy.* Bongars, lettre du 19 janvier 1604, dans son recueil de lettres, 1695, in-12, t. 1, p. 99.

(217) *Voy.* id, vie de mademoiselle Cujas, p. 3.

(218) *Voy.* sur ce catalogue, d. éclairciss., §. 14.

(219) *Voy.* pour d'autres remarques, d. §. 14.

tie ; les œuvres des poètes, la seizième ; celles des mathématiciens ou géographes, la trentième.

Parmi ces ouvrages de droit, on en trouve à peine deux de deux auteurs du douzième siècle, Bulgare et Placentin, et quelques-uns de deux autres, Budée et Zasius, qui ont vécu en partie dans le 15e siècle, en partie dans le 16e ; tout le reste de la collection, excepté les textes, tels que les corps ou parties des corps de droit de Justinien, avec ou sans gloses, consiste dans des ouvrages du siècle de Cujas. Les Balde, les Jason, les Socins, les Salycet, les Dynus, les Cynus, les Castro, les Cœpola, les Dèce, les Accolti, les Riminaldi, les Angelus, et cette foule innombrable de commentateurs depuis le temps d'Accurse jusques au commencement de l'ère d'Alciat, des opinions desquels beaucoup d'auteurs subséquens ont surchargé leurs propres ouvrages, sont entièrement négligés. En un mot, ô scandale! l'auteur de la Bulle d'or, le conseiller des empereurs, l'ancien coryphée des jurisconsultes, celui dont les décisions ont été assimilées à la loi en Portugal et en Espagne, la lumière du droit, Bartollé enfin (*v. ci-dev. p.* 309), n'a pas, malgré la grosseur et le nombre de ses volumes, occupé la plus petite place sur les tablettes de l'élève d'Arnaud Ferrier!

Au reste, Cujas lui-même, mais par un motif bien différent, n'était guère mieux traité dans sa bibliothèque. Le catalogue ne cite de lui que sa traduction du livre 60e des Basiliques : c'est que comme on l'a vu (*p.* 398), les éditions diverses de ses ouvrages étaient alors entièrement épuisées, et que probablement il ne lui restait plus que ses propres exemplaires chargés de notes manuscrites, et qu'il eut été par là même imprudent de laisser dans une collection à peu près ouverte au public.

Ceci nous amène naturellement à parler des ouvrages de Cujas. Nous ne les spécifierons point ici parce que on en trouve la liste dans toutes les bibliographies du droit, et que nous donnons ailleurs le tableau chronologique de tous ceux qu'il a publiés directement (220). Nous ferons toutefois à cette occasion quelques remarques.

1. Cujas avait ordonné, on l'a dit (*p.* 423), de vendre tous ses livres en détail : c'est qu'il craignait qu'on n'en réunît et publiât les notes dont il les avait aussi chargés (221). Ce motif, surtout rapproché d'une autre clause de son testament, par laquelle il prie François Pithou son ami, d'être l'éditeur des trois derniers livres de ses observations (222), nous montre encore qu'il ne voulait point qu'on publiât d'autres ouvrages que ceux qu'il avait lui-même mis au jour. Mais ses désirs ont été déçus : les œuvres imprimées de son vivant, sont même d'une étendue moins considérable que les œuvres posthumes qu'on y a ajoutées. Celles-ci n'ayant pas été revues par lui, et ne consistant pour la plupart qu'en des leçons recueillies avec plus ou moins de soin par ses élèves, ne sont point à beaucoup près, et ne devaient point être aussi estimées. En conséquence, dans les diverses éditions on les a distinguées des premières (223); et néanmoins, c'est là

(220) *Voy.* ci-après les éclaircissemens, §. 5.

(221) *Voy.* De Thou, hist., lib. 99, ad ann. 1590.

(222) *Voy.* ce testament dans la Thaumassière, p. 66; et aux mss. Dupuy, vol. 481, f. 165. — Le prénom de l'éditeur désigné n'y est pas, mais on voit au commencement du Pithœana (voy. *aussi Grosley, vie des Pithou*, ij, 163), qu'il s'agissait de François Pithou.

(223) *Voy.* d. éclairciss., §. 27, n. 1.

que les envieux de sa gloire ont dans la suite cherché à découvrir des fautes, comme si elles eussent appartenu directement à l'auteur (224).

2. Parmi les ouvrages Posthumes, le commentaire sur Papinien, qu'on égale aux ouvrages publiés du vivant de Cujas (225), et parmi ceux-ci, les 27 livres d'observations, sont les écrits où l'on remarque le plus de profondeur, de sagacité et de critique (226).

3. Le plus ancien de ceux qu'il a mis au jour, ou le recueil des notes sur Ulpien, fut composé, non pas précisément pour tenir lieu d'élémens aux élèves, mais pour leur servir en quelque sorte d'appui, à cause de la rectitude des principes qu'il contient. C'est donc là qu'il faut chercher les points de droit qu'il regardait comme invariables (227).

4. Il règne dans la rédaction de la plûpart de ces mêmes ouvrages une extrême concision, ce qui en rend la lecture difficile aux élèves; mais ne doit pas néanmoins fournir un sujet de reproches contre lui, parce qu'il ne leur destinait point les œuvres qu'il publiait, observant qu'il écrivait pour les doctes, et enseignait pour les ignorans (228). Il paraît au reste que, c'était la qualité du style qu'il

(224) *Voy*. Fr. Orry, dispunctor cité au d. n. 1, et id., p. 720, 738, 775, 797, etc.

(225) *Voy*. Fr. Orry, sup., c. 32, p. 775.

(226) *Voy*. De Thou, hist., lib. 99, ad ann. 1590.

(227) *Voy*. Pap Masson, vita Cujac.; Scot, de ordine libror., sup.

(228) *Voy*. Scot, epist. ad lectorem, édit. 1614; Catherinot, traité de la marine, p. 25.

Cependant un auteur estimé recommande aux élèves de joindre à l'étude des textes, celle des œuvres de Cujas (voy. *Reusner*, *de art. jur.*, 1588, *p*. 83); mais il veut probablement parler des Paratitles, que François Hottoman lui-même recommandait à son fils de porter avec lui en voyage. — Voy. *Leickert*, *vitæ clarissim.*, 1686, *p*. 245. — Voy. aussi *Vulteïus*, *jurisprud. rom.*, 1598, *p*. 52.

appréciait le plus, si l'on en juge par l'éloge qu'il en a fait, et par la requête relative à sa réception à la charge de conseiller, dont la briéveté dût être désespérante pour les gens de loi de son temps (229).

5. Ils brillent presque tous par l'élégance, la clarté, le raisonnement, la critique et l'érudition, mais une érudition choisie. Il cite peu les autres interprètes, si ce n'est Accurse, tandisque pour l'éclaircissement des lois, il met à contribution les auteurs grecs et latins de tout genre, surtout Cicéron, et fort souvent même éclaircit leurs propres passages, lorsqu'ils sont difficiles ou altérés (230).

D'après ces remarques, on pourrait être surpris de ce que Cujas n'est pas cité très-fréquemment dans le barreau, et les ouvrages de droit des Français. Cette négligence tient à deux causes. 1. On ne trouve point dans ses éditions, sauf celles de Naples et de Venise-Modène, peu répandues en France, une table générale et assez développée des matières qu'il a traitées. 2. Aucune d'entr'elles ne donne une indication approximative et par ordre de livres et titres, de tous les textes qu'il a examinés; textes dont les discussions sont très-souvent confondues avec celles d'autres textes. Il faut aller chercher cette indication dans le *promptuarium Cujacii*, ouvrage récent, encore plus rare en France, très-cher, et qui aurait besoin lui-même d'être perfectionné (231).

Cependant, sa prééminence sur tous les interprètes du droit romain est depuis long-temps généralement reconnue chez nous comme chez les

(229) *Voy.* là aux éclaisciss., §. 27, n° 2.
(230) *Voy.* d. §. 27, n° 3.
(231) *Voy.* d. §. 27, n° 4 et 5.

étrangers. Elle ne fut guère contestée que pendant une partie de sa vie. Le sentiment ou la prévision de sa supériorité excita alors l'envie de plusieurs jurisconsultes. Tels furent d'abord François Duarein et Hugues Doneau, que nous avons déja cités; le premier, que les auteurs anciens égalent presque à Cujas, peut-être parce qu'il l'avait devancé dans la carrière (232); le second, que les Allemands regardent en quelque sorte comme un oracle, et dans les ouvrages duquel le plus habile commentateur des instituts, Vinnius, a puisé une grande partie de ses décisions (233).

Tel fut encore François Hottoman, également professeur à Bourges, jurisconsulte, placé en général sur la même ligne, mais plus profond dans la science de l'histoire et des antiquités du droit que dans celle de l'interprétation (234).

Tels furent enfin des jurisconsultes d'un rang bien inférieur, Adrien Pulvæus et Jean Bodin, dont nous avons déja parlé, et dont le dernier a plus brillé dans la carrière du droit public que dans celle de la jurisprudence; Emmanuel Soarez, juif

(232) *Voy.* Saint Jorry, lett. citée aux éclairciss., §. 6, n° 3, note 1; Pap. Masson, vie de Cujas; Scot, de controversis Cujacii, etc., in pr. et c. 23, t. 1er, édit. de 1614; Jean Broë, nupliæ jurisconsulti, dans Meerman, iv, 765; Taissand, p. 173. — On a vu que Duarein mourut en 1559: il était né en 1509.

(233) *Voy.* Vinnius, passim. — Voy. *aussi* Gravina, c. 178; Brunquell, p. 377, §. 18. — Doneau, né vers 1527, mourut en 15[illegible]1

(234) On peut juger de la réputation d'Hottoman (né en 1524, mort en 1590) comme littérateur, comme érudit et comme critique, par les traductions et éditions faites jusques dans le 18e siécle, même par des jurisconsultes (voy. *Hoffman*, *hist. jur.*, *i*, 734) de sa fameuse satyre de l'anti-Tribonien, dont nous avons rapporté plusieurs passages dans notre histoire du droit, et qui fut composée à la demande de l'Hopital. — Voy. *Hoffman*, *ibid.* — Voy. aussi *Gravina*, c. 197; *Bayle*, *h. v.*; *Taisand*, *p.* 307; *Leickert*, *sup.*, 246; *Brunquell*, *p.* 381.

portugais, qui fut quelque temps l'hôte de Cujas, et deux professeurs à l'université d'Orléans, Guillaume Fournier, et surtout Jean Robert, auquel Cujas fit l'honneur de réfuter, par un ouvrage *ex professo*, ses censures, qu'il aurait dû mépriser (235).

Lorsqu'on parcourt les discussions polémiques que firent naître la rivalité, l'envie ou la haine de tous ces adversaires de Cujas, on voit avec un sentiment bien pénible, que ces hommes, presque tous la gloire de leur siècle, par leurs profondes connaissances, avaient toutes les faiblesses de l'esprit humain. Laissant de côté toute bienséance, souvent toute bonne foi, ils s'accablent des injures les plus grossières, se font les reproches les plus scandaleux et se poursuivent avec un acharnement auquel on peut à peine comparer celui de certains folliculaires modernes (236). Cujas lui-même, nous l'avouons avec regret, oublia trop souvent, dans ces sortes de luttes, ce qu'il devait à son caractère et à sa réputation, et souilla sa plume, soit d'anagrammes triviaux par lesquels il tournait le nom de ses ennemis en ridicule (237), soit d'expressions insultantes qui ne pouvaient rien ajouter à la force des raisons par lesquelles il les combattait.

Nous ne chercherons point à l'excuser sur ce que

(235) *Voy.* quant à Soarez, ci-après éclairciss., §. 21, n° 11 ; quant à Fournier, ses livres *Selectionum* (publiés en 1565), dans Otton, t. 2, p. 2 et suiv. ; et quant à Robert, ci-apr. éclairciss., §. 15.

(236) *Voy.* sur ces points, d. §. 15.

(237) Il dit (*observat.*, *ix*, 37) de Fournier, *Fornacarius qui obdormivit ad fornacem.* — Du nom de Jean Bodin, ou *Joannes Bodinus*, il fit *Andius sine bono* (Bodin était Angevin.) — Voy. *obs.*, *xviij*, 38. — Le nom latin de Doneau, *Hugo Donellus*, devint pour lui *Nugo Donellus*, comme celui de Robert ou *Joannes Robertus*, se changea en *serò in orbe natus.* — *Voy.* ci-apr., d. §. 15.

ce mode détestable de discussion était alors et fut long-temps après, d'un usage général entre les savans (238). Il eut été digne de ce grand homme à qui l'on donnait le premier rang entre les érudits, dans ce siècle d'érudition, de se placer aussi au-dessus de ses contemporains, par la modération et la décence de son style.

Mais nous devons dire aussi à sa décharge, que dans aucune de ces luttes il ne fut l'agresseur, et peut-être lui doit-on, sous ce rapport, quelque indulgence, surtout lorsque l'on considère que la plupart des personnages par lesquels il fut le plus cruellement outragé, n'avaient pas, ni à beaucoup près, le droit d'entrer en lice avec lui (239).

Quoiqu'il en soit, leurs censures ne portèrent aucune atteinte à l'éclat de sa réputation. Le suffrage unanime des magistrats et des jurisconsultes français et étrangers de son temps (240), le fixa à ce premier rang qui avait excité tant d'envie ou de haine, et il étouffa bientôt quelques voix qui essayèrent encore de l'en faire descendre après sa mort (241). La postérité lui a ensuite maintenu sans

(238) Entre une foule d'exemples, nous rapporterons celui-ci. — Labbé, dans sa dédicace des Gloses des Basiliques, publiées en 1606 (voy. *ci-dev. p.* 202, *note* 22), dit de quelques auteurs dont il critique l'opinion, *facessant igitur hœc* Arcadiæ Pecuaria, *et rudere desinant.*

(239) On verra au §. 15 des éclaircissemens, que Robert fut l'agresseur. Il en fut de même de tous ceux que nous avons nommés, comme nous l'avons reconnu par un examen attentif de leurs discussions avec Cujas, examen dont nous sommes en état de donner les résultats et les preuves; et c'est ce que soutient aussi Scot, traité *de controversis*, etc. t. 1er de son édition de Cujas.

(240) *Voy.* le tableau des éloges à lui donnés, aux éclairciss., §. 16.

(241) On peut citer parmi ces nouveaux critiques, Jean Mercier, André Fachin, Antoine Gomez. *Voir* leur réfutation dans le traité ci-dessus, de Scot. — Tel fut aussi Edmond Merille, qui a été réfuté par François Orry. — *Voy. ci-dev. p.* 428, *note* 224. — Il est juste toutefois d'observer qu'avant de critiquer Cujas, Mérille en fait le plus pompeux éloge. —

retour la palme décernée par ses contemporains, car depuis deux siècles, il n'y a absolument qu'une voix sur ce point. Il serait fastidieux de rapporter ici, même une petite partie des éloges qu'il a reçus. Quelques passages de jurisconsultes de diverses nations étrangères, en donneront une idée (242).

Nous citerons d'abord ce qu'écrivaient du vivant même de Cujas, un Hollandais et un Italien, Paul Montan, et Jules Pacio (Pacius), à Beriga. Le premier, mort en 1587, conseiller à la cour supérieure de la province d'Utrecht, et auteur d'un savant traité des tutèles, quoique plein de vénération pour Bartolle et son école, n'hésita pas à proclamer Cujas le prince des jurisconsultes de son temps, le plus célèbre interprète du droit comme de toutes les bonnes doctrines. Le second, connu par plusieurs bons ouvrages, tels qu'une analyse du code, et surtout par une des meilleures éditions du corps du droit (*v. ci-dev.*, *p.* 253), en la dédiant à Cujas, au mois de mars 1580, déclarait qu'autant les jurisconsultes surpassaient les élèves, autant Cujas surpassait lui-même tous les jurisconsultes (243).

Lorsqu'il s'agit, disait, un an après la mort de Cujas, Scipion Gentilis, Italien de naissance, établi dès sa jeunesse en Allemagne et en Hollande, où

Voy. *id.*, *épit. à Berthier*, *aux variantium*, *édit. de* 1638. — Voy. *aussi* Nesmond, aux éclairciss., §. 18, note 8.

(242) A l'égard des jurisconsultes français, nous nous bornerons à rapporter deux fragmens du président de Thou et d'Antoine Mornac, et nous renverrons pour les autres témoignages, aux éclaircissemens, §. 16. — 1. *Jacobus Cujacius retrò sæculis et suâ ætate princeps.* — De Thou, hist., lib. 62, versùs fin. — 2. *Hunc nemo non videt æquasse jurisconsultos veteres, sed et superasse quotquot antè vel post scripserunt de juris romani* peritiâ. — *Voy.* Mornac, dans Taisand, p. 148.

(243) *Voy.* Montanus, de jure tutelar., édit. de 1656, in-8°, p. 32 et 732; Moreri, mot Montan; Pacius, d. édit. 1580, in-fol., in epist.

il professa le droit, de 1589 à 1616, « lorsqu'il s'agit de louer Cujas, il vaut mieux garder le silence que de s'exposer à en dire trop peu de chose » (244).

Cujas, s'écriait, en 1640, Didacus Mexia, espagnol, professeur à Salamanque, « est l'astre le « plus éclatant du droit et de la France; c'est le « Chiron qui a formé nos nouveaux Achilles (245). »

Dans un ouvrage publié en 1653, le plus savant des jurisconsultes anglais (quant au droit romain), Arthur Duck, observe que la jurisprudence aura une éternelle obligation à Cujas. Il a honoré, poursuit-il, sa patrie et tout l'Univers; on ne verra jamais un plus illustre et plus savant jurisconsulte, ni qui ait plus de probité et de bonne foi (246).

Il est aussi, écrivait vers 1700 à 1708, Gravina, Napolitain, professeur à Rome, « il est le père de la vraie jurisprudence, et il aurait pu, s'il fut venu plutôt au monde, tenir lieu de tous les commentateurs. Il n'est permis, ni de rien ignorer avec lui, ni de rien apprendre sans lui (247). »

Don Joseph Moulinez de Pon-de-Vida, Espagnol, professeur à l'université de Cervera en Catalogne, reproduisit une partiede la même opinion, en 1739. Il observe que les simples essais d'interprétation de Cujas nous en apprennent bien davantage que les commentaires entiers de la plupart des juriscon-

(244) *Cujus de viri laudibus, ut de Carthagine olim Sallustius, silere satiùs puto quam pauca dicere. Voy.* Scip. Gentilis, oraison funèbre de Doneau, dans les opuscules posthumes de celui-ci, p. 459.

(245) *Micantissimum juris et Galliæ sidus.—Voy. id.,* approbat. d'un comment. de Suarez, au trésor de Meerman, ij, 7.

(246) *Voy.* Duck, de l'autorité du dr. civ., liv. 2, ch. 5, n. 39.

(247) *Neque aliquid ignorare per illum, neque sine illo discere quidquam licet. — Voy.* Gravina, de ortu et progressu juris civilis, c. 180. — Brunquell (*ci-ap. note* 250) fait la même réflexion quant aux commentaires.

sultes (248); à quoi son collègue don Joseph Finestres, de Montsalvo, ajoute que Cujas gère seul et sans collègue le consulat de la république des jurisconsultes (249).

Quelques années auparavant, Everard Otton, Westphalien, professeur à Duisbourg, appelait Cujas le soleil de la jurisprudence, l'œil le plus perçant de la justice; et Salomon Brunquell, professeur à Iena et recteur de l'université de Gottingue, déclarait qu'il avait changé en or la jurisprudence, qui auparavant était à peine de brique (250).

Bach, Saxon, professeur à Leipsick, et auteur d'une des meilleures histoires du droit romain, publiée en 1754, va encore plus loin que les jurisconsultes précédens. « Il n'y a jamais eu, dit-il, ni avant, ni après Cujas, et il n'y aura jamais personne, qui puisse, je ne dis pas surpasser, mais même égaler sa doctrine et son mérite (251). »

S'il faut en croire Catherinot, notre jurisconsulte était bien loin de mériter de semblables éloges quant au droit français : il n'en savait, dit-il, guère

(248) Un des plus grands jurisconsultes d'Allemagne, Burchart Struve de Weimar (voy. *Moreri*), avait à peu près dit la même chose en 1718, dans son histoire du droit, p. 401. *Præ cœteris* (jurisconsultis) *Cujacius tantum præstitit, quantum reliqui omnes.*

(249) *Vir primarius.... qui plus in cujusque interpretationis vestibulo effundit doctrinæ quam integris commentariis interpretum.... Solus, sine collegâ, consulatum gessit in republicâ jurisperitorum* (on sait que le seul Pompée fut une fois seul consul.) — Voy. *ibid.*, *approbat. et epist. du Scævola de Velasquez*, *dans Meerman*, *ij*, 371 *et* 375.

(250) *Voy.* Otton, trésor, t. 5, publié en 1735, préf., p. 32; Brunquell, hist. jur., p. 377, édit. de 1738, dont l'épitre est de 1729.

(251) *Neque antè eum, neque post eum fuit, neque futurus sit quisquam, qui non dicam superare, sed æquare ejus doctrinam et merita possit.* — *Voy.* id., hist. jur., lib. 4, c. 3, §. 10, p. 705.

plus qu'Edmond Mérille, qui perdait tous ses procès (252). Mais nous aimons mieux nous en rapporter sur ce point à deux savans jurisconsultes, Umeau, professeur à Poitiers au 17e siècle, et Bézieux, président du parlement d'Aix, au 18e, dont les recherches, surtout celles du premier (253), avaient eu spécialement pour objet la jurisprudence de notre patrie, et dont, par là même, le suffrage est d'une toute autre importance que les traditions fugitives et incertaines recueillies par un juriste médiocre tel que Catherinot (254). Or, Umeau et Bézieux, qui comme on le voit par leurs traités ou recueils, avaient étudié avec soin les œuvres de Cujas, affirment que celui-ci était très-versé dans le droit français (255). Le catalogue de la bibliothèque de Cujas, nous prouve d'ailleurs qu'il s'en occupait beaucoup, puisque, quoique si peu nombreuse en livres de droit, on y trouve à peu près tout ce qui avait paru de son temps soit en textes, soit en commentaires, relativement au droit qui résulte des ordonnances, des coutumes ou de la jurisprudence (256). Enfin, il

(252) *Voy.* id., opuscule, intitulé la *Régale universelle.*

(253) *Voy.* quant à Umeau, Dreux-du-Radier, bibl. de Poitou, t. 4, p. 196 et suiv.... Umeau naquit en 1598.

(254) Elles l'ont induit en erreur sur beaucoup de faits; par exemple, lorsqu'il dit (*scholar. Biturig. inscript.*, *p.* 2 *et* 3) que Cujas enseigna à Bourges, de 1556 à 1566, tandis que dans cet intervalle, ou de 1557 à 1559, on l'a vu, Cujas fut à Valence.

(255) *Voy.* Bézieux, arrêts notables du parlem. de Provence, 1750 p. 238; Umeau (Ulmus), tractatus varii, 1655, c. 2, p. 11.

(256) On y voit par exemple, outre le coutumier général, les textes ou commentaires des coutumes particulières de Berri, de Blois, du Bourbonnais, de Bordeaux, d'Orléans, de Paris, du Perche, du Poitou, de Savoye, de Troyes, etc.; les ouvrages de Dumoulin, de Ferron, de Lemaître, de Papon, de Rebuffe, de Rat, etc.; le style des notaires la pratique d'Imbert, etc.

suffit pour être convaincu de l'importance qu'il y attachait, de jeter un coup-d'œil sur ses consultations, où on le voit à chaque instant, citer nos usages et nos principes particuliers, et leur donner, quand il le faut, la préférence sur le droit romain (257).

Catherinot ne s'en est point tenu là. Il accuse indirectement Cujas d'avoir ignoré la langue de son pays. Selon lui, en effet, l'oraison funèbre de Gaspard de la Châtre de Nançay, capitaine des gardes-du-corps, composée et prononcée par Cujas, en 1577, « était en français si goffe et si barbare, « que Nicolas Rigaut la traduisit par charité en « latin (258). »

Il est vrai que Rigaut n'explique pas avec clarté les motifs de son travail. Mais il peut résulter de ses expressions ambiguës, qu'il voulait seulement faire connaître au loin un bon ouvrage en le reproduisant dans une langue plus répandue en Europe que le français ne l'était alors (259). Nous les prenons d'autant plus volontiers dans ce sens, qu'on voit par la lettre de Cujas au président de Saint-Jorry, qu'il écrivait très-bien en français lorsque il avait le loisir de soigner sa diction, car si l'on y change trois ou

(257) *Voir* entr'autres dans l'édition de Scot, tome 1er, la 7e consultation, p. 365; la 10e, p. 367; la 12e, p. 368; la 23e, p. 377; la 30e, p. 386; la 32e, p. 387; la 41e, p. 365; la 50e, p. 401; la 52e, p. 405; la 56e, p. 408; la 57e, p. 409. — *Voir* aussi divers passages d'autres ouvrages, au d. t. 1er, p. 430 et 466; au t. 2, p. 1305; au t. 3, p. 1058, 1234, 1236, etc.

(258) *Voy.* Catherinot, remarqu. sur le testam. de Cujas, p. 1. — Terrasson n'a pas manqué d'adopter cette critique.

(259) *Voy.* sa préface dans l'édit. de Fabrot, t. 10, p. 1278.

Si c'est la *charité* qui détermina Rigaut, cette vertu pieuse se manifesta un peu tard, puisque sa traduction ne parut qu'en 1610, ou au bout de 33 ans (voy. *la Thaumassière*, *p.* 678), circonstance qui suffirait seule pour réfuter la satyre de Catherinot.

quatre mots alors très-usités et vieillis depuis, il n'est aucun bon écrivain qui voulût la désavouer (260).

Nous trouvons plus d'incertitude sur l'opinion qu'on doit se former des talens de Cujas comme professeur. Quelques auteurs prétendent qu'il n'avait pas l'élocution facile, ni le jugement très-rapide. Un de ses disciples et de ses premiers éditeurs semble convenir de ce dernier point, lorsque, en exposant que Cujas ne répondait jamais *ex abrupto* aux questions délicates de ses élèves, il ajoute que c'était de crainte de se faire tort par un jugement trop faible, ou un style trop négligé (261); et c'est aussi ce qu'on peut induire d'un passage où l'on voit que Cujas avait renvoyé à une séance ultérieure, sa réponse à des questions que lui avaient proposé deux élèves (262). Néanmoins cela ne paraît pas s'accorder avec ce que rapporte son premier historien, Papyre Masson, que s'il refusait de parler de jurisprudence quand il était à table ou avec ses amis, il observait en même temps, qu'il en parlerait à l'université tant que l'on voudrait.

(260) *Voy.* cette lettre aux éclairciss., §. 7, n. 10.

C'est faute de temps qu'il ne soignait pas davantage sa correspondance, dont le style est en général très-négligé. On le voit dans plusieurs de ses lettres. Dans l'une (voy. *mss. Dupuy*, *vol.* 700, *n.* 23), il dit à Loisel qu'elle servira pour lui et pour Pithou; que la main lui fait mal d'écrire, parce qu'il y a déjà deux heures qu'il est après. Dans une autre (voy. *ci-dev. note* 203, *p.* 420), il dit qu'il n'a pas même une heure de libre pour chercher un volume dans sa bibliothèque.

(261) *Voy.* Scot, epist. ad lector., t. 1er de son Cujas.

(262) *Voy.* Cujas, lib. 9 respons. Papin., ad l. 14, §. ult., ad legem Falcidiam.

Avant de passer à la loi suivante, il y dit qu'il va satisfaire *duobus ex vobis juris studiosissimis, quo genere et omnibus satisfaciam quibus si resident adhuc hæsitationes quædam juxtà ea quæ diximus ad primum responsum leg. 14, ad leg. Falcidiam.*

La critique de Charles de Boissieux, avocat érudit, qui fut élève de Cujas pendant son dernier professorat à Bourges, est encore plus forte. Selon lui, soit à cause du défaut d'organe de Cujas, soit à cause de son habitude de s'énoncer souvent en termes peu usités, ou de la rapidité de son débit, ou de son ignorance de l'art de la déclamation, il était fort difficile à ses élèves de profiter de ses leçons, s'ils ne les comparaient pas et ne les méditaient pas dans le silence du cabinet (263). Mais cette critique est inconciliable avec une foule de circonstances.

1. Boissieux dit que le seul Cujas soutient l'école de Bourges, les autres professeurs (il y avait pourtant Mercier et Ragueau) ne comptant pour rien; et il convient que Cujas explique avec une si grande rectitude, et dévoile avec tant de sagacité le sens le plus caché des lois, qu'il semble que l'âme des législateurs soit passée dans son corps par une espèce de métempsycose.

2. Maurice Bressieux auquel Boissieux, son compatriote et son ami, adresse sa critique, et qui lui-même avait été précédemment élève de Cujas, ne paraît pas disposé à en avouer l'exactitude dans tous ses points. Relativement, répond-il à Boissieux, relativement à Cujas, homme admirable et divin, le coryphée des professeurs, l'éclatante lumière de la France, je te conseillerais de t'attacher à la force et à l'exactitude de ses explications, et d'avoir de l'indulgence pour le reste: car quant à l'art de décla-

(263) *Voy.* lettre de Boissieux à Bressieux, au t. 1er des édit. de Fabrot et de Naples, et ci-après éclairciss., §. 17.

mer et gesticuler, c'est un hors-d'œuvre pour un homme supérieur (264).

3. Les juristes de tous les pays n'affluaient pas moins aux leçons de Cujas pendant ce dernier professorat (265), que du temps des autres, puisque il put un jour se faire accompagner par huit cents élèves, dans une visite qu'il rendit au jésuite Maldonat (266).

4. Il fallait bien que ces élèves profitassent des leçons de Cujas, puisque plusieurs d'entr'eux se signalèrent depuis dans la littérature, le barreau, l'enseignement ou la diplomatie, tels que Guielm, Bouvot, Ranchin, Lacoste, Expilly, Marquard Freher, Marescot, Arnaud, Lamoignon, etc. (267).

5. Les jurisconsultes et les gens de lettres ne pensaient pas que le talent de Cujas eût faibli puisque ils continuaient à lui adresser ou recommander comme élèves, leurs enfans ou leurs amis. On peut citer entr'autres, en premier lieu, Antoine Loisel qui connaissant très-bien la méthode de Cujas pour l'enseignement, puisque il avait été son élève pendant plusieurs années, lui envoya alors son fils aîné, depuis conseiller au parlement de Paris (268); en second lieu, un érudit célèbre, Juste Lipse, qui lui recommanda un jeune homme, en 1585, ajoutant que ce serait assez de gloire pour ce dernier, que

(264) *Voy.* la lettre grecque de Bressieux, au d. t. 1er.

(265) *Voy.* Scot, épît. dédicat. de son édition de 1614; Bernard Albinus, épît. des récitat. de Cujas, 1595.

(266) *Voy.* Ménagiana, édit. de 1715, t. 1, p. 37.

(267) *Voy.* ci-apr. éclairciss., §. 18, art. 8.

(268) *Voy.* opuscules de Loisel, p. 608.

Il est même probable que le deuxième fils de Loisel, également conseiller à la même cour, fût aussi élève de Cujas.

On pourrait encore citer Ranchin, les La Guesles, Arnaud, Pierre Dubourg. — *Voy.* d. art. 8.

d'avoir suivi un tel professeur (269). Enfin un autre érudit non moins célèbre, Isaac Casaubon félicitait vers le même temps, Josias Mercier, habile helléniste, de ce qu'il allait se placer au nombre des disciples de Cujas (270).

Quoique il en soit, il est certain qu'il ne professait qu'après beaucoup de méditations et de recherches. Il employait ordinairement trois heures, et par fois jusques à huit et neuf à préparer une leçon. Quelque long que fût cet espace de temps il craignait qu'une distraction ne lui en fit perdre une partie, et pour mieux renfermer, dit-on, son esprit en lui-même, il se plaisait à étudier au bruit des forges et des cloches (271). Enfin, en professant il corrigeait encore ses cahiers, soit d'après les idées qui lui survenaient, soit d'après les observations de ses élèves (272).

Ce long travail pourra paraître extraordinaire, surtout si l'on réfléchit qu'il n'était point chargé d'exposer des élémens, ce qui oblige quelquefois à embrasser beaucoup de matières (273); mais seulement d'expliquer des lois éparses, et que souvent le développement d'une loi unique, ou même d'un fragment d'une loi occupait une séance entière; mais il regardait comme un devoir sacré de ne rien

(269) *Voy.* Lipsii epistolar. centuriæ, etc., 1596, p. 137.

(270) *Voy.* epistol. Casauboni, édit. 1709, p. 2, épit. du 17 avril 1584; Morcri, mot Mercier.

(271) *Voy.* Pap. Masson, in vitâ Cujacii; Scot, epist. ad lectorem; Expilly, plaidoyer 34, n° 41.

(272) *Voy.* Scot, sup., de ordine librorum.

(273) L'explication des instituts était ordinairement confiée aux jeunes professeurs, et quelquefois à de simples docteurs — Voy. *ci-dev. éclairciss.*, §. 6, *n°* 8.

Cujas regardait ce travail comme le plus difficile de tous (voy. *Mesan, remontrances sur les universités*, 1615, *p.* 76.)

dire ou énoncer qui ne fût de la dernière rectitude. Un professeur qui induisait en erreur ses élèves, lui semblait presque aussi coupable qu'un criminel d'état (274).

Nous n'avons pas de notions bien précises sur sa méthode d'enseignement : voici ce que nous avons pu recueillir de moins incertain ou de plus probable.

A la fin d'une séance il indiquait la loi qui serait le sujet de la suivante, et invitait expressément les élèves à la lire et méditer (275). Il ouvrait ordinairement la seconde séance, par la lecture de cette loi, et en donnait l'explication telle (276) que les élèves devaient l'écrire et conserver dans leurs cahiers. Il revenait ensuite, du moins nous avons lieu de le croire, sur cette explication, en reprenait les diverses parties, les diverses expressions, pour les faire mieux comprendre (277).

Au commencement de l'explication d'une loi, il indiquait sa liaison avec les précédentes, et si c'était la première d'un titre, la liaison du titre avec les autres titres du digeste ou du code, et quelquefois rappelait les principes exposés dans la séance antérieure (278). Il ne s'écartait de son sujet que

(274) *Voy.* Scot, epist. ad lectorem.

(275) Quæ nos occupabit quæstio die Saturni, est legis 2, de usuris, quam rogo vos ut prævideatis. Eâ de re non deberem vos rogare, cum studiosi officium id postulet, ut legem prævideat antequam accedat ad antecessorem. Voy. *mss. lat. bibl. roy.*, n° 4503, *f.* 105. — Voy. aussi id., *f.* 32, 131, *et* 150.

(276) Cujus (legis) verba initio proponam, ut soleo. — Voy. *d. mss.* 4503, *f.* 32. — Voy. *aussi id.*, *f.* 34.

(277) *Voy.* à ce sujet, ci-apr., les éclaircissemens, §. 19.

(278) *Voy.* 1° Cujas, not. ad cod., lib. 11, tit. 2, dans Fabrot, x, 618. — 2°, id. ad l. 1 et 13, de acqu. vel amitt. possessione, dans Scot, ij, 1262 et 1294.

Lorsqu'il expliquait les lois d'un jurisconsulte, il les parcourait, non

quand cela lui paraissait nécessaire pour rendre plus sensible son explication, et alors il donnait les motifs, et quelquefois des sortes d'excuses de ses digressions (279).

Il n'entreprenait l'exposition d'une matière un peu étendue, que lorsque il pouvait la terminer avant les vacances, de crainte sans doute que les élèves n'en oubliassent les premiers principes (280). Enfin il ne s'occupait pas des points qui avaient déjà été éclaircis dans des traités qu'on pouvait se procurer ou consulter (281).

Quoique il sentit la nécessité de la discipline dans une école nombreuse et qu'on l'ait vu adresser publiquemment des allocutions très-sévères aux élèves-recteurs qui étaient alors les chefs de leurs condisciples (282), il mettait en général une affabilité et une bonhommie singulière dans l'exercice de sa profession (283). Avait-il terminé un titre

dans l'ordre qu'elles ont dans le digeste; mais dans celui des livres de cet auteur. Il ne s'écartait également de cette méthode, que lorsque l'intelligence de son explication l'exigeait. — Voy. *d. mss.* 4503, *f.* 58 et 144. — Voy. *aussi Cujas ad d. l.* 4, *de noxal. act.*, *dans Scot*, *t.* 1, *p.* 828.

(279) *Voy.* id. ad l. 3., §. 5 et 13, de acqu. vel amitt. possess., dans Scot, ij, 1281, 1285.

(280) *Voy.* id., ad l. ult., eod. tit., dans Scot, ij, 1328.

(281) *Voy.* id., ad digestorum Juliani, lib. 28, in f., dans Scot, t. 1, p. 2061.

(282) *Voy.* ses discours prononcés à l'inauguration de Ballue et de Chamrobert, dans Fabrot, viij, 1255, et seq.; et aux mss. lat. bibl. roy., n° 4552.

Il observe dans le dernier, que presque tous les recteurs ont troublé l'ordre, et que, selon un bruit public, la plupart des élèves à Valence, *aleæ potiùs quàm juris fiunt periti.*

(283) C'est ce qu'on voit entr'autres dans les observations ou complimens adressés à ses élèves, soit avant les vacances, soit à la fin de quelque traité — Voy. *aussi les notes suivantes* et *les* §§ *des éclaircissemens* auxquels elles renvoient.

peu de jours avant la clôture des cours, il disait naïvement à ses auditeurs : j'aurais beaucoup de choses à vous exposer sur les titres suivans, mais je crois qu'il conviendra beaucoup mieux, et à vous et à moi, d'entrer tout de suite en vacance (284).

Il ne dédaignait pas de leur demander un peu de relâche après avoir terminé un traité de quelque étendue; ni de s'excuser envers eux lorsque une indisposition, ou quelque affaire l'avait empêché de préparer assez de matières pour remplir une séance, ou pour commencer l'exposition d'un nouveau traité (285).

Il proportionnait la durée de ses séances à leur attention et resserrait son discours lorsqu'il craignait qu'elle ne fût fatiguée (286). Souvent il les avertissait d'avance avec une simplicité aimable, que de crainte de leur causer de l'ennui, il serait bref, et que, néanmoins, il s'efforcerait en même temps de leur être utile dans sa briéveté (287).

Quoique très-jaloux de la pureté et de la précision du style, il n'hésitait pas à troubler en quelque sorte l'harmonie de ses périodes latines, en y mêlant des expressions françaises qui pussent dissiper tous les doutes des auditeurs sur le sens des termes techniques ou difficiles (288).

Il ne répugnait pas à recommencer une leçon quand il s'apercevait de quelque erreur commise

(284) *Voy.* id., ad tit. de jure fisci, in f., dans l'édit. de Naples, viij, p. 477.

(285) *Voy.* sur ces points, les fragmens de Cujas, aux éclaircissemens, §. 28, n° 1.

(286) *Voy.* iid., d. §. 28, n. 2

(287) *Voy.* iid., n. 3.

(288) *Voy.* iid., n. 4.

même par pure inadvertance, erreur qu'il avouait franchement quoiqu'elle n'eût pu tromper ses élèves (289).

Soupçonnait-il qu'une explication n'avait pas dû être assez satisfaisante pour eux, ce qu'il avouait non moins franchement, il la reprenait et entrait alors dans des détails, que pressé par le temps, ou les croyant d'abord peu utiles, il avait négligé de développer (290).

Il allait plus loin. Si malgré ses longues méditations, il n'avait pu parvenir à développer le sens d'une loi, ce dont il est vrai, nous n'avons que très-peu d'exemples, il convenait sans honte de son insuffisance (291).

Son affabilité et sa bonhomie ne se montraient pas moins dans ses relations privées avec ses élèves. Il vivait familièrement avec eux, les invitait à le visiter fréquemment (292), les admettait à sa table, leur donnait des espèces de fêtes à sa campagne, en recevait plusieurs en pension dans sa maison (293); leur ouvrait sa bibliothèque, quelquefois jusques

(289) *Voy*. d. éclaircissemens, §. 28, n. 5.

(290) *Voy*. iid., n. 6.

(291) *Voy*. iid., n. 7.

(292) Quant à ces relations familières, *voy*. entr'autres les dépositions de Lescure et Ferrand, au t. 1er de Fabrot et de Naples; Scot, t. 1er, épit. dédicat.

« J'ai fait tes salutations à Cujas, écrit Boissieux à Bressieux (*d. t.* 1er *de Fabrot et Naples*); il m'a prié à plusieurs reprises de te faire les siennes; et lorsqu'il a appris que nous étions du même pays (de l'Isère), tout en observant qu'il en était à moitié citoyen, *semi-civis* (c'est son expression), il m'a invité avec bienveillance à le visiter très-souvent.

(293) *Voy*. Pap. Masson, vit. Cujac.; ci-apr. éclairciss., §. 22, n. 4; lettre du 28 janv. 1571, mss. Dupuy, vol. 700, n. 14; Sainte-Marthe, gallorum illustr., p. 90.

pendant la nuit, leur prêtait des livres (294), sollicitait leurs parens de veiller à leur entretien, et au besoin y subvenait par des secours et avances d'argent, quoique souvent il eût été la victime, et pour des sommes considérables, de sa générosité envers eux (295).

Lorsqu'ils avaient achevé leurs études et quitté l'université, il se recommandait avec bienveillance à leur souvenir dans les lettres adressées à leurs amis, entretenait avec quelques-uns d'entr'eux une correspondance, leur donnait des conseils pour la composition de leurs opuscules (296), plaçait avec éloges, dans ses propres écrits, leurs remarques si elles méritaient d'être publiées, leur dédiait même les ouvrages qu'il avait composés pour leur instruction (297); enfin, allait jusques à nouer avec eux

(294) *Voy.* Loisel, vie, p. 10; scaligerana secunda, édit. de 1740, p. 284.

(295) *Voy.* lett. des 13 sept. et 15 déc. 1575 et 6 janvier 1576, d. vol. 700, n. 23, 24 et 25.

M. Cujas était un si bon homme!... c'était le père des écoliers; il a perdu plus de *quatre mille livres* pour leur avoir prêté...— Voy. *scaligerana*, *d. p.* 284.

Ces 4000 liv. équivaudraient aujourd'hui à près de douze mille liv., en partant de la valeur commune de la livre tournois, au temps des divers professorats de Cujas (voy. *Paucton*, *métrologie*, *p.* 928); et à une somme bien plus forte, si l'on prend pour terme de comparaison le prix des marchandises, etc. — Voy. *ci-apr.*, *éclairciss.*, §. 22, *n.* 4.

(296) 1° Quant aux *recommandations*, *voy.* ci-dev. note 292, p. 445; lettr. du 28 janv. 1571, 14 févr. 1572, 13 sept. 1575, etc., d. vol. 700, n°s 14, 5, 23, etc. — 2° Quant aux *conseils*, *voy.* Papillon, bibliot. de Bourgogne, mot Robert (Philippe). — 3° Quant à la *correspondance*, *voy.* ci-après aux éclairciss., §. 6, n. 13. — Il fut également en commerce de lettres avec Loisel, Dupuy (voy. *d. vol.* 700), Scaliger, etc.

(297) Il a rapporté beaucoup de remarques de Saint-Jorry (Petrus Faber), des Pithou, de Loisel, etc. — Voy. *aussi Scot*, *de ordine libror.*; et pour les dédicaces, celles adressées à Amariton, aux du Faur (Faber), aux La Guesle, etc.

une amitié étroite, une espèce de fraternité, dont il ne se détachait point malgré la différence des âges et son ancienne qualité d'instituteur (*v. ci-apr. éclairciss.*, §. 6, *no* 13.)

On conçoit que les jeunes légistes devaient avoir non moins d'affection que de vénération pour un tel maître. Ils lui témoignaient ces sentimens toutes les fois que cela était en leur pouvoir. Un certain nombre d'entr'eux l'attendaient à l'issue de sa maison et lui servaient de cortège pour se rendre à l'université, tout comme après les leçons ils le reconduisaient chez lui; et plus jaloux de les instruire que de l'éclat attaché à un tel honneur, il profitait de ce petit intervalle pour éclaircir leurs doutes sur les explications qu'il venait de terminer (298).

Deux anecdotes montreront tout ce que ces relations avaient d'amical et de paternel. Un de ses élèves, Claude Expilly, depuis avocat général et président au parlement et procureur général à la chambre des comptes de Grenoble, procureur général et président aux conseils souverains de Chambéri et de Pignerol, enfin conseiller d'Etat, connu par un recueil de plaidoyers et arrêts où l'on trouve une vaste et trop vaste érudition, était *gaucher*, et en même temps très-savant juriste. Après avoir fait une grande partie de son cours en Italie, il vint le terminer à Bourges. Lorsque Cujas eut reconnu l'instruction de son nouveau disciple, par une allusion badine et aimable au mot latin *scævola* qui signifie *gaucher* et désigne aussi un des plus grands jurisconsultes de Rome, il l'appela *mon Scævola*, et

(298) *Voy.* Umeau (Ulmus), tractatus varii, in-8o, 1655, lib. 1, c. 5, p. 25. — *Voy.* quant à Umeau, ci-dev., p. 436.

continua à employer cette dénomination toutes les fois qu'il parlait d'Expilly dans ses conversations particulières (299).

La seconde anecdote caractérise encore mieux la nature des mêmes relations, d'autant que l'élève qui y joua le principal rôle, acquit beaucoup d'illustration dans la suite. Il s'agit du président Jeannin, célèbre ministre d'état sous Henri IV et sous Louis XIII. Il avait commis une étourderie de jeunesse à Romorantin, petite ville peu éloignée de Bourges, et avait ensuite quitté l'université. Lorsqu'il y rentra, craignant les reproches de Cujas, il se présenta chez lui, déguisé, au milieu de plusieurs condisciples. Mais le professeur le reconnut et aussitôt lui tendit les bras en s'écriant : Est-ce toi, *Romorantin!* enfant prodigue! dissipateur!... Jeannin le voyant dans ces dispositions favorables, ne put s'empêcher de rire en lui répondant : Oui, mon père, c'est moi, et j'en ai bien fait voler d'autres depuis que je ne vous ai vu; mais il faut commencer à devenir sage et à étudier.... Et l'on ajoute qu'en effet, il travailla depuis avec ardeur, grâce aux soins de Cujas, dont il conserva toujours la bienveillance (300).

On présume bien qu'un homme doué de telles qualités morales, devait avoir des amis. Cujas en eut en effet un très-grand nombre, et dans tous les rangs de la société. Avant même qu'il eût publié des ouvrages, avant qu'il fût pourvu d'une chaire, lorsqu'il était réduit à un enseignement privé qui ne pouvait jeter beaucoup d'éclat, il avait des liai-

(299) *Voy*. vie d'Expilly, p 22.
(300) *Voy*. Delamarre, recueil mss. pour la vie de Cujas, dans Papillon, biblioth., mot Jeannin.

sons avec des hommes recommandables par leurs écrits, leurs emplois ou leurs vastes connaissances, tels que Amariton et Govéa, dont il a déjà été question (301), Guillaume et François de la Chesnaie, dont l'un était conseiller au grand conseil, Arnaud du Ferron, conseiller au parlement et célèbre commentateur de la coutume de Bordeaux (302).

Dans la suite, leur nombre s'accrut avec sa réputation, et lorsque son caractère et sa conduite eurent fait connaître combien il était digne d'inspirer un tel sentiment et d'y participer. Nous avons déjà cité Le Conte, les du Faur, Loisel, les Pithous, Pasquier, Montluc, de Gordes, Truchon, de Portes, de Thou, Bonnefoi, les La Guesles, Scaliger...... Nous pouvons ajouter entr'autres, Louis de Chasteinier de la Roche-Posay, ministre d'état et ambassadeur (303), Guillaume Pellicier, évêque de Montpellier, Jean du Tillet, évêque de Meaux, Claude Dupuy, conseiller au parlement de Paris (304), Antoine et Claude Dorsannes, lieu-

(301) Dans le mercator, *lib.* 3, *c.* 18, il dit de Govéa, mihi summus *amicus.* Leur liaison doit être antérieure à 1554, puisque dès-lors Govéa résida constamment à Valence, Grenoble ou Turin. — Voy. *notre hist. de l'Univ. de Grenoble.*

(302) Dans le livre 1er (c. 24) de ses observations, publié en mai 1556, Cujas parle de ses relations avec Guillaume et Nicolas *Chæsneos*, qu'une note manuscrite très-ancienne, de la 1re édition (voy. *ci-apr. éclairciss.*, §. 5), nous apprend être MM. de la Chesnaie, comme remontant à quatre années, c'est-à-dire à 1551. Guillaume était conseiller au conseil du roi, dès 1553. — Voy. *Joly, remarqu. sur Bayle*, *mot Govéa.*

Les relations de Cujas avec Du Ferron, citées dans les notes des instituts de societate (*Scot*, *t.* 1, *p.* 201), publiées en février 1556, paraissent aussi remonter à un temps ancien. — Voy. *quant à la vie de Ferron*, *Taisand*, *p.* 254.

(303) *Voy.* Dreux du Radier, bibl. de Poitou, ij, 278 et s.

(304) *Voir* pour les deux premiers, Dégrefeuille, hist. de Montpel-

tenans-généraux au bailliage d'Issoudun, Henri Estienne, célèbre imprimeur, François Roaldès, professeur à Cahors, Valence et Toulouse, Guillaume Maran, professeur dans cette dernière ville, la Martillière, avocat, et ensuite conseiller d'état (305), François Ragueau, lieutenant-général au baillage de Meun et professeur à Bourges, Jacques Lect ou Lectius, professeur, syndic et ambassadeur de la république de Genève, Hubert Gyfen ou Gyfanius, professeur et conseiller d'état d'empire (306), Charles de Boissieux lui-même, quoiqu'il paraisse n'avoir pas d'abord goûté la manière d'enseigner de son professeur (307).

On les voit dans leurs relations, manifester pour lui l'affection la plus tendre et la confiance la plus illimitée; le prendre uniquement pour guide dans les affaires les plus importantes de la vie (308); s'empresser à lui rendre une foule de services pour les siennes propres, tels que ceux de faire pour lui des recherches ou des emprunts de livres rares et

lier, part. 2, p 170; Duplessis, hist. de Meaux, t. 1, p. 558 et 367; Cujas, lettres des 17 avril et 21 mai 1566, mss. Dupuy, vol. 700, n° 37 et 33; et observat., ij, 17. — Quant à *Dupuy*, voy. lettr. des 10 déc. 1570, et 13 juillet 1581, n. 4 et 27; et Moreri, mot Puy.

(305) *Voy.* à l'égard, 1° des Dorsannes, lettre du 27 déc 1561, dans Fabrot, viij, 1254, et ci-apr. aux éclaircissem., §. 11, n. 3; autre, du 26 nov. 1575, citée ci-dev. note 160, p. 409. — 2° d'Estienne et de Roaldès, d. éclairciss., §. 6., n. 15. — 3° de Maran, iid., §. 7, n. 14. — 4° De la Martillière, iid., §. 18, à la fin.

(306) Pour Ragueau, *voy.* La Thaumassière, p. 67... quant à Lect, *voy.* ci-apr. les éclaircissem., §. 12, n. 3; à l'égard de Giffen, *voy.* ci-dev. p. 389, et lettr. du 17 avr. 1566, d. vol. 700, n. 37; enfin, pour tous les trois, d. éclairciss., §. 18, art. 3, 6 et 8.

(307) *Voy.* Chorier, état politique, t. 1, p. 121, 122; et éclaircissemens, §. 17.

(308) On peut citer à ce sujet le célèbre Roaldès. — *Voy.* ci-apr. éclairciss., §. 7, note 62; et §. 22, n. 2.

précieux (309); de gérer ses biens éloignés et de liquider ses successions, de surveiller et diriger l'entretien et l'éducation de sa famille, de soigner et corriger les nouvelles éditions de ses ouvrages (310); se détourner de leurs voyages de long cours pour le visiter; accourir auprès de lui, soit pour l'aider de leurs secours dans ses travaux pénibles, soit pour verser dans son sein la consolation au milieu de ses chagrins (311); lui offrir un asyle pour lui et sa famille dans les temps de troubles; et après sa mort, continuer par vénération pour sa mémoire, les mêmes soins à sa fille, qu'ils auraient été excusables de négliger, vû sa conduite scandaleuse (312).

Cujas n'était point en arrière dans ces témoignages d'intérêt. Il appuyait fortement de sa re-

(309) *Voir* lettres des 27 avril et 15 mai 1562, 21 mai et 20 août 1566 (d. vol. 700, n. 40, 41, 39, 33 et 34), ou plutôt presque toutes.. Ils s'intéressaient entr'autres, pour lui faire prêter des manuscrits de la bibliothèque de Catherine de Médicis. — Voy. *dd. lettr.; autres des* 28 *janvier et* 20 *juin* 1571, *n.* 14 *et* 18.

(310) A l'égard des *liquidations*, *voy.* ci-apr. éclaircissem., §. 4, n. 4. — Quant aux *soins* relatifs à la famille, *voy.* lettres citées ibid., §. 24, n. 1; entr'autres celles des 25 et 28 janvier 1571. — Enfin, quant aux *éditions et corrections*, *voy.* plusieurs lettres au d. vol. 700, notamment celle du 15 août 1569, n. 10.

(311) Ainsi, Saint-Jorry (P. Faber) se détourna d'un voyage à Toulouse, et Dupuy et la Guesle, fils cadet, l'un, d'un voyage de Paris à Rome, et l'autre, d'un voyage de Rome à Paris, pour visiter Cujas. — Voy. *lettr. des* 17 *avr.* 1566, 12 *juin* 1570, *et* 10 *juin* 1582, *d. vol.* 700, *n.* 20, 37 *et* 28.

Ainsi, P. Pithou alla plus d'une fois aider Cujas pour la révision et les corrections à faire aux œuvres dont il voulait donner de nouvelles éditions. — Voy. *entr'autres*, *lettr. du* 17 *oct.* 1570, *ib.*, *n.* 1.

Enfin, quant aux consolations, *voy.* ci-dev. p. 413.

(312) *Voy.* quant à ce dernier point, ci-dev. p. 417; et quant à l'asyle, ci-dev. p. 409, note 160, et ci-apr., éclairciss.. §. 23, n° 1. — Dans la lettre du 1er janvier 1576, citée ibid., il annonce aussi que plusieurs seigneurs de Grenoble, lui ont offert une retraite.

commandation auprès des hommes puissans de sa connaissance, les demandes formées par ses amis (313). Il montrait une extrême déférence pour leurs avis, tellement qu'après avoir un jour proposé le sien à Pierre Pithou, il terminait par lui dire : « Vous pourrez toutefois en ordonner tout comme il vous plaira ; je trouverai toujours votre ordonnance meilleure que la mienne (314). » Il les pressait et sollicitait continuellement et avec les plus vives instances de venir passer quelque temps auprès de lui (315). Il tâchait de les y fixer en offrant de leur procurer, à son université, des emplois honorables (316). Lorsqu'il avait obtenu d'eux une visite, il célébrait cet heureux événement, surtout par des festins, car il avait beaucoup de penchant pour les plaisirs de la table (317). S'il soupçonnait que la crainte de la dépense ne mît quelque entrave à leur voyage, il s'empressait de lever l'obstacle. Venez, leur écrivait-il, accourez, volez (318): ne vous inquiétez point du défaut d'argent; je vous enverrai sur-le-champ tout ce qui vous sera nécessaire, et dans le lieu que vous m'indiquerez, quelque il soit. Vous serez d'ailleurs ici parfaitement libres; vous y resterez deux mois, trois mois,

(313) *Voy.* lettres des 10 et 25 juin 1582, adressées aux la Guesle en faveur d'un conseiller et d'un commandant de place, *d. vol.* 700, *n°.* 4, 28 et 29.

(314) *Voy.* lettres du mois de décembre 1570, ibid., n. 11.

(315). Dans un grand nombre de ces lettres, on trouve de ces invitations, ainsi que des reproches lorsqu'on n'y avait pas accédé.

(316) *Voy.* d. éclairciss., §. 6, n° 14.

(317) *Voy.* d. §. 6, no 15; Pap. Masson, vita Cujac.; Se Marthe, Gallor. illustror., p. 90; et quant au reproche d'*ivrognerie* fait à Cujas par ses ennemis, d. éclairciss., §. 151.

(318) Aude aliquid; si dormis expergescere, si stas ambula, si ambulas, accurre. — *Lettre du* 25 *janvier* 1571, *d. vol.* 700, *n°* 17.

tant qu'il vous plaira : vous y trouverez une compagnie agréable; vous ne manquerez de rien; je vous ferai maître et possesseur de tous mes livres et de toute ma maison (319). »

Il se désolait lorsque les guerres civiles plaçaient quelquefois entre eux une barrière qu'il était hors de son pouvoir de rompre; et exprimait en termes pleins de sensibilité l'inquiétude qu'il en ressentait : « Nous espérions, écrivait-il à Pithou, que nos misères prendraient fin; mais à ce que nous entendons, elles se renouent et redoublent. Voilà qui fera que nous ne pourrons nous voir et joindre sitôt que je le voudrais. Mais cependant, je vous en prie, que nous nous souvenions toujours l'un de l'autre (320) !

Combien des relations si douces, si pures, si touchantes durent apporter de charmes dans l'existence de Cujas! Et combien ne dut-elle pas en recevoir encore de cette jouissance si vive et presque toujours ravie aux écrivains, de voir son mérite apprécié de son vivant! Car, d'une part, il n'y avait pas d'année où il ne parût des ouvrages estimés dans lesquels on le comblait d'éloges (321); et de l'autre, sa supériorité était si généralement reconnue, que quand on parlait d'un jurisconsulte en général, sans addition de nom, c'était lui qu'on sous-entendait, tout comme chez les anciens la simple qualité de poëte indiquait Homère (322); et que, lorsque son

(319) *Voy.* d. lett. du 25 janv. 1571. — *Voy.* aussi, lett. des 15 août 1569 (nº 10), 17 oct. 1570 (nº 1), 28 janv. 1571 (nº 14), 13 et 15 déc. 1575, nº 37 et 39.

(320) Lettre du 16 avril 1570, d. vol. 700, nº 19.

(321) *Voy.* d. éclaireiss., §. 16.

(322) Cùm poetam dicimus nec addimus nomen, subauditur apud

nom était prononcé dans les universités d'Allemagne, les docteurs se découvraient par respect (323)... En un mot, il put jouir pendant plus de vingt années de toute sa réputation (324).

Que si l'on réfléchit ensuite qu'il fut assez libéralement traité de la fortune pour pouvoir vivre dans l'indépendance, et faire du bien à ses parens, à ses amis, à ses compatriotes; qu'on lui décerna tous les honneurs, toutes les dignités qu'il pouvait espérer dans son siècle, vû sa condition... on se demandera comment il est possible qu'un tel homme soit mort de chagrin?.... Mais lorsque on reporte ses regards sur la situation de la France en 1590, il s'offre aussitôt à la pensée une question affligeante pour le lecteur et honorable pour notre jurisconsulte : « Est-il rien qui puisse consoler des malheurs de sa patrie? »

Græcos egregius Homerus, apud nos Virgilius. — *Instit. de jure naturali*, §. 2.

(323) *Voy.* Pasquier, recherches, liv. 7, ch. 8; liv. 9, ch. 29.

(324) Huic rarâ felicitate, quòd vix aliis post mortem datur, contigit, ut vivus, vidensque, laude quam meruerat frueretur... ipse per eminentiam jurisconsulti nomine appellaretur. — *De Thou*, *hist.*, *lib.* 99, *ad ann.* 1590.

Après son premier rappel à Bourges, ou 30 ans avant sa mort, on n'osait déjà lui comparer que fort peu de jurisconsultes : dès son 2e professorat de Valence, ou de 1567 à 1575, le 1er rang ne lui fut plus disputé. 1. Dans la préface de son édition du corps du droit (voy. *ci-dev. p.* 254) dédiée au premier président de Thou, préface datée du 1er janvier 1571, Le Conte qualifie Cujas *de vir doctissimus et jurisconsultorum nostri temporis* PRINCEPS. 2. « On lui donne, dit l'avocat (depuis professeur) Lescure, dans l'enquête de 1573 (*t.* 1er *de Fabrot, le premier lieu* entre les docteurs et interprètes, et plus encore entre les nations étrangères qu'en France. » Observez que Lescure était gradué depuis 24 ans, lorsqu'il fit cette déposition.

ÉCLAIRCISSEMENS

SUR

L'HISTOIRE DE CUJAS.

§. Ier. *Sur la composition de notre ouvrage.*

Notre ouvrage fut composé en 1818. Pressé de le soumettre à la société des sciences de Grenoble, à qui il était destiné (1), avant le départ de son président, M. Savoie de Rollin, membre de la chambre des députés, qui devait avoir lieu en novembre, nous n'eûmes pas le loisir de faire, ni à beaucoup près, toutes les recherches que notre travail exigeait. Néanmoins, tout imparfait qu'il était lorsque nous le lûmes à la société (16 novembre), il y avait un assez grand nombre de faits pour ainsi dire inconnus jusques-là. Ce n'est que dans la suite que nous avons eu connaissance des meilleurs ouvrages relatifs à Cujas, ceux de MM. Bernardi et Hugo, dont nous avons parlé, page 374. Le premier nous fut remis le lendemain de la séance par M. Mazerat, avocat, qui y avait assisté (2) : nous

(1) Le texte de plusieurs chapitres de notre histoire du droit, lui a également été lû dans ses séances des 24 janvier, 21 février et 30 août 1815.

(2) L'ouvrage de M. Bernardi, publié à Lyon en 1775, et non pas en 1770 comme l'indique la biographie universelle (*t.* 10, *mot Cujas*) était devenu si rare que l'auteur à qui nous l'avions fait demander n'en avait pas même un exemplaire (M. Hugo, *note* 2, *p.* 190, le remarque aussi.)

reçûmes le deuxième ou plutôt des fragmens du magasin contenant les notices sur la vie de Cujas, et sur ses lettres, à la fin de février 1819, par l'entremise de M. Champollion-Figeac, correspondant de l'institut, à qui M. Hugo l'avait adressé le 25 janvier.

§. II. *Notice des manuscrits principaux que nous avons consultés.*

Nous y joindrons l'indication des abréviations par lesquelles nous désignons ceux que nous citons le plus souvent.

1. Extrait du répertoire des délibérations du conseil de ville de Valence, de 1540 à 1594, relatives à son université. — Citation : *répert. des délib. de Valence.*

2. Registres originaux du même conseil, 1567 et 1568, 1580 à 1587. Citation : *regist. de Valence.*

3. Extrait du répertoire des titres de la même ville, relatifs au même sujet. — Citation : *répert. des tit. de Valence.*

4. Registres originaux de l'université de Valence, pour les approbations ou délivrances de Grades, de 1566 à 1575, de 1583 à 1586. — Citation : *regist. approbat. univ. Valence.*

5. Autres registres originaux de la même université, tels que ceux de la Conservation, de 1576 à 1601, des statuts, etc. — Citation : *la même*, sauf quant à l'indication de l'espèce de registres.

6. Extraits du répertoire des délibérations du conseil de Bourges, de 1548 à 1603, relatives à son université et à Cujas. — Citation : *répert. de Bourges.*

7. Extraits des délibérations de ce conseil, de 1548 à 1603; mêmes objets et même temps. — Citation : *regist. de Bourges.*

8. Extraits des manuscrits de la bibliothèque de Cahors. — Citation : *mss. de Cahors.*

9. Registres originaux des délibérations du conseil de ville de Grenoble, de 1540 à 1576. — Citation : *regist. de Grenoble.*

10. Registres originaux de la chambre des comptes de la même ville. — Citation : *regist. ch. des comptes de Grenoble.*

11. Registres et pièces détachées des greffes de la cour royale de Grenoble.

12. Lettres de M. le baron Vernazza, conseiller de S. M. le roi de Sardaigne.

13. Manuscrits de Dupuy (bibliothèque du roi), relatifs à Cujas. — Citation : *mss. Dupuy.*

14. Manuscrits latins (même bibliothèque) relatifs au même. — Citation : *mss. lat. B. R.*

15. Extraits divers des archives de Toulouse.

16. Registres originaux de l'ancienne faculté de droit de Paris.

Nous saisissons cette occasion pour exprimer notre vive reconnaissance à plusieurs savans ou fonctionnaires qui ont bien voulu nous aider dans nos recherches ou les faciliter, entr'autres à MM. Delacroix, ancien secrétaire de la préfecture de la Drôme; De la Coste, proviseur au collége royal de Cahors; Cheminade, directeur des contributions indirectes à Bourges.

§. III. *Eclaircissemens sur les épîtres dédicatoires de Cujas, et les actes joints au tome 1er des éditions de Fabrot et de Naples.*

Nous citerons les épîtres dédicatoires de Cujas, par l'indication des noms de ceux à qui elles sont adressées. Dans l'édition de Scot, elles sont presque toutes placées au commencement des volumes où sont les ouvrages qu'elles concernent. Dans les éditions de Fabrot et de Naples, elles sont au commencement des mêmes ouvrages.

Au tome 1er de ces deux dernières éditions, on a publié, en premier lieu, les lettres patentes de Charles IX et Henri III, conclusions des gens du roi, arrêts, dépositions de témoins, etc., relatifs à la charge de conseiller donnée à Cujas (nous avons trouvé les originaux de plusieurs de ces pièces aux archives de la cour royale de Grenoble : ils diffèrent des imprimés dans quelques expressions, mais peu importantes) : en second lieu, trois lettres de Montluc, de Boissieux et de Bressieux, et une épître en vers latins, à Cujas.

Voici la notice des épîtres dédicatoires.

1. Notes d'Ulpien : 1er nov. 1554, à Amariton : elle est à la fin des notes (v. Scot, i, 284), et celle d'Amariton à Cujas, du même jour, au commencement (dans les éditions de Fabrot et de Naples, t. 1er).

2. Notes des instituts, 12 févr. 1556, aux Faber (Scot, t. 1, in pr.)

3. Explication des titres de usurpationibus, etc., 1er mars 1556, à Ferrier (Scot, t. 1).

4 à 6. Observations, liv. 1 et 2, 17 avril et 14 août

1556, liv. 3, 8 février 1557, à Bartellemi-Faye, conseiller au parlement de Paris (Scot, t. 4).

7. Interprétations des sentences de Paul, 1er décembre 1557 (1), à Aimard Ranconet, président à *id.* (Scot, t. 1).

8. Observations, liv. 4, 17 juin 1559, au même Faye (Scot, t. 4).

9. Commentaires sur le liv. 4 du Digeste, 29 juillet 1559, à Montluc, évêque de Valence (Scot, t. 2, in pr.)

10. Id., titre de verbor. obligationibus, 2 juillet 1562, au chancelier de l'Hopital (Scot, t. 2, in pr.)

11. Id. sur les 10 à 12es livres du code, 12 juillet 1562, à Marguerite de France, duchesse de Savoie et de Berry (Scot, t. 3, in pr.)

12. Id. id. de excusationibus, 21 janvier 1564, à Jac. Cambrai, maître des requêtes (Scot, t. 2, in pr.)

13. Traduction du liv. 60 des Basiliques, 23 décembre 1564, au même (n'est pas jointe aux œuvres).

14. Code Théodosien, etc., 1er mars 1566, à Jean Rœdiger, silésien (même remarque).

15. Commentaires des fiefs, 18 mai 1566, à Thomas Rœdiger, id. (Scot, t. 3).

16. Exposition des novelles, 6 août, à Christophe, comte palatin, fils de l'électeur (ib.).

17. Paratitles du digeste, 12 août 1569, à Grégoire Lomellini, patricien génois (Scot, t. 2, in pr.)

18. Traités 6 à 9 sur Africain, 1er mai 1573, à Jacques Cujas, son fils (Scot, t. 2, in pr.)

19. Consultations (soixante), 16 mai 1576, à Jacques de la Guesle (Scot, t. 1er).

(1) Quant à l'ordre chronologique des ouvrages, Voy. *ci-apr.*, §. 5.

20. Paratitles du code, 15 mars 1579, à Paul de Foix, conseiller d'état (Scot, t. 3, in pr.)

21. Mercator, 9 octobre 1580, à Robert, professeur à Orléans (édit. de Fabrot et de Naples, t. 10).

§. IV. *Sur la fortune et le nom du père de Cujas, et sur l'année où naquit celui-ci.*

1. Nous n'avons pas de renseignemens précis sur la fortune que le père de Cujas lui laissa. Cependant diverses circonstances fortifient la conjecture que nous avons émise au texte, page 375.

2. Dans l'épître dédicatoire des derniers traités sur Africain, datée de Lyon le 1er mai 1573, il se plaint de ce que son éloignement de son père lui a fait perdre une grande partie de ses biens.

3. Il s'était, dès sa jeunesse, procuré un très-grand nombre de manuscrits. *Jam olim*, dit-il au chap. 1er du livre 1er de ses observations publié en 1556, *jam* OLIM *in eis comparandis summam diligentiam adhibui, magnamque mihi tandem eorum copiam nactus sum, quam studiosis omnibus me adeuntibus, libenter communicavero;* et Amariton lui dit à peu près la même chose dans son épître du 1er novembre 1554.

Ces acquisitions étant ainsi antérieures à sa promotion à une chaire de professeur, ne purent être faites qu'à l'aide de la fortune de son père, et l'on sait que les manuscrits étaient d'une cherté excessive. (*v. ci-dev. p.* 424.)

4. Au départ de Maran de Valence, c'est-à-dire, après le 15 avril 1574, époque où Maran fut fait docteur (*v. regist. approbat. univ. de Valence*), Cujas lui donna une procuration pour liquider le reste de ses biens à Toulouse, et lui en envoyer la

valeur, ce que Maran, ajoute Médon, auteur de sa vie, fit aussitôt et avec beaucoup d'embarras, *bonis miserè exturbatis propter domini diuturnam absentiam.* — V. d. vie, p. v et vj, in oper. Marani.

5. Il y a apparence, ou que ce *reste* de biens était encore considérable, ou que la liquidation faite par Maran fut plus longue que ne l'insinue Médon, puisque dans une lettre à P. Pithou, datée de Bourges le 11 août 1578 (*mss. Dupuy, vol.* 700, *n*° 26), Cujas se plaint de ce que Bourges est trop éloigné de la grande route (1), circonstance fort nuisible pour « ses affaires de Toulouse, desquelles « il n'a jamais nouvelles que par un messager « exprès. »

Certainement il n'eût pas envoyé des messagers exprès, de Bourges à Toulouse, distant de cent vingt-huit lieues de poste par la route de Limoges, si les biens qu'il y avait encore n'eussent été de quelque importance. Au mois de septembre 1561, les consuls de Grenoble envoyèrent, par un messager exprès, à Roaldès, alors à Cahors, une lettre où ils lui proposaient de venir professer dans leur université; les frais du messager furent fixés à 12 liv. 10 sols (*registre de Grenoble*, 29 *août*, 12 *sept. et* 17 *oct.* 1561, *f.* 216 *à* 220). Cahors, par la route de Toulouse, que suivit le messager, est à cent cinquante-six lieues de poste de Grenoble, ou à un sixième plus loin que Bourges ne l'est de Toulouse. C'est donc plus de 10 francs que les messages

(1) Aussi, y prie-t-il Pithou, alors à Paris, de faire tenir, comme en ayant *là* plus de moyens, à Roaldès, alors à Cahors (voy. *mss. de Cahors*) une lettre qu'il lui écrit et qu'il envoye à Pithou. Bourges étant à plus de 40 lieues au midi de Paris, et Cahors étant au midi de Bourges, l'éloignement de la grande route obligeait Cujas de faire faire à sa lettre un détour au moins de 80 lieues.

de Cujas à cette dernière ville devaient lui coûter, c'est-à-dire, au moins 60 francs de notre temps (*v. ci-ap.* §. 22, nº 4); dépense qu'on ne ferait certainement pas souvent pour des intérêts modiques.

6. La profession de foulon ou de tondeur de draps (*v ci-dev. p.* 375) était sans doute fort obscure (*Cujacio genere humili nato*, dit St.-Marthe, *Gallorum illustrium elogia, etc.*, 1602, *p.* 90), mais au commencement du 16e siècle, elle devait être bien plus lucrative qu'à présent, parce que, vû la rareté des manufactures en France, on accordait de grands avantages, tels que des logemens gratuits, des exemptions d'impôts, aux fabricans, même des étoffes les plus grossières qui venaient s'établir dans nos villes. — *V. regist. mss. de Grenoble*, 31 *août et* 11 *novembre* 1554, *et* 9 *janvier* 1562.

7. Le *nom* (*Cujaus*) que nous donnons (*voy. p.* 375) à Cujas père et que Terrasson (*hist. p.* 463) avait déjà indiqué, mais sans citer aucune autorité, se trouve dans une lettre de Duranti, avocat-général, et ensuite premier président du parlement de Toulouse, à Roaldès, ami de Cujas. — *V. ci-après* §. 7, *note* 60. — Il en changea de bien bonne heure la terminaison, puisque dans l'arrêt de 1554 (*v. d.* §. 7, *nº* 2), il est déjà appelé *Cujas*.

8. Quant à l'époque de la *naissance* de Cujas que nous rapportons (*p.* 374) à l'année 1522, elle est fixée par l'âge (68 ans), que lui donnent à son décès, de Thou (*hist. lib.* 99, *ad ann.* 1590) et P. Pithou (dans son épitaphe), et non moins sûrement par l'âge (65 ans) que lui attribue l'épigraphe de son portrait, fait en 1587. Il est vrai qu'une note jointe à son testament, du moins d'après la copie de la Thaumassière (*hist. de Berry, p.* 66 et 67), recule

cette époque jusqu'à l'an 1520 ; mais cette note est une addition écrite après le temps du testament, et où l'on a fort bien pu commettre une erreur de chiffre, car on ne la trouve point dans la copie du testament, transcrite aux *mss. Dupuy, vol.* 481, *f.* 165.

§. V. *Éclaircissemens sur l'ouvrage dédié, et les éloges donnés à Ferrier, professeur de Cujas ; sur l'ordre chronologique des ouvrages de celui-ci, et sur leurs premières éditions.*

I. Dans son épître dédicatoire de l'explication des titres des usurpations, etc. (*édit. Scot.*, *t.* 2), Cujas déclare à Ferrier que c'est à lui qu'il doit dédier les prémices de ses veilles. Cependant cet ouvrage n'est placé qu'au cinquième rang dans le tableau chronologique, dressé par l'avocat Nublé, publié par Fabrot et l'éditeur de Naples (*t.* 1er), et adopté par M. Hugo (*p.* 200 *à* 207). Mais ce tableau, du reste fort utile, est tout-à-fait erroné quant à l'ordre de publication des 2e à 7e ouvrages de Cujas.

C'est que Nublé aura sans doute pensé que Cujas, suivant l'usage le plus général du temps de ses premiers ouvrages, faisait commencer l'année à Pâques ; et en conséquence, que les dates des épîtres des notes sur les instituts et de l'explication des titres de usurpationibus, etc., qui sont des 12 février et 1er mars 1556, appartenaient réellement à l'année 1557, et se trouvaient ainsi postérieures à celles des livres 1er et 2e des observations qui sont des 17 avril et 14 août 1556.

II. Mais ce point de départ de l'année n'était pas universellement adopté. A Grenoble, par exemple

(*V. regist. mss. de Grenoble*, 1542 *et suiv.*), on la faisait commencer à Noël, et telle était aussi la méthode de Cujas, comme on le va voir. Scot, son élève, qui devait en être mieux instruit que Nublé, l'a suivie dans son ordre chronologique (*v. son t.* 1er), excepté pour les sentences de Paul, où il a commis la même erreur que Nublé.

III. On verra dans la table suivante l'ordre chronologique véritable des premiers ouvrages de Cujas, les dates de leurs épîtres dédicatoires, les villes d'où elles furent écrites; et à la suite, le numéro de leur rang, et leurs dates dans le tableau fautif de Nublé, et de ses imitateurs.

Ouvrages.	Epitres.		Tableau de Nublé, etc.	
Nos.	Vraies dates.	Villes.	Nos.	Dates.
1. Notes sur Ulpien. .	1 nov. 1554.	Toulouse.	1.	1r nov. 1554.
2. *Id.* sur les instituts.	12 févr. 1556.	Bourges.	4.	12 févr. 1557.
3. Explication des titr. de usurpat. etc. . .	1 mars *id.*	*Id.*	5.	1r mars 1557.
4. Observations, liv. 1er.	17 avril *id.*	Paris.	2.	17 avril 1556.
5. *Id.* liv. 2. .	14 août *id.*	Bourges.	3.	14 août 1556.
6. *Id.* liv. 3. .	8 févr. 1557.	*Id.*	7.	8 févr. 1558.
7. Notes sur les sentences de Paul.	1r déc. *id.*	Paris.	6.	1r déc. 1557.

IV. L'exactitude de notre table est prouvée par les citations que Cujas fait des ouvrages placés aux premiers rangs, dans ceux qui leur sont postérieurs, tandis que dans ceux-ci il ne cite point les premiers. Ainsi, au livre Ier des observations, ch. 2 (*Scot.*, *iv*, 1357), il cite des remarques faites dans les notes sur Ulpien et sur les instituts et qu'on y retrouve (*Scot*, *i*, 258 et 182); et au ch. 30 (*Scot*, *iv*, 1361), il cite aussi ces deux ouvrages et l'explication des titres de usurpationibus, etc. (nous omettons d'autres citations). Il est donc clair que ce livre des observations ne peut être antérieur, comme l'a indiqué Nublé, ni à l'explication, ni aux notes des instituts.

V. D'après cette table, l'ouvrage que Cujas appelait ses prémices, n'est plus reculé au 5e rang dans l'ordre de la composition. Il est vrai qu'il est encore précédé par les notes sur Ulpien et les notes sur les instituts. Mais la publication des premières appartenait à Amariton, et les autres ne précédent que de 15 jours l'explication dédiée à Ferrier; et d'ailleurs, il est probable qu'il ne regardait pas les notes sur les instituts comme une composition de la même importance que son explication, tandis qu'il ne pouvait avoir la même idée des deux premiers livres des observations, qui le firent si avantageusement connaître, et que Nublé place néanmoins avant l'explication.

VI. ☞ Voilà quel était le résultat de nos recherches lorsque nous avons composé ce § à Grenoble, et nous en avions fait beaucoup d'autres pour constater la véritable époque de divers ouvrages postérieurs aux précédens, soit lorsqu'elle était indiquée, soit lorsqu'elle était omise, comme celle des livres 15, 16 et 17 des observations, dans le tableau de Nublé.

On peut juger par l'extrait ci-dessus, combien ce §. nous a dû coûter de temps et de peines, et combien nous en aurions épargné si nous avions eu connaissance des premières éditions des ouvrages publiés du vivant de Cujas; et il est vraiment étrange que Fabrot et Nublé, placés en quelque sorte auprès des dépôts publics où elles existent, aient négligé de les y rechercher et consulter. Tel a été au contraire, un de nos premiers soins lorsque nous sommes venus habiter la capitale, et notre travail à cet égard nous a fourni plusieurs remarques que nous rapporterons d'autant plus volontiers, qu'elles tendent à rectifier les chronologies des œuvres de Cujas, et sont relatives à des faits la plupart inconnus aux bibliographes ou biographes.

VII. L'ordre des sept premiers ouvrages est bien tel que nous l'avions trouvé et que nous venons de l'indiquer. On le voit dans les premières éditions des ouvrages nº 2 à 7, auxquelles on a joint la seconde édition du nº 1er, ou des notes sur Ulpien.

Ces premières éditions faites à Paris, sont réunies dans un même recueil in-quarto, que nous avons découvert, d'abord dans la bibliothèque de la cour de cassation, où il était ignoré, et successivement dans celle de S. A. R. MONSIEUR, et qui est composé de cinq parties différentes, qui ont des paginations séparées.

VIII. La première partie, imprimée chez Wechel, en 1556, sur un privilége du 10 mai, comprend, en 1er lieu et *en tête*, le nº 3, ou le commentaire dédié à Ferrier; en 2e lieu, le nº 2, ou les notes sur les instituts; enfin le nº 1er, ou les notes sur Ulpien; le tout sous la même pagination. L'époque où cette première partie fut imprimée n'est pas indiquée, mais il résulte de l'errata mis à la fin de la 3e partie, qu'elle le fut, au moins avant celle ci.

IX. La 2e partie est le nº 4, ou livre Ier des observations, publié (ainsi que les deux livres suivans) chez Robert Etienne, et achevé d'imprimer le 27 mai 1556. Comme il n'y a pas de privilége, et que son privilége est compris dans celui du second livre, il est probable qu'ils furent mis en vente en même temps.

X. La 3e se compose du nº 5, ou du livre 2e des

observations, achevé d'imprimer le 31 octobre 1556, sur un privilége du 3 août.

XI. Le n° 6 ou le livre 3e du même ouvrage, forme la 4e partie, dont l'impression fut terminée le 24 mars 1557, d'après un privilége du 4.

XII. Dans la 5e partie sont les notes sur les sentences de Paul, imprimées chez Dupuy ou Wechel, avec la date de 1558, sur un privilége du 11 juin 1557.

Nous pourrons revenir ailleurs sur ce recueil précieux : nous observerons seulement ici que les épîtres dédicatoires sont en tête de chacun des ouvrages.

XIII. La seconde édition des mêmes ouvrages suivit de près la première des sentences de Paul : elle parut in-folio, en 1559, à Lyon, chez de Tournes. L'impression, achevée le 26 août 1559, fut faite sur un privilége du 22 mars 1558.

Les ouvrages y sont ainsi classés. 1. Le n° 3 ou le commentaire dédié à Ferrier; 2. le n° 2, ou les notes sur les instituts ; 3. le n° 1er, ou les notes d'Ulpien ; 4. le n° 7, ou les sentences de Paul; 5. les 4 premiers livres des observations, dont le dernier (avec sa dédicace) paraît pour la première fois.

XIV. Même remarque pour le 6e et dernier ouvrage de cette édition, ou les commentaires sur les pactes et autres titres, dédié à Montluc.

XV. Cet ordre des première et seconde édition confirme ce que nous avions conjecturé, savoir que Cujas regardait le commentaire dédié à Ferrier, comme étant réellement son premier ouvrage.

XVI. La même seconde édition forme la première partie d'un recueil qui est à la bibliothèque du roi, et qui est presque aussi rare et précieux que ceux des bibliothèques de MONSIEUR et de la cour de cassation, qu'on vient de décrire.

La seconde partie, imprimée également chez de Tournes, et finie le 19 septembre 1562, sur un privilége du 26 mai, a deux subdivisions, chacune paginée séparément, mais ayant toutes les deux le même frontispice. La 1re subdivision comprend le commentaire sur les trois derniers livres du code, dédié à Marguerite; la 2e, celui des obligations par paroles, dédié à l'Hopital, le traité des temps des prescriptions, et le 5e livre des observations.

Quoique la dédicace à l'Hopital précède de quelques jours la dédicace à Marguerite, on voit que l'ouvrage adressé à cette princesse a été placé en tête de cette seconde partie, et probablement avec intention.

XVII. Dans la troisième partie, imprimée à Lyon, chez Rouille, en 1564, et terminée le 12 mai, sur un privilége du 2 décembre 1563, sont les commentaires sur les titres des excuses, et suivans jusques à celui de la substitution pupillaire, précédés de la dédicace à Cambrai; 2. les livres 6, 7 et 8 des observations.

XVIII. Le commentaire des fiefs précédé de l'épître à Thomas Rœdiger, compose la 4e partie, publiée à Lyon, chez Senneton en 1566, d'après un privilége du 31 mai; l'impression en fut terminée quelque temps avant le 20 août, époque où Cujas en avait déjà des exemplaires (*v. lettr. aux mss. Dupuy*, *vol.* 700, *no*. 34).

XIX. La 5e, publiée (comme la 6e) à Lyon, à la Salamandre, (c'est-à-dire chez Senneton), en 1570, sur un privilége du 23 avril 1568, est formée de deux subdivisions paginées différemment; dont l'une comprend l'exposition des novelles, précédée de l'épître au comte Palatin, du 7 des ides, ou 7 août 1569; et l'autre les cinq premiers traités sur Africain, avec les livres 10 et 11 des observations.

Nublé, partant toujours de la date des épîtres, fixe la publication de ces divers ouvrages à ce même jour, 7 août 1569; mais outre que le frontispice est daté de 1570, on voit par une lettre de Cujas, du 15 du même mois d'août 1569 (*d. vol.* 700, *n*° 10), qu'il avait encore des épreuves à revoir.

XX. Dans la 6e et dernière partie, publiée en 1573, sont : 1. les quatre derniers traités sur Africain, avec l'épître de Cujas à son fils; 2. les livres 12, 13 et 14 des observations.

XXI. On voit par ce recueil le motif pour lequel plusieurs des ouvrages de Cujas ne sont dédiés à personne; c'est qu'ils étaient placés à la suite d'autres ouvrages, qui eux-mêmes étaient dédiés.

XXII. On voit aussi qu'on n'y a point compris trois ouvrages publiés dans le même temps, savoir :

1. En 1566, la traduction du livre 60 des basiliques, dédiée à Cambrai, le 23 décembre 1564. L'impression faite, in-folio, chez Claude Senneton, à Lyon (signe de la Salamandre), a été achevée le 22 janvier 1566.

Ainsi, c'est mal à propos que dans la table de Nublé on indique cet ouvrage comme publié en 1565, et même en 1564, puisque on y cite le 10 des kalendes de janvier 1565, qui correspond au 23 décembre 1564.

2. Le code Théodosien, avec les novelles de Majorien, Théodose, etc., le code grégorien, les

fragmens de Caïus, Paul, Ulpien, etc.... Ce recueil, dédié à Jean Rœdiger, le 1er mars 1566, fut imprimé la même année, in-folio, à Lyon, chez Rouille, sur un privilége du 20 février.

Ces deux ouvrages sont réunis dans le même recueil, à la bibliothèque de Grenoble, no 1388, avec l'édition des fiefs citée ci-dessus, no XVIII.

3. Les paratitles du digeste dédiées à Grégoire Lomellini, le 12 août 1569. Nublé persistant dans sa méthode, en fixe à ce même jour la publication (1). Mais on voit par la lettre déjà citée de Cujas, du 15 du même mois, qu'il se proposait seulement alors, de porter son manuscrit à Lyon pour l'impression; et Mérille (*adjectæ variantes*, *c.* 3) assure que la 1re édition des paratitles parut à Lyon, chez Rouille, en 1570. Néanmoins dans la lettre du 9 décembre 1569 (*d. vol.* 700, *no* 9), Cujas parle de l'ouvrage comme s'il était déjà connu de Pithou. Peut-être Pithou l'avait-il vu avant la mise en vente.

XXIII. La troisième édition des œuvres de Cujas, fut publiée en 5 vol. in-fo, à Paris, chez Nivelle, en 1577. Elle est très-rare (quoique beaucoup moins que les premières). Elle comprend tous les ouvrages précédens *ab ipso auctore disposita et recognita*, *et aucta libro singulari consultationum* (il y en a soixante) *et libror.* 15, 16 *et* 17 *observationum*.

Ici plusieurs remarques à faire.

1. L'époque de la publication des livres 15, 16 et 17 des observations, ignorée jusqu'ici de tous

(1) Il y appelle Lomellini, Georges; c'est une faute d'impression comme on le voit dans la dédicace elle-même, et dans la lettre de Cujas publiée par Fabrot, viij, 1250, et qui est aussi aux mss. lat. bibl. R. no 4552.

les auteurs, et dont la fixation nous avait coûté de longues recherches, est enfin déterminée positivement.

2. Il en est de même de celle des consultations, que Nublé fixe mal à propos au 15 mai 1576, d'après leur dédicace du même jour à Jacques de la Guesle. On disait, d'ailleurs, dans le feuillet manuscrit dont nous allons parler, qu'il n'y aurait que 55 consultations, ce qui prouve que cet ouvrage n'avait pas été imprimé séparément en 1576. D'ailleurs le privilége de l'édition ne fut donné que le 24 juillet et enregistré que le 11 octobre suivant.

3. Au commencement de l'exemplaire de la bibliothèque du roi est un feuillet écrit par Pithou et corrigé par Cujas, relativement à l'ordre dans lequel Nivelle devra imprimer les ouvrages. C'est ici pour la première fois, que le commentaire dédié à Ferrier est déplacé (il est renvoyé au milieu du tome 2).

4. Il est dit dans ce feuillet, qu'un 6e volume contiendra une traduction des livres 38 à 42 et 60 des basiliques. Mais Nivelle annonce au 2e feuillet imprimé, qu'il publiera ce volume, si Cujas le lui envoie comme il l'espère, à la fin de cette année 1577 (il n'a jamais paru).

5. Les 4 premiers tomes sont reliés en un seul volume au même exemplaire. Le volume 2 contient le tome 5, c'est-à-dire, les 17 livres d'observations, avec les deux recueils suivans (*ci-apr. nos xxiv et xxv*), publiés aussi chez Nivelle.

XXIV. Le premier recueil comprend les paratitles du code et les livres 18 à 20 des observations, dédiés à Paul de Foix, le 15 mars 1579, et placés sous cette date par Nublé, mais dont l'impression ne fut achevée que le 20 mai.

XXV. Dans le deuxième sont les livres 21 à 24 des observations, le commentaire sur le titre de l'origine du droit, et les dernières notes sur les instituts; leur impression fut terminée le 30 mars 1585.

XXVI. Nivelle fit aussi une édition séparée des instituts, en format in-12, qu'il acheva le 30 juillet suivant.

XXVII. Les éditions précédentes sont faites sur beau papier, avec grandes marges et beaux caractères, en un mot, infiniment supérieures quant à l'exécution typographique, à toutes celles qu'on a publiées depuis la mort de Cujas, sans en excepter les éditions de Fabrot, Naples, etc.

XXVIII. Indépendamment des ouvrages précédens, on cite comme publiés du vivant de Cujas, ceux que nous allons indiquer.

XXIX. *Præscriptio pro Monlucio* (défense pour Montluc). Nublé a placé cet ouvrage sous l'année 1573, mais avec des points, pour indiquer sans doute qu'il ignore l'époque précise de sa publication (2). Elle eut lieu en 1575, in-8°; la bibliothèque de Grenoble en a un exemplaire (n° 18764).

XXX. *Notata Mercatoris* (vulgairement le *Mercator*) ou notes de Marchand sur les animadversions de Robert. Elles parurent à Bourges en 1581. — *V. ci-apr.* §. 15, *n°* 4.

XXXI. Discours latin sur la manière d'enseigner le droit, prononcé en 1585 et mis à la même date

(2) Il dut être composé avant la fin de 1574, car Cujas y parle de son entrevue avec Henry III, à Lyon, comme très-récente, NUPER *Lugduni... me vidente ipso, dit-il* (voy. *id.*, *éd. de Naples*, *viij*, 1144). Or, cette entrevue avait eu lieu avant le 13 septembre. — Voy. *ci-dev. p.* 403, note 142.

par Nublé. Nous en avons vu une édition faite à Strasbourg sans date, mais qui paraît de la même année : celle de la bibliothèque royale est de 1594, in-8o.

XXXII. Nublé place aussi au nombre de ces ouvrages ; 1. Un discours latin sur la confession, prononcé en 1576, qu'il met sous cette date ; mais sa 1re édition, ainsi que l'indique le frontispice, parut seulement en 1593, in-12, Paris, Morel (*bibl. roy.*).

2. Une oraison funèbre de la Châtre, mise encore par Nublé à l'an 1577, époque de sa prononciation. L'édition la plus ancienne que nous en connaissions est de 1610, in-4o (*bibl. roy.*). Leyckert en cite une de la même année in-fo (*voy. ci-dev. p.* 437).

XXXIII. A l'égard des époques de composition des autres ouvrages posthumes, on peut consulter le *Promptuarium Cujacii*, qui en désigne quelques unes.

XXXIV. On a dit (*no 1, p.* 463) que Cujas s'était cru obligé de dédier à FERRIER, les prémices de ses veilles : les passages suivans de quelques-uns de ses écrits, composés à diverses époques, attestent la vénération profonde qu'il eut toujours pour son professeur.

1. *Magnus et incomparabilis non sui tantum sed omnis ævi jurisconsultus. — Voy.* Præscriptio pro Monlucio, dans l'édit. de Fabrot, viij, 1266.

2. *Vir disciplinâ juris eruditissimus, et ingenio prudentiâque acutissimus omnium.—Voy.* Comment. ad l. 78, de hered. instit., éd. de Scot, ij, 730.

3. A l'occasion d'une loi qu'il regarde comme la plus difficile du code, il dit (*lib.* 6 *respons. Papin., ad. l.* 78 *de heredib. instit.*) qu'il en avait reçu l'interprétation, et la véritable interprétation PRIMA ÆTATE *à primo jurisconsulto* (Ferrier).

4. Le dernier passage prouve en même temps que Cujas avait commencé son droit de fort bonne heure puisque, à ce qu'il appelle sa *prima ætas*, il était déjà en état d'écouter l'explication de semblables textes.

§. VI. *Éclaircissemens sur les premiers élèves de Cujas et leurs parens, et sur ses relations avec Pierre Pithou.*

1. Jean Antoine Lescure, avocat célèbre à Grenoble et ensuite professeur à l'université de Valence. — Voy. *Chorier, hist. génér. de Dauphiné, ij*, 612; *regist. approbat. univ. de Valence, de* 1583 *à* 1585. — Il étudia sous Cujas, à Toulouse, de 1547 à 1549. — Voy. *sa déposition dans l'enquête de* 1573, *au t.* 1er *de Cujas, édit. de Fabrot.*

2. Jean Amariton, d'une ancienne famille d'Auvergne. Il était depuis trois ans professeur de philosophie à Paris sous le célèbre Ramus, lorsqu'il se rendit à Toulouse, pour y étudier sous Cujas, vers 1553. — Voy. *Loisel, opusc.*, *p.* 628.

3. Pierre du Faur de Saint Jorry, appelé dans le droit Petrus Faber, fut maître des requêtes en 1565, ensuite président, et enfin premier président au parlement de Toulouse, en 1597. — Il mourut en 1600, à 60 ans. — Voy. *Moréri, mot Faur; Taisand, p.* 183. — En 1566, il dédia à Cujas son commentaire de regulis juris, ouvrage savant et fort estimé. — Voy. *De Thou, de vitâ suâ, lib.* 2, *ad ann.* 1582. — Il fut envoyé à Cujas, en 1554, avec son frère et son cousin, tous les deux appelés Charles (*ci-apr. n°* 4 *et* 5), sous la conduite de Jacques du Faur, abbé de la Case-Dieu, président au parlement de Paris, leur oncle (*voy. Loysel, vie, p. ix*); d'où il l'accompagna dans ses transmigrations à Ca-

hors et à Bourges ; en un mot il étudia sous lui, au moins jusques en 1557 (1).

4. Le premier de ces Charles du Faur, était d'après l'épître de Cujas aux Faber (*ci-dev.* §. 3, *n*° 2), frère de Pierre et par conséquent comme celui-ci, fils de Michel, conseiller d'état. Cependant Moréri (*mot Faur*, *n*° 5) et Blanchard (*présidens à mortier*, *p.* 285, *n*° 6) n'en parlent point dans leurs généalogies de la maison du Faur ; peut-être mourut-il fort jeune.

5. Cujas, dans la même épître, qualifie le second Charles du Faur, *de frater patruelis*, c'est-à-dire, de cousin germain (issu d'un oncle paternel) et non pas de frère de Pierre, comme le dit un moderne. Il était fils de Pierre du Faur (frère de Michel), seigneur de Pujols, président au parlement de Toulouse, et maître des requêtes. Il fut seigneur de Lucante, et également président au parlement de Toulouse. — Voy. *Moréri*, *ib.*, *n*° 6 ; *et Blanchard*, *ib.*, *p.* 284, *n*°. 6.

6. Gui du Faur de Pibrac. Il était fils du même seigneur de Pujols. Il fut conseiller au parlement, juge mage de Toulouse, député aux états d'Orléans, ambassadeur à Trente, avocat-général à Paris, un des gentilshommes d'Henri III, en Pologne, président au parlement de Paris (1577) et chancelier de la reine de Navarre et du duc d'Alençon (voy. *Moréri*, *mot Faur*). — Il est d'ailleurs connu par ses quatrains moraux, traduits dans toutes les

(1) Cela résulte, 1. d'une lettre de P. du Faur, qui est aux mss. Dupuy (*vol.* 490, *n*° 15) : elle est sans date ; mais ce qu'il y dit annonce évidemment qu'elle fut écrite à Bourges, vers la fin de 1555 ; — 2. d'une épître de Le Conte à l'abbé de la Case-Dieu, datée de Bourges, le 15 juillet 1557, et où il parle de P. du Faur et des deux Charles du Faur (*ci-dessus n*° 4 *et* 5), comme étudians alors sous Cujas. — Voy. *id.*, *lection subcesivar.*, *lib.* 2, *Paris*, 1559, 8°.

langues. Dans son enfance, dit de Thou (*de vitâ suâ*, *lib.* 2, *ad ann.* 1582), la littérature lui avait été enseignée par Bunel, et dans la suite (*posteà*), le droit ancien par Cujas. Comme Bunel mourut en 1546, à Turin, au commencement d'un voyage en Italie où il devait accompagner Pibrac, il est probable que celui-ci revint aussitôt à Toulouse, dans sa famille, et que c'est alors, ou vers 1547, qu'il fut élève de Cujas.

7. Antoine Loisel. Il était d'une des meilleures familles de Beauvais. Son père, Jean, avait épousé Catherine d'Auvergne, fille de Nicolas, seigneur d'Auteuil. Son oncle, Jacques, mort en 1559, fut un célèbre prédicateur et docteur en théologie. Antoine, quoique simple avocat au parlement de Paris, exerça les fonctions de substitut aux grands-jours de Poitiers, et d'avocat-général à la chambre de justice de Guienne, en 1579 et 1581. Il était aussi avocat du duc d'Alençon. — Voy. *sa vie*, *p. iv*, *vj*, *xxij*, *xxiv*, etc. — On a de lui divers opuscules de droit. — V. *ibid.*, *à la suite.*

8. Paul de Foix. Il fut conseiller au parlement de Paris, ministre d'état, ambassadeur à Venise et à Rome, et archevêque de Toulouse. Il mourut en 1584, à 56 ans. — Voy. *de Thou*, *hist.*, *lib.* 80, *in-f.*, *ad ann.* 1584.

Il était fils de Jean de Foix, de la maison des comtes de Carmaing, et de celle de Foix par les femmes. — Voy. *un mémoire sur sa vie*, *par Secousse*, *en grande partie d'après Muret*, *acad. inscrip.*, *xvij*, 621 *et* 673.

Il étudia le droit à Toulouse (*voy. ib.*, 622). De Thou (*de vitâ suâ*, *lib.* 1, *ad ann.* 1573) insinue assez clairement que ce fut sous Cujas, ce qui est fortifié par l'assertion que fait Secousse (*d. p.* 622) d'après Muret, que Paul de Foix préféra toujours les sentimens de Cujas à ceux des autres interprètes. Enfin Grosley qui avait travaillé sur les manuscrits des Pithous, dit positivement (*vie de Pithou*, *t.* 1, *p.* 159) que Paul de Foix fut élève de Cujas. Cependant, suivant Blanchard (*liste des conseillers*, *p.* 70), il fut reçu conseiller au parlement de Paris en 1546, et Cujas (*voy. ci-dev.*, *p.* 378) n'ouvrit son école des instituts qu'en 1547 ; mais Blanchard s'est évidemment trompé d'environ deux années.

En premier lieu, Henri de Mesmes (*dans Ménage*, *remarques sur la vie d'Airault*, 1675, *p.* 139), après avoir annoncé qu'il fut envoyé à Toulouse en 1545 pour y étudier le droit, et qu'au bout de *deux ans et demi*, il lut en public *demi-an* à l'école des instituts (2), ce qui nous conduit au moins au commencement de 1548, ajoute, « après moi, M. de Foix « prit mon heure : il lut quelque temps. » Il est donc clair que Paul de Foix était encore à l'université, au moins au milieu de 1548.

En 2e lieu, Muret dans son oraison funèbre de Paul de Foix (*traduction*, *Paris*, 1584, *in-12*, *p.* 13 *et* 14), nous apprend que ce prélat en quittant Toulouse, vint à la cour de Henri II, auquel *il faisait sa cour* tous les jours.... que *dans l'intervalle*, il reprit ses études, employa beaucoup de temps à l'intelligence de l'histoire.... que se sentant alors suffisant pour des ambassades, il n'en voulut entreprendre aucune, qu'auparavant il n'eut exercé l'état de conseiller au parlement de Paris, ce que

(2) On y admettait les jeunes légistes à faire des explications publiques. Voy. *Ménage*, *ibid. p.* 140, *et plusieurs lettres qu'il cite*; Jos. Scaliger, *dans id.*; *Anti-Baillet*, *t.* 1, *p.* 322.

Henri II ayant connu, il fut *tôt après par lui fait* conseiller de ladite cour....

Si l'on fait attention, soit à la circonstance que Henri II ne monta sur le trône que le 1er avril 1547, soit aux expressions de Muret, il devient de plus en plus évident, que Paul de Foix était encore à Toulouse en 1548, et que par conséquent il put étudier sous Cujas en 1547.

9. Claude Mitallier est désigné comme un des élèves les plus distingués de Cujas en 1554, dans l'épître d'Amariton (*ci-dev.* §. 3, *n°* 1, *p.* 458). Il s'agit selon toute apparence, de Claude Mitallier, d'une famille noble de Vienne, et vice-Bailli de cette ville, qui depuis, entretint une correspondance grecque et latine avec Cujas. — Voy. *Chorier*, *hist. Dauph.*, *ij*, 597, *et antiquités de Vienne*, *p.* 93. — Il jouissait d'une si haute considération qu'au mois de décembre 1563, il fut un des députés arbitres qu'on choisit pour tâcher de ménager un accord entre les protestans et les catholiques du Viennois, après la première guerre civile-religieuse. — V. *Chorier*, *hist.*, *ij*, 597.

10. Amariton désigne aussi avec éloges Jacques Labitte, et les Fabricii.

Labitte est l'auteur de l'index dont nous parlons à l'histoire du droit, sect. 5, p. 331. Il y dit (in-4°, Paris, 1557), dans son épître à Michel Faber, qu'il y a près de 10 ans (*vers* 1547) que son professeur Cujas, lui conseilla de faire cet ouvrage; que s'il y a quelque chose de bon, il faut le rapporter à Cujas, etc.

11 et 12. Les Fabricii sont probablement Gui et Nicolas Lefebvre de Laboderie. Le 1er fut auteur de divers ouvrages, tels qu'un dictionnaire syro-chal-

daïque, et tous les deux d'une traduction de la Bible publiée en 1572, sous les noms de Guid. et Nicol. Fabriciorum fratrum. — Voy. *Duverdier*, *biblioth.*, 1585, *p.* 521 *à* 523.

13. Pierre Pithou, sieur de Savoie, avocat à Paris, procureur général à la chambre de justice de Guienne. Ce savant illustre, dont Loisel et Grosley ont donné la vie, est l'élève avec lequel Cujas eut les relations les plus étroites (3).

On trouve beaucoup de lettres autographes du professeur au disciple, au volume 700 des manuscrits Dupuy. Presque aucune n'y est placée à son véritable rang et la plûpart sont sans dates précises ou adresses (voy. *ce que nous en avons dit dans la Thémis de* 1819, *t.* 1er, *p.* 94). Nous avons déterminé toutes ces dates, mais avec des peines infinies, car il y a telle lettre à l'égard de laquelle le simple extrait de nos recherches, ou de nos discussions de dates ou d'adresses, mis à la suite de notre copie, remplirait plusieurs pages.

Dans la première de ces lettres, qui est du 27 avril 1562 (no 40 du vol. 700), Cujas prend pour formule envers Pithou, *votre* FRÈRE, *serviteur et ami*. Il en est de même dans celles des 15 mai suivant (no 39); 17 avril (no 37), 21 mai (no 33), 20 août (no 34) et 15 septembre (no 32) 1566; et 7 août 1567 (no 36).

Dans les suivantes, ou 15 août et 9 décembre 1569 (nos 10 et 9); 6 avril (no 22), 16, id. (no 19), et enfin 15 novembre 1570 (no 13), il ne met plus que *votre serviteur et ancien ami*, mais il place

(3) Pithou a dédié à Cujas plusieurs ouvrages, notamment le 1er août 1566, son édition des novelles, etc.

auparavant le mot *frère* (et à tant, *monsieur et frère, etc.*).

Enfin, à dater du 20 janvier 1571 (n° 3) il ne met plus que la même formule; peut-être cette qualité de *frère* ne lui parut-elle plus convenir à son âge.

14. L'affection de Cujas envers Pithou résulte encore de ses instances pour lui faire accepter une chaire de professeur à Valence. Sa première offre est contenue dans la lettre du 6 avril 1570 (ib., n° 22) rapportée ci-devant note 102, p. 3;3. Pithou ayant refusé, Cujas fit donner la chaire à Roaldès qui parut aux assemblées dès le 22 décembre 1571. —Voy. *reg. mss. des approbat. de Valence.* — Une nouvelle vacance eut lieu à la fin de 1572 par la retraite de Bonnefoi à Genève, après le massacre de la Saint-Barthélemy (il n'a plus signé après le 30 août. — Voy. *d. reg. des approbat*). Cujas réitéra alors son offre, avec aussi peu de succès, par ses lettres des 15 février et 11 avril 1573 (voy. *d. vol.* 700, *nos* 16 *et* 7), qui en annoncent même une antérieure (le défaut de date de ces lettres a induit en erreur M. Hugo, sur ces propositions diverses, qu'il rapporte à une même époque. — Voy. *id.*, *magas. de dr.*, *iij*, 253.)

15. Nous ne citerons pas comme preuve de la même affection, le passage suivant d'une lettre écrite par Cujas à Pithou, au retour d'un voyage fait à Paris; passage que nous rapporterons toutefois comme indiquant ce goût de Cujas pour les plaisirs de la table (4), qui a fourni à ses ennemis un prétexte pour l'accuser d'ivrognerie.

(4) En voici un autre : quelques années après il mandait au même Pithou, « le sieur Henri Estienne m'est venu voir, et a demeuré deux

« Il me souvient encore de votre bonne chère, de laquelle je me revancherai si jamais je vous tiens en ma merci, si fort et si avant que vous serez bien aise de m'être échappé. » *Lett. du* 17 *avril* 1566, *au d. vol.* 700, *n°* 37.

§. VII. *Éclaircissemens, ou Dissertation sur cette question :* Cujas fut-il refusé dans la demande qu'il fit d'une Chaire de Professeur à Toulouse?

AVIS PRÉLIMINAIRE.

Cette dissertation, lue à la société royale des antiquaires de France, le 10 avril 1820, a été imprimée dans la Thémis, ou Bibliothèque du jurisconsulte, 1820, t. 1er, p. 297 et suivantes, et tirée séparément à deux ou trois cents exemplaires.

Ainsi détachée d'avance, de l'ouvrage dont elle dépendait, nous avons été obligé, pour en faire mieux apprécier les faits et les preuves, d'y insérer ou extraire plusieurs observations, documens, etc. qui appartenaient à d'autres parties du même ouvrage. Néanmoins, au risque de nous exposer à quelques répétitions, nous croyons devoir la reproduire, telle qu'elle a été publiée, sauf quelques additions ou corrections, occasionnées par des recherches postérieures; nous y joindrons aussi des numéros pour en faciliter les citations.

jours avec moi, et si je ne me trompe, il s'en est allé bien content de ma bonne chère. —Voy. *lettre du* 20 *janvier* 1571, *ibid.*, *n°* 3.

DISSERTATION.

1. Dans la vie de Cujas, publiée en 1590 (1), presque aussitôt après sa mort, puisqu'elle était arrivée le 4 octobre de la même année, Papyre Masson affirme positivement que, grâces à on ne sait quel mauvais génie des Toulousains (2), la demande de Cujas fut rejetée, et qu'on lui préféra Étienne Forcadel, espèce de fou, très-peu capable d'enseigner (3); ce qui détermina Cujas à abandonner son ingrate patrie.

Cette assertion imposante d'un ami intime des amis de Cujas, les de Thou, les Pithou, les Loisel, etc., peut-être de Cujas lui-même (4), ne fut

(1) Petit-in-4°; Paris, Nivelle, M. D. LXXXX. La bibliothèque du Roi en a un exemplaire au recueil coté P. 192. C'est sans doute celui qu'indiquent Niceron, t. 5, p. 191, n° 13, et Fevret, *biblioth. histor.*, IV, n° 45867. Lipenius (*biblioth. realis juridica*, 1679, p. 549; et 1757, *ij*, 454) parle d'une édition faite à Bâle en 1581; mais c'est évidemment 1591 qu'il a voulu dire, puisque Cujas ne mourut qu'en 1590. D'ailleurs, M. Hugo (*magas. civilistic.*, III, 190, note 1), qui a vu cette même édition de Bâle, la cite comme appartenant à 1591, et comme étant une contrefaçon.

(2) *Malo Tectosagum Volcarumve genio*, dit-il.....; et ailleurs (*éloge de Clémence Isaure*, part. II, p. 3), il appelle Toulouse la ville des Volques ou des anciens Tectosages.

(3) *Stephano Forcatulo, homine insulso, et ad docendum minus idoneo.* Pour prévenir toute confusion, nous l'appelons ici, comme tous les auteurs modernes, Forcadel. Son véritable nom était *Forcatel*, ainsi qu'on le voit dans l'arrêt de 1554 (*ci-apr.*, *n.* 2, *p.* 487), dans le privilége obtenu, en 1572, pour l'impression de ses ouvrages (*voy. ejusd. explicatio in tit. de servitut.*; Paris, in-4°, 1578), et dans Bruneau, supplément au *traité des criées*, in-12, 1686, p. 34.

(4) M. Jamme (*disc. cité ci-apr.*, *note* 15), p. 6, dit lui-même que Masson fut ami particulier de Cujas, et cela est fort possible. Masson put se lier avec Cujas, 1° à Valence, où l'évêque Montluc avait appelé les jésuites du collége de Tournon pour prêcher, en 1568 (voy. *Columbi*, opuscule intitulé *quod Monlucius etc*, 1640, p. 39, *biblioth. de Grenoble*, n° 7568), époque à laquelle Masson était employé à ce collége (voy. *vita*

point contredite, pendant près d'un siècle, par les Toulousains, quoiqu'on les y accusât d'ingratitude. Elle fut, au contraire, confirmée, soit directement, soit indirectement, dans cet intervalle, par une foule d'écrivains qui avaient été contemporains ou avaient connu les contemporains du prince des jurisconsultes, tels que Pierre Pithou, en 1590, le président de Thou, vers ce temps, Sainte-Marthe, en 1596, Pancirole, en 1599, Duverdier, en 1600, Duval, en 1611, Scot, en 1614, Automne, en 1615, Mornac, en 1615 et 1619, Paul de Valles, en 1618, Mérille, en 1638, Jean Imperiali, en 1640, Othon Tabor, vers la même époque, etc. (5).

2. En 1671 ou 1672, au bout de plus de 80 ans, lorsque tous les témoins directs ou indirects de l'injustice imputée aux Toulousains n'existaient plus, Bernard Médon, conseiller à la sénéchaussée de

Massonii, par de Thou, à la tête des éloges de Masson, in-8°, 1638); 2° à Paris, où Masson, après avoir quitté les jésuites, fut reçu avocat en 1576, pendant que Cujas y professait.

Les écrits de Masson lui procurèrent plusieurs amis distingués, tels que les frères Pithou, le président de Thou, etc. (*Voy. ead. vita*). On pressent, d'après de telles liaisons, que Masson devait être un homme d'un grand mérite; et certes, le président de Thou n'eut pas prostitué sa plume à l'éloge d'un historien qui se serait fait un jeu de la vérité. Cependant M. Helyot (*dissert. citée à d. note* 15), n° 1, ose en accuser Masson; mais il ne se fonde que sur une imputation évidemment fausse contenue dans le *Scaligerana secunda*, recueil d'ailleurs généralement mésestimé (voy. *ib.*, *édit.* 1740, *t.* 2, *la lettre de Desmaiseaux*, *p.* 16 *et suiv.*; *Bayle, mot Daurat*, note E). « Masson, y fait-on dire à Scaliger « (t. 2, p. 446), écrit que M. Cujas m'a fait héritier de ses livres. Je ne « sais d'où vient cela; je n'en ai rien vu : Masson était bien mon ami, mais « il était un peu fat. » Scaliger n'a rien pu dire de semblable, puisque Masson n'a point écrit que Cujas l'eût fait héritier de ses livres, mais s'est borné à raconter qu'on rapporte que Cujas avait souvent déclaré dans des conversations (*fertur dixisse in privatis colloquiis*) vouloir léguer ses manuscrits à Scaliger. Nous verrons ci-après, §. 8, n°s 8 et 9, une autre erreur du Scaligerana.

(5) *Voy.* l'indication de leurs passages ci-après, notes 24 à 34.

Toulouse, entreprit de justifier sa patrie. Chargé de faire la vie de Guillaume Maran, pour la joindre aux œuvres de ce jurisconsulte, publiées par son petit-fils, Jacques Maran (6), Médon y glissa (p. IV et V), dans un passage qui n'avait aucun rapport à l'aventure de Cujas, une dénégation du récit de Masson. La préférence accordée à Forcadel sur Cujas est, dit-il, une calomnie, un mensonge impudent de Masson. Il en donne deux preuves. Il tire la première du silence de Cujas sur cette préférence; la seconde, de ce que, d'après les actes de l'université, Cujas ne concourut point à l'époque où l'on rapporte cette préférence. Sentant ensuite que sa dénégation ne détruisait point d'autres témoignages non moins imposans que celui de Masson, il ajoute que Sainte-Marthe et de Thou, hommes qu'il avoue être dignes d'éternels éloges, ont été trompés par Masson; il garde le plus profond silence sur ce qu'ont dit Pithou, Duverdier, Duval, Mornac, Mérille, etc.

Cette justification ne dut guère paraître satisfaisante, vu les motifs sur lesquels Médon la fondait. Le silence de Cujas était tout-à-fait insignifiant, parce qu'il n'avait pas dû être porté à parler d'un

(6) Elles ont pour titre *Guill. Marani Paratitla, et varii tractatus nunc primùm editi*; Toulouse, in-fol., 3 vol. reliés en un (bibl. de Grenoble n° 1587), dont les deux premiers sont de 1671, et le troisième, avant lequel on a placé la vie de Maran, de 1672. Cette vie fut composée dans le temps où l'on imprimait le troisième volume, car Médon (p. 4) y parle de l'édition que Jacques Maran donne dans ce moment (*nunc*) des *Tractatûs varii* de son aïeul (voy. *à ce sujet, ci-après, note* 78). Fevret, *biblioth. histor. de la France*, IV, n° 45953, en fixe la date à 1679 : peut-être est-ce une réimpression.

Dans sa notice etc. des villes de Languedoc, publiée en 1696, in-fol., Graverol, p. 43, parle d'un Médon, conseiller à la sénéchaussée : c'est sans doute l'auteur de la vie de Maran.

acte de mésestime de ses compatriotes. Les actes de l'université où l'on pouvait avoir fait des suppressions pendant un si long intervalle, étaient d'autant plus suspects, que Médon n'en citait pas un seul mot. Enfin, comment croire que notre plus grand historien, que le président de Thou, ami et élève de Cujas, eût pu être trompé sur un tel fait par Papyre Masson, lui qui connaissait tellement la vie de son professeur chéri, qu'il nous en a révélé des circonstances tout-à-fait ignorées de Masson et des autres biographes (7)?

Cependant elle parut suffisante aux capitouls de Toulouse, qui probablement l'avaient sollicitée, pour les autoriser à mettre, cinq ou six ans après, au bas du buste de Cujas, inauguré dans la galerie de leur hôtel-de-ville (8), une nouvelle dénégation, avec une attestation que leur ville avait toujours protégé les littérateurs, faisant ainsi, d'une épigraphe de statue, un mémoire justificatif (9).

La Faille, directeur de cette galerie, si honorable d'ailleurs pour Toulouse, n'avait pas autant de confiance dans le petit plaidoyer de Médon, qu'on aurait pu le croire d'après le ton tranchant de son

(7) Telles que l'emprunt que Cujas avait voulu faire des Florentines. — *Voy. ci-dev., hist. du dr., p.* 246.

(8) La galerie de l'hôtel-de-ville de Toulouse, où sont les bustes de ses grands hommes, fut commencée en 1674, et finie en 1677, sous la direction de Germain La Faille, ex-capitoul (l'auteur des Annales). Voy. *La Faille, annales de Toulouse*, t. II, imprimée en 1700, *preuves*, p. 107 (le premier volume avait paru en 1687).

(9) Voici l'épigraphe : JACOBUS CUJACIUS. *Hic est cujus nomen plus laudis complectitur quàm quælibet oratio potest. Ab Academiâ Tholosanâ nunquam repulsam passus, quod monitos jubeo quos Papyrii Massonis aut aliorum ab eo derivata calumnia in hanc sententiam traxerit, sciantque omnes, urbem nostram bonis et litteratis viris semper favere* — La Faille, II, preuves, 104.

épigraphe (10). Quoique pendant les vingt-trois années qui s'écoulèrent depuis l'inauguration de la galerie jusqu'à la publication du second volume de ses *Annales*, il eut eu le loisir de compulser les archives de la ville et de l'université, loin d'y affirmer que Cujas n'eût point été refusé, il s'exprime en termes dubitatifs sur ce fait, et cherche à en fixer l'époque et à écarter de la ville de Toulouse le blâme qu'elle avait encouru, à ce sujet, aux yeux de Masson. « S'il est vrai, dit-il, page 175, qu'une chaire de « droit.... fût refusée à Cujas (11), cela arriva cette « année (1554). » Il rapporte alors, mais avec assez peu de soin, les dernieres lignes d'un arrêt, dont nous allons donner en entier la copie littérale, prise depuis la première édition de notre dissertation, sur les registres du parlement de Toulouse.

(10) Une circonstance devait surtout l'engager à se méfier de la véracité de Médon, et à compulser les actes de l'Université cités si affirmativement par celui-ci. Médon (*vie de Maran*, *p.* 3) ose assurer qu'à l'époque où Maran commença à étudier le droit à l'Université de Toulouse, elle était la première et la plus florissante de toutes pour la jurisprudence. Maran étant né en 1549, n'ayant commencé son droit qu'après sa philosophie (*ib.* p. 1 et 2), et n'ayant été reçu docteur (à Valence) qu'en 1574 (voy. *regist. mss. des approbat. de Valence*), il est clair que c'est vers 1568 à 1570, qu'il entra à l'école de droit de Toulouse. Or, La Faille savait que dès long-temps cette école était à peu près tombée, puisqu'il rapporte (II, *preuves*, 55) des doléances de la ville et de la sénéchaussée, de 1560, où l'on dit qu'elle s'en va *en ruine*; et il devait savoir qu'elle ne pouvait s'être relevée vers 1568, puisqu'alors, des deux seuls professeurs un peu distingués de cette école, Jean de Coras et Berenger Fernand (voy. *mss. lat. bib. roy.*, *n.* 4509, *où sont les leçons de ses professeurs*), il ne lui restait plus que le dernier; Coras, persécuté pour ses opinions religieuses, s'étant retiré à Castres ou Montauban (*voy.* à la date du 27 juin 1568, la *table mss. des regist. du parl. de Toulouse*, *bibl. de Grenoble*, *n.* 1719 et 217). Des suppositions aussi dénuées de fondement, annoncent d'ailleurs combien le témoignage de Médon est suspect, lorsqu'il s'agit de l'Université de Toulouse.

(11) M. Jamme, p. 5, a omis d'imprimer ce passage si remarquable de La Faille.

« Depuis 8 heures jusques à 10, ont été au con-
« seil les chambres assemblées à traicter de l'affaire
« de l'université touchant la régence vaccant. »

« Aujourd'hui vingt-neuvième de mars 1554, après
« Pâques. Veues certaines requestes baillées tant par
« le procureur général du roi, scindic de l'univer-
« sité de Tolose et que autres particuliers touchant
« le faict d'icelle université et régence en droict
« civil à présent vaccant, ensemble les arrests sur ce
« donnés la COURT les chambres assemblées a or-
« donné et ordonne que nonobstant lesdites re-
« questes et quelque chose dicte et alléguée au
« contraire, suivant lesdits arrests et précédentes
« délibérations seront receus à disputer pour le
« faict de ladite régence en faculté de droit civil
« vaccant, savoir est : En premier lieu Me Martin
« Rossel docteur-régent en faculté de droict
« canon. En second lieu, Me Etienne Forcatel.
« En troisième lieu, Me Jacques Cujas. En qua-
« trième lieu, Me Pomisson, et en dernier lieu,
« Me de Costa, auxquels seront baillés les poincts
« par les commissaires à ce députés. »

(*Signé*) DE MANSENCAL, *premier Président*.

3. Les écrivains postérieurs à Médon tinrent encore moins compte de ses assertions. Si l'on excepte Jean Doujat, que sa qualité de Toulousain rend un peu suspect, et qui les répéta en 1687 (12), et l'auteur de la Bibliothèque française, qui les défendit, quoique avec mesure, 30 ans après (13); tous adop-

(12) Voy. *ejusd. prœnotiones juris canonici*, 1687, in-4°, lib. 5, c. 8, p. 634.

(13) Voy. *id.*, 2e édit., in-12, 1735, t. 2, p. 267. La première édition

tèrent le récit de Masson. Ils y enchérirent même en ajoutant que Cujas s'était écrié, à son départ de Toulouse : *Ingrata patria, nunquam habebis ossa mea!* et que, rappelé dans la suite par ses compatriotes, il s'était borné à leur écrire : *Frustrà absentem requiritis, quem præsentem neglexistis.* On peut citer, entre autres, Teissier, en 1683, Catherinot, en 1685, Leyckert, en 1686, Simon, en 1692, Gravina, en 1708, Ferrière, en 1718, Piganiol, vers ce temps, Taisand, en 1721, Moréri, en 1725, Niceron, en 1729, Heineccius, en 1737, Brunquell, en 1738, Terrasson, en 1750 et 1768, M. Bernardi, en 1775, ainsi que tous les dictionnaires historiques (14).

4. Loin d'abattre les Toulousains, ce concert imposant de suffrages anima encore leur patriotisme. MM. d'Helyot, Jamme et Poitevin, membres de leur académie des jeux floraux, composèrent des dissertations *ex professo*, pour laver leur pays de l'injure qu'ils pensaient lui avoir été faite. Ils les publièrent en 1782, 1807 et vers 1815, et M. Jamme lut, en outre, la sienne à une séance publique de

commença à paraître en 1723 (*voy.* M. Barbier, *dict. des anonymes*, n. 538). Il serait possible que cet article eût été fourni à l'auteur de la bibliothèque par quelque habitant de Toulouse.

(14) *Voy.* 1. Teissier, *Additions aux éloges*, etc., II, 122; 2. Catherinot, *Remarques sur le testament de Cujas*, p. 1 (*Bib. roy.*, L. 967); 3. Leyckert, *Vitæ clarissim. J.-C.*, p. 267; 4. Simon, *Bibl. historiq. du droit*, I, 106; 5. Gravina, *De ortu*, etc., édit. de 1708, c. 180, p. 220; 6. Ferrière, *Hist. du droit romain*, ch. 22; 7. Piganiol, *Descrip. hist. de la France.*, édit. de 1718, IV, 349 (il est probable qu'il le disait également dans sa première édition, qui est de 1715); 8. Taisand, *Vies des J.-C.*, mot Cujas; 9. Moréri, édit. de 1725, mot Cujas; 10. Niceron, *Mém., etc. des hommes illustr.*, *t.* 8; 11. Heineccius, *De Cujacii obtrectatorib., in ejusd. oper.*, III, 210; 12. Brunquell, *hist. jur.*, 3e *édit.*, *p.* 378; 13. Terrasson, *Hist. de la jurispr. rom.*, 463; et *Mélanges de jur.*, p. 404; 14. M. Bernardi, *Eloge de Cujas*, 1775, p. 36 et 104 et suiv.

l'école de droit de Toulouse, dont il était directeur (15).

Ces efforts civiques ont, en effet, obtenu un succès assez remarquable. La dissertation d'Hélyot a été extraite en Allemagne dans un recueil estimé, le magasin de M. Siebenkees (16), consacré à la science du droit. Un des plus savans biographes de cette contrée, M. Haubold, en a ensuite adopté les conclusions (17). Enfin, M. Bernardi, entraîné par les raisonnemens des trois Toulousains, est totalement revenu, en 1813, de l'opinion qu'il avait manifestée quarante années auparavant, déclarant avec franchise que c'est une vieille erreur, répétée, dit-il plaisamment, de dictionnaire en dictionnaire (18)....

4. Mais lorsqu'on examine avec soin les dissertations d'Hélyot et Jamme (19), et qu'on les compare avec les ouvrages de Médon et des auteurs contemporains de Cujas, on s'aperçoit bientôt que

(15) La dissertation d'Helyot, composée dès 1771, est dans le t. 1er des mémoires de l'Académie de Toulouse, 1782. Le discours de M. Jamme, prononcé le 2 novembre 1807, a été imprimé aussitôt dans cette ville (in-4°), et envoyé à toutes les écoles; le mémoire de M. Poitevin a été inséré, d'après ce que nous apprend M. Bernardi (*Biographie, mot Forcadel*, 1816, XV, 245), dans le n°. 74 du Bulletin de la Société des Sciences de Montpellier. Nous avons fait de vains efforts pour nous procurer ce n° 74, qui n'existe plus, chose assez étrange, non-seulement chez le libraire, mais dans les collections des divers académiciens (*extrait d'une lettre de M. le docteur Vigarous à M. le docteur Mauclerc de Grenoble, datée de Montpellier*, le 18 *avril* 1819). Peut-être l'auteur, mécontent de son travail, l'avait-il promptement retiré. Au reste, si l'on en juge par ce qu'en rapporte M. Bernardi (*d.* p. 245), il paraît que ce n'est qu'une répétition des dissertations de MM. Helyot et Jamme.

(16) *Voy.* M. Hugo, suprà, III, 200; et M. Haubold, infrà.

(17) *Voy.* M. Haubold, institutiones jur. litterar., 1809, t. 1, p. 67, n° 63.

(18) *Voy.* id., Biographie univ., 1813, X, 337, mot *Cujas*; et 1816, XV, 245, mot *Forcadel*.

(19) Celle de Jamme n'est guère qu'une copie de l'autre.

les prétendues preuves authentiques qu'ils y donnent à l'appui de leurs systèmes, se réduisent à ce que l'on connaissait long-temps avant eux, c'est-à-dire, au fragment de l'arrêt du 29 mars 1554, rapporté par La Faille (20), et où Cujas et Forcadel sont inscrits comme aspirans à une chaire. Ils n'en ont publié aucune autre. Persistant à soutenir avec Médon, que le revers de Cujas est un mensonge de son premier historien; tout ce qu'ils disent de plus que Médon, c'est, 1. que l'exclamation *ingrata patria*, etc., et la réponse *frustrà requiritis*, etc., attribuées à Cujas, ne se trouvent dans aucun auteur ancien; 2. que Cujas, dans ses disputes avec Jean Robert, professeur d'Orléans, nia d'avoir éprouvé un refus à Toulouse; 3. que Forcadel ne fut nommé que le 7 septembre 1556, tandis que Cujas était déjà professeur à Bourges, dès la fin de 1554 (21), d'où il résulte qu'il abandonna le concours avant qu'on l'eût terminé.

6. Avant d'examiner ces nouvelles observations, rappelons d'abord combien il est absurde de supposer que Masson ait pu induire en erreur sur un point aussi important de la vie de Cujas, les élèves et les amis les plus chers de ce grand homme, tels que Pierre Pithou et le président de Thou, et notamment le premier avec lequel Cujas entretint une correspondance régulière pendant les trente dernières années de sa vie (22). Ajoutons que les témoignages de ces deux savans célèbres durent même précéder la publication de l'ouvrage de Masson, car ils sont contenus dans des épithaphes de

(20) *Voy.* ci-dev. n° 2, p. 486.
(21) Ce sont deux dates erronées. V. ci-après, *notes* 46 *et* 69.
(22) *Voy.* sur leurs lettres, ci-dev. §. 6, n° 13, p. 479.

Cujas, et l'on n'avait pas coutume d'attendre la mise au jour de l'histoire d'un ami (23), pour jeter des fleurs sur sa tombe.

Dans la première, Pithou, faisant allusion au refus éprouvé par Cujas, déclare indirectement que Toulouse avait alors perdu le titre dont elle se glorifiait le plus, celui d'être la ville de Pallas : *Jacobo Cujacio, Tholosæ, dum* QUONDAM FUIT *Palladia, alumno*..... Dans la deuxième, et toujours dans le même but, notre immortel historien fait une imprécation violente contre les Toulousains : *Scinde Tholosa capillos, impia si potis hic tangere corda dolor* (24)....

Pourrait-on penser que des hommes d'un tel mérite, des magistrats graves, des savans aussi recommandables, se fussent permis de semblables imputations sur un simple ouï-dire, lorsqu'ils étaient à portée d'en vérifier les motifs? que l'historien français le plus renommé pour sa véracité, le président de Thou, qui recherchait avec scrupule les détails les plus minutieux de la vie des hommes célèbres dont il avait à faire mention dans son ouvrage (25), n'eût pas bientôt reconnu son erreur,

(23) L'antériorité de l'épitaphe de Pithou est au moins prouvée, puisque Masson la rapporte lui-même à la fin de la vie de Cujas, édition de 1590 (*P. Pithœus.... epitaphium scripsit quod adjiciam*).

(24) Cette épitaphe, déjà publiée dans l'éloge de Cujas par Sainte-Marthe (*v. ci-après la note* 26), est aussi dans les éditions de Genève, 1609, et de Scot, de 1614, et probablement dans les éditions antérieures; et on l'a jointe aux éditions de Fabrot et de Naples. Elle est signée J.-A TH. (*Jacobus-Augustus Thuanus*), et elle est adressée *Jacobo Cujacio doctori de se optimè merito* (son professeur).

(25) *Thuanus in his rebus accuratissimus*, dit Heineccius. — V. *id. Vita Balduini*, *in ejusd. oper.*, *iij*, 269.

Dupuy nous a conservé (*V. mss. id.*, vol. 707 *et* 709, Bibl. R.) un grand nombre de lettres autographes de de Thou. Beaucoup d'entre elles prouvent avec combien de soin il faisait des recherches pour dé-

et ne l'eût avouée lorsqu'il publia sa grande histoire au bout d'une douzaine d'années?

Est-il croyable que six ans après la mort de Cujas, Scévole de Sainte-Marthe, homme non moins grave, non moins exact et diligent dans ses recherches, et ami de Pithou et de de Thou, eût renouvelé dans son éloge de Cujas et dans des termes aussi énergiques : *Tolosa, ingrata patria, quæ ad exorientem alumni lucem caligans, eum, postulato cathedræ honore, turpissimè repulerat*,... eût renouvelé, disons-nous, la même imputation, si elle n'eût pas été universellement reconnue pour fondée (26)?

Est-il croyable, dans une supposition contraire, qu'on l'eût vu répéter, au bout de dix années après la même époque, ou en 1600, par le bibliographe Duverdier (27), au bout de vingt-un ans, et dans

couvrir la vérité (*voir* entr'autres au vol. 709, celle du 21 août 1600, adressée à Calignon, relativement aux jurisconsultes Govéa et Bonnefoi). En un mot, il se peint fidèlement lorsqu'il dit (*lett. du* 22 *mars* 1611, vol. 707) « N'ayant eu d'autre but, dans tout mon travail, que d'écrire « les choses au vrai et sans envie ni grâce, sitôt que cette vérité que j'ai « partout cherchée, me sera représentée, je l'embrassarai et laisserai « le faux et l'incertain pour le vrai et l'assuré. »

(26) Ces éloges sont dédiés au président de Thou, *son ami*. Ils sont divisés en deux livres. L'éloge de Cujas est un des derniers du premier livre. A la fin du même livre, Sainte-Marthe annonce qu'il l'avait déjà terminé, lorsqu'il apprit la mort de Pithou, *son intime ami*. — *V. id.*, édit. de 1602, p. 108. — Or, Pithou mourut le 1er novembre 1596 : il y avait donc au plus six ans que Cujas était mort lorsque Sainte-Marthe fit son éloge.

A l'égard de l'exactitude de Sainte-Marthe et de sa diligence dans ses recherches, Pasquier, contemporain et ami de Cujas, l'atteste dans sa lettre 7, liv. 16 (édit. 1723, ij, 465), et elle est aussi prouvée par les lettres suivantes où l'on voit qu'il demande souvent à Pasquier des détails sur plusieurs des personnages dont il voulait faire l'éloge.

(27) *V. id. Prosopographie*, édit. 1604, t. 3, p. 2573 à 2575, et le texte de son passage ci-après note 38. A la page 2602 de ce tome 3, et à l'année 1600, il est dit que Duverdier mourut le 25 septembre, et que ce qui suit (en tout 7 pages) a été ajouté par un autre. C'est donc Duverdier qui a fait, et au plus tard en 1600, l'article de Cujas.

des termes encore plus énergiques que ceux de Sainte-Marthe (*erit ingratæ Cujacii patriæ dedecus indelebile*), par le jurisconsulte Gabriel Duval (28)? au bout de vingt-cinq, par deux autres jurisconsultes, Antoine Mornac et Bernard Automne (29)? au bout de vingt-huit, par le biographe Paul de Valles (30)?.. qu'Alexandre Scot, élève et ami de Cujas, en publiant dans cet intervalle, d'abord en 1606, et ensuite en 1614, les œuvres de son professeur, eût mis à leur tête, sa vie, par Masson, sans réfuter, par quelque note, l'assertion de celui-ci, et loin de-là, y eût joint l'épitaphe de de Thou qui la confirme (31)? qu'Edmond Mérille, dont le père avait été élève de Cujas et ami et condisciple des frères Pithou (32), et qui lui-même avait étudié à Toulouse sous Guillaume Maran, élève et procu-

(28) *V. Vallius, lib. singular. ad leg. in quartam*, Poitiers, 1617, p. 93, et la suite de son passage ci-après note 38. Gabriel Duval, ou Vallius, était de cette ville. Le traité cité, ainsi que deux autres sur deux lois différentes, avait d'abord été imprimé à Limoges, en 1611 (*V. catalog. bib. d'Orléans*, p. 90). On en indique même un 4e (*de jure liberis*), publié à Paris, en 1608 (v. *catalog. bibl. de cassation*, part. II, p. 266). Il paraît, par quelques passages des premiers, que Duval avait déjà concouru pour une chaire : d'où il résulte qu'il dut naître longtemps avant la mort de Cujas.

(29) *Voy. Mornac ad l. ult C. de jure emphyt.* (IV, 66), édit. de 1617, p. 351. L'épître dédicatoire est du 17 juillet 1615; il semble même, par la manière dont il s'y exprime, qu'il avait terminé son ouvrage en 1612 (il l'avait commencé en 1581, neuf ans avant la mort de Cujas (v. *d. épît*). Dans ses *Feriæ forenses*, dont l'épître est de 1619, il dit aussi de Cujas, *priùs Tolosa spreverat ut suum*. — V. *ejusd. oper.*, édit, de 1721, IV, 621 (nous rapporterons ci-après le premier passage de Mornac). — Quant à Automne, V. *id. Cujacii Epitom.*, 1615, *p.* 922, où il dit *Cujacius repulsam passus*.

(30) *Voy. id.*, *théâtre d'honneur*, in-f°, 1618 (bibl. R. lett., P. 59), p. 418, n° 66.

(31) *Voy.* ci-devant note 24, page 491.

(32) *Voy. id, variantium ex Cujacio*, in-4°, Paris, 1638 (l'épître est datée de Bourges, 1637), c. 2, p. 6.

reur fondé de Cujas (33), eût reproduit dans la suite, en 1638, la même assertion, en y joignant le détail, non publié jusques-là, des intrigues par lesquelles on avait fait rejeter la demande du professeur de son père? (34)....

Mais ce qui, dans la même supposition, passe encore plus toute croyance, c'est que la notice de Masson ayant été publiée plusieurs fois, peu de temps après la mort de Cujas (35), les Toulousains eussent ensuite souffert qu'on la réimprimât à la tête de toutes les éditions nombreuses des œuvres de ce jurisconsulte (36), sans faire la plus légère réclamation ; eussent, en un mot, ainsi que cela est arrivé, gardé, sur ce point, le silence, pendant quatre-vingts années consécutives !

7. De ces remarques, nous tirerons et tout le monde tirera avec nous la conséquence, qu'un fait attesté par des témoignages tels que ceux que nous avons rapportés, et consacré par un assentiment

(33) V. *id.*, *ibid.*, *lib.* 3, *c.* 39, *p.* 379; et *adjectæ variantes*, *c.* 3, *p.* 392; et quant à la procuration donnée par Cujas à Maran, *Vie de Maran*, par Médon, p. 5 et 6.

(34) *Voy.* Mérille, *dissertat.* avant ses variant., c. 3, p. 7. Nous y reviendrons ci-après, nº 9.

Nous n'insisterons point sur les témoignages de Pancirole, d'Imperiali et de Tabor dont nous avons parlé ci-devant, p. 483, parce que ces auteurs étaient étrangers. Celui du 1er (mort en 1599) est dans son traité *de claris legum interpretibus*, 1637, l. 2, c. 190; Leyckert, p. 264 et 267, rapporte ou cite ceux des deux derniers, dont l'un écrivit en 1640 (Moréri, mot *Imperiali*), et l'autre (mort en 1674. *V.* Moréri, mot *Tabor*) dut écrire vers le même temps.

(35) Nous avons cité deux éditions de 1590 et 1591, ci-devant note première, p 482.

(36) Nous la trouvons déjà dans une édition séparée du *Modestinus* de Cujas, publiée en 1593, à Hanaû, in-12 (bibl. Gren., nº 13703); 2º dans une édition de ses notes sur le digeste et le code, donnée à Francfort, en 1598 (*ib.*, nº 13752); 3º et 4º dans les éditions de ses œuvres données par Scot (voy. *ci-dev. p.* 493); 5º et 6º dans d'autres éditions complètes, publiées en 1609, à Orléans et à Genève.

tacite des intéressés pendant un si long intervalle de-temps, est trop bien établi, pour qu'on soit admis à le contredire par de simples dénégations ou conjectures ; qu'il faudrait, au contraire, des preuves irrésistibles pour en démontrer la fausseté... Jetons un coup-d'œil sur celles qu'on a produites.

1° Il suffira de rappeler, quant à la dénégation que Médon fonda sur ce que, d'après les actes de l'université de Toulouse, Cujas ne s'était jamais présenté au concours, surtout dans le temps de la nomination de son rival Forcadel, que Médon ne cite pas un mot de ces actes, qui, au reste, avaient pu déjà être altérés ou tronqués, et dont aujourd'hui, chose assez singulière, la partie correspondante à cette époque et même aux soixante années suivantes, ne se trouve plus (37). Ajoutons que, trente années après l'ouvrage de Médon, La Faille rapporta l'arrêt du 29 mars 1554, constatant l'inscription de Cujas pour le concours, ce qui ôte toute confiance au récit de Médon, car il aurait dû citer cet arrêt, sauf à observer que Cujas ne donna aucune suite à son inscription si les registres de l'université énonçaient qu'il y eût renoncé, comme, en effet, ils eussent dû dans ce cas l'énoncer, dès qu'un arrêt avait constaté l'inscription.

2° Il n'est point vrai que l'exclamation *ingrata patria*, etc., attribuée à Cujas, soit, comme le dit M. Jamme (p. 23 et 24), un mauvais brocard jeté

(37) « Les registres de l'université, dit M. Jamme, p. 15, sont en général, *en bon état*; mais le premier finit au 12 février 1553, et le second ne commence qu'en 1614. Quelques recherches que j'aie faites, je n'ai pu me procurer le registre intermédiaire. » N'est-il pas un peu étrange que, parmi ces registres *en bon état*, le plus précieux ait précisément disparu ?

après coup dans le public, et dont on ne trouve ni trace ni vestige dans aucun auteur. On la trouve, au contraire, dans la *prosopographie* de Duverdier et dans un Traité de Duval, ouvrages composés, l'un dix ans, et l'autre vingt ans après la mort de Cujas (38).

3° A l'égard de la fameuse réponse, *frustrà absentem requiritis quem præsentem neglexistis*, M. Jamme, page 25, la révoque en doute, en observant que Gravina et le père Nicéron, c'est-à-dire, des auteurs modernes, sont les seuls qui en parlent. M. Hélyot, n° VI, soutient nettement qu'elle porte avec elle tous les caractères de la supposition et de la fausseté. Enfin, ils tirent tous deux un autre argument de ses dernières expressions. Si Cujas, disent-ils, eût été refusé, il ne se fût point borné à se plaindre d'une simple négligence; au lieu de *præsentem neglexistis*, il eût écrit *præsentem repulistis*. D'ailleurs, une simple négligence n'est pas un tort assez grave pour en faire le sujet d'une accusation aussi injurieuse que celle qu'on a dirigée contre Toulouse.

Nous verrons bientôt qu'ils ont eu raison de soutenir que cette espèce de sentence ne fut pas prononcée par Cujas lui-même; mais qu'ils se trompent grossièrement, et lorsqu'ils tirent avantage de ses termes, et lorsqu'ils en contestent l'existence, tout comme lorsqu'ils en attribuent l'invention à des auteurs modernes, car Automne et Paul de

(38) On lui refusa, dit le premier, une place de régent, dont il s'écria comme Scipion : O ingrate patrie ! *Haud aliter*, dit le second, *Africanus natale solum fugiens sepulchro insculpsi jussit suo : O ingrata patria ! ne ossa quidem mea habes ! Voy.*, pour le lieu et la date de ces passages, ci-devant notes 27 et 28, pages 492 et 493.

Valles, qui écrivaient vingt-cinq et vingt-huit ans après la mort de Cujas, la rapportent dans les mêmes termes (39).

4° L'argument qu'ils tirent de la réponse de Cujas à Jean Robert, n'est pas plus décisif. Robert lui reprochait en toutes lettres d'avoir été repoussé avec ignominie par les Toulousains dans sa demande d'une chaire (40). S'il n'y eût eu aucun événement de ce genre, Cujas se serait borné à lui répondre nettement, que l'imputation était fausse, qu'il n'avait jamais aspiré à une chaire. Loin delà, dans une phrase très-embarrassée, comme M. Bernardi (41), qui a adopté le système de MM. Hélyot et Jamme, en convient, il lui dit sous le nom supposé de Mercator : « Peu importe que tu mentes (42), lorsque tu avances que les Toulousains ont refusé à Cujas une chaire qu'il a refusée lui-même, lorsque appelé à Cahors et ensuite à Bourges, on la lui a offerte, comme l'attesteraient le Sénat et le peuple de Toulouse, qui n'ont cessé de le désirer et demander depuis son départ de cette ville. Tout ce qu'on peut induire de cette phrase obscure, c'est que Cujas niait d'avoir été repoussé par un arrêté formel et humiliant. Aussi, Robert se crut-il auto-

(39) *Voy.* à ce sujet, ci-après le texte et la note 65, p. 506.

(40) *Is*, dit-il, de Cujas, *Tolosæ repulsam turpiter passus.* Voy. Robert, *animadversionum*, *lib.* 2, *c.* 26 (dans les œuvres de Cujas, édit. de Naples, t. 10). *Voy.* aussi *id.*, *lib.* 1, *c.* 30.

(41) Voy. *Biographie*, x, 337, mot *Cujas*.

(42) *Voy.* Cujas, *notata Mercatoris*, etc. (ci-apr., §. 15). Il y dit (lib. 1, c. 30), *nihil movetur etiam quod mentiris in* HIS LIBRIS, *bis aut ter eum* etc. Cela ne signifie point que Robert lui reprochât, comme on l'a cru dans la *Biographie* (d. p. 337), d'avoir été refusé deux ou trois fois (Robert ne dit rien de semblable); mais seulement que Robert ment deux ou trois fois, en ce qu'il fait la même imputation dans deux ou trois passages de sa critique.

risé, l'année suivante, à insister en termes généraux sur son imputation, et Cujas ne lui répliqua point (43).

5° L'argument tiré de ce que Forcadel ne fut nommé qu'après la promotion de Cujas à une chaire de Bourges (44), serait plus concluant, si l'on montrait que, depuis son inscription du 29 mars 1554 jusqu'à son départ de Toulouse à la fin d'octobre ou aux premiers jours de novembre suivant, il n'y avait eu aucune épreuve où Cujas eût pu apercevoir qu'il échouerait s'il persistait dans son entreprise; qu'il abandonna, en un mot, son inscription, de plein gré, et sans essayer d'y donner aucune suite. Les registres de l'université de Toulouse devaient contenir quelque document à ce sujet : mais, tout en parlant continuellement de ces registres, MM. Hélyot et Jamme n'en ont jamais rapporté un seul passage (45). On serait même porté à croire qu'ils ne les avaient pas consultés,

(43) Cujas avait critiqué, dans son *Mercator*, une observation de Robert, en l'appelant avec dédain (Robert était d'Orléans), *Glossa Aureliana*. Robert répond qu'il n'appellera pas la remarque de Cujas *Glossa Tolosana*, parce que les Toulousains repoussent *acerrimé* de tels dissertateurs, *quòd illi* (à Cujas) *primum doluit*. — Voy. *id. Notar. ad notat.*, etc., *lib.* 3, *c.* 11 (cité au d. §. 15.)

(44) Cette promotion eut lieu en 1555, et non pas en 1554. Voy. *ci-après note* 69, *p.* 508.

(45) On a vu que M. Jamme n'a pu trouver les registres postérieurs à 1553. M. Hélyot (n° 3) en parle, au contraire beaucoup. Il annonce que, quoique très-circonstanciés, il n'y est plus question de Cujas après 1554, ce qui n'est guère croyable, puisqu'ils auraient dû au moins énoncer qu'il retira son inscription. M. Hélyot ajoute que l'Université demanda, le 7 janvier 1556, l'autorisation d'un réglement de l'ordre de la dispute pour la chaire postulée par Cujas et encore vacante. M. Jamme, p. 12, dit qu'on trouve, dans les registres du parlement, un arrêt du même jour qui autorisa le réglement. Ni l'un ni l'autre ne citent un mot et de la demande et de l'arrèt qui y statua avec une promptitude non moins incroyable, et qui, dans le fait (on l'a vérifié en 1820), « n'existe dans « les registres, ni à ce jour, ni aux précédens et suivans. »

lorsqu'on les voit fixer la promotion de Forcadel à une époque différente de celle que Forcadel indique lui-même dans ses ouvrages (46). Il est du moins très-probable que M. Jamme n'avait pas ainsi qu'il le dit (page 5), vérifié l'arrêt de 1554 (*ci-dev. nº 2, p.* 487) sur les registres du parlement, et que quoiqu'il y joigne des guillemets, il a tout simplement copié dans La Faille le fragment qu'il en rapporte. En effet, d'une part, il n'en donne que les mêmes lignes; de l'autre, il y a commis les mêmes fautes que La Faille en appelant le quatrième candidat, *Ponisson* au lieu de *Pomisson*, et en qualifiant Rossel de *professeur* au lieu de *docteur-régent*, ce qui était alors le terme technique. Enfin, il est même moins exact que La Faille, puisqu'il y appelle le rival de Cujas, *Forcadel*, et non pas *Forcatel*, comme l'arrêt et l'annaliste.

8. Quoiqu'il en soit, dès que Cujas abandonna pour toujours Toulouse, sept mois après l'ouverture du concours, et alla prendre une chaire à Cahors, il est bien évident qu'il avait au moins de fortes raisons de craindre un revers; car eût-il légèrement renoncé à sa patrie et à une académie alors très-florissante (47), pour s'établir loin de sa famille, de ses propriétés et de ses amis, dans une petite ville

(46) MM. Hélyot, n. 3, et Jamme, p. 13, assurent que Forcadel fut nommé le 7 septembre 1556, et le dernier avance hardiment que cela est convenu et prouvé. Cependant Forcadel fixe sa promotion au 9 février de la même année. — Voy. *id. Henrico III*, etc. *relata gratia*, Paris, 1579, f. 79 (*bibl. Grenob.*, n. 19303).

(47) Jean de Coras y avait, en 1554, 4000 auditeurs, selon Maynard (arrêts, édit. de 1628, in-f., p. 506), et 2000, *plus minùs*, selon Usilius *vita Corasii*, jointe à l'édition des œuvres de Coras, 1603, t. 1). Quoique cette extrême différence entre leurs récits, montre le peu d'exactitude de ces auteurs, on doit au moins admettre que le nombre des élèves de l'Université était fort considérable.

où il n'y avait aucun établissement public qui approchât de l'importance de ceux de Toulouse ?

9. MM. Hélyot et Jamme ont senti qu'il fallait chercher quelque motif raisonnable à ce départ si précipité, et à cette abdication de patrie, si étrange (48). Ils pensent en trouver une explication dans les menées d'un compétiteur de Cujas, Martin Roussel, qui travaillait, disent-ils (nº 6, et p. 26), à obtenir, par un brevet de la cour, la chaire que Cujas voulait disputer, ce qui dut dégoûter celui-ci de persister dans son projet (49).

Mais outre qu'ils ne fondent leur récit sur aucune espèce d'autorité, il paraît inconciliable avec trois circonstances particulières.

En premier lieu, Roussel vint bien à Paris, mais probablement vers l'époque où le départ de Cujas était décidé, et peut-être effectué (50), et ce fut pour prendre une attestation de l'université de la capitale, sur les règles à observer dans les concours, et sur le droit que les professeurs prétendaient avoir, d'en être les seuls juges, ce qu'il n'eût point fait, s'il eût cherché à être nommé directement par le ministère.

En second lieu, il paraît certain, d'après le rapport d'Edmond Mérille, confirmé indirectement par Alexandre Scot, que Jean Bodin, alors étudiant en droit à Toulouse, et ennemi de Cujas,

(48) M. Hélyot (n. 6) avoue que Cujas résista toujours aux vives instances de sa patrie. Au reste, nous en citons ci-après des exemples. — Voy. *la lettre de Cujas et la note* 60, *ci-après*, *p.* 504.

(49) *Voy.* ci après, note 69, une autre explication donnée par M. Jamme, et tout aussi peu fondée que celle-ci.

(50) C'est vers le 1er novembre 1554, que Cujas quitta Toulouse, et c'est le 13 du même mois que Roussel se présenta à la Faculté de droit de Paris. Voy. *ses registres mss.*, *d. ann.*, *f.* 205 *à* 207.

s'était mis à la tête d'un parti qui cherchait à écarter ce grand jurisconsulte pour lui faire préférer Forcadel, et l'on ajoute qu'il y parvint (51). Or, cela serait encore inexplicable, si le départ de Cujas n'avait été déterminé que par la crainte des intrigues de Roussel auprès de la cour.

Au contraire, la démarche de Roussel auprès de l'université de Paris, se concilie parfaitement avec ce que l'on rapporte des manœuvres de Bodin. A cette époque, les étudians avaient, dans quelques universités, le droit de prendre part aux nominations des professeurs (52). Il est probable que, lorsque Bodin eut réussi à faire écarter Cujas, Roussel dut chercher à diminuer l'influence des manœuvres auxquelles Bodin se livrait, en faveur de Forcadel, en prouvant, par l'attestation de la faculté de Paris, que les professeurs avaient seuls le droit de juger les concours; et ceci nous explique aussi pourquoi, après le départ de Cujas, on retarda, pendant plus d'une année, la nouvelle ouverture du concours: les professeurs voulaient sans doute attendre des circonstances où ils pussent plus facilement faire valoir leurs prétentions (53).

(51) *Voy.* Mérille, *dissertat.* avant ses *Variantium*, c. 3, p. 7.

Scot, *de controversis Cujacii sententiis*, in pr. (dans l'édition de Cujas de 1614, t. I, et dans le *promptuarium Cujacii*, II, 6), divise les ennemis de Cujas en trois ordres. Il décrit ainsi ceux du premier: *Alii insitâ sibi ab adolescentiâ consuetudine reprehendendi*.... plus loin, il ajoute: *in hoc (primo ordine) primus et quasi* PRINCEPS *occurrit Joannes Bodinus;* ces mots *ab adolescentiâ* rapprochés de *princeps*, nous semblent une confirmation tacite du récit de Mérille.

(52) « Les professeurs à Toulouse sont élus.... par le suffrage des autres docteurs-régens, et par les voix de quelques écoliers collégiés, qui sont nommés conseillers. » *Avertissement pour les docteurs-régens de Tholose, etc., contre les juges du présidial*, p. 29; Paris, 1582, bibl. Gren. n. 6300.

(53) Il paraît, par le passage rapporté à la note précédente, qu'ils

En troisième lieu, il résulte assez clairement du préambule de l'arrêt de 1554 rapporté ci-dev. p. 487, et omis par la Faille et Jammé, qu'après diverses discussions, le parlement avait déclaré vacante la chaire disputée par Roussel, Cujas, etc., et confirmé sa mise au concours. Pour admettre que Roussel se détermina à solliciter une nomination directe de la cour, il faudrait supposer qu'il put espérer que pour son simple intérêt, le ministère voudrait établir une lutte dangereuse avec une compagnie aussi puissante que le parlement de Toulouse, ce qui est contre toute vraisemblance ; et que lui-même ne craignait point non plus de lutter avec le parlement, ce qui n'est pas moins invraisemblable.

10. S'il restait maintenant quelques doutes sur l'insuffisance des motifs par lesquels MM. Hélyot et Jamme ont essayé de détruire une vérité consacrée par les témoignages les plus respectables des contemporains, élèves, amis, etc., de Cujas, le document précieux que nous allons rapporter les aurait bientôt dissipés.

Pour en comprendre l'importance, relativement à la question que nous examinons, il faut savoir qu'au mois de juin 1554, précisément au moment du concours où Cujas s'était présenté, Jacques du Faur, abbé de la Case-Dieu, président au parlement de Paris, et depuis ministre d'état, lui avait amené à Toulouse ses trois neveux, pour étudier sous lui, le droit qu'il enseignait en particulier, depuis 1547 (54). Le premier des neveux de l'abbé,

échouèrent. Cela nous explique pourquoi Forcadel, soutenu par Bodin et son parti, l'emporta sur Roussel, en 1556, comme il l'avait emporté, au moins tacitement sur Cujas, en 1554.

(54) Voy. *Vie de Loysel*, p. viij et ix.

était Pierre du Faur de Saint-Jorry, l'un des plus grands jurisconsultes et magistrats du 16e siècle, mort dans la suite, premier président au parlement de Toulouse (55). Saint-Jorry ne quitta plus Cujas, même dans ses transmigrations à Cahors et à Bourges (56) ; il fut donc témoin de tous les faits qui se passèrent à Toulouse dans l'été de 1554, relativement à la postulation de la chaire désirée par Cujas. Il est donc clair que, lorsque ce dernier eut l'occasion de lui rappeler dans la suite quelques-uns des mêmes faits, il se serait bien gardé de les lui citer avec inexactitude.

Cette occasion se présenta au bout de 24 ans, en 1578, lorsque Cujas était professeur-doyen de l'université de Bourges, place avec laquelle on l'avait autorisé à conserver une charge de conseiller au parlement de Grenoble (57). Une régence ou chaire de droit civil ayant vaqué à Toulouse (58), Saint-Jorry, alors président au parlement de cette ville, lui écrivit, avec l'agrément du premier président et d'autres notables, pour la lui proposer. Voici la réponse de Cujas dont un hasard heureux nous a procuré l'autographe (59).

(55) *Voy.* ci-dev. §. 6, n. 3, p. 474.

(56) *Voy.* d. §. 6, et d. n. 3.

(57) *Voy.* ci-dev., p. 406.

(58) Il serait plaisant que ce fût la chaire de Forcadel. Cela est même fort possible. Dans l'épître dédicatoire de son *Prometheus*, publié par son fils Pierre, épître datée du 23 juillet 1578 (l'année n'y est pas, mais c'est évidemment 1578, puisqu'on annonce à la fin que l'impression a été achevée le 24 juillet 1578), Pierre se plaint de la mort prématurée de son père. Pour peu que l'impression ait duré, cette mort doit avoir eu lieu au plutôt vers le printemps précédent. — Voy. *Prometheus*, etc. Paris, 1578, in-12, bibl. de Grenob., n. 19331. — Mais voyez toutefois ci-après, note 60.

(59) Elle était attachée à un exemplaire des œuvres de Cujas appartenant à M. Perreton, savant avocat et ancien magistrat à Grenoble

Monsieur, je commencerai par ce que dit feu M. de la Case-Dieu, votre oncle, à mon départ de Toulouse en bonne compagnie, QUEM PRESENTEM CONTEMPSITIS ABSENTEM REQUIRETIS..... *Cela est advenu* (60), *et plût à Dieu que néanmoins je pusse en cela vous complaire, à vous et à Monseigneur le premier président, et tous ceux qui ont le même désir, et qui m'en interpellent. Mais je ne puis aucunement quitter les commodités que j'ai ici, qui sont infinies, pour une simple régence de Toulouse. Ce serait me reculer au lieu de m'avancer, et un œuvre non d'un homme chenu tel que je suis, mais je vous laisse à penser de qui. La ville de Toulouse n'aurait garde de me loger et bailler les 2000 liv. que j'ai ici, ni de me défrayer pour mon voyage, ni pour la conduite de mes meubles, ce que les Berruyers ont fait, et tous ceux qui m'ont voulu avoir. Et l'université à peine m'élirait-elle, ou quand elle le ferait, elle n'aurait garde de me faire doyen, comme je suis ici, tous les docteurs m'ayant cédé leur antiquité, comme aussi requiert le seul respect de l'état que le Roi m'a donné en une Cour souveraine. J'ai plusieurs autres raisons qui m'en détournent, que je tairai pour le présent. Mais je vous sais bien fort bon gré, et vous remercie très-humblement de votre bonne volonté. Il me semble que*

à qui nous nous empressons de réitérer notre reconnaissance pour le don qu'il a bien voulu nous en faire... (cette lettre a été mise sous les yeux de la société royale des antiquaires).

(60) Ceci est une allusion à une offre qui avait été faite, dès l'an 1577, à Cujas, par l'intermédiaire de Roaldès, à qui Duranti, alors avocat-général à Toulouse, écrivit qu'il y avait à l'Université deux chaires de droit canonique et civil, vacantes : l'une pour Roaldès, et l'autre pour son ami M. *Cujaus* (extrait des *Chroniques mss. du Quercy*, par Fouillac, fait et communiqué par M. de la Coste, proviseur du collége de Cahors).

Monsr. Maran (61) serait très-propre à cette charge, et mieux encore Monsr. Roaldès, si vous le pouviez avoir. Mais je me doute fort qu'aussitôt aurez-vous moins que lui (62). Graviores causas nolo dicere. Et sur ce

Monsieur, je me recommanderai bien humblement à votre bonne grâce, et prierai Dieu vous donner la sienne très-sainte.

De Bourges, ce 25 mars 1578.

(Adresse au revers.) *A Monsieur Monsieur de Saint-Jorry, président en la Cour de Parlement de Toulouse. A Toulouse.*

Votre Serviteur bien humble,

JACQUES CUJAS (63).

(61) C'est l'élève dont on a parlé ci-devant, p.460, n. 4.

(62) Roaldès, intime ami de Cujas, et précédemment professeur avec lui à Valence (voy. *regist. mss. des approbat. de l'univ. de Valence*, de 1571 à 1575), l'était alors à Cahors. — Voy. *mss. de Fouillac, déjà cité et ci-apr.*, §. 22, *n.* 2.

Il paraît que le pronostic de Cujas se vérifia, au moins pour quelque temps. En effet, le 6 octobre de la même année 1578, Roaldès, voyageant dans le Rouergue depuis deux mois, écrivait qu'il allait retourner à Cahors, où il espérait avoir des nouvelles de Cujas, *résolu*, dit-il, *de faire tout ce que Cujas* VOUDRAIT *qu'il fît*, ce qui est une allusion assez claire à la proposition de prendre une chaire à Toulouse (voy. *sa lettre aux mss. Dupuy*, bibl. roy., vol. 700, n. 43).

Il accepta cette proposition dans la suite, sur les instances de son ami Duranti; mais Fouillac (*mss.* déjà cité) n'indique pas précisément à quelle époque. Nous présumerions, d'après diverses circonstances, que c'est en 1581, ou au bout de trois ans: 1° Fouillac attribue ces instances au premier président Duranti, et Duranti ne fut pourvu de cette charge qu'en 1581 (v. D. de Vienne, *hist. de Languedoc*, t. 5, p. 388). 2° Il annonce que Roaldès accompagna Antoine Hébrard de Saint-Sulpice, évêque de Cahors, dans son voyage à Rome. Or, ce voyage, que Fouillac dit avoir été fort long, n'eut lieu qu'en 1579, d'après le *Gallia christiana*, t. 1, p. 149, et ne commença qu'au mois de septembre, d'après une lettre de Roaldès, sans année, mais datée du 11 du même mois. (voy. *mss. Dupuy*, vol. 700, n. 52). Il est donc probable que Roaldès ne fut de retour à Cahors qu'à la fin de 1580; de sorte qu'il ne put guère recevoir et accepter les offres de Duranti que l'année suivante.

(63) A la suite est un *post-scriptum*, que nous rapporterons pour donner une idée de l'humeur joviale de ce grand jurisconsulte.

MONSIEUR, *je loue Dieu de ce qu'il vous a donné un mâle. Ce sera quelque chose de bon, puisque vous y avez si long-temps pensé.*

Rien, sans doute, de plus décisif pour notre question, que les expressions *presentem* CONTEMPSISTIS.... *Cela est advenu.... l'université à peine m'élirait-elle..., j'ai plusieurs autres raisons que je tairai pour le présent.... graviores causas nolo dicere....* On en sent toute l'énergie en les rapprochant, soit les unes des autres, soit de ce que nous avons rapporté des intrigues de Bodin, et surtout en considérant que l'homme qui, en 1578, craignait de ne pas être élu même simple professeur par l'université de Toulouse, était, depuis plusieurs années, regardé comme le premier jurisconsulte du monde (64). Il en résulte jusqu'à l'évidence, que Cujas ne fut pas simplement *négligé*, mais éprouva un échec humiliant (65).

11. Quelles en furent la nature et les circonstances? C'est ce qu'aucun document ne nous indique. On en est réduit sur ce point à former de pures conjectures, et nous allons, mais avec défiance, présenter les nôtres.

Nous croyons d'abord certain, d'après tout ce que nous avons dit, et notamment des manœuvres de Bodin, qu'il y eut plusieurs épreuves du concours pendant l'été de 1554. Un passage d'une épître adressée par Jean Amariton à Cujas son professeur, le 1er novembre suivant (66), nous con-

(64) *Voy.* ci-dev. p. 454, note 324.

(65) On vient de voir que le président de la Case-Dieu ne dit pas simplement *neglexistis*, mais *contempsistis*, terme bien autrement expressif, tout comme le reproche est également bien plus grave dans sa bouche que dans celle de Cujas. Ainsi, lorsque Automne et Paul de Valles (et d'après eux sans doute, les biographes modernes censurés par MM. Hélyot et Jamme) se sont trompés sur le texte et sur l'auteur du reproche, ce n'est certainement pas au désavantage de Toulouse.

(66) *Voy.* Amariton, *épître dédicat. des notes d'Ulpien*, au t. 1er des OEuvres de Cujas, édit. de Fabrot et de Naples.

ferme dans cette idée et fortifie aussi les conséquences que nous avons tirées de la lettre de Cujas au président de Saint-Jorry. Amariton y rappelle à Cujas les disputes qu'il a soutenues les mois précédens sur des questions difficiles, avec admiration de ses partisans : *non sine admiratione tuorum disputasti.* Il termine par l'exhorter à fonder sa réputation sur l'impression de ses ouvrages, plutôt que sur un professorat nécessairement de courte durée, *non ad exigui temporis prædicationem* : et il lui rapporte, à l'appui de son exhortation, six vers latins, dont le sens est que les ouvrages de l'esprit nous font survivre en partie à notre destruction, et que ce sont les seuls monumens qui ne meurent point.

Pigra per has fugies, ingratæ flumina lethes :
Et meliore tui parte superstes eris.
Marmora Messalæ scindit caprificus et audax
Dimidios Crispi mulio ridet equos.
At chartis nec furta nocent, nec sæcula præsunt,
Solaque non nôrunt hæc monumenta mori (67).

Il nous paraît clair que la phrase *non sine admiratione tuorum disputasti*, indique des thèses ou argumentations de concours où Cujas obtint l'approbation des élèves de son parti, et sans doute aussi la désapprobation des partisans de Forcadel (68); que

(67) Cette épigramme, dont Amariton n'indique pas l'auteur, est la 2e du liv. 10 de Martial.

(68) Un passage de Forcadel vient à l'appui de celui d'Amariton. Après avoir raconté dans son *Henrico tertio* (*Voy.* ci-dev. note 46, p. 499), f. 48, que dans sa jeunesse, en 1547, il parut à un concours, et après avoir donné des conseils à ceux qui entreprennent ces sortes de luttes, il ajoute, *ut tandem expertus sum* INSEQUENTE *triduanâ* DISCEPTATIONE, *pro hâc fonctione juris quam sustineo.* Il y eut un grand succès, dit-il, f. 85..... Ce qui fut le plus agréable à ses auditeurs, ce furent ses autorités, *nihil afferens non fultum jurisprudentûm testimonio.... ne no-*

l'exhortation finale de s'attacher à une publication d'ouvrages plutôt qu'à un professorat, est une consolation d'un revers que Cujas venait d'éprouver en postulant une chaire.

D'après ces diverses remarques, nous serions portés à présumer que, pendant quelques-unes des séances du concours, les juges, mus par les intrigues de Bodin, ou entraînés par les signes désapprobatifs de ses partisans, manifestèrent assez clairement leur opinion pour que Cujas ne pût douter qu'il échouerait, et qu'en conséquence, il se décida à abandonner le concours, et à accepter la chaire qu'on lui offrait à Cahors (69).

---

vitatis studio, dux viderer potiùs opinionum vanissimarum, quàm assecla integerrimæ et usitatæ.

Les mots *insequente disceptatione* annoncent clairement le deuxième concours soutenu par Forcadel. Or, ce doit être celui où il parut en 1554, avec Cujas, et non pas celui de 1556, où il avait pour compétiteurs Roussel et autres Toulousains. Le système de ceux-ci était celui-là même que Forcadel adopta, et qui consistait à fonder les décisions de droit, non sur la loi et la raison, mais sur l'autorité des commentateurs (*voy. ci-apr.*, §. 20); tandis que Cujas suivait une marche entièrement différente. Les mots *novitatis studiò dux vanissimarum opinionum* ne sauraient concerner les docteurs Toulousains; tandis que, dans leur système, ils s'appliquaient parfaitement à Cujas.

(69) Il y a quelque incertitude sur l'époque précise du départ de Cujas pour Cahors. Dans la vie de Loisel (p. ix), on dit qu'il suivit Cujas à Cahors, au mois d'octobre 1554, avec les jeunes du Faur et quelques autres écoliers; tandis que l'Epître dédicatoire d'Amariton, citée à la note 66, et la réponse de Cujas, mise à la fin de l'ouvrage dédié, sont datées de Toulouse, aux calendes, ou 1er de novembre. Ou Loisel s'est trompé de mois, ce qui a pu facilement arriver, si Cujas est parti l'un des premiers jours de novembre, ou bien l'éditeur de l'Epître d'Amariton et de la réponse de Cujas, aura omis quelque chiffre placé dans leur original avant le signe *kal.* (calendes) de novembre, ce qui reporterait leur date aux derniers jours d'octobre.

Nous avions d'abord penché pour cette dernière opinion, parce qu'elle s'accorde mieux, soit avec le récit de Loisel, soit avec la circonstance que le séjour de Cujas à Cahors dut être fort long, puisque Loisel (*voy.* ib., p. x) y écrivit trois volumes de ses leçons, soit avec le voyage de Roussel (*voy.* ci-dev. p. 500) à Paris. Cependant, comme dans les éditions

12. Quoi qu'il en soit, que les choses se soient passées de cette façon ou de toute autre, il faut nécessairement supposer l'emploi d'une intrigue bien puissante ou bien adroite, pour qu'on ait pu se décider à écarter Cujas, et à placer au bout de peu de temps, dans la chaire qu'il postulait, un homme qui, sous aucun rapport, ne pouvait lui être comparé.

Cujas, sans doute, à l'époque où il échoua, n'occupait point, dans la jurisprudence, ni à beaucoup près, le rang qu'il y obtint dans la suite, puisqu'il n'avait point encore publié d'ouvrages; mais il jouissait déjà, MM. Helyot (p. 6) et Jamme (p. 10) en conviennent d'ailleurs, d'une très-haute réputation, puisque, cinq ans auparavant, on lui avait dédié un ouvrage où on le qualifiait de *doctissimus*

anciennes de Cujas, revues par lui-même, et que nous avons vérifiées depuis, telles que celles de 1556, 1559 (voy. *ci-dev.* §. 5, *n. viij, xiij et xxiij, p.* 466, 467 *et* 470) et 1577, sa réponse est toujours datée des calendes de novembre, il est probable que Loisel se sera trompé de mois.

Quoi qu'il en soit, on pressent déjà que Cujas ne fut point appelé en même temps à Cahors et à Bourges, comme le disent MM. Helyot (n. VI) et Jamme (p. 26). Ce dernier regardant toutefois ce point de fait comme incontestable, en argumente, pour donner une seconde explication plausible (voy. *la première*, *ci-dev. p.* 500) au départ précipité de Cujas. Notre jurisconsulte put être séduit, selon M. Jamme, par l'offre d'une chaire dans une académie déjà illustrée par Alciat, Boyer et Rebuffe (ils ont été en effet professeurs de droit civil à Bourges); et c'est sans doute afin d'appuyer son explication, qu'il est entré dans de grands détails (p. 12 à 16) pour établir que Cujas n'avait fait que passer à Cahors, et qu'il enseignait déjà à Bourges avant la fin de 1554.

Mais cette explication ne repose que sur une supposition fausse; car c'est seulement dans l'été de 1555, au bout de huit ou neuf mois, que Cujas fut appelé à Bourges. Cela résulte d'une lettre du 21 juillet de cette année, par laquelle l'Hopital donna avis au conseil municipal de Bourges, que la duchesse de Berri avait proposé à Cujas de venir y occuper la chaire vacante par le départ de Baudoin (voy. *répertoire manuscrit des délibérations de cette ville*); et c'est à l'occasion de cet avis que Doneau écrivit à l'Hopital la lettre à laquelle celui-ci fit, le 3 août suivant, une réponse qu'on a imprimée dans les Opuscules posthumes de Doneau (*Hanoviæ*, 1604), p. 268 et 269.

jurisconsultus et de *decor hujus ætatis eruditorum* (70); et que des magistrats et autres personnages distingués de villes très-éloignées, nous l'avons déjà remarqué (71), envoyaient leurs enfans à ses cours, où se rendaient même des professeurs de la capitale (72). D'autre part, son rival heureux, Forcadel, n'était connu que par des livres dont la rédaction était assez en harmonie avec les titres bizarres dont il les décorait; tels que *Necyomantia jurisperiti, sive occulta jurisprudentia; Cupido jurisperitus; Penus juris civilis; Aviarium juris civilis; Sphera legalis*, etc. (73). Il ne s'y montrait point, il est vrai, dépourvu d'érudition, mais il y faisait, en général, preuve d'un défaut complet de logique, de méthode, de tact, de discussion et de sagacité.

Nous pourrions en citer facilement de nombreux exemples (74) : il suffira de rapporter ce qu'en pen-

(70) Ce sont les expressions de Jean Raimond dans la dédicace de se *Epistolæ legales*. — *Voy. ci-dev. p.* 378, *et ci-apr.*, §. 20.

(71) *Voy.* ci-dev., d. p. 378; et le §. 6, p. 474.

(72) Tels que Jean Amariton. — *Voy.* dd. p. 378 et 474.

(73) Nous avons parcouru les OEuvres de Forcadel, publiées par Pierre son fils, en 1595 (in-fol., Paris), et les éditions anciennes et séparées de plusieurs de ses opuscules, tels que la Nécyomantie (1588), le Cupido et l'Epître aux calomniateurs (1553), l'explication du titre des servitudes, et les traités de Morâ et de Collatione bonorum (1578), l'Herrico tertio (1579), le Prometheus (1578). Plusieurs de ces opuscules ne sont pas dans les œuvres publiées en 1595; mais la Nécyomantie y est augmentée de vingt-cinq chapitres.

(74) Ainsi, dans la Nécyomantie, qui est un recueil de dialogues, dont les sujets n'ont aucun rapport à ce mot, il introduit pour interlocuteurs, Papinien, Julien, Caius, et autres jurisconsultes du deuxième siècle, et leur fait porter des jugemens sur Bartole, et autres interprètes postérieurs de dix ou douze siècles. — *Voy. entr'autres id., dial.* 62, p. 144, *édit.* 1588.

Ainsi, au sujet du précepte judicieux (*L.* 3, *D. de legib.*) qu'il ne faut faire des lois que pour les faits les plus communs, il prétend qu'on est encore plus louable, lorsqu'on s'occupe des faits extraordinaires; et à cette occasion, il examine avec beaucoup de détails et de citations,

sait un des plus grands jurisconsultes des 16e et 17e siècles, Antoine Mornac, qui avait pris la peine de méditer les œuvres de Forcadel. *Prætermitto*, dit-il, *inanes, futiles, ridendasque Forcatuli Necyomantias....* (quas) *legi ac relegi...* (sed) *reperi inanes verborum sonos, ridiculaque, seu de larvis, ac mortuis somnia. Pudor equidem Palladiæ Tolosæ, antepositum olim in scholâ ità celebri, tam ineptum Ardelionem, incomparabili Cujacio* (75).

13. Mais ce jugement par lequel nous terminerons cette discussion déjà trop longue, nous semble trop rigoureux, en ce qu'à l'imitation de Pierre Pithou, du président de Thou, de Gabriel Duval et autres, il fait porter sur la ville de Toulouse, en masse, un reproche que méritèrent seulement les personnages qui prirent part aux intrigues par lesquelles Cujas fut écarté, et dont elle put être fort innocente. Le soin qu'elle a eu d'élever une statue à Cujas, prouve qu'elle sait rendre justice au mérite

si un homme qui ressuscite, tel que Lazare ou autre, pourrait recouvrer ses biens. — Voy. *comment. in tit. de justit. et j.*, *in oper.*, part. *ij*, p. 48 et 50, n. 7.

Au reste, si l'on veut voir un chef-d'œuvre de galimatias, on n'a qu'à parcourir son Henrico, ou Herrico tertio. — Voy. *aussi* ci-apr., §. 20, note 1.

(75) *Voy.* Mornac ad L. ult. C. de jure emphyt. (IV, 66), dans son Code, édit. 1627, p. 351.

Bitschius, professeur à Strasbourg au commencement du 17e siècle, examinant une des discussions de la Nécyomantie, en porte à peu près le même jugement : *Id totum frigidum est*, dit-il, dans son traité *de thesauris*, part. 1, n. 62, *edit.* 1624, *bibl. Grenob.*, n. 6158.

M. Bernardi n'est pas moins sévère que Mornac envers Forcadel. Il analyse d'ailleurs (voy. *éloge de Cujas*, note 18, p. 104 *et suiv.*), à l'appui de son opinion, une dissertation de Forcadel, remarquable, dit-il avec raison, par l'excès de son ridicule. Le rival de Cujas s'y est efforcé de justifier la glose absurde où l'on rapporte (voy. *ci-dev. hist. du droit*, *p.* 291) le prétendu dialogue du sage et du fou.

et célébrer dignement les talens des grands hommes qu'elle a produits.

14. ADDITION.

Pendant que cette dissertation était sous presse (*a*), nous avons découvert une preuve, non moins décisive que les précédentes, de l'échec humiliant qu'éprouva Cujas. Nous l'avons puisée dans le témoignage formel d'un homme à portée d'en avoir bien connu les circonstances, et en même temps on ne peut plus impartial, puisqu'il était natif et habitant de Toulouse, et qu'il fut pendant trente-deux années professeur, et enfin doyen de la faculté de droit de cette ville (76) : il s'agit de Guillaume Maran, d'abord élève et successivement procureur fondé de Cujas pour les affaires qu'il avait dans sa patrie (77).

On va sans doute se récrier : comment concevoir en effet que Maran ait pu attester une semblable aventure, dès que c'est dans sa vie même, rédigée sur les mémoires de sa famille et sur ses ouvrages, par Bernard Médon, qu'on en a pour la première fois nié l'existence? (78).... Il faudrait donc suppo-

(*a*) Pour la *Thémis*, au printemps de 1820.

(76) Voy. *vitâ Marani*, par Médon, p. ix, et l'épigraphe de son portrait joint à cet ouvrage.

L'épigraphe lui donne même trente-huit années de professorat; mais c'est probablement une faute d'impression, puisque dans sa Vie (d. p. ix), on fixe sa promotion à l'an 1589, et qu'il mourut en 1621. Au reste, il avait d'abord été avocat à Toulouse pendant plusieurs années. — Voy. *ib*, *p. vj*.

(77) *Voy* ci-dev., p. 494, et note 33, ibid.

(78) *Voy*. ci-dev., p. 484, et note 6, ibid.

La Vie de Maran n'ayant point de date, nous avons cherché dans la note 6, à déterminer l'époque où elle parut, d'après celle de la publication des OEuvres de Maran auxquelles elle est jointe, parce que Médon y cite les *Tractatus varii*, qui font partie de cette édition, comme s'imprimant dans le temps même où il s'occupe de la vie de l'auteur. Les deux premiers volumes de l'exemplaire des OEuvres de

ser aussi, contre toute vraisemblance, qu'on aurait osé supprimer l'ouvrage où Maran s'expliquait sur cette aventure, afin d'empêcher qu'on ne l'opposât dans la suite à ceux qui la niaient.

C'est précisément ce qui est arrivé. En publiant, vers 1670 (79) les œuvres de Maran, à Toulouse, chez l'imprimeur de l'Académie, on a inséré au premier volume son discours de *Rectâ juris docendi ratione*, qui avait été publié pour la première fois en 1615 (80); mais on a supprimé les deux épîtres préliminaires, dont la première, adressée *ad amplissimum Senatum Tolosanum*, est cependant indiquée dans le frontispice de l'ouvrage.

Maran y observe d'abord (pag. 5), que dans un état, *in professoribus deligendis, nihil gratiæ, nihil ambitioni, nihil amicitiæ, nihil necessitudini, nihil mutuis officiis, nihil delinimentis, nihil propriis commodis, sine magno scelere dari potest;* en un mot, qu'agir différemment c'est un crime envers tout l'état.

Res sacræ, poursuit-il (pag. 6), *religiosæ et sanctæ divini juris sunt, non in bonis cujusquam; et*

Maran qui est à la bibliothèque de Grenoble, sont datés de 1671, et le troisième, qui contient les *Tractatus varii*, de 1672. Nous avons trouvé depuis un exemplaire, celui de la Faculté de droit de Paris, où le frontispice du premier volume est daté de 1667, et celui du troisième de 1671. Mais la date du premier est évidemment supposée; car on n'a fait que réimprimer un frontispice pour une ancienne édition des Paratitles de Maran, ainsi qu'on le reconnaît, en comparant cette ancienne édition, qui est aussi à la bibliothèque de la Faculté, avec la prétendue édition de 1667.

Dans toutes les hypothèses, la composition de la Vie de Maran, ne peut être reportée au plus tard qu'à 1671, c'est-à-dire, à soixante-dixneuf ans après la mort de Cujas, puisque les *Tractatus varii* parurent aussi au plus tard la même année.

(79) *Voy.* la note précédente.

(80) In-8°, Toulouse, chez Colomier, imprimeur de l'Académie; Biblioth. royale, E, 2308.

est quidem res sanctissima docendi professio : quam si quis in competitione, non omnium optimè merito, et dignissimo, detulerit, sacrilegium admittit.... Et certè, dit-il enfin (pag. 7), *nullum est tam dirum, horrendumve carmen, quo eorum factum scelestissimum execrari et devovere pro dignitate Tolosa unquam possit, qui pari fraude et malignitate, lectissimam illam, ac facundissimam et quod acerbiùs est patricinam, indigenamque* CUJACII SEMENTEM, TECTOSAGUM AGRO OLIM INVIDERUNT : *urbique immerenti*, GOTHICÆ *cognomen pro* PALLADIA, *privato suo scelere asciverunt.*

Ce texte n'a besoin d'aucun commentaire. Il est inutile d'observer que si l'aventure contre laquelle Maran se récrie avec une espèce d'horreur, eût été supposée, il n'aurait pas adressé ses plaintes au parlement de Toulouse lui-même, et confié au propre libraire de l'université le soin de les publier; et surtout les Toulousains n'auraient pas attendu cinquante-cinq ans (de 1615 à 1670), pour essayer au moins d'en montrer le peu de fondement.

§. VIII. *Eclaircissemens sur l'Ecole de Turin, sur le professorat de Cujas dans cette ville, son voyage à Venise, et une erreur du Scaligerana.*

1. On a vu (*p.* 389) que l'université de Turin, transférée, pendant les guerres du 16e siècle, à Mondovi, fut ensuite rétablie dans la première ville. Tiraboschi et M. le baron Vernazza (*v. l'ouvrage cité à d. p.* 389, *note* 82), sont dans l'incertitude sur l'époque de ce rétablissement. Un auteur italien cité par Tiraboschi (*ib. p.* 123), le fixe à 1562; un autre à 1566; enfin M. Vernazza (*ib.*

p. 121) semble le reculer jusqu'au mois de novembre 1566. Une note manuscrite de Pierre de Mornyeu, élève de Govéa, que nous avons rapportée ailleurs (*hist. de l'univ. de Grenoble, note* 74), doit lever tous les doutes sur ce point. Il y est dit que Govéa mourut à Turin, le 5 mars 1566, *magno cum mærore discipulorum.* Govéa y enseignait donc, et par conséquent la faculté de droit de Mondovi y avait déjà été tranférée, puisque en 1565 Govéa en faisait partie (*v. d. p.* 121); et Mornyeu n'a pas mis sa date d'après l'ancien style, ce qui reporterait la mort de Govéa au 5 mars 1567, parce qu'après cet événement, il vint prendre son doctorat à Valence, le 30 mai 1566. — *V. reg. mss. approb. de Valence.*

On a également vu (*p.* 390), qu'après cet événement, Marguerite appela Cujas à la chaire de Govéa et lui fit donner le titre de conseiller du duc de Savoie, dont avait aussi été décoré Govéa, ainsi que le note Tiraboschi, *d. p.* 121. A l'égard de Cujas, nous en trouvons la preuve dans un rescrit précieux inédit, et dont nous devons la communication à l'obligeance (*lettre du* 10 *mars* 1819) de M. le baron Vernazza, qui l'a puisé dans les archives royales de Turin. En voici un fragment.

Emmanuel Filiberto, al magnifico tresorière di nostra camera, etc.

Hauendo noi stabilito al magnifico nostro consiglière et lettore in legi ciuili nella nostra uniuersità messer Giacomo CUIASSIO *la summa de scuti seicento di tre liure nostre l'uno ogn' anno per suo ordinario trattenimento; et uolendo ch' egli ne sia pagato, v' ordiniamo c' habbiate da pagar od assignar et far pagar al detto Giacomo* CUIASSIO *la predetta summa de scudi seicento ogn' anno a cominciare dal primo d'ottobre prossimamente passato et continoare a nostro bene placito, etc.... Che tal è nostra mente. Dat in Torino, alli 28 di nouembre 66.*

M. Vernazza (*d. lettre*) croit que Masson se trompe lorsqu'il avance (*vie de Cujas*) que Cujas fut conseiller au sénat de Piémont ; il présume qu'on lui offrit seulement cette charge.

3. La demande et l'obtention de l'agrément de l'Hopital dont nous parlons ensuite (*p.* 391), résultent de deux lettres de Cujas, des 17 avril et 20 août 1566, mss. Dupuy, vol. 700, nos 37 et 34.

L'année n'est point indiquée dans la date de ces lettres, non plus que dans celle du 15 septembre citée à note 84, p. 390; mais indépendamment d'une foule d'autres preuves que nous avons consignées sur nos copies, le rescrit précédent d'Emmanuel Philibert et les délibérations de Valence, que nous citerons bientôt, fixent le voyage et le séjour de Cujas à Turin, entre le mois de septembre 1566, et le mois de septembre 1567, et par conséquent toutes les lettres où il est question de son voyage *prochain*, sont de l'année 1566.

La lettre du 17 avril parle à la vérité de Valence; mais on reconnaît bientôt que c'est une inadvertance de Cujas, lorsque l'on compare ce qu'il y dit de l'espoir d'obtenir l'agrément du chancelier, avec l'obtention de cet agrément énonçée dans la lettre du 20 août. Si l'on compare aussi la date de cette lettre avec l'époque de la mort de Govéa (5 mars), on reconnaît également que Marguerite ouvrit aussitôt après, sa négociation avec Cujas.

4. On voit que nous attribuons à Marguerite la principale influence dans la négociation, à la suite de

laquelle Cujas quitta la France, tandisque Papyre Masson ne parle que d'Emmanuel-Philibert. Mais cette influence résulte clairement des lettres citées, et entr'autres de celles des 20 août (nº 34) et 15 septembre (nº 32). Dans la première, en effet, il dit : « Le receveur de *Madame*, doit m'apporter 200 écus « pour mon voyage de Turin. » Et dans la deuxième : « Ce que j'y trouve de meilleur (dans ce voyage), « c'est qu'en cette sorte je me montre obéissant à « *Madame*. »

5. M. le baron Vernazza (lettre déjà citée) doute que Cujas ait professé à Turin : il ne croit pas que le rescrit d'Emmanuel-Philibert (v. *nº* 2) en soit une preuve suffisante. Nous ne saurions partager l'opinion de ce savant respectable.

1º Le rescrit est daté du 28 novembre, et le duc y donne, en termes formels à Cujas, le titre de professeur dans son université. Or, d'après M. Vernazza lui-même (dans Tiraboschi, vij, 121), l'université de Turin dut ouvrir ses cours au 3 du même mois (nous avons vu au nº 1, p. 515, que ce fut même beaucoup plutôt). Comment concevoir que le duc eut donné, le 28 novembre, un pareil titre à Cujas, arrivé à Turin au moins au milieu d'octobre, si en effet il n'eût pas été en exercice?

2º L'énoncé du rescrit est confirmé par Papyre Masson, qui dit expressément que Cujas professa à Turin.

3º Enfin, ce qui lève tous les doutes, un professeur piémontais, Louis Vitalis, dans un traité (v. *id., lectionum variarum libri duo, au trésor d'Otton, ij*, 613 *et suivantes*) publié six ans à peine après le voyage de Cujas (l'épître rapportée, ibid., pag. 617, est du 6 juillet 1573 ; et Simon, *biblioth.*

du droit, *ij*, 313, ainsi que Lipenius, *i*, 758, citent d'ailleurs une édition de la même année, in 8°), affirme positivement (chap. 1, n° 11, p. 623) avoir étudié sous Cujas, à Turin : *Cujus legis sensum eleganter explicat Jac. Cujacius, præceptor meus, dum in* TAURINENSI GYMNASIO LEGES PROFITERETUR.

6. Pendant ce professorat, Cujas fit un voyage à Venise; soit, avons-nous dit, *p.* 390, pour voir les ambassadeurs Arnaud Ferrier, et Paul de Foix, soit pour visiter, chemin faisant, les bibliothèques et universités d'Italie.

7. Le premier point est constaté par les observations suivantes. Secousse (*acad. inscr.*, *xvij*, 641) nous apprend que Paul de Foix fut envoyé ambassadeur à Venise, peu de temps après son retour en France. Or, Paul de Foix était arrivé en France à la fin de 1565 (*d. p.* 641). C'est donc au commencement de 1566, qu'il alla à Venise. Mais Secousse (*ibid*) remarque qu'il y était encore en 1569, tout comme il observe, p. 657, que Ferrier y était encore en 1572. Par conséquent ces deux ambassadeurs se trouvaient à Venise dans l'été de 1567.

C'est précisément pendant cette saison que Cujas y fit son voyage, et un voyage assez court, ce qu'il importe d'établir. Remarquons auparavant, que selon toute apparence Ferrier et de Foix aidèrent Cujas à découvrir et se procurer les vingt-cinq livres des basiliques, dont il est question *ci-dev. note* 94, *p.* 392, *et ci-apr.* §. 13, *n°* 2.

8. Dans sa lettre du 7 août 1567 (v. *même note* 94 *et* §. 13), Cujas dit : « J'ai apporté de Venise les vingt-cinq livres, etc. » Ces expressions annoncent assez qu'il était arrivé de Venise depuis peu de temps, et nous allons voir qu'il fut de retour à Turin

avant le 24 juillet, et qu'il n'avait pu en partir avant le 1er juin.

En premier lieu, il était à Turin au milieu d'avril 1567, et il y attendit jusques au 5 mai, François Bullioud de Saint-Martin, procureur fondé et député du conseil municipal de Valence, qui ce jour-là passa avec lui une *conduite*, c'est-à-dire, un traité pour engager Cujas, comme professeur à l'université de cette ville. — V. *répert. mss. des délibérat. de Valence, au* 18 *avril* 1567, *et reg. mss. originaux de iid., aux* 26 *avril*, 19 *et* 22 *mai*.

En second lieu, Cujas dut y attendre encore l'avis que Saint-Martin avait à lui donner du parti que prendrait le conseil de Valence sur la ratification de la conduite du 5 mai ; et comme l'assemblée ne se tint que le 22 (v. *d. reg.*), il ne put recevoir cet avis qu'à la fin de mai.

Dans cette assemblée le conseil sursit la ratification de la conduite jusques à ce qu'il eût obtenu l'approbation de son évêque Montluc, alors à Paris, et jusques à ce que le procès de l'union de l'université de Grenoble fût jugé ; et il arrêta qu'on enverrait pour ces deux objets, et sur-le-champ, le même Saint-Martin à Paris. — V. *d. reg.*, *et notre hist. de l'université de Grenoble, vers la note* 99.

Informé de cette décision, Cujas dut penser qu'il avait assez de temps pour aller à Venise, et visiter, chemin faisant, diverses bibliothèques ou universités, telles que Pavie et Padoue. Il est donc probable qu'il partit pour Venise aux premiers jours de juin, et assurément ce ne fut pas plus tôt.

En troisième lieu, s'il avait le projet de faire un voyage de long cours, il fut obligé d'y renoncer. D'une part, dès l'arrivée de Saint-Martin à Paris,

Montluc donna non-seulement son approbation à la conduite, mais désirant avec ardeur de ramener Cujas à son université, il abandonna à la ville, pour tout le temps que Cujas y professerait, une pension annuelle de 200 livres qu'elle lui devait. — V. *d. reg.*, *délibérat. du* 11 *juin*, *et hist. de l'univ. de Grenoble.* — D'autre part, l'union de l'université de Grenoble à celle de Valence fut décidée le 6 juin, et sur la nouvelle que Saint-Martin en donna de Paris, le conseil délibéra le 6 juillet (v. *d. reg. mss.*) de ratifier la conduite du 5 mai, et d'envoyer à Cujas les cent écus promis pour son voyage. Il paraît que même avant cette époque, Saint-Martin avait informé directement Cujas, soit de l'arrêt d'union, soit de l'approbation de Montluc qui entraînait la ratification du conseil. Quoique il en soit, Cujas revint promptement en Piémont, puisque le messager qui lui porta les cent écus à Turin, était de retour à Valence avant le 1er août (v. *d. reg. mss.*, *au d. jour*), ce qui fait supposer que ce messager était reparti de Turin au moins le 24 juillet.

Il résulte de ces observations, que Cujas ne put consacrer à ce voyage de Turin à Venise, pendant lequel il visita plusieurs bibliothèques et universités, que le mois de juin et les vingt ou vingt-trois premiers jours de juillet.

9. Cela seul suffit pour démontrer la fausseté de l'anecdote rapportée au *Scaligerana secunda* (*édit. de Desmaiseaux*, 1740, *mot Hæretici*) sur le prétendu voyage fait par Cujas à Rome, voyage pendant lequel il y vit, dit-on, brûler vif un hérétique. Il est impossible que dans ce court espace de temps, et surtout faisant des séjours dans plusieurs villes, Cujas ait pu aller de Turin à Rome, et en revenir.

Une réflexion qu'on prête à Scaliger après avoir mis dans sa bouche le récit de ce fait, prouve d'ailleurs qu'il est controuvé. « Depuis les canons du « concile de Trente, dit-il, on ne brûle pas tout vif « à Rome. »

Mais d'une part, le concile de Trente avait été clos en 1563, et de l'autre Cujas vit pour la première fois l'Italie en 1566, ainsi qu'il le déclare dans la lettre du 15 septembre, déjà citée (« il y a « aussi une troisième commodité, que je verrai « l'Italie, *que* je n'avais encore *vue*, et les livres y « étant »); il n'avait donc pu être témoin du supplice d'un hérétique à Rome, avant 1563.

§. IX. *Eclaircissemens sur le service rendu par Cujas à Scaliger, après la Saint-Barthélemi.*

Chorier (*ij*, 649) dit expressément que Cujas sauva Scaliger et Bonnefoi. Cette assertion doit avoir d'autant plus de poids que Chorier, d'ailleurs écrivain et critique fort médiocre, est en général un historien très-exact, qu'il a travaillé sur des sources authentiques, qu'il a eu entr'autres à sa disposition le journal manuscrit du baron de Gordes, commandant du Dauphiné, qui s'illustra par une noble résistance aux ordres sanguinaires de la cour, et les mémoires manuscrits de François Joubert, juge-mage et l'un des examinateurs de l'université de Valence (1).

Au contraire, plusieurs modernes racontent que Scaliger n'était point à Valence lors de la Saint-Barthélemi; qu'il en apprit la nouvelle à Strasbourg où il s'était rendu pour joindre l'évêque Montluc,

(1) Chorier les cite fréquemment. — *Voir* entr'autres ses sommaires, t. 2, p. 521 et 550.

et l'accompagner en Pologne où cet ambassadeur était chargé de faire nommer roi, Henri III.

Après beaucoup de recherches, nous avons reconnu que cette dernière version est uniquement fondée sur un récit des auteurs des mémoires de l'état de France sous Charles IX (*édit. de* 1579, *t.* 1, *p.* 369); récit qu'ils avaient eux-mêmes puisé dans le discours publié par Jean Choysnin, en 1574, de ce qui s'était passé pour l'élection du roi de Pologne (in 8o, Paris, Chesneau).

Il ne s'agit donc que d'examiner si l'assertion de Choysnin mérite plus de confiance que le récit de Chorier fondé sur les mémoires des contemporains, notamment de Gordes et de Joubert, dont l'un, à raison de ses fonctions était directement informé de tout ce qui se passa à Valence après la Saint-Barthélemi, et l'autre en était le témoin oculaire (il a signé les thèses antérieures et postérieures. — V. *reg. mss. des approbat.*)..... Plusieurs observations dissiperont à cet égard, toute incertitude.

1. Choysnin était à Padoue avec Balagny, fils naturel de Montluc, lorsque celui-ci leur manda de se rendre en Pologne vers février 1572, pour sonder les esprits, avant la mort de Sigismond-Auguste à la place duquel on voulait faire élire Henri III. — V. *Choysnin, disc. au vrai, etc.*, *f.* 2.

2. Sigismond étant mort le 7 juillet, Balagny partit de Pologne à la fin de ce mois, et y laissa Choysnin (*ib.*, *f.* 9), qui resta dans la petite Pologne, et ne vit Montluc pour la première fois que le 10 décembre, parce que celui-ci arrivé en Pologne le 15 octobre, s'était arrêté long-temps sur les villes frontières pour ses premières négociations.

— V. *id.*, *f.* 9, 23, 25 *et surtout* 42, 47 *et* 48. — Voy. *aussi la Popelinière, hist. de France*, 1581, *liv.* 30, *f.* 85.

3. Sur ces entrefaites, la cour de Charles IX ayant eu avis de la mort de Sigismond (ce dont elle ne put guère être informée, vu la distance, que du 20 au 25 juillet), délibéra sur le parti qu'elle avait à prendre, et arrêta à la fin du même mois, d'envoyer un ambassadeur en Pologne. Au bout de quelques jours, et par conséquent au mois d'août, on choisit pour cet emploi, Montluc, qui accepta après quelque résistance, et demanda pour adjoint, Gilbert Malloc, conseiller au parlement de Grenoble, qui l'avait jadis accompagné dans des légations. — Voy. *Choysnin*, *f.* 14.

Montluc voulut aussi avoir pour aides, Charles de Leberon, abbé de Saint-Ruf, son neveu, et Joseph Scaliger, tous les deux résidans à Valence. Il leur écrivit ainsi qu'à Malloc de se rendre directement à Strasbourg, par où il devait passer, et de l'y attendre s'ils arrivaient avant lui.

4. Montluc partit de Paris le 17 août. Il tomba malade à Epernay, fut arrêté à Verdun, et ensuite relâché sur un ordre du roi daté du 5 septembre, de sorte qu'il n'arriva guère à Strasbourg que vers le 12 du même mois (V. *Choysnin*, *f.* 14 *à* 20). Il n'y trouva, ni Malloc, retenu chez lui par une maladie, ni l'abbé de Saint-Ruf, ni Scaliger. Ces deux derniers, dit Choysnin (*f.* 20), s'en retournèrent en Dauphiné, n'estimant pas que Montluc, en une telle *saison*, (c'est-à-dire, dans de telles circonstances), entreprendrait de passer par l'Allemagne (il y avait beaucoup de protestans). « Cela troubla grandement ledit sieur, étant frustré de

l'aide qu'il espérait de Malloc, de son neveu et de Scaliger. » — *D. f.* 20.

5. Depuis la réunion de Montluc à Choysnin, ils furent accablés d'affaires. On peut juger de leurs occupations, par la quantité de papier écrit en latin de la propre main de Montluc, qu'on n'évalue pas à moins de dix rames (*ib. f.* 64). A chaque instant il envoyait dans diverses villes quelques-uns des particuliers attachés à sa légation, tels que l'abbé d'Elbenne, le doyen de Die, Lansac, Balagny, depuis son retour en Pologne, et Choysnin lui-même, qu'il renvoya bientôt, ou dès le premier mai, en France. — V. *id.*, *f.* 69, 87 *et* 95.

Montluc n'arriva en France qu'au mois d'août suivant, avec les ambassadeurs de la diète. — Voy. *d'Aubigné, hist.*, *t.* 2, *liv.* 2, *ch.* 1, *p.* 664; *de Thou*, *ad ann.* 1573, *lib.* 56. — Il éprouva beaucoup de difficultés pour l'accomplissement de ce qu'il avait promis à la diète au nom de Henri III, et ses ennemis pour le priver du crédit qu'on devait naturellement, lui accorder en retour du succès qu'il avait obtenu dans cette négociation fort épineuse et entreprise au milieu des plus grands dangers, la présentèrent comme une opération extrêmement facile. — Voy. *ib.*, *f.* 87.

Charles IX ordonna alors à Montluc de « mettre par écrit le discours de toute sa négociation »; et Montluc se débarrassa de ce soin sur Choysnin, le chargeant de publier « ce qu'il avait recueilli tant de ses mémoires que de ceux des autres employés de l'ambassade. » — V. *id. f.* 87. — Ce travail fut terminé au mois de mars suivant (1574). — V. *épit dédicat. de id.*, *et avis de l'imprimeur*, *ibid.*

7. Plusieurs conséquences résultent de cette analyse exacte des faits.

En premier lieu, Choysnin n'a pu rien apprendre de ce qui arriva lors du passage de Montluc à Strasbourg, que par pur ouï-dire, et après un très-long intervalle de temps.

En second lieu, il vit si peu Montluc en Pologne, que celui-ci, absorbé d'ailleurs par les affaires les plus importantes, put fort bien ne pas entrer dans le récit détaillé des faits relatifs à ce passage.

En troisième lieu, lorsque Montluc le chargea de la relation de son ambassade, occupé uniquement de faire établir que ses négociations avaient été fort épineuses, il put n'attacher aucune importance aux détails du voyage qui l'avait précédé ; ou peut-être même rapporter ces détails à Choysnin en les lui présentant sous le point de vue qui concordait le mieux avec son but. Dans ce cas, la supposition que Leberon et Scaliger étaient venus à Strasbourg et en étaient repartis sans l'attendre, ni lui laisser aucun avis (chose si invraisemblable), remplissait parfaitement ses intentions.

En quatrième lieu, la manière dont Choysnin présente ce dernier événement, prouve même qu'il n'en avait pas été informé par Montluc. Il ajoute en effet que Leberon et Scaliger s'en retournèrent *en Dauphiné*. Or, cela est contre toute vraisemblance, puisque Scaliger se serait alors exposé aux dangers qu'il voulait éviter (2), et contre lesquels, Strasbourg, ville libre et luthérienne, lui offrait un sûr asile, s'il y attendait Montluc, comme d'ailleurs

(2) Malgré les soins du baron de Gordes, il y eut quelques massacres en Dauphiné, et notamment à Valence. — Voy. *Chorier*, *ij*, 649.

il le devait. Aussi De Thou, quoique il ait consulté (v. *id.*, *préambule du lib.* 53) Choysnin pour le récit du voyage de Montluc, annonce positivement que Scaliger, après la Saint-Barthélemi, se retira de Valence (3) à Genève.

C'est fort mal à propos que Grosley, dans sa vie des Pithou (*t.* 1, *p.* 154 *et suiv.*), fait au contraire réfugier Scaliger à Valence, auprès de Cujas, après cette journée désastreuse. La lettre où Scaliger écrit de Valence, qu'il a trouvé un asile chez notre jurisconsulte, et sur laquelle Grosley se fonde, est, il est vrai, simplement datée du 8 des kalendes de juillet ou 24 juin; mais lorsque on l'examine avec soin (4), on reconnaît bientôt qu'elle ne peut être du 24 juin 1573, comme il le faudrait dans le système de Grosley. D'une part, Scaliger y fait faire des complimens à Lambin qui était mort en 1572, après la Saint-Barthélemi (v. *Moreri*); et de l'autre, il résulte de son récit que c'était pour la première fois qu'il venait s'établir auprès de Cujas, tandis que on sait qu'il était à Valence dès 1571, et que par conséquent, sa lettre doit être écrite au mois de juin de cette dernière année. — V. *De Thou, lib.* 1, *de vitâ suâ.*

8. Concluons de ces remarques, auxquelles on pourrait en ajouter beaucoup d'autres, que la rela-

(3) Il l'appelle (*ib.*, *lib.* 53) *Valentia Segalaunorum* et non pas *Cavarum*, parce qu'il pensait (voy. *id.*, *de vitâ suâ*, *lib.* 1) que cette ville n'appartenait pas aux anciens Cavares.

(4) Veni Valentiam, hoc est, ex turbulentissimis fluctibus in tranquillissimum omnium virtutum et humanarum litterarum portum, *Jacobum Cujacium*, qui me ex illâ navi jam nauseantem..... ad lucem iterum revocavit. Deus benefaciat optimo et incomparabili illi viro, qui me tantâ spe sustentavit, etc. — Voy. *Scaliger*, *epistolæ*, *in-8°*, *Francfort*, 1628, *n.* 32, *p.* 125, 126 (Grosley n'en a traduit qu'une partie).

tion de Choysnin, rédigée fort long-temps après l'événement (vers la fin de 1573), et sur de simples ouï-dire, et manquant d'ailleurs de vraisemblance, ne saurait l'emporter sur un récit tel que celui de Chorier, fondé sur des mémoires de fonctionnaires contemporains ou témoins oculaires.

9. Observons à cette occasion, que Scaliger ne se livrait point seulement auprès de Cujas, à des discussions purement littéraires, comme on pourrait le croire d'après le passage de De Thou cité à la note 124, p. 399 (il y a quelque obscurité), mais encore étudia sous lui le droit. *Cùm ille et ego unà Valentiæ Cavarum juri operam daremus*, dit-il en parlant de l'antiquaire Knibbius (5).

§. X. *Eclaircissemens sur la signature de Cujas.*

Pour justifier ce que nous avons dit au texte (*p.* 402), relativement à la syllable DE, que Cujas joignit quelquefois à son nom, nous allons indiquer les lettres ou actes dans lesquels elle se trouve, ou bien est omise, en les rangeant par ordre chronologique.

1. Signature *avec de*, lettre du 27 décembre 1561, dans Fabrot, t. 8, p. 1254. — V. *ci-apr.* §. 11, p. 531.

2 Signatures *sans de*, aux lettres des 27 avril (deux lettres *aux mss. Dupuy*, *vol.* 700, *nos* 40 *et* 41) et 15 mai 1562 (no 39); 17 avril (no 37), 21 mai (no 33), 20 août (no 34), 15 septembre (no 32) 1566; 7 août 1567 (no 36), époque où il était déjà conseiller du duc de Savoie; 15 août (no 10) et 9 décembre 1569 (no 9); 6 avril (no 22), 16 idem (no 19) et 12 juin (no 20) 1570. Observons aussi que dans les délibé-

(5) *Voy.* d. epistolæ, n. 408, p. 696.

rations de Valence prises en 1567 et 1568, et citées précédemment, il n'y a jamais *de* Cujas.

3. Signatures *avec de*, à la lettre du 17 octobre 1570 (n° 1er).

4. Signature *sans de*, à la lettre du 15 novembre 1570 (n° 13.).

5. Signatures *avec de*, aux lettres des 10 décembre 1570 (n° 4); 20 janvier (n° 3), 25 id. (n° 17), 28 id. (n° 14), 20 juin (n° 18) et 1er décembre (n° 21) 1571; 14 février 1572 (n° 5), 15 février (n° 16) et 11 avril 1573 (n° 7); 24 février 1574 (n° 8).

6. Signatures *sans de*, aux lettres des 13 septembre (ib., n° 23) 26 novembre (*dans Ménage, vie d'Airault, p.* 164), et 15 décembre 1575 (*d. vol.* 700, *n°* 24); 1er janvier (*dans Ménage, ibid.*, *p.* 162); 6 idem (*d. vol.* 700, *n°* 25), 31 idem, 1576 (n° 31); et 25 mars 1578 (*ci-dev.* §. 7, *n°* 10, *p.* 505).

7. Signatures *avec de*, aux lettres des 11 août 1578 (*d. vol.* 700, *n°* 26); 13 juillet 1581 (n° 27); 27 décembre, idem (*vol.* 663, *n°* 102); 10 juin 1582 (*vol.* 700, *n°* 28); 25 juin 1584 (*n°* 29) et 12 novembre 1588 (n° 30); enfin, dans son testament fait le 4 octobre 1590 (*v. ci-apr. p.* 530 *et note* 4, *ib.*).

8. Nous ne parlons pas des lettres qui n'ont point de signature, ni de celles dont la signature est latine (il y en a même une, n° 42, où elle est en grec).

9. Les requêtes et autres actes de 1573 à 1575 et de 1582 à 1584, rapportés par Fabrot (t. 1er), ont aussi ou donnent le *de*. Il en est de même de la lettre du duc d'Alençon, du 18 juillet 1576 (*mss. Dupuy, vol.* 481), tandis que le brevet de pension du même, du 21 mai 1579, et les délibérations de Bourges et les répertoires de cette ville et de celle de Valence ne le donnent point.

10. Au reste, nous voyons la même incertitude dans Roaldès, qui n'était pourtant pas conseiller comme Cujas. Il signe tantôt Franç. Roaldès, tantôt Franç. *de* Roaldès, tantôt Franç. Roaldus. — *Voy. reg. mss. des approb. de Valence.*

11. Enfin, nous avons remarqué ailleurs (*hist. de l'univ. de Grenoble*), que Govéa, quoique d'un pays (le Portugal) où le *de* n'a pas la même faveur qu'en France, était toujours appelé à Grenoble, M. *de* Govéa.

§. XI. *Eclaircissemens sur la religion de Cujas.*

1. La religion de Cujas est encore un problême que nous ne nous flattons pas de résoudre. D'une part, on ne saurait douter de son exactitude à s'acquitter des devoirs d'un orthodoxe puisqu'elle fut solennellement constatée en 1573, par diverses autorités civiles ou religieuses de la ville de Valence, et ensuite attestée, vers 1600, par Duverdier, l'un de ses premiers biographes (1). On pourrait même penser qu'il avait conçu de l'aversion pour les protestans, d'après divers passages, soit de sa défense pour Montluc, publiée en 1575 (2), soit d'une lettre de Montluc, du 26 décembre 1576, où il annonce qu'il n'espère pas pouvoir engager Cujas à revenir

(1) *Voir* au t. 1er de Fabrot et de Naples, des certificats de catholicité: 1. de l'Université; 2. du vicaire général et du chapitre de Valence; 3. du prieur des jacobins, confesseur de Cujas, des 10, 11 et 13 juillet 1573, délivrés pour sa réception à la charge de conseiller au parlement de Grenoble. Ces attestations étaient nécessaires pour les admissions aux charges.

Quant à Duverdier, *voy.* id., prosopographie, iij, 2575 et suiv.

(2) *Voy.* præscriptio pro Monlucio, au t. 8 de Fabrot, p. 1259, et pour sa date, ci-dev. §. 5, n. xxix, p. 472.

à Valence tant qu'il y aura un prêche de protestans dans cette ville (3).

Mais d'un autre côté, dans son testament fait le jour même de sa mort, Cujas présente pour règle de conduite religieuse à sa femme et à sa fille, le texte pur et sans commentaire de l'écriture sainte, ce qui est aussi la règle des réformés; il y défend de vendre, ni directement, ni indirectement, ses livres aux jésuites, qui étaient les adversaires les plus redoutables du calvinisme; et comme s'il eût craint que ces recommandations ou défenses ne fissent naître sur son orthodoxie des soupçons qui pourraient engager l'autorité à empêcher l'exécution de son testament, il ordonne que ce testament ne soit lu que par sa femme et par son beau-père (4).

2. A travers cette opposition formelle des documens qui nous restent, il est pourtant deux points qui nous paraissent incontestables, savoir que Cujas, comme presque tous les jurisconsultes de son siècle, embrassa d'abord la réforme (5), et qu'ensuite il rentra, soit par conviction, soit par politique dans le sein de l'église orthodoxe.

3. La première proposition est fondée entr'autres sur un document précieux, qu'on avait jusqu'à présent négligé parce qu'on en ignorait l'époque et qu'on n'en avait pu comprendre le sens.

Il s'agit d'une phrase de sa lettre à Dorsanne, lieutenant-général d'Issoudun, publiée dans les éditions de Fabrot et de Naples, t. 8, p. 1254, et 1138.

(3) *Voy.* cette lettre au t. 1er des édit. de Fabrot et de Naples.

(4) *Voy.* ce testament dans la Thaumassière, hist. de Berri, p. 66, et aux mss. Dupuy, vol. 481, f. 165 et 166.

(5) *Voy.* notre hist. de l'Univ. de Grenoble, vers la note 79.

Dans cette lettre, datée de Bourges, le 27 décembre, sans indication d'année, Cujas exprime à Dorsanne, son regret de ce que la multiplicité et l'urgence de ses occupations ne lui permettent pas d'en accompagner le porteur à Issoudun, « tant, dit-il, pour vous voir et saluer, que aussi pour ouïr et voir *os illud probum pietatis plenissimum* de M. de Passy, *qui nunc solus totâ Galliâ celebratur, cui si nunc parem, vel adsimilem hìc haberemus, meliùs nobiscum ageretur;* mais ce sera une autre fois que je pourrai faire ce voyage à la première commodité qui se présentera. »

Nous avons été long-temps incertains sur l'année où fut écrite cette lettre, parce qu'il y a eu du vivant de Cujas, deux Dorsanne lieutenans-généraux à Issoudun, le premier, ou Antoine, qui le fut de 1552 ou 1555 à 1573, et le second, Claude, son fils, en 1584 et années suivantes (6).

Mais, lorsque nous avons pu nous procurer les opuscules de Catherinot, notre incertitude a cessé. Il y annonce en effet, que cette lettre fut adressée à Antoine Dorsanne, le 27 décembre 1561 (7), et toutes nos recherches ultérieures ont confirmé l'exactitude de son indication.

4. Mais quel était ce *M. de Passy*, si célèbre dans toute la France? Voilà sur quoi nous avons vainement et pendant long-temps, fouillé toutes les biographies, histoires, bibliographies, etc. Enfin, nous avons découvert qu'il s'agissait de Jacques Spifame, évêque de Nevers, successivement conseiller et président au parlement de Paris, maître

(6) *Voy.* la Thaumassière, p. 364 et 1058.

(7) *Voy.* id., Vie de mademoiselle Cujas, p. 1.

des requêtes, conseiller d'état, qui, après avoir renoncé à son évêché et embrassé la réforme, vers 1559, ne fut plus appelé que *M. de Passy*, parce qu'il était, comme son père, seigneur d'un bourg de ce nom (8).

Spifame, après son apostasie, se réfugia à Genève, où il fut fait ministre, puis envoyé, vers 1561, à Issoudun, en cette qualité. Il y était encore au commencement de 1562, peu de temps après la lettre écrite par Cujas à Dorsanne, puisqu'il vint alors d'Issoudun célébrer la cène à Bourges avec une escorte considérable (9).

Son éloquence, ses talens et sa réputation, le firent ensuite choisir pour ambassadeur des protestans auprès des princes d'Allemagne, qu'il détermina, en 1562, à envoyer des troupes auxiliaires au prince de Condé et à son parti; mais il finit malheureusement, ayant eu la tête tranchée à Genève, en 1566 (10).

5. Ces faits connus, on conçoit qu'il n'y avait qu'un protestant déterminé qui put avoir, comme Cujas l'exprime dans sa lettre, un désir si vif de voir et d'ouir un homme tel que Spifame, alors pasteur et l'un des chefs des réformés, et ayant depuis peu apostasié; qui put surtout le qualifier d'*os pietatis plenissimum*; et d'ailleurs le souhait que Cujas forme de le voir établi à Bourges est conçu

(8) *Voy.* Moréri et Bayle, mot Spifame; Le Laboureur, addit. aux mém. de Castelnau, ij, 28; Blanchard, maîtres des requêtes, p. 296; Spon, hist. de Genève, 1730, in-4°, t. 1, p. 314 et suiv.; Gallia Christiana, xij, 654; mss. Dupuy, vol. 137, p. 61 et 119.

(9) *Voy.* Spon et Bayle, ibid.; Hubert Languet, epistolæ, lib. 2, p. 197, lett. du 23 janvier 1562 (nouveau style).

(10) *Voy.* les auteurs cités aux deux notes précédentes.

dans des termes (*ut melius* NOBISCUM AGATUR), dont il résulte que Cujas se présentait à Dorsanne comme ayant embrassé le calvinisme (11).

Cette opinion religieuse n'est point inconciliable avec la protection que Cujas obtint alors de Marguerite, de l'Hopital et de Montluc, qui passaient généralement pour avoir du penchant pour la réforme; et il y persista assez long-temps, comme cela paraît par une lettre du 15 de mai 1562, où il se plaint de ce que les canons de Zonare ne servent qu'à favoriser l'ambition de l'église et n'ont rien qui soit de *la pure et vraie religion chrétienne* (12).

(11) Cela s'accorde d'ailleurs avec les reproches que lui ont fait ses ennemis, d'avoir été d'abord protestant, reproches auxquels nous n'attacherions aucune importance, s'ils ne concordaient pas avec les sentimens exprimés par Cujas, dans sa lettre à Dorsanne.

Ainsi, Hottoman dans la préface de ses réponses amicales, dont on a fait ensuite les livres 12 et 13 de ses observations, l'appelle Tritapostata. — Voy. *id. dans Leyckert, vitæ clarissimor. J.-C.*, 1686, *p.* 243.

Ainsi, Doneau dans sa réponse au præscriptio pro Monlucio, publiée en 1576, lui reproche d'avoir autrefois professé la réforme à Valence (cela se rapporterait au 1er professorat de 1557 à 1559), et lui dit (*v. id. p.* 95) à ce sujet, *nega hoc si potes!*

(12) Nous avons eu assez de peine à déterminer l'année de cette lettre, qui est aux manuscrits Dupuy, volume 700, n°. 39, et dont la date porte simplement : de Bourges, le 15 mai. Entr'autres raisons qui nous ont fixé à l'an 1562, nous rapporterons celles-ci.

Elle a été écrite après les lettres nos 40 et 41, datées de Bourges, le 27 avril, puisque Cujas s'y informe si Pithou, comme il l'en avait prié par la 1re, ou le n° 40 a rendu à Villeneuve un Théophile emprunté à la bibliothèque de la reine. Mais à la fin du même n°. 40, il lui annonce aussi qu'il en est déjà à la 6e loi de verborum obligationibus; et son commentaire sur ce titre fut dédié au chancelier de l'Hopital, le 2 juillet 1562 (voy. *l'épit. au, t.* 1er *de Fabrot et de Naples*). Donc, ces 3 lettres sont au plus tard des 27 avril et 15 mai 1562. D'un autre côté, on ne peut pas les reporter à une année antérieure, parce qu'il résulte de l'épître dédicatoire, que Cujas avait vu depuis peu le chancelier, à qui il avait sans doute annoncé sa dédicace, et que d'après les lettres nos 40 et 41 combinées, son voyage à Paris et son entrevue avec l'Hopital, sont également indiqués comme très-récens.

Il est vrai que, du 27 avril au 2 juillet, il n'y a que deux mois et cinq

6. Cujas rentra ensuite dans le sein du catholicisme ; cela est constaté, nous l'avons dit ; mais à quelle époque? Voilà ce que nous n'avons pu précisément reconnaître. Au commencement de 1568, pendant la seconde guerre civile religieuse, on a vu (*page* 396) qu'il se réfugia au château de Charmes auprès d'Antoine de Crussol, duc d'Usès. Le choix de cet asile pourrait faire croire qu'alors il n'était pas bien déterminé dans le parti qu'il avait à prendre. Antoine avait été et était peut-être encore protestant; et ce qu'il y a de très-remarquable, c'est que le chef de tous les protestans du midi, celui qui commandait et régnait pour ainsi dire, dans la contrée où Antoine donnait asile à Cujas, était le frère et l'héritier présomptif d'Antoine, c'est-à-dire Jacques de Crussol, seigneur d'Acier, qui, en 1573, lui succéda dans ses biens, dans son duché et dans sa pairie (13).

On peut aussi observer que quoique Cujas fut venu de Turin à Valence dès le mois d'août ou septembre 1567, les trois certificats de catholicité délivrés en 1573 pour sa réception à la charge de con-

jours, temps qui paraît bien court pour la composition du commentaire des 135 dernières lois du titre de verborum obligationibus ; mais Cujas annonce assez clairement, dans la dédicace, qu'il en avait deja développé la plupart des matières, dans ses leçons ou traités : de sorte qu'il ne lui restait guère plus qu'à revoir et rédiger son travail pour le mettre en état d'être publié.

(13) Antoine de Crussol avait été chef des protestans du Languedoc et du Dauphiné, pendant la première guerre civile (1562). — Voy. *Dom de Vienne*, *hist. de Languedoc*, *t.* 5, *p.* 210 *et suiv.*; *Chorier*, *hist. gén. de Dauph.*, *ij*, 582. — Il fut fait duc en 1566, et pair en 1572. — Voy *D. de Vienne*, *ib.*, *p.* 269.

A l'égard de Jacques de Crussol, *voy.* D. de Vienne, ib., p. 217 et suiv. Chorier, ij, 617 et suiv.; reg. mss. de Valence, nov. 1567 et suiv.; (il y est appelé *monsieur Dacier*). Lorsqu'il fut duc d'Usès, après la mort de son frère, il devint chef des catholiques sans cesser d'être protestant. — Voy. *D. de Vienne*, *ib. p.* 293.

seiller, n'attestent son orthodoxie qu'à dater de 1568, et l'un d'eux, celui du confesseur, seulement à dater de Pâques, ou du 14 avril de cette année, après qu'il eut quitté le château de Charmes. Peut-être ne fut-ce qu'alors qu'il se décida à une profession publique de la religion orthodoxe ; ce qu'on pourrait aussi fonder sur ce que dans un mémoire rédigé à la même époque, par le conseil municipal de Grenoble, ville peu éloignée de Valence, on l'accusait encore d'être de la religion prétendue réformée (14).

7. Ceci nous conduit à examiner si le retour de Cujas à l'orthodoxie fut l'effet de la conviction.

8. On ne saurait d'abord rien induire de divers passages de sa défense de Montluc, où il attaque les protestans ; soit parce qu'ils ne contiennent que des imputations sur leur conduite anti-civique et non pas sur leur doctrine religieuse, et qu'il cherche même à rejeter les torts de la plupart d'entr'eux sur l'aveuglement ou la séduction (15) ; soit parce qu'il avait peut-être été forcé de composer cet ouvrage en reconnaissance des obligations qu'il avait à Montluc (16).

Nous ne croyons pas non plus qu'on puisse tirer de grandes inductions de deux discours qu'il prononça en 1576 et 1587 sur la confession et la pénitence (17), puisque il y débute lui-même par dire que c'était un *devoir* imposé, il ne savait pour-

(14) *Voy.* notre hist. de l'Univ. de Grenoble, vers la note 121.

(15) *Voy.* entr'autres, id., dans Fabrot, x, 1262, 1263, 1266 à 1269.

(16) « Quant à monseigneur de Valence, dit-il entr'autres dans sa lettre du 28 janvier 1571 (*mss. Dupuy*, *vol.* 700, *n.* 21), je ne saurais oublier celui qui m'a fait tant de bien et d'honneur. »

(17) *Voy.* les dans Fabrot, x, 1296 et 1304.

quoi, aux professeurs, et qu'on l'avait averti que *son tour* était venu.

9. La lettre où Montluc dit que l'existence d'un prêche à Valence empêche Cujas d'y revenir, est beaucoup plus décisive, parce qu'elle semble annoncer cette antipathie qui n'appartient qu'à un homme profondément pénétré de la vérité de sa croyance. Toutefois il serait possible que la répugnance de Cujas fut fondée sur d'autres motifs; que, par exemple, il craignit que la profession simultanée des deux religions, ne donna lieu à des dissentions et à des troubles dans la ville et dans l'université, ou peut-être que le ministre protestant ne lui reprochât d'avoir abandonné le calvinisme.

Son zèle à observer, pendant plus de vingt ans, c'est-à-dire de 1568 jusqu'à sa mort, toutes les pratiques de la religion catholique, zèle qui le portait même à assister à des processions (18), serait à notre avis un signe plus certain de conviction. Mais comment alors dans son testament omit-il toute déclaration de sentimens en faveur de la religion catholique, et se détermina-t-il au contraire à recommander à sa famille de suivre la règle principale des calvinistes, c'est-à-dire de s'en tenir au texte pur de l'écriture sainte, sans y rien ajouter ni diminuer?.... Comment poussa-t-il la haine pour les défenseurs les plus zélés de la religion catholique, ou les jésuites, jusques à défendre de leur vendre aucun de ses livres, même par des personnes interposées (19)?

(18) *Voy.* Duverdier, prosopograph., iij, 2575 et suiv.

(19) Si l'on se rappelle l'admiration et la vénération profonde des disciples de Cujas pour leur professeur, on pourrait présumer que c'est à son école que l'avocat Antoine Arnaud qui plaida dans la suite

10. A travers ces documens si contradictoires, il est difficile de prendre un parti. Quelques personnes pencheront peut-être à croire que Cujas ne professa dans les dernières années de sa vie, la religion orthodoxe que par pure politique, comme le lui reprochaient ses ennemis (20), parce que c'était le seul culte qui put lui assurer l'exercice tranquille de ses emplois, la jouissance de ses biens, la promotion à des dignités, etc., etc., (21), et qu'en cela il ne fit que suivre l'exemple de Ferrier et de plusieurs autres. Mais une aussi longue dissimulation, fondée sur de tels motifs, est assez peu honorable pour qu'on ne soit autorisé à l'imputer à un grand homme que lorsque on se fonde sur des preuves plus fortes que celles dont on vient de par-

pour l'expulsion des jésuites, et fut père du célèbre docteur de Sorbonne, puisa son antipathie pour ces religieux; car Antoine, ainsi que son frère Isaac, depuis intendant des finances, furent élèves de Cujas. — Voy. *ci-apr.*, §. 18, *art.* 8.

Il faut toutefois observer que la haine de Cujas ne portait que sur le corps, puisqu'il chérissait plusieurs des membres, tels que les pères Maldonnat et Auger. — Voy. *ci-dev. p.* 440; *Scot, addit. à la vie de Cujas, par Masson, dans son édit. de* 1614.

(20) *Voy.* entr'autres Doneau, Zachariæ Funesteri defensio, 1576, p. 61, 95, 105, etc.

Scipion Gentilis, dans son oraison funèbre de Doneau, prononcée en 1591 (voy. *Donelli opuscula posthuma*, 1604, *p.* 452), dit qu'il différait de Cujas, *non tam doctrinâ quam religione ab illo* (Cujas) *sæpe simulatâ et dissimulatâ.* Mais il faut observer que Gentilis était élève de Doneau, et ce qui est encore plus remarquable, c'est que dans un autre ouvrage (*de erroribus testam.*, *c.* 7, *p.* 54), composé en 1610 (voy. *ib.*, *p.* 112), oubliant ce qu'il avait dit vingt années auparavant, de la dissimulation de Cujas, en matière de religion, il le présente en termes formels, comme catholique; *Cujacius licet* PONTIFICIUS, *nominatim laudat Philippum Melanchtonem.*

(21) Dès 1571, on avait empêché les professeurs suspects d'hérésie (probablement Doneau et Hotteman), d'exercer leurs fonctions à Bourges, et l'on avait d'abord résisté aux ordres que Marguerite, beaucoup plus tolérante, avait donné aux magistrats, de lever ces sortes d'obstacles. — Voy. *la Thaumassière*, *p.* 194.

ler; d'autant que les adversaires de Cujas ont eux-mêmes varié dans leurs reproches à cet égard (22). Toutefois on ne saurait disconvenir que beaucoup de savans de son siècle ne paraissent s'être fait aucun scrupule d'agir ostensiblement d'une manière opposée à leur croyance intérieure (23).

§. XII. *Éclaircissemens sur la controverse de l'oncle et du neveu, et sur le refus de Cujas d'écrire en faveur du cardinal Charles de Bourbon.*

1. Les ligueurs prétendaient qu'il fallait appliquer à cette contestation, connue sous le nom de *de controverse de l'oncle et du neveu*, les principes du droit romain, d'après lesquels le parent collatéral le plus proche en degré est préféré dans les successions, et le collatéral plus éloigné ne peut pas se placer au même degré au moyen de la fiction de la représentation, qui n'est point admise en ligne collatérale. D'après ce système, soutenu dans plusieurs ouvrages (1), et embrassé par le cardinal de Bourbon puisque après la mort du duc d'Alençon,

(22) *Voy.* entr'autres le passage de Gentilis, rapporté ci-devant note 20, p. 537.

(23) *Voy.* Bayle, mot Ferrier, note A.

Adrien Turnèbe, célèbre érudit, fut loué après sa mort, par des savans de diverses religions. De Thou (*lib.* 38, *ad ann.* 1565) fait à cette occasion, la remarque suivante : *et ut erant tunc scissa ob religionis novos motus studia, mortuum quisque vindicabat, dum simul et antiquæ religionis retinentes et novam profitentes ad utras partes moriens ille inclinasse diceretur, multum momenti partibus suis allaturum fuisse credunt.*

(1) Bayle en cite deux au mot *Hottoman*, note F. — Fevret (*bibl. hist. de la France*, n°. 19158 *et suiv.*) en indique aussi plusieurs.

Hottoman fit dès 1585, un an après la mort du duc d'Alençon, un ouvrage *ex professo* pour la défense du neveu, c'est-à-dire de Henri IV. — Voy. *Bayle*, *ibid.*

arrivée en 1584, il prit dans des actes la qualité d'héritier présomptif de la couronne de France (2), le cardinal se trouvant plus proche d'un degré que Henri IV, devait l'exclure de la succession de Henri III.

M. Hugo se trompe lorsque il présume (*magas.*, *iij*, 220) que Cujas adopta le même système. 1° Le passage de Masson (*vie de Cujas*) qu'il cite, est trop obscur pour qu'on puisse rien en induire; 2° Cujas, dans sa consultation pour la succession du trône de Portugal, ne paraît point s'attacher strictement au droit romain, comme le croit M. Hugo. Loin de là, il ne donne sa décision, d'après ce droit, que dans le cas, dit-il, ſoù cette question ne serait pas prévue *legibus aut moribus regni de quò agitur*; et il entendait si peu appliquer le droit romain pour la succession au royaume de France, qu'il fait mention de *la loi salique* dans cette même consultation (3).

2. Au surplus, nous avons un témoignage formel des sentimens de Cujas sur cette matière, qui nous dévoile le sens dans lequel on doit entendre le passage déjà cité de Masson. Nous le puisons dans les œuvres d'un des élèves les plus distingués de Cujas, Jacques Lect (Lectius), professeur de droit de l'académie, et syndic de Genève, et ambassadeur de cette république auprès d'Elisabeth et du canton de Berne (v. *Moréri*). Le 7 novembre 1593,

(2) Entr'autres dans la convention passée à Joinville, le 31 décembre 1584, avec les Guises et l'ambassadeur d'Espagne. — Voy. *la aux mss. Dupuy*, *vol.* 87, *f.* 203 *et suiv.*

(3) Il observe en effet que la maxime que les femmes et leurs enfans ne sont pas successeurs légitimes au défaut des agnats, n'est pas applicable à cette hypothèse (celle de la succession de Portugal) *quia legem Salicam* SOLI *sibi vindicant Franci.*

ou quatre ans à peine après la controverse de l'oncle, il prononça publiquement un discours sur Papinien (4), où, à l'occasion de la réponse qu'on prétend que Papinien avait faite à Caracalla après l'assassinat de son frère Geta (5), il s'exprime en ces termes : « Nostrâ ætate, quem Papiniano nostro meliùs comparem eâ in laude, vix scio, quàm doctorem illum meum Jacobum Cujacium clarissimæ memoriæ jureconsultum, qui occiso Errico (Henri) tertio, Galliarum rege sine liberis, cùm Erricus Borbonius sibi sceptrum ac diadema meritissimè vindicaret adversus Carolum patruum, civilibus ex eo bellis ingruentibus, de eâ controversiâ rogatus ut pro patruo ipso scriberet, etsi hìnc præmia, indè offensiones et pericula antè oculos versarentur, respondit *corrumpere leges PATRIAS, falsumque committere nefas sibi videri.* »

3. Jacques Lect mérite d'autant plus de confiance en cette occasion, qu'indépendamment des emplois ci-dessus qui l'avaient mis à portée de s'éclairer sur les discussions politiques du temps, il était fort lié avec Cujas, dont il dit (p. 283) : virum mei amantissimum ; et c'est aussi ce qui est énoncé dans une des pièces publiées en l'honneur de Lect, et mises à la fin de ses harangues.

D'après la même pièce, il avait cinquante-un ans au temps de sa mort, arrivée suivant Moreri, en 1611, et il avait étudié sous Cujas, à Bourges ; ce fut donc vers 1576. . . . Julius Pacius en fait le plus pompeux éloge (6).

(4) *Voy.* ejusdem orationes, Genève, 1615, in-12, p. 98 et 99.
(5) *Voy.* notre hist. du droit rom., p. 120.
(6) *Voy.* id., de methodo, in-12, Spire, 1597, p. 7.

§. XIII. *Éclaircissemens sur l'imputation faite à Cujas d'avoir dérobé les basiliques de Catherine de Médicis.*

1. Cette imputation est contenue dans une lettre de Peiresc, de 1617, insérée dans les annales de Millin (1817, *t.* 1, *p.* 267 *et suiv.*) et qualifiée très-mal à propos d'*information*, puisque elle ne contient qu'un récit fait par un particulier, et non pas des auditions de témoins. On y avance avec une audace vraiment incroyable, que Le Conte ayant emprunté les trois volumes des basiliques, qui, dit-on, en contenaient les soixante livres entiers, Cujas fit une nuit, apposer des échelles aux fenêtres de la bibliothèque de Le Conte, après la mort de celui-ci, en choisit de sa propre main les manuscrits, et les fit lui-même tous enlever et passer en même temps par les fenêtres, etc., etc.

2. Il faut d'abord rappeler ici ce qui est exposé en abrégé par M. Millin dans les annales (*ibid.*), et avec plus de détails dans la préface du catalogue des livres imprimés de la bibliothèque du roi (1739, *p. xvij et suiv.*), sur l'origine de la bibliothèque de Catherine, dont, selon la remarque de M. Millin, Peiresc n'était pas bien informé. Elle avait appartenu au cardinal Ridolfi, et ensuite au maréchal Strozzi. Le maréchal ayant été tué au siége de Thionville, ou le 20 juin 1558, Catherine se saisit de sa bibliothèque, où l'on comptait huit cents manuscrits grecs, et « on ne voit pas que la reine y en ait joint d'autres, qu'elle *ait eu*, en un mot, d'*autres manuscrits que ceux qui lui venaient du maréchal.* » — V. d. préf., p. xix.

Il est donc certain que si les trois volumes des basiliques de la bibliothèque de Catherine contenaient les soixante livres entiers des basiliques, ils y étaient dès 1558.

Mais précisément Cujas écrit à Pithou le 7 août 1567, ou onze ans après, « j'ai apporté de Venize les quinze premiers livres des basiliques : et du 20 jusqu'au 30, que nul n'avait encore vus. » — V. *mss. Dupuy, vol.* 700, *n*° 36, *et la Thémis, j. c. t.* 1, *p.* 95.

3. Il résulte delà que, ni en 1558, ni après, l'exemplaire de Catherine n'était complet, et qu'il y manquait au moins *onze* livres sur soixante.

En effet, 1° Cujas connaissait la bibliothèque de la reine, puisque dès 1562, le chancelier de l'Hopital l'avait prié d'en faire le catalogue. —Voy. *deux lett. du* 27 *avr.* 1562, *d. v.* 700, *nos* 40 *et* 41, *et pour la fixation de leur date, ci-dev.* §. 11, *note* 12, *p.* 533.

2° Il ne pouvait essayer de tromper Pithou sur le fait que personne n'avait encore vu, en 1567, les 20 à 30e livres des basiliques, puisqu'il avait désigné lui-même Pithou pour terminer ce catalogue, qu'il n'avait pu qu'ébaucher, et qu'il chargeait continuellement Pithou d'aller emprunter pour lui des manuscrits dans cette bibliothèque. — V. *dd. lett.*; *autres des* 15 *mai* 1562, 28 *janv.* 1571, *nos* 39 *et* 14, etc.

Mais si l'exemplaire de Catherine n'avait pas les livres 20 à 30e, il est impossible que celui qu'on trouva dans la succession de Cujas et qui passa au président de Saint-Jorry, et successivement à la bibliothèque du roi (v. *Peiresc, aux annal., sup.*), soit le même exemplaire que Cujas, selon l'infâme calomnie répétée par Peiresc, avait volé à la bibliothèque de Le Conte, puisque l'exemplaire de Cujas contenait les livres 20 à 30e, que Fabrot a publiés d'après ce même exemplaire de Cujas (1).

4. Nous n'aurions pas besoin d'aller plus loin; nous croyons toutefois, par honneur pour la mémoire de Cujas, devoir ajouter quelques observations qui prouveront encore l'absurdité de l'accusation.

5. Le bibliothécaire de la reine ne prêtait les manuscrits qu'en exigeant des chargés, et en les inscrivant; encore faisait-il souvent des difficultés. Aussi, en 1562, Cujas, d'après ce qu'il connaissait de son caractère, mandait-il à Pithou, que s'il en obtenait le prêt d'un certain manuscrit à la place de deux autres qu'il renvoyait, il l'estimerait le meilleur et le mieux-disant avocat du barreau. — V. *lett. du* 15 *mai* 1562, *mss. Dupuy, vol.* 700, *n*o 39.

On voit aussi ce bibliothécaire refuser, en 1571, d'envoyer à Cujas plusieurs manuscrits et notamment le plus gros tome des basiliques, qu'il avait eu autrefois (et qu'il avait par conséquent renvoyé); jusques à ce qu'il eût rendu ceux qu'il avait encore. Sur quoi Cujas mande à Pithou qu'il n'en a plus, qu'il a fait restituer tous ses emprunts par l'entremise de lui Pithou, ou de Montluc, et le prie de vérifier la chose à la bibliothèque et de le faire *racler* des mémoires du bibliothécaire. — V. *lett. du* 20 *juin* 1571, *d. vol.* 700, *n*o 18.

6. D'après cela, il est clair que puisque le plus gros tome des basiliques était encore à la bibliothèque de Catherine, en 1571, on ne le prêta dans la suite, ni à Cujas, ni à Le Conte sans un chargé.

(1) *Voy.* Guill. Ot. Reitz., au trésor de Meerman, t. 7, préf., p. vij. — Le 30e livre n'est pas complet. — Voy. *id.*

Comment concevoir alors que ce bibliothécaire ne l'eut pas réclamé après la mort de Le Conte, arrivée treize ans avant celle de Cujas; et que les héritiers de Le Conte n'eussent fait aucune recherche sur le vol des manuscrits, qui les dépouillait d'objets si précieux?

7. En admettant le vol, voici d'autres difficultés non moins sérieuses, qu'il faudrait résoudre.

Les créanciers de Catherine firent mettre le scellé sur ses effets après sa mort, ou en 1589. Deux maîtres des comptes, en vertu d'un arrêt de leur chambre, firent ensuite, ou un an avant la mort de Cujas, un inventaire de la bibliothèque, et en constituèrent gardien, l'abbé de Belle-Branche, dernier bibliothécaire. — V. *d. préf.*, *p. xviij.* — Comment ces commissaires, qui durent comparer leur inventaire avec les anciens catalogues (il y en avait deux. — v. *ib.*, *p. xx*), ne s'aperçurent-ils point du déficit et ne firent-ils pas demander les basiliques aux héritiers de Le Conte? Comment l'abbé de Belle-Branche négligea-t-il ce soin? Comment les créanciers de Catherine eurent-ils la générosité de ne rien réclamer non plus et de se priver volontairement d'une telle garantie?...

8. Mais c'en est déjà beaucoup trop sur une calomnie aussi absurde, à laquelle nous n'aurions pas même daigné répondre, si elle n'eût pas été recueillie par Peiresc, et publiée par M. Millin, qui, au reste, reconnaît que l'imputation faite à Cujas est dénuée de toute vraisemblance.

§. XIV. *Éclaircissemens sur le catalogue de la bibliothèque de Cujas.*

I. Ce catalogue occupe 25 colonnes dans un des manuscrits latins de la bibliothèque du roi (nº 4552), qui contient en outre plusieurs leçons, lettres et opuscules, publiés dans l'édition de Fabrot. Le volume est écrit en entier de la main de Jean-Maximilien de Limoges, gentilhomme de Rouen (1), élève et ami de Cujas, fait docteur sur sa présentation, le 5 mars 1574 (v. *reg. mss. des approbat. de Valence.*)

En combinant cette époque, soit avec celles où durent paraître les ouvrages les plus modernes désignés au catalogue ou à celui de la bibliothèque de Roaldès, mis à la suite; soit avec une foule d'autres circonstances dont le détail serait aussi superflu que leur recherche et appréciation a été longue et difficile (2), nous avons reconnu que le catalogue dut être rédigé à la fin de 1573, ou au plutôt, au commencement de 1574.

II. Passons maintenant à quelques remarques sur le matériel de la bibliothèque, indépendamment de

(1) Son nom est en lettres d'or sur un des côtés de la couverture, ses armoiries en or sur l'autre, et sa signature à la page 244.

(2) Les ouvrages y sont totalement bouleversés, les traités de droit mêlés aux poésies, histoires, etc., etc. Il paraît que Limoges aura suivi l'ordre des tablettes, et que Cujas, à cause de la multiplicité de ses déplacemens, n'avait pas eu le loisir d'y ranger avec méthode ses livres.

Les indications de Limoges ne sont pas moins embarrassantes. Il donne d'abord ordinairement le nom de l'auteur, et ensuite un abrégé du titre de l'ouvrage, écrit lui-même tout en abréviations très-difficiles à lire, parce que la plupart sont de pure convention. Il n'y a aucune indication des dates, formats, libraires, nombre de volumes, reliures, papier, etc., etc.

celles que nous avons exposées au texte, *p.* 425 *et suivantes* (3).

III. Le nombre total des ouvrages de tout genre n'est que d'environ 1312. Néanmoins, il est possible qu'il fut beaucoup plus considérable parce que Cujas fesait relier ensemble plusieurs ouvrages, même de différente nature, et qu'il ne paraît pas que Limoges ait eu souvent l'attention de les distinguer.

IV. On n'y compte que 192 ouvrages de droit, ou un peu plus du septième du nombre total.

V. Considérés en particulier, quant aux objets dont ils traitent et en prenant pour modèle la bibliothèque de droit de Camus, les ouvrages de droit du catalogue peuvent être ainsi distribués :

1. *Introduction* à l'étude du droit, 4 ouvrages; vies des jurisconsultes, 2; droit naturel, 1; droit criminel en général, 2; droits des anciens peuples, autres que les Romains, 2.

2. *Droit romain*, savoir : histoire, introduction et lexiques, 14; lois antérieures à Justinien et commentaires, 10; textes des lois de Justinien, avec ou sans gloses, 22; commentaires sur les instituts, 6; idem, digeste, 22; idem, code, 8; idem, novelles, 2; ouvrages généraux sur diverses parties de ce droit, 22; traités particuliers sur diverses matières, 26; droit romain après Justinien, 5.

3. *Droit français*, savoir : ordonnances, arrêts et commentaires, 8; coutumes et iid., 12 (4).

(3) Nous y avons observé entr'autres, que Cujas n'avait presque aucun ouvrage d'auteurs anciens, même de Paul de Castro : cela seul suffit pour rendre très-douteux ce que Catherinot dit de l'estime profonde qu'on prétend que Cujas avait pour ce docteur (voy. *ci-dev. p.* 283).

(4) *Voir* aussi quant aux ouvrages de droit français, ce que nous avons observé ci-devant au texte et à la note 256, p. 435 et 436.

4. Droit féodal, 8.
5. Procédure, 4.
6. Droit canonique, 9.

VI. Considérés relativement aux auteurs, on y en compte 72, outre les anonymes et les textes. Ceux dont il y a le plus d'ouvrages, sont Alciat, 11, dont un, les *Parerga*, à quadruple exemplaire; Franç. Hottoman, 6; Baron, Baudoin, Dumoulin et Govéa (un à double), 5; Duarein, Le Conte et Oldendorp, 4; Brisson, Budée, Egendorph, Ræ-vard, Sigonius et Zoanneti, 3; Jac. Curtius, Ferret, Globerus, Massa, Papon et Zasius, 2.

VII. Les manuscrits de droit sont au nombre de 29.

VIII. Nous avons dit, *p.* 425, que la bibliothèque de Cujas, aurait été aussi propre à un poète, à un philologue, etc., qu'à un jurisconsulte.

Quant à la poésie, Scot (*tom.* 1er, *in. pr.*), dans une addition qu'il a mise sans aucun avertissement, à la vie de Cujas, par Masson, s'exprime ainsi : *Habebat poetarum* quibus maximè utebatur, *exemplaria non pauca*.... On peut aussi consulter nos remarques sur les éditions d'Avienus, dues à Cujas, au journal de la librairie, 1820, p. 92.

IX. Mais il ne faut pas induire du petit nombre de ses livres de jurisprudence, que Cujas négligeât le droit pour les autres branches des connaissances humaines : ses ouvrages prouvent le contraire, et l'on voit par une de ses remarques (*observ.*, *xj*, 21, *in f.*), qu'il craignait de se détourner trop long-temps de sa profession pour des recherches purement littéraires.

§. XV. *Eclaircissemens sur les disputes de Cujas et Robert, sur les injures proférées dans ces sortes de luttes, et sur l'anecdote de sœur Augustine.*

1. Robert fut l'agresseur dans ces disputes. Il publia en 1567, deux livres de *Leçons reçues* (1), dont l'épître dédicatoire contient une censure fort amère, dirigée évidemment contre Cujas, quoique on ne l'y nomme pas, parce qu'elle s'applique aux auteurs qui ont suivi le système d'interprétation critiqué dans les deux livres, et que Cujas est celui qu'il attaque le plus souvent et en citant son nom et ses ouvrages, dans les mêmes deux livres (2). C'est ce qu'affirme d'ailleurs Cujas dans le Mercator dont nous allons parler, sans que Robert, dans sa réponse, ait osé le contredire sur ce point (3).

2. Neuf ou dix ans se passèrent avant que Cujas répondit aux critiques de Robert. Il excuse son silence sur ce qu'il n'eût connaissance des leçons reçues, que lorsque il revint pour la dernière fois se fixer à Bourges (vers 1576). Il ajoute qu'il ne se décida à le rompre que quand il eût été pour ainsi dire harcelé (*lacessitus*) par Robert; il avoue cependant qu'il aurait mieux fait d'imiter Duarein

(1) L'ouvrage est intitulé *receptæ lectionis libri duo* (Aureliæ, 1567, in-4°). Les biographes et bibliographes varient beaucoup sur les époques de publications, soit de cet ouvrage, soit des Animadversions et des Notes de Robert, soit du Mercator de Cujas. Nous les donnons dans ce paragraphe d'après les premières éditions. Les biographes ou bibliographes qui ne les auront sans doute point consultées, se seront bornés à parler des trois derniers ouvrages d'après l'édition de Cujas, faite à Naples (t. 10), qui les a réimprimés, ou d'après celle de Fabrot, qui a reproduit le seul Mercator.

(2) Nous y avons compté 36 critiques de passages, où Cujas est nommément désigné.

(3) *Voy.* Mercator, l. 2, c. 29, et Notes de Robert sur id.

qui, attaqué également par Robert, ne s'était défendu que par un dédaigneux silence (4).

La réponse de Cujas fut insérée ou dispersée dans plusieurs chapitres des livres 15 à 17 de ses observations, publiés en 1577 (5). Il n'y nomma point Robert : il se borna dans deux passages (*obs. xv*, 23 et *xvj*, 27) à le désigner par un anagramme plaisant, (*serò in orbe natus* pour *Joannes Robertus*), mais peu digne du prince des jurisconsultes.

3. Ce jeu de mots transporta Robert de fureur. Il publia en 1579, trois livres d'Animadversions, où 1° en ajoutant une lettre à son nom (*Johannes* pour *Joannes*), il en fit un anagramme (*heros in orbe natus*) très-élogieux (6) ; 2° en critiquant un grand nombre de décisions de Cujas, il le couvrit d'injures grossières, dont voici quelques exemples: *hoc ineptum est* (lib. 1, c. 2); *planè fatuus et ineptus hic ratiocinandi modus.... calumniatur ridiculissimus homo* (c. 26); *hominis stupiditatem satis demirari non possum* (c. 27); *insulsa ejus cavillatio* (lib. 2, c. 22); *leviculus juris interpres; impudentissima ejus calumnia* (c. 24); *absurdissimè conatus est* (c. 26); *cervicosus homo* (c. 27); *impudentior calumnia* (c. 29); *verborum vanus pensitanor.... maledicentissimus* (c. 32); etc., etc.

4. Cujas ne réfléchissant point que les hommes

(4) *Voy.* observat. xvj, 30, et Mercator, d. c. 29.

(5) *Voy.* entr'autres, obs. xv, 23; xvj, 28, 29, 30 et 32.

(6) Il reproche à Cujas (voy. *animadv.*, *lib.* 1, *c.* 30, *lib.* 2, *c.* 32) de n'avoir trouvé l'anagramme *serò* etc., qu'en supprimant l'*h* de son nom. Mais dans la réalité, c'est Robert lui-même qui ajouta l'*h* après l'anagramme : car, 1° dans ses sentences publiées en 1556 (*bibl. de Grenob.*, *n.* 5967); 2° dans deux de ses opuscules contre le ministre Dumoulin, imprimés en 1569 (*bibl. roy.*, *F.* 2040), le prénom Joannes, est toujour écrit sans *h*.

supportent encore moins le mépris que l'injure, fut indigné de se voir accablé d'outrages pour une pure plaisanterie. Il répliqua dès l'année suivante, par l'opuscule intitulé *notata Antonii Mercatoris* ou notes d'Antoine Marchand, dont il avoua dans la suite être l'auteur (7). Mais ce déguisement rend encore plus blâmable l'emportement auquel il se livra en repoussant les injures de Robert par d'autres injures non moins grossières (8), sur lesquelles Robert enchérit à son tour en 1582, dans ses notes sur le Mercator; et, en quelque sorte pour consacrer la honte de ces deux jurisconsultes, on a recueilli dans la suite leurs trois opuscules et on les a placés dans les dernières éditions des œuvres de Cujas, donnant aussi par là même, à Robert, une immortalité qu'il ne devait pas espérer (9).

5. Puisque nous en sommes au chapitre des injures, nous donnerons d'autres exemples des écarts auxquels la passion peut entraîner les hommes mêmes les plus éclairés. Dans sa réplique à la défense que Cujas avait publiée pour Montluc, Doneau poussa tout à la fois la rage et l'aveuglement au point de lui dire *ad mentiendum et fallendum natus videris* (p. 64) : *ô ineptissime hominum* (p. 86)! *omnium sceleratissimus* (p. 137); *homo omnium qui*

(7) Antoine Marchand, dont il prenait le nom, était son domestique, suivant Baillet (*auteurs déguisés,* 1690, p. 259), et son secrétaire, suivant une note manuscrite mise sur le Mercator de la bibliothèque royale, par Jean le Picard, avocat à Paris, qui dit avoir reçu ce renseignement, en 1626, de Denis Lambin.

(8) *Voy.* Mercator, lib. 1, c. 8, 11, 12, 14, 17, 21, etc., etc.

(9) Ces trois opuscules furent d'abord réimprimés à Marbourg, en 1592 et 1604. — Voy. *Haubold*, *hist. jur. litter.*, *n.* 71; *Struve*, *bibliot. jur.*, *édit.* 1756, *p.* 350. — Fabrot joignit ensuite le Mercator à son édition de Cujas, t. 10, et les éditeurs de Naples y ont aussi compris, au même tome, les animadversions et les notes de Robert.

vivunt INEPTISSIMUS (p. 154 et 257).... et c'était en 1576, lorsque Cujas était placé depuis long-temps à la tête des jurisconsultes, que Doneau, très-grand jurisconsulte lui-même, publiait tout cela !

François Hottoman ne fut pas plus réservé. Indépendamment de la qualification *de Tritapostata* qu'on a vu (*ci-dev.* §. 11, *note* 11, *p.* 533) qu'il lui donne dans la préface de ses réponses amicales, il l'y nomme encore *temulentus*, *lutulentus*, *turbulentus* (ivrogne, sale, brouillon), *santimonialium confessor*: expressions dont il reproduisit une partie dans sa dernière dispute sur la loi *frater*, mise à la suite de ses questions illustres (*édit. de* 1591, *in*-12, *p.* 360).

6. Sans parler du peu de confiance que méritent des hommes assez aveuglés par leur haine, pour traiter Cujas d'*imbécille* et d'*inepte* (10); l'affection qui exista entre Cujas et la plupart de ses collègues et les démarches que firent tant de villes ou universités pour se l'agréger, prouvent suffisamment qu'il n'était point un brouillon; nous n'avons non plus trouvé aucuns documens d'où l'on puisse induire qu'il fut sujet au vice honteux de l'ivrognerie, si ce n'est un passage du Pithoeana, et l'on sait combien tous ces recueils d'*ana*, sauf celui de Ménage, revu par la Monnaie, sont remplis d'erreurs.... Quant au reproche de saleté, nous ne croyons pas même devoir y répondre.

7. A l'égard de l'imputation satyrique que sous-entendent les mots *santimonialium confessor*, elle

(10) Hottoman à cet égard, n'est guère de moins mauvaise foi que Doneau (voy. *quant à celui-ci*, *ci-dev. n.* 5, *p.* 550). En effet, dans ses observations (xij, 12), il dit au sujet d'un avis de Cujas sur une certaine question de droit, qu'on ne pourrait pas trouver de *vieille* assez imbécille pour en émettre un semblable.

semble pouvoir être appuyée sur un autre passage du Pithoeana, où l'on fait dire à François Pithou : « j'ai brûlé le procès contre M. Cujas pour le fait de sœur Augustine (11) ». Grosley qui paraît avoir eu, ou veut faire croire qu'il a eu des détails sur ce procès, ajoute (*vie des Pithou*, *ij*, 163) qu'aucun auteur n'a parlé de ce *fait*, dont les circonstances détaillées ne peuvent diminuer la gloire de notre grand jurisconsulte.

Voilà tout ce que nous savons sur cette anecdote ; et Grosley, selon la remarque judicieuse de M. Hugo (*magas.*, *iij*, 217 *et* 218), aurait mieux fait de garder le silence, que de fournir des alimens à la malignité, en n'en rapportant pas les circonstances, s'il les connaissait.

Nous pouvons toutefois remarquer que dès que François Pithou, élève et ami de Cujas, a pu brûler le procès intenté *contre* son professeur, il fallait, 1. que l'affaire eût été terminée par une transaction, car autrement sœur Augustine ne se serait pas déssaisie de ses papiers ; 2. qu'elle ne fut pas très-importante ; soit parce que Cujas après avoir retiré les mêmes papiers, au lieu de les détruire, ou au moins les conserver lui-même, les confiait à un homme moins âgé que lui de 20 ans ; soit parce que celui-ci parla de cette destruction de papiers, tandis qu'il aurait sans doute gardé le silence, s'il avait pensé que la connaissance du différend put nuire à la mémoire de son maître et ami.

(11) Tel est le texte littéral du Pithoeana, édit. de Desmaiseaux, 1740, p. 502. Selon M. Hugo (*sup.*), Fr. Pithou dit qu'il a *fait* « à Cujas le plaisir de brûler *les actes* pour le fait de sœur Augustine », ce qui ne présente pas le même sens.

§. XVI. *Eclaircissemens sur les éloges donnés à Cujas.*

1. Nous avions déjà fait une partie des recherches où nous avons puisé les documens dont est extrait notre travail, lorsque frappés des éloges multipliés donnés à Cujas, nous eûmes l'idée d'en faire un relevé séparé. Nous y avons noté, ouvrage par ouvrage, les expressions élogieuses qui y sont employées; le temps auquel elles le furent; les pages, chapitres, livres, volumes, éditions, etc., qui les contiennent; les noms des auteurs, leurs qualités, etc., etc. (1).

Ce travail occupant un espace trop considérable pour être reproduit ici (2), nous nous bornerons à en présenter le résumé, en indiquant par ordre chronologique, les années des éloges et les auteurs de qui ils émanent (3); nous ferons seulement quelques remarques préliminaires.

1. Les expressions élogieuses des auteurs varient souvent, mais presque toutes rentrent dans le même but, rendent le même sentiment, celui de l'admiration ou de la vénération. Cujas y est appelé tantôt *magnus*, tantôt *maximus*, tantôt *primus*, *princeps*, *coryphæus*, *aquila*, *stella jurisconsultorum*, *sine exemplo*, *sine dubio maximus*, *divinus interpres*.... ailleurs, on dit de lui : *nunquam sine laude est nominandus*, *nunquam satis laudatus*, etc., etc..... Au

(1) Un très-petit nombre de ces éloges sont tirés de manuscrits.

(2) Chaque notice d'éloges, et il n'y en a pas moins de deux cents, a plusieurs lignes.

(3) Nous indiquerons aussi quelques-uns des passages de notre ouvrage, où nous avons cité ceux des auteurs qui contiennent des éloges, et nous en rapporterons quelques-uns des leurs.

reste, on en a pu prendre une idée dans les exemples rapportés ci-devant, p. 433 et suivantes.

3. Ces éloges émanent de jurisconsultes de toutes les nations de l'Europe.

4. A dater de 1554, époque de la promotion de Cujas à la chaire de Cahors, il n'est aucune année de sa vie, où ils n'aient été émis dans un ou plusieurs ouvrages, si ce n'est en 1563, 1565, 1568 et 1589; et nous sommes persuadés que cette lacune serait remplie si nous avions eu plutôt l'idée de notre relevé, parce que les ouvrages pendant l'examen desquels nous ne l'avons pas fait, se rapportaient précisément au temps de la vie de Cujas.

5. La même remarque s'applique aux ouvrages postérieurs à Cujas, parce que lorsque nous avons commencé notre relevé, nous n'avions d'abord eu le dessein de recueillir que les éloges publiés de son vivant.

Passons au tableau chronologique des éloges.

1549. Jean Raimond. — V. *ci-devant, p.* 378, *et ci-après*, §. 20, no 1er.

1554. Jean Amariton. — 1555. Hugues Doneau; Pierre du Faur (Faber) de Saint Jorry. — 1556. Antoine Le Conte. — 1557. Jacques Labitte; Etienne Pasquier; Louis Miræus ou Le Mire. — 1558. Vertranius Maurus; François Hottoman; Antoine Fo-quelin. — 1559. Pierre Pithou; Jean Crispin. — 1560. Henri Agyleus; Louis Le Mire (4).

(4) Pour Amariton et Maurus, *voy.* ci-dev. p. 378 et 387.

En 1555, Doneau appelait Cujas, *vir eruditus* (*voy.* id. dans ses opuscules posthumes, Hanoviæ, 1604, p. 269 et seq.), et Hottoman le qualifiait en 1558, de *vir doctissimus.* — *Voy.* id., observ. lib. xj, ch. 4, conf. avec ch. 3, in f.

Bien plus, Hottoman recommandait long-temps après à son fils, de porter toujours avec lui lorsqu'il serait en voyage, les pseaumes de

1561. Louis Roussard (*Russardus*). — 1562. Emmanuel Soarez. — 1563. . . . . — 1564. Martin Berlevic; Marc Antoine Muret. — 1565. . . . . . — 1566. Ant. Le Conte; P. Du Faur; Jean Chaumeau. — 1567. Jacques Ræward. — 1568. . . . . — 1569. P. Pithou. — 1570. Basile Amerbach.

1571. Ant. Le Conte; Théodore Straitman; P. Pithou; Bas. Amerbach. — Avant 1572. Joseph Scaliger. — 1572. P. Pithou; Pierre d'Elbenne. — 1573. P. du Faur; Ennemond Bonnefoi; Louis Vitalis. — 1574. Philippe Bugnyon. — Avant 1575, Louis Charondas. — 1575. Elie Vinet. — 1576. Le duc d'Alençon; le parlement de Paris. — 1577. Josias Simler. — 1578. Jos. Scaliger. — 1579. Jean Guillaume Neobellenus. — 1580. Elie Vinet; Paul Montan, ou Montanus; Barnabé Brisson; le président Antoine Favre (5).

1581. Louis Carrion. — 1582. Jean Mercier; Jacques Durant de Caselle ou Casellius (6); les éditeurs de Pline. — Avant 1583. Claude Chiflet. —

David, et les paratitles de Cujas. — Voy. *Gravina*, *de ortu*, c. 179. — On voit qu'Hottoman et Doneau n'avaient pas toujours pensé que Cujas fut *ineptissimus hominum* (ci-dev. p. 550 et 551, n. 5 et 6).

(5) ...... Divinum illum interpretem (Cujas) quem memini (cùm primum veni in forum), eâ laudis parte celebratum in publicis causarum actionibus à magno Brissonio, tunc oratore regio, ut diceret natum cum ad reparandum jus civile. — *Mornac ad l.* 12, §. *ult.*, C. *de reb. creditis* (*iv*, 1), *édit.* 1647, *t.* 2, *p.* 209.

Mornac fut reçu avocat en 1579 (voy. *Moreri*), et l'année suivante, Brisson, président (voy. *Blanchard*, *présidens*, *p.* 294). C'est donc en 1579 ou 1580, neuf ou dix ans avant la mort de Cujas, que Brisson en faisait, en pleine audience, cet éloge si remarquable.

Quant à Ant. Favre (Faber), *voy.* id., conjecturar., in epist., lib. 1.

(6) Dans ses Varia, publiés en 1582, huit ans avant la mort de Cujas, Durand-Casellius, bon critique (voy. *Moreri*), dit de lui, UNICUM JURIS CIVILIS *lumen et ornamentum* (lib. 1, c. 1, f. 3)..... *Omnium quantum est qui vivunt*, *honoratissimus* (c. 7, f. 20).

1583. Pierre Belloi; Josias Simler. — 1584. François Husmann; Pierre Dubourg ou Burgius; la Croix du Maine; Juste-Lipse; Isaac Casaubon. — 1585. Nicolas Reusner; J. Lipse. — 1586. id; André Scot. — 1587. Jean Chenu; le président Despeisses (7); J. Lipse; Éditeurs de Pline. — 1588. Marquard Freher. — 1589. . . . . — 1590. Claude Maréchal; Jean Borcholten; Papyre Masson.

1591 (avant). Franç. Hottoman; Jule Pacius. — Scipion Gentilis; J. Lipse; Marqu. Freher. — 1592. Antoine Mornac. — 1593. Guillaume Maran; Jacques Lect ou Lectius. — 1594. Éditeurs de Forster; J. Chenu; Antoine Favre (8). — 1595. Pierre Poncet; Bernard Albinus; Jean Stamler. — 1596. Scévole de Sainte Marthe; Quintana-Duegnas. — — 1597. Guillaume Ranchin; J. Pacius; Christophe Colerus. — Avant 1598. Ebertus Leoninus. — 1598. Nicolas Rigaut. — 1599. Gui Pancirole; éditeurs du Lexicon. — 1609. Fernand de Retez; Antoine Duverdier.

16e *Siècle*, sans dates précises. Le président Maynard; le président de Thou; Jean la Coste (*Janus à Costa*), J. Lipse; Ant. Le Conte; M. Ant. Muret; François Ramoz.

1601. J. Chenu. — 1602. Etienne Clavière. — 1603. Mathieu Le Grand; J. Chenu. — 1604. Le pré-

(7) Jacques Faye, seigneur Despeisses, fut d'abord avocat général au parlement de Paris (voy. *Loisel*, *opuscul.*, *p.* 662). Il fit en cette qualité, à la Saint-Martin 1587, trois ans avant la mort de Cujas, un éloge public de Jacques Mangot, élève de celui-ci, et mort depuis peu, avocat général. Mangot, y dit-il, pour l'étude de la jurisprudence, fut commis au grand œil de l'Europe. — Voy. *id.*, *remontrances*, 1600, *p.* 192.

(8) Quant à ces éloges du président Favre, *voy.* id., conjecturar., epist., lib. xj.

sident Expilly. — 1605. Jean Solorzanus Pereira; Rithershusius. — 1606. Scip. Gentilis; Fopius de Æzema. — 1607. Charles l'Abbé. — 1608. Bartellemi Kekerman. — 1609. Gabriel Vallius ou Duval.

1611. Hubert Gyfanius (ou Gyfen). — 1612. G. Vallius. — 1614. Alexandre Scot. — 1615. Guillaume Maran; Bernard Automne. — Avant 1616. Le premier président de Nesmond. — 1616. Edmond Mérille (9); Thomas Papillon. — 1617. G. Duval (Vallius). — 1618. Paul de Valles. — 1619. François Caillet, (Calletius). — 1620. Jacques de Costantin de Tourville, vicomte de Coutances.

1621 (vers). Le cardinal du Perron. — 1625. Jacques Faulcon. — 1627. Antoine Mornac. — 1629. François Mars Gordon (10); Jean Altamiranus et Velasquez.

1631. Gabriel Trivorius. — 1633. François Broé, Charles Annibal Fabrot. — 1637. Edmond Mérille; — 1638. *idem.* — 1640. Suarez-Mendoza; Fernandez de Castro.

1642. François Ory, ou Osius Aurelius. — 1646. Athanase Oteyza et Olano. — 1647. Henri Ernstius ou Ernesti. — 1650. Jean Broé.

1654. Charles Fevret. — 1655. Joseph d'Exéa; Jean Umeau (Ulmus). — 1656. Éditeurs du synopsis des instituts. — 1658. Ch. Annib. Fabrot. — 1660. L'avocat général Boniel de Catilhon.

1669. Conrad Crusius.

1672. Simon Leevius ou Van Leeuven. — 1675. Jean Doujat; Nicolas Catherinot. — 1680. Samuel Fermat.

(9) Les éloges de Mérille sont d'autant plus remarquables, qu'il fut un des critiques de Cujas. — Voy. *ci-dev. p.* 432, *note* 241.

(10) Même remarque pour Gordon que pour Mérille.

1683. Antoine Tessier. — 1684. Guillaume Prousteau. — 1685. Nicolas Catherinot. — 1686. Jean Bruneau; Frédéric-Jacques Leycker. — 1687. Jean Doujat.

1692. Denis Simon. — 1694. Pierre Tronchin.

17e siècle, sans dates précises: le conseiller de Cambolas; Simon d'Olive; Jean Boscager;....... Nietus; Umeau; de Thou.

1708. Jean-Vincent Gravina.

1712. Polytus de Saint-Sigismond. — 1715. Piganiol de la Force. — 1716. Jean Boivin. — 1718. Claude-Joseph de Ferrière; Bernard Struve, ou Struvius.

1721. Pierre Taisand. — 1722. Liborius Ranio ou Ranius. — 1725. Moreri. — 1727. Joseph-Frédéric Christius. — 1728. Salomon Brunquell.

1733. Everard Otton. — 1735. J. Gottlieb Heineccius. — 1739. D. Joseph Finestrès; D. Joseph Moulinez. — 1742. Le président Bouhier.

1750. Antoine Terrasson. — Avant id.; le chancelier d'Aguesseau. — 1752. David Runcken ou Runckenius. — 1753. Gérard Meerman. — 1754. Jean-Auguste Bach.

1767. Guillaume Otton Reitz. — 1768. Antoine Terrasson.

1775. M. Bernardi.

1785. Alexandre Schomberg (11).

(11) Schomberg, quoique anglais, appelle notre jurisconsulte, le *grand* Cujas. — Voy. *id. précis hist. du droit romain*, *traduct.*, 1793, *p.* 69. — Voy. *aussi id.*, *p.* 67 *et* 316.

§. XVII. *Éclaircissemens sur la critique de Charles de Boissieux.*

Cette critique est contenue dans une lettre écrite par Charles Salvaingt de Boissieux, gentilhomme dauphinois, à Maurice Bressieux, son compatriote. La lettre est simplement datée de Bourges le 23 novembre; la réponse de Bressieux l'est de Paris, et la réplique de Boissieux, de Bourges, sans indications d'époques.

Tout ce que nous savons de Boissieux, c'est qu'il était natif de Vienne, fort savant dans la langue grecque, auteur de notes sur Aristophane, jurisconsulte estimé et ami de Cujas, enfin, qu'il fut père du célèbre premier président Denis Salvaingt de Boissieux (1).

Maurice de Bressieux était de Vourey près Grenoble. Il se rendit de bonne heure à Paris, y étudia et fut incorporé dans l'université, et successivement y apprit le droit sous Cujas (2). Il concourut, à la fin de 1576 et 1577, quoique encore fort jeune, avec Jean Stadius, Brabançon, pour une chaire de mathématiques, fondée par Ramus; chaire qui fut partagée entre les deux concurrens (3). Il entra ensuite chez le président de Thou (l'historien) en qualité de professeur de mathématiques, en 1584. Il quitta

(1) *Voy.* Chorier, état polit. du Dauph., t. 1, p. 122; Chalvet, bibl. du Dauph., p. 82.

(2) C'est ce qui paraît résulter évidemment des trois lettres de Boissieux et Bressieux combinées. Comme on ne dit point que Bressieux eut quitté Paris avant sa promotion à la chaire de mathématiques (voy. *Goujet, mém. sur le collége de France, t. 2, p.* 95 *et suiv.*), il est à présumer que ce fut en 1576 et dans la capitale, que Bressieux étudia sous Cujas.

(3) *Voy.* de Thou, hist., lib. 68 in f., ad ann. 1579; Goujet, sup., p. 98 et suiv.

la France en 1586 pour accompagner le duc de Piney, ambassadeur à Rome, et il ne revint que long-temps après dans sa patrie (4).

En combinant ces divers faits, et en faisant attention que dans sa réponse, Bressieux prend un ton d'autorité qui n'appartient qu'à un homme déjà mûr, instruit et expérimenté, on voit que la première lettre de Boissieux n'a pu être écrite à Bressieux, qu'entre 1577 et 1586. Nous présumerions même que c'est à une époque plutôt rapprochée qu'éloignée de 1586, parce que, d'une part, Boissieux s'y présente comme ayant déjà passé les premiers *temps* ou *âges* de la jeunesse, et fait beaucoup de voyages; et que, de l'autre, il ne se maria qu'en 1592. Ainsi, en supposant qu'il eut trente-cinq ans lorsqu'il se maria, en 1585, il en aurait eu vingt-deux, âge auquel peut convenir ce qu'il dit vaguement de celui qu'il avait au temps de ses études à Bourges.

Dans toutes ces hypothèses, il est toujours certain que la critique de Boissieux se rapporte, comme nous l'avons annoncé dans le texte, p. 439, au troisième professorat de Cujas, à Bourges.

§. XVIII. *Éclaircissemens sur les élèves de Cujas, ou notice chronologique de ces élèves.*

OBSERVATIONS PRÉLIMINAIRES.

1. Le travail dont le tableau suivant présente les resultats, nous a coûté des recherches immenses. On en jugera par le nombre des élèves qu'il com-

(4) *Voy.* de Thou, de vitâ suâ, lib. 3, ad ann. 1584 et 1586; Goujet, sup., p. 109 et suiv.

prend, et qui arrive à cent cinquante (1), outre une dixaine de douteux, tandis que les biographes, entr'autres M. Haubold (*institution. jur. litter.* n° 66, *p.* 68), en ont à peine indiqué une dixaine. Nous avons noté avec soin dans notre manuscrit les autorités où nous avons puisé nos documens; mais comme il a fallu très-souvent comparer des passages de divers auteurs ou manuscrits pour nous assurer que tel ou tel magistrat, jurisconsulte, etc., fut auditeur de Cujas, et en quel temps il le fut, nous dépasserions de beaucoup les limites assignées à notre ouvrage, si nous énoncions et ces autorités et les discussions auxquelles elles nous ont entraînés. Nous nous bornerons à en citer quelques-unes, et avec briéveté.

2. Quelque considérable que soit le nombre précédent, celui des élèves dont nous avons recueilli simplement les noms, surtout d'après les registres mss. de l'université de Valence, l'est bien davantage. Mais nous avons dû négliger tous ceux qui n'ont point, du moins à notre connaissance (2), marqué en quelque sorte dans la société, soit par leurs travaux, soit par leurs fonctions, soit par le rang de leurs familles (à la suite des noms nous désignons avec briéveté ces travaux, fonctions, etc.).

3. On voit dans notre essai, que Cujas a eu en quelque sorte, plusieurs professorats. Nous sommes

(1) Il est tel élève pour lequel nous avons employé quelquefois plusieurs jours. Par exemple, les registres de l'université de Valence n'indiquant que leurs noms, leur patrie et l'époque de leurs grades, il a fallu compulser, soit les ouvrages de ces élèves, soit même ceux de leurs contemporains, soit tous les biographes de leurs pays, pour nous assurer en quelque sorte de leur identité.

(2) Il en est beaucoup à l'égard desquels nos recherches ont été jusqu'à présent inutiles, mais pourront être complétées dans la suite.

parvenus par nos recherches, à déterminer ceux pendant lesquels presque tous les élèves ci-après indiqués ont étudié sous Cujas. Il n'en a pas été de même quant à l'année précise de leurs études; nous n'avons pu la découvrir que pour plusieurs d'entr'eux. En conséquence nous avons pris le parti de les classer selon l'ordre chronologique des professorats, sauf à indiquer l'année précise lorsque nous l'avons découverte.

A l'égard de ceux que nous ne croyons avoir été élèves de Cujas, que d'après des conjectures plus ou moins probables, nous les avons indiqués séparément, à la fin de chaque professorat, en joignant à leur nom un signe particulier (un astérisque).

Article 1er.—*Professorat de Toulouse*, 1547 *à* 1554.

1547. Paul de Foix, conseiller au parlement, ministre d'état, ambassadeur, archevêque de Toulouse.—Voy. *ci-dev.* (§. 6, *n*o 8), *p.* 476.

1547. Gui du Faur de Pibrac, conseiller, avocat général, président, ambassadeur, chancelier de Navarre et d'Alençon.—V. (*d.* §. 6, *n*o 6) *p.* 475.

1547 à 1549. Jean Antoine Lescure, avocat consistorial à Grenoble, professeur à Valence — Voy. *ci-dev.* §. 6, *n*o 1, *p.* 474.

1547 à 1554. Jacques Labitte, auteur de l'index Legum. — Voy. *d.* §. 6, *n*o 10, *p.* 478.

1554. Jean Amariton, professeur de philosophie, éditeur des notes d'Ulpien. — Voy. *d.* §. 6, *n*o 2, *p.* 474.

1554. Claude Mitallier, vice-baillif de Vienne. — Voy. *d.* §. 6, *n*o 9, *p.* 478.

1554. Gui-Lefebvre de la Boderie, auteur d'un

dictionnaire syro-chaldaïque, etc. — Voy. *d.* §. 6, *n*° 11, *d. p.* 478.

1554. Nicolas, son frère, traducteur (avec lui) de la bible. — Voy. *d. p.* 478.

1554 à 1557. Pierre du Faur de Saint-Jorry, maître des requêtes, président et premier président à Toulouse, etc. — Voy. *d.* §. 6, *n*°, 3, *p.* 474.

id. Charles son frère. Voy. *d.* §. 6, *n*° 4.

id. Charles du Faur, seigneur de Lucante, président au parlement de Toulouse. — Voy. *d.* §. 6, *n*° 5.

1554 à 1559. Antoine Loisel, avocat à Paris, et du duc d'Alençon, substitut des grands jours de Poitiers, avocat-général de la chambre de Guienne. — Voy. *d.* §. 6, *n*° 7, *p.* 476.

* 1547. Pomponne de Bellièvre, conseiller et président au parlement de Paris, ambassadeur, conseiller d'état; enfin, chancelier.

* 1553. Marc Antoine Muret.... Cet érudit célèbre est assez connu.

Art. 2e. — *Professorat de Cahors,* 1554 *et* 1555.

Voyez à l'art. 1er les numéros de Pierre et des deux Charles du Faur et de Loisel.

Art. 3e. — *Premier professorat de Bourges,* 1555 *à* 1557.

Voyez les mêmes numéros des du Faur et Loisel.

1555. François Ragueau, d'abord lieutenant général au baillage de Mehun, ensuite professeur à Bourges, auteur de divers ouvrages, ami de Cujas.

1555. Nicolas Cisner, professeur et recteur à Heidelberg, conseiller de l'électeur Palatin et de la chambre impériale de Spire, éditeur des œuvres de Duarein. — Voy. *Ferrière sur Taisand*, *p.* 620; *Haubold*, *d. inst. jur. litt.*, *p.* 68.

1555 à 1559. Pierre Airault, avocat à Paris, lieutenant criminel à Angers, maître des requêtes du duc d'Anjou, auteur de divers ouvrages. — Voy. *Ménage*, *vie de id.*, *p.* 11.

1556 à 1560. Pierre Pithou, avocat à Paris, procureur général à la chambre de Guienne..... Ce savant illustre est assez connu.

1557. Ant[e] Foquelin, auteur des préleçons d'Orléans. — V. *p.* 387, *et ci-apr.* §. 21, n° 10.

Art. 4e. — 1er *Professorat de Valence*, 1557 *à* 1559.

Voyez à l'art. 1er, le numéro de Loisel, et au 3e, celui de Pithou.

* Vers 1557 à 1559, Horace Amaducius, de Ravenne, savant, ami de Muret. — Voy. *mss. Dupuis*, *vol.* 699, *f.* 23.

Art. 5e. — 2e *Professorat de Bourges*, 1559 *à* 1566.

Voyez à l'art. 1er, le numéro de Loisel, et au 3e, celui de Pithou.

Vers 1559 et suiv. Le président Jeannin, avocat, conseiller et président à Dijon, ensuite célèbre ministre d'état sous Henri IV et Louis XIII. — Voy. *ci-dev.*, *p.* 448.

1559, 1560. François Junius ou Dujon, un des plus savans théologiens protestans, auteur d'un grand nombre d'ouvrages. — Voy. *Teissier*, *ij*, 324; *Bayle*, *h. v.*

Vers 1559 à 1566. Claude Dorsanne lieutenant général au baillage d'Issoudun. Il suivit Cujas à Turin — Voy. *ci-dev.*, *p.* 391.

Vers 1562 à 1566. Le cardinal D'Ossat, d'abord avocat, ensuite maître des requêtes, ambassadeur, évêque de Rennes et de Bayeux ; et il suffit au reste de nommer cet habile homme d'état.

Vers *id.* Hubert Gyfen, ou Gyfanius, professeur à Strasbourg, à Altorf et à Ingolstaldt, conseiller d'état d'empire. — Voy. *Haubold*, *sup.*, *d. p.* 68.

1563 a 1566. François Pithou, avocat à Paris, et procureur général d'une chambre de justice établie sous Henri IV, et comme son frère Pierre, un des plus savans hommes de son temps, auteur de divers ouvrages. — Voy. *p.* 479.

Vers 1563 à 1565. Jean Rœdiger, gentilhomme de Silésie, à qui Cujas dédia son code Théodosien.

Vers 1564 et 1565. Jacques Mangot, avocat, maître des requêtes, procureur général à la chambre des comptes, et enfin avocat général au parlement de Paris, auteur de plusieurs remontrances, fils de Claude Mangot, un des plus célèbres avocats du même parlement.

Vers 1564 à 1566. Claude Dupuy, conseiller au parlement de Paris, père de Pierre Dupuy, auteur des Libertés de l'église gallicane.

1566. Théodore Straitman, jurisconsulte hollandais, auteur d'une harmonie latine des titres du droit.

Id. Jean Passerat, professeur d'humanités dans divers colléges, et ensuite d'éloquence au collége royal, poète distingué dans son temps. Il avait aussi professé (en particulier) le droit.

Id. Alphonse d'Elbenne, abbé de Hautecombe et évêque d'Albi, auteur de plusieurs ouvrages historico-politiques.

1566, 1567. Arthus Prunier de Saint-André, d'abord conseiller et successivement premier président des parlemens d'Aix et de Grenoble (3).

Art. 6. — Professorat de Turin, 1566, 1567.

Voyez à l'art. 5, le n° de Claude Dorsanne.

1566, 1567. Louis Vitalis, professeur à Turin, auteur de deux livres (latins) de leçons diverses.

* Vers *id.* Gregorio Lomellini, patricien de Gènes, commissaire aux pêches d'Afrique.

Art. 7.—2e Professorat de Valence, 1567 *à* 1575 (4).

Voyez à l'art. 5, le n° d'Arthus Prunier de Saint-André.

Vers 1567 à 1569. Gallo Becz, ou Gallus Beccius, érudit de Poméranie.

1568. Ennemond Rabot d'Illins, d'abord conseiller et ensuite premier président au parlement de Grenoble, conseiller au conseil privé (ou ministre d'état) du roi.

Id. Etienne Tabourot, avocat à Dijon, connu surtout par l'ouvrage intitulé les bigarrures *du seigneur Des-Accords*.

Id. Philippe Robert, de Châlons, avocat, puis substitut et enfin avocat général au parlement de Dijon, auteur entr'autres, de mémoires sur la coutume de Bourgogne.

Id. Claude Chiflet, Bourguignon, auteur de

(3) Il est sûr que Saint-André étudia sous Cujas à Bourges en 1566, et à Valence, en 1567; mais il ne l'est pas également qu'il ait suivi Cujas à Turin.

(4) C'est surtout pour ce professorat que les registres de l'université de Valence nous ont été utiles, au moins pour nous mettre sur la voie des recherches à faire.

traités (latins) sur les successions et les substitutions.

Id. J. B. Pontanus, d'Arles, avocat, auteur d'un traité (latin) sur les alimens.

Id. François Bullioud de Saint-Martin, membre et député du conseil de ville de Valence.

Id. Blaise Melchior d'Alezzo, arrière-petit-neveu de St.-François de Paule.

Id. Severin Serment, avocat consistorial au parlement de Grenoble.

Id. Jean Antoine Villeton, *idem.*

Id. Antoine de Morard, conseiller et fils d'un secrétaire au même parlement, un des aïeux du sénateur amiral Morard de Galles.

1569. Charles de la Motte, conseiller au grand conseil, auteur d'un discours sur la poésie.

Id. Jean Bouhier, conseiller au parlement de Dijon, fils de Bénigne, également conseiller, et 4e aïeul du savant président Bouhier (5).

Id. Aimard Meissonnier, docteur agrégé de l'université et consul de la ville de Valence.

Id. Gaspard de Saillans, professeur à cette université, gentilhomme de Valence, auteur de dissertations et autres opuscules.

1571. Georges Haloander Spikerman, Frizien. Cujas, fit son éloge lors de son inauguration, le 24 mai 1571.

Id. Claude Groulard, seigneur de La Court, conseiller au grand conseil, et ensuite premier président au parlement de Rouen, auteur de plusieurs

(5) Les renseignemens que nous ont fourni les registres de l'université de Valence, sur Jean et Pierre (voy. *ci-apr.*) Bouhier, ont été complettés par d'autres que nous devons au savant M. Girault, de l'académie de Dijon.

traductions, a participé à la rédaction de la coutume de son pays.

Vers id.... Knibius, antiquaire. Il a fourni beaucoup d'inscriptions au recueil de Gruter.

Id. Jean Bovier, avocat consistorial au parlement de Grenoble.

Id. Guillaume Barthellemi, conseiller au parlement de Paris. Il était fils d'un autre conseiller du même prénom, et il fut aïeul de la maréchale Duplessis-Praslin.

Id. Jacques Viole, conseiller, et aussi fils d'un autre conseiller au même parlement, du même prénom, et comme lui, seigneur d'Andrezel.

Id. Pierre de Maçon, juge royal de Grenoble.

Id. Jacques-Auguste de Thou. Il n'est besoin de rien ajouter à ce nom. — V. *d'ailleurs ci-dev. p*. 399.

Id. et suiv. Joseph Scaliger... Même remarque. — V. *aussi ci-dev. d. p*. 399.

Id. Louis de Montjosieu, gentilhomme ruthenois, savant mathématicien, auteur de divers ouvrages.

Id. George du Bourg, seigneur de Clermont, fils de Gabriel du Bourg, conseiller au parlement de Toulouse, et neveu d'Anne du Bourg, conseiller au parlement de Paris, si connu par sa fin tragique, et petit neveu du chancelier de ce nom.

Id. Claude-Aimond de la Forge, docteur agrégé de l'université de Valence.

Id. à 1573. Pierre Senneton, fils d'un président au présidial de Troyes en Champagne.

Id. Un frère du même.

1571. Pierre Bouhier, oncle de Jean (*voy*. son n°

ci-dev., p. 567), et fils d'un conseiller au parlement de Dijon, et frère du 5e aïeul du président (6).

Id. Jacques Colas, vice-sénéchal de Montelimar. Il embrassa ensuite l'état militaire, et devint gouverneur de la Fère, pour la ligue.

En 1571 ou 1573. Guillaume Barclay, écossais, professeur à Angers, père du célèbre auteur de l'Argenis.

1572. Adrien Ballue, de Rouen, seigneur de Bonneville, recteur temporaire de l'université de Valence.

Id. Jean Lemaître, d'abord avocat, ensuite président au parlement de Paris. Il fut également recteur.

Id. Hugues de Raimond, seigneur de la Treille, gentilhomme d'Embrun.

Id. Jean de Villers, conseiller au parlement de Paris.

Id. Félix de Fassion, seigneur de Brion, père d'un avocat général et président au parlement de Grenoble.

Id. Pierre Poncet, Savoisien, auteur d'un traité estimé (latin) du droit municipal.

Id. Jean Mercier, savant professeur à Bourges, auteur de divers ouvrages.

Id. Jean Brouet. C'est celui qui a écrit les leçons de Cujas, qui sont aux mss. latins, bibl. roy., nos 4503 et 4508.

Id. Claude de la Grange, avocat à Grenoble, lieutenant au bailliage de Saint-Marcellin, et député de ce bailliage aux états-généraux de Blois, en 1576; auteur de divers ouvrages, notamment du

(6) Même remarque qu'à note 5, p. 567.

style (latin) de la cour de Saint-Marcellin. Il fut aussi avocat du tiers-état de Dauphiné, dans son procès contre la noblesse et le clergé de cette province.

Id. Ennemond Gaillard, avocat consistorial à Grenoble.

Id. Henri Ferrand, avocat consistorial, et ensuite conseiller au parlement de Grenoble, père d'un autre conseiller, et fils d'un secrétaire à la chambre des comptes.

1573...... Chamrobert, recteur temporaire de l'université de Valence.

Id. François de Rivière, gentilhomme grenoblois.

Id. Nicolas Viole, conseiller au parlement de Paris, et maître des requêtes, fils de Guillaume, aussi conseiller à la même cour.

Id. Laurent du Bourg, de Lyon, auteur d'un opuscule sur sa ville.

Id. François Choesne, lecteur de Paul de Foix; ensuite président au présidial de Chartres.

Id. Jacques Bossuet, conseiller au parlement et maire de Dijon, aïeul de l'immortel évêque de Meaux, et fils d'un conseiller à la chambre des comptes (7).

Id. Laurent Romé, de Rouen, fils d'un secrétaire du roi.

Id. et suiv. Pierre Nevellet-d'Osche, neveu des Pithous, auteur de la vie de François Hottoman.

1573. Louis de Bretel, seigneur de Lanquetot, conseiller au grand conseil, président au parlement de Rouen.

(7) Même observation qu'à note 5, p. 567.

Id. Jean-Maximilien de Limoges, gentilhomme de Rouen. — (Voy. *ci-dev.*, §. 14, *p.* 545).

Id. Georges Pericard, conseiller au parlement de Rouen, abbé de Saint-Étienne de Caën et de Saint-Julien de Tours, et évêque d'Avranches.

Id. . . . . . Truchon, fils de Jean Truchon, premier président au parlement de Grenoble.

Id. André de Cluzet, docteur agrégé, et fils du doyen de l'université de Valence.

Id. Jean Quarré, de Châlons, avocat, père de Jean Quarré, conseiller au parlement de Dijon.

Id. . . . . Vachon, fils de Jean de Vachon, conseiller au parlement de Grenoble.

Id. Sofrey de Calignon, successivement maître des requêtes de Henri IV, lorsqu'il était roi de Navarre, conseiller et président à la chambre de l'édit du parlement de Grenoble, chancelier du royaume de Navarre, enfin conseiller au conseil royal des finances de France.

Id. Claude Mitallier, de Vienne, conseiller au parlement de Grenoble, fils de celui qui est indiqué à l'article 1er, p. 562.

Id. Tydeman Gysius, savant de Strasbourg, qui fut ensuite en correspondance avec Cujas.

Id. Charles de Leberon, abbé de Saint-Ruf, docteur agrégé de l'université de Valence, neveu de l'évêque Montluc.

Id. Bonne-Amédée Battendier, gentilhomme savoisien.

Id. Jean Carnot, avocat à Dijon, fils d'un avocat du même prénom, et cinquième aïeul du célèbre ministre et directeur Carnot, du lieutenant-général du génie, et du conseiller à la cour de cassation, auteur du savant ouvrage sur l'instruction criminelle.

1574. Guillaume Maran, avocat, professeur et doyen de l'université de Toulouse, auteur d'ouvrages qui l'ont placé dans la première classe des élèves de Cujas.

Id. Jacques Pape, seigneur de Saint-Auban, baron de Sahune, gouverneur pour Henri IV, en 1577, du comtat d'Avignon. Il descendait du fameux jurisconsulte Gui-Pape; son père, Gaspard, commandait, en 1562 et 1563, sous le prince de Condé, et le comte de Crussol, les protestans d'une grande partie des provinces méridionales.

Id. Arnold de Haërsolte, jurisconsulte de Zwol, en Hollande, auteur d'un traité (latin) des actions, dont Carpzovius donna une nouvelle édition en 1647, avec de grands éloges.

Id. Antoine de Griphon, seigneur de Veynes, avocat et premier consul de Grenoble.

Id. Pierre de Granet, docteur agrégé de l'université de Valence, et successivement conseiller au parlement de Grenoble, auteur du *style* (latin) suivi au marquisat de Saluces, quand il appartenait à la France.

Id. Antoine de Rivière, auditeur à la chambre des comptes de Grenoble.

Id. Denys Lebel (Lebeus), président au présidial de Metz, savant en correspondance avec les érudits principaux de son temps.

Id. Jean Vincent, conseiller au parlement de Grenoble, fils d'un échevin de Lyon.

Id. Guillaume Émé de Saint-Julien, conseiller au parlement de Grenoble.

Id. Olivier de Chastellus, vicomte d'Avalon, gentilhomme ordinaire du roi, bailli d'Autun.

Id. Gaspard de Gilliers, de Romans, conseiller au parlement de Grenoble.

Id. Pierre de Dorne, docteur agrégé de l'université de Valence.

Id. Imbert Pelloux, autre docteur agrégé et avocat. Ses talens et son érudition lui méritèrent des lettres de noblesse de Henri IV.

Id. Christophe Dufaur (Faber), autre docteur agrégé, *ibid.*

1575. Jean Delacroix-de-Chevrières, baron de Clérieux, successivement conseiller, avocat général et président au parlement de Grenoble, évêque de la même ville, maître des requêtes, conseiller d'état, ambassadeur de France à Turin et à Rome; député aux états-généraux de 1614; auteur de notes sur Gui-Pape, et d'un commentaire sur le statut delphinal des donations, qui fit mettre en vigueur ce statut, jusque-là négligé.

Id. Nicolas de Croix-Mare, conseiller au parlement de Rouen.

Id. Antoine de Galbert, fils d'un conseiller au parlement de Grenoble.

Id. Claude Duserf, sieur de Croze, gentilhomme du diocèse de Grenoble.

Id. François Josserand, professeur à l'université de Valence.

Id. André de Nesmond, premier président au parlement de Bordeaux, auteur d'un recueil d'arrêts (8).

(8) Il entrait en fureur lorsqu'on lui apprenait que quelques légistes pour se donner de la réputation, se hasardaient à critiquer Cujas:

Id. Antoine de Cluzet, docteur agrégé à l'université de Valence.

Id. Nicolas Sauvaige, de Chaumont, avocat.

Id. Barthélemi Marquet, docteur agrégé de l'université de Valence, conseiller et ensuite président de la chambre de l'édit du parlement de Grenoble.

Id. Antoine de Dorne, conseiller (en remplacement de Cujas), et successivement président au parlement de Grenoble. Son père était aussi conseiller, et son aïeul, professeur à l'université de Valence (celui-ci avait été annobli). — Voy. *ci-devant*, *p.* 414.

Art. 8. — 3e *Professorat de Bourges*, 1575 *à* 1590 (9).

1575. — Jacques Lect, professeur de droit et syndic de la république de Genève, ambassadeur auprès d'Élisabeth et du canton de Berne; auteur de divers ouvrages. — Voy. *ci-dev.* §. 12, *p.* 539.

1575 à 1585. Claude Maréchal, conseiller au grand conseil et au parlement de Paris. — Voy. *ci-dev. p.* 419.

1575 à 1590. — Alexandre Scot, avocat à Carpentras, éditeur des œuvres de Cujas, et auteur d'une défense pour celui-ci, publiée sous le titre de *de controversis Cujacii sententiis.*

Id. Jean la Coste, ou Janus à Costa, professeur à Cahors et à Toulouse, un des plus illustres disciples de Cujas, auteur d'ouvrages et notamment d'instituts, très-estimés.

c'étaient, disait-il, des grenouilles qui croassaient contre le soleil. — Voy. *arrêts de id.*, 1616, *à l'oraison funèbre.*

(9) Nous n'avons pas fait d'article séparé pour le professorat de Paris, soit à cause de sa brièveté (quelques mois de 1576), soit parce que nous n'avons découvert qu'un seul homme (Bressieux) qui ait pu alors être élève de Cujas.

Id. Guillaume Ranchin, professeur à l'université et avocat général à la cour des aides de Montpellier, auteur de divers ouvrages, tels que l'édit perpétuel de Julien rétabli, et fils d'Etienne, conseiller à la même cour, et auteur de décisions et de commentaires sur Guy-Pape (10).

1576. Jacques Bongars, célèbre critique et publiciste, conseiller et maître d'hôtel du roi, employé par Henri IV comme résident ou ambassadeur auprès de divers princes, pendant 30 ans.

Id. Jacques de la Guesle, procureur général au parlement de Paris, auteur de diverses remontrances, fils de Jean de la Guesle, d'abord premier président au parlement de Dijon et ensuite procureur général et président à celui de Paris. — Voy. *ci-apr.* §. 25, *n°* 1.

Id. François de la Guesle, frère de Jacques, et archevêque de Tours. — Voy. *d. n°* 1.

Id. Jacques Durant de Caselle, ou Casellius, bon critique, auteur de deux livres de variétés (*varia*).

Id. Frédéric Morel, savant Helléniste, professeur, interprète et imprimeur du roi (comme son père Frédéric), éditeur de plusieurs pères de l'église.

Id. Laurans de Ponfons, fils d'un membre du conseil de Ville d'Angers.

Vers id. Maurice Bressieux, savant mathématicien, professeur de mathématiques, puis orateur de l'ambassade de France à Rome, auteur de plusieurs ouvrages relatifs à la science qu'il professait. — Voy. *ci-dev.* §. 17, *p.* 559.

1576 à 1580. Job. Bouvot, de Châlons, avocat

(10) Selon Moreri, mot Ranchin (Etienne), Guillaume était frère d'Etienne; mais Guillaume se dit lui-même, fils d'Etienne. — Voy. *id.*, *variar. lect on.*, *li'.* 2, *c.* 1 *et* 3, *au trésor d'Otton*, *t.* 5, *p.* 927 *et* 938.

à Dijon et à Paris, auteur d'un recueil d'arrêts et d'un commentaire sur la coutume de Bourgogne.

1577. Antoine Arnaud, avocat au parlement de Paris, auteur de plusieurs opuscules politiques, fils d'Antoine Arnaud de la Motte, conseiller auditeur à la chambre des comptes, et père du célèbre docteur de Sorbonne. Il jouissait d'une telle considération dans son état où plusieurs personnes lui donnaient le premier rang, qu'il refusa plusieurs charges considérables, entr'autres celle de premier président au parlement d'Aix. — Voy. *au reste*, *ci-dev.* §. 11, *note* 19, p. 536.

Vers 1579. Nicolas Cragius, Danois, savant auteur de plusieurs ouvrages de critique et d'histoire, professeur et recteur à l'académie de Copenhague, envoyé du roi de Dannemarck auprès de plusieurs puissances.

Vers 1581. Louis Carrion, de Bruges, autre habile critique, auteur d'ouvrages de même genre, professeur de droit à l'université de Louvain, et chanoine dans cette ville et autres.

Vers 1581 à 1596. Paul Mérula, de Dordrecht, professeur d'histoire à Leyde, autre habile critique, et auteur de divers ouvrages, même sur le droit.

Vers 1582. Jean Mathieu le Grand (Mathæus magnus), professeur à Angers et à Orléans, auteur de divers traités, fils de Mathieu le Grand, lieutenant général du baillage de Château-Neuf en Thimerais, auteur d'un traité des intérêts et fruits.

Vers 1582 à 1590. Chrétien de Lamoignon, seigneur de Bâville, conseiller et successivement président au parlement de Paris, fils de Charles, conseiller d'état, et père du célèbre premier président Guillaume, ami de Boileau.

1583. Isaac Arnaud, intendant des finances, frère d'Antoine, avocat. — Voy. *ci-dev.* §. 11, *note* 19.

Id. Claude Expilly, avocat, procureur général à la chambre des comptes et au conseil souverain établi à Chambéri, président du même conseil et de celui de Pignerol, avocat général et président au parlement de Grenoble, et conseiller d'état, auteur de divers ouvrages tels qu'un recueil de plaidoyers et arrêts. — Voy. *ci-dev. p.* 447.

1584. Jean, ou Janus Guielm, de Lubeck, célèbre érudit, connu surtout par ses questions Plantines, ami du président de Thou, de Juste-Lipse, etc.

Id. Pierre du Bourg, ou Burgius, greffier en chef du parlement de Toulouse, auteur d'un traité de droit (*electorum liber*), fils d'Amable du Bourg, célèbre avocat, et d'Anne de Paulo, sœur d'un grand maître de Malthe, neveu de l'infortuné Anne du Bourg, et petit neveu du chancelier de ce nom.

Id. Alexandre de la Guesle, marquis d'O, colonel du régiment de Champagne, fils du président et frère du procureur général. — Voy. *ci-dev. p.* 575.

Id. Charles de la Guesle, tué au siége de Dreux, fils et frère des mêmes.

Id. Antoine Leclerc, sieur de la Forêt, avocat au parlement de Tours, professeur particulier de droit, enfin lieutenant au siége royal de Saint-Bris, auteur de divers ouvrages.

Id. Josias le Mercier, habile Helléniste et critique, auteur de divers ouvrages, fils de Jean le Mercier, professeur d'hébreu, l'un des restaurateurs de la langue hébraïque.

Id. Claude Jobert, de la Roche Perny, avocat à Dijon, a laissé divers ouvrages (manuscr.) de droit.

Vers id. Charles Salvaingt de Boissieux, de Vienne, savant Helléniste, père de Denys, premier président à la chambre des comptes de Grenoble. — Voy. *ci-dev.* §. 17, *p.* 559.

Vers 1584 *à* 1587. Marquard Freher, d'Augsbourg, historien, philologue et antiquaire, professeur à Heidelberg, conseiller d'état de l'électeur Palatin, vice-président du sénat d'Heidelberg, ambassadeur de ce prince en Pologne et auprès des électeurs d'Allemagne.

Vers 1585 *à* 1590. Gabriel Picaut, sieur de la Grange, conseiller au présidial de Bourges, l'élève qui a le plus long-temps survécu à Cujas, n'étant mort qu'en 1650 ou 1651.

Vers id. Antoine Loisel, avocat et ensuite conseiller au parlement de Paris, fils d'Antoine, avocat, dont on a parlé à *l'art.* 1er, *ci-dev. p.* 563.

1586. Guillaume Marescot, avocat au parlement de Paris, avocat général de Marie de Médicis, maître des requêtes, conseiller d'état, intendant d'armée, ambassadeur de France auprès des princes protestans d'Allemagne.

* *Vers* 1575 *à* 1590. Gui Loisel, conseiller au parlement de Paris, fils d'Antoine, *ci-dev. p.* 563.

* *Vers id.* Pierre de la Martillière, un des plus célèbres avocats au parlement de Paris, et ensuite conseiller d'état, fils de François de la Martillière, lieutenant général au bailliage du Perche (voy. *ci-apr.* §. 25, *n°* 2).

§. XIX. *Éclaircissemens sur les explications ou dictées des leçons de Cujas.*

On lit dans les observations de Cujas (liv. 18, chap. 38), *auditoribus prœterfluens oratio mea nihil dictat unquam.* D'autre part, Charles de Boissieux, dans la lettre analysée, ci-devant, p. 439 et 559, assure que les élèves de Cujas avaient, à cause de la rapidité de son débit (1), beaucoup de peine à recueillir par écrit ses *récitations*, et que rentrés chez eux, ils étaient obligés de comparer ensemble leurs cahiers, pour les rectifier les uns à l'aide des autres.

Il semble résulter de là que Cujas ne dictait point (2). Mais il faut au moins admettre, ainsi que nous l'avons dit (*p.* 442), qu'il commençait par débiter, sur le sujet de sa leçon, une explication sommaire, que, d'après son désir, les élèves recueillaient par écrit; et qu'ensuite il en donnait une explication plus développée, qui n'était point recueillie par écrit. Dans une supposition différente, c'est-à-dire, si ses leçons eussent été réduites à ce que ses élèves nous en ont transmis et qu'on a publié d'après leurs cahiers, dans ses œuvres posthumes, elles n'eussent pas duré plus de *dix à quinze minutes*, ce qui serait contraire aux réglemens, et d'ailleurs absolument incroyable.

En effet, si l'on compare avec l'édition de Scot, de 1614, les leçons numérotées à la marge de quelques-uns de ces cahiers, tels que le manuscrit latin, n° 4511 de la bibliothèque royale, et le manuscrit

(1) Boissieux en donne une idée, en observant que les élèves qui ne s'étaient pas beaucoup et dès long-temps (*Diù et multum*) exercés à la tachygraphie, ne pouvaient écrire les leçons pendant que Cujas les débitait.

(2) On pourrait proposer contre ce défaut de dictée, bien des objections, et entr'autres celle-ci. Comment, s'il ne dictait point, les leçons des divers manuscrits et celles des éditions de Scot et Fabrot, sont-elles parfaitement semblables à quelques différences près, soit de mots insignifians, soit de transpositions non moins insignifiantes d'autres mots?

F. L. 3, in-quarto, de la bibliothèque de Sainte-Geneviève (3) ; ou si l'on marque dans l'édition de Scot les leçons dont le commencement et la fin sont indiqués par les expressions dont Cujas s'y est servi (4), on verra qu'elles n'occupent ordinairement dans cette édition que deux colonnes et demie à trois colonnes au plus ; et si l'on essaye de les débiter avec tant soit peu de rapidité, on n'y emploiera que de dix à quinze minutes.

Mais outre qu'une telle *brièveté*, si l'on peut parler ainsi, est contre toute vraisemblance, il résulte d'un réglement fait par le parlement de Paris, en 1512, pour l'université d'Orléans, et dont on renouvela l'exécution en 1547, pour celle de Paris, que les leçons devaient être au moins d'une heure (5) ; et c'est ce qui paraît aussi résulter d'une réflexion de Cujas, contenue dans le cahier manuscrit d'un de ses élèves, et non imprimée (6) ; enfin, Jacques Bongars, également son élève (V. *ci-dev. p.* 575), rapporte que Cujas fit une fois, contre Bodin, une leçon de plus de deux heures (7)...

(3) Il y a aux marges, ou avant les rubriques, Lectio prima, Lectio secunda, etc. Nous avons rapporté toutes ces indications sur l'édition de Scot, de 1614, et une partie sur celle de Fabrot. Les textes, sauf les différences de mots dont nous avons parlé dans la note précédente, y sont au fond les mêmes comme nous nous en sommes assurés par plusieurs collations ; ce qui prouve aussi que Scot et Fabrot se sont servis d'autres manuscrits.

(4) Il dit quelquefois par exemple, *heri dixi de lege etc.*, *hodiè dicam*, etc.

(5) *Voy.* reg. mss. de la faculté de droit de Paris, n. 4, f. 95.

(6) Ce passage est un peu effacé dans le manuscrit, cependant, on peut encore y lire cette espèce d'excuse proposée par Cujas, pour ne pas entreprendre l'explication d'une nouvelle matière au milieu d'une séance, *nec id reponam hoc loco, quod longiùs quàm unæ horæ spatium requirit.* — *Voy.* mss. lat. bibl. roy. n. 4552 A, ad l. 11 cod. (lib. 8, tit. 38) de commiss. et contr. stipul.

(7) *Voy.* lett. de Bongars dans Colomiez, Gallia orientalis, 1665, p. 82.

Nous persistons donc à penser que Cujas, après avoir débité une leçon telle qu'elle devait être recueillie et conservée par les élèves, en reprenait les divers points, et les expliquait avec des développemens pour les rendre plus intelligibles.

§. XX. *Éclaircissemens sur l'ouvrage de Jean Raimond et le système de l'école de Toulouse.*

1. L'ouvrage où nous avons puisé les premiers éloges donnés à Cujas et rapportés ci-devant p. 378, est intitulé, *epistolarum legalium, in quibus varii juris articuli continentur libri tres, à Joanne Raimondo Tolosato, etc., collecta*, in-8o, Lyon, Guill. Rouille, 1549.

Ces éloges de Raimond, sont contenus dans une épître dédicatoire à Cujas, datée de Lyon, le 2 août 1549. Quoiqu'émanant d'un homme qui se dit l'ami de Cujas, ils ne sont pas moins remarquables parce que Cujas était entièrement opposé à l'école de Bartole, tandis que Raimond en était un admirateur passionné, et qu'il se moque même des critiques (v. *id.*, *p.* 113) qu'on se permettait déjà contre cette ancienne lumière du droit.

Raymond ne faisait en ceci que céder à l'opinion dominante de l'école de Toulouse, opinion dont on peut rapporter beaucoup de preuves, entr'autres les suivantes.

2. A la fin de son traité *de jurisdictione* (l'épître dédicatoire est du 5 février 1550), Govéa émet le vœu que les écoles de droit abandonnent leur méthode barbare d'enseignement, et il s'écrie : *Recuperet Ferrerios et Corasios Tolosa : recuperet inquam, Ferrerios et Corasios Tolosa : vereor enim nè illud*

non satis exaudierit! -- *V.* ejusdem opera, 1562, p. 46.

3. Hubert Languet (*epistolæ*, 1699, *lett. du* 29 *avr.* 1562, *p.* 221) écrivait 12 ans après, *Tolosates sunt Accursiani.*

4. Enfin l'espèce de favori de cette école, le rival heureux de Cujas, ou Forcadel, montre une affection particulière pour le bartolisme (1), dans beaucoup de passages que nous avons recueillis dans ses œuvres. Bornons-nous à celui-ci : « *Patritios*, dit-il des jurisconsultes modernes, *PATRITIOS appello eos qui sunt de Bartoli familiâ; reliquos, PLEBEIOS.* — V. *Sphera legalis*, *n°* 71, *in ejusd. op.*, *p.* 323.

§. XXI. *Éclaircissemens sur l'école de Bourges, ses professeurs, tels que Duarein, Doneau, Le Conte et Cujas, leurs altercations pendant les premiers professorats de celui-ci, et sur ses succès, son retour, etc.*

1. La célébrité dont nous avons dit (*p.* 381) que jouissait l'école de Bourges est justifiée par le seul nom de ses professeurs. Duarein, Doneau et Le Conte, y étaient en exercice lorsque Cujas y fut appelé, en 1555. Elle avait eu précédemment Alciat, Loriol, Boyer, Rebuffe. Elle eût depuis (toujours au 16e siècle), Cujas, Roussard, Hottoman, Mercier, Ragueau. Aucune autre n'a compté un

(1) Il paraît que Forcadel n'avait pas plus de sagacité (voy. *ci-dev.* §. 7, *n.* 12, p. 510) comme historien, que comme jurisconsulte. « Il n'a pas eu honte, remarque Graverol (*notice des villes de Languedoc*, 1696, *p.* 3), de dire que Polyphème avait bâti les murailles de Toulouse, dix ans avant la guerre de Troie, lui ayant donné le nom de *Tolose*, à cause que sa femme s'appelait ainsi. »

si grand nombre de talens du premier ordre......
aussi l'appelait-on généralement (V. *Heineccius*, *de vitâ Balduini*, *in ejus oper.*, *t.* 3, *part.* 1, *n°* 17, *p.* 275) la BERYTE moderne.

2. Les biographes modernes, tels que Bayle, Moreri, Taisand, etc., nomment le premier de ces jurisconsultes *Duaren*, sans doute en francisant le nom latin (*Duarenus*), mis à la tête de ses œuvres. Loisel (*Vie*, *p. ix*) l'appelle Duarin; La Thaumassière (*p.* 186), le *Douarein*. Il est nommé *Douarein* dans un traité qu'il fit le 22 juillet 1554, avec un député de Valence (v. *répertoire mss. des titres de id.*), pour aller professer dans l'université de cette ville (c'est au temps de ses dissentions avec Baudoin : le départ de celui-ci détourna sans doute Duarein d'accomplir le traité). Enfin, Maran (*remontranc. sur les universités*, 1615, *p.* 76) l'appelle *Duarein*.

3. Doneau fut nommé professeur en 1551. — Voy. *La Thaumassière*, *p.* 62; *Duarein*, *opera*, *édit.* 1608, *p.* 303. — Le dévouement absolu qu'il eut constamment pour Duarein, toujours en dissention avec ses collègues (v. *entr'autres*, *Foquelin*, *cité ci-après*, *n°* 10), fait présumer que c'est à sa recommandation qu'il dût la protection de l'Hopital, dont nous parlons page 382.

Les plaintes qu'il adressa à ce grand homme sur la préférence accordée à Cujas et dont nous parlons aussi, *d. p.* 382, s'induisent de la réponse de l'Hopital, du 3 août 1555, insérée dans les œuvres posthumes de Doneau (8°, Hanoviæ, 1604), p. 268, et de la réplique de Doneau, mise à la suite, p. 269 à 276, car nous n'avons point, comme le croit M. Hugo (*magas. civil.*, *iij*, 204), la première lettre de Doneau. Celle qu'on a imprimée

38..

auparavant, p. 266, est du 30 juillet 1554, époque où Cujas était encore à Toulouse. Il est probable que la lettre à laquelle l'Hopital répondit le 3 août 1555, fut écrite par Doneau après qu'on eût reçu à Bourges l'avis du 21 juillet cité au § 7 des éclaircissemens, note 69, p. 509.

Il paraît aussi par les mêmes lettres, que Doneau demandait d'être égalé à Cujas au moins pour les honoraires.

4. L'époque des disputes ou thèses soutenues par Cujas après sa nomination au professorat de Bourges, en 1555 (v. *ci-dev. p.* 382), est déterminée par celle de la publication de son commentaire sur les titres *de Usurpationibus*, dédié à Ferrier, le 1er mars 1556; commentaire qui, d'après plusieurs de ses passages, paraît en être, au moins en partie, le résumé. 1. *Nè longiùs à re propositâ discedamus*... 2. *Hujus disputationis summa sit*... 3. *Cum quidam in hâc scholâ disputationem instituisset*..... 4. *Ut pro parte nostrâ attingamus, et si fieri potest aperiamus*... 5. *Quæ nos jam antè proposuimus*... etc. — *V.* édit. de Scot, 1614, t. 2, p. 1337, 1340, 1342 et 1343.

Ce sont les mêmes thèses où bientôt Adrien Pulvæus (*ad legem Attiniam*, 8°, 1558, c. 10, f. 12), et dans la suite, Jean Robert (*animadversionum*, *in-4°*, 1580, *lib.* 1, *c.* 30, *p.* 45) prétendirent que Cujas avait échoué, tandis que celui-ci soutint (V. *Mercator, in-4°*, 1581, *lib.* 1, *c.* 30, *p.* 72) qu'au jugement des auditeurs, il s'y était singulièrement distingué, puisqu'un jour beaucoup d'entr'eux l'applaudirent à la sortie de la salle, et plusieurs s'écrièrent: *Aliis diebus eum vicisse alios, eo die vicisse se ipsum!* Nous trouvons la preuve de l'identité, au chapître déjà cité, de Pulvæus. Il y dit en effet que Cujas publia un livre où il se plaignait de ce que sa correction (Pulvæus l'appelle *dépravation*) d'un texte d'Ulpien avait été contestée par son argumentateur ; et cette réclamation de Cujas se trouve précisément dans le 3e passage ci-dessus rapporté (il est tiré du commentaire sur la loi 9, de *Usurpationibus*).

5. Le même traité de Pulvæus sur la loi Attinia, est une véritable satyre de Cujas. Il y raconte la prétendue défaite de Cujas dans les termes les plus humilians pour celui-ci. Un écolier, dit-il entr'autres ; un écolier de 1re année (*Dupondius*) aurait été moins embarrassé... Dans ce traité, qu'il ose dédier à Marguerite, sans doute pour tâcher d'enlever à Cujas sa bienveillance, Pulvæus (*ch.* 26) avoue qu'il est élève de Duarein.

6. Nous avons dit, p. 383, qu'à la suite des disputes précédentes, Cujas, après s'être retiré à Paris, avait repris ses fonctions à Bourges... Une lettre du 15 janvier 1557 (1558, nouv. st.), présentée au conseil municipal et transcrite le 5 février (v. *dd. reg. mss. de Bourges*), et par laquelle Marguerite ordonne de payer à Cujas les gages de professeur qui ont couru pendant son absence, pourrait faire douter qu'il fut revenu à Bourges dans l'été de 1557 ; mais l'incertitude que fait naître à cet égard la rédaction obscure de la lettre, est levée par deux documens.

1o Dans l'épître dédicatoire du 2e livre de ses leçons *subsécives*, datée de Bourges le 15 juillet 1557 (voy. *id.*, *édit. in*-8o *de* 1559, *in pr.*), Le Conte, en annonçant au président de la Case-Dieu (Jacques du Faur), qu'il s'est lié avec ses neveux les jeunes du

Faur, observe qu'ils sont placés sous la direction de Cujas, *quâ illi fiunt in dies meliores*.... Il n'aurait pas pu employer cette expression si Cujas avait été éloigné d'eux et surtout depuis plusieurs mois ; car il était parti pour Paris, vers le 1er avril précédent, ainsi qu'on le voit dans une autre épître du même jour, (il y a 1er avril 1556 avant Pâques, ce qui signifie 1557, nouveau style), où Le Conte annonce au même président, que son ouvrage, c'est-à-dire le commentaire sur l'édit des mariages clandestins (il est de février 1556, vieux style. — voy. *Blanchard, compilat. chronolog.*, *t.* 1, *p.* 749) lui sera porté par Cujas. — Voy. *Contii opera*, 1616, *p.* 565, 566.

2° Loisel (*vie, p. ix*) dit qu'il suivit Cujas venant de Bourges à Paris, et que le voyage de Paris fut en l'an 1557, lors de la prise de Saint-Quentin.... Or Saint-Quentin fut pris le 26 août.

7. Les critiques amères des rivaux de Cujas ne l'empêchèrent pas d'obtenir le suffrage des hommes les plus recommandables dans la science du droit, et la littérature, tels que Antoine Le Conte, et Etienne Pasquier.

Le premier, dans l'ouvrage intitulé *admonitio de falsis Constantini legibus*, dit (voy. id., p. 73 de l'édit. de 1562) de Cujas, *jurisconsultus omnium quos novi acutissimus*. Cet ouvrage parut d'abord en 1556, ainsi que l'observe Heineccius (voy. *n*° 17, *cité ci-dev. n*° 1, *p.* 583), et que cela résulte d'ailleurs du même passage, où Le Conte cite les notes de Cujas sur les instituts comme récemment imprimées, et elles l'ont été en 1556. Il fut ensuite inséré en 1562, dans un recueil in-4°, intitulé *Joannis Calvini responsio ad Balduini convitia, etc.*

Le Conte en parle en termes non moins pompeux

dans les deux épîtres déjà citées (v. *p.* 585, 586), et placées en tête de deux ouvrages composés ou publiés en 1557, au moment où la persécution contre Cujas était plus animée que jamais. Il dit en effet dans la 1re, *Jacobus Cujacius summus hujus scholæ doctor et instaurator;* et dans la 2e, *consummatissimæ doctrinæ jurisconsultus.*

Le second, lors du séjour de Cujas à Paris, pendant l'automne de 1557, lui écrivit exprès pour lui demander son amitié. La lettre de Pasquier insérée dans ses œuvres (*édition de* 1723, *in-fol.*, *liv.* 2, no 6, *p.* 37) est, il est vrai, sans date; et l'adresse y donne à Cujas le titre de conseiller au parlement de Grenoble, qu'il obtint seulement en 1573; mais cette qualification qui n'était pas dans les minutes des lettres, y aura été ajoutée lorsqu'on les rassembla en 1586 (voy. *id.*, *lettre* 1ere, *pag.* 3), car le prêt de la traduction des trois derniers livres du code, que Pasquier dit dans la lettre, avoir été fait par l'entremise de Loisel à Cujas, alors à Paris, ne peut pas avoir été effectué seulement après 1573, puisque Cujas cite cette traduction dans son épître à Marguerite, du 10 juillet 1562. D'autre part, Cujas annonce, 1o dans la même épître, que cette traduction était sous ses yeux, lorsqu'il travaillait à ses notes sur les trois derniers livres du code; 2o dans l'épître du livre 3 des observations, datée du 8 février 1557, que les mêmes notes sont presque terminées : ce ne peut donc être que pendant son séjour à Paris, avec Loisel, dans l'automne de 1557, que la lettre de Pasquier aura été écrite.

8. Pendant ce même séjour, on l'a remarqué, p. 384, il publia ses notes sur les sentences de de Paul, dont l'épître est du 1er décembre 1557

(le privilége avait été obtenu le 11 juin précédent) et dont nous avons parlé au § 5 des éclaircissemens, *ci-dev. p.* 467.

Il est probable que Cujas n'attendait que cette publication pour se rendre à son nouveau poste, et que ce fut alors seulement que Marguerite, perdant l'espoir de le conserver à Bourges, se détermina à le remplacer, puisque la nomination de Le Conte, son successeur, est du 11 du même mois de décembre. Il est du moins certain que Cujas avait donné sa démission et était parti pour Valence quelque temps avant le 1er janvier 1558. Adrien Pulvæus l'annonce en termes assez clairs dans l'épître dédicatoire du traité cité *ci-dev. n*o 4, *p.* 584, épître datée du même jour (c'est-à-dire du 1er janvier 1557, vieux style), en faisant observer à Marguerite que les tempêtes qui étaient venues du midi verser la discorde sur l'école de Bourges (Cahors est au sud de cette ville) sont enfin écartées (*nunc tandem aversis*).

9. Mais ce qui prouve que Cujas n'était pas l'auteur de ces *tempêtes*, ce sont les obstacles que ses deux rivaux (v. *p.* 385) mirent bientôt à la réception de son ami Le Conte. On en trouve un détail curieux dans une lettre écrite par Le Conte à l'Hopital, le 13 décembre 1558 (v. *mss. Dupuis, vol.* 490, *n*os 13 *et* 14). Il paraît que Duarein et Doneau lui intentèrent un procès, et qu'ils furent condamnés à l'installer; que s'y étant refusés, on fut obligé d'envoyer un commissaire pour cette cérémonie, que leurs partisans cherchèrent à troubler en faisant un grand bruit.... Lorsqu'ensuite le nouveau professeur commença sa première leçon, quelques-uns d'entr'eux, pour empêcher qu'on ne

l'entendit, sonnèrent des cloches qu'ils avaient apportées sous leurs robes. *Illi novo genere turbandæ audientiæ per tintinnabula sub chlamydibus appensa molesti mihi primâ lectione fuerunt. Verum cum ab omnibus digito monstrarentur et increparentur mox quiescere sunt coacti.*

10. La réfutation des satyres de Pulvæus, que nous avons ensuite indiquée, p. 387, est contenue dans l'opuscule intitulé *prælectiones Aurelianenses*, 8o, 1559, *Paris*, *Wechel*. Après y avoir cité (*f*. 23), 1o une interprétation faite avec succès par Cujas, d'une loi que Viglius, Baron, Connan, et autres avaient tenté vainement d'expliquer; 2o une autre interprétation du même, louée par Baudoin, Hotoman et Le Conte, *in libris editis*, Foquelin fait contre Pulvæus une sortie violente, dont Otton (*t*. 4, *préf*., *p*. 16) a rapporté un fragment. Il ajoute (*f*. 24) qu'il répond à Pulvæus à l'insu de Cujas, qui a méprisé les attaques de son adversaire. Mais il avoue (*f*. 65) qu'il est élève de Cujas, observant que s'il a pu faire quelque chose de bon, tout l'honneur doit en être rapporté à son professeur.

Son épître dédicatoire est du 24 novembre, sans indication d'année..... mais il s'agit évidemment de 1558 puisque c'est une réponse à Pulvæus, dont le traité est du 1er janvier (v. *ci-dev. no* 8, *p*. 588), et qu'il y suppose (*f*. 38 *à* 41) que Duarein est encore vivant (il ne le nomme pas, mais le désigne de manière qu'on ne puisse pas s'y méprendre).

11. C'est après la mort de Duarein, arrivée le 22 juin 1559, que Marguerite sollicita Cujas de retourner à Bourges pour l'y remplacer (v. *p*. 387). Cette négociation n'eut lieu selon toute apparence, qu'au commencement de l'automne, car, dans son

épître à Montluc, du commentaire de Pactis, Cujas ne paraît pas disposé à quitter Valence. Mais comme Marguerite partit pour le Piémont, après la mort de son frère, Henri II, arrivée le 11 juillet, il était fort possible qu'alors elle ne fut pas informée du décès de Duarein, ou qu'elle fut trop occupée pour prendre les mesures qu'il nécessitait. Au surplus, c'est sans doute sur l'avis de l'Hopital (il la suivit en Piémont. — v. *son éloge historique*, *p*. 176) que Cujas fut invité de retourner à Bourges.

D'autre part, la substitution de Cujas à Duarein, résulte d'un passage des observations de droit publiées par Emmanuel Soarès, en 1562 (v. *Meerman*, *t*. 5, *préf.*, *p. ij.*). Après y avoir loué (*c*. 9, *ib.*, *p*. 571) Duarein, il ajoute : *Et summo jure ejus loco suffectus, atque eruditus Jacobus Cujacius.*

Enfin, l'époque de son retour à Bourges (v. *p*. 388), est fixée indirectement par Loisel. Il dit d'abord (*vie*, *p. ix*) qu'il ne quitta jamais Cujas qu'il n'eût entièrement parachevé ses études de droit. Il annonce ensuite (*p. xiij*) qu'il partit de Valence au mois d'octobre 1559, et vint à Bourges, en se dirigeant par Romans, Grenoble, la Grande Chartreuse, la Fontaine qui Brûle, Chambéri, Genève et Lyon, et qu'après avoir pris ses degrés à Bourges, il arriva à Paris la surveille de Noël. Il est donc clair que Cujas dut partir de Valence, vers la fin d'octobre, et que voyageant à petites journées, à cause des embarras du déplacement de sa famille, de sa bibliothèque, etc., Loisel compta qu'il aurait le loisir de faire son excursion à la Chartreuse, à Genève, etc., pendant le voyage direct de son professeur à Bourges.

Au reste, dans une lettre du 13 février 1560,

Hubert Languet (*v.* id., epistolæ, n° 12, p. 34), annonçait que Cujas était alors à Bourges, ce qui confirme les calculs précédens, parce que vu son éloignement (il écrit de Wittemberg), et la difficulté des communications, il fallut beaucoup de temps pour qu'il fut informé de ce retour de Cujas.

§. XXII. *Éclaircissemens sur l'école de Valence, ses professeurs, tels que Hottoman, Bonnefoi et Roaldès, l'influence du baron de Gordes, la situation, les revenus et le crédit de Cujas à Valence, et sa promotion à une charge de conseiller à Grenoble.*

1. Le plus célèbre des professeurs de Valence après Cujas, fut le fameux auteur de l'anti-Tribonien, ou François Hottoman. Il avait été appelé à l'université de Valence par Montluc à la fin de 1562. C'est ce qu'on voit par ses préfaces, recueillies à la fin du tome 3 de ses ouvrages (*édit. de* 1600, *in-fol.*), dont la 19e (*p.* 24) est datée de Strasbourg le 22 août 1562, et la 20e, de Valence, le 27 décembre suivant. Le plus ancien registre d'approbations ou de de délivrances de grades, qui nous reste de cette université, commence au 12 avril 1566. Depuis cette époque jusques au 20 décembre suivant il est question d'Hottoman presque à chaque page, tandis qu'ensuite il n'en est plus question du tout. D'où il est à présumer qu'il partît alors pour Bourges, comme on peut aussi l'induire de sa 23e préface (p. 28), datée de Bourges le 13 avril 1567, et dans laquelle il dit qu'il est depuis quelques mois à Bourges, où il a été appelé par Marguerite et l'Hopital; ce qu'il explique dans la 24e préface, en observant

qu'il a été nommé par Marguerite, sur la présentation de l'Hopital.

Nous induirons de ce dernier passage, 1° qu'en prenant en considération le temps nécessaire pour écrire à l'Hopital et avoir sa réponse, on voit que Marguerite nec hercha à remplacer Cujas à Bourges, que lorsque par son exercice à Turin, elle se fut assurée de la vacance effective de sa chaire de Bourges; 2° que l'Hopital avait conservé des relations étroites avec Marguerite, même depuis qu'il était chancelier de France. — Voy. *ci-dev. p.* 391.

2. Après Hottoman, nous placerions Ennemond Bonnefoi et François Roaldès. On peut juger du mérite de Bonnefoi, 1° par le passage suivant d'une lettre écrite par Cujas, le 1er décembre 1571 (voy. *mss. Dupuy, vol.* 700, *n°* 21): « nous défions les autres universités depuis la venue de M. Roaldès, *cui non est inferior* M. Bonnefoi, qui de tout temps était ici »; 2° par ce qu'il déclara au livre 11, chap. 20, de ses observations, qu'en cas de danger de mort, il désignerait Bonnefoi pour son successeur. Mais il faut observer, et c'est ce qu'omet de Thou (*hist., ad ann.* 1574, *lib.* 59), qui rappelle la même déclaration et donne de grands éloges à Bonnefoi, qu'elle fut faite dans un ouvrage publié en 1570, (voy. *ci-dev.* §. 5, *n.* 19), et par conséquent, une année au moins avant l'arrivée de Roaldès (voy. *ci-dev.* §. 6, *n°* 14)... Bonnefoi mourut à Genève le 8 février 1574, à peine âgé de 38 ans (*de Thou, sup.*), peu de temps après avoir publié son principal ouvrage, le *jus orientale* (in-8°, 1573), et en avoir adressé un exemplaire à Cujas (il est à la bibliothèque de Grenoble, n° 13626). Il paraît par divers passages fort élogieux d'un de ses disciples,

Gilbert Regius (*ænantiophanon juris*, publié le 1er mai 1564... voy. *id.*, *au trésor d'Otton*, *t.* 2, *préf.*, *p.* 31, *et p.* 1482, 1490 et 1494), qu'il était déjà professeur, au moins avant l'été de 1563, c'est-à-dire, à 27 ans.

Roaldès n'a laissé que des ouvrages manuscrits; mais sa profonde érudition est célébrée par tous ses contemporains. Il était aimé et estimé de tout le monde, même des ennemis de Cujas. — Voy. *Lescure, dans Otton, t.* 5, *p.* 563; *Médon, vie de Maran, p. xix; Mornac, feriæ forenses*, 1619, *p.* 54. — Son ardente et constante amitié pour Cujas (voy. *ci-dev. p.* 505, *note* 62) suffirait seule à l'éloge de celui-ci, dont on disait que Roaldès était le Pollux. — Voy. *Mercier, au d. t.* 5, *p.* 569, et pour le temps du professorat de Roaldès, *ci-dev. p.* 480, *n.* 14.

Nous avons parlé ailleurs (p. 385, 393, 474 et 574) de six autres professeurs de Valence, Exéa, Loriol, Roger, Lescure, Dorne et Saillans.

3. C'est surtout aux sollicitations de Montluc que nous attribuons (p. 393) le retour de Cujas à Valence, en 1567. Il n'est jamais question dans les délibérations de Valence que nous avons citées au §. 8, no 8 (p. 519), ni dans aucune de celles qui concernent Cujas, de Bertrand de Simiane, baron de Gordes, lieutenant général, commandant en Dauphiné, par lequel Moreri (*mot Cujas*), et ensuite Niceron (*viij*, 165) et Terrasson (*mélanges*, 407) prétendent que Cujas fut appelé à Valence; et cependant les registres font souvent mention du baron de Gordes, pour d'autres objets. D'ailleurs les deux derniers écrivains font remonter l'intervention de Gordes à l'époque où Cujas persécuté par Duarein, quitta Bourges, c'est-à-dire en 1557, et Gordes ne

fut nommé lieutenant général du Dauphiné, qu'en 1564 (*Chorier, hist. génér.*, *ij*, 601), ce qui prouve leur anachronisme, qui n'est au reste qu'une des mille et une erreurs commises par les biographes quant à la vie de Cujas.

Bertrand de Simiane, appelé, tantôt seigneur (voy. *Chorier*, *d. p.* 601), tantôt baron de Gordes (voy. *id.*, *généalogie de Sassenage*, *p.* 68; *Allard*, *nobiliaire de Dauphiné*, *mot Simiane*), était en effet très-lié avec Cujas; mais il est probable que ce ne fut que pendant le 2e professorat de Valence.

4. Nous avons évalué (p. 394) à douze mille livres les revenus de Cujas à Valence, en y comprenant les honoraires payés par la ville, la valeur de son habitation, les taxes des grades et les rétributions des pensionnaires. Notre appréciation paraîtra même beaucoup trop faible, si l'on prend pour base le produit de la maison fournie à Cujas, qui alors n'arrivait qu'à 70 livres (voy. *reg. mss. des délibér. de Valence*, 3 *septembre* 1567), et qui s'élève aujourd'hui à plus de 600 francs. — Voy. *notre hist. de l'univ. de Grenoble*, *vers les renvois de note* 99. — Au reste, nous avons prouvé ailleurs (voy. *d. hist.*, *vers les renvois des notes* 27 *à* 29) que pour apprécier la valeur effective des traitemens, prix, etc., fixés en argent au 16e siècle, il ne fallait pas prendre uniquement pour base celle du marc d'argent, parce que l'argent valait alors beaucoup plus que les autres marchandises.

A l'égard du produit des *grades*, en combinant les dispositions d'un ancien statut de l'université, (*reg. mss. à boucle*, *f.* 69) avec celles d'un réglement de 1562 (*d. reg. des approbat.*), il paraît que les patrons avaient environ 4 écus d'or *sol* sur chaque doctorat (la taxe totale était de 24 écus d'or), c'est-à-dire environ 10 livres tournois (en 1572, il y eut 40 doctorats, 46 en 1573, et 42 en 1574) : qu'on joigne à cela les rétributions des baccalauréats et licences, etc.

Quant aux *pensionnaires*, on voit, soit dans Loisel (*vie, p. x*), soit dans Soarès (*ci-dev. p.* 431 et 590) que Cujas en tenait. Il eut entr'autres, pendant le second professorat de Valence, Arthus Prunier de Saint-André, depuis 1er président aux parlemens d'Aix et de Grenoble, et un fils de Jean de Vachon, conseiller à ce dernier parlement. — Voy. *la déposition de Prunier et le réquisit. de Rusé, dans l'enquête de 1573, au t. 1er de Fabrot et de Naples.*

5. Voici un fragment du discours prononcé par Cujas à la suite de la maladie grave qu'il essuya pendant son second professorat de Valence (*v. p.* 399).

Cogor uti sellâ gestatoriâ.... Vereor ne plus cogar audere adolescente hieme, ut coperto panno in publicum deferar, nè mihi obsint pruinæ, venti, nebulæ, cæteraque hiemis incommoda.... Non tam quærebar de sanitate quàm de studiis amissis. — Voy. *Jean de Limoges (élève de Cujas), aux mss. lat. bibl. r., no* 4552, *part.* 2, *p.* 247, 248. — Voir *au reste*, quant à toute cette anecdote, ce mss., conféré avec celui de Brouet, cité à note 126, p. 400.

La maladie de Cujas commença vers le 15 juillet 1571 (*d. p.* 247); sa convalescence fut longue et pénible: il en parle dans ses lettres des 1er décembre 1571 (*mss. Dupuy, vol.* 700, *no* 21) et 14 février 1572 (*ibid., no* 5).

6. Nous attribuons (*p.* 401) au second avocat général du parlement, *François Rusé*, les obstacles mis à la réception de Cujas à la charge de conseiller,

que M. Hugo (*magas.*, *sup.*, *p.* 211) impute au procureur général. Il aura été induit en erreur par l'apposition de la signature de F. Rusé, au bas des conclusions du procureur général (v. *d. enquête*). Mais dans nos anciens parquets, le plus ancien membre présent, fut-ce le dernier des substituts, signait les conclusions du procureur général, sans ajouter sa qualité propre. Au mois de juillet 1573, le premier avocat général était Félicien Boffin, et le procureur général, Pierre Bucher, doyen de l'université, qui fut remplacé, l'automne suivante, par François du Faure. — Voy. *reg. mss.*, 1° *des délibérat. de Grenoble*, 5 *juill.*, 28 *sept. et* 29 *déc.* 1573; 2° *des recettes du Dauph.*, *de* 1573, *f.* 248, *aux archives de la chambre des comptes*; *notre hist. de l'université de Grenoble.* — F. Rusé fut fait président en 1578. — Voy. *Chorier*, *hist. gén.*, *ij*, 675.

Quoiqu'il en soit, après une opposition à la réception de Cujas, Rusé demanda la nullité de l'enquête faite sur les bonne vie, mœurs et doctrine du candidat; il finit par récuser plusieurs conseillers, la plupart parce qu'ils avaient étudié sous Cujas, qui, par ce moyen, dit-il, leur tenait lieu de second père; et l'un d'eux, Jean de Vachon, commissaire de l'enquête, parce que Cujas logeait chez lui à Grenoble, et que son fils était élève et pensionnaire de Cujas à Valence. Les diverses réquisitions qu'il fit dans cette affaire, sont des preuves frappantes du peu de crédit du mérite auprès de la médiocrité, animée de l'esprit de caste et de corporation. — Voy. *les pièces*, *au t.* 1er *de Fabrot et de Naples.*

Mais Cujas fut bien vengé par le suffrage des magistrats des deux cours, et surtout du procureur général des états « La réception de Cujas, dit celui-ci, sera le meilleur moyen de le fixer dans ce pays. » — Voy. *d.*, *t.* 1er.

M. Hugo se trompe encore, lorsqu'il dit (p. 211), qu'on ne procéda à l'enquête précédente que *pour la forme*. Cette enquête était prescrite par les lois, comme on le voit dans Expilly, *arr.* 153 *et* 256, *édit. de* 1652, *p.* 435 *et* 576. — Il suffirait, d'ailleurs, pour s'en convaincre, de lire les pièces relatives à la réception de Dorne, imprimées à la suite de celles de Cujas; et la lecture attentive des conclusions de F. Ruzé, et des arrêts à lui signifiés, prouve également que ce n'est pas non plus *pour la forme*, comme le prétend aussi M. Hugo, qu'il s'opposa à l'admission de Cujas.

§. XXIII. *Éclaircissemens sur les négociations de Cujas avec la ville d'Angers, et son professorat de Paris.*

1. Ces négociations sont indiquées dans deux lettres de Cujas, du 1er janvier 1576, et dans un arrêté de la mairie d'Angers, du 20 du même mois, rapportés par Ménage, *vie d'Airault*, *p.* 18 *et* 162.

Il est probable, d'après ces lettres et arrêté comparés, que ce qui fit échouer la négociation, c'est qu'on ne fut point d'accord sur le rang et les honoraires demandés par Cujas.

Indépendamment du besoin de se mettre à l'abri des dangers qu'il eut couru à Bourges, son départ était encore nécessité par la suspension des cours, les élèves, effrayés comme lui, abandonnant aussi cette ville. C'est ce qui résulte évidemment d'une lettre à demi énigmatique, datée de Bourges, le 31 janvier 1576 (*mss. Dupuy*, *vol.* 700, *n°* 31), surtout en la combinant avec les faits précédens, et avec les motifs de l'arrêt du 2 avril 1576.

Cujas partit probablement pour Paris au mois de mars, puisqu'il est énoncé au même arrêt, qu'il est *depuis peu de temps* dans la capitale.

2. Quant à cet arrêt, M. Bernardi (*éloge de Cujas, p.* 118 *à* 121) le donne, en observant, avec raison, que Terrasson s'est mal à propos vanté de l'avoir rapporté (*hist. jurispr. rom., aux monumens, p.* 104; *et mélanges, p.* 411) le premier, puisqu'on le trouve dans la vie d'Airault, par Ménage (*p.* 164), publiée en 1670 : il aurait pu ajouter que Guymier l'avait rapporté soixante ans avant Ménage. — Voy. *id., pragmatica sanctio, in-f.*, 1616, *p.* 1015.

Au reste, cet arrêt fut rendu, chose assez remarquable, sur le réquisitoire du procureur général. Il est entr'autre, motivé sur la nécessité de continuer l'instruction de divers *jeunes gens de bonne maison*, dont plusieurs avaient suivi Cujas, de Bourges à Paris (ainsi ses talens pour l'enseignement n'avaient pas diminué).

§. XXIV. *Éclaircissemens sur la mort de la femme et du fils de Cujas, les soins donnés à celui-ci, les belles-sœurs et le second mariage de son père.*

1. Nous avons fixé (*p.* 412) à l'automne de 1581, la mort de l'épouse et du fils de Cujas. Nous induisons cette époque, du récit de Duverdier (*prosographie, iij*, 2573 *à* 2575), combiné avec les expressions des lettres de 1581 et 1582, citées *à p.* 413 *et* 601 ; et l'on a vu d'ailleurs (*p.* 409, *note* 160), que Cujas fils était encore à Paris en 1576.

Masson dit : *amissum filium Jacobum iam pu-*

berem......... Ces termes, pris à la lettre, pourraient faire croire que Cujas fils n'avait guère que quinze ans, et que, par conséquent, il était né en 1566. Mais, 1. dans sa lettre du 20 août de la même année 1566 (V. *mss. Dupuy, vol.* 700, *n*° 34), Cujas demande une litière pour transporter sa femme et son fils à Turin : il n'est pas probable qu'il eût voulu faire faire un tel voyage à un enfant qui, dans cette supposition, aurait encore été au berceau; 2. dans sa lettre du 25 janvier 1571 (*ib.*, *n*° 17), il se plaint de ce que son fils n'avance pas fort en ses études, et il ajoute qu'il a envie de l'envoyer, vers le mois d'août, au collége de Ramus, à Paris.... On ne fait pas de telles plaintes, et l'on ne forme pas de tels projets à l'égard d'un enfant de cinq ans. Enfin, en dédiant à son fils les quatre derniers traités sur Africain, en 1573 (V. *ci-dev. éclairciss.*, §. 5, *n*° 20, *p.* 469), Cujas lui parle des avantages de l'étude de la philosophie : de tels avis peuvent bien se donner à un jeune homme de quatorze ans, mais non pas à un enfant de sept.

D'après toutes ces observations, nous présumons que Cujas fils avait à sa mort, 21 ou 22 ans (son père s'était marié en 1558).

L'affection de Cujas pour son fils, dont nous parlons à la même page 412, résulte encore d'une anecdote jusqu'ici inconnue. Il voulait, dans son édition de 1577, supprimer l'épître dédicatoire de ses novelles au prince Palatin, et y substituer la dédicace adressée à son fils. Ce projet est annoncé dans une note manuscrite, mise par Pithou sur l'exemplaire de l'édition des novelles de 1570, comprise dans le recueil 684, F., de la bibliothèque du roi, sur lequel on a fait l'édition de 1577. Nous ignorons pourquoi ce projet singulier ne fut pas effectué.

A l'égard des soins et dépenses de Cujas pour l'éducation de son fils, *voy*. lettres des 25 et 28 janvier 1571, 14 février 1572, 11 avril 1573, 24 février, 13 septembre et 15 décembre 1575, et 6 janvier 1576. — *Mss. Dupuy, vol.* 700, *n°* 17, 14, 5, 7, 8, 23, 24 *et* 25.

2. On a vu (*note* 160, *p.* 409) que Cujas avait auprès de lui, en 1576, deux jeunes sœurs de sa première femme. L'une d'elles, Philippe du Roure, se maria, le 23 février 1586, à Pierre Bochetel, oncle maternel de Gabrielle Hervé, que Cujas épousa dans la suite. — V. *La Thaumassière, p.* 67, *à la note, et surtout Le Laboureur, add. aux mémoires de Castelnau, t.* 3, *p.* 146. — Ce mariage, si, comme il est probable, Philippe du Roure était restée jusqu'alors auprès de son beau-frère, fut peut-être la cause de celui de Cujas, soit en le privant d'une compagnie utile, soit en lui fournissant des occasions de connaître et apprécier la nouvelle nièce de sa belle-sœur, nièce dont il devint *inamorato*, s'il faut en croire Catherinot (*vie de mademoiselle Cujas*, *p.* 2).

3. Nous voulons parler de Gabrielle Hervé, fille de Jacques Hervé, sieur de Palisset et du Chastelier, maréchal-des-logis du roi, et de Gabrielle Bochetel. Celle-ci était nièce de Guillaume Bochetel, secrétaire d'état sous François Ier, et cousine germaine de Bernardin Bochetel, évêque de Rennes, et ambassadeur à Venise, en Suisse, en Allemagne. La maison de Bochetel eut des alliances dans celles de Castelnau, de Rochechouart, de Villeroi, etc.

4. Le contrat de mariage de Cujas avec Gabrielle

Hervé, se passa le 17, et la célébration, le 22 novembre 1586, neuf mois après le mariage de Philippe du Roure — V. *Catherinot, remarques sur le testament de Cujas*, *p.* 3 (1). — Pour plaisanter la rivale de Gabrielle Hervé, on fit une chanson dont le refrain était : « Vous ne l'aurez pas, la belle Jeanne, vous ne l'aurez pas, monsieur Cujas. » — V. *id.*, *p.* 4.

§. XXV. *Éclaircissemens sur une lettre de Cujas à Jacques de la Guesle, et sur une épître du président de Thou.*

1. La lettre touchante où Cujas, après la mort de son fils, réclame la continuation de l'amitié de Jacques de la Guesle et de ses parens (v. *ci-dev. p.* 413), est du 10 juin 1582 (*mss. Dupuy, vol.* 700, *n°* 28). L'adresse est à M. *Delachaux, conseiller du roi, chez M. le procureur-général, son père.* Celui-ci était Jean de la Guesle, nommé à cette charge, en 1570, d'où il passa, le 7 janvier 1583, six mois après la lettre, à celle de président à mortier. Il eut cinq fils. 1. Jacques, qui le remplaça, en 1583, comme procureur-général; 2. François, archevêque de Tours; 3. Alexandre, marquis d'O, colonel du régiment de Champagne; 4. Jean, seigneur de Lachaux; 5. Charles, tué au siége de Dreux. — V. *Blanchard, présid.*, *p.* 299 *à* 304.

Il résulte d'une autre lettre, du 15 décembre 1575 (*d. vol.* 700, *n°* 24), que Cujas avait alors chez lui en pension, au moins pour une année, deux des

(1) Il annonce ailleurs (*vie de mademoiselle Cujas*, p. 1), que Suzanne naquit en 1587, à l'hôtel de Salvi.

enfans la Guesle. C'étaient sans contredit, Jacques et François. D'une part, il dédia ses consultations à Jacques, le 15 mai suivant (v. *ci-dev.*. §. 3, nº 19, *p.* 459) : de l'autre, Alexandre et Charles, n'étudièrent sous lui que huit ans après. — Voy. *lettre du 25 juin 1584, mss. Dupuy, vol.* 700, *nº* 29.

Dès que Cujas qualifie de conseiller celui à qui il écrit, le 10 juin 1582, il est clair qu'il s'agit de Jacques et non point de Jean, alors à peine dans l'adolescence. Jacques aura probablement pris le titre de seigneur de Lachaux, avant son frère cadet.

2. Nous avons attribué (*p.* 415) au président de Thou, l'épître en vers latins qu'on trouve au tome 1er de Fabrot et de Naples. Nous avons été long-temps incertain sur son auteur dont le nom n'y est point indiqué. Plusieurs passages nous ont enfin montré que ce ne pouvait être que de Thou. 1. Elle est datée de Blois, le 1er novembre 1584; 2. on y parle de la mort récente d'un ami, dont la perte est préjudiciable aux lettres et surtout à l'Allemagne; 3 et 4. l'auteur dit avoir étudié à Valence sous Cujas, et avoir perdu son père, étant absent de son pays.

Or, 1. de Thou était, le 1er novembre 1584, à Blois, où il était allé à la fin d'octobre, assister au service de sa sœur. — V. *id., de vitâ suâ, à la suite de son hist., éd. de* 1733, *t.* 7, *lib.* 3, *p.* 68, *ad ann.* 1584. — 2. Il était ami de Jean, ou Janus Guielm, de Lubeck, savant connu par ses questions *Plantinæ*, et qui préparait une édition de Cicéron, lorsqu'il mourut au mois de juillet 1584, à Bourges, où il étudiait sous Cujas.—V. *Juste-Lipse, epistolar., édit. de* 1596, *épit.* 35, 47, 74 *et* 79 : *lettres de Metellus et Giselinus aux mss. Dupuy, vol.* 699, *f.* 67

et 120; *de Thou, suprà, lib.* 2, *pag.* 61. — 3 et 4. On sait qu'il avait étudié à Valence sous Cujas, et il était en voyage à Lyon lorsqu'il perdit son père, le 1er novembre 1582. — V. *id., ibid., p.* 58.

§. XXVI. *Éclaircissemens sur la demande de retraite faite par Cujas, en* 1588, *sur sa position critique à Bourges, en* 1588 *à* 1590, *et sur la soumission de cette ville.*

1. Nous devons le récit de tout ce qui est relatif à la demande de retraite, ainsi que les discours du roi et de Cujas, à Étienne Clavière, son ancien secrétaire, qui les a insérés, 1. dans ses miscellanea (t. 18), joints à une édition des œuvres de Claudien, in-4°, 1602, Paris; 2. dans son *liber floridorum, c.* 24, *Paris*. 1621, *in*-12. C'est d'après lui qu'on a inséré les discours, mais avec beaucoup de fautes, dans le tome 1er des éditions de Fabrot et de Naples, où, d'ailleurs, on a presque entièrement supprimé le récit de l'anecdote.

Clavière parle aussi quelquefois dans ses ouvrages, et même dans ses notes sur Claudien, du jurisconsulte et de sa fille, et il ne paraît pas qu'il eût de Suzanne une aussi mauvaise idée que celle qu'en donnent les traditions recueillies par Catherinot.

2. Les dangers que Cujas courut à Bourges dans les dernières années de sa vie (V. *p.* 418) sont indiqués, en premier lieu, dans sa vie, par Masson, qui cite une lettre de Cujas à Loisel; en second lieu, dans deux lettres énigmatiques adressées peu de temps avant sa mort, à la Martillière, avocat à Tours (v. *en la copie aux mss. Dupuy*, *vol.* 700,

*n*o 42, *et ci-dev. p.* 450) et dont l'une est anonyme, et l'autre signée du nom grec de Cujas (*Podapos*). « Vous connaissez, dit-il, dans la seconde, l'écriture de votre ami, dont l'ame est navrée de ce qui passe dans ce pays fanatique, et n'a de consolation que dans les découvertes que lui procure maintefois l'étude : *ægrè in hoc solo fanatico trahentis animam, multa tamen ex libris eruentis pro solatione præclara reperta.*

Il paraît par ces lettres, que pour se soustraire aux dangers qu'il courait, il aurait voulu s'échapper de Bourges, mais qu'il était en quelque sorte assiégé dans sa maison : et c'est aussi ce que remarque de Thou, (*hist., lib.* 99, *ad annum* 1590); à quoi Sainte-Marthe (*Gallorum illustrium, etc., p.* 90 *à* 93) ajoute qu'on chercha plusieurs fois à attenter à ses jours.

3. La ville de Bourges fut encore long-temps dévouée à la ligue; elle ne se soumit à Henri IV que cinq années après son avènement au trône, c'est-à-dire, en 1594; et il fallut donner le bâton de maréchal de France et continuer le gouvernement de Berry, à Claude de la Châtre, qui occupait cette province pour les ligueurs. La Thaumassière (*hist., p.* 213 *et* 861) glisse sur ces faits. Il ose même dire qu'après la conversion de Henri IV (1593), Claude de la Châtre ne fut pas des derniers à se soumettre. Moreri est encore plus hardi. Il insinue que ce seigneur n'attendit pas, et bien loin de là, cette conversion, puisqu'après avoir annoncé qu'il gouvernait le Berry pour la ligue, il ajoute (*mot la Châtre*) : « Mais Henri-le-Grand ayant succédé « à la couronne, Claude de la Châtre lui remit les « villes de Bourges, d'Orléans, etc. » D'où il sui-

vrait que sa soumission aurait eu lieu dès 1589, et dans ce cas il faudrait effacer tout ce que nous rapportons des dangers auxquels Cujas fut exposé.

§. XXVII. *Éclaircissemens sur les œuvres posthumes de Cujas, les corrections qu'il a faites aux anciens auteurs, et les tables de ses éditions.*

1. Dans les éditions ordinaires, telles que celles de Scot, on désigne les œuvres posthumes à la tête de chaque volume ou de chaque matière; dans celle de Fabrot on les a renvoyées aux derniers (5 à 10) volumes. Lorsqu'on veut les consulter il faut préférer l'édition de Fabrot, ou ses réimpressions (*les édit. de Naples et de Venise - Modène*), parce qu'en collationnant les manuscrits des élèves, il a tâché d'en faire disparaître les fautes. C'est surtout aux éditions antérieures que s'appliquent les remarques de François Orry (v. *dispunctor ad Merillium, publié en* 1642, *au trésor d'Otton, c.* 19, *t.* 3, *p.* 738), et du président Expilly (*plaid.* 26, *n*° 17). Le premier observe que dans les leçons recueillies par les élèves il y a plusieurs fois des erreurs, des substitutions de mots et des lacunes (1). Le second dit en général, que les œuvres posthumes de Cujas sont des enfans désavoués par leur père; mais il ajoute « qu'elles sont néanmoins dignes d'être vues, comme pièces sorties de si bonnes mains. » Scot (*de ordine libror.*, *t.* 1er *de son édit.*) a cherché aussi à justifier la publication de ces œuvres.

(1) Un des élèves les plus distingués de Cujas, c'est-à-dire Lacoste, ou Janus-à-Costa (voy. *id. commentar. in cod.*, *dans Meerman*, *t* 1, *p.* 74), dit qu'elles ont été CORRUPTÆ.

Orry, ou Osius Aurelianus, était un savant professeur à l'université d'Orléans. — V. *Otton, t.* 3, *præf.*, *p.* 54.

2. Voici la requête indiquée ci-dev, p. 429 : elle est au tome 1er de Fabrot.

« A nosseigneurs de la cour de parlement de Dauphiné. »

- -

« Supplie humblement Jacques de Cujas, lec-
« teur du roi en l'université de Valence, pourvu
« par sa majesté, d'un état de conseiller honoraire,
« en la cour de céans, qu'il vous plaise enteriner
« ses lettres selon leur forme et teneur. »

« Jac. de Cujas. »

3. Les tables préliminaires du tome 4 de l'édition de Scot, de 1614, indiquent des citations ou *corrections* de passages de plus de quatre-vingt auteurs profanes, grecs ou latins, poètes ou prosateurs, historiens, philosophes, moralistes, médecins, outre un grand nombre d'auteurs ecclésiastiques. — Quant à Cicéron, V. *notre histoire du droit*, *chap. des interprêtes*, *note* 113, *p.* 314. — Il serait, observe le fameux Sciopius (*de arte criticâ*, *cité par M. Bernardi*, *élog.*, *p.* 87), « il serait impossible de dire combien de milliers de fautes Cujas a corrigées, non seulement dans les livres du droit civil, mais aussi dans un grand nombre d'autres auteurs.

Un de ses ennemis, Jean Robert (v. *ci-dev.* §. 15, *p.* 548), l'accusa de se parer d'une fausse érudition, avançant que Cujas citait les auteurs latins, d'après des tables qu'il en avait faites avec beaucoup de peines et de temps dès sa jeunesse — V. *id.*, *animadversion.*, *lib.* 2, *c.* 26 *et* 27. — Nous ne voyons point en quoi une pareille méthode aurait pu faire suspecter l'érudition de Cujas; cependant il s'en défendit avec indignation, affirmant qu'il ne se servait pas *tàm ignavo subsidio ;* et Robert dans sa réplique, ne le contredit point à cet égard. — V. *mercator, lib.* 2, *c.* 29, *et les notes de Robert, in id., édit. de Naples.* — V. aussi *Menagiana, iv.*, 111.

4. Les éditions principales de Cujas, sont celles de Scot, publiées à Lyon, en 1606 et 1614, 4 vol. in-fol.; de Fabrot, à Paris, en 1658, 10 vol. in-fol.; la première de Naples, en 1722; la deuxième, de la même ville, en 1757; celle de Venise, commencée en 1758, et terminée à Modène, en 1782. Il y a 11 volumes dans les 3 dernières. Le onzième volume est consacré à une table générale des matières, indépendamment des tables particulières mises à chaque volume pour les lois discutées. Ce sont ces mêmes tables qui sont insuffisantes. Elles indiquent bien, dans l'édition de Naples, comme dans les autres, les lois discutées *ex professo;* mais en discutant une loi, Cujas en examine souvent plusieurs autres que les tables n'indiquent point. Cette omission, réparée par le *promptuarium* de Cujas, rend très-difficile, et pour ainsi dire impossible, la recherche des passages de Cujas, lorsqu'ils ne sont pas indiqués avec précision par les auteurs qui le citent, comme cela arrive assez souvent, par exemple, à Pothier, dans ses célèbres pandectes (*v. ci-dev. hist. du dr., p.* 267).

5. D'autre part, le *promptuarium*, dans son catalogue des lois discutées par Cujas, ne désigne que les volumes et pages de l'édition de Venise — Modène : il renvoie pour les autres à des numéros qu'il faut chercher dans sa table chronologique

(*t.* 1, *p. lvij et suiv.*). Parvenu à ces numéros, il faut une nouvelle recherche pour trouver dans ces éditions le lieu précis du passage désiré. Il serait à souhaiter qu'on ajoutât au *promptuarium* les tomes et pages de l'édition de Fabrot, qui est dans toutes les grandes bibliothèques, et même dans beaucoup de bibliothèques particulières de France.

§. XXVIII. *Fragmens divers de Cujas relatifs à son enseignement.*

1. « Je viens de terminer, dit-il une fois, la matière des testamens et des codicilles, vous m'accorderez bien un congé de trois jours. » — Voy. *id.*, *ad. tit.* 53, *lib.* 6 *cod.*, *dans Scot*, *iij*, 830.

« Dernièrement, observe-t-il ailleurs (*lib.* 2 *resp. Ulp.*, *ad l.* 13 *de appellat.*, *ib.*, *t.* 1, *p.* 1718, 1719), lorsque mes pensées étaient entièrement fixées sur vous, une extrême lassitude dans le corps, une éruption désagréable à la peau, une grande faiblesse dans l'esprit accompagnée la nuit, de songes pénibles, m'ont forcé de rester fermé dans ma maison. Cet état fâcheux d'indisposition, joint à l'approche des vacances, doit me faire pardonner si je renvoie l'explication d'une nouvelle partie (les réponses de Modestin). Que Dieu vous conserve la santé et vous préserve de toutes fautes! (ceci se passait à la fin de l'été de 1588, deux ans avant sa mort.» — voy. *id.*, *ib.*, *et ad respons. Modest.*, *in pr.*).

En commençant l'exposition du titre 39, liv. 1er du Code, relatif aux fonctions du préteur, il dit: Ero admodum brevis nam non licuit navare operam, nisi officio prætoris. — Voy. *id.*, *dans Fabrot*, *x*, 585.

2. « Je voulais, dit-il en finissant l'explication de la loi 35 de militari testamento (*lib.* 19 *quæst. Papin. dans Scot, iv,* 446), vous expliquer encore les lois 11 et 13 de codicilis, mais, ne siem tædio, reservabo in diem crastinum (leur explication est en effet à l'article suivant). » — Il termina une fois un titre en observant qu'il l'avait abrégé, *quià maximè velim vos hodiè esse contentos.* — Voy. *id., recitat. in cod., dans Fabrot, x,* 547.

3. En finissant l'explication de la loi 9, D. de pecuniâ constitutâ (lib. 13, tit. 5), livre 8 des questions de Papinien, il dit *eadem est ratio leg.* 25, *h. t., quam narrabo hoc eodem subsellio, paucis tamen, nè cui siem molestus.* Cette observation omise dans l'édition de Scot (IV, 140), est aux *mss. lat. bibl. roy., f.* 149. — Il y en a une autre conçue à peu près dans les mêmes termes, à la fin de l'explication d'une autre loi, *ibid., f.* 127.

4. Relativement aux expressions *françaises*, que nous avons dit (p. 444) qu'il employait souvent pour plus de clarté, *Voyez*, entr'autres, dans l'édition de Scot, t. 3, les commentaires de Cujas sur les décrétales, lib. 2, tit. 1, c. 15; lib. 2, c. 2, 9 et pénult.; titre 5, c. unic; tit 6, in pr. et c. 2 et 3; tit. 9, c. 1 et pen; tit. 10, c. 1; tit. 12, c. 5; tit. 14, c. 2... et comment. sur le code, lib. 6, tit. 9 et 20, loi 2, et dans l'appendix de ce tome 3, lib. 6, tit. 35, etc. — *Voy.* aussi beaucoup de passages du t. 10, de l'édition de Fabrot, aux pages 544, 554, 559, 560, et dans vingt autres.

5. Il revenait, nous l'avons également dit, p. 444, sur ses léçons lorsqu'il craignait d'avoir commis une erreur. Cela lui arriva après son explication du titre 55, livre 6 du code (Scot, iij, 833), parce que

dit-il : *Puto me heri per errorem dixisse avum pro avia.....* Une autre fois il revint sur une explication du titre des dégrésde parenté, et ajouta, *hoc idèo repetii quòd heri in eo lapsus sum linguâ, quòd jus Pontificium pro civili posuerim.* Il est bien évident que ses élèves n'avaient pu seméprendre dans aucune de ces deux hypothèses.

On observe aussi que dans ses écrits, il avoue également ses erreurs lorsqu'il s'en aperçoit — Voy. *Taisand, p.* 149. — On en trouve un exemple dans l'explication du §. dernier de la loi 49, de fidejussoribus, livre 27 des questions de Papinien, et il s'étonne que personne n'ait remarqué sa faute. — Voy. *édit de Scot, iv,* 616, 617.

6. Il revenait encore (v. *p.* 445) sur les explications peu satisfaisantes. « Je ne serai pas content, dit-il (*lib.* 27 *quæst. Papin., ad l.* 49, §. 1 *de fidejussoribus, dans Scot, iv*, 614), si je n'essaie de rendre (et c'est ce qu'il fait) plus claire et plus précise l'explication que j'ai donnée hier à la fin de la leçon.... L'explication d'hier, dit-il ailleurs (*lib.* 17 *eod., ad l.* 66. §. 4, *de leg.* 3o, *ibid.*, 388), ne vous a pas sans doute satisfait ; ni moi non plus certainement ; intempestiva hora mihi fuit impedimento, *in cogitando et docendo.* »

« Je crois devoir, observe-t-il ailleurs (*lib. xj respons. Papin., ad l.* 9, *de usuris*, §. *usurarum, dans Scot, iv*, 1160), revenir sur les choses que je vous ai exposées avant hier en expliquant la loi 9 de usuris, parce que *ea dixi breviùs et properantiùs quàm res postulabat, ut sæpè cogor præfestinare præter labente horâ.* »

7. « Si, dit il, à la fin de l'explication de la loi 1ère de usuris, si non est hæc vera mens jurisconsulti,

quænam fuerit nescio : nihil enim aliud habeo, quod magis faciat hanc in rem. » Cette observation omise dans l'édition de Scot (lib. 2, quæst. Papin., t. 2, p. 40), est au *mss. lat.* 4503, *bibl. roy.*, *f.* 138..... « Depuis que je m'occupe du droit, remarque-t-il ailleurs (*obs.*, *iv*, 17), aucune loi ne m'a tant embarrassé que la 69e (cùm societas, au digeste, pro socio), *nec planè etiam nunc ausim dicere eam à me legem intelligi.* »

FIN DE L'HISTOIRE DE CUJAS.

TABLE

DES MATIÈRES

DE

L'HISTOIRE DU DROIT ROMAIN.

Pages.

SECTION PREMIÈRE.

APPENDICE A LA SECTION PREMIÈRE.

SECTION II.

SECTION III.

SECTION IV.

SECTION V.

TABLE

DE L'HISTOIRE DE CUJAS.

Pages.

FIN DE LA TABLE DE L'HISTOIRE DE CUJAS.

ERRATA.

Pages.	*Lignes.*	*Au lieu de,*	*Lisez :*
68	26	effectu XVI	effectu vix
95	27	C pour Caïa	Ɔ pour Caïa
98	17	PIVUS	DIVUS
104	5	convenait	contenait
119	34	éclairé	éclairci
154	7	rubcique	rubrique (8)
242	21	dans les florentines	dans l'édition des florentines
243	8	dans les florentines	dans l'édition des florentines
243	38	promptuarium Cu.	promptuarium Cujacii
314	27	— aussi	Voy. aussi
id.	30	— aussi	Voy. aussi
324	20	5, Λ. quod	5, ỳ. quod
424	3	va en fai	va en faire
452	11	(313)	(315
id.	26	700, n° 4, 28	700, n° 28

☞ *L'Histoire de l'université de Grenoble*, que nous citons souvent dans celle de Cujas, fait partie du tome 3e des *Mémoires de la société royale des Antiquaires de France*, qui doit bientôt paraître (8°, *Paris*, *J. Smith.*). Nous en avons aussi fait tirer séparément quelques exemplaires.

www.ingramcontent.com/pod-product-compliance
Lightning Source LLC
Chambersburg PA
CBHW060839220326
41599CB00017B/2335

* 9 7 8 2 0 1 2 6 7 0 6 6 2 *